KB110211

자녀를 변화와
성장으로 이끄는 것은
무엇인가?

자녀를 변화와 성장으로 이끄는 것은 무엇인가?

발행일	2019년 10월 31일		
지은이	이호재		
펴낸이	손형국		
펴낸곳	(주)북랩		
편집인	선일영	편집	오경진, 강대건, 최예은, 최승헌, 김경무
디자인	이현수, 김민하, 한수희, 김윤주, 허지혜	제작	박기성, 황동현, 구성우, 장홍석
마케팅	김회란, 박진관, 조하라, 장은별		
출판등록	2004. 12. 1(제2012-000051호)		
주소	서울시 금천구 가산디지털 1로 168, 우림라이온스밸리 B동 B113~114호, C동 B101호		
홈페이지	www.book.co.kr		
전화번호	(02)2026-5777	팩스	(02)2026-5747

ISBN   979-11-6299-880-9 03370 (종이책)   979-11-6299-881-6 05370 (전자책)

잘못된 책은 구입한 곳에서 교환해드립니다.
이 책은 저작권법에 따라 보호받는 저작물이므로 무단 전재와 복제를 금합니다.

이 도서의 국립중앙도서관 출판예정도서목록(CIP)은 서지정보유통지원시스템 홈페이지(http://seoji.nl.go.kr)와
국가자료공동목록시스템(http://www.nl.go.kr/kolisnet)에서 이용하실 수 있습니다.

(주)북랩 성공출판의 파트너

북랩 홈페이지와 패밀리 사이트에서 다양한 출판 솔루션을 만나 보세요!

홈페이지 book.co.kr   •   **블로그** blog.naver.com/essaybook   •   **출판문의** book@book.co.kr

현명한 부모라면 반드시 갖춰야 할 3가지 덕목

자녀를 변화와 성장으로 이끄는 것은 무엇인가?

이호재 지음

정성 TRUE HEART	사랑 LOVE	진실 TRUTH
자녀의 성장은 부모님의 정성이 있어야 한다	자녀의 교육에는 순수한 어머니의 사랑이 필요하다	부모는 자연의 도(道)를 따라 진실함을 추구해야 한다

이 책을 읽는 이에게

이 세상에서의 삶이란 쉬운 듯 보이지만 사실을 알고 보면 너무나도 어렵고 힘든 여정이다. 누구에게나 개인적인 입장에서 볼 때 우주만큼이나 귀중한 것이 우리의 생명이며 삶이기도 한 것이다. 왜냐하면 인간이 생명을 잃으면 우주를 잃는 것이나 다름없기 때문이다. 내가 70세가 되면서부터 가까운 주변의 사람들을 보면, 아니 대체적으로 보아서 어릴 때부터 양질(良質)의 부모교육을 완벽하게 받은 사람은 70세가 된 오늘날에도 건강하면서도 훌륭하게 무난히 이 힘들고 어려운 세상을 잘 살아가고 있다. 이 정도로 부모교육이야말로 우리의 삶에 끼치는 영향은 대단히 중요하지 않을 수 없다. 특히 성장하는 자녀에 대한 부모교육은 더욱더 그러하다. 그렇다고 올바른 삶의 기술과 방법이 아주 멀리에서 특별하게만 주어지는 것이 아니라, 우리의 가까운 주변에 널리 산재해 있는데도 말이다. 다만 그것을 흡수하고 수용하지 못하기 때문이라고 생각하는 바이다.

현재 우리가 살아가고 있는 이 땅에서 인간성장에 무엇이 가장 중요한 일인가는, 이 책을 읽고 있는 독자 여러분들이 스스로 한번 더 생각해 주기 바란다. 하지만 나로서는 어린 자녀들이 비정상적으로 자라지 않고 올바르게 성장하여 훌륭한 성인이 되는 것만큼 중요한 일은 없다고 생각한다.

이러한 측면에서 독자 여러분께 한 가지 이해를 구하려고 하는 부분은 학문이라고 하는 것은 한 사람의 두뇌에서 짧은 일생동안에 많은 양의 진정한 진리를 찾아내기란 결코 쉽지 않은 일이다. 본인은 어린 시절 그리고 청소년이란 성장기에 나의 잘못된 성장요소들을 도출하여 그 후회에 따른 개선의 일환책으로, 내 자신이 평소에 살아오면서 현실적으로 주변에서 일어나는 자녀 성장의 문제점들을 보아오면서, 삶의 경험들을 정제(精製)하여 이들을 분석하고 대책을 위한 방편으로 이 책을 집필하게 되었다. 그러니 여기에 독자 여러분들의 현명한 생각들을 적용시키면 이 책이 보다 훌륭한 인간 성장의 지침서가 되리라고 믿는다. 여러분은 이 책이 그냥 우연히 자신에게 주어지는 책으로 생각하며 지나칠 수 있겠지만 결코 그렇게 생각하지 말기를 바란다. 하나의 단어가 내 앞에 펼쳐지는 것도 삶에 있어서 뜻깊은 일이며, 이러한 삶의 내용이 담긴 귀중한 책이 당신에게 주어지는 것 역시 아름다운 인연에 의해서 그렇게 된 것이니, 그냥 지나치지 말고 잘 음미(吟味)해 가며 읽어주기 바란다. 인간의 성장에 아주 중요한 단서가 될 것임을 확신하는 바이다.

우리 주변에는 성장하면서 생명을 잃는 아이들은 말할 것도 없거니와, 부모 없이 자라는 아이들, 버려진 아이들, 고통 받고 있는 아이들, 성장 도중에 불구가 된 아이들, 성장하면서 비행을 저지르는 아이들

등 이와 같은 불행한 일은 얼마나 많은가? 특히 젊은 부모들이 이 책을 읽고 자신의 자녀들이 올바르게 성장하도록 하는 데 일조(一助)하게 된다면 집필자인 본인으로서는 그 이상 더 큰 보람은 없을 것이다. 나는 그렇게 되기를 간곡히 바라는 바이다.

2019년 10월 31일
이호재

차례

제3장 학습의욕의 증대방안

제4장 자녀를 변화와 성장으로 이끄는 것은 무엇인가?

제7장 성격형성과 인성의 발달

제8장 가치관 형성과 성숙

머리말

　동물의 세계를 예로 들어 보기로 하자. 아프리카의 초원에서 어미 누우(wild-cow)가 하이에나(hyena)의 공격을 받고 하이에나의 먹이가 되면 건강하게 태어나 자라고 있는 새끼 누우마저 고스란히 또다시 하이에나의 먹이가 된다. 옆에 있는 다른 어미 누우들이 어미 잃은 새끼 누우를 아무도 자기 무리에 끼워 넣어서 보호하지 않는다는 점 이다. 그 정도로 자녀에게는 자신의 부모 보호가 소중한 것이다. 그 러면 자녀를 성장시키는 부모의 입장에서 참 매(a gos·hawk)를 길들이 는 응사(鷹師)의 마음가짐을 생각해보자. 응사는 참 매를 길들이기 위 해서 수많은 노력과 관심, 사랑과 먹이를 주면서 반복적인 훈련을 오 랜 기간 동안 지속한다. 야성(野性)의 동물인 참 매를 자기마음대로 부리기 위해서 하루 24시간 동안 참 매와 떨어져 있지 않는다. 응사 가 잠을 잘 때도 자기의 손등에 참 매를 붙들어 놓고 함께하며 억지 로 텔레비전을 보게 하고, 기타(guitar)를 치며 음악을 들려준다. 사 람이 운집(雲集)하는 거리와 음식점 등에 데리고 다니면서 인간의 세 계에서 두려움을 갖지 않도록 훈련시킨다. 오직하면 응사는 "참 매가 자신을 길들인다고까지 말하지 않았던가?" 참 매를 응사가 길들이는 데는 오직 몇 가지 방법이 있다. ① 응사가 참 매에게 진실한 사랑을 주는 것 ② 참 매를 배고프도록 허기지게 하여 먹이를 손등에 놓고 유혹하는 것 ③ 응사가 지속적인 반복과 오랜 기간 접촉하여 참 매가 두려움을 갖지 않도록 하는 것 ④ 참 매를 아주 어린 새끼 때부터 기르면서 길들인다는 것 ⑤ 참 매와 24시간 동거 동락한다는 것 등이다. 야성의 동물인 참 매가 얼마나 높고 푸른 창공(蒼空)을 훨훨 날며 자유를 만끽하고 싶었겠는가? 참 매의 입장에서 보면 인간의 세계는 어떻겠는가? 신(神)보다도 더 교활한 인간의 지혜 앞에 과학으로 가공된 소음과 찬란한 불빛 가운데에서 전부가 자기를 위협하는 적(敵)과 무기와 같은 것으로 공포로 가득 찬 세계가 아니었겠는가? 하지만 인간은 그 참 매를 야생의 성향인 자유를 주지 않고 지속적으로 사람 곁에 끈으로 묶어 사람과 친하게 길들여, 응사가 "아!"라고 부르는 구호에, 참 매는 창공을 날다가 다시 응사의 팔뚝에 찾아오는 순응하는 자세를 나타내게 한다, 하물며 인간은 사랑하는 자기 자식을 야성화(野性化) 시켜서 되겠는지 잘 생각해보아라. 인간이 인간을 교육시키는 것을 응사가 야생의 동물인 참 매를 길들이는 것에 비교해 보면, 그것이 그렇게 어렵겠는가? 만약에 자녀교육이 힘들 때면 응사의 참 매를 길들이는 장면을 연상해 보라고 권유하고 싶다. 성장하는 인간에게 있어서 어쩌면 학습만큼 힘들고 어려운 과정은 없을 것이다. 학습을 위해서는 진실을 추구해야 하며, 거짓이나 위선(僞善)을 가지고 참된 학습을 추구할 수는 없는 일이다. 학습은 거짓을 추구하지 않으며 위선의 옷을 입지 않는다. 학습은 우물을 파듯이 지속적으로 깊게 파고들어가야 하는 작업이다. 한줄기의 믿음과 희망으로 아픔과 외로움을 달래며 오직 홀로 가야만 하는 고(苦)되고 힘들기도 한 긴 여정이다. 부모가 자식에게 유산(遺産)으로 줄 것은 아무 것도 없다. 오직 교육을 잘 시키는 것뿐이다. 자식에게 교육만큼 유익한 것이 없고, 또한 교육이 최우선 과제이다. 못 배웠다는 것은 불구(不具)와 다름없다. 부모의 자녀교육은 공개적으로 시키는 공교육과 차원이 다르다. 개인적으로 가장 가까운 핏줄인 자기 자녀에게 가치 있고 올바른 삶, 그리고 어려운 세상을 슬기롭게 살아가도록 장기간에 걸쳐 성장단계에 맞게 지혜와 영혼을 불어넣어 성장시켜야 하는 주관적인 교육이다. 부모와 자녀는 언젠가는 헤어져야만 하는 것이기에 이것을 준비하는 과정이 곧 교육이기도 한 것이다. 이것이 바로 세대 간 상속(相續)이나 마찬가지이기 때문이다. 이러한 의미에서 볼 때 인간성장은 부모의 가르침과 본보기로 이루어진다는 것을 부모는 한 번 더 명심하기 바란다. 부모 본인인 자기의 성장 역시, 얼마나 세심한 또 자기 부모의 보살핌이 있었는지를 자신은 잘 모르고 성장한다. 그렇게 성장한 부모는 자기가 어른이 된 이후에도 그저 스스로가 그렇게 성장한 것처럼 생각할 수도 있다. 그러나 자신이 성장하는 동안에도 자기 부모의 세심한 가르침이 뒷받침되어 바르게 성장하게 된 것임을 자신이 부모가 되어 자녀에게 교육을 시키면서 비로소 본인은 알게 되는 것이다. 그리고 자녀 자신이 부모가 되어 또 자기의 자녀를 키우게 될 때, 과거 자기의 부모처럼 만약에 세심한 교육을 시키지 않는다면 자신의 자녀는 올바르게 성장하지 못한다는 점을 인식하게 될 것이다. 흔히들 우리 부모가 간과(看過)하기 쉬운 것은 아이들은 자연스럽게 세월이 가면 성장하게 된다고 생각할 수 있을지 모르지만, 그것은 아주 잘못된 판단이다. 절대로 훌륭한 부모들은 그렇게 생각하지 않는다. 자신의 자녀와 같은 또래 아이들이 바르게 성장하고 있다면, 그 자녀의 배후에는 반드시 훌륭한 부모가 존재하고 있다는 점을 간과해서는 안 된다. 남의 자녀가 겉으로 보기에는 자녀 스스로 훌륭하게 성장하는 것처럼 보일 때도 있겠지만, 내면을 자세히 들여다보면 전혀 그러하지 않다는 것을 발견하게 될 것이다. 그 정도로 자녀의 성장시기에는 부모의 각별한 지도와 긴장된 자세가 필요하다. 우리 부모들이 꼭 알아야 할 점이 성장시기의 자녀에게 있어서 한 순간의 실수가 뜻밖의 사고(事故)로 이어져 한평생이 불행해질 수도 있다는 점을 명심하고, 방심(放心)하여 그 끈을 놓아서는 안 된다. 물론 열심히 자녀를 키우다보면 상당 부분 자연스럽게 이루어지는 면도 있다. 특히 직업이 주어시는 것, 결혼을 하게 되어 배우자를 만나게 되는 것, 또한 사람이면 누구나 다 세상을 떠나게 되는 시기 등 중요한 부분들이 인연(因緣)과 운명에 의해서 자연스럽게 이루어질 경우도 있겠지만, 대부분 자연적으로 이루어지는 것들도 세밀히 분석해 보면 인위적인 결과에 의하여 좌우된다는 점을 알게 된다. 만약에 고등학교 다니는 자녀가 등교거부를 하고 빗나가는 것을 겪은 부모는 폭풍우를 만나게 되는 것과 똑같은 두려움을 느끼며 전율하게 된다. 그리고 가정을 몽땅 쓸어갈 것 같은 아픔을 겪게 된다. 현재 자기의 자녀가 가고 있는 길이 자신의 삶의 방향대로 올바르게 진행되고 있는지 되돌아보는 삶의 자세가 필요하다. 그 길이 자녀가 가야 할 방향이 아니면 물러서게 하고, 그 길이 자녀가 가야 할 길이라고 한다면 조심하여 튼튼하게 다지며 진행하도록 하여야 한다. 앞으로 더 올바르고 힘차게 나아갈 수 있도록……, 그리고 인순(因循)과 퇴양(退讓)으로 자신의 몸을 보호하게 하고 세상을 바르게 살아갈 자세를 길러주어야 한다. 부모가 자녀에게 가르쳐야 하는 교육의 내용이 수없이 많겠지만, 그 중에서도 가장 중요하다고 생각되어지는 것이 자녀의 자립정신이라고 생각한다. 교육의 목표는 한 개인에게 있어서 훌륭한 시민이 되기 위해 자립정신을 키워주는 것이다. 부모가 자녀를 키우면서 명심해야 할 사항은 무엇이 있겠는가? 이것은 어떠한 일이 있어도 부모는 자기가 낳은 자녀를 양육해야 하는 책임과 의무를 지니고 있다는 점이다. 그것을 역(逆)으로 말한다면 자녀를 훌륭하게 양육하지 못하는 부모는 그 이상 부모로서의 자격을 상실하는 것이나 다름없다. 우리의 삶에 있어서 중요한 부분은 한 인간의 훌륭한 성장발달이라고 생각하는 바이다.

제1장

자녀성장을 위한 환경

보리라는 작물은 춘화처리(春化處理)라는 혹독한 땅속 영하의 겨울추위를
견뎌내어야만 봄에 정상적인 성장으로 꽃눈을 분화하게 된다.
인간 역시 믿음과 희망 속에서 쓰라린 인고(忍苦)의 세월을 겪어야만 찬란한
인생이라는 꽃을 피울 수 있게 될 것이다.

생명의 탄생은 존엄하다

정신이 어떻게 육체에 결합되었는지 인간은 알 수 없다. 그러나 이것이 곧 인간이다.

_ 몽테뉴

잉태(孕胎)

소중함은 가리어져 있다네.

신(神)의 은총
그 태고적 생명의 의미

고요함과 설레임으로
두 손을 모아 기도를 드리네.

마음은

생명을 위해 있으며

오직, 탄생을 기다린다네.

_ 손자의 탄생을 기다리면서

하나의 생명을 가진 인간이 이 세상에 탄생된다는 것을 본인의 측면에서 어떻게 받아들여야 하는가? 축복(祝福)인가? 비탄(悲歎)인가? 축복도 비탄도 아닌 것인가? 그리고 신(神)의 입장에서 본다면 어떤 의미가 주어지겠는가? 하지만 자신의 탄생을 축복이니 비탄이니 단정하여 말할 수 있는 성질이 아니지 않는가? 각자의 상황과 의지에 따라 축복이 될 수도, 비탄이 될 수 있다고 생각할 수도 있겠지만, 본인의 뜻에 의해서 우리의 생명이 이 세상에 탄생된 것이 아니고, 자신의 의도와는 전혀 무관하게 이 세상에 태어나게 된다는 것에 주목하지 않으면 안 된다. 그러니 누구나 할 것 없이 생명을 가진 인간이라면 어쩔 수 없이 살아가지 않으면 안 되는 숙명이 주어지게 되는 것이다. 비록 자신에게 주어진 생명이지만 따지고 보면 자신의 생명이 아닌 신(神)의 소유물이기에 자신의 주관을 말하여야 할 현실을 초월한 것이나 다름없다고 하겠다. 신(神)의 입장에서 본다면 신은 귀중한 생명을 탄생시키기 위하여 자신의 모든 능력을 동원하여 하나의 생명을 탄생시켰다고 보아야 한다. 신은 자신의 목적대로 하나의 생명을 탄생시켜 인간으로서 이 세상을 살아가고 또 만물의 주인 역할을 하도록 그 책임과 의무를 부과하게 되는 것이다. 이러한 점에서 인간은 신의 피조물로서 이 세상에 태어난 것이나 다름없다.

만약에 우리 인간은 생명의 탄생을 신(神)의 측면에서 보게 된다면, 생명의 탄생은 축복이고 영광이며 신의 은총(恩寵)이라고 할 수 있을 것이다. 아무리 과학이 발달하고 공학적 기술이 향상되어 마음대로 한 생명을 탄생시킬 수 있는 재간(才幹)이 있다고 하더라도, 오직 신성 (神聖)한 생명의 탄생은 인간의 조작적이고, 이기적인 측면으로만 여길 수는 없는 일이다. 아직은 생명에 있어서 탄생의 신비로움, 즉 영혼이 육체에 깃드는 과정은 인간의 지능으로 이해하기에는 요원(遙遠)하다고 말하지 않을 수 없다.

우리의 정신력 하나만 보더라도 신의 능력이 아니면 이렇게 정교한 완성품이 생겨날 수 있겠는가? 그리고 사단(四端)이라는 마음과 칠정 (七情)이라는 감정의 신묘(神妙)한 움직임을 어떻게 우리의 육체에 깃들게 할 수 있겠는가? 도저히 인간의 의식으로는 이해되지 않는 부분들이다. 그저 아주 우연한 상태에서 이 세상에 태어나 그냥 죽음을 맞이한다고 하더라도 탄생과 죽음의 의미는 인간 생명의 소중함을 떠나 신(神)의 문제가 아닐 수 없다.

어떤 자료에 의하면 추정이지만 이 지구상에서 이때까지 발견되어 확실하게 명칭이 붙여지고 과학적으로 기록되어 있는 현서종(現棲種)은 대략 동물이 150만여 종, 식물이 50만여 종이라는 기록이 있다. 그러나 이것이 전부가 아니라 훨씬 많은 수의 종(種)들이 아직 과학적으로 기록되어 있지 않다고 한다. 지금 추정하고 있는 지구상의 전체 동물의 종수(種數)를 1,000~3,000만종으로, 밝혀지지 않은 종들이 밝혀진 종에 비해 엉뚱하게도 수십 배 이상의 많은 수가 존재할 것으로 보는 경우도 있다. 이런 수치는 전혀 근거 없는 이야기가 아니라는 것이다. 세계의 여러 학자들에 의하면 매년 지구상에서 영원히 없어지는 종이 있는가 하면 신종으로 10,000종 이상의 동물이 새로 기재되고 있는 실정이라고 하며, 현재 분류학적으로 잘 연구되지 않은 분류군은 눈에 잘 보이지 않는 미세한 동물, 바다동물, 기생충 등이 있다고 한다.

　바다에 사는 동물들의 수만 해도 천만 종 이상이라고 주장하는 학자도 있을 정도로 우리 인간들이 아직 모르는 다양한 종들이 지구 곳곳에 서식하고 있다고 추정하고 있다. 그 중에서도 가장 고귀한 인간의 종(種)이 탄생하여 번성하게 되었다는 것은 만물의 입장에서 보아도 성스러운 일이 아닐 수 없다. 그렇다면 이 신(神)의 작품인 인간 생명의 탄생, 그러면서도 건강한 육체는 물론이거니와, 특히 건강한 정신으로 탄생되어진다는 것은 정말 고귀하고 숭고한 일이 아닐 수 없다. 문제는 아무튼 신의 작품으로 인간이 이 세상에 태어났든지 아니면 인간의 이기적이고 조작적인 과정을 통하여 태어났든지 세상에 태어났으면 보람 있게 생(生)을 영위하다가 저마다의 삶을 완성하고 세상을 떠나야 할 것이다. 인간으로서 할 수 있는 모든 역량을 동원하여 위대한 삶을 사는 것이 최선의 방법이다. (이 문제는 또 다른 장에서 다루기로 하겠다) 대구교육대학교 국어교육과의 '문학' 교과서를 참고하면 비록 동화(童話)의 심리학적 관점이지만 '심리학적 지혜'가 담겨 있는 경고(警告)의 글귀가 나온다. "부모가 자기의 정동(情動)을 통제하지 못한 것이 불구의 아이를 낳는 원인이 된다."로 기술한 부분이 있다. 불구(不具)는 동화(童話)나 꿈에서 종종 심리적 발달의 미숙성이나 결함(缺陷)을 뜻하기도 한다. 머리 부분(정신적 사고(思考))등에 불구(不具)가 있다는 것도, 그것이 마음의 문제라는 것을 암시하기도 한다. 또한 '홧김에 임신하지 말라. 갓 태어난 신생아를 노여움과 초조한 기분으로 받아들이지 말라' 등의 교훈도 있다. 이 동화에서는 지나친 원망을 하거나 또한 기회를 기다리지 못하고 성급한 행동을 하면, 그 무모함으로 인해 비극적인 결말이 온다는 것을 경고하는 대목이다. 비록 동화에서 나오는 심리학적 견해지만 우리의 삶에 있어서 간과

(看過)해서는 안 될 부분으로 인식된다.

이와 관련하여 교육은 치료다(루돌프 슈타이너[1]. 2001)를 보면 수태(受胎)와 탄생 사이의 관계와 작용에 관해서 신체 배후에 존재하는 또 하나의 영혼[2]의 작용에 대해 언급하고 있다. 인간의 영혼은 영계(靈界)[3]로부터 내려오는 것으로 지상(地上)의 의식으로는 그것을 볼 수 없

루돌프슈타이너

나고 한다. 이 영혼은 영계로부터 내려와 선조대대로 유전의 힘에 의해 만들어지는 신체에 작용한다는 것이다. 이 작용이 이상한 방식으로 이루어지면, 예를 들어 간장(肝臟)의 경우 병적인 간장을 만들게

---

1) 루돌프 슈타이너(Rudolf Steiner, 1861. 2. 27~1925. 3. 30): 클라리에베크(당시 오스트리아령)에서 탄생하였다. 독일의 사상가. 독일의 신지학협회(神智學協會) 회장을 지낸 후 인지학협회(人智學協會)를 창설하고, 예술·학교교육·의학에 이르는 광범한 문화운동을 지도하였다. 괴테의 자연과학 연구가로서 바이마르에서 괴테 전집 편찬에 종사하였다. 주요저서로는 《자유철학》(1894), 《괴테의 세계관》(1897), 《신지학》(1904) 등이 있다.

2) 고대 그리스에서는 몸(體)과 혼(魂)과 영(靈)은 soma, psyche, pneuma(또는 nous)라고 확실히 구별되어 있었다. 그러나 중세 유럽에서는 인간은 몸과 혼으로 이루어진 존재이고, 영은 교회라는 공동체 안에서만 공존할 수 있는 것으로 되었다. 이후 현재까지, 유럽학문에서는 psyche(영어의 soul)와 pneuma(영어의 spirit)의 구별은 애매한 채로 되어있다. 또한 교회 속에 속하지 않은 인간은 '헤매는 양, 즉 영(靈)을 갖지 않은 존재라고 생각하는 편협한 사고방식도 나왔다. 동양에서는 예부터 영(靈)은 모든 사람에게 내재하는 것으로 여겨, 인내천(人乃天), 천인합일(天人合一) 또는 여래세(如來歲)의 사상이 오늘까지 살아있다. 그 경우, 영(靈)이란 우주창조의 예지이며 사랑이다. 한편, 혼(魂)이란 인간과 동물이 공유하는 의식의 주체이며, 의식적, 무의식적 정신생활의 전체로서 공감과 반감·쾌감과 불쾌감의 양극에서 생기는 모든 마음(mind)의 작용이라고 생각한다. 그러나 영과 혼은 확실하게 구별할 수 있는 것이 아닌 영적인 혼, 혼적인 영으로서 나타난다. 본서에서 슈타이너는 혼의 본질을 인간 속에서 생명활동을 유지해가며 확대 발전되어 온 의식으로 보고 있다. 우리나라의 경우 대체로 soul은 영혼, Spirit는 정신으로 해석하여 통용하는 경향이 있다. 또한 리브고드(S.Llevegoed 1997)는 영혼의 세 가지 심리적 기능(사고하기 thinking, 느끼기 Feeling. 의지하기 Willing) 때문에 영혼을 심리라고도 말하고 있다. -교육은 치료다. 루돌프 슈타이너. 물병자리. 2001. 17P. 역자 주 참고

3) 물질계를 넘어선 제2의 존재계, 넓은 의미로는 에테르계(생명계, 동양의 기(氣)에 해당), 아스트랄계(감정계), 신계의 총칭, 슈타이너는 《신지학 Theosophy》 속에서, 물질계와는 완전히 다른 법칙에 지배된 영계의 모든 상태를 상세하게 논하고 있다.

된다는 내용이다. 또한 유전적으로 육체와 에테르체(Etheric)⁴⁾에 병적인 곳이 있을 경우에는 신체는 일정한 병을 나타내게 된다고 하며, 이러한 일은 그 밖의 신체기관에도 똑같이 적용된다고 한다. 어떤 신체기관도 영계로부터 내려온 것과 유전된 것과의 결합이 이루어졌을 때, 사고(thinking)와 감정(feeling), 의지(willing)로서 관찰되는 우리들의 혼(魂)이 생겨난다고 기술하고 있다. 이와 같은 이론이 과학적으로 증명되기는 어렵겠지만 영적(靈的)인 측면에서 여기에서는 그렇게 적용하는 것으로 설명되고 있다. 사고, 감정, 의지는 마치 거울의 상(像)과 같아 잠이 들면 사라져 버린다. 본래의 지속적(持續的)인 혼(魂)은 신체의 배후에 있다고 생각하며, 배후(背後)로 내려와 전생(全生)을 거듭하는 지상생활을 통해서 계속 존재하는 것으로 보는데, 그것은 다음에 신체조직 속으로 스며들어 존재하게 된다고 한다. 또한 육체를 발달시키기 위해서는 에테르체(생명체, 기(氣))의 활동이 필요하고, 에테르체를 발달시키기 위해서는 아스트랄체(감정체, 염(念))⁵⁾의 활동이 필요하며, 아스트랄체를 발달시키기 위해서는 자아(自我)⁶⁾의 활동이 필요하다고 한다. 그리고 자아를 위해서는 영아(靈我)⁷⁾의 활동만이 유효한 작용을 미칠 수 있다는 것이다. 여기서 또한 슈타이너는 "계

---

4) 에테르체(Etheric): 생명체(life body), 생물속의 생명의 형성력으로 눈에 보이지 않는 생명력의 작용을 말한다. 동양의 기(氣)에 해당하는 신지학의 용어로 신체, 아스트랄체, 자아와 함께 인간존재의 네 가지 기본 요소(Etheric body 포함하여) 중의 하나이다.
5) 아스트랄체[감정체, 염(念)]: Astral body, 인간이나 동물에 있어서 지각, 감동, 의식, 충동, 열망, 열정 등을 생기게 하는 눈에 보이지 않는 염(念)의 작용, 감각 및 감정의 전달자로 감정체(sentient body)라고도 부른다.
6) 자아(自我): the ego, 나 또는 'self'라고도 한다. 자아는 개체로서의 의식을 갖게 하며, 혼(魂)의 여러 가지 경험을 총괄한다. 자아에 의해 에테르체와 아스트랄체가 순화·고양되며, 육체에도 영향을 준다.
7) 영아(靈我): 영화(靈化)한 아스트랄체를 영아(靈我)라고 한다. 슈타이너에 의하면, 이는 영화한 육체인 영인(靈人), 영화한 생명체인 생명력(生命靈)과 함께 인간에 있어서 영적본성의 세 가지 본연의 상태이다.

통발생의 관점과 개체발생의 관점과의 새로운 통일의 입장에서 한 사람 한 사람의 인간내부에는 주관적인 혼(魂)의 작용뿐만 아니라, 물질적인 자연계와 형이상학적인 영(靈)계가 각각 객관적인 법칙을 가지고 작용하고 있다는 것이다. 또한 이것을 받는 인간존재는 단일한 본연의 상태가 아닌, 육체, 에테르체, 아스트랄체, 자아의 네 가지 본성으로 성립되어 있다"고 하는 것을 구조적으로 밝히고 있다. 이상은 수태와 탄생 사이의 관계와 작용에 대한 신체의 배후에 존재하는 또 하나의 영혼의 작용과 그리고 육체를 발달시키는 작용에 관해서 살펴보았다. 비록 하나의 육체에 깃들게 되는 정신적인 형이상학적인 문제이기에 충분한 과학적인 증거자료로서 불충분하지만 영혼의 차원에서 다루어지는 것을 여기에 실어보았다.

우리 인류의 정신적인 면(面), 즉 영적(靈的)인 문제는 가볍게 처리해야 할 사항이 아니라고 본다. 이것은 신(神)의 영역에서 다루어야 할 사항이 아닌가 생각된다. 보통 우리는 눈에 보이는 것만 신경을 쓰고 보이지 않는 부분, 특히 영적(靈的)인 면은 소홀하기 쉬운데 이런 영적인 면, 정신적인 면을 실체(實體)로 생각하고 우리 인간은 육체적인 외형과 마찬가지로 내면인 정신적인 면도 함께 중히 여겨야 할 부분이다. 이러하다고 볼 때 우리 인간에 있어서 한 생명의 탄생은 바로 영혼의 탄생을 의미하는 것으로 보아야 하며, 이 영혼의 탄생을 오직 부모에 있어서 부부의 합일로만 생각하는 것은 다소 부족한 인간들의 판단이 아닌가 하고 생각되기도 한다. 이 점에 있어서 우리가 유의해야 할 것은 생명의 탄생은 영혼의 탄생이라는 의미로 접근해야 할 것이다. 그렇게 볼 때 이 영혼의 탄생은 부모의 합일로만 생각하지 말고 반드시 신(神)의 의도성을 생각하지 않을 수 없는 문제이다.

이와 같은 문제로 영혼이 탄생하게 된 그 배경과 뿌리를 우리는 확실히 알 수 없겠지만, 자녀를 갖게 될 부모의 마음가짐에서 이 영적(靈的)인 문제는 실로 대단히 중요하지 않을 수 없는 일이다. 이 영적 탄생에 관한 문제에 대하여 우리가 조금이라도 접근해 본다면, 첫째 자연적인 상태에 우리 인간의 몸과 마음을 맡겨야 한다는 것. 둘째 욕심을 멀리하고 마음을 비우는 것. 셋째 명상과 기도로써 마음을 통일할 것. 넷째 항상 주변을 깨끗하게 하고 정숙(靜肅)하게 유지할 것. 다섯째 육적(肉的)인 체질이 되지 않도록 할 것. 여섯째 소박하고 경건한 마음을 가질 것 등등이라고 생각한다. 그래서 눈에 보이지 않는 영적인 면을 중시하여 그 실체를 인정하도록 수양하고 마음공부를 열심히 하여 정신과 마음을 온전히 보전하고 살려나가야 한다. 특히 결혼은 남녀의 육체적인 결합뿐만 아니라 영적(靈的)인 결합을 의미하며, 그 결혼에서 태어난 자식은 부모의 육체적인 면과 영적인 면을 다 함께 1/2씩 받아 태어난다는 사실을 간과해서는 안 될 것이다.

그렇다면 산모의 영적인 건강은 어떠한 상태가 건강한 상태의 조건이 되겠는가? 물론 영적인 건강의 상태도 부모의 유전력의 작용을 받겠지만 환경적인 면을 따진다고 하면 아마도 심리적으로 안정되고 고요한 상태가 아닐까 생각한다. 예를 든다면 남을 원망하거나, 또는 부정적인 시각을 갖고 있다든지, 심한 괴로움에 시달린다든지, 극(極)에 가까운 흥분상태, 악의(惡意)에 찬 마음가짐, 원한(怨恨) 등은 건전한 영적인 상태를 유지한다고 보기 어려운 일이다. 산모가 건강한 심리 상태를 유지한다는 것은 잉태되는 태아를 위해서 외부에서 유래되는 영혼의 작용을 온당하게 수용할 수 있는 바탕, 즉 고요한 마음가짐을 갖도록 좋은 환경을 갖추어야 하는 것으로 생각된다. 우리 인간들이 남과 같이 생활하고, 함께 있어도 남으로부터 영향을 받는데 하물며 태아가 산모의 영향을 받는 것은 말할 것도 없을 것이기 때문이다. 한 가지 예로서 대학 수능시험을 앞둔 부모의 자세를 살펴보더라도, 부모들은 새벽 4시가 되면 삼년을 하루같이 절(寺刹)로 향하여 새벽기도를 드린다. 스님의 가르침에 따라 목욕재계하고 정신을 하나로 통일한다. 학생 본인이 아닌 부모이지만 정신을 흐리게 하는 곳이나 부정(不淨)이 있는 곳, 자신의 집에 걸려오는 전화마저도 함부로 받지 않는다. 되도록이면 사람이 많이 모이는 곳도 피하여 정신을 맑게 유지함으로써 자녀의 수능시험에 대비한다. 그러함에도 새로운 생명을 탄생시키는 부모들이야 어떻게 해야 하겠는가? 옛날 우리 조상들도 며느리에게 태기(胎氣)가 있으면 건강한 손자·손녀를 얻기 위하여 부정한 행위를 하지 않으려고 작은 미물(微物)일지라도 생명을 죽이지 않았으며, 칼이나 낫, 신발 등도 가지런히 하여 마음을 어지럽히지 않았고, 조상님을 비롯하여 북두칠성에게도 자신의 소원을 빌었다. 그리고 신혼부부의 합방(合房)시기도 함부로 하지 않고 때와 시기를 기다리며 정(定)하였고, 가정에 후손이 태어나면 문밖에 장대를 세워놓고 누구나 함부로 들어오지 못하게 주위사람들에게 알리어 경계심을 보여주기도 하였다. 인간으로서 할 수 있는 데까지 최선을 다한다는 '진인사대천명(盡人事待天命)'의 마음가짐이었으리라 생각한다.

우주의 원리도 마찬가지다. 한 송이 꽃이 피어나는 데 습기와 온도, 공기가 조화를 이루고 태양의 빛이 지속적으로 감싸주며 땅의 기운을 받아야 하는데, 하물며 만물의 영장인 인간의 생명을 잉태하기 위해서는 우주의 기운이 전율하고 긴장하지 않고는 어려울 것으로 본다. 우리 인간은 단순히 육체적인 형성으로만 인간의 탄생을 생각해서는 안 되며, 이 우주의 원리는 에너지 보존법칙이 성립되어 있어서 죽음과 탄생 사이에는 물질적인 균형은 물론이거니와 형이상학적인 문제지만 혼(魂)의 균형마저도 생각하지 않을 수 없을 것이다. 깊은 산속에 살고 있는 꾀꼬리의 노래 소리가 맑고 청순하듯이, 높은 산봉우리의 난(蘭)이 향기가 진하듯이, 인간도 맑고 깨끗한 환경 속에서 순수(純粹)한 영혼이 형성될 수 있을 것으로 본다.

공자의 생애와 탄생(김학주. 2003)을 보면 공자의 어머니는 공자를 낳기 위하여 이구산에서 기도(祈禱)를 드렸다고 한다. 공자의 이름이 구(邱), 자가 중니(仲尼)라는 것도 이 산(山)과 관련이 있기 때문이다. 공자가 나면서 머리 꼭대기 가운데가 움푹 들어가고 사방이 높은 것이 이구산 모양을 닮고 있어서 이름을 구로 하였다는 것이다.

우리가 의식(意識)의 생성문제를 살펴보더라도 불교에서는 의식이 무생물에서는 생겨날 수 없다고 말한다. 즉 현재 의식의 순간은 과거 의식의 순간에 의해서 가동된 것으로서, 나아가 미래 의식의 순간을 가동시킨다고 한다. 이와 같은 이유로 우리는 수태의 순간에 그 새로운 존재에 생명을 불어넣은 의식의 불꽃이 비록 매우 미미(微微)하다 할지라도 의식적인 사건만을 원인으로 새로운 의식을 가질 수 있다고 생각하는 바이다. 그런가 하면 현대과학의 의식생성에 관한 이론, 즉

자크모노Jacques Monod

자크모노(Jacques Monod)[8]는 자신의 저서 『우연과 필연(Le Hasard et necessite)』에서 "생물은 물질에서 생겼으며 의식은 생물에서 생겼다."라고 이론을 펼친다. 의식이 생물에서 생긴다고 해도 의식의 생성문제는 형이상학적이고 실체를 확인하여 인식할 수 없는 영적(靈的)인 문제이고

---

8) 자크 뤼시앵 모노(Jacques Lucien Monod, 1910년~1976년)는 프랑스의 생화학자이다. 자코브와 함께 전령 RNA에 대해서 연구하였다. 그의 책 《우연과 필연》(Chance and Necessity, 1970년)에서 인간은 우주에서 우연의 산물이라고 제안했다.

보면, 우리의 생명에서 의식의 생성문제는 완전히 이해되기까지는 아직은 멀다고 하겠다. 인간에 있어서 생명의 탄생과 관련하여 통계자료에 의하면 세계적으로 연간 300만 명 이상의 태아가 낙태된다고 한다. 이러한 상황이고 보면 낙태의 문제를 어떻게 생각해야 할지 쉽게 해답이 나오지 않는다. 그렇다고 자연적으로 생성되었다고 하더라도 이 생명들을 무조건 낳을 수도 없는 일이고 보면 낙태에 관해서는 개인 각자의 윤리적인 측면과 인류의 안녕과 복지차원에서 새로운 각오와 의지가 있어야 할 것으로 본다. 옛날 우리 조상들이 흔히 말하기를 인간은 누구나 자기가 먹고 살 것을 가지고 태어난다고 말하고 있다. 종교인들, 특히 가톨릭에서는 하느님이 인간을 창조하셨기에 자연히 태어나는 생명의 탄생을 막아서는 안 된다는 주장이다. 자녀를 탄생시키는 것은 하느님께 맡기라는 뜻이며, 이 지구상에는 하느님의 뜻대로 생명으로 가득 차 태어남과 죽음이 항상 존재하도록 해야 한다는 메시지가 담겨 있다고 하겠다. 그러나 산아제한(産兒制限)과 관련하여 불교의 티베트종파인 라마교의 영적지도자인 달라이라마는 생명은 우리가 소유한 가장 귀한 재산이라고 말씀하셨다. 인간의 삶은 하나하나가 매우 소중하며 생명은 우리가 깨달음을 향해 항해(航海) 할 수 있도록 해주는 배와 같기 때문이라고 말한다. 그러나 이 귀중한 생명들이 너무 많아지면 인류전체에 대한 문제점으로 부각된다는 점이다. 지구의 자원만으로 수십억의 인류가 품위 있는 생활을 영위할 수 없기 때문이라는 시각이다. 유일한 해결책은 출생을 통제함으로써 인구 팽창을 막는 것이 중요한데 달라이라마는 이른바 비폭력적인 산아제한, 즉 가능한 한 모든 피임방법을 활용하라고 추천한다. 불교에서는 살인(殺人)이라는 행위를 '살아있는 존재는 물론이고 형성중인 생명체에게서 생명을 빼앗는 것'으로 정의하고 있다. 왜냐하면 생명은 수태되자마자 비록 아주 미세하고 원시적인 상태로나마 이미 전생(前生)의 의식을 갖고 있기 때문이라는 주장이다. 그러므로 낙태를 사용하지 않도록 효과적인 피임방법을 개발하여 이용토록 하라는 권고의 메시지가 담겨져 있다. 아무튼 생명의 탄생은 신중에 신중을 기해야 할 문제라고 생각한다. 그리고 생명의 귀중함과 관련하여 며칠 전 서울에서 한 어머니가 10대 이하의 어린자녀 셋을 죽이고 자신도 목숨을 끊은 끔찍한 사건이 발생했다. 이것은 자녀를 가진 어머니의 생활고(生活苦)로 인해 한 가족 전부를 죽음으로 마감한 사례이다. 이 가족의 죽음은 물론, 어머니의 생활고도 사건의 계기가 되었겠으나, 국가와 사회적인 제도적(制度的) 책임도 간과(看過)할 수 없을 것으로 생각한다. 우리 인간이 어떻게 계산대로만 살아갈 수 없는 형편이고 보면, 때로는 순간적인 일들을 자연적인 흐름에 맡겨야 할 때도 있지만, 그래도 이러한 일을 운명으로만 받아들이기에는 생명의 존엄성을 비하(卑下)하는 태도로 여겨진다. 그러니 자녀를 낳고 길러야 하는 부모들은 자녀의 탄생을, 그리고 생명의 귀중함을 한 번 더 깊이 인식하여야 할 것이다. 아마도 이것이 자녀를 낳을 부부가 판단해야 하는 가장 중요한 과제가 아니겠는가? 그리고 태어난 생명은 거룩한 삶을 영위하여야 하는 것이 인간에게 있어서 지상의 유일한 최대과제라고 생각한다. 이와 관련하여 그리스도의 요한복음서 3장 7절에서는 영혼의 탄생에 대하여 기록한 것이 있다. "너희는 새로 태어나지 않으면 안 되느니라."라고 말씀하셨다. 이 말씀은 태어난 자녀가 올바르게 자라기 위해서는 태어난 현재의 상태에 있는 영혼을 그리스도의 정신으로 새롭게 다시 각성(覺醒) 도야(陶冶)시켜야 한다는 내용이다. 톨스토이 인생론에서도 "이성적 의식은 그 자체에 의하여 계시(啓示)되어 있는 참된 행복 속에 자기 스스로의 참된 생명을 찾게 하기 위하여 인간에게 주어진 것이다. 참된 행복 속에서 생명을 찾는 자는 생명을 가지지만, 이 속에서 찾지 못한 채 그것을 좁게 한정된 동물적 개성의 행복 속에서 찾는 자는 그 자체에 의하여 스스로 생명을 잃고 만다."라는 말씀이다. 여기에는 생명에 있어서 탄생의 귀중함과 참된 행복을 위해서 영혼이 이성적 의식으로 다시 도야(陶冶)되어야 한다는 제2의 탄생을 의미하기도 한다. 이와 같은 내용을 보더라도 부모들은 최선을 다해 이성적 의식을 깨우치기 위하여 자녀교육을 위한 새로운 각오와 다짐이 필요하리라 본다. 새로운 생명을 탄생시키고자 하는 부모는 앞에서 기술한 제2의 영혼의 탄생을 새로운 영혼의 도야, 즉 이성적 의식으로 다시 도야시킬 수 있을 때 부모는 자신의 자녀에 대한 의무를 완수했다고 할 수 있을 것이다. 만약에 우리 인간에게 있어서 하나의 생명의 탄생을 육체적인 형상만 생각하고 영적인 면을 등한시할 경우에 잘못하면 반인륜적 행위도 불사(不辭)하게 될 것이며, 정신적인 삶보다는 육적인 삶의 형태를 취하게 되어 인간의 존엄성마저도 무너지게 될 것이다. 그리고 물질과 쾌락을 추구하는 삶을 살게 되어 죽음을 하나의 나쁜 수단으로 사용할 수도 있을 것이다. 우리 인간이 영적인 삶을 추구하려고 한다면 신성(神性)한 차원으로 접근하지 않으면 안 된다고 생각된다. 즉 반드시 우주에서 기인되는 기운(氣運)법칙이 존재하게 되어 생명의 수태의 과정에 영묘한 기운이 영입되어 우리의 몸속으로 흘러들어오는 과정, 즉 우주의 신명함이 우리의 영혼에 반영된다는 점을 간과하지 말아야 할 것으로 생각된다. 한 생명의 탄생은 우주의 법칙이 반영된 것이라고 하지 않을 수 없는 일이기에 신중에 신중을 기하지 않으면 안 될 것이다. 왜 그렇게 꼭 생각을 해야 하느냐 하면 종교적인 측면이 아니더라도 이 세상의 삶은 흘러가는 순간에 지나지 않으며, 우리 인간내부에 존재하는 영혼의 본원지는 나 자신에게 있는 것이 아니라 저 세상 우주 자연에 속한 무(無)의 세계이기 때문이다. 이 세상은 잠시 머물다가 떠나야만 하는 세계이기 때문이다.

어린 시절 아름다운 추억이 삶의 자원이다

진정 아름다운 추억 하나만 영원히 간직한다 하더라도 험난한 인생길을 다독거리며 살아갈 수 있을 것이다.

_ 이호재

　　보통 유년기(幼年期)라고 하면 4~6세 정도를 말한다. 여기서는 아동기 이전 어린이집이나 유치원에 다니는 시기이다. 지금은 어른이 된 나를 생각할 때 어쩌면 나의 유년기는 저 먼 하늘나라와도 같은 희미한 꿈속을 연상케 한다. 그러면서도 확실하게 붙잡아보지도 못하고 흘러가 버린 듯한 아쉬움의 세월이기도 하다. 누구나 유년시절을 생각하면 어머니와도 하나 다름없는 포근한 자연의 품속에서, 아직도 태아시절에 젖어 꿈을 꾸는 듯한 환상(幻想)의 세계에 머물러 있기도 한 시기였을 것이다. 분명 이 시절은 생(生)의 전 기간을 통하여 볼 때 두려움을 모르는 천진난만한 상태로 아직도 신(神)의 축복 속에 머물고 있는 시기라고 할 수 있을 것이다. 이 시기의 아이들은 동심의 세계에서 행복하게 자라야만 하고 천진난만하여야 하며 즐거워해야만 하는 시기라고 생각이 든다. 이렇게 꿈속과 같은 어머니 품속에서 천사처럼 성장하는 어린 시절이 삶에 있어서 가장 귀중한 추억의 시간들이라는 것을 우리는 잊어서는 안 된다. 이러한 유년시절의 황금과도 같은 아름다운 추억이 그 이후의 삶에 미치는 영향이 어느 것과도 바꿀 수 없는 고귀한 자원이 된다. 아마도 이러한 추억들 속에서 가장 보배로움은 어린 자신이 성장한 고향산천과 어머니의 품안이 있기 때문일 것이다. 깊게 생각해보면 추억 역시 현실과 하나 다르지 않게 우리의 정신세계에 관여하거나 참여하게 된다. 추억은 소멸되는 것이 아니라 머릿속에 잠자고 있다가 기회가 되면 언제든지 다시 되살아난다. 추억을 상상한다는 것은 현재 우리가 생활하며 생각하는 것과 하나도 다르지 않다. 장자(莊子)의 물화(物化, 胡蝶夢)[9]에서처럼 장주(莊周, 장자의 본명)가 나비인지, 나비가 장주인지 구분이 잘되지 않는 것처럼 우리의 삶 역시 하나의 꿈이나 다름없기 때문이다. 인간은 자신의 삶을 영위해 가는 과정에서 어떤 진리를 발견하게 되었을 때 평소에는 잘 알고 소중하게 여기면서도, 어떠한 경우에는 쉽게 간과(看過)하고 소홀히 취급하며 지나치는 경향이 있다. 그 중에서 특히 성인이 되면 물질적인 것에 얽매여 돈이면 모든 것이 해결되는 것으로 착각하면서 오직 돈을 버는 기계처럼 전락하고 만다. 생활에 물질적인 부족함이 크게 없는데도 고급아파트는 물론, 값비싼 가구나 승용차, 그리고 귀금속을 갖추고 있어야만 모든 삶에서 필요한 소유물을 갖추게 된 것처럼 우리는 이러한 것들을 확보하기 위하여 오늘도 여념이 없이 동분서주(東奔西走)하며 열심히 일을 하게 된다. 그러나 정작 우리의 삶에 있어서 귀중한 것은 우리의 영혼을 깨끗하게 맑히고 순화하며 정신적인 삶을 살아가는 것이다. 인공위성이 화성(火星)을 탐사(探査)하고 있는 오늘의 눈부신 과학의 발달 속에서도 과학의 힘으로 증명할 수 없는, 우리의 주변에서는 신비스러운 일들이

---

9) 장자《胡蝶論》제물론: 어느 날 장주(장자의 본명)가 낮잠을 자는데, 꿈속에서 나비가 되었다. 나비는 꽃 사이를 훨훨 즐기며 날아다녔다. 유유자적하면서 재미있게 지내는데, 자기가 누구인지 알지 못했다. 그러다 문득 잠에서 깨어났다. 장주가 나비되는 꿈을 꾸었는지, 나비가 장주되는 꿈을 꾸었는지 알 수 없었다. 장주와 나비사이에는 어떤 구분이 없다. 이것을 물화(物化)라 한다.

일어나고 있는 것을 볼 수 있다. 어린 시절은 세상에 태어난 지 얼마 되지 않아 아직도 몸에는 신(神)의 가호(加護)가 그대로 존속되어 있는 시기이다. 손자·손녀가 태어나기 전에 조부모가 꿈을 꾸는 태몽이라는 것이 아직도 여전히 이야기되고 있다. 부모와 아들이 멀리 떨어져 살면서 평소에 그러한 생각도, 전혀 관심도 없이 생활하고 있는데 부모는 이상한 꿈을 꾸고는 그것이 손자·손녀가 태어나게 될 태몽이라고 단정하는가 하면, 며칠 후에 며느리가 임신했다는 전화가 걸려오는 것을 보면, 그것이 태몽이라는 것을 확신하게 된다.

그런가 하면 시골의 종가(宗家) 집에서는 성주10)라는 게 있어서 신령(神靈)을 모시고 있다. 보통 성주에는 음력 초하루 날이나 보름날이 되면 정화수(井華水)를 한잔 올려놓고 가정의 편안을 빌기도 한다. 자녀나 손자·손녀가 태어나면 성주를 모시고 어진 개양(開陽)님11)을 불러 정성껏 공경하고 모시면서 소원을 비는 사례는 흔히 어릴 때 누구나 보아왔다. 또한 갓 태어난 아기가 젖을 먹지 않고 잠을 자지 못할 때는 부모들은 으레 개양(開陽)님께 빈다. 그러면 보란 듯이 좋아지고 무럭무럭 자라게 되는데, 이러한 현상을 보면 전혀 개양님이 없는 것도 아닌 것 같다. 비록 인간의 삶에 있어서 방법과 방향을 제시했던, 그 시대의 정신적인 집중과 믿음의 형태는 시대가 흘러가고 관념이 변화함에 따라 오늘날에 차츰 사라지고 없어지게 되었지만, 그 원형은 아직도 그대로 남아 우리의 의식 속에서 살아서 숨 쉬고 있

---

10) 민간(民間)을 통해서 전해 내려오는 것으로 집을 지키고 보호한다는 신령(神靈). 일명 상량신(上樑神)이라고도 한다.

11) 1. 천문학에서 북두칠성의 여섯째 별. 2. 민간을 통해서 전해 내려오는 신령(神靈)으로 자녀를 부모의 배 속에 잉태할 때부터 태어나서 셋째 이레까지(이레는 7일으로서 셋째 이레는 21정도를 일컬음) 돌보아주는 신령(가상적(假想的)인 할머니로 통한다)을 일컫는 것으로 알고 있다. 저자가 평소에 듣고 배워온 것이며 이것은 확실하지 않다.

는 것이다. 또한 우리의 삶에 있어서 무의식세계에서 오는 추억과 같은 꿈은 기회가 주어지면 현실세계로 나타나 우리의 뇌 속에서 언제나 번득거리며 다시 비추어진다. 과거는 현재 속에 영원히 사라지는 것이 아니라 묻히게 되는 것이다. 무의식세계에서의 아름다운 꿈은 어느 시기에 새롭게 탄생되어 영혼 속에 작용하여 의식으로 떠오르게 된다. 정신적인 삶에 있어서 아름다운 추억은 우리에게 꿈과 희망을 제공한다. 이 아름다운 추억은 어느 시기가 오면 다시 자신의 뇌에 어떤 영상으로 나타나 재생되어 방영된다. 물질적인 삶에서 돈이 필요하지만 정신적인 삶에 있어서 아름다운 추억의 영상(映像)은 삶을 긍정적으로 변화시키고 희망의 세계로 이끌게 한다. 물질적인 삶에서 돈을 저축하는 것과 같이 정신적인 삶에서는 아름다운 추억을 만들어 간직하는 것은 삶의 자원이 아닐 수 없다. 아름다운 추억은 영혼이 머물러 있는 고향이며 죽음의 세계에까지 함께하는 영혼의 보금자리이기도 하다. 영혼의 차원에서 보면 현실세계나 지나간 추억의 세계나 똑같은 현상의 세계이다. 자라나는 청소년들에게 아름다운 추억은 희망과 꿈의 원천이며, 또한 천당 극락으로 가는 지름길이 되는 삶의 한 형태이며 모습이기도 한 것이다. 천당극락의 경지는 영혼 속의 꿈과 같은 세계가 아닌가 하고 생각해 본다. 한 사람의 유년기에 있었던 아름다운 추억들은 조부모님을 비롯한 아버지와 어머니 그리고 형제들을 포함하여 집안 분위기가 화목하고 안정적인가에 달려 있다고 하겠다. 어릴 때의 아름다운 추억은 뇌의 감성회로에 저장되어 추억의 성질과 형태로서 변화하지 않으며 정신작용으로 그대로 반영되어 아름다운 추억은 아름다움으로, 괴로웠던 추억은 괴로움으로 발현되어, 그 영상을 현실의 삶에 비추어지게 한다. 임성훈의 시골길 노래의 가사를 머리에 떠올려 보면 어린 시절의 추억이 어느 정도 실감 있게 다가올 것으로 생각이 된다. "내가 놀던 정든 시골길"과 같이 아름다운 추억은 영원히 잊을 수 없다. 이 아름다운 추억이 나의 가슴속에 하나의 생명의 멜로디로 남아서 언제나 현실로 나타나게 되어 삶에 무궁한 활력을 불어넣어 준다. 이것이 바로 가장 값비싼, 무엇과도 바꿀 수 없는 생(生)에 있어서 건강하고 귀중한 삶을 위한 자원이 되는 것이다.

어쩌면 인간의 삶은 바로 고통 그 자체이다. 자신에게 주어진 삶의 무게를 견디기 어려울 때가 많다. 한 예로서 황량하고 삭막한 사막의 길을 터번을 머리에 감은 낙타몰이꾼이, 낙타 등에 짐을 가득 싣고 오늘도 내일도 하염없이 힘겹게 걷는 모습을 연상케 한다. 이 낙타들의 운명처럼 우리 인간도 자신의 삶의 무게만큼이나 견디기 어려울 정도로 괴로움과 고통이 자신을 짓누른다. 한 번 더 이 광경을 떠올려 보아라. 끝이 보이지 않는 아득한 사막의 한 가운데서 자신에게 주어진 삶의 무게를 이기지 못하고 쓰러지는 낙타의 모습을 떠올려 보아라. 인간도 이 낙타와 하나도 다름없이 고통 속에서 살아가고 있는 것이다. 낙타가 짐을 가득 싣고 모래바람이 불어오는 사막을 횡단하는 모습은 인간이 고(苦)된 삶을 살아가는 형태나 다름없이 느껴진다. 사막을 여행하는 여행자들의 느낀 소감에 의하면 사막은 황량한 모래바람보다도 훨씬 더 인상적인 것은 사막의 고요함이라고 한다. 그래서 이 고요함을 느끼기 위해서 지금도 여행객들은 아프리카 사하라 사막을 여행하기를 희망한다는 것이다. 이 사막의 고요함 속에서 인간은 자신의 어머니처럼 포근한 자연의 품안과 자연의 신비스러움을 함께 느낄 수 있기 때문이다. 또한 인간이 살아가면서 꼭 필요한 것이 물이다. 이 물이 없으면 살아갈 수가 없다. 이 물은 온 만물의 생명력인 동시에 특히 인간이 살아가는데 갈증을 해결해 주기도 하고 더러운 오물을 없애는 데 사용되기도 한다. 이와 같이 인간이 살아가는 데 가장 생명과 직결되는 것이 곧 물이다. 이와 같은 삶의 과정에서 슬프고 괴로울 때마다 인간은 좌절하기도 하고 절망하기도 하는데, 이때 아름다운 추억은 한 방울의 물과 같이 자신의 영혼에 생기를 제공하며 삶의 활력소로 작용하여 긍정적인 힘을 제공하게 된다.

인간이 왜 삼림욕(森林浴)을 하는가? 도시민들이 현대의 물질문명 속에 노출되어 있는 가운데 이곳에서 흘러나오는 온갖 매스컴, 그리고 이동전화단말기 등의 전자파, 네온의 조명, 공장지대의 온실 가스는 물론, 자동차의 매연과 소음, 치열한 경쟁에서 살아남기 위한 과다한 정신노동의 피로감 등을 씻어주기 위해서 한적하고 고요하며 숲이 우거진 산속에서 삼림욕을 하게 되는 것이다. 이와 같이 깨끗한 물과 조용한 숲이 사람이 살아가는 데 반드시 있어야 하는 귀중한 자원이듯이 아름다운 추억 역시, 우리 인간이 살아가는 가운데 고달픈 영혼을 치유하기 위해서 없어서는 안 될 의미 있는 자원이기도 한 것이다. 그러면 아름다운 추억들은 어떠한 것들이 있을 수 있겠는가? 어릴 적에 외할머니 품에 안겨서 마냥 즐겁게 옛날 이야기를 들으며 상상의 날개를 펼치는 순간들의 기억을 되살려보자. 밖에는 눈이 소복하게 쌓이는 시골 마을에서 외할머니가 구워준 정(情)이 담뿍 담긴 고구마를 먹던 그 어린 시절, 무더운 여름날 고향마을 시원한 계곡에서 사촌들과 발가벗은 채로 오후 내내 미역을 감으며 물고기를 잡던 추억들, 유치원의 피아노 연주 경연대회에서 우수상을 받고 참석한 관중으로부터 축하의 박수를 받던 행복했던 시간들, 시골에 계시는 할아버지 회갑 연 때 온 가족이 모인 자리에서 때때옷을 차려 입고 흥겨운 노래를 불러 힘찬 박수를 받던 그 즐거운 순간들, 신록의 계절인 5월에 하얀 찔레 꽃잎이 떨어지는 어느 날, 언니와 함께 들길을 걸으며 마냥 즐거워했던 영상들, 지금은 하얀 추억이 되어 꿈속에서 나 볼 수 있는 듯한 모습으로 현실로 다가와 나를 어루만져 주곤 한다. 이와 같이 아름답고 의미 있는 추억을 우리는 많이 가져야 한다. 이들의 추억은 인간이 살아가는 동안 삶이 어렵고 힘겨울 때 활력을 불어 넣어주는 삶의 소중한 무형의 자원이 되기 때문이다.

　이뿐인가? 고통 받는 우리의 영혼은 부모의 포근한 품안과 같은 평온하며 고요한 자연을 원한다. 삶의 현장에서 일어나고 있는 살벌한 경쟁과 과로(過勞)에서 오는 심신의 피로, 주변동료들의 무시와 따돌림, 가족 구성원들의 안전을 위협하는 위험요소에 따른 불안, 상대적 빈곤, 미래의 불확실성, 특히 성장하는 자녀들에게는 학업 부진에서 오는 압박감 등은 지속적으로 현실을 살아가는 우리에게 정신건강을 위협하는 요소가 된다. 이에 대처하기 위하여 우리는 자신 속에서 안전지대를 마련하고 언제나 불안하고 두려울 때는 아름다운 추억 속으로 여행을 떠나 심신의 피로를 푸는 것이 훌륭한 삶의 한 방법이기에, 우리의 자녀들에게 어린 시절 아름다운 추억을 많이 간직하게 해주는 것이 무엇보다도 귀중한 삶의 자원이 될 것이다. 특히 유년기는 육체와 정신이 아직도 성장하는 시기로서 기본 체형의 틀이 만들어지는 시기이다. 이와 관련하여 생각해 볼 때, 어린아이는 병아리, 어린 양, 송아지, 망아지, 강아지, 새싹 등과 같은 개념으로 떠올려진다. 이들은 희망, 미숙, 신성함을 상징하기도 하는데, 여기 어린아이, 어린 양 등에 붙여지는 '아(兒)'는 - 완전히 자라지 않은, 어린, 미완성의. 미래의 성장 가능성을 함유한. 새로운 변모를 예상하는, 누군가의 보살핌과 배려를 필요로 하는, 신(神)에 대한 희망과 갈구(渴求)가 아직도 존재하고 있는, 영적인 면에서는 아직도 신(神)적인 것에 머물러 있는,

그러면서도 겉으로는 인간으로 형상화가 이루어진 상태 - 라는 의미
가 내포되어 있다.

우리가 들(野)에서 피어나는 한 포기의 화초를 생각해보자. 이 화초
는 아름다운 꽃잎을 피우기 위해서는 현재 성장하는 푸른 잎이 상처
받지 않고 생생하게 자라야 한다. 이와 같이 삶의 과정에서 어릴 때의
아름다운 추억을 소중히 간직한 사람이 따뜻한 영혼을 간직하게 되
어 올바르게 자랄 수 있게 된다. 하지만 우리 인간의 삶 역시, 그렇게
호락호락하지만은 않다. 길가 어린 민들레의 줄기가 밟히고 꺾이게 되
어도, 그대로의 상태에서 꽃을 피우듯이 우리의 인간도 예외는 아니
다. 인간도 처절한 아픈 현실을 수용하여야 하며, 그렇다고 포기할 수
는 없는 인생이고 보니 어려운 환경에서도 그대로의 삶의 결실을 맺어
야 하기에, 나름대로의 아름답고 따스한 추억을 간직하고, 그것을 위
안으로 삼아 어려운 삶을 살아나가지 않으면 안 된다. 그래서 어릴 때
추억은 자신의 성장과 이후의 삶에 소중한 자원이 되는 것이다.

친구의 영양분으로 자녀는 성장한다

시절 인연이 오면 나도 소중한 친구를 만나게 되리니!

_ 이호재

　인간은 태어나면서부터 남과의 관계(關係) 속에서 자라게 된다. 인간을 사회적인 동물이라고 표현하는 것이 이런 이유이다. 즉 인간은 혼자서 살아갈 수 없는 동물이기에 또한 남으로부터 신뢰(信賴)를 얻어야 한다. 한 인간으로서 아이든 어른이든 타인과의 관계에서 자신이 남에게 온전히 받아들여지지 못하고 거절당한다면 어떻게 되겠는가? 즉 자신의 사랑과 관심, 배려 등을 남에게 베풀었는데, 그것을 남이 받아주지 않는다면, 또한 타인의 사랑, 관심, 진실이 나에게 주어지지 않는다면, 이것은 남과의 관계에서 고립, 단절, 좌절, 굴욕, 박탈감(剝奪感) 등으로 나타날 것이다. 이러한 결과는 자신이 자신을 수용할 수 없고 자신이 자신을 스스로 사랑할 수가 없게 되어 마지막에는 자신이 자신을 증오하게 된다. 이렇게 되면 종국에 가서는 자기비관으로 이어지는 원인이 될 수도 있다. 자신이 남을 사랑하지 못하고, 또 사랑받지 못하는 까닭에 사랑을 주고받을 수 있는 대상인 타인과의 관계가 두려움과 공포의 대상이 되고 올바른 인간관계를 형성할 수 없게 된다. 이러한 까닭에 사람이 살아가는 데 원만한 인간관계는 대단히 중요한 문제라고 하지 않을 수 없다. 이러한 이유에서뿐만은 아니지만, 인간의 삶에 있어서는 진실한 친구가 필요하게 되는 것이다. 진실한 친구는 아무런 부담감 없이 서로의 외로움을 달래주며 마음을 교감할 수 있기 때문에, 좋은 친구와 사귀게 되면 인간관계에서 오는 두려움과 공포를 없게 해준다. 진실한 친구는 억지로 맺으려고 한다고 해서 맺을 수 있게 되는 것이 아니다. 친구의 만남은 일반사람들의 만남과는 다르게 소중한 인연으로의 만남이기에 만나고 헤어짐도 정해진 운명처럼 느껴진다. 그러니 오직 자신의 영혼을 순수하고 소탈하게, 맑고 깨끗하게 정화하여서 묵묵히 자기 길을 가게 되면 내 영혼에 어울리는 친구를 자연히 만나게 될 것으로 본다. 그 친구는 나의 하얗고 청순한 마음 밭에 자신의 진정한 영혼의 마음으로 아름답고 순박한 그림을 그리게 될 것이다.

친구는 본질적으로 나의 영혼과 더불어 또 다른 한 부분의 영혼으로 존재하게 되는 것이다. 아마도 인간은 태어날 때부터 자신의 마음속에 친구가 살아야 할 공간을 마련하여 태어나는 것 같다. 그렇지 않으면 친구가 그렇게도 삶에 있어서 중요한 부분으로 자리매김 할수 없을 것이기 때문이다. 한 인간이 성장하는 데는 반드시 친구와의 어울림이 있어야 한다. 이 순수하고 다정한 친구의 역할이 있어야 온전히 성인으로 성장하게 되는 것이다. 한 사람의 영혼의 성장에는 또다른 친구의 영혼이 마주칠 때 제대로 성장하는 것으로 본다. 내 영혼의 성장은 내 영혼의 장단에 맞는 친구의 영혼이 결합될 때 가능하게 될 것이다. 친구의 사귐은 자라나는 청소년에게 더 없이 중요하다. 착한 친구는 진실을 말해주고 외로울 때 함께해주며, 상대방을 인정(認定)하여 희망을 줌으로써 성장하는 데 보탬이 되어준다. 부모들은 자녀가 진실한 친구를 선택하여 원만한 인간관계가 이루어지도록 옆에서 도움을 주어야 하며, 자녀인 본인이 상대 친구에게 친구로서 좋은 역할을 해주어야 한다. 좋은 친구가 되려면 먼저 자신이 갖출 것을 갖추고, 친구에게 이득(利得)이 되어 줄때 상대의 친구도 나를 친구로서 인정해 줄 수 있고 도와 줄 수 있을 것이다.

자조론/인격론(새뮤얼 스마일스. 2007)에서 보면 "인격교육은 누구를 모범으로 삼는가에 따라 결정된다. 우리는 무의식중에 주변사람들의 인격과 예의범절, 습관 그리고 생각을 닮게 된다. 좋은 규범도 큰 역할을 하지만 훌륭한 모범은 더욱더 큰 역할을 한다. 훌륭한 모범 속에는 행동을 이끌어주는 가르침, 즉 실제적인 지혜가 담겨 있다. 그러므로 특히 젊은 시절에 친구를 주의 깊게 선택하는 것은 성장에 매우 중요한 일이다. 젊은 사람들에게는 자석이라는 인력이 있어서, 자기도 모르게 동화되어 서로 닮아가기 쉽다. 에지워드[12]는 젊은이들이 자기도 모르게 자주 만나는 친구를 모방하고 그 성격을 닮게 된다는 강한 확신을 가지고, 가장 훌륭한 모범을 보여주는 친구를 선택하도록 젊은이들을 지도하는 것이 극히 중요한 일이라고 여겼다. '좋은 친구를 사귀어라. 그렇지 않으면 아예 친구를 사귀지 말라.'" 이것이 그의 좌우명이었다.

여기서 모방(模倣)은 본뜨거나 본받는 것을 말한다. 어떻게 보면 모방이 뜻하는 이미지가 건전하거나 신사적인 것이 못되고 남에게 의

---

12) 에지워드(Maria Edgeworth) : 영국계 아일랜드의 작가. 아동소설과 아일랜드 생활을 그린 장편소설로 유명하다. 특히 아일랜드 생활을 그린 소설들은 영국 소설에 민족주의를 등장시킨 자극제가 되었다. 1782년까지 잉글랜드에 살다가 가족과 함께 더블린 북서쪽에 있는 에지워스타운으로 이주했다. 에지워스는 평생 독신으로 살면서 문학·과학 분야의 사람들과 폭넓게 사귀었다. 1809~12년에 6권으로 된 〈상류생활 이야기 Tales of Fashionable Life〉를 출판했는데, 이 가운데는 그녀의 가장 유명한 소설 〈부재지주 The Absentee〉가 들어 있다. 〈부재지주〉는 당시의 가장 큰 악습, 즉 아일랜드 내의 영국인 부재지주 문제에 초점을 맞춘 작품이다. 1817년 아버지가 죽기 전 3편의 소설을 더 출간했는데, 그중에서도 〈후원 Patronage〉(1814)·〈오먼드 Ormond〉(1817)는 매우 감동적인 소설이다. 1817년 이후로는 작품활동이 뜸해, 아버지에 관한 〈회고록 Memoirs〉(1820)만 완성해놓고 농장일에 전념했다.

지하거나 피동적으로 삶을 살아가는 모습처럼 보일는지 모른다. 하지만 사실은 모방을 잘하면 아주 훌륭한 삶을 살아가는 데 좋은 본보기를 얻어 모방하는 사람이 혜택을 많이 받을 수 있는 계기가 마련된다. 자라나는 청소년에게 훌륭한 스승이 자신의 삶에 모델이 되는 것도 아주 좋은 지도자를 만나는 것처럼 중요하다. 이와 같이 좋은 친구를 사귀게 되어 건전한 정신을 배우게 되는 것도, 훌륭한 스승이나 지도자를 만나는 것처럼 하나의 모방의 일종이다. 그러니 성장하는 청소년에게 훌륭한 친구를 만나 사귀게 되는 것은 일생에 있어서 성공의 전환점이 된다는 것을 명심하고 친구를 사귀는 데 세심한 신경을 쓰지 않으면 안 된다. 단 진실하고 성실한 사람을 친구로 사귀어야 하고, 그 사람을 친구로 사귀는 데 있어서 자신의 주관을 빼앗기지 않아야 한다는 점도 잊어서는 안 된다. 친구를 사귄다고 하면서 무조건 친구를 따라가고 모방할 것이 아니라. 때에 따라서는 다른 사람보다 자신의 인생목표를 더 올바르게 세움으로써, 남에게 좋은 본보기를 보여 주는 것도 중요한 일이 아닐 수 없다. 자녀에게 있어서 정신적인 성장은 어떻게 보면 내면적인 확장을 뜻한다. 이 내면적인 확장은 마음의 공간을 넓히는 작업이다. 이 마음의 공간을 넓혀나갈 때 있어서 필수적으로 채워야 할 빈 공간을, 자신의 영혼에 도움이 되는 친구의 순수한 영혼을 그 내용물로 채우게 됨으로써 본인의 영혼이 순수하고 온전히 성장하게 된다. 성장하는 자녀는 자기의 영혼과 혼합될 수 있는 순수한 친구의 영혼을 찾게 되는 것이다. 이것이 성장하는 자녀에게 있어서 가장 중요한 마음의 확장에 필수 불가결한 요인이라고 할 수 있다. 살아있는 것은 다 행복하라(법정. 2006)를 참고하면 "좋은 친구는 인생에서 가장 큰 보배이다. 친구를 통해서 삶의 바탕을 가꾸어라."라고 말한다. 친구의 사전적 의미를 살펴보면

"오랫동안 가깝게 사귀어 온 사람"으로 되어 있다. 여기에는 가깝게 사귀어 온 사람이 아니고, 반드시 '오랫동안' 가깝게 사귀어온 사람일 경우에 친구라는 용어를 붙이게 된다. 거꾸로 생각하면 오랫동안 가깝게 사귀지 안 했을 경우에는 친구(親舊)가 될 수 없는 의미이기도 한 것이다. 오랜 기간 동안 가깝게 사귀어 온 사람이라야 신뢰성, 즉 믿을 수 있는 사람이 되고 정(情)이 오고 갔기 때문이다. 친구라면 물질적인 도움을 주고받은 사람이라기보다는 정신적으로 의지하며 서로 도움을 주고받는 사이가 영혼에 감화를 주어 더 깊은 믿음이 이루어지게 된다. 또한 자기 자신의 내부 질서를 지키는 사람과 친교를 맺으면 그 사람은 상대에게 폐를 끼치거나 상대를 괴롭히지 않을 것으로 본다.

로마 시인 데오크리토스는 "진정 귀한 것들은 친구들로부터 온다." 고 했다. 하지만 친구를 사귈 때 나쁜 친구를 좋게 보고 많은 공(功)을 들여도 일시적으로 친구가 될 수는 있어도 나쁜 친구는 나쁜 친구이지 훌륭한 친구는 못된다고 생각해 볼 때 친구 사귀는 데 신중성을 기하지 않으면 안 된다. 하이데거는 친구관계를 두 유형으로 구분하고 있다. 하나는 진실한 친구이고 다른 하나는 일반적인 친구이다. 일반적인 친구는 때로는 친구끼리 해로움을 주게 되는 경우가 있으며, 진실한 친구는 언제나 서로가 도움을 주는 친구이다. 그러니 진실한 친구를 사귀어서 삶에 서로가 유익하도록 해야 한다. 그러한 면에서 볼 때 일시적으로 조금 가깝게 지낸다고 하여 친구로 생각하고 함부로 상대방을 믿고 자신의 마음을 열어서 있는 말 없는 말, 특히 제삼자를 욕(辱)하게 되면 그 말이 곧 그 사람에게 전하여져서 낭패를 보는 경우가 있으니 주의하지 않으면 안 된다. 그러니 남을 함부로 신뢰하지 말아야 한다. 이러한 일들이 잘못되면 미래에 있어서 우환의 원인이 되기 때문이다. 물론 믿어야 할 사람을 믿지 못하고 의심하는 일도 자신에게 손해가 되는 행동이지만 신뢰성이 없는 사람을 믿는 것도 어리석은 일이 아닐 수 없다. 그러니 이러한 상황을 잘 분별하여 사람을 사귀지 않으면 안 된다. 정신현상학 1(G.W.F.헤겔. 2005)에서 보면 "친구, 즉 자기에게 도움이 되고 올바른 친구를 만나서 사귀는 것은 성장하는 젊은이에게 인생에 가장 값진(바람직하게 성장할 수 있는 방향으로) 길로 갈 수 있는 계기가 마련되는 것이다. 즉 친구의 만남은 자석이 쇳가루를 당기는 듯한 만남이다. 대신 나쁜 친구를 만나면 그 반대방향으로 안내될 것이다. 그래서 친구를 잘 만나게 된다는 것도 자기의 운명이며 인생이라고 생각된다. 친구는 억지로 잘 사귀어지는 것은 아니다. 동류의 영혼과 영혼의 만남이기 때문에 서로의 영혼을 달랠 수 있는 자연적인 만남이 옳은 만남이 되는 것이다."라고 기술하고 있다. 내 자신도 젊은 시절에 성격적이고 신체적인 문제와 주변 환경과의 부조화로 인하여 남으로부터 무시와 외면을 당하면서 사람에 대한 두려움과 함께 외톨이가 된 때가 있었다. 인간으로서 기본적인 욕구인 남으로부터 인정을 받지 못했을 경우에 오는 그 모멸감(侮蔑感)이 내면에 쌓이게 되면 자신을 미워하고 원망하며 탓하게 되어 대인공포증에 이르는 경우도 있다. 인간이 인간을 보고 느끼는 공포증만큼 심각하게 자신의 마음에 상처를 남기는 것은 없다.

정신분석가 페어베언(Fairbairn)의 분열성 병리의 발달원인[13]에서도 피력하고 있지만, "자신이 남에게 사랑을 주지 못하고 자신이 남으로

---

13) 정신분석가 페어베언(Fairbairn)의 분열성 병리의 발달원인은 "정신의 분열은 전적으로 유아가 발달초기 대상관계의 좌절경험에서 비롯된다고 보았다."인간관계의 잘못으로, 특히 나쁜 대상과의 만남은 자라나는 청소년에게 무서울 정도로 정신건강에 해(害)를 입힌다는 결론에 도달한다. 특히 사람에 대한 관계의 단절은 두려움이나 공포로 이어져 돌이킬 수 없는 정신병리 현상을 유발시키는 원인이 될 수 있다는 이론이다.

부터 사랑을 받지 못하는 사람은, 이러한 이유로 스스로 자신의 정신에 치명적인 타격을 입혀 인간이 살아가는 사회에서 더 이상 다른 사람과 함께 공존할 수 없는 위험한 상황에 봉착되고 만다."는 내용이 나온다. 그리고 아주 심하게 되는 경우 정신병에 걸릴 수 있게 된다는 것을 가르치고 있다. 나에게 있어서도 대인공포증으로부터 오는 정신적인 충격에서 나를 지킬 수 있었던 길은 자기반성과 지속적인 수양, 그리고 진실하고 믿음직스러우며 선량한 친구의 보살핌으로 도덕적인 삶을 살게 되면서부터 가능할 수 있었다. 그 중에는 무엇보다도 앞서서 설명했듯이 진실한 친구의 도움, 즉 나를 인정해 주는 인정감(認定感), 그것이 오직 큰 힘이 되었던 것이다. 새로운 부모교육(신용주, 김혜수. 2002)에서도 보면 "자녀의 친구관계에서 사귐에 영향을 주는 요인으로는 나이, 지리적 여건, 성별, 학교성적(成績), 사회경제적 여건, 운동, 외모 등을 꼽을 수 있다. 아마도 여기에서 사회경제적 여건에는 부모의 지식과 지위, 경제력이 포함되리라고 본다. 그리고 초, 중, 고등학교에 다니는 자녀는 교우관계를 통해 사회성이 발달한다. 교우관계가 원만한 경우 자녀의 학교생활이 즐겁고 심리적, 정서적으로 안정될 수 있다."라고 기술하고 있다. 실질적으로 친구의 형성기는 중, 고등학교 학생이 되면서부터 시작된다. 그러나 사실은 초등학교시절부터 친구는 형성된다. 그러다가 중, 고등학교에 들어가게 되면 그때의 친구는 자녀 본인의 정체성 형성에 지대한 영향을 주기 때문에, 이때의 친구는 본인이 선택적으로 가려가며 친구를 사귀어서 친구서로 간에 삶과 성장에 있어서 도움이 되도록 해야 한다. 그렇다면 좋은 친구를 사귀기 위해서는 어떠한 관계가 형성되어야 하는가? 친구 사이에서의 관계형성이나, 사회생활에서의 인간관계 형성이나 '신뢰'를 바탕으로 이루어져야 한다. 심수명의 한국적이마고 부부치료(심수명. 2008)에 친구 사귀는 데 있어서 자신의 태도에 관한 언급이 나온다. 여기를 보면 "더 깊은 신뢰가 생기려면 그의 비밀을 존중해주고, 그리고 나의 태도와 행동이 그의 편(便)임을 확인시켜주며, 정서적으로 그를 지지(支持)하고, 거부하는 느낌이 없으며, 착취나 조종하려는 행동이 없을 때, 그리고 나의 행동이 정직하고 거짓이 없으며 성실할 때, 나를 통해 신뢰를 느끼게 된다"는 것이다. 이 신뢰가 먼저 이루어지고, 그 다음에 두 사람의 관계형성이 성립되어야 진실한 인간관계가 형성된다는 것이다. 성장하는 자녀들이 겪어야 하는 친구관계 형성에 있어서의 문제점을 알아보기 위하여 흔들리는 가정과 교육(이연섭 외. 2001)을 보면 '또래의 압력14)'이라는 용어가 나온다. 초등학교 2학년 정도에서부터 급속도로 또래문화에 젖어들게 된다고 한다. 한 설문조사에 의하면 가정과 학교에서 공통으로 미흡하다고 느끼는 것 중의 하나가 바로, 이 또래문화에 순조롭게 적응하는 데 어려움이 따르게 된다는 것이다. 그래서 이 시기에 부모의 관심과 배려가 필요하다. 이것을 교육적인 측면에서 볼 때 공교육을 담당하고 있는 부서에 있어서 바르게 지도하려는 프로그램도 충분하지 못하다는 데 문제가 있다는 지적이다.

이와 같은 현실은 자녀들이 유아원까지는 부모님, 또는 유아원의 선생님의 도움과 그늘에서 그런 대로 어려움 없이 성장한다. 그러다

---

14) 또래의 압력이란? 요즘은 사춘기가 상당히 앞당겨져서 보통 초등학교 4학년에서 5학년 정도가 되면 사춘기의 특성을 보이게 된다. 사춘기(청소년기)의 대표적인 특성 중 하나가 정체감이 형성되지 않아 나타나는 역할 혼미의 행동이다. 즉, 내가 누구인지, 어떤 사람인지에 대한 기준과 이해가 명확하지 않기 때문에 또래들과 비슷하게 행동하게 되고, 이런 특성이 또래의 문화를 형성하게 된다. 이른바 패거리 문화이다. 집단따돌림이나 왕따 현상 역시 이러한 패거리 문화의 한 단면이라고 볼 수 있다. 이를 따르지 않으면 또래 압력이 주어지기 때문에, 두려워 한 나머지 자신의 의지와 상관없이 행동하게 된다. 또한, 청소년들은 전두엽의 미성숙으로 인해 타인의 입장에 공감하고 이해하기 어려운 상태이기 때문에 종종 타인의 표현을 오해하고 때로는 공격적인 행동도 취하게 된다고 한다. (참고, 현 세종사이버대학교 상담심리학 곽윤정 교수)

가 초등학교에 들어가면서부터 갑작스런 변화를 맞게 된다. 이때부터는 학교라는 조직의 시스템 속에서 행동하다 보면 가정으로부터 부모의 손길은 멀어지고, 자연히 선생님과, 급우들과 관계가 맺어지기 시작하면서 우리의 자녀들은 자신들만의 고민과 괴로움, 아픔이 시작된다. 이때 우리의 자녀들은 동료 급우의 배후에 어떤 보이지 않는 지원과 환경이 작용하는지는 모르고, 오직 눈앞에 나타나는 현상을 받아들이고 적응하려고 애를 쓴다. 힘이 센 또래가 있는가 하면, 공부를 잘하는 또래도 있고, 옷을 깨끗이 잘 입는 또래도 있으며, 유독 선생님으로부터 귀여움을 받는 또래도 있다. 이 또래들 가운데서 자연히 힘이 센 친구가 나타나기도 하고 힘이 약한 친구도 있게 되어 순위가 정해지고, 그 때부터 우열(優劣)이 생기기 시작한다. 여기서 부모가 수행해야 할 과제가 생기게 된다. 이때 자기의 자녀가 또래의 압력에 적응하고, 자녀가 자신의 영역을 확보하면서 개인의 특성을 살려 학교생활이 생산적이고 창조적인 시간과 공간이 되도록 부모가 보살펴 주어야 하는 것이 부모의 임무이다. 이 시기가 자녀입장에서 생각한다면 가장 힘든 시기이며 중요한 시기이다. 이때 자존감을 갖느냐 아니면 무능감을 갖느냐 갈림길이 되기 때문이다. 자녀의 입장에서 이 어려운 시기를 부모는 간과하지 말고 확실히 도움을 주어야 한다. 자기 자녀의 부족한 부분을 찾아서 뒤에서 힘을 북돋아 주는 것이 필요하다. 성적이 모자라면 성적을 올리는 데 힘을 써야 할 것이고, 육체적인 힘이 부족하면 운동을 시켜 힘을 길러주어야 하며, 친구와 잘 사귀지 못하고 외톨이가 되는 경우는 또래의 문화를 수용하여, 친구와 잘 사귀도록 부모의 도움이 필요한 것이다. 이 시기가 자녀들에게는 부모와 함께 많은 시간을 보내야 하는 시기이니, 무엇인가를 잘 할 수 있도록 자녀를 위해 부모는 많은 시간과 노력을 투자해야 한다. 요즘 학교폭력이나 또래 아이들 사이의 따돌림 현상은 사회적으로나 가정적으로 심각한 문제가 되고 있다. 이와 관련하여 비행청소년문제의 한 전문가에 따르면 심술궂은 아이는 스트레스를 많이 받고 있는 아이로 대부분의 경우 그 배경에는 양친의 불화가 있고 어머니가 아이를 짜증스럽게 대하거나 아버지가 때리는 등의 문제가 숨어 있다고 한다. 또한 학교에서 가장 약한 아이를 놀리는 문제는 학급의 부모들끼리 고립되어 있어서 놀리는 아이의 부모나 놀림 받는 아이의 부모에게 그러한 정보가 좀처럼 전해지지 않는 점이라는 것이다. 약한 자를 괴롭히는 것은 이기는 것을 알고 있는 자가 지는 것을 알고 있는 자를 철저하게 물리적 폭력을 행하는 것으로 그것은 기분전환의 한 방법이라고 한다. 이런 경우에 한 전문가는 무엇보다도 중요한 것은 누가 피해자이고 누가 가해자인가를 명확하게 하여 대책을 세우는 것이 필요하다고 한다. 자기의 아이가 피해자가 아니라도 학급 안에 놀림이라는 것이 공공연히 존재하고 있지는 않은지, 자기 아이뿐만 아니라 많은 아이의 입에서 그러한 사실을 끌어내는 작업은 부모로서 하나의 의무라는 것이다. 이러한 상황을 파악하여 근본적인 대책을 세우는 일은 정말 자녀를 키우는 부모의 입장에서 중요하고 바람직한 일이라고 생각하지 않을 수 없다. 이 점은 대단히 중요한 문제이다.

친구를 잘못 사귀게 되어 서로가 입게 되는 폐해(弊害)를 불안의 개념(쇠렌 키에르케고르. 2005)에서는 이렇게 정의(定義)하고 있다. "나는 가능성에 의해 교육을 받은 사람 모두가 위험에 노출되어 있다는 것을 부인하지 않겠다. 여기에서 말하는 위험이란, 유한한 것에 의해 교육을 받은 사람들이 그런 것처럼 못된 친구와 사귀어서 여러 가지 방식으로 탈선하는 위험이 아니라, 몰락의 위험이며, 자살의 위험이다."
라고 말한다. 여기에서 언급하고 있는 내용을 다시 한 번 음미해 보
면 나쁜 친구를 사귀게 되면 이것을 조그마한 탈선이라고 하기 보다
는 그들 친구끼리 단합하게 되어 동반 몰락을 하게 된다는 의미로 풀
이된다. 이것이 아마도 나쁜 친구들과 어울리게 됨으로써 서로가 다
피해를 입게 되는 심각한 현상일 것이다. 아무튼 자녀가 성장하면서
친구를 사귀는 것이나 성인이 사회생활을 하면서 인간관계를 맺으며
살아가는 것이나 어려운 일이 아닐 수 없다.

좋은 인연 맺는 법(남산스님. 1999)에는 이렇게 쓰여 있다. "불교에서
는 처음 절에 들어오는 사람들을 위해 만든 책 중에 『초발심 자경문』
이 있는데, 그것을 보면 '나쁜 친구는 원수같이 멀리하라'"는 말이 있
다. 이 말은 사람들 중에는 아무리 손을 써 봐도 바르게 인도될 수
없는 사람이 있다는 것으로, 그런 사람과 함께한다면 자신마저 그
를 닮게 된다는 경계의 말이다. 부모들은 자녀에게 친구의 의의(意義)
와 관계형성, 그리고 진정한 도리를 가르쳐 주어야 하는 것이 자녀교
육에 있어서 진정한 의무이다. 그렇다면 '친구'라는 개념 속에는 모든
세계와 모든 인간의 성품이 포함되어 있다는 의미로 풀이된다. 친구
와 좋은 관계를 유지하며 내가 오랫동안 사귈 수 있다는 것은 자신에
대한 삶의 기술이 그 정도로 원만하다는 증거이기도 하다. 즉 친구
의 개념 속에 '모든 세계와 모든 인간이 다 포함되어 있다 함은 친구
는 자신과 마찬가지로 그 내면에는 하나의 소우주(小宇宙)와 인간으
로서의 성품인 천성(天性)을 모두 갖추고 있다는 뜻이다. 그래서 나는
친구로부터 모든 것을 찾아낼 수 있고, 또한 내 자신이 친구에게 모
든 것을 줄 수 있는 바탕이 제공되어지기 때문이다. 내가 친구와 사
귀며 오랫동안 좋은 관계를 유지할 수 있다는 것은, 친구 역시 한 인

간으로서 욕망이라는 덩어리를 갖춘 복잡하고 미묘한 인체의 욕구를 추구하는 존재이기에, 내가 그 마음을 헤아려 섬세한 주고받음을 유지할 수 있는 실력을 갖추고 있기 때문에 원만한 관계가 이루어지는 것이다. 이러한 뜻에서 친구관계를 잘 유지하기 위해서는 자기중심의 집에서 밖으로 나와 친구 중심의 집으로 다가가서 그 관계선상(가운데 지점)에 머물러 있으면서 나에게 공간을 마련하고 친구를 수용할 수 있는 자세를 마련해 두어야 한다. 원래 관계라는 것은 그러한 과정을 통하게 될 때 원만하게 이루어지는 것이 된다. 친구를 사귀다 보면 좋은 친구도 만날 수 있고 나쁜 친구도 만나게 된다. 물론 친구하면 좋은 친구를 말한다. 원래 여기서 거론하려고 한 것은 아니지만 나쁜 친구 역시 때로는 자신의 성장에 도움이 된다. 물론 나쁜 친구를 수용할 수 있게 되려면 자신의 정체성이 확립된 이후이다. 우리의 자녀는 누군가와 함께 동반성장을 하게 되는데, 자녀들의 성장을 보면 스승이나 부모로부터 지도를 받는 경우, 또한 선배나 스승을 자신의 성장 모델로 삼는 경우, 형제간이나 주변 친구로부터 비교하며 성장하는 경우가 보편적으로 자녀가 성장하는 방법이 되겠다. 그리고 정체성이 형성되고 난 이후를 보면 자신의 성장에는 반드시 좋은 친구만이 본인의 성장에 도움이 되는 것이 아니고, 때로는 좋지 못한 친구도 성장에 도움을 주는 경우가 있다. 좋은 친구는 자신에게 본보기가 되어주고 좋은 방향으로 인도하며 힘을 잃었을 때 용기를 주며 자신의 잘못을 충고하기도 한다. 하지만 좋지 못한 친구가 자신을 나쁜 방향으로 유도할 때, 본인이 이것이 나쁜 방향이라는 것을 알고, 오히려 자기 스스로가 좋은 방향을 찾아서 행동하는 경우이다. 즉 나쁜 친구를 만날 때 자신이 어떻게 처신해야 하느냐의 문제는 자신이 스스로 선택해야 하는 과제를 안고 있다. 이 문제를 원만하게 풀어가는 과정이 자신을 성장하도록 만드는 과정이 된다. 그래서 가능한 한 친구는 사춘기 이후 정체성이 형성된 이후에 사귀는 친구가 옳은 친구로서 관계가 형성되는 것이다. 왜냐하면 자신의 정체성이라고 할 수 있는 삶의 방향, 인생관이 정립되었기 때문에 쉽게 마음이 흔들리지 않기 때문이다. 친구라 함은 서로가 영향을 미치게 함으로써 각자 지각(知覺)이 열려 지혜를 얻게 된다. 이때 지각(知覺)이란 알아서 깨닫는 것으로 친구로부터 얻어서 열린 지각은 가장 값어치 있는 삶의 바탕을 이루게 된다. 왜냐하면 친구로부터 얻는 지각은 남으로부터 가르침을 받아 얻게 되는, 즉 부모님이나 스승으로부터 배워서 얻게 되는 지각과는 달리 스스로 깨달아 느끼기 때문에 순간적으로 얻어서 곧 잃어버리는 지식이 아니라 평생 두고 삶을 살아가는 데 지혜로서 작용하게 된다. 문제는 우리의 삶에 있어서 지각(知覺)이 중요한데 지각이 열리는 과정은 이러하다. 투사, 내사, 동일시를 거치면서 행동의 원인을 놓고 분석을 하기도 하고 자신과 비교를 하면서, 그리고 친구의 현실, 목표, 참담함을 보면서 자기의 눈으로 친구의 세계를 살피고, 또한 그 영상(映像)으로 자신을 되돌아보고 생각의 깊이를 더하게 됨으로써 느끼어 깨닫게 되는 것이다. 그래서 이렇게 깨닫게 된 지각이 삶에 있어서 가장 귀중하다.

스승의 사랑이 제자(弟子)에게는 보물이다

우리가 태어난 이곳에 이순신, 세종대왕, 이황(李滉), 이이(李珥), 정약용(丁若鏞) 등과 같은 분이 이 땅을 밟고 살았다는 것이 참 중요하다. 우리는 후손에게 무엇을 남기고 갈 것인 지?

한 인간이 세상에 태어나서 삶의 방법을 배우며 성장한다는 것은, 곧 훌륭한 사람들의 삶의 방법을 모방하며 그들을 닮아가며 살아가 는 것이나 다름없다. 누구나 자신의 삶을 살아가면서 가장 가치 있 는 삶은 어떠한 삶일까 하고 한번쯤은 생각해 보았을 것이다. 아마 도 여기에는 후손들에게 어떻게 자신이 발자취를 남기고 세상을 떠 나야 할 것인지가 중요하지 않을까 생각한다. 예를 든다면 세계적으 로 볼 때에도 인도의 성웅 마하트마 간디, 독일의 신학자이며 음악가 인 동시에 의사인 슈바이처, 영국의 간호사 플로렌스 나이팅게일, 남 아프리카공화국 넬슨 만델라 대통령, 현재 생존해 계시는 종교지도 자인 달라이라마, 우리나라에 국한하여 생각해 보아도 성군(聖君) 세 종대왕, 조선중기 성리학자 이황과 조선시대의 학자이며 정치가인 이 이, 실학자 정약용, 시인 유치환, 종교지도자로서는 신라의 승려 원효 대사, 한국불교의 스승으로 꼽히며 선종(禪宗)의 대표 성철스님, 김수 환 추기경 등 이러한 분들은 후손들에게 위대한 정신을 남긴 사람들 이다. 훌륭한 사람들의 위대함을 보면 그들은 하나같이 마음에 존경하는 사람을 두고 흠모(欽慕)하며 그분을 닮으려고 노력하며 생(生)을 살아온 사람들이다. 그러한 까닭에 그들 역시 위대한 사람이 되었다. 우리 후손들은 훌륭한 선조가 삶을 영위했던 그 지역을 영원히 잊지 못하고 선망(羨望)한다. 그 하나의 예(例)가 이황이 태어나고 꿈을 키웠던 경북 안동이다. 우리는 안동 하면 이황을 생각하게 된다. 이분이 살면서 대지를 밟고 맑은 공기를 마시고 토해내었기 때문에 지금도 언제나 그분의 혼이 살아서 우리 곁에 있으며, 우리 또한 그분이 마시고 토했던 그 공기와 기운을 마시며 살아가고 있지 않은가? 이 황 역시 이언적의 사상을 이어받고 그의 영향을 많이 받았다. 물론 훌륭한 사람을 만나는 것도, 간교(奸巧)한 사람이나 악한(惡漢)을 만나게 되는 것도 자신에게 주어진 인연이라고 할 수 있다. 특히 성장하는 자녀에게 있어서 아직도 삶의 목표와 방향이 뚜렷하게 정해지지 않은 상태에서 앞으로 어떻게 성장할 것인가는 그들의 생(生)에 있어서 중요한 과제가 아닐 수 없다. 나약하고 어린 식물이 아직도 줄기가 굳건히 바로 서지 못한 상태에서 어딘가에 의지하며 자신의 삶을 이어가야 할 경우에 주변에 바르고 곧게 자란 큰 식물이 있다면, 그 어리고 연약한 작물은 이 바르고 곧게 자란 식물에 기대어 바르게 자라게 된다. 인간의 삶도 이와 하나도 다르지 않다. 물론 훌륭한 부모를 만난 사람은 이와 같은 결핍을 부모가 보완하며 성장시켜 준다. 그러나 인간의 삶이란 너무나 넓고, 배워야 할 삶의 형태도 다양하여 자신의 인생관을 정립하기란 여간 쉽지 않다. 이러한 의미에서 볼 때 자녀가 성장하면서 인생에 있어서 평생기억에 남는 훌륭한 선생님을 한분만이라도 만나게 된다면 학생들에게는 그만큼 소중한 인연도 없을 것이다. 학생이 선생님으로부터 배워야 할 점은 학교에서 배워야 할 지식뿐만 아니라 앞으로 자신이 살아갈 삶의 자세나 생(生)의 철학이 아닌가 생각한다. 그것은 교과서에 있지 않은 잠재적 교육과정이며, 이것은 입시만 준비시키는 학원 강사들이 담당하지 못하는 중요한 부분이기도 한 것이다. 자조론/인격론(새뮤얼 스마일스. 2007)을 보면 "젊은 시절에는 인격이 형성되면서 누군가를 존경하고 싶어 한다. 그리하여 나이가 들어서는 일정한 습관을 형성하게 된다. 그러면서 우리는 '태연자약(泰然自若)'을 좌우명으로 삼는다. 따라서 성격이 유연하여 감명을 쉽게 잘 받는 청소년들에게는 위인(偉人)을 존경하도록 가르치는 것이 좋다. 누군가를 자기의 우상(偶像)으로 삼고 싶어 하는 청소년기에 존경하는 훌륭한 사람 하나 없을 때, 잘못하여 옳지 못한 사람을 우상화할 수도 있다."라고 기술하고 있다. 이 뜻을 음미해 보면 성장하는 자녀는 누군가를 존경하며 자신의 인격을 키워간다는 의미이기도 하다. 그러니 성장하는 자녀는 훌륭한 스승을 자신의 성장모델로 삼고 모방하며 삶의 모습을 배우도록 하는 것이 중요한, 또 하나의 삶의 방법이 아닌가 하고 생각하는 바이다. 유명한 사람의 뒤에는 유명한 사람이 자리하고 있다는 것을 우리는 잘 알고 있다. 훌륭한 선조를 둔 후손은 반드시 훌륭한 선조만큼 다음 세대가 성장하기 마련이라고 한다. 왜냐하면 훌륭한 모습을 배우고 본(a model)을 떠서 자신도 훌륭해지기 때문이다. 앞으로 훌륭해지려고 하는 사람은 반드시 자신이 그 사람과 같이 닮으려고 하는 존경하는 스승이 있게 된다. 그 정도로 훌륭하게 될 수 있는 사람은 훌륭한 사람이 보이게 되고 만나게 되는 것이다. 1541년(중종 36)에 풍기군수로 부임한 주세붕 군수는 그 뒤 황해도 관찰사가 되었을 때(1551)에도 최충(崔冲)을 제향(祭享)하는 '문헌서원'을 창설하였다. 그에 의하면 '교육이란 모름지기 어진 이를 존경하는 일로부터 비롯된다.'고 보았던 것이다. 성장하는 자녀는 반드시 삶의 모델이 있어야 한다는 뜻이기도 하다. 성장하는 자녀는 자신이 존경하고 싶은 사람의 모델을 보고 영향을 받는다. 지식교육은 사람을 변화시키는 데 한계가 있다. 그러므로 성장하는 자녀들은 자기가 존경하고 모범이 될 만한 모델을 선정하고 그를 닮아 가면서 자신을 변화시킨다. 그래서 사람은 자신이 닮고 싶어 하는 사람을 모방하여 배우고 자신을 성장시킨다는 뜻이다. 반복적인 모방의 과정을 통해서 생활하는 가운데 창조정신이 싹트기도 한다. 자기가 배우고 따라야 할 좋은 성장 모델을 정(定)함으로써 자녀는 그때부터 진실로 성장하기 시작하는 것이다. 자녀를 떠나서라도 현재는 성인이 된 우리의 과거 성장과정을 한번 되새겨 보더라도 유아기 때는 어머니의 보살핌으로 이에 영향을 많이 받고 자란다. 그러나 점차 자라서 초등학교 다닐 때부터는 어머니보다는 아버지의 영향력이 크다는 것을 점차 느끼기 시작한다. 그 시기는 어머니보다는 아버지의 영향력이 우리의 성장에 크게 영향을 주기 때문이다. 그러다가 사춘기가 되면 친구와 가깝게 지내고 교제를 깊숙이 한다. 다음에는 자신도 모르게 남자아이는 동성인 남자선생님을 여자아이는 이성(異性)인 남자선생님을 사랑하기도 하고 존경하기도 한다. 다음에 자기가 자라서 존경하는 선생님처럼 되고 싶어 하는 마음이 생기게 된다. 선생님이 얼굴도 잘 생긴 미남이고 보면, 그러한 마음이 더 크게 작용한다. 그 선생님에게 잘 보이고 싶고 선생님의 행동 하나 하나와 말 한마디 한마디를 인상 깊게 보고 들으면서 본인은 자기 선생님과 동일화하고 싶어 한다. 그러다 보면 그 선생님이 맡은 과목은 공부를 열심히 하게 되어 성적도 잘 오른다. 거기서부터 자신을 발견하게 되고 차츰 자기 정체성과 자기 가치관이 형성되어 가는 것이 성장의 한 형태이기도 하다. 나를 돌이켜보면 초등학교 시절에는 의미 없이 그냥 지나갔다. 역시 중학교 때에도 특별히 내가 선생님으로부터 사랑도 받지 못했고 존경해야 하는 선생님도 확실하게 찾지를 못했다. 고등학교 때는 내가 따르고 싶었던 선생님이 2~3명 있었다. 지금도 가끔 그 선생님의 얼굴이 머리에 스쳐지나갈 때도 있다. 그 중에서도 기하학(幾何學)을 가르쳐 준 선생님을 나는 존경했다. 그렇기 때문에 그 선생님의 과목은 공부가 재미가 있었다. 그것이 계기가 되어 모든 과목에서 어느 정도 학습에 자신감이 생기게 되지 않았나 하는 생각이 들기도 한다. 이 점은 나의 학창시절에 정말 그나마 다행한 일이라고 생각한다. 왜냐하면 다른 과목이 아니고 기하학이라는 점에 있다. 나는 기하학이 고등학교 학창시절에 왜 중요한 과목인 줄 몰랐지만 성인이 된 이후에 차츰 알게 되었다. 이와 관련하여 볼 때 자조론/인격론(새뮤얼 스마일스. 2007)을 참고하면 "소년에게 수학을 철저히 가르쳐라. 그러면 그가 성인이 된 뒤 반드시 성공할 것이다. 그 이유는 무엇인가? 수학은 체계성과 정확성, 가치(價値), 비율(比率), 관계(關係)를 가르쳐 주기 때문이다. 사업을 하는 남성에게 시간이 돈 못지않게 중요하듯이, 가정을 다스리는 여성에게 체계성은 무엇보다 중요하다. 그것이 곧 가정의 평화와 안녕, 그리고 번영을 지켜 주기 때문이다. 또 한 가지 사업적 자질은 분별력인데 이는 실용적인 지혜이며 양식(良識) 있는 판단을 토대로 한다. 그것은 모든 일에서 타당함과 정당함을 잃지 않고, 무엇을 어떻게 해야 옳은 것인지 현명히 판단하는 것을 의미한다."라고 기술하고 있다. 그리고 기하학(幾何學)은 무엇이 중요한가? 팡세(파스칼. 2006)에 의하면 "대체 그에게 기하학이란 무엇인가? 「기하학 정신」에서 밝히고 있듯이 그것은 사고(思考)와 논리(論理)의 가장 순수한 형식을 의미한다. 다시 말해 사고의 한 방법으로서 논리의 엄정성을 본질로 삼은 형식이다. 이 정의에 입각한 모든 명제의 〈증명(證明)〉, 그리고 이 정의와 증명을 바탕으로 다시 새 명제를 이끌어 내는

〈논증(論證)〉으로 성립된다. 어느 대상에 대해서나 그 방법론과 기능을 최대한 발휘할 수 있도록 훈련된, 충일(充溢)하고 세련된 논리의 메커니즘-파스칼이 기하학에서 배운 것이 바로 이것이다."라고 설명하고 있다. 그러나 나는 앞에서 기술한 파스칼의 「기하학의 정신」이라는 논리를 발견하기 이전에 이미 기하학을 좋아한 것에 대해서 지금도 나 혼자만이 뿌듯한 마음을 아직도 간직하고 있다. 내가 기하학을 좋아하게 된 것은 나의 기질이나 성격과도 관련성이 있을 것으로 생각된다.

아마도 나에게 학문의 길이란 이와 같은 방법과 태도에서부터 즐거움으로 이어져 가치관형성에 크게 도움이 되었으리라 본다. 그리고 나는 대학원 시절에 만난 교수님 두 분을 지금은 물론 평생 동안 마음의 스승으로 남아 무슨 일을 하든 그 스승의 사상(思想)과 철학을 생각하며 나의 행동과 사고에서 기준이 되어 나쁜 길로 갈 수 있는 어떤 순간에도, 그 스승을 생각하고는 마음을 고쳐먹고 바른 행동과 마음가짐으로 착하게 살아가는 데 도움이 되고 있다. 한 개인에게 존경하는 훌륭한 스승이 존재하고 있다는 것은 인생을 살아가는 데 그 이상의 보물은 없을 것으로 생각한다. 그래서 괴로울 때나 즐거울 때나 나의 마음에 등불이 되어 나를 지켜보는 것 같다. 이와 같은 삶의 모델은 비단 학창시절에만 국한되는 것은 아니다. 사회에 나가서도 때로는 훌륭하고 존경하는 사람을 만나면 그 분을 따르고 자신도 그렇게 되고 싶은 생각이 저절로 들기 때문이다. 나는 어디서 읽은 기억이 나는데 "만약에 우리의 자녀가 자기가 존경하고 닮고 싶은 모델이 훌륭한 학교스승이나 종교지도자가 아니고, 폭력배 등과 같이 외부의 세계에서 찾는다면 어떻게 되겠는가?" 하는 글귀를 읽은 적이 있다. 자녀에게는 학교의 훌륭한 스승만큼 중요한 분이 없을 것이다. 우리가 자녀를 훈육하면서 겪어본 것이 부모가 나름대로 교육을 시켜 자녀를 바르게 키우려고 최선을 다해도 자녀가 부모의 말을 듣지 않고 비행(非行)의 길로 빠지게 된다면, 다음 방법은 학교스승에게 매달려 자녀를 바른 방법으로 지도하려고 애를 쓴다. 우리가 학교의 스승을 성장모델로 선정한다는 것은 영어, 수학 등 학교학습을 잘하기 위함도 있겠지만, 때로는 인생 선배로서 삶의 자세를 배우고 익히기 위함일 것이다. 되도록 한 학교에서 올바른 스승과 인연을 맺도록 최선을 다하는 것이 자녀교육에 좋은 방법이기도 하다. 정신분석학자 Otto Kemberg는 "내면화체계(정신기구가 성장하는 기제)를 대인관계 경험의 내재화(internalization) 과정으로 보았고, 발달단계를 내사(introjection)단계, 동일시(identification)단계, 자아정체성(identity)단계로 나누었다." 여기서 모델과 관계되는 동일시(identification) 과정에 대해서 살펴보면, 유근준은 대상관계의 이해와 적용에서 "동일시(identification)는 대인관계적인 상호작용의 측면이 갖는 역할을 인식할 수 있는 아동의 지각적 및 인지적 능력이 발달했을 때에 발생하는 높은 수준의 내사(內射) 형태이다."라고 말한다. 여기서 역할이라는 말은 대상 또는 상호작용에 참여하는 모든 관계자에 의해 수행되는 사회적으로 인정되는 기능을 의미한다. 자녀는 이 동일시(同一視) 과정을 통해서 그러한 역할을 배우고 때로는 재연하기도 하면서 성장하며 지속적인 내재화를 통해 자기 이미지를 형성함으로써 성격의 구조화를 기하고 인격과 행동에 변화를 준다는 것이 모델의 중요성이다. 이것이 바로 스승을 모델로 했을 때 성장하게 되는 기제(機制)로 작용할 것으로 생각한다. 학교환경과 교육(정채기. 2003)에서도 다음과 같이 설명하고 있다. "학생이 교사에 의하여 거부될 때 그 관계는 원만하게 성립될 수 없고, 또 어떤 나쁜 교육적인 영향이 미치게 될 수도 있다. 방임(放

任)의 경우나 안일(安逸)의 경우도 마찬가지다. 관심을 표시하지 않거나 어떤 성취를 요구하지 않고 내버려두는 상태에서 교육적인 효과를 기대하기는 어렵다. 학교의 강화(reinforcement)라는 용어는 심리학적 용어이며 보상(補償)이라는 뜻으로 해석할 수 있다. 강화체제에 있어서 주된 요소가 되는 것은 학교에서 공식적으로 주어지는 보상체제보다도 오히려 교사들과 학생과의 일상적인 접촉에서 비공식적으로 주어지는 진정(眞情)과 칭찬이 더욱 중요하다."는 내용이다. 이 뜻을 음미해 볼 때 물론 학습을 하는 학교이지만 자녀성장에는 선생님과 학생이 관심과 애정으로 맺어진 정(情)을 통하여 인생의 끈이 맺어진다는 것을 알 수 있게 된다.

나는 이러한 분을 스승으로 모시고 싶다. 스승은 인생이란 무엇인지를, 비록 폭 넓은 인생철학의 문제이지만, 그 의미를 희미하게나마 자신의 제자들에게 모름지기 교과의 과정 속에서 가르쳐 주어야 한다고 생각한다. 수업시간에도 때로는 인생과 삶에 대하여 많은 이야기를 들려주시는 선생님이 훌륭하신 선생님이다. 그리고 때로는 열정적으로 시간 가는 줄을 모르고 눈이 충혈된 채 학문의 깊숙한 바다에 빠져 헤쳐 나올 줄 모르는 선생님! 언제나 스승이라는 무거운 책임감 속에서 학생들의 앞날을 걱정해 주는 인자하신 선생님! 입술은 조용한 미소를 머금은 채 열정적으로 수업에 임하시느라 시간가는 줄을 잊고 계신 선생님! 언제나 제자의 잘못을 자기의 부족함으로 치부(恥部)하면서 눈을 감고 고개를 떨어뜨리시는 그러한 선생님! 비록 경제적으로는 넉넉하지 못하면서도 겉으로 항상 여유를 보이시며 항상 의젓하고 당당한 모습을 보이시는 그러한 선생님! 용기를 잃고 자신감을 잃은 제자들을 항상 따스한 눈길로 마음을 어루만져 주시는 선생님! 학생들의 평범한 일상적인 실수와 잘못에도 얼굴은 온화함을 유지한 채 날카롭고 예리한 눈매를 던지시는 선생님을 나는 존경하고 싶다. 학생들 저마다의 독특한 개성과 인격을 저버리지 않으시면서 교실에 들어오시면 언제나 학생들에게 시선을 고르게 나누며 미소를 잃지 않는 그러한 온유한 선생님을 나는 항상 존경하고 싶다. 개인적인 신상(身上)의 문제나 가정의 어려움을 간직하면서도 언제나 학생들에게 따뜻한 눈빛을 잃지 않는 그러한 선생님! 학생들의 부족하고 텅 빈 가슴을 보람과 희망으로 메우고자 자신의 피로감을 잊은 채 그들에게 닥쳐올 앞날의 운명을 걱정하시는 선생님! 눈빛 속에는 때로는 눈물을 감추고 제자들의 무거운 짐까지 짊어진 채 인생이라는 해결할 수 없는 어려움과 스승이라는 한계에 부딪히면서도 용기를 잃지 않으려는 신념으로 일관하는 선생님! 머리칼은 윤기를 잃고 얼굴은 기름기가 없이 야위면서도 입술에 하얀 침이 새어 나오는 줄도 모르고 정신없이 학업에 열중하시는 선생님! 한손에는 보이지 않는 채찍을 한손에는 끝없는 사랑과 열정으로 학생을 지도하는 무거운 책임감을 다하는 선생님! 외부로부터 밀려오는 중압감에도 굴하지 않고 자신의 내부에서 평화를 찾으려고 애태우면서 인간이라는 존엄을 생명처럼 여기고 따스한 미소를 머금고 학생에게 다가가는 선생님! 그 많은 제자들 모두를 자신의 아들과 딸처럼 모든 걱정을 마음속에 간직하고 끝없는 사랑으로 대해주시는 그러한 선생님! 학생들의 부주의하고 미흡한 행동들 앞에 막중한 선생님의 책임을 다함으로써 자부심과 긍지를 갖게 되는 그러한 선생님을 나는 영원히 잊지 못하고 존경하고 싶다. 그래서 나는 선생님의 책임과 의무감으로 과목에 대한 실력도 실력이지만 진실, 관심, 열정, 사랑이라고 생각하는 바이다.

부모의 정성어린 대화가 중요하다

　자아심리학에서 사용하는 자아개념은 '자아는 주어지는 것이 아니라 사회접촉을 통하여 성취되어야 한다.'는 내용이다. 이 말을 바꾸어 보면 인간의 삶은 인간끼리의 관계가 중요하다는 내용과 일맥상통한다고 볼 수 있다. 그러면 좋은 인간관계란 어떠한 관계인가? 이는 서로의 의견 차이를 이해하고 그 차이를 좁혀 나가는 데 있다고 하겠다. 현대사회의 특징은 산업사회, 핵가족화, 가치관의 다양성, 대중매체의 범람, 상업·물질주의, 인터넷정보의 신속성과 다양성 등으로 꼽고 있다. 지금은 더 나아가서 산업사회15)라기보다는 고도 정보화 사회16)라고 말한다. 유사(有史) 이래 편리하고 신속한 생활과 다변화로 삶의 질(質)은 많이 개선되었다고 하겠다. 그 대신 돈을 벌기 위해서 남녀 구분 없이 산업현장에서 열심히 일을 해야만 하는 부담감

---

15)　산업사회(industrial society)란 농경중심의 전통사회가 기계공업 등 산업화의 발달로 대량생산이 보편화함에 따라 산업사회로 옮겨가서 공업을 경제의 주축으로 하는 산업이라고 말한다.
16)　고도정보화사회란 1962년 F. 마흐루프가 미국사회를 지칭하여 처음으로 사용한 것으로 통신, 컴퓨터, 교육, 정보 서비스 등 정보관련 산업에 종사하는 사람이 총인구의 1/3에 해당함으로써 이런 산업에 의한 생산이 국민총생산의 1/3이상에 달하는 사회이다.

을 안고 있기도 하다. 21세기는 여성의 시대라고 하며 여성이 적극적으로 사회활동에 참여하여야 하는 사회가 되었다. 어쩌면 정보화 사회에 있어서 생산성의 문제는 여성에 적합한 과업을 찾아서 쉽게 해결할 수 있는 해답을 얻는 데 주안점이 되어야 한다는 이론이다. 여성의 인적능력을 개발하여 생산에너지로 활용해야 한다는 주장이기도 하다. 그럴수록 문제가 되는 것이 가정에서 여성들의 부재로 자녀와의 대화결핍이라는 문제가 대두된다. 어린 자녀들은 부모와의 친자(親炙)시간을 원하고 더욱이 더 중요한 것은 자녀는 부모와의 대화를 통해서 그들의 꿈이 커져간다는 것을 간과해서는 안 될 것이다. 그러한 결과는 가난한 자(者)가 살아가는 데 불리한 입장에 놓이게 된다. 왜냐하면 사회에 편성되어 살아가려고 하니 돈이 없으면 안 되게 되어서 가정을 지켜야 하는 어머니도 삶의 현장에서 돈을 벌어야 한다. 그럴수록 자녀의 성장은 어렵게 되어 불리함에 놓이게 된다. 하지만 부유한 사람은 돈이 사람 몫을 대신해 주기 때문에 그들에게 있어서 어머니는 삶의 현장에서 돈을 벌지 않아도 된다. 그래서 부유한 자들은 자녀들의 교육에 좀 더 완벽해질 수 있는 기회를 얻게 되는 것이다. 그렇게 됨으로써 그들은 자신의 자녀를 좀 더 완전한 교육을 시켜 성공한 자녀로 성장시킬 수 있게 된다. 그러나 가난한 사람에게는 돈이 없는 그 공백이 고스란히 남게 되어서, 만약에 그 공백의 영향이 자녀에게로 이전된다면 그것은 불행한 일이 아닐 수 없다. 어머니의 삶은 자녀를 우선적으로 양육하고 돈은 다음으로 여가의 틈을 타서 시간을 할애하여 벌어야 함에도 말이다. 만약에 돈이 우선이고 자녀양육이 뒤가 된다면 자녀성장에 문제가 발생한다는 것을 잊어서는 안 된다. 이러한 삶의 방식들이 보편화된 현상을 전문가들은 '사회부

조화이론(社會不調和理論, theory of social dissonance)[17]'이라고 말한다. 물질이 풍요하면 할수록 인간은 또 물질을 추구하기 때문에 물질만 능주의가 빚어낸 상업위주의 사회가 된다. 이러한 사회는 경쟁과 경제행위를 통하여 돈을 모으는 것을 목적으로 하며 이 돈으로 쾌락을 추구하게 되는 것이다. 한정된 자원으로 생산과 이윤을 추구한 나머지 홍보용 대중매체가 범람하여 인성(人性)이 무너져가는 현상마저 초래하게 된다. 이러한 문제가 원인이 되어 사회는 물론 개인의 삶에도 심각한 문제로 작용하게 된다. 인간은 제각기 생(生)을 영위하는 과정에서 저마다 추구하는 가치관이 다양하여 전통사회에서는 찾아볼 수 없는 직업이 생겨나게 되었다. 그런가 하면 현대의 가족은 핵가족으로 어머니, 아버지, 자녀 1~2명으로 단조롭게 이루어져 있다. 위와 같은 특징들을 모두 종합해볼 때 현대사회의 도래(到來)로 가장 우려되는 부분이 물질을 최고의 가치로 삼고 여기에 맞추어 가정이 형성되다 보니 가장 심각한 것이 인성(人性)이 피폐(疲弊)해져 가고 있다는 것이다. 현대의 가족제도 아래서 어머니와 아버지 모두가 생활전선에서 돈을 벌지 않으면 생활이 위협당하기 때문에, 그러다보니 우리의 자녀들이 성장하는 발판이 무너져 가는 현상이 벌어지기도 하는 것이다. 자녀성장에 있어서 부모의 부재현상은 정상적인 자녀 성장을 포기하는 현상과도 같은 위험한 모험이다. 자녀성장에 있어서 부모와의 대화 중요성은 자녀가 원만한 인격을 형성하는 데 기초가 되

---

17) 사회부조화이론(社會不調和理論, theory of social dissonance)'이란 돈 있는 사람들이 자신들의 쾌락의 욕구를 충족하는 과정에서 가난한 사람들의 삶이 무너지는 현상을 초래하게 되는 원인으로 작용한다는 것이다. 이것은 개인의 욕구충족이 우선인 사회에서 사회의 긴장이 상호 연관되기 때문에 발생하는 현상으로 결국은 그 부작용은 간접적인 가난한 다른 사람에게로 돌아가게 되는 것으로 본다. 즉 이러한 영향은 어딘가로 돌아가야 하기 때문이다. 인간이 쾌락을 추구한 나머지 쾌락의 부작용이 인간에게 다시 되돌아 온 과정이라고 볼 수 있다.

며, 그 원만한 인격이 건전한 자아 발달로 이어져 성인이 된 후 올바른 사회관을 확립하여 선(善)을 바탕으로 한 도덕적인 인간이 되는 것인데, 만약 성장기에 있는 자녀에게 부모의 부재로 인한 대화부족이 도덕적 인간성장을 포기하고, 비행청소년이나 반사회적인 인성(人性)을 갖춘 인간이 될 수 있다는 것을 알게 된다면, 가정에서 부모와의 대화부족은 정말 우리사회의 심각한 사회현상이 아닐 수 없다. 영·유아기에 부모와의 대화부족은 자녀의 정신적 발달의 결핍을 초래하고, 언어력을 키우는 데 -적합한 시기의 자녀에게는 어휘력 발달에- 문제점이 생기며, 뇌신경망조직의 자극 부재로 모든 영역에서 성장과 발달을 저해하게 된다는 것이다. 그리고 사랑을 받고 자라야 하는 영·유아가 어머니의 부재로 불안감이 형성되어 올바른 인격형성의 기초가 무너지게 된다. 이런 이유로 영·유아의 안정감과 신뢰감, 그리고 자존감 형성이 이루어지지 않아, 다음 단계로의 성장과 발달에 지장이 초래된다는 것이다. 단계별 이런 현상이 누적되면 인생에서 제2의 탄생이라고 하는 사춘기에 자녀와 부모의 대화부족으로 이어져 청소년 비행의 원인이 되기 때문이다.

자녀와 부모의 올바른 대화법을 살펴보면 우선 부모가 자녀의 말에 경청할 수 있어야 한다. 경청을 함으로써 자녀의 마음을 파악할 수 있으며, 언제나 부모의 마음가짐은 공손함, 정중함, 온화함, 단호함이 곁들여 있어야 한다. 부모는 자녀와 공감대를 형성하기 위하여 협조체제를 유지하며, 상대방을 이해하기 위하여 진심으로 사랑하는 마음이 있어야 하고, 부모는 자녀와의 관계에서 신뢰와 공감대를 얻은 이후에 부모의 의사가 자녀에게 전달되도록 하여야 할 것이다. 또한 말을 할 때는 목소리 톤에 주의하고 음성을 조절하여 자녀의 심경(心境)에 좋은 변화를 이끌어야 한다는 것이다. 새로운 부모교육(신용주·김혜수. 2002)에서 자녀의 힘을 북돋우는 대화 프로그램에서 대화의 4가지 원리를 제시하고 있다. '진솔한 마음 전하기' '자녀의 모습 받아들이기' '자녀의 마음에 들어가기' '구체적으로 이해하기'를 들고 있다. 여기에서 인간관계의 기술을 높이고자 한다면 먼저 인간내면의 기저(基底)에 깔려 있는 인간의 본성을 파악하는 것이 중요하다. 정신분석학에서 전통적인 정신분석가 Freud는 인간의 본성을 "인간을 성애적(性愛的), 공격적 욕동(sexual, aggressive drives)에 의해 지배되는 자기중심적인 개체로 보고 욕구만족, 충동발산, 긴장이나 불안감소 등의 개인내적(intrapsychic)심리과정을 중시하고 있다." 상담목회(심수명. 2008)에서는 "건전한 인간관계란 물리적, 심리적, 영적 경계가 필요하다. 경계가 분명하지 않은 경우는 다음의 두 가지로 나타난다. 첫째는 경계선을 유지할 능력이 부족한 것이다. 이런 사람은 다른 사람이 자신에게 상처를 주어도 방어할 힘이 없기 때문에 혼란, 소외감, 거절감, 좌절의 느낌뿐 아니라 정체성 상실, 무절제한 삶, 분노, 무책임 등의 수많은 문제점들로 시달리게 된다. 심한 경우에는 병리적인 상태까지 발전하여 각종 인격 장애가 나타난다. 둘째는 경계를 침범하는 경우로서 이런 사람은 자기 기분대로 타인의 사적인 경계를 침범하면서도 이것이 문제임을 지각하지 못한다."라고 기술하고 있다. 그러니 건전한 인간관계를 맺기 위해서는 나와 타인 사이에 적정한 거리를 두어 경계선을 유지하는 것이 중요하다. 물론 상대방에 따라서 다르겠지만 남에게 자신의 사적인 영역을 침해받아서도 안 되겠지만, 그렇다고 침범하여서도 안 되기 때문이다. 또한 정신분석 중 대상관계 이론을 중심으로 인간의 본성을 살펴본다면 인간은 대상을 추구하는 존재이며, 각 개인마다 고유성(固有性)을 가지고 있는 존재이다.

인간관계란 보편적으로 말하기를, 자기와 관계를 맺는 다른 사람들과의 관계를 지칭한다. 여기서 자기와 관계를 맺는 다른 사람을 주로 대상(object)[18]이라고 한다. 그래서 성장하는 자녀나 성인의 인간관계에서 주요한 점은 자기가 어릴 때 자라온 유아기의 대상관계, 즉 외적인 대상관계는 물론 내면화된 대상관계이며, 유아기에 경험하여 형성된 표상들이 유아기 이후 삶에 있어서 인간관계 형성에 크게 작용한다는 점이 주요한 핵심과제이다. 그리고 이후에 표상(representation) 문제에서 언급하겠지만 우리 성인이 인간관계를 잘 맺으려면 유아기 때 형성된 표상들이 내면화되어 자존감 형성에 기여해서 인간관계의 원만함과 원만하지 못함에 크게 작용한다는 것이다. 그렇다면 관계(relations)[19]란 무엇을 의미하는가? 나와 타인과의 교류, 접촉, 교환, 즉 상호작용을 의미한다. 대상관계란 타자와의 관계가 내면화된 것이기에 "내면화된 대상은 유아의 주관적인 지각과 환상에 근거해서 발달과정 중에 형성되며, 인생초기의 대인관계에서 비롯되는 대상에 대한 이미지는 아이의 마음속에 내재화되어 현재의 대상관계에 영향을

---

[18] 대상(object)은 정서적인 에너지(사랑이나 미움, 혹은 사랑과 미움의 복합적인 감정)가 부여되는 사람이나 장소, 사물, 관념, 공상, 또는 기억을 말한다. 하지만 대개의 경우 무생물보다 자기가 관계를 맺는 사람을 지칭한다. 대상관계이론에서 말하는 대상의 개념은 크게 두 가지로 나누어 이해 할 수 있는데 그것은 내면화된 대상과 외적인 대상 개념이다. 내면화된 대상(internal or inner object)이란 사람이나, 장소 혹은 사물에 관련되는 생각이나, 공상, 혹은 기억을 말한다. 내면화된 대상은 실제의 사람보다도 유아(여기서 유아는 성격형성에 있어서 중요한 시기이며, 성인이 된 이후에도 지속적으로 유아기 때의 관념들이 인간관계를 지배하기 때문임)가 실제 사람과의 관계에서 내면 심리에 가지게 된 표상으로서 유아가 주관적으로 지각하고 경험하는 대상을 뜻한다. 또한 외적인 대상(external object)이란 정서적인 에너지가 부여되는 실제의 인물, 장소 혹은 사물을 의미한다. 즉 실제대상 그 자체를 의미한다. 따라서 한 개인은 실제로 존재하는 외적인 대상뿐만 아니라 동시에 내적 대상과 상호작용 한다는 것이 대상관계에서 말하는 대상개념이다.

[19] 관계(relations)란 객관적이고 외적인 관계가 아니라 내면화된 관계, 즉 관계에 대한 개인의 지각, 감정, 기억 등을 의미한다. 따라서 대상관계(object relations)란 타자와의 관계가 내면화된 것, 즉 자기가 주요타자들과의 관계에서 경험한 것이 어떤 정신적인 표상(mental representations)과 상호작용의 틀로 내면화된 것을 뜻한다.

미치는 상호반응을 보이게 된다. 따라서 내면화된 대상이란 각 개인의 마음속에서 끊임없이 무의식적으로 상호반응 하는 존재의 근원이라 볼 수 있다." 이 점이 대상관계이론이 인간관계에 미치는 주요한 요점이 된다. 조선일보(2009. 5. 14)의 기사 <평범해 보이는 사람이 성공했다>에서 하버드생 268명을 72년간 인생 추적하여 연구한 결과, 47세 무렵까지 형성한 인간관계가 이후 생애를 결정하는 가장 중요한 변수였다. 연구를 주관한 조지 베일런트 교수는 '삶에서 가장 중요한 것은 인간관계이며, 행복은 결국 사랑이라고' 결론지었다. 그러한 의미에서 좋은 인간관계를 가지려면 나와 타인과의 상호작용을 하는 과정에서 항상 남의 견해나 주장, 사고를 존중함이 중요하다. 이와 같은 관계가 맺어지면 신뢰가 쌓여서 지속적으로 미래에 있어서 더 좋은 관계가 이루어지리라 믿는다. 아울러 나 자신이 먼저 인격적인 사람이 되어야 한다는 것은 말할 필요도 없다. 이 인격이 신뢰로 작용하기 때문이다. 그렇게 하려면 언제나 나 자신부터, 주어진 상황에서 필요로 하는 양심과 지식, 정보를 갖추도록 노력하는 자세가 필요하다.

인간관계와 관련하여 이번에는 대상관계이론에서 중요한 표상(表象)에 관해서 살펴보기로 하겠다. 표상에는 자기표상과 타인표상이 있다. 꼭 말로서 대화가 아니더라도 개인의 초기경험은 자기표상과 대상표상의 원 자료를 제공한다는 것이다. 출생초기부터 유아는 대상과 상호작용하면서 자기표상(self representation) 및 대상표상(object representation)을 형성하는데, 이것이 대인관계에서 계속적으로 작동하는 상호작용의 틀(mold)을 만들어 낸다는 것이다. 자기표상과 대상표상이 형성되는 과정에서 유아가 적절한 관심과 애정을 경험하면 표상의 긍정적 측면과 부정적 측면들은 긍정적인 측면을 중심으로 하나의 통합된 구조로 형성된다. 표상의 긍정적인 측면은 자기 가치감과 안정된 정체감의 근원으로 되고, 표상의 부정적인 측면은 낮은 자아존중감과 취약한 자아구조를 갖게 되며, 타인에 대해서도 부정적인 정서를 형성하여 성인이 된 이후에도 대인관계에서 어려움을 갖게 된다는 이론이다. 이 점이 인간관계 형성에 있어서 틀로 작용하기 때문에 유아기 때, 대상에 따른 자기표상과 타인표상이 대단히 중요하다는 이론이 대상관계 이론에서의 요점이 된다. 인간관계를 한마디로 말한다면 '지식과 감정의 교류'이다. 인격목회(심수명. 도서출판 다세움)에는 다음과 같은 내용이 실려 있다. "우리가 가장 힘들어하는 문제는 영적인 영역이나 사고의 문제라기보다 오히려 인간관계의 문제요. 정서적인 영역이다. 즉 염려(念慮), 외로움, 깨어진 관계로 인한 슬픔, 가까운 사람들과의 불화, 원망, 분노와 거절감 등 정서적 상처로 생긴 고통 때문에 일어나는 갈등문제"라고 말한다. 인간관계에서 가장 우선적으로 요구하는 것이 바로 도덕적인 삶이라는 것이다. 물론 자기 나름대로의 인생관에 따라 삶이 유지되어가겠지만, 옛 현인들은 남과의 관계에서 도덕적 삶이 쉽지 않다는 것을 알고 있기 때문에, 깊은 인간관계를 유지하기보다는 혼자 외로운 산 속, 수도원 같은 곳에서 자신의 존재, 그 자체의 자유를 누리며 대신 자기 자신의 내부적인 엄격한 규율에 따라 자신이 목표를 지향하는 자기만의 생을 살아가면서 세상에 태어나 살아온 인생의 업적으로 역사에 영원히 남을 불후의 명작을 남기기도 했다. 결과적으로 원만한 인간관계를 맺으려면 사실 타인을 잘 이해하기 위해서 무엇보다도 타인의 처해진 현재의 상황과 그리고 현재까지 있어왔던 과거를 분석하여 타인의 마음 깊숙한 곳까지 파고들어 심리적으로 이해를 하도록 접근해야 한다. 이 점이 인간관계라고 한다면 사실 인간관계란 쉽지 않다고 말하지 않을 수 없다. 또한 덧붙인다면 인간관계에서 중요한 것이 말하기이다. 아무리 친하고 가까운 사이라도 말할 때는 조심해야 한다. 본인은 진실한 말이라고 말을 하지만 상대방은 그때 상황이라든지 장소와 분위기, 본인의 마음상태에 따라서 받아들이는 느낌과 차이가 다르기 때문에 될 수 있는 한 말을 함구(緘口)하는 것이 좋지만, 그렇다고 말을 안 할 수 없다면 낮은 목소리로 약간만 뜻이 전달되도록 인상이나 몸짓과 함께 힌트만 주도록 하는 것이 좋다. 공자 과오(過誤)에 보면 함구(緘口)에 관한 고사(古史)가 나온다. "어디를 가니, 천동으로 만든 인형이 있는데 입을 세 군데 꿰매어 놓았고 그 옆에 말을 조심한 사람이라고 쓰여 있다"고 한다. 말은 '서푼'[20]이라고 하는데 이 말은 한 조각마음을 다 내던지지 말고, 말하는 내용이 껍데기와 알맹이가 있으면 알맹이 골자만 서푼만 말한다는 말로 해석된다. 그래서 인간관계에서 또 중요한 것이 의사표현 등 감정처리 문제이다. 친구들 사이에서나, 직장동료, 부부관계, 부모와 자녀 등 가족관계, 아니면 단체의 모임에서 자기의 의견을 말해야 할 때가 반드시 있다. 이 경우에 우리가 자기의사를 잘 표현한다는 것은 대단히 중요하다. 특히 의견이 대립될 경우에 있어서 잘못하면 남에게 피해를 줄 수도 있고, 또 그에 대한 대가(對價)로 자기가 상처받을 수도 있다. 더 악화될 경우에는 물리적 충돌도 발생하기 때문에 이때 자기의 감정처리를 원만히 해야 한다. 어떠한 것이 자기감정처리를 원만히 처리하는 것일까? 남과의 관계에서 어떠한 경우에도 증오, 분노, 원한 등을 남에게 표시

---

20) 푼: 푼〈분. 1. 조선말엽, 보조적 화폐의 하나. 보통 1푼은 엽전 한 닢을 가리킴. 전(錢)의 10분의 1임. 2. (1을 일반화하여) 동전을 세는 단위. 3. 무게의 단위, 한 돈의 1/10임. 4. 길이의 단위, 한 치의 1/10임. 5. 전체수량을 100등분 한 것의 비율을 나타내는 단위, 1할의 1/10이며, 리의 10배임, 서푼의 서는 셋을 뜻한다. 그러나 여기서는 아주 적은 단위를 개략적으로 나타내는 뜻으로 해석된다.

하는 일이 없도록 하여야 한다. 조금이라도 자신의 감정표현이 미래에 있어서 남과의 관계에서 갈등의 원인이 되는 인상을 남기지 않아야 한다. 그렇게 하려면 사전에 마음의 움직임이 나쁜 심정을 일으키지 않도록 제거하여 화평심을 유지하도록 하여야 한다. 어느 사람의 표현 같으면 무심한 꽃처럼 자신의 얼굴인상과 태도를 유지해야 한다는 것이다. 또 다른 표현 같으면 어느 스님의 말씀처럼 "자신의 마음에 증오심이 있었다면 그 악당들에 의해서 제거되었을지도 모른다."는 의구심마저 들게 하는 대목이 있다. 그러니 어떠한 일이 있어도 세상살이에 깊숙이 관여하지 말고 초연적인 자세를 취할 것이 바람직스런 일이다. 아마도 이러한 마음가짐을 불교에서는 '자비심(慈悲心)'이라고 표현할 수 있을 것이다. 하지만 사실 현실에서는 어려운 일이 아닐 수 없다.

아이들은 칭찬과 대화를 원한다(장춘환. 1996)를 참고하면 "우리의 느낌을 억압하면 그것이 없어지는 것이 아니라, 그것이 밖으로 표출되는 경우 오히려 남을 해(害)하거나 기물을 파괴하는 등 과격한 행동으로 나타나기도 하고, 안에서 작용할 경우에는 편두통, 고혈압, 위궤양 등의 정신·신체의 병을 유발하기도 한다."고 한다. 그래서 느낌을 처리하는 방법에는 ① 말로 진술(陳述)하기 ② 간접적인 표현 또는 판단하기 ③ 직접적인 표현, 즉 과격한 행동으로 나타내기 등의 세 가지가 있다고 하는데, 가장 바람직한 방법은 ① 말로 진술하기이다. 다른 방법인 과격한 행동이나 판단, 비난 또는 강요함이 없이 우리의 느낌을 있는 그대로 진술하는 것을 의미한다. 이 방법은 상대의 감정을 건드리지 않도록 순하게 자신의 마음을 표현하는 것이다. 상대방을 원망한다든지 미워하는 기색이 없이 오직 착하게 부드럽게 자신의 마음을 상대에게 따뜻하게 말하는 것이다. 이 방법을 사용할 경우 신체적, 정신적 병도 예방할 수 있고, 원만한 인간관계도 발전시킬 수 있다는 것이다. 그래서 인간으로서 즐겁고 행복하게 살아가려면 남과의 관계에서 자신의 참다운 면을 찾고, 또한 타인에게 자신의 진실된 이미지를 전달함으로써 이루어진다. 즉 올바른 자기 주관적인 삶은 주변 사회와 남과의 관계형성이 올바를 때 완성된다고 할 수 있다. 인간이란 사회적인 동물로서 남과의 관계형성 가운데 자신의 위치를 발견하고 남들과의 좋은 관계형성이 이루어질 때 참자기를 발견할 수 있다는 것이다. 그래서 인간관계의 가장 기본적인 태도를 보면 첫째 몸의 자세와 자신의 용모를 잘 가꾸어야 한다. 남들과의 첫 대면에서 뭐니 뭐니 해도 아무리 내용이 중요하다고 해도 처음은 형식적인 외형에 하자(瑕疵)가 없어야 하는 것은 말할 것도 없다. 그래서 몸의 바른 자세와 깨끗한 옷차림에서 그 사람의 내면적 사고의 형상이 표현되기 때문에 외형이 중요하다. 다음으로 중요한 것이 시선의 움직임이다. 시선의 움직임이 그때의 상황에 따라 심적 변화의 움직임으로 나타낸다. 그래서 시선이 인격이라고 말한다. 그 다음으로는 대화의 기술인 언어에서 상황에 맞는 낱말의 사용이다. 부드럽고 온화하며 착한 낱말을 선택 사용하여야 하기 때문이다. 이때 얼굴의 인상관리와 목소리의 속도와 높낮이 부드러움을 나타내는 음색 등도 중요하다고 하겠다. 두 번째는 대화의 내용이다. 처음 상대와 만나는 자리에서 아무 말도 없이 서로가 침묵으로 일관한다면 어떻게 되겠는가? 그 자리는 싸늘한 분위기로 따뜻한 정을 맺지도 못하고, 가장 기본적인 인간적인 사랑마저도 깨어지는 비참한 자리가 될 것이다. 그러니 처음 만나는 자리에 윤활유 역할을 할 대화의 내용, 주제를 몇 가지는 준비함으로써 처음에 부드러운 대화가 자연스럽게 이루어질 수 있다. 여기서 우리의 자녀들이 대화의 내용에 앞서 기술을 알아야 한다. 아무리 친한 친구 사이라고 하더라도 그리고 어떠한 일이 있어도 자기와 남과의 경계선은 지켜야 한다. 즉 자기와 남과의 거리를 두고 사귀라는 말이다. 아무리 친한 사이의 농담이라 할지도 항상 자기를 방어 할 수 있는 거리를 유지하며 말을 해야 하고 안할 말은 하지 말아야 한다. 말을 잘못해서 상대의 감정을 상(傷)할 원인을 제공하지 않도록 하면서 자신도 피해가 없도록 감정을 조절하고, 다음에 어떤 상황이 전개될 때 감정의 불씨가 자신에게로 돌아오지 않도록 말을 조심스럽게 하라는 뜻이다. 그것이 자신을 지키는 것이며 방어하는 대화법인 것이다. 이러한 대화의 기술이라면 그래도 인간관계 형성에서 기본은 갖추었다고 생각된다. 그렇게 함으로써 남을 침범하지 않으면서 자기도 침범당하지 않는 수준이라고 생각되기 때문이다. 이 선(線)이 경계선 유지능력이다. 세 번째는 상대방과 대화를 나누면서 계속적으로 자신의 마음을 관찰하는 분별력이 있어야 한다. 이 말은 자신을 지키면서도 상대방에게 도움이 되고 상대방을 성장시킬 수 있는 대화인가? 아니면 이 말은 자신을 해치고 남에게 상처를 안겨주는 악(惡)한 말인가? 혹시 이 말은 상대가 아닌 제 삼자에게 나쁜 영향을 주는 시기(猜忌)와 질투(嫉妬)인가를 잘 분별해서 서로가 잘 살아갈 수 있는 상생(相生)의 마음으로 대화가 오가야 한다는 것이다. 그리고 인간관계를 원만히 하려면 타인의 마음을 꿰뚫어 보는 독심술(讀心術)이 있어야 한다. 즉 현재 타인의 마음을 구성하고 있는 심리상태를 점검하여 상대의 마음속 깊은 곳까지 꿰뚫어 보는 혜안(慧眼)이 필요하다. 그렇게 하여 상대방의 마음을 읽고, 그에 맞는 행동과 태도가 인간관계에 있어서 핵심이라고 생각한다. 자신을 심리적으로 타인의 깊은 곳까지 위치하도록 해야 조화로운 사회적 상호작용이 이루어진

다고 조오지 캘리는 말한다. 말하자면 지속적이고 순수한 인간관계
는 타인의 견해를 통해 타인을 보려고 할 때, 비로소 발전될 수 있다
는 생각은 일상적 관계(부모-친척-친구-선생)로부터 국제적 관계에 이르
기까지, 우리가 타인과 의사소통을 할 때 직면하게 되는 문제가 무엇
인지를 말해준다. 궁극적으로 보다 나은 세계는 서로의 구성화 과정
을 민감하게, 그리고 정확하게 분석할 수 있는 사람의 능력에 달려 있
다는 것이다(성격심리학. 조오지 켈리. 1995).

우리가 인간관계를 잘 한다는 것은 타인의 입장에서 생각하고 타
인을 이해하며 먼저 타인의 욕구를 충족시켜주면서, 그러한 세계 안
에서 타인과 나와의 공통된 개념을 찾아내어 공유하고 자신의 이익
을 최대화하는 것이 인간관계의 첫걸음이라는 것이다. 아마도 이것
이 인간관계의 방법론이 될 것이다. 그리고 C. R. Rogers는 1947년
미국심리학회 연찬대회장에서 행한 회장퇴임연설에서 자신의 심리학
원리의 기본이라고 하는 세 가지 가설을 제시하고 4년 뒤 『내담자중
심요법』을 출판했는데, 여기서 자기 이론의 골격이라고 하는 19개 명
제를 제시하였다. 그 중 한 명제가 인간관계 이론과 관련이 깊어 여
기에 소개한다. 이 명제에서는 "개인이 자기의 감관적(感官的)[21], 내장
적(內臟的)[22] 경험의 일체를 시종일관해서 통합되어 있는 하나의 체계
로 지각하고 수용한다면, 그때에는 그 개인은 필연적으로 다른 사람
들을 더 이해하고 있고, 다른 사람들을 자기와는 다른 인간으로서
더 수용하고 있는 것이다."라고 말했다. 이 명제는 한 개인자신의 심
리적 변화와 성장에 있어서 지속적으로 새로운 경험을 통합·축적하

---

21) 감관적(感官的): 感覺器, 또는 그 지각작용
22) 내장적(內臟的): 사람이나 동물의 가슴과 배안에 있는, 소화기, 호흡기, 비뇨생식기, 내분비선 등의
기관

여 인격을 형성하게 되므로, 이러한 자신의 과정에 비추어 남을 보게 된다면 필연적으로 다른 사람들을 지속적으로 이해하게 되고, 다른 인간을 수용하게 된다는 것이다. 이것이 곧 인간관계의 원리라고 생각한다. 즉 내가 있음으로써 상대가 있게 되고 상대가 있음으로써 내가 있게 되며 여기에서 관계가 형성되는 것이다. 이 관계에는 나와 자연의 관계, 나와 사회와의 관계, 나와 다른 사람과의 관계를 통합하고 동일화하면서 자기를 개성화하는 것이 인간 삶의 전형적인 모습이 아닐까 생각한다. 또한 타인을 중심으로 한다면 나 자신도 타인과의 관계에서 삶의 목적에 좋은 대상이 되어야 하는 원리를 안고 있다. 이러한 것들이 인간관계의 원리라고 생각한다.

제2장

학습이란?

"아! 슬픈진저, 나의 그 열광적인 젊음의 날에 학문에 전념하고
올바른 사회 속에 내 몸을 맡기기만 했었던들
지금쯤은 가정을 이루었을 것이다.
푹신한 침대에서 잘 수도 있었을 것을!
그런데 나는 악한들처럼 배움의 세계를 버렸던 것이다.
지금 이 글을 초하며 생각하면 오장이 끊기는 아픔뿐……"

_ 프랑수아 비용(Francois Villon)의 고뇌 중에서

한 권의 책의 가치

    한 권의 양서(良書)가 집필되는 데는 집필자의 입장에서 보면 그만한 깊은 사연과 운명적인 아픔, 한 맺힌 절규가 함께한다. 그리고 신념과 기도는 물론이거니와 깨끗한 물과 공기를 마시며 순수한 영혼으로 정신의 밭을 갈고 일구어야 한 권의 책을 잉태하고 분만하게 된다. 이외에도 세상 사람들에게 도움이 되는 진실하고 알찬내용을 집필하기 위해서는 작가의 자존심과 명예를 걸고 모든 정신력과 에너지, 그리고 긴장과 전율(戰慄), 고도의 집중력, 섬세한 시각, 푸른 예지력(叡智力)를 갖추어야만 가능하다. 그래야만이 읽는 사람에게 뼈가되고 살이 되며 피가 되는 내용을 세월이 흘러도 변하지 않는 진리에 가까운 책을 집필해 낸다. 책 한 권이 이렇게 어려운 과정을 겪으면서 탄생되어 독자들 곁으로 다가가는 것이다. 그런데 문제는 자신에게 진작 필요한 책을 독자들이 발견하지 못하고, 읽어보지 못하고 그냥 지나치는 것이 안타까운 사연이 아닐 수 없다. 진정 자신에게 필요한 책을 손에 쥐고 정확히 읽어 그 내용을 간직할 수 있다면 그야말로 황금보다도 더 귀중한 보물을 손에 쥐는 것이나 마찬가지로 자신이 성장하고 세상을 살아가는 데 이정표 역할을 할 것임이 틀림없기 때문이다. 그러한 양서(良書)를 놓치게 된다면 그보다 억울한 일이 또 있을까 하고 생각해 본다. 좋은 사람을 만나는 것도 인연이고 운명이지만 좋은 책을 만나는 것 역시 인연이고 운명인 것이다. 독자는 자신이 확실히 무엇이 부족한지 알기만 한다면, 그리고 자신이 무엇을 구하고 있는지가 명확하다면 거기에 알맞은 책을 구하면 될 것이다. 일부 소수의 독자들은 자신이 무슨 내용을 필요로 하는지, 뚜렷한 방향과 목표가 없기 때문에 자신에게 맞는 책을 찾지 못하고 있는 실정이 아니겠는가? 그 정도로 자신이 삶에 대한 적극적인 자세와 정확한 방향이 설정되어 있지 않다면 훌륭하고 좋은 책을 찾아낸다는 것은 힘들 것으로 생각한다. 외람된 말 같지만, 사실은 오직 한 권의 책이면 인간의 삶을 바꿀 수 있다고 생각하는 바이다. 특히 성장하는 자녀에게 사춘기는 정말 어렵고 힘든 시기임에는 틀림없다. 꼭 사춘기가 아니더라도, 그냥 청소년기라고 해도 좋을 것이다. 나에게도 예외는 아니었다. 나는 중학교를 졸업하고 가정 사정(事情)으로 한 해를 쉬고 고등학교에 입학하게 되었다. 한 해를 쉬는 동안에 자신도 모르게 학업의 중요성이 차츰 느껴지기 시작했다. 중학교 때까지만 해도 학습에 대한 의욕이 부족했다. 물론 세월이 지나고 고등학생이 되고부터 학습에 대한 의욕과 함께 이성(the other sex)에 대한 호기심이 급진적으로 생기게 되었으며, 자연히 자기의 정체성이 형성하게 되어 복잡하고 풀기 어려운 생각들이 고개를 들기 시작했다. 이 시기를 겪고 보니 아마도 그때가 사춘기가 아닌가 하고 생각된다. 지금 이 책을 읽고 있는 독자들도 제각기 누구나 겪었어야 할 사춘기 시절에 자신이 처해 있었던 그 상황의 기억을 한번쯤 회상해 보기 바란다. 누구에게나 사춘기를 맞이하게 되고 이 시기를 지나면서부터 삶에 대하여 철(wise)이 드는 것처럼 나 역시 고등학교에 진학한 후 학습을 하려고 하는 의욕이 더 생기게 되었다. 그래서 교과서의 첫 페이지에서부터 정성껏 열정적으로 학습을 하게 되었다. 학습한다는 것이 힘들었지만 아주 세밀히 꼼꼼하게 책을 읽었다. 그때는 어느 부분이 중요한가는 문제 삼지 않았다. 내가 보기에 모든 부분이 중요해 보였으니, 한 자 한 자를 열심히 읽고 반복하고 외우다시피 하였다. 만약에 이러한 부분이 시험에 출제되기도 한다면 하고 무조건 열심히 읽고 또 읽은 것이었다. 자연히 학습을 열심히 하다 보니 어떠한 부분이 중요한 부분인지 차츰 내용을 파악할 수 있게 되었다. 하지만 누구나 체력면에서 약한 부분이 있게 마련이듯이 나에게도 체력에서 무리가 오기 시작했다. 모든 교과서의 책들을 그러한 방법으로 공부를 했으니 특별히 머리가 좋은 것도 아니고 체력적인 면에서 건강한 편도 아니기 때문에 한마디로 말한다면 과부하(過負荷)가 오게 된 셈이었다. 책을 외우다시피 한다는 것은 결국은 뒤에 가서는 감당을 하지 못하게 되어 있기 때문이었다. 책들의 앞부분, 첫 단원에서부터 진도(進度)가 잘 넘어가지 않았다. 그렇지만 열심히 했더니 한 학기가 지나고 한 학년이 지날 때쯤 되니 무언가 좀 실력이 쌓이는 것을 스스로 느낄 수 있었다. 정식수업이 끝나면 도서관에 가든지 교실에 남아서 공부를 계속하였고 학교를 마치고 집에 오는 시간은 거의 매일 학교의 학생들 사이에서 늦은 편에 속했다. 자연스럽게 가방도 다른 학생들보다 두텁고 무거웠다. 그 당시 유행어로 '가방 크다고 공부 잘하냐?'가 학생들 사이에서 웃기기 위해 유행하는 용어였다. 그러나 사실은 가방이 두텁고 무거운 학생이 지능지수와 상관없이 대체적으로 공부를 열심히 하는 편에 속했다. 한 가지 더 욕심이 나는 것은 나에게 운동이었다. 공부와 함께 운동까지 하려고 하니, 그때부터 체력이 따라가지 못했다. 그 당시 운동이래야 평행봉, 철봉 같은 기계체조와 유도, 태권도, 검도와 같은 호신술(護身術)등이었다. 우리는 반(班)에서 나를 포함하여 가까운 친구 3명이 그 당시 유도를 전공한 중학교 체육선생님이 한 분 계셨기 때문에 방과 후에 한 시간씩 가르쳐달라고 부탁을 했더니 쾌히 승낙(承諾)을 해주셨다. 그래서 하루에 한 시간씩 유도를 배울 수 있었다. 물론 오래 배울 수는 없었지만 그 유도를 가르쳐 주신 체육선생님을 지금 성인이 되어서야 생각해 볼 때 그야말로 인격적으로도 높으신 분이고 마음도 인자하셔서 유도를 잘 가르쳐 주셨던 선생님으로 기억된다. 특히 키도 크면서 유달리 목이 두터웠으며 어깨가 딱 벌어져 균형적인 몸매를 갖추고 있었기에 중학교 선생님이시지만 고등학교 학생들로부터 대단한 인기를 얻고 있었다. 선생님 사정으로 인하여 운동을 그만두게 된 것이 아니고 배우는 학생인 나 때문에 그만하게 되었다. 건강이 좋지 못해서였다. 나에게 고등학교 시절에서 가장 어려웠던 점이 건강악화였다. 건강 중에서도 정신적인 문제, 흔히들 신경쇠약이라고 할까? 노이로제 비슷한 잡념 문제였다. 머리가 무겁고 피곤하지만 숙면을 취할 수 없는 점, 쓸데없는 욕심에서 오는 번뇌, 이성에 눈을 뜨게 되면서부터 허황되게 남과 나를 비교하게 되면서부터 오는 자기 비하(卑下) 등이었다. 나의 환경을 탓하며 자신을 증오(憎惡)하고 어떤 사람과 그 사람의 가정(家庭)을 선망(羨望, envy)하게 되는 문제들이 발생하게 되었다. 이와 같은 신경쇠약의 증상으로 강박관념은 물론 신경성 축농증으로 말미암아 코를 풀면 코액의 분비물에서 피가 섞여 나오기도 했다. 아마도 그 당시 자신을 되돌아보면 남을 부러워하는 선망심(羨望心)이 가장 강력하게 나의 정신을 압박하였고, 이와 아울러 육체적인 피로감이 더 나를 구속했다. 그러한 사연들을 성인이 되고 난 이후에 생각해보니 그 시기에 있어서 나에게는 이러한 문제가 가장 해결하기 어려운 점이었다고 생각된다. 그 어려움은 기본욕구를 충족하려는 원초적인 욕구에서부터 오는 괴로움과 고통들이 쌓여서 그것이 원인이 되어 뒷머리가 아픈 증상이 나타났다. 이러한 복잡한 상항들, 즉 가정의 경제적인 어려움, 부적절한 교우관계, 자기 과시욕, 또 학습의 부담감, 정신적·육체적 건강악화, 무분별한 이성(異性)문제 등이 얽혀서 자기 자신을 귀중하게 생각하지 않고, 반대로 자신을 미워하게 되었다. 청소년기의 대부분인 고등학교 학창시절은 말 그대로 시행착오와 방황, 고통과 번뇌, 자기혐오, 과부하(過負荷)상태, 우울 등에서 벗어날 수 없었다. 그 시기를 지나고 보니 그때가 나로서는 정말 힘든 고비가 아닌가 하고 생각된다. 생(生)에 있어서 그렇게 힘든 시기는 그 이후에는 없었던 것 같다. 정신적인 고통이 그렇게 감당하기 힘들 정도로 어려웠으니 말이다. 이에 비례하여 마음을 정화할 수 있는 힘은 나의 지성과 인격으로는 훨씬 부족했다. 이때 발견된 것이 한 권의 책이었다. 이 책은 낡아서 표지를 비롯한 앞의 몇 페이지는 떨어져 나가고 없었다. 책을 꿰매는 실밥이 헤어져 너들 너들 해 있었다. 글자가 가로로 쓰여진 것이 아니고 한 페이지가 가로로 이등분해서 세로로 쓰여졌으며 인쇄종이는 누렇게 좋지 못한 것이었으나 고딕체로 인쇄된 책이었다. 한자(漢字)의 중요한 부분에 한글이 함께 쓰여 있어서 옥편(玉篇)을 보면 이해력이 한층 증대되었다. 지금 와서 생각해보면 어떻게 내 손에 그 책이 있게 되었는지 기억이 잘 나지 않았는데 깊이 두고두고 생각해보니 내가 서점에서 직접 구입한 책이었다. 그 당시 우리 집에는 책들이 몇 권 되지 않았다. 아니 장서(藏書)라고는 거의 없었다. 그런데 내가 이 책을 구입해서 바로 읽은 것이 아니고 한참동안 보지도 않고 책꽂이에 관심도 없이 방치해 놓았다가 우연한 기회에 이 책을 다시 발견하여 읽게 된 것이다. 그래서 그 책이 나에게 새롭게 다가왔다. 그 책을 발견하고 나서 내용을 한 구절, 한 페이지 읽으면 내 마음이 가벼워지고 머리가 맑아졌으며 마음이 정리되었다. 머리와 마음이 무거울 때마다 자연히 그 책을 펴서 한 구절을 읽게 되고 또 다시 반복하여 읽게 되었다. 한 번에 그 책을 계속해서 읽은 것이 아니고 필요할 때, 즉 마음이 괴로울 때 한 문장 한 페이지씩 읽게 되었다. 그러다 보니 책을 읽을 때마다 마음이 안정되고 마음을 정리할 수 있게 되어 나의 생각 잘못된 부분이 하나하나 선명하게 드러나게 되어 잡념을 떨치게 되니 무거웠던 머리가 차츰 가벼워지기 시작했다. 시간 날 때마다 머리가 아플 때마다 이 중요한 글귀를 읽어보고, 또 읽어보면서 일기를 쓰는 것처럼 하루 한 페이지씩 그렇게 읽었다. 그 내용이 성장하는 나에게 있어서 마음의 양식(良識)이 되어 잠을 잘 수 있게 해주었다. 종이가 오래되어 글자가 희미하고 만지면 쉽게 찢어질 정도로 낡은 책이 되었는데 나중에 알고 보니 그 책 제목이 '채근담 (菜根譚, 明末의 고전)23)'이었다. 그 한 권의 책이 성장하는 나에게 얼마나 귀중한 양식이 되었으며 정신건강을 치유(治癒)하는 길잡이가 되었는지 모른다. 그 책이 오랜 기간 동안 내 옆에서 스승으로 자리매김하고 있었으며, 그 책이 아니었다면 신경증에서 헤어나지 못했을지도 모르고 끝없는 불안과 고통에 시달리게 되었을 것이다. 또 성장기에 있는 나에게 있어서 중요한 시간을 효율적으로 사용하는 데 실패하였을 것으로 생각된다. 특히 이 책은 쓸데없는 생각들, 즉 잡념(雜

---

23) 채근담(菜根譚)은 중국 명나라 말기에 문인 홍자성(洪應明), 환초도인(還初道人))이 저작한 책이다. 책의 구성은 전편 222조, 후편 135조로 구성되었고, 주로 전편은 사람들과 교류하는 것을 말하였고, 후편에서는 자연에 대한 즐거움을 표현 하였다. 그리고, 인생의 처세를 다룬다. 채근이란 나무 잎사귀나 뿌리처럼 변변치 않은 음식을 말한다. 유교, 도교, 불교의 사상을 융합하여 교훈을 주는 가르침으로 꾸며져 있다.

心)을 버리도록 하며 정신을 맑고 가볍게 하는 데 기여(寄與)했으며 나의 마음을 정화(淨化)시켜 주는 데 크게 공헌했다. 나는 한 권의 책이라도 잘 선택하여 읽게 된다면 성장하는 자녀의 앞날을 좌우하는 데 크게 도움이 될 것으로 믿는다. 자녀가 있는 부모들은 가정에서 자녀 성장에 꼭 도움이 되는 책을 읽도록 권장하고 싶다. 우리가 학교에서 배우는 교과에 따른 참고서를 사다보면 책을 구입할 때는 필요한 것처럼 생각해서 구입하지만 시간이 지나다보면 보지도 않는 책이 자연히 생기게 마련이다. 그래도 책은 구입하여야 하는 것처럼 성장하는 자녀에게 필요한 책은 반드시 구입하여 읽도록 하여야 할 것이다. 실제로 우리가 우연히 책을 읽다가 보면 평소에 자신이 필요로 하고 있는 내용, 즉 실제 삶에 적용할 수 있는 내용을 읽게 되면 그 없이 즐겁고 만족함을 느끼게 된다. 그것도 평소에 자신에게 부족하고 결핍되어 어떻게 할 줄 몰라 망설이며 확실한 결정을 내리지 못하여 머뭇거리고 있을 때 독서를 통하여 그 해답을 구할 수 있었다면 그 효과는 대단한 위력을 발휘하게 된다. 이것이 독서의 즐거움이다. 만두모형의 교육관(정재걸. 2001)에서 보면 "사람의 일생에 있어서 그 삶의 형성에 영향을 미치는 책은 사실은 그렇게 많지 않다. 어쩌면 단 한 권의 책이 그의 일생을 좌우할 수도 있다."로 기록하고 있다. 그래서 어릴 때 무심히 들었던 말, 즉 '책이 사람을 만든다.'는 말은 진실이었다.

정독(careful reading)의 중요성

필요가 충족되면 곧 새로운 필요가 생겨나고 욕구불만의 감정이 배가 된다.

_ 에피쿠르스

완벽한 독서를 위해서는 읽고 있는 부분에 나오는 어려운 낱말이나 어휘를 확실하게 이해해야 한다. 이것이 독서에서 가장 난해한 부분이다. 물론 이 외에도 자신에게 필요한 책을, 수준에 맞는 책을 골라 읽어야 한다. 독서는 한 번에 높은 수준에 도달할 수 있는 것이 아니라 한 단계 한 단계씩 높은 수준으로 올라가야 하는 것이다. 인간은 지식의 대부분을 책을 통하여 얻는다. 아무리 부모로부터 훌륭한 교육을 받아서 잘 성장한다고 하더라도 삶에 대한 기술과 지식을 다 배울 수는 없는 일이다. 그래서 스스로 독서를 통해서 삶의 지식을 터득해 나가야 한다. 특히 고전(古典)속에는 선조들이 살아온 삶의 지혜가 고스란히 담겨져 있어서, 후손들은 선조들의 삶의 형태를 배우고 익혀서 우리는 이것을 지식으로 가꾸어 새롭게 살아가지 않으면 안된다. 여기에 독서의 의미가 있다고 하겠다. 독서를 통하여 우리는 삶에 대한 높은 수준의 가치관을 획득할 수 있으며 그 가치관을 이루기 위해 노력함으로써 보다 더 훌륭한 삶을 열어갈 수 있을 것이다.

이와 같은 가치관은 지식을 통하여 획득할 수 있는데 여기에서 반드시 독서가 필요한 것이다. 때로는 책을 통하여 지식으로 얻는 것보다는 살아가면서 사회 속에서 직접적으로 얻게 되는 체험이 더 좋은 삶의 길잡이가 될 수 있다. 사회는 그 자체로서 귀중한 교육의 장소이기 때문이다. 하지만 모든 것을 자신이 직접 체험할 수 없기 때문에 대부분의 삶의 지식을 책을 통하여 간접적으로 획득하는 셈이다. 자조론/인격론(새뮤얼 스마일스. 2007)에서 보면 "교육이 시간과 노력을 들이는 가장 좋은 투자 중 하나라는 사실은 의문의 여지가 없다. 어느 분야에서든 사람이 총명하면 더 쉽게 환경에 순응할 수 있고, 일을 더 잘할 수 있으며, 모든 면에서 더 적합하고 능숙하며 또한 능률적인 사람이 될 수 있다."고 기록하고 있다. 그리고 여기에서는 독서에 대해서도 언급한 내용이 나오는데 "독서는 초라한 오두막에서 사는 가장 가난하고 비천한 사람도, 동서고금을 통한 위대한 사상가를 맞이하여 얼마든지 오랜 시간 벗하며 함께 즐거운 시간을 보낼 수 있다. 그러므로 올바른 독서습관은 가장 큰 즐거움과 자기 향상의 근본이 될 수 있고, 인격과 행동 전체의 진로에 원만한 영향력을 미쳐 가장 유익한 결과를 얻게 해준다."라고 기술하고 있다. 초·중등학교 시절의 학생들 입장에서 보면 '독서'라는 말을 가장 많이 들으면서도 학생에 따라서 어쩐지 소원(疏遠)하게 들리는 부분이 또한 독서라는 용어가 아닌가 하고 생각이 든다. 나 역시 중학교시절에 선생님께서 독서를 강조하셨기 때문에 도서관에서 몇 권의 책을 억지로 읽어보았지만 그 당시에는 책이 그렇게 이해가 잘 되지 않았다. 아마도 기본 지식이 부족했던 탓이라고 생각된다. 이러한 상황은 낱말이나 그리고 그 구절의 뜻을 이해하지 못하였음이 원인이며 나의 수준에 맞는 책을 고르기도 쉽지 않았을 것이다. 그러니 독서란 어릴 때부터 꾸준히 쉬운 단계에서부터 체계적으로 한 단계씩 올라가야 한다는 결론이 나온다. 특히 그 당시 내가 독서에 어려움을 겪었던 점은 낱말의 이해력이 부족했던 탓이었을 것이다. 지금은 모르는 낱말이 있으면 즉시 사전을 찾아서 이해하고 넘어 가지만 그때는 모르는 부분이 너무 많아 독서가 쉽게 이루어지지 않았다. 하지만 사실은 성장하여 이렇게 독서를 해보면 독서만큼 지식을 쌓는 데 필요하고 중요한 공부는 없다. 그렇다면 어릴 때부터 어떻게 하면 독서습관을 기를 수 있을 것인가? 미국에서는 아이들에게 책 읽어주기 이벤트를 벌인다고도 한다. 그 정도로 독서는 성장하는 자녀에게 중요한 과제라고 아니할 수 없다. 우리나라의 어머니들도 자녀의 수준에 맞는 책들을 골라서 재미있고 자연스럽게 독서의 습관을 길러주고 있다. 또 계속 하여 길러주어야 할 것이다. 문제는 자녀 수준에 맞으면서 자녀의 관심을 끌 수 있는 책이어야 한다. 나의 견해로는 자녀에게 욕심스럽게 많은 책을 읽히기 위해서 노력하기보다는 한 권의 책이라도 정독하여 확실히 내용을 알게 하는 것이 중요하다고 생각한다. 우리의 자녀가 아주 즐겁게 책을 읽어서, 다음에 책읽기를 스스로 원하도록 해야 하는 것이 중요하다. 이러한 행위를 오늘도, 내일도 꾸준히 하다보면 자신도 모르게 책을 읽게 되어 독서의 습관이 붙게 될 것이다. 단, 가족구성원 대부분이 텔레비전을 보면서 유독(唯獨) 자녀만 책을 읽으라고 강요하는 일이 없도록 해야 한다. 어느 장소에서든지 온가족이 둘러 앉아 도서관처럼 조용한 가운데 서로가 자신의 수준에 맞는 독서를 하는 것이 중요할 것이다. 자녀의 어린 시절에 엄마와 재미있게 독서한 것이 아름다운 추억으로 자리매김될 때, 이것이 앞으로 아이가 혼자 독서하게 될 가능성이 높아질 것이다. 앞에서도 설명하였지만 무리하게 어려운 책을 처음부터 짧은 시간에 많은 분량을 읽히려고 욕심을 부리지 말고 한 권의 책이라도 천천히 충분히 읽혀 그 내용의 진미(珍

味)를 터득하는 것이 독서습관을 길들이는 방법으로서 자녀에게 중요할 것임에 틀림없다. 정상에서 만납시다(지그지글러, 2003)에서는 아이들에게 반드시 가르쳐야 하는 것들 중 하나로 독서하는 방법이라고 강조한다. 그런가 하면 미국의 중고생에게 있어서 90%에 이르는 남자 비행청소년들의 독서 능력은 초등학교 3학년 수준으로 밑돌았다고 한다. 청소년들이 저지르는 비행이 그들의 독서 능력부족으로부터 오는 자존심상실(自尊心喪失)에 기인한다는 것이다. 독서는 삶의 모든 영역에서 실질적으로 아주 중요하다. 그러니 비행청소년들은 독서를 모르기 때문에 중요한 말의 어휘를 몰라 남하고 주요한 대화도 할 수 없고 귀감(龜鑑)이 되는 문장을 읽을 수도 없으며 좋은 친구를 만나 사귈 수도 없게 되는 것이라고 한다. 즉 좋은 사람과 좋은 장소에서 훌륭한 대화를 나눌 수 없기에 지식으로 채워져야 할 두뇌의 공간은 황폐화되다시피 하며, 이 자리에 비행(非行)이라는 독(毒)물질이 침범하게 된다는 것이다.

우리의 자녀가 독서를 생활화하려면 어릴 때부터 지속적으로 꾸준히 부모의 세심한 관심과 함께 책 읽는 습관을 길러 독서의 맛을 느껴야 한다. 여기에는 부모가 직접 독서를 생활화 하는 것이 가장 좋은 방법이라고 한 번 더 강조하는 바이다. 이렇게 하여 자녀가 스스로 습관적으로 혼자 독서를 할 수 있게 된다면 학습은 일단 성공적이라고 할 수 있을 것이다. 책 속에 인생을 살아가는 모든 것, 삶의 기술과 방법이 있으니 독서를 통해 어려운 것을 해결할 수 있을 것이기 때문이다. 이러한 점을 감안해 볼 때 독서의 힘이 얼마나 무서운 능력을 발휘한다는 것도 알 수 있게 된다.

독서와 관하여 많은 학자들의 견해가 있는데 그 내용은 다음과 같다.

시간 관리와 자아실현(유성은. 1988)에서 보면 "정독이라는 것은 내용을 자세히 분석하고 이해하며 비판하고 감상하는 독서법이다."라고 말한다. 또한 독서와 작문의 길잡이(이상태·김종록. 1999)에서는 "인류의 정신문화 발달은 논리적 지식을 가져온 능동적인 독서행위에 기초를 두고 있다. ……인간의 인격형성이나 옳고 그름을 판단하는 능력은 능동적인 경험과 사색을 통해서 오는 깨달음이라는 인식론적 결과로서 얻어지는 것이다."라고 강조한다. 그런가 하면 유가(儒家)의 대학경(大學經)에서 8조목에 해당하는 격물치지(格物致知)[24]라는 용어는 주자(朱子)에 의하면 "사물의 이치를 연구하여 자기의 지식을 극한에까지 파고드는 일이라고는 한다. 하지만 이것만으로는 지식을 획득하기 위한 교육적인 가치를 완전히 획득하기 힘들며, 그리고 아무리 돈이 많아서 생활이 풍요로워지고 안정되어도 지성인이나 인격자의 반열(班列)에 오르기는 어려운 일이다. 반드시 독서를 하여야만 인류가 살아오면서 위대한 사람들이 깨달은 지혜를 간접적으로나마 획득할 수 있으며, 이를 이용하여 자신의 삶에 반영함으로써 삶의 이치에 정확하고 세밀하며 안정되게 접근하여 살아갈 수 있다"고 생각하였다.

---

24) 격물치지(格物致知): 이상적(理想的)인 정치를 위한 제 1·2단계. 주자(朱子)에 의하면 사물의 이치를 연구하여 자기의 지식을 극한에 까지 파고드는 일이고, 왕양명(王陽明)에 의하면 사물에 의해 인간의 자연적·본래적인 마음의 작용인 '양지(良知, 사람이 나면서부터 가지고 있는 지능이나, 양명학에서 마음의 본체를 말함)'를 철저하게 발현시키는 일임. 즉 격물(格物)·치지(致知)·성의(誠意)·정심(正心)·수신(修身)·제가(齊家)·치국(治國)·평천하(平天下)의 8조목으로 된 내용 중, 처음 두 조목을 가리키는데, 이 말은 본래의 뜻이 밝혀지지 않아 후세에 그 해석을 놓고 여러 학과(學派)가 생겨났다. 그 중에서 대표적인 것이 주자학과(朱子學派: 程伊川·朱熹)와 양명학과(陽明學派: 陸象山·王陽明)이다. 주자는 격(格)을 이른다[至]는 뜻으로 해석하여 모든 사물의 이치(理致)를 끝까지 파고 들어가면 앎에 이른다[致知]고 하는, 이른바 성즉리설(性卽理說)을 확립하였고, 왕양명은 사람의 참다운 양지(良知)를 얻기 위해서는 사람의 마음을 어둡게 하는 물욕(物欲)을 물리쳐야 한다고 주장하여, 격을 물리친다는 뜻으로 풀이한 심즉리설(心卽理說)을 확립하였다. 즉, 주자의 격물치지가 지식 위주인 것에 반해 왕양명은 도덕적 실천을 중시하고 있어 오늘날 주자학을 이학(理學)이라 하고, 양명학을 심학(心學)이라고도 한다.

한국의 전통교육 만두모형의 교육관(정재걸,2001)에서 퇴계의 제자인 백담(柏潭) 구봉령(具鳳齡: 1526~1586)은 독서방법에 대하여 말하기를 "독서는 성인의 마음을 보는 것이기 때문에 엄숙하게 해야 한다. 독서에는 스스로 그 법도가 있으니, 모름지기 마음을 가지런히 하고 생각을 씻어내어 책상을 마주하고 책을 펴기를 마치 성현이 자리에 앉아 있고 신명(神明)이 머리에 위에 있는 것처럼 하며, 엄(嚴)한 사우(師友)가 좌우에 있는 것처럼 하고, 또한 독서에 있어서 한 가지 중요한 사항은 책을 정독하는 것이다."라고 하였다. 또한 여기에서 한강(寒岡)정구(鄭逑: 1543~1620)[25]를 제자들이 묘사한 독서법에서 "선생이 독서를 할 때 첫 번째 구절을 읽으면 마음이 첫 구절에 있고, 두 번째 구절을 읽으면 마음이 두 번째 구절에 있어 이렇게 하지 않으면 결코 다음 구절로 넘어 가지 않았다. 또한 독서가 끝나면 반드시 책을 덮고 정좌하여 깊이 사색한 다음에 다른 일을 보았다."라고 하였다. 이상은 학자들마다 독서법, 특히 정독에 관하여 자신의 견해를 기술한 것이다. 결론적으로 말하면 독서를 함에 있어서 다른 사람의 주요한 지식을 자신의 지식으로 체화하고 획득하는 과정으로 그저 책을 대충 읽는 것으로 완벽하게 그 의무가 완수된다고 생각하는 것은 잘못된 것이다. 독서를 통하여 지식을 획득하여 자기화한다는 것은 충분한 시간을 투자하고 자신의 정신을 몰두하여야 가능한 일이기 때문에 많은

---

25) 정구(鄭逑, 1543~1620): 조선 중기의 학자로 그의 문하에서 많은 제자가 배출되어 영남 남인학파의 한 줄기를 이루었다. 본관은 청주(淸州). 자는 도가(道可), 호는 한강(寒岡). 아버지는 사중(思中)이다. 김굉필(金宏弼)의 외증손이다. 성주이씨(星州李氏)와 혼인하여 성주에 정착했다. 7세 때부터 〈논어〉·〈대학〉을 배웠고, 12세 때 종이모부인 오건 밑에서 공부했다. 1563년에 이황·조식에게서 성리학을 배웠다. 1580년 창녕현감에 부임했으며, 이때 베푼 선정으로 생사당이 세워졌다. 1608년 대사헌이 되었으나 임해군의 옥사가 일어나자 이에 관련된 사람을 모두 용서하라고 상소한 뒤 고향으로 돌아갔다. 고향에 백매원을 세워 유생들을 가르쳤다. 〈심경발휘〉·〈오선생예설분류〉 등의 예학서와 안과 의서 〈의안집방〉, 산아와 육아에 관한 〈광사속집〉 등을 저술했다. 당대의 명문장가로서 글씨도 잘 썼다.

양의 독서를 짧은 시간에 이루어 낸다는 것은 질(質)의 저하를 가져오기 마련이다. 그러니 질적으로 우수한 독서를 하려면 많은 시간과 정신의 투자 없이는 불가능한 일이라고 생각한다. 그래서 지식을 추구하고 획득하려면 반드시 정독을 하여야 하고, 정독을 위해서는 충분한 대가가 치러야 한다는 결론에 이른다.

학습의 어려움을 자각하라

앞의 장에서도 기록이 있었지만 우리나라에서 한 해 동안 초·중·고등 학생을 총망라해서 5~6만명 정도가 학업을 중단한다는 통계자료가 있다. 왜 학업을 중단하는 학생들이 발생하게 되는가? 물론 여러가지 원인이 있겠지만 그 정도로 학습이라는 여정이 힘들고 어려운 과정이기 때문이다. 이들이 도덕과 지성의 세계로 나아가지 못하고 만약에 사회의 그늘진 구석으로 내몰려 악(惡)에 물들게 된다면 어떻게 되겠는가? 학습이라는 과정은 뇌(腦)라고 하는 토양의 밭에 학문이라는 씨앗을 파종하여 호미와 괭이로 땅을 일구어 작물을 성장시켜 결실을 얻어야 하는 고(苦)된 작업이라고 할 수 있다. 그런데 만약에 뇌라고 하는 토양의 밭에 잡초의 씨앗을 파종하게 되면 잡초가 무성하게 되어 학문은 자랄 수 없게 된다는 점을 명심하여야 한다. 자라나는 어린이에게 사회적인 잡초의 씨앗이 아닌 학문의 씨앗을 파종하여 자라도록 철저한 준비와 노력이 있어야 할 것이다. 여기서 사회적인 잡초라고 하는 것은 조기교육에 임해야 할 어린이들이, 즉 일찍이 학문의 길로 입문하지 못하고 부모의 무관심으로 버려진 것처럼 아무런 목적 없이 사회의 악과 그늘진 환경에 노출되는 것을 말한다. 학문의 어려움이란 기초가 없는 상태에서 하루아침에 실력을 향상시킨다는 것은 하늘의 별따기처럼 불가능한 일이다. 오죽하였으면 학문하는 것을 탁마(琢磨)라고까지 하였겠는가? 우리는 학문을 이해하기 위해서 이 탁마의 개념을 잘 이해해야 할 것으로 믿는다. 왜냐하면 학습에는 왕도가 없기 때문이다. 학습이란 자신이 원하고 하고 싶은 것을 다하고 먹고 싶은 것 다 먹고 가고 싶은 곳 다 다닌 이후에 학습을 하겠다는 마음은 학습을 포기하는 것이나 마찬가지이다. 진정으로 학습을 하고 싶어 한다면 모든 것을 포기하고 학습을 우선하여 해야 한다. 중학교 3학년 학생이 이때까지 학습에 게으름을 피우면서 기초실력을 연마하지 않고 있다가 갑작스럽게 학습을 해야겠다는 의욕을 갖고 며칠 노력한다고 해서 실력이 올라갈 수 있겠는가? 만약에 그렇게 된다면 이것은 학문이 아니고 카드놀이와 같은 노름이나 도박(賭博)이 될 것이다. 학습이란 작물에 비유한다면 반드시 아주 작은 씨앗에서부터 발아하여 싹이 트고 단계를 밟으며 성장하여야 하듯이, 기초를 갈고 닦아 아주 작은 학문의 기초를 만들고 그 과정을 부풀리며 키워서 한 단계 한 단계 점차적으로 학문을 쌓아가야 하는 것이다. 산수 공부를 열심히 하면 산수머리가 발달할 것이고 영어 공부를 열심히 하면 영어실력이 향상될 것이다. 만약에 공치기를 열심히 하는데 산수 실력이 향상될 수는 없는 일이다. 그러니 그 학과의 실력을 향상시키기 위해서는 그 학과에 맞는 학습을 하여야 하듯이 어린이는 일찍부터 학습의 길로 인도되어야 한다. 16세기의 대수필가요 사상가인 미셸 드 몽테뉴(Michel De Montaigne)26)는 "나는 즐

---

26) 몽테뉴(1533~1592)는 16세기 프랑스 미학(美學)을 위한 세 가지 주요 공헌 중 두 번째 공헌을 했다. 그는 플레이야드파의 구성원들보다 약간 젊었는데도 그들보다 상당히 나중에야 저술을 출간했다. 시인

거움의 결과로 더 큰 고통이 찾아온다면 그 즐거움을 피할 것이고 나중에 더 큰 기쁨이 주어진다면 고통도 기꺼이 원할 것이다."라고 말했다. 문제는 우리들 대부분이 장기적이 아닌 단기적인 고통과 즐거움에 따라 행동을 결정하는 경우가 많다. 그렇지만 우리가 가치 있다고 여기는 대다수의 일들은 장기적인 즐거움을 얻기 위해서 현재의 고통을 감수할 수 있을 때 이 일을 이룰 수 있다. 불교의 『열반경』에 보면 "수행자는 모름지기 고독해야 한다. 왜냐하면 자기 자신과 싸워야 한다는 것 그 자체만도 벅찬 일이기 때문이다."라고 말한다. 학습 역시 수행자와 다름없다. 혼자서 행해야 하는 고독한 여정이기 때문이다. 그래서 학습 역시 바로 자신과의 싸움이다. 학습의 과정이 더욱더 힘들고 어려운 점은 어린이들이나 청소년들일수록 그 나이에 나름대로 느껴야 할 즐거움이 반드시 있을 것임에도 불구하고 고통(苦痛)을 감내해야 하기 때문이다. 학습의 과정에서 자녀에게 가장 고통을 주는 것은 오랜 기간 동안에 학습을 하는데 지루함과 어려움은 물론이지만, 그 중에서도 이렇게 노력을 하면 성공할 것이라는, 즉 시험에 합격할 것이라는 확신을 갖지 못하는 이중적인 고통이 주어진다. 그래서 노력하는 동안은 지속적으로 방황하게 되는 것이다.

여기에서 친구가 필요하게 된다. 친구는 서로가 같은 상황에 놓여서 자신들의 마음을 이해해 주기 때문이다. 예를 든다면 어린 송아지가 어미 소와는 달리 고삐의 고정 없이 자유로운 몸으로 초원을 누비

도 아니고 전문적인 철학자도 아니었던(사실 다른 어떤 종류의 학자도 아니었다) 그는 당대의 미학자들이 속한 어떤 범주에도 속하지 않았다. 미와 예술에 관한 자신의 견해를 표현하면서 몽테스키외가 그를 네 명의 위대한 시인(플라톤과 더불어 사제 말브랑슈와 샤프츠베리 경) 중 한 사람으로 평가했지만, 몽테뉴는 시인으로도 학자로도 행동하지 않았다. 그의 저술은 제3의 장르에 속하는데, 그 장르는 그가 스스로 출범시켜 현재까지 『에세이(Essays)』라는 그의 책 제목에서 비롯된 스타일로 인정받고 있다. 1580년에 처음 출판된 에세이들은 사건보다는 생각의 기록이라고 해야 하지만, 저자의 의도로 보아 회고록에 속했다. 예술적이거나 학문적인 전문성을 전혀 갖추고 있지 않다는 것이 에세이의 특징이었다.

미셸 드 몽테뉴

며 뒷다리를 하늘을 향해 발길질을 할 수 있는 특권이 있는 것처럼, 우리의 어린 자녀들도 송아지가 초원을 뛰놀 수 있는 것과 같이 그들만이 누릴 수 있는 특권인 자유로운 시간이 주어져야 한다. 왜냐하면 이제 태어난 지 얼마 되지 않은 송아지는 아직은, 이 세상에 태어나기 전(前) 신(神)의 은총을 몸에 지니고 있기에 이와 같은 시간이 주어져야 하는 것이다. 그런 의미에서 생각해 볼 때, 어린이나 청소년들이 학습을 위해 노력해야 하는 길은 자신의 힘으로는 참고 견디기 힘들고 어려운 여정이 아닐 수 없다. 본래 학습이란 그 자체가 오랜 기간을 필요로 하는 고(苦)된 작업이라는 점이다. 쉽게 실력이 쌓일 수 있다면 굳이 학습이라고 말하지 않을 것이다. 학습에서 가장 큰 방해요소로 작용하는 것은 빨리 하려는 욕망에서 시작된다. 그러니 학습을 하면서 서두르는 것은 재앙이나 마찬가지다. 학습에서 성공하려면 오래 참고 견디면서 노력해야 한다. 이 피나는 노력에서 물러나지 말아야 한다. 자신의 능력을 인정하고 자신의 능력의 범위에서 최선을 다해 자신과 싸워야 한다는 각오 없이는 불가능하다. 불가능한 것에 목표를 두는 것이 아니라 가능성, 즉 하면 된다는 것에 초점을 두고 그 길만 보고 가야만 한다. 다른 방법을 추구해서는 안 된다. 비록 찬란한 결실을 맺을 수 없다고 하더라도 노력한 만큼의 대가(代價)는 반드시 자신에게 되돌아온다는 철칙은 변하지 않는다는 것이 또한 학습의 속성인 것이다. 그래서 어느 학자가 말했듯이 학습이란 방종이나 나태와는 정반대의 길이며 끊임없는 노력과 집중, 그리고 외로움과 추(醜)함까지 감내해야 하는 힘겨운 작업이라고 말했다. 또한 학습이 가져다주는 보상을 얻으려면 눈에 보이지 않는 불확실한 먼 미래까지 기다려야 하는 어려움도 따른다고 했다. 궁극적으로 학습을 위한 적극적인 실천은 어려움을 참고 견디어 내는 것이라고 하겠다. 자녀에게 있어서 학습만큼 어려움이 따르는 것은 없을 것이다. 무엇이든지 귀중한 것을 얻으려면 그에 상응하는 노력이라는 대가(代價)를 반드시 치러야 한다. 특히 인생에서 대단히 귀중한 것을 얻으려면 오랜 세월 동안 참을성 있고 끈질기게 노력을 하여 자신의 의지로 이루어낸 성과야말로 진정한 보람을 얻는 것이며, 남이 이를 쉽게 빼앗아 갈 수 없는 것이다. 이 길로 나아가는 것이 바로 학습이다. 예를 하나 들어보면, 나비는 번데기에서 탄생되는데 번데기에서 나오는 과정을 보면 탈피라고 하는 좁은 통로를 통과하여야 한다. 이때 사람이 인위적으로 이 좁은 통로를 키워서 쉽게 나오게 하면 나비는 죽고 만다. 그러니 그 좁은 통로를 긴장감 속에서 반드시 소요되어야 하는 고통의 시간을 겪으며 스스로 통과하여야 천사와 같은 나비로 탄생된다는 것이다. 어쩌면 학습도 이와 마찬가지로 인고와 아픔의 계절을 보내야만 하는 어려운 과정이 아닐까 하고 생각해 본다. 특히 학습은 고통을 참아가는 오랜 시간의 인내 없이는 그 성과를 거둘 수 없다. 요즘 학생들은 노력은 하지 않으려 하고 학습을 잔꾀를 이용하여 큰 성과를 얻으려고 하는 것이 현대교육의 문제점이라고 전문가는 말한다. 창의력을 필요로 하는 화학이나 물리 같은 과목을 하루저녁 적당히 암기하여 해결하려는 학습은 깊이 있는 학습이 아니며, 그 성과 역시 미미하다는 것을 알아야 하고, 그에 상응하는 시간과 깊이 있는 학습이 반드시 이루어져야 한다.

어떤 학자가 말한 것처럼 "학습과정을 임의로 가속화시키지 말자.

속도를 얻으면 대신 깊이를 잃어버린다. 하나의 학문분야가 진정 내 것이 되기 위해서는 절대적인 시간이 필요하다. 뿌리를 내리는 수고를 아끼지 말아야 열매를 맺을 수 있다"고 강조한다. 자조론/인격론 (새뮤얼 스마일스. 2007)에 의하면 "존슨박사는 공부를 조급하게 하려는 것이 오늘 세대의 정신적 질환이다."라고 결론지었다. 그리고 여기에서는 "이리하여 왕성한 노력과 자립적인 행동에 의해 태어나는 최고의 정신 자세는 깊은 잠속에 빠져 있기 때문에, 갑작스러운 재난이나 고통이 거칠게 각성시켜주기 전까지는 되살아나지 못한다."고 가르치고 있다. 그 정도로 현대교육에 임하는 젊은 세대들은 고통 없는 안일한 자세로 학습에 임하고 있기 때문에 참다운 교육적인 자세가 아니며 좋은 결과를 기대하기는 힘들다는 것이다. 특히 이 점은 오늘날 객관식 시험이라는 제도도 한 몫을 한 것으로 생각된다. 학습(學習)의 뜻을 풀이해보면 '학(學)'은 배울 학(學)으로 원래 '가르칠 교(敎)'에서 유래되었으며 어린이가 가르침을 받아서 무지(無智)에서 벗어난다는 뜻을 의미한다. '습(習)'은 익힐 습으로 깃우(羽)와 흰백(白)이 합해서 이루어진 글자이다. 흰백(白)은 스스로자(自)에서 유래되었으며, 새끼 새가 어미 새를 본받아 여러 번 날개 짓을 하여 새끼 새가 나는 법을 스스로 익힌다는 뜻으로 풀이된다. 그래서 학습에 임하는 학습자가 명심해야 할 사항은 노력의 결과는 엄청난 성과를 가져온다는 사실을 알아야 한다. 토끼와 거북이의 우화(寓話)가 아니더라도 10분 휴식하는 동안 1㎞의 거리를 주행한다는 사실은 우리에게 놀라운 교훈을 주는 것이다. 장기간의 노력의 결과는 삶에 있어서 엄청난 차이를 만들어 낸다. 10년이면 뚜렷한 업적이 쌓이게 되는데 인생은 적어도 50년이란 세월이 누구나 자기 앞에 공평하게 주어진다. 이 기간에 있어서 노력의 결과는 한 사람의 개인에 있어서 인생이 달라진다는 사실을 우리의 자녀들은 일찍부터 깨달아야 할 것이다. 화두, 혜능과 셰익스피어(도올 김용옥. 1998)를 보면 백설이 휘덮인 오두막집 속의 두 승려(설봉과 암두)의 대화 장면이 나온다. "설봉은 지난 기나긴 인고(忍苦)의 세월동안 구도(求道)의 과정을 스승들로부터 배운 것은 하나도 없고 '빈손으로 가서 빈손으로 왔다'고 고백한다. 사실 스승을 모신다는 것은 세속(世俗)의 인연이지만 인간은 궁극적으로 타인에게서 배우는 것이 아니라, 학생은 진정으로 선생에게서 배울 수 없고, 선생은 진정으로 학생에게 가르칠 수 없다는 것이다. 걸출(傑出)한 개인인 진정한 학자는 빈손으로 와서 빈손으로 가는 것이다. 그것은 궁극적으로 나 스스로의 깨달음이다."라고 가르치고 있다. 다만 여기서 배워야 하는 학습은 지식(知識)이 아니고 지혜(智慧)를 일컫는 뜻으로 선(禪)과 관련하여 하는 말이지만, 우리 자녀들이 수행해야 할 학습도 역시 혼자와의 자기 싸움이라는 것을 암시하는 대목이다. 또한 예로서 좋은 인연 맺는 법(남산스님, 1999)에서는 "배운다는 것은 하나는 지식을 습득하는 것이고, 다른 하나는 지혜를 터득하는 것이라고 한다." 지식(知識)은 자기 밖(외부)에서 들어오는 것이고 지혜(智慧)는 자기 안(내부)에서 캐어내는, 즉 터득하는 것이다. 아무튼 자기 밖에서 들어오는 지식이든 자기 안에서 캐어내는 지혜이든 문제는 하고자 하는 의욕이 중요하지 않을 수 없다. 현재 우리의 자녀들이 배우고 익히는 '학습' 또한 따지고 보면 자녀 스스로 익히려고 하는 자발심(自發心)이 중요하다. 그러니 억지로 학습을 시킨다는 것보다는 본인이 학습의 중요성을 깨닫고 스스로 하려는 의욕이 문제이다. 오직 학습에 있어서 성공의 여부는 학습을 통하여 즐거움을 발견할 수 있느냐 없느냐에 달려 있다고 하겠다. 만약에 학습의 과정에서 즐거움을 찾지 못한다면 학습의 길은 요원하기만 할 것이다. 하지만 아직 학습에 욕심이 없는 자녀들에게는 그와는 거리가 멀다고 하지 않을 수 없다. 왜냐하면 어릴 때부터 쌓아올려야 하는 학습이기에 부모의 권유와 보살핌 없이는 옳은 학습을 하기에는 어려움이 따르기 때문이다. 그리고 부모님이나 선생님께서 자녀에게 학습을 시킴에 있어 반드시 지켜야 할 것은 자녀의 수준에 맞는 학습내용을 가르쳐야 한다. 그래서 학습에 익숙해지는 요령을 터득하고 자기가 하려고 하는 의지가 있을 때 학습은 제대로 이루어진다고 본다.

학습과 관련한 이태백의 고사성어(故事成語)를 보면 '마부작침(磨斧作針)'이라는 고사성어가 나온다. 이 말은 도끼를 갈아 바늘을 만든다는 말로 아무리 어려운 일이라도 꾸준히 노력하면 이룰 수 있다는 뜻이다. 당(唐)나라 때 시선(詩仙)으로 불린 이태백(李太白)은 서역(西域)의 무역상이었던 아버지를 따라 어린 시절을 촉(蜀)에서 보냈다. 젊은 시절 도교(道敎)에 심취했던 이태백은 유협(遊俠)의 무인들과 어울려 쓰촨성(泗川省) 각지의 산을 떠돌기도 하였다. 이때 학문을 위해 상의산(象宜山)에 들어갔던 이태백이 공부에 싫증이 나 산에서 내려와 돌아오는 길에 한 노파가 냇가에서 바위에 도끼를 갈고 있는 모습을 보게 되었다. 이상하게 생각한 이태백이 "도끼로 바늘을 만든다는 말씀입니까?" 하고 노인에게 묻자. 노인은 대답하기를 "도끼로 바늘을 만들려고 한단다." 하고 말했다. 노파의 대답을 들은 이태백이 기(氣)가 막혀서 "도끼로 어떻게 바늘을 만든다는 말씀입니까?" 하고 묻자. 노파가 가만히 이태백을 쳐다보며 꾸짖듯 말했다. "얘야, 비웃을 일이 아니다. 중도에 그만두지만 않는다면 언젠가는 이 도끼로 바늘을 만들 수가 있단다." 이 말을 들은 이태백은 크게 깨달은 바 있어, 그 후로는 한 눈 팔지 않고 글공부를 열심히 하였다고 한다. 그가 고금(古今)을 통하여 대(大) 시인(詩人)으로 불리게 된 것은 이러한 경험이 계기가 되었기 때문일 것이다. 이와 같이 학습을 함에는 어려움과 오랜 기간 동안 함께 해야 한다.

이와는 별도로 이번에는 학습에 대한 정신적인 진행과정을 헤겔의 '형성(形成)'의 차원에서 살펴보기로 하겠다. 자녀가 세상에 태어나서 점점 자라게 되면 의식이 형성되어 간다. 이 사고와 의식이 형성되어 간다는 것은 한 인간으로서 개인적이고 주관적인, 그리고 본질적 특징인 정신력이 발달한다는 것을 의미하는 것이다. 사고(思考)라는 과정은 자기 의식적 성찰의 과정이며, 내면화되는 지식은 그 주체인 자아를 점점 뚜렷하게 부각시키는 결과를 가져온다. 이것이 형성(形成)이라는 것이다. 헤겔에 의하면 "인간의 내면세계에 내재하는 지식이 실제로 존재한다는 것을 깨닫는 것은 '절대정신'을 인간계에서 확인하는 최초의 단계였다."고 한다. 여기서 중요한 것은 인간에게는 절대정신이 존재하는데, 물론 이 절대정신은 앞에서 언급했듯이 성장과 함께 의식이 형성되는 과정 속에서 자란 것이겠지만, 그 씨앗은 조상으로부터 물려받은 유전인자에 의한 것이다. 학습은 이 절대정신 위에 새로운 사고와 의식의 과정을 거쳐 새로운 지식을 축적해 가는 행위이다. 그렇다면 학습을 통하여 지식이 축적된다는 것은 절대정신이 양적으로 증가되고 질적으로 향상되는 과정이다. 그러니 학습은 순수한 정신적인 작업의 과정이라고 생각한다. 절대정신 위에 학습을 통하여 지식을 쌓아 절대정신을 부풀려 나간다는 것은 쉬운 작업이 아니라는 것을 특별히 염두에 두고 학습에 임해야 할 것이다. 그래서 학습을 함에 있어서 암기를 할 때 한 낱말이나 개념을 완전히 자기 것으로 체화(體化)하려면 생소한 어떤 단어와 문제는 125회 정도 잊었다가 다시 외워야 하는 학습을 반복해야 한다고 한다.

학습을 잘하기 위해서는 앞에서도 언급하였지만 뭐니 뭐니 해도 건강은 말할 것도 없지만 집중력, 끈기, 반복이라는 것을 항상 잊어서는 안 된다. 특히 여기서 집중력과 관련하여 에지워스(Richard Lovell Edgeworth, 1744~1817)는 "인간의 재능과 지력이 저마다 다른 것은 흔히 어려서부터 집중력을 개발했는지 여부에 달려 있다."고 말했다. 그 정도로 학습에 있어서 집중력만큼 영향을 많이 끼치는 것은 없을 것이다. 아동기 학생들의 성적편차는 거의 집중력의 차이에서 영향을 받게 된다고 생각한다. 러시아 속담에 있듯이, 주의력이 산만한 사람은 '숲속을 거닐어도 땔감을 보지 못한다'는 말이 있다. 그 정도로 학습에는 주의력, 집중력, 그리고 철저함과 정확성이 필요하다고 할 수 있다.

우리는 이 어려운 학습을 왜 해야 하는가? 회의(懷疑)를 느낄 때마다 15세기 프랑스에서 살았던 유랑시인인 프랑수아 비용의 고뇌를 떠올려 볼 수 있을 것이다. "아 슬픈진저! 나의 그 열광적인 젊음의 날에 학문에 전념하고 올바른 사회 속에 몸을 맡기기만 했던들 지금쯤은 가정을 이루었을 것이다. 푹신한 침대에서 잘 수도 있었을 것을! 그런데 나는 악한들처럼 배움의 세계를 버렸던 것이다. 지금 이 글을 초하며 생각하면 오장(五臟)이 끊기는 아픔뿐……"이라고 자신의 배우지 못한 심정을 토로하고 있다. 우리는 이 프랑수아 비용의 고뇌에서처럼 학습의 중요성을 한 번 더 재인식하여야 할 것이다.

학습은 어떠한 과정을 통해 이루어지는가?

　인간의 삶에 있어서 성장(成長)한다는 것은 무엇을 의미하는가? 대체적으로 성장하면 사람이나 동식물이 자라서 점점 커지는 것을 말한다. 그런데 유사한 어휘로서 발달(發達)이라는 용어가 있다. 발달이란 신체나 지능 등이 성장하고 발육하면서 완전한 상태에 가까워지는 것이다. 여기에서 우리가 한 번 더 성장과 발달의 개념 차이를 살펴본다면 발달은 성숙과 학습의 상호작용의 결과를 말한다. 발달단계의 특징은 성숙과 학습이라는 두 가지 과정 간의 상호작용의 결과로서 진행된다. 앞장에서 설명이 있었지만 한번 더 이것에 대하여 살펴보면 성숙은 주로 생물학적 성장의 결과로서 나타나는 변화를 지칭하며, 학습은 주로 경험의 결과로 나타나는 변화를 뜻한다. 그런데 성장하면 보통 발달의 개념과 비슷하지만, 사실 발달이 성장보다 성숙하기 위해서 더 복잡하고 완벽한 과정을 밟는다고 볼 수 있다. 그리고 발달은 인간에게 학습이 필요하기 때문에 다른 동식물에 비하여 더 맞게 적용된 말이다. 일반적으로 생물의 자람에 대하여는 발달보다는 성장이라는 용어를 보편적으로 많이 사용하지만, 사실은 인간에 적용할 것 같으면 성장보다는 발달이 더 맞을 것으로 본다. 대체적으로 보아서 성장은 양적인 증대를, 발달은 질적인 구조적 성숙에 치중하는 경향이라고 볼 수 있다. 그래서 자라는 아이에게 발달지수(發達指數)를 적용하여 그 발달정도를 측정하기도 한다. 우리의 미성숙한 아이가 완전히 성숙된 성인에 이르게 되는 것을 100으로 보았을 때 현재의 자람 상태를 나타내는 지수, 즉 발달지수는 개인의 성숙정도를 나타낸다. 이는 신체운동·언어·사회성 등을 포함하는 총체적인 발달을 측정하는 발달검사의 결과를 나타내는 것이다. 인간이 훌륭하게 성숙에 이르기 위해서는 선결과제가 주어지는데 다른 동식물과는 달리 성장보다는 발달을 하여야 한다. 여기에서 생물학적 양적 증대인 성장은 말할 것도 없지만 인간이기에 경험을 겪어야 할 학습이 주어져야 한다. 또한 학습에는 간접적으로 획득해야 하는 지식의 증대도 중요하지만 직접적인 체험의 과정도 중요하다. 학습의 의미에서 직접적인 체험의 과정으로 좌절과 고난을 겪어보는 것이 자라나는 청소년에게 있어서 발달에도 중요한 하나의 요소이다. 우리 인간에게 학습이라는 교육적인 측면에서 발달을 적용시켜 살펴보면 육제적인 부분과 정신적인 부분으로 나누어 보아야 한다. 여기에서 정신적인 성숙을 위해서는 필요한 것이 방황과 좌절, 고난을 체험하는 것이다. 발달에는 물론 육체적으로 성장하는 과정도 중요하지만 눈에 보이지 않는 정신적인 부분에 역점을 두지 않으면 안 된다. 우리 인간의 발달은 정신적인 부분에서 바로 방황과 좌절, 고난을 겪을 때 깊은 고뇌(苦惱)를 필요로 하게 되는데, 이것이 바로 정신적인 성숙인 학습의 중요한 과정이 된다. 발달과정에 있는 우리의 아이들이 때로는 일상생활을 하는 가운데 자연히 만나게 되는 어떠한 어려움에 직면하여 자기의 생각했던 일이 기대(期待)에 어긋나고 못 미칠 경우 이들은 오히려 절망하게 된다. 이렇게 절망하는 시기에는 혼자서 괴로워하지 않으면 안 되는 순간을 만나게 되는 것이다. 이때는 부모들이 옆에서 울지 말라고 격려하기보다는 오히려 그냥 울도록 내버려 두는 시간이 필요할 때가 있다. 왜냐하면 나름대로 괴로워하면서 자기 스스로 깊이 생각을 하게 되고 자신의 과오를 반성하게 되는데, 이 시기가 바로 정신적인 성숙이라는 체험학습이 이루어지는 시간이 되는 것이다.

이와 같은 실제적인 체험학습과 관련하여 우리는 방황(彷徨)과 좌절, 고난의 의미도 되새겨 보아야 한다. 먼저 방황은 일정한 목표나 방향이 없이 표류(漂流)하듯 헤매는 것이다. 어떻게 생각하면 방황은 누구에게나 노력하는 과정에서 있게 되는데 잘못 생각하면 방황은 헛수고라고 생각할 수 있게 된다. 왜냐하면 방황은 방황하는 자신 스스로가 현재하고 있는 노력이 앞으로 확실히 성공할 수 있을 것이라는 자신감이 불명확한 가운데 심주(心柱)가 바로 서지 못해 배회하는 것을 말한다. 대개 인간은 노력하고 있는 기간만은 방황한다. 그리고 방황하는 이 기간만은 불안한 것은 말할 것도 없고 무척 괴로우며 피가 마르기도 한다. 방황하는 동안에 이와 같은 고통은 계속 되는데 어쩌면 참담함을 넘어 절망적이기도 하다. 대체적으로 이러한 환경에 놓이게 되는 사람은 부모나 스승으로부터 훌륭한 지도를 받지 못하였을 경우이거나 환경이 불우하여 자신이 하고 있는 노력을 지속하기 어려울 경우에 더 심각한 과정을 겪게 된다. 그러나 우리가 여기서 간과해서는 안 될 것이, 이 방황의 순간이 자신에게는 가장 성장하는 길이며 위기가 기회로 바뀌어 가는 기로(岐路)에 있다는 것을 알아야 한다. 방황이 생산적으로 변화할 징조를 보일 때는 좌표(座標)를 잃은 배가 표류하면서 스스로 가야 할 길을 찾아가기 위한 탐색의 과정으로 긴장과 전율의 시간을 갖게 되고, 동시에 삶이라는 희망의 등불이 켜지는 순간이기도 한 것이다. 이와 같이 방황이 우리에게 주는 뜻은 차디찬 암흑의 땅 속에서 생명의 씨앗이 잉태되는 고통의 시간이며, 산모가 아이를 분만하기 위한 진통의 시간이라는 것을 잊으면 안 된다. 그야말로 생(生)에서 가장 가치 있는 시간을 맞을 수 있다는 가능성이 주어지는 시간이기도 한 것이다. 이렇게 방황의 시간을 지나고 나면 확실히 미래가 보이며 성공이 눈앞에 와 있다는 것을 느끼게 된다. 그러니 이때의 방황은 헛수고가 아니라 가장 값진 시간인 것이다. 물론 어떠한 경우에는 헛수고로 끝날 수도 있겠지만 정신을 바로 갖춘 젊은이라면 전혀 그렇지 않다는 것을 말하고 싶다. 다만 방황이 끝없는 방황이어서는 안 된다. 방황이라는 탐색과 모색의 과정이 없으면 더 이상 발전은 없는 것이다. 이 값진 방황이라는 흔들림이 없었던 사람은 어려운 일을 당할 때나 인생의 끝자락에 가서는 그냥 편안하게 인생을 살아온 까닭에 대부분 인생을 의미 없이 끝맺게 된다. 그러나 방황이라는 고통과 흔들림의 시간을 가진 사람은 거기서 자신만이 획득한, 즉 노력하면 반드시 성공이 온다는 그 진실한 대가를 확신하고 있기 때문에 쉽게 포기한다든지 안일에 빠지는 경우는 있을 수 없다. 다만 그들은 방황할 때에도 주관을 잃어서는 안 된다는 사실을 염두에 두고 있다. 또한 성인들에게도 이러한 비슷한 직접적인 체험의 시간들을 만나게 되는 때가 있다. 삶을 살아가다 보면 어떤 건강상의 이유에서, 어려운 인간관계에 직면하게 되어, 과거에 있었던 삶의 문제로, 가족들에게서 발생하는 갑작스러운 어려운 난제들, 즉 경제적인 어려움, 직장에서 풀리지 않는 고통 등으로 인하여 보이지 않는 한계점에 접하게 될 때가 있다. 이러한 경우에는 남의 도움보다는 오히려 혼자 새벽잠을 스치면서 눈물을 흘리기도 하며 괴로워하면서 자신에게 주어진 삶의 어려운 문제들을 조용한 가운데 생각에 잠겨 자신을 되돌아보고, 자신이 처한 어려운 상황을 음미하며 삶의 방향을 새롭게 세워 개척해나가지 않으면 안 된다. 이러한 순간들이 그때에는 견뎌내기 어려운 상황이지만 지나고 보면 바로 성숙으로 이어지는 계기가 된다는 점이다. 이러한 의미에서 성숙하려면 발달 이전에 먼저 꼭 겪어야 할 것이 방황은 말할 것도 없거니와 좌절과 고난으로 얼룩진 역경의 계절을 만나야 한다는 것이다. 여기에서 욕망인 꿈을 키우는 것은 그렇게 어려운 과정이 아니지만 성숙하기 위해서 뛰어넘어야만 하는, 즉 탈바꿈을 하지 않으면 안 되는 삶의 과정은 반드시 수용하고, 자신이 변신해야만 하는 아픔의 시간을 가져야만 하는 것이다. 이와 관련하여 특히 성장하는 청소년들에게 있어서는 앞에서 말한 방황은 물론 좌절과 고난의 체험을 갖는 것이 무엇보다 미래의 삶에 있어서 중요하다는 점을 여기서 강조하는 바이다. 이것은 바로 영적성숙으로 이어지는 것이기 때문이다. 이와 같이 발달을 이루기 위해서는 반드시 방황, 좌절, 고난으로 얼룩진 위기감을 느끼고 그에 따른 변신을 추구해야 한다는 결론에 이른다. 그래서 발달을 위한 학습이라는 과제에서 하나는 실제적인 체험 학습으로 방황, 좌절 고통을 겪는 일이다. 체험학습으로는 수많은 과정(課程)들이 있을 수 있다. 그 중에서 좋은 본보기로서 극기 훈련 등을 말할 수 있을 것이다. 물론 이와 같은 극기 훈련은 신체와 정신적인 양면에서 어려움을 겪는 실제 학습이라는 차원에서 중요하다고 하겠다. 하지만 청소년에게 이보다도 더 중요한 것은 실제로 겪는 체험 중에서 정신적인 면에서 실전(實戰)을 방불케 하는 방황과 좌절, 고통을 겪는 일이다. 이로써 위에서 말한 영적성숙을 얻을 수 있는데, 이 과정(過程)에서는 뇌세포의 화학적인 변화로 인하여 새로운 뉴런이 형성된다. 이러한 과정을 통하여 겪게 되는 어려움에 대한 적응력은 물론, 새로운 비슷한 문제에 대하여도 창의력이 증대하게 되어 미래 삶에 대한 방법 면에서 없어지지 않는 경험을 쌓게 되는 것이다. 그리고 다른 어려움을 만나더라도 이와 같은 수준에서의 문제점을 응용하여 해결할 수 있는 능력이 가능하며 좀 더 나아가 자신의 정체성 형성에도 관여하게 됨으로써 보다 나은 새로운 인생관을 정립하는데 기여하게 된다고 볼 수 있다(여기에서는 첫 번째의 실제적인 체험인 방황과 좌절, 고통에 관해서는 이만 그치기로 한다). 또 다른 하나는 지식의 축적을 위한 간접적인 경험을 얻기 위한 이론적인 학습의 과정이다. 여기에서 후자에 해당하는 지식의 축적을 위한 간접적인 경험인 학교교육으로서 학습의 측면에서 살펴보면, 이렇게 지식축적을 위한 학습의 진행 과정이란 인간에 있어서는 기존 지식의 기반 위에 새로운 지식을 통합하여 쌓아가는 것인데, 우리 아이의 입장에서 지식의 축적과정인 학교교육이 쉽지는 않다고 본다. 쉽지 않은 이유를 보면 다음과 같다. 첫째는 지식의 축적을 위한 학습의 과정으로 우리 인간의 뇌에서는 지식을 수용하기 위하여 공간을 마련하고, 또 그 공간의 문(門)을 열어두어야 하는 개방의 과정이 있어야 한다. 이 두 가지 과정, 즉 공간마련과 개방 과정의 측면에서 첫 번째 어려움의 함의(含意)가 주어진다. 두 번째는 학습량을 일정한 기준에 도달하게 하는 수행의 절차에 따른 변화의 어려움에는 발달의 측면에서 단순히 양적 증대인 생물학적인 물리적 성장과 학습을 통한 질적인 면에서 구조적인 변화, 즉 화학적인 변화가 있게 된다. 물리적인 성장은 주기적으로 영양을 섭취하고 일정한 휴식으로 생물학적인 성장을 이룰 수 있다. 하지만 이것보다는 학습을 통한 질적인 면에서 구조적인 변화, 즉 화학적인 변화는 노력 없이는 이루기 힘든 어려운 과정인데 우리는 이 과정을 간과(看過)하기 쉽다. 여기에 교육적인 두 번째 어려움의 함의가 주어지는 것이다. 세

번째는 앞에서 기술한 구조적 변화인 화학적인 변화를 이루기 위해서는 이 내용을 채우기 위한 질(質) 높은 학습내용이 따라야 한다. 여기에 교육적인 세 번째 어려움이라는 함의가 주어진다.

앞에서의 세 가지 교육적인 어려움의 함의가 주어지는데 이 교육적인 어려움의 함의를 어떻게 극복해야 하는가에 따라 우리 아이들에게 있어서 발달을 이루기 위한 성패가 달려있다고 볼 수 있다. 그래서 앞에서 거론한 세 가지 함의의 해결책으로 첫 번째 어려움의 함의(含意)를 해결하기 위한 변화의 과정으로 지식을 수용하기 위하여 공간을 마련하고 그 공간의 문(門)을 열어두어야 하는 개방의 개념이다. 이 공간마련과 개방의 개념을 달성하기 위해서는 여유를 갖는 것은 물론, 아무런 색깔이 없는 원색의 순수성이라는 두뇌의 바탕을 유지하고 있어야 한다. 쉽게 물들일(染色) 수 있는 하얀 백지와 같은 원색을 보존하는 것을 말한다. 즉 순수성을 유지하기 위하여 불순물, 혼탁물을 제거하는 마음의 정화작업이 필요하기도 하다. 그렇게 하기 위해서 머리에 잡념을 없애야 하는 선행 작업이 있어야 한다. 두 번째 어려움이라는 함의를 해결하기 위해서는 지식축적을 위한 학습을 하여야 하는데 이것은 질적(質的)인 면(面)에서 구조적인 성장을 뜻한다. 이 구조적인 성장의 내면에는 뇌에 있어서 화학적 변화의 과정이 없으면 불가능한 것이다. 이렇게 뇌의 화학적인 변화를 이루기 위해서는 반드시 분화(分化)와 조직(組織)을 전제(前提)로, 천(cloth)에 비유하면 새로운 베를 짜는 씨줄과 날줄의 실(絲)을 엮어야 하는 과정처럼 이루어져야 한다. 이와 같이 학습을 위한 이해라고 하는 수행의 절차에는 화학적인 변화로서 신경조직은 구조적으로 엮어가는 틀(frame)을 만들어야 하는 과정에서 고도의 집중적인 사고(思考)가 필요한데 여기에서 아픔의 과정을 밟아야 한다. 이러한 과정에서 화학적인 반응이 이루어진다. 이러한 농도(濃度) 짙은 생각은 학습자 자신의 적성과 재능을 찾아 적중시키는 것도 중요하지만, 그것보다는 학습자 본인이 학습내용의 난이(難易)의 단계를 잘 알고 거기에 초점을 맞추어 노력하는 것이 더 현명한 방법이기도 하다. 그래서 그 학습방법으로 어떤 과제를 풀어야 하는데, 이것에 필요한 정확한 규칙과 알맞은 수단을 적용해야 한다. 이러한 과정들이 두 번째 교육적인 어려움의 함의를 풀어주는 기본 열쇠가 된다. 이 점에서 학습자 자신의 혼자만이 무거운 짐이라는 학습내용을 싣고 고(苦)된 비탈길을 올라야 하는 어려움이 따르게 된다. 여기에서 이에 필요한 정확한 규칙과 융통성 있는 수단을 기술적으로 적용시켜야 하는데, 이때 정확한 규칙과 융통성 있는 수단을 스승이 학습자에게 그 기술인 방법을 전수(傳授)하여야 하는 절차가 필요한 것이다. 이를 바꾸어 말하면 스승의 가르침이 된다. 본래 학습은 학습자 본인이 이 일을 직접 혼자서 찾고 탐색하는 것이 가장 올바른 방법이나, 그 과정에는 너무도 어렵고 힘들어 이해라는 화학적으로의 변화라는 구조적 공식을 응용하는 기술이 필요하기 때문에 순간순간 부분부분 스승의 보충적인 가르침이 있게 되는 것이다. 세 번째는 질 좋은 학습내용이라는 함의를 해결하기 위해서는 무엇보다도 높은 가치를 함유한 양질의 학습내용이 필요하다. 직업을 갖기 위한 학교교육의 학습 내용으로는 국어, 영어, 수학 등을 말한다. 하지만 직업을 갖기 위한 학습내용 그 이전에 인간으로서 또 다른 하나의 그릇에 채워야 할 내용은 오직 진리(truth), 선(good) 등과 같은 무형의 가치가 있다.

성장단계별 학습의 발달과업을 성취하라

에릭 프롬

이 단원에서는 전문가의 이론 중심으로 인간의 정신적인 발달면에 있어서 성장기별 자녀의 학습과 관련된 정신지능의 발달과정을 살펴보기로 하겠다. 이와 관련하여 에릭 프롬(Erick Fromm, 1890~1980)[27]의 교육 목표이론에서 현대인이 지향해야 할 사랑과 성숙에 대해 적극적 주장을 펴기도 한다. 그는 교육의 목표를 학습자의 내적 독립과 개성, 그 성장과 완전성을 촉진시키는 데 두었다. 에릭 프롬의 교육의 목표이론은 "학습자의 내적독립을 완성하기 위하여 교육을 통해서 내면의 성숙을 기함으로써 부모 없이도 스스로 이 세상을 홀로 살아갈 수 있게 하는 독립심을 키워주는 것이고, 개성이란 개개인이 가지는 고유한 특성으로 성격, 취향, 사고방식 등을 올바르게 성장시켜주고 완전성에 이르도록 함에 있다."고 주장한

---

27) 에릭 프롬(Erick Fromm, 1890~1980)은 독일 태생의 사회정신의학자(social psychiatry), 사회심리학자, 문명비평가로서 신 프로이드 학파에 속한다.

다. 그리고 아동의 발달과 관련하여 살펴보면 아동발달과 학습(김동일, 2000)에서는 아동의 발달(development)은 "성숙(maturation)과 학습(learning)으로 이루어진다." 성숙요인은 생물학적, 유전적 요인의 영향을 받으며 학습요인은 환경적, 경험적 요인이 크다는 것이다. 또한 이둘의 상호작용에 의한 상승적 효과도 있다는 것이다. 이러한 의미에서 성숙의 요인은 발달원리에 입각하여 성장 시기에 알맞은 운동을 하고 영양을 섭취하며 어떤 신체 내외부적으로 충격이나 외상만 없으면 제대로 성숙될 것으로 본다. 학습에 관해서는 학습은 성장기별 교육의 적정시점이 있어 그 시기에 알맞은 교육이 이루어지도록 하는 것이 중요하다. 교육의 적정시점에 관한 초기의 개념은 R. J. Havighurst(1952)의 발달과업(development tasks)에서 잘 나타나고 있다. 그렇다면 여기서는 이와 관련하여 성장단계별 중요한 발달 과업을 살펴보기로 하겠다.

첫째 영아기(嬰兒期)이다. 이 시기는 출생에서 생후 15개월경까지를 말한다. Mcwillams(2007)는 "생후 1년 동안 신생아가 보호자와 어떻게 의사소통하는지를 이해할수록 우리는 관찰하고 기술하고 설명하기 어려운 전(前) 언어적인 의사소통 과정이 존재한다는 것을 알게 된다."고 기술하고 있다. 그리고 Goldstein & Thau(2003)는 "생후 1년 동안 신생아와 부모는 그들의 좌반구를 통한 교감을 하게 되는데, 이러한 교감은 신생아가 적절한 신경발달과 더불어 안정된 애착형성, 심리적 인내력, 정서적 조절능력을 발달시키는 데 필수적인 것이다." 라고 한다. 또한 서울대 심리학과 곽금주 교수팀이 2004년 4월에 발표한 한국의 북스타트 시범운동 효과에 관한 연구 결과를 보면 "젖먹이 때부터 책을 접한 아이들은 자라서도 독서를 자연스럽게 여기며 인지력이나 언어습득도 빠르다."는 결론을 얻었다. 결과적으로 어린이의 학습은 어릴수록 학습의 효과는 높게 나타난다. 뿐만 아니라 Piaget의 인지발달 단계에서 본다면 이 시기를 감각운동기(sensorimotor period)라고 하는데 태어나면서부터 약 2세까지를 말한다. 이 시기의 중요한 변화는 선천적인 반사행동을 시작으로 모방을 통하여 반복하며 의도적인 행동으로 발전해 나가는 것이다. 이 감각운동기에서 가장 중요한 인지발달의 변화는 대상영속성(object permanence)[28]의 개념을 획득하는 것이다. 이 점이 만 2세까지의 영아기에 중요한 인지발달 중의 하나이다. 이 기간 동안 초기에는 생물학적·반사적 행동을 하고, 그 후 6~7개월부터는 의식의 잠재적인 상태가 깨어나는 시기이다. 즉 정신의 등불이 차츰 더 밝아온다고 하겠다. 이 시기는 그야말로 어쩌면 신(神)의 보호(保護)에서 깨어나는 시기가 아닌가 하고 생각을 해본다. 자녀는 이때부터 모방과 탐색, 그리고 호기심으로 환경과 접하면서 실제 체험을 바탕으로 자기화를 통해 현실을 파악하여 인지과정의 학습을 거치게 되는데, 여기서부터는 무조건 부모를 흉내내며 따라하게 된다. 그래서 차츰 낯가림을 하며 어머니에게 애착관계를 형성한다. 어머니로부터 보호와 사랑, 접촉 등을 통하여 신뢰감·안정감을 얻어 다음 발달 단계로 이행하게 된다. 그래서 이 시기의 중요한 발달과업은 애착관계에서 신뢰감·안정감을 형성하여야 한다. 만약 이 시기에 신뢰감과 안정감을 형성하지 못하면 다음단계인 사회적인 대인관계를 형성하기 어렵게 된다고 전문가는 말한다. 여기서 아이가 신뢰를 얻기 위해서 가장 필요한 것은 일관성과 예측성이다. 일

---

28) '대상영속성'이란 우리자신을 포함하는 모든 대상들이 독립적인 실체로 존재하며, 대상이 한곳에서 다른 곳으로 옮겨지더라도 혹은 시야에서 사라지더라도 다른 장소에 계속 존재한다는 사실을 인지할 수 있음을 의미하는 것이라고 한다.

관성 때문에 예측을 할 수 있다는 의미이다. 일관성이란 부모는 '분명한 행동과 말, 명확한 인생관으로 외부적인 여건으로 인해 좀처럼 요동하지 않는 가치관을 가지고 살아가는가가 중요한 과제이다. 그래서 영아기 때 아이는 부모로부터 신뢰성을 획득하는 것이 이후 성인이 된 이후에도 남을 믿을 수 있고 긍정적이고 원만한 성격의 소유자가 된다는 것이다.

다음 단계로는 유아기(乳兒期, 생후 15개월~3년)·유년기(幼年期: 4~6년)이다. 이 시기는 유아(幼兒, 1.5~6년)가 자신이 해도 괜찮은 것과 해서는 안 되는 것을 배우게 되는 자기통제(self-control)가 이루어지는 기간이라고 한다. 부모는 근본적으로는 깊은 사랑을 주어야 하지만 안 되는 행동은 단호하게 금지하여 자녀가 행동을 조절할 수 있는 능력을 길러 부모가 자녀를 통제하는 것은 물론, 자녀 자신이 자기통제가 이루어지도록 해야 한다. 이 시기의 중요한 발달과업은 자기통제(self-control)와 자율성(autonomy), 개별화과정29)을 거쳐 심리적으로 독립

---

29)　영유아기의 분리 개별화과정을 새길아동청소년 상담센터 엄숙경 소장의 자료를 인용해 보면 분리개별화란 유아가 출생한 후 엄마로부터 심리적으로 분리해 한 개체로서 서게 되는 유아기의 심리적 발달과정을 말한다. 유아기의 분리개별화과정은 애착관계 및 이후의 성격발달에 매우 큰 영향을 미치므로 부모는 유아의 분리개별화과정에 대비해야 한다. Mahler라는 심리학자는 분리개별화과정이 다음과 같은 단계를 거쳐 진행된다고 보았다. 심리학자 Mahler는 영유아기의 분리개별화 과정을 다음과 같은 과정을 거치면서 진행된다고 보았다. 1. 자폐적 단계(0~2, 3개월)이다. 이 시기는 유아가 자기와 자기가 아닌 것을 구별하지 못하는 시기이다. 즉 세상이 다 자신과 한 몸인 줄 아는 시기이다. 일차적 자기애의 시기라고도 한다. 자기 내부에 집중하는 시기이다. 2. 공생단계(2, 3개월~4, 5개월) 엄마와 아기가 공생하는 시기이다. 아직도 아기는 나와 나 아닌 대상을 구별하지 못하며 내적인 것과 외적인 것도 구별하지 못한다. 하지만 자폐라는 일인시스템에서 공생이라는 양자관계로 이동하는데 이 공생관계가 자아기능의 발달을 촉진시킨다는 것이다. 여기서 중요한 것은 엄마와 최적의 상호작용을 한 아이는 자극을 처리하며 기억하고 반응하는 능력을 점차 발달시키게 된다는 것이다. 3. 분리 개별화 단계(6~24개월) 이것은 다시 부화기, 연습기, 재접근기라는 단계를 거치면서 발달해 간다. 가. 부화기(6~10개월)는 아기가 모자공생의 알에서 부화하는 시기이다. 감각이 발달하고 자기가 아닌 주의 관심을 갖기 시작한다. 즉 내부에서 서서히 외부로 주의가 집중되기 시작하며 환경을 탐색한다. 유아는 엄마를 알아보면서 낯가림을 시작하고 모르는 사람을 보면 불안해한다. 이는 엄마와 유아가 분화가 증가되고 엄마와 타인을 구별할 수 있는 능력을 보여주는 것이다. 나. 연습기(10~16개월)는 유아는 걷게 되면서 엄마로부터 신체적으로 떨어질

된 자아의 탄생(psychological birth)이 이루어지는 시기이다. 자녀의 성장에서 어디 중요하지 않은 시기가 없겠지만, 이 시기인 유아기(乳兒期)에서 유년기(幼年期)까지도 역시 자녀가 앞으로 세상을 살아가면서 비중 있게 다루어야 할 자제력을 기르는 시기라고 생각해보면, 그야말로 또한 중요한 시기라고 아니 할 수 없다. 자녀가 자제력을 갖지 못하면 어렵고 힘든 세상을 살아갈 수 없기 때문이다. 이때 자제력을 길러 자기통제가 이루어져야 무난히 사춘기를 넘길 수 있게 된다는 점에서도 유아기·유년기는 실로 중요하지 않을 수 없다. 부모는 자

수 있다. 이때는 아기는 자유롭게 돌아다니는 것을 즐기지만 아직 엄마와 멀리 떨어져 있는 것을 불안해 하며 다시 돌아와 엄마의 존재를 확인하고 안심한다. 이것이 반복되는데 이것을 개발화 과정으로 이행해가는 연습기로 본다. 다. 재접근기(16~24개월)의 시기는 아기가 마음 놓고 걷게 되고 인지능력도 발달하면서 자기몸이 엄마 몸과 분리되어 있음을 확실히 깨닫게 되며 동시에 자신의 무력감에 대해서도 인식하게 되는 시기이다. 이때 아기욕구와 엄마의 통제라는 방해사이에 충돌이 일어나기도 하는데, 즉 아기의 자율성이 엄마의 통제에 부딪히며 갈등이 일어나기도 한다. 하지만 유아는 자신의 취약성과 엄마에 대한 의존을 새롭게 인식한다. 이때 유아는 의존과 독립에 대한 욕구를 동시에 표현하는 시기로서 아기는 분리불안이 높아져 엄마가 없으면 불안해한다. 이때 사랑해주는 (좋은)엄마와 때로는 자기의 욕구를 들어주지 않고 방해하고 나무라고 미워하는 (나쁜)엄마라는 이 두 개의 분열된 엄마 사이에서 아기는 불안해하는 것이다. 이런 상태를 재접근위기라고 한다. 이런 갈등이 해결되어 가면서 아이는 엄마가 때로 없어도 자신을 사랑하는 엄마는 존재한다는 확신이 커지게 된다. 즉 엄마가 근본적으로 만족을 주지만 때론 좌절을 주는 존재라는 상을 유지할 수 있는 정서적 대상항상성을 갖게 된다. 4. 대상항상성의 발달(24개월~36개월, 그 이후)은 재접근 단계의 분리와 만남을 반복하는 움직임이 줄어들면서 엄마를 좋은 엄마, 나쁜 엄마로 분리하지 않고 개별성과 대상항상성이 나타난다. 엄마를 한결같이 자기를 사랑하는 사람으로 보며 인관 된 상을 유지할 수 있는 능력이 형성되는 시기이다. 한결같고 좋은 엄마 이미지가 아기마음에 내면화 될 때 대상항상성이 생긴다. 이렇게 내면화 된 이미지를 아기는 필요할 때마다 꺼내어 위로받고 힘을 공급받는다. 이런 엄마 이미지를 갖고 있는 사람은 공허감을 덜 느끼며 좌절이 있어도 잘 견딘다. 인간관계도 안정되고 오래 유지할 수 있다. 하지만 반대의 경우 우울감, 공허감, 혼란에 쉽게 빠진다. 대상 항상성을 갖기 이전의 유아에게 최대의 정서적 위험은 엄마라는 실재적 대상(양육자)을 상실하는 것이다. 하지만 이 단계에서는 양육자의 단순한 존재가 아니라 그의 애정을 상실하는 것이 가장 큰 위험이 된다는 것이다. 대상 항상성을 내면에 가진 사람은 다음 세 가지 특징이 있다. 1) 엄마 이미지와 사이가 좋다. "나는 엄마가 좋다. 그리고 엄마도 나를 좋아해" → 현실에서 대인관계의 갈등이 적다. 2) 엄마 이미지의 '좋은 면'과 '싫은 면'이 하나로 통합된 이미지로 되어 있다. "나를 나무랄 때도 있지만 그래도 엄마는 좋은 분이야" → 양가감정이 적고 퇴행경향도 적으며 대인 관계에서 좋은 사람과 나쁜 사람을 갈라놓는 분열과 이간질도 적게 한다. 3) 내면에 간직하고 있는 좋은 엄마 상을 이용할 수 있다. → 실제로 엄마가 곁에 없어도 "엄마가 항상 내 곁에 있어서 어떤 일이 생겨도 나는 안심이야"라고 내면에서 위로를 준다.

녀가 자기 통제가 이루어지면 자녀 스스로 심리적으로 자립할 수 있도록 자율성을 차츰 확대해 나가도록 해야 할 것이다. 이 시기에 전문가들은 도덕성을 함양하는 데 황금기라고 설명하며, 분명하고 뚜렷한 규칙을 세워 반드시 지키는 습성이 필요하다고 조언한다. 여기서부터 서서히 자녀통제를 하기 시작해야 하는데 부모가 양보하다 보면 앞으로 자녀를 통제하기가 더 힘들어진다는 것이다. 이 시기에 자녀의 통제가 이루어지지 못하면 초등학교 시절에도 통제하기가 힘들어, 초등학교 3~4학년부터 마음이 흐트러지고 반항적인 자세를 보일 수 있어 제멋대로의 행동을 할 수도 있다는 것이다. 이때 자녀에게는 통제의 방법이 중요한데 자녀가 견디고 수용할 수 있는 범위에서 부모 자신이 자신부터 엄하게 행동을 보이면서 온 가족이 힘을 모아 질서와 생활방식에서 도덕적이고 규율적인 면에서 생활화되고 습관화하도록 하여야 한다. 그렇게 되려면 부모의 일관된 행동, 방향감각, 사랑과 규율, 자녀에 대한 기대와 확신감 등이 필요하다.

다음 단계는 아동기(兒童期, 6~12세)인 초등학교의 시기이다. 이 기간은 새로운 학습을 통해 지식을 습득해야 하는 시기이다. 이 시기의 발달과업은 친구들과의 인간관계를 통해 집단의식이나 사회성을 기르고 자신이 수행하는 학습이 성공적으로 이뤄질 수 있다는 자신감과 만족감을 형성하도록 하여야 한다. 이때 친구와 원만한 관계를 형성하지 못하고 집단으로부터 인정을 받지 못하면 열등감(inferiority feeling)이 형성되기도 한다. 자녀가 초등학교에 들어가면 자녀의 성격에 따라 교우(校友)관계가 맺어지고, 또한 선배나 선생님 등이 가장 중요한 관계형성 요소로 작용하게 되니, 학교생활에 익숙하도록 그때그때 상황에 맞게 부모가 도와주어야 할 것이다. 이렇게 되려면 자녀가 밝은 성격과 긍정적인 마음에서 새로운 학습에 임해야 하니 심리적 안정감과 구김살 없는 마음을 간직하여 쓸데없는 곳에 정신을 빼앗기지 않도록 주변 환경을 조성하고 알맞은 교육 분위기를 제공해 주어야 한다. 여기서 자녀가 어렵고 힘든 점은 초등학교라는 새로운 세계에 입문하게 되어 성적의 서열은 물론이고, 물리적인 힘에 의한 서열, 가정을 배경으로 한 신분에 따른 심리적인 서열도 형성되는 시기이다. 어린 자녀들은 스스로의 능력으로는 이렇게 형성되는 서열을 임의로 만들 수 없으며, 또한 자녀 스스로는 왜? 이러한 서열이 이루어지는지조차도 알 수 없는 가운데 학교의 환경과 분위기는 조성되게 되는 것이다. 여기서 자녀가 밝은 성격과 긍정적인 마음을 갖지 못하고 열등의식에 젖게 된다면 그 책임은 누구에게 있겠는가? 실로 가슴 아픈 사연이 아닐 수 없다. 하지만 학교의 구조적인 면에서 볼 때 반드시 발생해야 할 운명적이고 불가분의 관계가 발생되어지고 있는 것이다. 그러니 분별력이 있는 부모라면 이와 같은 현실을 직시하고 그 환경을 수용하여 여기에 알맞은 적절한 대응책을 마련하여야만 할 것으로 본다. 또한 이 시기에 특히 중요한 점은 초등학교 2~3학년이 되는 7~9세 전후까지는 그런 대로 자녀의 통제가 되는데 이 시기에 엄함이 최고조로 달해야 한다고 전문가는 말한다. 만약에 이 시기가 넘는 10세 이후부터는 자녀를 통제하기 쉽지 않다는 것이다. 그리고 이때에 자녀가 습득해야 하는 일은 금전과 물질의 중요성을 알게 하고 금전적 욕망을 참고 근검 하는 정신을 길러주어야 한다는 점이다. 그리고 아동기에 있어서 가장 중요한 인지발달은 Piaget의 이론에서 볼 수 있는데, Piaget에 의하면 "인지발달단계의 구체적 조작기(concrete operational period)는 7~12세경의 아동기로서 초등학교시기에 해당한다. 이 시기의 주요 인지발달은 탈 중심화(decentration)에 있다. 이 사고는 자기중심적 경향이 줄어들고 다른 사람들의 관점을 수용하는 단계로서 사회지향적인 특성을 보이는데, 다른 사람들도 나와 같은 사고를 한다고 생각하며 자신의 감정과 사고를 타인과 공유하는 객관화하는 모습이다."라고 말한다.

다음은 청소년기(靑少年期)기로서 13세에서 18세까지의 시기이다. 이 시기를 전문가들은 감화(感化)의 시기라고도 한다. 이 시기는 통제나 간섭보다는 자신이 스스로 좋은 점을 보고 느껴 반성하며 부모와 스승과의 대화가 필요한 시기이기도 하다. 이 시기에는 말은 없지만 자녀는 부모의 마음을 충분히 읽을 수 있으며 부모의 신념, 목표, 생활관, 인생관 등도 파악할 수 있고, 이미 사고와 능력은 부모와 다를 바 없을 정도로 성장한 시기이다. 이 시기는 자녀로 봐서는 가장 정신적으로 복잡할 때이고 마음 내면으로는 부모에게 말할 수 없는 괴로움도 많이 간직하게 되는 시기이다. 부모는 그런 자녀의 심리상태를 파악하고 내면적으로는 사랑과 신뢰를 주며 어려운 일에 흔들림 없이 열심히 노력하면 좋은 결실이 있게 된다는 확고한 자세를 보여주어야 한다. 또한 큰 방향을 느낌으로 알 수 있게 제시하고 스스로 여유를 갖도록 하며 참고 기다리는 자세를 견지하도록 옆에서 힘써주어야 한다. 이때 부모의 태도는 관심, 격려, 하면 된다는 신념이다. 이 시기는 학년이 올라가면 올라갈수록 학습의 양은 한없이 많아진다. 부모들이나 자녀들은 과목별로 책만 보아도 이 많은 분량을 어떻게 다 배울까 하고 의아해 하며, 이 많은 내용을 암기하고 이해하는 데 자신감이 없어지기도 한다. 그러나 일단은 중학교 학생만 되어도 이 책을 다 외우려고 하기보다는 해당 단원을 한번 읽어보고 전체를 이해한 후에는 중요한 항목을 찾아 집중적으로 학습을 하여야 한다. 대부분의 중·고등 학생들이 좋은 성적을 내지 못하고 동료학생에게 뒤떨어지는 이유로는 두 가지로 나누어 생각해 볼 수 있다. 첫째는 현재까지 학년이 올라감에 따라 자신의 실력을 쌓아가야 함에도 불구하고 그 학년에 필히 갖추어야 할 실력이 부족하여 그 차이가 크게 생기게 되어 우등생을 따라 갈 수 없다는 것이다. 둘째는 현재까지 쌓아온 실력이 부족하다 보니 하면 된다는 확신감을 갖지 못하는 데서 오는 노력의 부족이 원인이라고 생각하는 바이다. 첫 번째에서 그 학년에 필히 갖추어야 할 실력이 부족한 것은 과거의 문제로서 어차피 학습을 하려고 한다면 다시 실력을 쌓아야 할 일이다. 두 번째의 문제로서는 현재수준에서 하면 된다는 확신감을 갖지 못하여 흔들리고 방황하게 되어 충실한 학습이행이 이루어지지 않는다면 이것 역시 중대한 문제가 아닐 수 없다. 성장과정의 자녀에게 있어서 어느 시기든지 중요하지 않은 시기가 없다고 생각하지만, 그 중에서도 가장 중요한 시기는 고등학교 시기라고 생각한다. 중학교시절은 아직은 철들지 않았기 때문에 부모의 영향 등 주변의 환경에 의하여 실력이 크게 좌우된다고 본다. 하지만 고등학교의 시절부터는 거의 성인과 같은 수준이기 때문에 순수하게 독자적으로 학습을 할 수 있는 시기이기인데도 불구하고 하면 된다는 확신감을 갖지 못한다는 것은 학습에 있어서 대단히 심각한 문제가 아닐 수 없다. 우리가 성인이 된 이후 알고 보면, 아니 젊은 시기를 지나고 보면 확실히 알 수 있게 되지만 고등학교 3년이라는 기간은 인생에 있어서 그보다 더 중요한 시기는 없다는 것을 알게 된다. 물론 고등학교 때나 다음의 대학교에서도 마찬가지이지만 부모의 후원, 즉 훌륭한 지도와 경제적인 뒷받침은 학습의 성패를 좌우한다고 볼 수 있다. 대부분 개별 학생들의 학습과 관련된 성공여부는 외부에 나타나지 않는 가운데 부모들의 지도와 후원에 힘입어 결정된다고 할 수 있을 것이다. 그러나 학교에서의 생활은 학생들 사이에서 개별경쟁으로 이어진다. 겉으로 드러난 고등학생들의 경쟁의 성패여부는 대학교 진학에서 판가름 나게 된다. 특히 초등학교에서부터 중학교까지 유지되어 온 실력의 순위가 고등학교 3년 기간의 노력의 결실로 뒤바뀌게 될 수 있다는 점이다. 여기에는 유전적인 문제도 자녀의 진로에 큰 영향을 미치게 될 것이다. 이것은 신경증과 같은 정신적인 불건정성의 이유가 성격에 악영향을 미치게 되어 학습 진로에 지장을 주게 되어 앞으로 성장하는 데 저해요인으로 작용하는 경우도 있다. 하지만 이러한 점에서 문제가 없다면 부모의 후원과 자신의 노력이 장래를 결정한다고 볼 수 있다. 어떤 학생은 중학교 때까지 학교에서 두각을 나타내지 못하고 실력이 보통으로 중위권에 있는 학생이 고등학생이 되면서부터 공부를 열심히 하여 자기가 원하는 서울의 대학에 진학을 하게 되어 미래가 보장되는가 하면, 어떤 학생의 경우는 중학교 때까지 상위의 실력을 유지하였는데도 고등학교 때부터 실력이 부진하여 대학을 진학하지 못하는 경우가 있게 된다. 그런가 하면 시골에서 중학교 때까지 실력이 비슷한 친한 친구였던 학생이 서울에 같은 고등학교에 진학하여 한방에서 하숙을 하며 공부를 하였는데도 한 학생은 원히는 대학에 진학하여 미래가 보장되는가 하면, 한 학생은 대학을 진학하지 못하여 그것으로 학습을 중단하는 사례는 얼마든지 있기 때문에 고등학교 3년의 학교생활은 더없이 중요하지 않을 수 없는 것이다. 여기에서 주의 깊게 한 번 생각해 보면 대학교에 진학을 하고 못하고는 여러 원인이 복합적으로 작용하겠지만 고등학교에서 공부를 그런 대로 열심히 하는 학생은 어느 정도 기본적으로 갖추어야 할 실력을 현재 갖추고 있으면서 나름대로 자신의 성장모델을 마음속에 간직하고 자신도 다음에 성인이 되어서 그러한 사람처럼 살고자 열망하는가 하면, 또 자신과 비슷한 처지에 있는 주위 선배들의 진학과정을 눈여겨보고 자신도 노력하면 그러한 선배들처럼 대학에 갈 수 있으리라는 기대감을 갖고 현재의 어려움을 참고 견디는 학생인 것이다. 반대로 고등학교 때 공부를 등한시하는 학생은 현재 기본적으로 갖추어야 할 실력이 다소 부족한가 하면 뚜렷한 방향이 없이 생활면에서 자제력이 부족하고 잡다한 사회적인 유혹에 현혹되어 그 방면에 관심을 가지면서, 특히 이성적(理性的)인 문제에 매몰되어 있거나 현재까지 학습에 대한 확신감이나 성취감이 결여되어 자신감을 갖지 못하고 있는 상태에 놓여 있는 경우에 나타나는 현상이라고 볼 수 있다. 아무튼 학습의 길은 방도가 없다고 생각하고 처음에는 의욕적으로 무조건 읽고, 쓰고, 외우고 하다 보면 자연적으로 중요한 부분이 보이게 되고 학습에 대한 방법도 생기게 된다. 다른 동료학생도 마찬가지이니 열심히 하는 방법뿐이 없다. 꼭 이 시기에 이루어야 할 발달과제는 미래를 내다보고 자신의 실력을 스스로 쌓아야 한다는 결연(決然)한 의지(意志)와 즐거움으로 학습에 임하게 됨으로써 자신의 꿈을 실현시키는 데 있다고 하겠다. 누구나 이미 고등학교 학생이 되면 정신적으로 거의 성장을 다 이루었다고 할 수 있다. 세상을 자신의 눈으로 바라 볼 수 있게 되고 학습을 왜 해야만 하는지도 알게 되며, 어떻게 해야 자신이 이 세상을 무난히 살아갈 수 있을지를 예측할 수 있게 된다. 이 시기까지 무난히 정상적으로 성장한 자녀라면 이제부터 독립적으로 자신의 능력을 계발할 수 있게 된다. 그래서 동료학생과 자신을 비교하며 자신의 가야 할 방향을 알게 되고 노력하게 되는 것이다. 고등학생으로서 꼭 이 시기에 성취하여야 할 발달과업이라면 열심히 노력하는 것이겠지만 이보다 한 단계 높은 수준의 학업성취는 학업에 즐거움을 갖는 것이다. 즉 노력하는 가운데 학습에 대한 즐거움과 보람을 갖게 되며 그렇게 하여 무난히 성장하게 된다고 본다. 그리고 이 시기부터는 언제나 객관적인 시각에서 자신을 바라보게 되며 창조정신과 비판정신을 함께 길러나가야 한다. 한 가지 예를 든다면, 이미 지난 일이지만 피겨 왕 김현아가 동계올림픽을 앞두고 금메달을 딸 수 있을지는 마지막 힘겨운 경기에서 긴장감만 없앨 수 있다면 가능하다는 것이 그 당시 전문가의 견해였다. 이 긴장감을 없애려면 얼음판 위에서 음악에 맞추어 스키를 즐기며 춤을 출 수 있도록 여유와 기술을 함께 연마해야 한다는 결론에 이른다. 만약에 동계올림픽 경기라는 것을 의식하고 승부에 매달린다면 긴장을 떨쳐 버릴 수가 없을 것이기 때문이다. 최선을 다해 이 즐거움을 맛보는 순간이 바로 금메달을 획득하는 순간이 된다는 의미이다. 학습도 이와 마찬가지로 이 시기에 중요한 것이 학습하는 것에 즐거움을 갖는 것이다.

다음 단계는 대학생 시기이다. 대학생들의 학습을 대변하는 현실적인 내용을 예로 들어본다면 일본의 다치바나 다카시씨를 먼저 떠올리게 한다. 이분의 저서 "도쿄대생들은 바보가 되었는가?"라는 책을 통해 일본의 대학교육을 통렬히 비판했던 저자(著者)는 대학 새내기들에게 이렇게 묻는다. '대학입시에 합격했다고 해서 상당한 지식을 가지고 있노라고 자부할지 모르지만 그건 큰 착각이다. 대학 담장 너머는 곧 전선(戰線)과 같다. 전장(戰場)에 비유하자면 참호 속을 기어다니며 24시간 내내 총을 쏴야 하는 현장이다. 4년 뒤에 그런 곳에 투입될 그런 각오가 되어 있느냐?'이다. 대학은 그야말로 곧 바로 전쟁에 투입되어야 하는 훈련 병사, 즉 훈련소의 훈련병을 비유하는 말로서, 이 말은 곧 대학생에게 직접 와 닿는 말이 아닐 수 없다. 도쿄대학에서 그분의 강의 제목은 '인간의 현재' '인간의 현재가 무슨 말이냐 하면 '인간은 어디에서 와서 어디로 가려고 하는가?'이다. 이 광범위한 지(知)의 물음 속에는 세계가 함축되어 있는 느낌마저 든다. 즉 우주, 철학, 자연, 생명, 문화, 물질세계는 물론이고, 종교적 정신세계에 이르기까지 폭넓게 학습을 해야만이 새로운 분야에서 기존지식을 바탕으로 창조적인 분야를 다룰 수 있기 때문으로 분석된다. 이것이 바로 살아있는 대학 교육이 아닌가 하고 생각해 본다. 결론적으로 대학시기의 학습은 스스로 알아서 수행해야 할 문제이지만, 반드시 학문 연구에는 명백한 목표와 목적이 있어야 한다. 즉 어떤 목적을 이루기 위해 그것에 일치하도록 학습을 해야 한다는 것이 중요하다. 그렇다면 이 시기에 이루어야 할 발달과업은 무엇인가? 장래에 있어서 행복한 삶에 대한 확고한 방향과 목표를 갖는 것이다. 즉 확실한 직업을 얻고 온전한 정체성을 확립하며 보다 높은 가치관과 뚜렷한 인생철학을 갖는 것이라고 생각한다. 학습과 관련하여 부모가 자녀를 키우면서 항상 염두에 두고 잊지 말아야 할 것은 자녀의 성장과정에 맞는 가르침이라고 생각한다. 그와 마찬가지로 자녀에게 있어서 성장 시기에 꼭 배우고 넘어가야 할 교육적 과제가 있게 된다. 만약에 그 시기에 배워야 할 과제를 배우지 못하게 된다면, 그 자녀는 정상적인 배움은 순조롭지 않을 것으로 본다. 그 배움의 과제는 예절일 수도 있고 자제심일 수도 있으며 성실(誠實)일 수도 있다. 또한 영어, 수학, 국어와 같은 학교의 수업 내용일 수도 있다. 이러한 과업은 반드시 어떠한 시기에 이루어야 할 과업이기 때문에 그 시기에 맞는 교육적 과제를 획득하는 것이 중요하다. 이 시기를 일실(逸失)하게 된다면 교육의 일차적인 실현은 이루어지기 힘들다고 생각한다. 항상 이 점을 부모는 유념하여야 할 것이다. 이상은 자녀의 학습과 관련된 지능발달의 원리를 여러 학자들의 정신적 발달 이론에 입각하여 고찰해 보았다.

학습능력향상을 위한 환경조성

"자녀를 독립적인 인간으로 인식하지 않는 한 대화는 통하지 않는다."

_ (주)SMO 대표. 이정숙

　학습능력 향상을 저지(沮止)하는 유해환경이란 어떠한 상태에 놓이게 되는 경우를 말하는가? 학교주변 유해환경실태에서 Kurt Lewin의 장(場, field theory)의 이론이나, 이의 영향을 받은 Bronfenbrenner의 인간발달 생태적 이론을 종합해볼 때 "유해환경이란 정상적이고 적합한 상태를 뛰어넘어 인간의 정신과 신체, 정서, 도덕, 행동양식 등이 정상적으로 형성되는 것을 방해하는 요소를 가지고 있는 모든 환경"이라고 정의한다. 과거의 전통사회에서의 교육환경은 텔레비전, 컴퓨터, 핸드폰 등 대중매체를 접할 기회가 없어서 학생들의 정신세계는 유해환경과는 관련성이 멀어 학습을 방해하는 요소가 적었다. 하지만 현대사회에 접어들어 성장하는 자녀들에겐 공부를 방해하는 요소들, 즉 쉽게 말한다면 대표적으로 포르노(pornography) 등과 같이 자녀가 정상적으로 성장하는 데 방해되는 요소들은 물론, 충동성을 부추기는 매스컴으로 혼란 속에 노출된 상태에서 학습을 하여야 하는 어려움이 따르고 있다. 학교의 선생님·가정의 부모님들은 이러한 환경, 즉 자녀들이 일상생활에서 마주치는 유혹들의 손길에서 올바른 선택을 할 수 있도록 지도함과 동시에 학습에 적합한 환경을 조성해 줌으로써 자녀가 올바른 길로 잘 인도될 수 있도록 하는 것이 중요한 교육적인 과제이다. 특히 학습의 가장 중요한 점은 '학습이란 아동이 교과목에 있는 지식이라는 알맹이를 능동적으로 발견·수집·소화하는 일련의 인식과정이기 때문에, 아동이 스스로 자기 두뇌에 지식을 주워 담도록 교육은 아동의 자발성·자주성에 반드시 의존해야 한다.'는 것이다. 부모나 교사는 아동에게 지식을 강압적으로 주입시키려 하지 말고 흥미와 관심, 의욕을 불러일으키도록 원인을 제공하고 분위기와 환경을 만들어 주어야 한다. 아동 스스로가 학습에 임하도록 유도해야 할 것이다. 자조론/인격론(새뮤얼 스마일스. 2007)에 의하면 "최고의 수양은 학교 다닐 때 선생님한테서 얻는 것이 아니라, 우리가 성인이 되었을 때 우리 자신의 근면한 학습을 통해 얻을 수 있는 것이다. 어른들은 아이들을 억지로 꽃피우게 하려고 서두를 필요가 없다. 참을성 있게 지켜보며 기다린 후 훌륭한 부모의 모범적인 행동에 따라 착실하게 훈련을 시켜야 한다. 나머지는 하느님에게 맡기는 것이다. 자유롭게 신체를 움직여 건강을 유지하게 한 다음, 자기 수양의 길을 걷게 하여 주의 깊게 인내와 노력의 습성을 길러주어야 한다. 그러면 차츰 나이를 먹음에 따라, 그에게 적합한 소질이 있다면 스스로 힘차게 그리고 효과적으로 실력을 다지게 될 것이다."라고 가르치고 있다. 하지만 이와 같은 교육방식은 우리의 현실에서 볼 때 오직 희망사항일 뿐 실제적으로는 그렇게 되기는 힘들다고 본다. 왜냐하면 경쟁사회다 보니, 살기가 어렵다보니 일단은 목적부터 달성해 놓고 인성교육이니 적성에 맞는 교육이니 하는 것은 다음문제가 아닐 수 없는 형편이고 보면, 너나 나나 할 것 없이 암기식이고 주입식 교육에 매달리지 않을 수 없는 형편에 놓이게 된다. 부모의 입장에서 교육이나 학습의 목적은 우선 당장은 좋은 대학을 나와 좋은 직장을 구하여 부모보다는 한 등급 위의 신분상승을 기하기를 바랄 것이다. 그러나 우리의 자녀들에게 주어지는 학습의 환경은 저마다 다르며, 또한 적성이나 능력 역시 제각기 다르다고 할 수 있다. 물론 부모의 입장에서는 어릴 적부터 모범적이고 우수한 학생이 되기를 누구나 바란다. 그렇지만 더 깊게 생각해 보면 인간이란 누구나 자신이 세상을 떠날 때 자신의 삶의 성적표는 나오기 마련이다. 비록 우리의 자녀가 다소 늦은 감이 있어도 성인이 되고나면 누구나 이 세상을 새롭게 보게 되며 자신이 살아온 길과 앞으로 살아갈 길을 다시 생각하며, 또 다른 자신의 길을 걷게 될 것이며, 앞으로의 자신의 삶은 자신의 의욕과 의지력에 달려 있다고 할 것이다. 이러한 점은 자녀가 순조롭게 성장할 경우에 해당된다고 할 수 있으며, 실제적으로 우리의 현실은 이것과는 차이가 있다고 생각된다. 경쟁사회에서 한 번 서열이 정해지고 뒤지게 되면 만회하기란 쉬운 일이 아님은 분명한 사실이다.

환경에 대하여 창의학(전경원. 2000)에서 보면 "우리가 흔히들 교육환경이라고 할 때의 환경에는 물리적 환경, 심리적 환경, 자원 등이 있다."고 한다. 물리적 환경요인으로는 적절한 온도와 조명을 고려한 조용한 건축 공간, 녹차를 마실 수 있고, 명상을 할 수 있는 소박하고 자연스런 공간을 마련하고, 육체의 피곤함을 푸는 데 도움이 되는 간단한 운동기구, 마음을 안정시키고 위안을 느낄 수 있는 청순(淸純)한 정원, 잡념을 버리고 정신을 집중할 수 있는 소박한 시설이나 물건 등을 의미한다. 심리적 환경이란 정신을 집중하고 마음에 안정을 유지할 수 있도록 하는 심리상태를 의미한다. 이러한 한 예로서 학습을 하는 데 필수적인 조건으로 잡념을 정리하기 위해서 마음속으로 넓고 깊은 바다나 높고 깊은 계곡을 연상한다든지, 불교경전(佛敎經典)

의 구절(句節)이나, 마음에 위안(慰安)이 되는 시(詩), 자기의 마음에 위안이 되고 괴로운 마음이 평화로운 상태로 될 수 있는 한 폭의 그림, 조상들의 이념(理念)이나 얼이 담긴 소품(小品) 등과 같은 것, 그리고 늘 함께 함으로써 정서적으로 안정되고 차분한 분위기를 자아낼 수 있는 심리상태를 말할 수 있을 것이다. 자원이란 학습을 하는 데 필수적으로 들어가는 경비, 즉 돈을 꼽을 수 있다. 돈이 없으면 학습을 유지할 수 없다. 돈을 풍족하게 사용하라는 것이 아니라 없으면 안 되는 알맞은 돈을 갖도록 하라는 말이다. 그리고 자기를 이해해 줄 수 있고 생사고락(生死苦樂)을 함께 할 수 있는 학습의 동행자인 동료, 학습에 도움을 줄 수 있는 선생님도 인적자원에 들어갈 수 있다. 학습을 하다가 어려운 문제나 의문점이 생기면 언제나 전화를 하든지 달려가서 의논하고 함께 풀어줄 수 있는 친구나 스승을 말한다. 또한 인생문제를 함께 고민하고 해결해 줄 수 있는 종교지도자도 훌륭한 정신적 인적자원이 된다. Gardner(1993)에 의하면 아인슈타인, 프로이드, 간디 등과 같은 창의적인 위인들은 모두 그들의 정신세계를 이해해 주는 인지적(認知的) 지지자(支持者)가 있었다고 한다. 그런가 하면 일본의 와타나베 쇼이치30)는 '지적생활의 방법'에서 집필하는 것과 같은 창의성을 요하는 지적생활을 영위하기 위해서는 빈곤한 것보다는 재정적으로 풍부한 것이 훨씬 도움이 된다고 한다(김욱, 1998). 그래서 영국의 작가인 흄이 지적생활을 많이 한 것도 경제적으로 어려움이 없었기 때문이라는 것이다. 이러한 교육환경이 학습을 하는 데 도움이 된다는 것은 말할 필요가 없겠다. 이와 아울러 위대한 스

---

30) 와타나베 쇼이치(渡部昇一, 1930년 10월 15일~2017년 4월 17일)는 일본의 영어학자, 평론가이다. 조치 대학 명예교수이다. 야마가타 현 쓰루오카 시에서 태어났다. 조치대학 영문학과와 동 대학원을 졸업했다. 독일 베스트팔렌 빌헬름 대학교 대학원에서 박사 과정을 수료했다. 전공인 영어학 외에 역사, 정치, 사회 평론을 발표했다. 일본 근현대사에 관해 적극적으로 발언하였다.

승들의 교육철학 역시 후손인 우리가 본받아야 할 점이라고 생각한다. 우리나라에 있어서도 위대한 선조들은 부모가 자녀의 학습과 성공을 위해서 나름대로 저마다 교육철학이 있었다. 조선역사에서 가장 위대한 사상가로 꼽히는 정약용은 유배지에 있을 때 당시 자녀에게 "반드시 서울 한복판에서 살아야 한다."라고 하면서 '한양 입성'이라는 특명을 내렸다. 한편 퇴계 이황은 이미 500년 전에 똑똑한 제자들과 자녀들을 함께 공부시켜야 한다는 일념(一念)으로, 요즘 강조되는 '인맥네트워크'를 교육이념으로 실천했고, 서애 류성룡 같은 대학자들도 바쁜 일과를 제쳐두고 학업을 게을리 하는 자식에게 편지를 보내 독서할 것을 독려하는 등 후손들의 교육에 세심한 주의를 보였다. 위의 위대한 인물들이 강조하듯 명문가의 교육비결은 부모의 모범, 즉 '본보기 교육'에 있었다. 또한 샤오춘성이 지은 교자서(敎子書)에 보면 큰 인물 뒤에는 반드시 훌륭한 부모가 있었다고 주장한다. 부모, 특히 아버지의 탁월한 교육법이 자녀 인생의 성공에 결정적인 영향을 미쳤다는 것이다. 책속에 목표를 두고 열정을 불러일으켜 자식을 인재로 길러낸 조조, 자존심을 자극하여 수학적 재능을 키운 아인슈타인의 삼촌 야콥, 체벌 대신 관용을 베풀어 아이를 변화시킨 간디의 아버지 이야기도 빼놓을 수 없다.

환경(環境)이란? 사전적 의미는 '생활체를 둘러싸고 직접 간접으로 영향을 주는 자연, 또는 사회의 조건이나 형편을 말한다.' 흔들리는 가정과 교육(2001, 김호권)을 보면 부모가 가정에서 자녀의 학습과 관련하여 어떤 상호관계를 맺고 있는가가 학습의 성패로 보았는데, 이것은 부모와 자녀간의 상호작용의 과정으로 그 과정변수들을 ① 가사활동의 규칙성 ② 학습에 대한 도움과 지원 ③ 지적 자극 ④ 언어발달의 기회 제공 ⑤ 학업에 대한 포부와 기대 등으로 되어 있다. 여기서 과정변수의 점수와 자녀들의 학업성적 간에는 대략 +0.70 내지 +0.80 정도의 매우 높은 상관관계가 있음이 밝혀졌다. 이것을 가정의 심리적 환경이라고 정의했다. 다음으로는 가정의 사회경제적 지위와 자녀의 학업성적 간에는 대체로 +0.30 내지 +0.50 정도의 상관관계가 있음이 밝혀졌다. 이것을 가정의 물리적 환경이라고 정의했는데, 이러한 사회 경제적 지위라는 변수의 요인들은 ① 가장(家長)의 직업 ② 주택형태(규모, 소유권 등) ③ 거주 지역 ④ 연간소득액 ⑤ 소득원 ⑥ 부모의 교육수준 등으로 되어 있다. 그런가 하면 현대교육심리학(정원식외. 1995)에서 Bloom은 1964년에 세 연령단계에서 환경차가 지능발달에 미치는 가설적 영향을 연구하였는데 여기서 보면 "결손 된 환경과 풍요한 환경의 차이로부터 IQ 점수에서 20점의 차이가 있다는 것을 가설을 설정하고 있다. 이 정도의 차이는 직업세계의 현실에서 전문직(專門職)과 반숙련직(半熟練職)이라는 중대한 사회적 차이를 뜻할 수 있다."고 말한다. 즉 환경결손의 중요한 교육적 의의는 아동들의 능력과 학교학습에서 당면하는 곤란 간의 차이가 증가하며, 따라서 그 결손이란 곧 누가적(累加的)이라는 데 있다.

예를 들면 간단한 문법을 알 수 없기 때문에 학년이 올라갈수록 복잡해지는 문장과 어휘 등에서 1학년부터 학년이 올라감에 따라 점점 더 시달림을 받게 된다는 의미이다. 성장 시기에 환경의 빈곤 속에서 자라온 아동은 청소년이 되면 이 빈곤적인 환경 속에서 결핍된 성장 요인을 만회하기보다는 사춘기에는 더 선택적으로 기본적인 욕구에 이끌려 아동기의 결핍된 성장요인은 그 상태로 매몰되고 묻혀버리고 지나가기 때문에 영원히 부족한 부분을 만회할 수 없이 성적은 뒤떨어지게 될 수 있다고 생각한다. 이것이 청소년 시절 이전의 환경적 결손이 성장에 미치는 요인이라고 말하지 않을 수 없다. 그렇다면 학습능력향상을 위한 환경조성은 두 가지로 요약할 수 있을 것이다. 하나는 외부적으로부터 학습방해요인을 차단하는 것이고, 또 하나는 학습자의 내부적인 문제로 정신무장을 들 수 있을 것이다. 여기서는 먼저 내부적인 문제부터 생각해 보기로 하겠다. 내부적인 정신무장이란 어떠한 것인가? 이것은 외부적으로 정신에 유입되는 학습방해요인인 오염원이 침범하여도 자신의 정신력으로 이겨내는 것으로서 믿음과 신념, 각오로 정신을 무장하는 것을 말한다. 즉 자신의 내부에서 신념과 믿음을 키워나가는 것이다. 한 가지 예를 들어보면 중국에서 일류대학에 입학하기 위해 장원(壯元)마을이라는 한 고등학교에서 입시공부를 위한 수업이 공개되었는데, 이곳에서는 수업이 시작되기 전, 특히 암기위주의 학습이 시작되기 전에 성공(成功)! 성공(成功)! 성공(成功)! 이라는 구호를 손짓을 하며 반복하여 크게 외치는 광경이 텔레비전에 나왔다. 이것 역시 하나의 신념을 불어넣음과 동시에 정신무장을 하는 것으로 일면 정신통일이나 다름없다. 이 학교에서는 스트레스를 없애기 위해 학습에 들어가기 전에 즐거운 노래를 불렀다. 그 정도로 학습은 정신집중, 정서안정과 깊은 관련이 있다고 할 수 있겠다. 또 다른 하나의 예로서 2016년 리우 올림픽 펜싱대회에 참가한 우리나라 21세의 박상영 선수는 혼자말로 펜싱을 연습하는 도중에도 매일 언제나 "할 수 있다." "할 수 있다." "할 수 있다."하는 구호를 되새기었다고 한다. 그런데 이번 대회에서 결국은 생각지도 못한 금메달을 획득했다. 지켜보는 사람들은 박상영 선수는 겁도 없이 상대를 공격했다고 한다. 아마도 이것은 "할 수 있다."라는 구호를 언제나 마음속으로 외쳤던 결과가 아닌가 하는 생각이 든다. 세계 랭킹 27위였던 박상영은 세계 랭킹 3위인 헝가리 게저 임레 선수를 번개처럼 날아 찌르는 쾌거를 이루어 낸 것이다. 이 구호 역시 내부적인 정신무장의 일종이다. 효율적인 학습을 위하여 가장 영향을 많이 미친다고 생각하는 것은 학습열의, 정서안정, 집중력, 반복성이라고 생각한다. 특히 집중력에 대하여 살펴보면 학습을 잘하고 잘못하느냐는 머리의 좋고 나쁨이나 학습과 관련한 주변 환경, 영양상태도 중요하겠지만 본인의 학습에 대한 집중력이 크게 좌우할 것으로 본다. 학습하는 자녀는 학습에 앞서 마음을 정리하여 정신이 잡념이나 주위의 분위기에 흔들리지 않고 한 곳인 학습에 집중하는 것이 중요하지 않을 수 없다. 이와 같이 정신집중을 위해 새벽에 10분씩이라도 학습을 잘 할 수 있도록 정성어린 기도를 함으로써 마음이 안정되고 어떤 신념을 얻을 수 있는 기회가 될 것으로 본다.

다음은 외부적으로 학습방해 요인인 오염원을 차단하기 위해서는 훌륭한 사람들의 인맥을 주위에 많이 구축하였으면 한다. 물론 자녀의 성장기마다 학습을 위한 환경조성은 차이가 나겠지만 성장하는 자녀들에게 있어서는 무엇보다도 훌륭한 사람들의 좋은 행위를 본받아 자신이 모방할 수 있기 때문이다. 특히 아동기 이전의 자녀에게는 훌륭한 부모는 말할 것도 없으며 형제들의 학습방법도 흉내 낼 것이기 때문이다. 좀 더 성장하게 되어 사춘기에 접어든 자녀라고 한다면 주변의 훌륭한 스승이나 선배들도 좋은 본보기가 될 것이다. 한 예로서 산에 가면 나무 중에 옻나무라는 것이 있다. 이 나무는 홀로 자랄 때는 가지가 많이 생겨서 옆으로 튼튼히 자라게 된다. 그런데 수직으로 자라게 되는 나무들 사이에 있게 되면 이 옻나무도 주변의 나무들처럼 수직으로 아주 가늘게 곧게 자란다. 이것은 주변 나무들의 영향에 의해서 그렇게 자라게 되는 것이다. 사람도 그와 다르지 않다. 주변에 훌륭한 사람들이 많이 있으면 자연히 그 분들의 영향을 받는 것이 성장하는 청소년이다. 좋은 친구를 만나는 것도 자신의 운명인 것이다.

학습능력향상을 위한 교육적 환경에는 어떠한 것이 있는가?

첫째 아이의 올바른 성장을 위한 학습을 함에 있어서 인적자원으로서 가장 나쁜 유해환경으로는 바로 아이의 부모를 들 수 있을 것이다. 부모의 관심이 거짓, 가면(假面), 허위(虛僞)여서는 안 된다. 부모가 평소 생활하는 가운데 마음가짐, 즉 정신에너지의 흐름, 생각의 초점이 자녀학습에 얼마나 투입되는가에 달려 있다. 관심을 가지고 있는가? 없는가? 그것이다. 일회성 관심이 아닌 매일의 정신자세이다. 정신(情神)투사(投射)의 내용은 자녀의 학습에 관하여 피를 맑게 할 수 있을 정도로 순수하고 진실하며 성실한 마음을 가져야 한다. 학업에 있어서 자녀의 앞길에 대한 뚜렷한 목표와 방향이 선명하게 제시되어 있어야 하고 부모도 함께 그 목적을 실현하기 위해서 하루하루를 직접 몸소 실행에 옮겨야 한다. 둘째 가정의 분위기이다. 우리가 절(a Buddhist temple)에 가면 어쩐지 마음이 맑고 깨끗해지듯이, 스님을 보면 그 이미지가 화려하거나 남을 유혹하지 않고 마음을 내면으로 향하게 하며 금기사항을 지키게 하는 몸가짐으로 보이듯이, 우리의 가정이 깨끗이 정돈되고 조용하며, 마음을 차분하게, 진리를 추구하는 장소로 느껴져야 한다. 또한 육체적인 감각보다는 정신적이면서 영혼을 추구하는 단순함과 소박함, 청순함이 항상 가정에 흐르게 하면서 부모의 정신이 가정의 기운(氣運)까지 맑게 하도록 하여야 한다. 그러기 위해서는 명상과 고요함으로 일관하며 심호흡으로 영육이 일치되도록 마음을 정화하고 자기반성을 통해 평화와 안정을 유지해야 한다. 평소에 생각들을 정리해서 잡념을 없애고 무념으로 빈 공간을 확보하여 언제나 지식으로 채워질 수 있게 가정환경을 만들어 자녀의 마음가짐을 유도해 나가야 할 것이다. 즉, 자녀의 영직세계를 확보하기 위한 고요함의 심화(深化)과정이 필요하다는 것을 부모는 알고 있어야 한다. 셋째 부모나 가족의 대화가 지적(知的)이고 지식을 추구하는 태도가 몸에 베여서 언제 어디서나 깊은 지혜의 터널을 통과할 수 있도록 마음의 자세가 갖추어져 있어야 한다. 그것이 인생의 전부인 것처럼 생활하는 자세가 필요하리라 본다. 그렇게 하려면 대화의 내용이 언제나 물질, 외모, 형식, 소비적인 것보다는 무형(無形), 근검(勤儉), 진실, 사랑, 착함, 고요함을 유지하고 있어야 할 것이다. 넷째 또한 어떤 지방에 따라서 교육적인 풍토가 잘 조성되어 있는 곳이 있다. 이러한 지방은 그 지방의 특성으로 유명한 종교지도자가 있다든지, 훌륭한 사회교육자가 존재하여 자신의 심오한 철학을 그 사회에 보급하여 그 지역민으로 하여금 신뢰를 얻은 결과로 평가된다. 그 한 예로서 자조론/인격론(새뮤얼 스마일스. 2007)에서 보여주듯이 아놀드 박사의 전기 속에는 이러한 글이 나온다. "레일햄 지방에서 특히 주목할 만한 것은 그 지방을 지배하고 있는 건전한 분위기였다. 처음으로 그 고장에 발을 들인 사람은 누구나, 뭔가 위대하고 진지한 일이 진행되고 있음을 느낄 수 있는 곳이었다. 학생 모두가 해야 할 공부가 있고, 자신의 의무와 행복이 공부를 열심히 하는 데 있는 것이라고 믿고 있었다. 그리하여 인생을 대하는 젊은이의 마음에 뭐라 표현할 수 없는 열정이 전달되어, 자신에게도 유익하고 행복해질 수 있는 길이 있다는 깨달음 속에서 온몸에 이상한 기쁨이 넘쳐흘렀다. 그리고 인생과 자기 자신, 이 세상에서 자기가 해야 할 일을 올바르게 인식하도록 가르쳐준 사람에게 깊은 존경과 애정이 솟아나는 것이었다."라고 기술하고 있다. 이 모든 것은 아놀드의 진실한 인품과 깊은 통찰력 덕분이었다고 여기서는 말하고 있다. 이와 같이 비록 한 사람의 인격적인 분별심이 자신은 물론 그 사회에 올바른 교육적 가치관을 심어주는 것을 볼 때 위대한 사람의 업적은 길이 찬양해주어야 할 것으로 생각된다. 우리나라에도 도시들마다 특색이 있는 문화가 조성되어 있기도 하다. 특히 교육적인 도시가 그러한 예이기도 한 것처럼 말이다. 다섯째 학습에 방해요소가 되고 자녀의 정신세계를 흐리게 하는 요소들을 차단시켜야 한다. 예를 든다면 조부모님의 과잉보호, 돈을 함부로 쓰는 과소비, 부모의 일관성 없는 생각과 태도, 기본이 되어 있지 않고 부모교육을 받지 못한 또래아이들과의 만남, 정신세계를 혼미(昏迷)하게 하는 텔레비전이나 컴퓨터, 그리고 전통 식품이 아닌 가공식품에 맛을 길들이는 것, 원칙과 절도(節度)가 없는 생활, 정신을 산만하게 하는 놀이 등을 금지시켜야 한다. 여섯째 항상 부모는 자녀의 학습내용과 진도(進度), 난제(難題), 성취도, 평가결과, 선생님의 관심사, 학우들의 생활태도 등을 마음속으로 상상하면서, 학습의 바다에서 항해(航海)하는 선박에 자녀를 비유하듯이, 위도(緯度)를 읽고 일기예보대로 행보와 방향을 바꾸어가야 할 것이다. 즉 가야할 목표점을 암시하고, 일정(日程)을 의논하며 성장을 방해되는 함정(陷穽)이 어디에 있는지 함께 예견하며 같이 풀어나가야 한다. 즉 부모, 자녀, 가정 분위기, 학습의 목표점이 하나의 몸체가 되어 행동하여야 할 것이다. 일곱째 가장 높은 가치관으로서 언제나 가족의 대화 속에는 학업의 성적과 지적계발을 위한 지식의 축적이 삶에서 가장 우선된다는 메시지가 숨어 있어야 한다. 학습을 통한 배움이 인생 그 자체이며 삶의 목표라는 것을 보여주어야 할 것이다.

제3장

학습의욕의 증대방안

이 장에서는 자녀에게 있어서 학습의욕의 증대방안을 논하기에 앞서 청소년기나 사춘기에 접어든 자녀가 학습에 임(臨)하지 못하고 학교와 가정을 떠나 거리를 맴도는 자녀들에게 일단은 비행의 길에서 벗어나도록, 그리고 자녀를 가정과 학교로 다시 불러들이는 방안을 모색하는 것이 학습의욕을 높이는 방안보다 먼저 이루어져야 할 일이다. 부모의 입장에서는 자신의 자녀가 다른 또래 학생들과 비교하여서 볼 때 일초 일분이 더 긴박하게 시간을 필요로 한다는 것을 알고 있다. 그런데도 불구하고 자신의 자녀는 이제 학습을 다시 시작하여야 하는 새로운 마음의 각오로 임해야 하니 그 이상의 아픔도 없을 것이다. 하지만 지금부터라도 다시 학업에 열중할 수 있다면 얼마나 좋으랴만, 이미 아동기의 빗나간 정신자세로 인하여 기회를 잃어가고 있는 것이다. 그래도 다른 방법이 없으니 지금부터라도 이 젊음의 강을 순조롭게 건너야 하는 절박감에서 새로운 길을 모색하지 않으면 안 되기 때문이다.

학습에 대한 의욕과 의지의 중요성

쾌락과 의지는 아주 상반되는 의미를 부여한다. 쾌락은 의지를 잠식하는 가장 해독으로
잠식하기 때문이다.   _『자조론/인격론』(새뮤얼 스마일스) 중에서

　인간이 삶을 살아가는 데에 있어서 필요하고 중요한 사상(思想)이나
개념(槪念)들은 수없이 많다. 그 중에서도 '의지(意志)'라는 용어도 인
간이 살아가는 데 빼놓을 수 없는 중요한 개념이다. 의지(意志)란 단
어의 뜻은 '어떤 일을 이루려는 마음이다.' 인간의 삶이란 어떻게 보면
한 바다를 항해하는 배에 비유될 수도 있고, 모래 언덕 위에 하나의
누각을 짓는 것에 비유될 수도 있으며, 강풍이 몰아치는 높은 하늘에
새의 날개 짓에 비유할 수도 있을 것이다. 이 정도로 삶은 넓고 높은
허공에서 스스로 자신의 길을 찾아가는 과정이라 할 수 있다. 어느
누구에게도 위대한 삶은 거저 주어지지 않는다. 무언가를 이루려면
값진 그 대가를 반드시 치러야 되는 것이다. 여기에서 따르게 되는 것
이 의지력이다. 그러면 의지와 반대되는 낱말은 무엇일까? 포기(抛棄)
와 같은 단어일 것이다. 포기(抛棄)란 '하는 일을 도중에 그만 두어버
림'이다. 어쩌면 삶이란 의지와 포기 사이에 존재하는 자신의 마음가
짐이 아닌가 하고 생각을 해본다. 의지는 무엇인가 이루어 살아가려
는 마음이고 포기(抛棄)란 이루려는 일을 도중에 그만 두는 것이다.

의지력이 있으면 살아남을 것이고 의지력이 없이 포기하게 된다면 아마도 발전과 전진은 없을 것이다. 이 정도로 의지는 삶에 지대한 영향을 미친다고 할 수 있다.

선방일기(禪房日記)(지허스님. 2011)에서 의지(意志)를 표현한 글이 기록되어 있는데 이것을 보면 "만약 참선(參禪)을 추구하는 스님이 이 의지(意志)를 놓친다면 그때는 생의 모독자가 되고 배반자가 된 채 암흑의 종말을 고(告)할 뿐이라는 것을 누구보다도 잘 알고 있기에 운명적으로 붙들 수밖에 없다."는 내용이다. 이 기록을 보면 모든 일에서와 마찬가지로 참선을 하는 데도 그렇게 의지가 중요하다. 참선뿐만 아니라 학습 역시 의지의 중요성은 똑 같다고 본다. 우리의 주변을 보면 훌륭한 사람들은 절망적인 상황에서도 오직 의지력 하나만으로 삶을 반전시킨 분들이 많다. 의지는 어떤 무엇과도 바꿀 수 없는 귀중한 가치임에 틀림이 없다. 의지는 인간이 하고자 하는 내부적 마음이 외부의 어떤 목적물에 가해지게 됨으로써 부수적으로 생성되는 활력이다. 이는 무형의 개념으로서 인간의 삶에 높은 가치를 부여한다. 의지는 미래를 보장받기 위해서 오늘의 결핍에서 오는 고통이라는 현실을 극복하려는 자신의 마음에서 우러나오는 다짐이다. 우리 인간이 무엇인가를 새롭게 이루기위해서는 자신의 마음에 확신감이 있을 때라든지, 하고자 하는 신념이 형성되었을 때라든지, 의욕이 넘쳐날 때, 유능감에 젖어있을 때 등은 물론이지만, 고난을 당했을 때 의지야말로 가장 강력한 추진력을 발휘할 수 있는 것이다. 학교라는 공적(公的) 시스템은 공공(公公)이라는 집단과 무리를 중심으로 이루어지는 제도이기 때문에 그 구성원으로서 각자에 해당하는 개별적인 자녀들의 개성과 특성에 맞추어 완벽한 교육을 추구하기보다는 보편적이고 일반적인, 그리고 공개적인 입장을 취하다 보니 개인 간 편차가 있기 마련이다. 이것은 오직 부모들의 수준과 가정의 환경적인 요소, 자녀의 개별적인 능력의 차이에서 비롯된다고 할 수 있을 것이다. 그 중에서도 개별 학생이라는 자녀들에게 있어서 학업성취에 크게 영향을 미치는 것이 학습에 대한 의욕이다. 이들의 세대들은 현대사회를 살아가면서 물질문화에 힘입어 좋지 못한 다양한 환경에 노출되므로 학업의 성취도 면에서 더 큰 편차를 보이게 된다. 특히 가정적인 면에서 부모의 무관심과 교육에 대한 지식의 결여는 말할 것도 없고, 또한 풍요로움과 자유, 방만(放漫)과 나태(懶怠) 등의 원인으로도 우리의 자녀는 정상적이고 올바르게 성장하기보다는 삐뚤어지고 비정상적으로 자라게 된다.

자녀가 학습을 하기 위해서는 동기와 같은 열정이나 하고자 하는 건전한 욕망심이 있어야 한다. 자율성을 가진 자녀라면 누구의 힘에 의해서가 아니라 자기 스스로 할 수 있다는 확신감에서부터 출발하여야 한다. 부모는 자녀에게 자유를 주면서도 주의(注意)와 관찰을 게을리해서는 안 된다. 학습과 관련하여 의욕(意欲)에 대한 사전적 의미를 찾아보면 '무엇을 하고자 하는 적극적인 의지(意志)'로 되어 있다.

문제는 부모가 자녀에게 어떻게 학습의욕을 고취시키는가가 중요하지 않을 수 없다. 인간이면 누구나 생물학적으로, 아니면 심리적으로 의욕이 샘솟게 되어 있다. 이 의욕이 학습의욕으로 변화되어 나타나야 하기 때문에 쉽지 않은 문제이다. 자녀에게 학습의욕을 고취시키기 위한 방법이 많겠지만, 우선 한 가지만 여기서 소개한다면 성적 욕망이나 식욕, 아름답고자 하는 욕망, 자존심, 남보다 우월해지려는 마음 등의 욕망을 학습의 의욕으로 연결시키는 것이 중요하다. 이것은 오직 부모의 몫으로 남게 된다.

어떤 욕망이든 욕망이란 인간에게는 본원적, 기본적으로 있는 것이다. 자녀의 마음에 욕망을 불러일으키는 것은 부모의 교육적 자질이라고 할 수 있다. 성장하는 자녀에게 있어서 존재하게 되는 기본적인 욕망을 학습의 욕망으로 연결시키고 변화시키는 것이 무엇보다 중요하다. 그것이 부모가 자녀를 양육하는 하나의 기술이라고 하지 않을 수 없다. 나이가 많아지고 학년이 올라갈수록 자신의 실력이 부족하여 이것이 누적되면 학습의 길이 멀어지기 때문에 자녀가 어릴 때 학습의욕을 높여서 실력을 향상시켜 두어야 한다.

자녀가 학습의욕을 갖추기 위해서는 가장 먼저 해야 할 것은 학습의 생활화이다. 어릴 때부터 부모는 자녀와 함께 학습을 생활화해야 한다. 이와 동시에 자녀에게 부모는 기대감을 갖고 자녀의 잘하는 면을 발견하고 칭찬을 아끼지 말아야 한다. 다음으로는 학습을 해야 한다는 의무감, 당위성을 일깨워 주어야 한다. 무엇보다도 더 중요한 것은 앞에서처럼 학습 이외의 욕구를 학습의 욕구로 변화시켜야 하는 것이다. 이와 같은 일련의 과정은 어릴 때 동화책을 읽어주는 시기에서부터 시작되어야 한다. 의욕은 하고자 하는 욕심이며 의지는 욕심에서 한 발짝 앞으로 더 나아간 상태, 즉 의욕 하는 마음만이 아니라, 마음상태를 정렬(整列)하거나 심주(心柱)를 바르게 세워 실천할 수 있는 자세나 행위 그 자체라고 할 수 있다. 우리의 자녀들이 성장과정에서 잘못되어 가고 있는 부분은 풍부한 물질에 의존하여 어려움 없이 자라다 보니 무엇을 열심히 노력하여 올바르게 성장해야겠다는, 그러한 마음의 자세가 부족한 것이 문제로 대두되고 있다. 특히 부모들은 자신의 자녀에게 잘 해주겠다는 마음으로 자녀에게 아무런 어려움이 없도록 마음과 물질을 제공해 준다. 여기서 어려움을 없게 해 준다는 것은 자녀에게 편안하게 해준다는 말로 바꾸어 말할 수 있는데, 이러한 부모의 행동은 잘못하면 자녀의 의지를 약화시키는 계기가 된다. 훌륭한 부모교육은 부모 자신의 슬하에 자녀가 있는 동안 고통과 어려움을 주어 장차 자녀 자신에게 있게 되는 어떤 어려움이나 고통을 스스로 극복할 수 있는 힘을 길러주는 것이다.

의지(意志)가 왜 성장하는 자녀에게 중요하냐 하면 무엇인가 성공으로 이끄는 힘은 바로 의지에서부터 시작되기 때문이다. 의지는 자녀에게 놓이게 되는 장애물을 스스로 극복해 나갈 수 있는 힘이다. 인간이 어떤 생각을 하고 어떤 가치관을 가졌는가에 따라 그 사람의 행위가 달라진다. 아리스토텔레스나 동양의 다른 윤리학자들은 말하기를 우리가 올바른 길을 알아도, 그렇게 하지 못하는 이유는 어떤 욕구의 끌림이나 이기심 따위의 유혹에 이끌려 행하지 않게 된다고 한다. 서양에서든 동양에서든 도덕심을 말할 때, 늘 인간의 허약한 의지를 문제 삼는다. 인문학콘서트(김경동 외 공저. 2010)에서도 의지에 관하여 다루고 있다. 여기서 언급하고 있는 것은 "의지는 아는 것을 행동으로 옮기는 매개 역할을 하는데, 이 의지력이 약하면 유혹에 넘어가죠. 그래서 아리스토텔레스 철학이나 공맹(孔孟) 철학에서 가장 중요하게 여기는 것은 의지를 연마하고 단련해서 강화하여야 한다."는 것을 가르치고 있다는 것이다. 즉 의지를 강화해서 도덕적인 용기를 함양하는 것이 윤리학의 아주 중요한 과제이다. 아리스토텔레스는 어린 시절에 좋은 행위를 습관화하는 것을 의지를 함양하는 데 매우 중요한 요소라고 하였으며 반복적인 훈련을 강조했다. 공자와 맹자는 의지를 함양하는 길은 바로 수양이라고 했다. 유혹이 와도 내가 옳다고 생각하는바 소신대로 당당하게 옳은 길을 갈 수 있도록 하는 것은 의지를 함양함으로써 가능하다는 것이다. 자조론/인격론(새뮤얼 스마일스. 2007)에서도 보면 젊어서 환락(歡樂)에 빠져서는 안 된다고 경고한다. "정신이 줄곧 쾌락에 빠져 있는 것보다 청년에게 더 해로운 일은 없다. 청년의 가장 좋은 기상이 약해지고, 평범한 일에 대한 흥미를 잃으며, 더 높은 차원의 즐거움을 찾고자 하는 의욕이 없어진다. 그리고 해야 할 일이나 인생의 의무와 부딪치면 언제나 회피하고 싫어하게 된다. '쾌락을 추구하는' 사람들은 삶의 힘을 낭비하고 고갈시키며 진정한 행복의 자원을 메마르게 한다. 청춘기를 헛되이 낭비하면 인격이나 지성은 건전한 발전을 이룰 수 없다. ……인생이 어느 단계에서나 극복해야 할 난관이 있으며, 그것을 지나가야 결정적인 성공의 길에 들어설 수 있는 것이다. 실패가 가장 좋은 경험이듯이 인생의 난관(難關)은 우리에게 최고의 스승이다."라고 가르친다. 이러한 의미에서 성공을 위한 삶의 기술은 어렵고 고통스러움을 참아내어 학습에 매진해야 하는데 학습자가 젊은 나이에 환락(歡樂)에 빠져들면 한마디로 말해서 의지가 약해져서 성공은 멀어진다. 즉 쾌락과 의지는 아주 상반되는 의미를 부여한다. 쾌락은 의지를 잠식하는 해독으로 작용하기 때문이다. 이 말은 자녀를 양육하고 있는 부모는 언제나 자신의 마음속에 깊이 새겨두어 자녀의 교육에 적용해야 할 중요한 가르침임에 틀림없다. 일반적으로 의지(意志)가 인간의 마음속에서 생성되는 동기를 생각해 보면 자신의 기대심리가 높은 수준을 요구하는데, 현재 자신이 처(處)해 있는 신분적(身分的)위치가 낮을 경우 목표수준과 현 위치와의 격차가 생기기 마련이다. 이 격차를 줄이기 위하여 노력하려는 마음이나 추진력이 바로 의지이다. 의지는 하고자 하는 의욕의 열정이 응축되어 엉글어 있는 강력한 마음, 그것을 이루기 위한 추진력이다. 한번 더 설명하면 의지는 목표수준에 도달하려는 강력한 의욕과 함께 현재 그 의욕을 실현시키기 위한 에너지이다. 의지는 자신이 원하는 수준에 도달하려는 강력한 일종의 에너지인데, 좀 더 섬세하고 농축되어 있으며 정연하면서도 굳게 다짐하여 세운 마음의 자세이다. 이러한 마음가짐을 갖게 되는 이유는 자신을 둘러싸고 있는 주변 상황이 욕망을 충족시킬 수 있는 상태가 아니고 불만, 즉 욕망을 채워줄 수 있는 여건이 되지 못하고 역기능적인 상태에 놓여있게 됨으로써 현재로서는 자신이 원하는 기대심리를 채워줄 수 없으며, 특히 주변 동료나 지인(知人)으로부터 인간관계상 무시와 모욕, 따돌림, 천대를 받을 경우에 자신의 자존심을 회복하기 위한 열정이 바로 의지로 나타나며, 이때 이 의지는 진의(眞意)를 발휘할 수 있게 된다. 가장 의지를 높이도록 하는 충동성의 자극은 자기의 자존심은 높은데, 앞에 놓여 있는 현실은 굴욕감이 주어져 있을 때이다. 이 때 의지는 굴욕감이라는 외부의 압력을 받는 것과 비례하여 상승된다고 할 수 있다.

의지는 습관, 반복, 수양을 통해서도 함양되겠지만 무엇보다도 어려움을 당하여 고통을 받고 있을 때 비례적으로 의지는 배가(倍加)적으로 나타난다고 할 수 있다. 의지는 쾌락(快樂)과 만족의 반대 개념으로 싹트게 된다. 이와 같이 의지는 자신의 생존에 위협을 받을 수 있도록 삶에 대한 위기가 닥쳐서 고난을 당하게 되면, 자신은 내면을 들여다보게 되며 삶의 구조를 재편성하게 되는 것이다. 이러한 어려운 환경에 처하게 되면 많은 생각을 하게 되고 살아남기 위하여 몸부림치며 재도약의 길을 찾게 된다. 이렇게 하여 삶의 최하위 수준의 바닥에서 상위의 세상을 보게 되면, 또 다른 세계가 열릴 수 있게 되고 인생이라는 의미를 다른 각도에서 재조명하게 된다. 이렇게 되면 아주 고생스런 생활에도 적응을 할 수 있게 되어 앞으로 살아가는 데 자신에게 닥쳐오는 어려운 현실을 헤쳐나갈 수 있는 용기가 생기게 된다. 그러한 체험은 당연히 학습보다도 더 힘든 과정을 겪게 되는데, 이 때 의지는 함양되고 학습의 길은 쉽게 보여서 순조롭게 진행될 것으로 본다. 우리의 자녀들이 학습을 하려는 의욕이 생기지 않는 것은 성공과 실패의 경험이 부족하기도 하고 외부의 유혹이나 유행에 민감하다든지, 이성(異性)에 이끌려 방황하는 데도 원인이 있을 수도 있겠지만, 그보다도 좁은 자신의 사고의 틀에서 깨어나지 못하여 미망(迷妄)의 상태로 베일에 싸이고 덮여 있다는 점에 주목(注目)하지 않으면 안 된다. 이와 같이 머리가 트이지(awakening) 못하고 미(未) 계발(啓發)의 상태라고나 할까? 고생도 해보지 않았고 어떤 자극도 받지 않았으며 새로운 변화도 겪지 못하여 실패나 성공의 맛도 모르며 특별한 희망도 없는 상태에 놓여 있게 되는 것이다. 성장하는 자녀는 다양하고 넓으며 심오한 학문의 세계에 접해야 함에도 그러하지 못하여 아직도 지각(知覺)이 깨어나지 못한 상태에 있을 때 학습의 의욕이 생기지 않게 된다. 학습에 대한 의욕을 생성하도록 하기 위해서는 관련된 학습과 체험을 통하여, 그리고 부모의 지속적인 자극과 열린 환경을 맞이하여 자녀의 눈이 새로운 세계를 볼 수 있도록 하는 각성(覺醒)이 필요하다. 여기에는 반드시 자신이 스스로 이루어내었다는 성취감을 맛보아야 하고, 자신도 열심히 하면 이루어 낼 수 있다는 자신감을 쌓는 것이 중요하다. 앞에도 언급하였지만 의지는 어려운 가운데 그것을 참고 묵묵히 견디면서 자신의 일을 꾸준히 추진해 나가려는 힘이다. 결국 험난한 환경에서 견뎌낼 수 있는 인내력이다.

고난에 처해 위기감이 형성되었을 때

　이 방안은 실제로 학습을 하기 위한 방편으로 자녀에게 적용하기가 쉽지 않다고 본다. 왜냐하면 부모가 현존하고 있는데 어떻게 자녀에게 학습을 잘 하도록 하기 위해서 고난에 처하게 할 수 있으며, 또한 부모로서 어떻게 자녀에게 위기감이 형성하도록 환경을 조성할 수 있느냐 하는 문제가 따르게 되기 때문이다. 이러한 방안은 불가피하게 부모가 갑작스럽게 세상을 떠난다든지, 아니면 이혼을 한다든지, 사업에 실패하든지 하였을 경우를 예상할 수 있는 문제이다. 이러한 문제가 자녀 앞에 갑작스럽게 발생하게 된다면, 즉 이렇게 자녀가 처해졌을 때 자녀는 그야말로 어려운 환경에 노출되게 되는 것이다. 이때 자녀가 어느 정도 성장하여 자립할 수 있는 나이라면 비장한 각오로 변신하여 학업에 임할 수 있지만, 자녀가 아직도 어리다면 더 큰 좌절과 절망에 직면하여 영원히 헤어나지 못하게 될 수도 있을 것이다. 그러나 어쩌면 학습을 해야 하는 청소년이 아직 한 번도 어려움이나 위기에 봉착하지 않고 부모의 그늘과 보호 아래 안일(安逸)과 나태(懶怠)로 자라오면서 학습의 어려움을 극복하지 못하고 겉돌고 있다면 환경을 바꾸어 싸늘한 세상살이의 찬바람을 맞게 하는 것도 정신적인 쇄신(刷新)을 위한 방안이 아닌가 하고 생각되어진다. 성격형성은 어떻게 이루어지나(심리학 총서. 성격심리학. L. A. 젤리, D. J. 지글러. 1983)에서처럼 "건강한 아동과 성인은 끊임없이 긴장을 만들어 내고 있으며, 근본적이며 안전한 수준의 형평성을 넘어서는 길을 계속 가고 있다. 대부분의 사람들이 갈망하는 새로운 경험, 또는 아름답고 쓸모 있는 작품을 창조해 내거나 지식을 획득하려는 우리의 욕망은 긴장-해소의 용어로 설명될 수 없다(allport)."는 것이다. 이 정도로 사랑스런 우리의 자녀 역시 변화와 성장을 원한다면 지속적인 긴장과 직면하게 되고 위기 앞에 모험적인 정신이 있어야 제대로 어려운 학습에의 도전이라는 중요한 동기를 만날 수 있을 것으로 본다. 물론 학습과는 다소 거리가 있기는 하지만 불교 서적인 선방일기(禪房日記)(지허스님. 2011)를 보면 "중생이 고뇌에서 해방되는 것은 엉뚱한 기연(機緣) 때문이다. 불타(佛陀)는 효성(曉星)에 기연하여 대각(大覺)에 이르렀고 원효대사(元曉大師)는 촉루(髑髏, 해골을 접하다)에, 서산대사(西山大師)는 계명(鷄鳴)에 기연하여 견성(見性)했다고 한다. 그러나 인간을 해탈시키는 그 기연이 기적처럼 오는 것이 아니다. 고뇌의 절망적인 상황에 이르러 끝내 좌절하지 않고 고뇌할 때 비로소 기연을 체득하여 해탈하는 것이다. 극악한 고뇌의 절망적인 상황은 틀림없는 평안이다."라고 기록하고 있다. 여기에서 고난을 겪게 된다는 것은 어쩌면 또 다른 새로운 탄생을 의미하기도 하는 것이다. 여러분은 알고 계시는가? 고난(苦難)이 삶에 미치는 영향을! 고난의 귀중한 가치와 의미를 알고 있는가? 고난(苦難)과 유사한 용어로 역경(逆境)이라는 말이 있다. 인간의 삶이란 아이러니컬하게도 역경 속에서 피어난 꽃이 훌륭하며 위대하다. 몸에 병이 없거나 어려운 일이 없거나 역경이 없으면 남을 업신여기기도 하고 남을 우습게 보며 오만한 마음이 생기고 교만하며 게으르고 태만하게 된다. 연(蓮)뿌리는 상처를 주었기 때문에 스스로 생명의 위기를 느끼게 되고 종자의 번식을 위해 다른 해보다 꽃을 더 많이 피운다고 한다. 동물은 물론 식물들도 위기와 고난이 닥쳐야 더 긴장하고 적극적인 자세로 전환하게 된다는 것이다. 이것이 자연의 이치다. 어려움이 없는 삶은 마냥 허구한 날을 헛되게 보내게 된다. 인간은 어려움과 역경, 그리고 고독과 눈물과 함께할 때 진실로 자신의 성장이 이루어지는 것이다. 이러한 상황 속에서 책을 벗 삼아 성장하는 것이 마음이 넓어지고 깊어지며 성장의 길로 나아간다. 길고 먼 인생길에서 보면 역경이 없는 삶이 그 얼마나 소모적인 인생인가를 알게 된다. 그렇다면 여러분은 굳이 역경을 삶의 장애물로 여길 것이 아니라 기회로 삼아야 한다. 고난(苦難)의 사전적 의미는 '사람이 살아가면서 맞닥뜨리게 되는 괴롭고 힘든 일'이다. 새 생명을 얻기 위하여 산모가 분만의 고통을 겪는 것처럼 고난을 겪음으로 인하여 무엇인가를 새롭게 다시 탄생하는 계기가 될 것이다. 고난은 '아픔'이다. 아픔 그대로 있으면 고사(枯死)하고 만다. 피를 걸러내고 신경을 두들겨 각성시켜서 아픔에서 빠져나오도록 변화를 유도해야 한다. 고난은 평소에 유지해 왔던 즐거움과 편안함과는 반대의 개념인 아픔과 괴로움으로 점철(點綴)된다. 이대로 진행되면 파멸에 이르게 된다. 파멸로 가는 상황에서 자신이 살아남으려면 빠져나오는 변화를 시도하지 않으면 안 된다. 자신의 모든 힘을 동원하여 변신을 시도하지 않으면 안 되는 것이 또한 고난의 운명이다. 이것만큼 삶에 있어서 어려움을 동반한 아픔의 문제는 없다. 그래서 위기(危機)라고까지 말한다. 여기에서는 삶과 죽음의 갈림길이 주어지기 때문에 선택의 문제는 삶과 죽음의 문제나 다름없는 것이다. 삶을 선택하지 않으면 안 되는 것이기에 학습에 있어서는 새로운 학습의욕으로의 선택이 있어야 할 것이며, 이게 곧 재탄생이다.

고난(hardship)에 처하게 하는 것은 자연적인 고난일 수도 있고 아니면 인위적으로 조성한 고난일 수도 있다. 하지만 여기서는 학습의욕을 증대시키기 위해서 부모가 자녀에게 과(課)하게 되는 인위적인 한 형태의 교육 과정이라고 보면 될 것이다. 이러한 부모의 행위는 아주 조심스럽게 행해지지 않으면 안 된다. 자녀를 키운다는 것만큼 민감하고 세심하게 주의를 요하는 부분은 없을 것이다. 이 대목을 적용시키기 위해서는 자녀의 생활과 습관이 안일과 나태로 일관된 경우로, 이것이 원인이 되어 학업에 정면으로 도전하지 못하고 겉도는 경우에 적용해 볼 수 있는 부모의 처방이라고 생각해 볼 수 있다. 이 처방은 심사숙고한 끝에 내려야 한다. 이렇게 하기 위해서는 물리적으로 환경이 바꾸어져야 한다. 예를 든다면 먼 곳으로 전학을 시킨다든지, 되도록이면 어떤 친구들과 격리시킨다든지, 한적한 시골에서 복잡한 도시로 이사를 간다든지, 경제적으로 지원을 끊으면서 궁핍한 생활에 젖어보도록 한다든지, 부모가 종교에 귀의함으로써 부모의 태도를 완전히 바꾸어보도록 한다든지 하여 자녀의 생각을 일신(一新)하도록 하는 것이다. 실제적으로는 쉽지 않은 문제라고 생각한다. 자연적인 고난 같으면 부모의 사별이나 이혼, 가정파탄이나 경제적인 쇠퇴 등을 들 수 있을 것이지만 이러한 일은 생각할 수도 없는 일이고 보면, 아무튼 인위적으로 자녀에게 고난을 겪게 하는 일 역시 쉬운 일이 아니다.

자녀가 학습을 하지 않는다고 하여 그 자녀가 눈치가 없고 머리가 안 돌아가는 것은 아니다. 학습만 하지 않을 뿐 다른 머리는 더 빠르게 눈치 채고 나름대로 방안을 강구할 수 있기 때문에, 만약에 자녀가 자신의 부모의 태도가 의도적으로 자신을 궁지에 몰아넣는다고 생각하게 되면 학습의욕의 증대와는 반대로 반감(反感)을 가질 수 있기 때문에 은밀하면서 조심스럽게 행해야 할 문제이다. 이렇게 부모가 자녀에게 변화를 주기 위해서는 부모의 예리한 예측력이 있어야 가능하며 무리하게 접근해서는 안 될 것이다. 자녀들은 늦은 면이 있지만 나이가 들면 자연적으로 철(wisdom)이 들어 깨우치게 되는데 부모의 그릇된 판단으로 조급하게 서둘다가 잘못하면 오히려 자녀 성장에 더 방해가 될 수 있기 때문이다. 특히 졸업장이나 주요한 자격증을 획득하여야 하는 중요한 시기에는 갑작스럽게 변화를 주기보다는 현 상태를 유지하며 참고 견디는 것이 희망하는바 그 목적을 달성하는데 도움이 되지 않을까 하고 생각을 해보기도 한다. 자녀들이 오늘에 처한 문제는 현재에 잘못된 것이 아니고 오래된 과거의 타성에서부터 잘못된 결과가 오늘에 나타나는 것이니, 지금 당장 끊고 맺으려는 급한 마음은 오히려 더 위험에 당면할 수 있게 된다. 특히 사춘기에 접어든 자녀들은 안으로 바른 생각을 하면서도 겉으로 그것을 바르게 표현하지 않고 바르지 못한 것처럼 행동을 보이는 경우가 있으니, 부모들은 자녀의 행동에 민감한 반응을 하여 정확한 판단을 하지 못하는 경우가 있는데, 사실은 자녀가 겉으로는 반항적인 행동은 하지만 내면으로는 자녀 자신도 자신의 태도가 어떤 점이 잘못이고 어떤 점이 참된 것인지 알고 있다고 하겠다. 오직 자녀 스스로 갑작스럽게 마음의 자세를 바꾸기 힘들 뿐이다. 그러니 자녀의 겉으로 들어난 행동을 보고 쉽게 포기하지 말고 조그마한 가르침이라도 소홀히 하지 않으면서 세심한 부분까지 신경을 써서 인내하는 부모의 자세가 필요하다. 특히 자녀가 사춘기 전 초등학교 다닐 때나 유치원과정에서부터 부모의 가르침과 주위 사람들의 영향을 받아들여서, 그 다음인 사춘기에는 그 영향이 크게 작용한다는 것을 알고 어릴 때에 잘못된 생각이나 행동을 바르게 고쳐주어야 한다. 이렇게 자녀가 어릴 때 가정의 부모교육이 자녀성장에 지대한 영향을 미친다는 것을 항상 염두에 두고 자녀교육에 임해야 할 것이다. 그런가 하면 부모의 입장에서 또 다른 자녀교육적인 측면을 볼 때 모험을 마냥 두려운 것으로 볼 것만도 아니다. 어차피 인생이란 언제나 모험(adventure)이 따르기 마련이다. 이 모험이 있는 곳에 기회(機會)가 주어지고 성장과 발전이 함께하는 것이다. 모험이 없는 곳은 안전하기는 하지만 성장이나 발전을 기하기 어렵고 또한 기회도 얻기 힘들다. 언제나 성장과 발전을 위해서는 모험을 두려워만 할 것이 아니라 운명처럼 받아들여야 하는 자세가 필요할 때도 있다. 물론 모험을 감수(感受)하기 위해서는 안전할 수 있도록 사전 조치도 필요하리라 본다. 특히 성장하는 자녀가 위험을 감수하여야 하는 모험의 경우에는 부모들의 철저한 사전 준비가 있어야 할 것은 말할 것도 없다. 이와 같은 맥락에서 자녀가 고난에 처(處)하여 위기감이 형성되었을 때 보통 자녀들은 자신의 심경(心境)에 있어서 변화의 움직임이 싹튼다. 이 변화의 움직임이란 자신이 처(處)해 있는 상태가 어떤 고통이 직접 자기에게 주어지기 때문에 자신도 모르게 불안해하며 정신을 곤두세우고 왜 이렇게 되느냐라는 의문과 함께 신경을 쓰지 않을 수 없게 된다. 그래서 어쩌면 성장하는 자녀에게 때로는 자극과 변화를 유도하기 위해 고난에 처하게 할 수 있는 것이다. 똑같은 환경에서 성장하다 보면 언제나 세상은 이대로 흘러가리라고 생각하며 고정관념으로 안일(安逸)하게 학창시절을 보낼 수 있으며, 특히 부모들의 우유부단한 행동은 오히려 자녀 성장에 좋지 못한 악(惡)영향을 미칠 수 있게 된다. 환경적 변화 중에서도 고난에 처하게 되는 경우 자녀들에게는 상당히 부담이 주어지는 위험한 경지에 놓이게 되는 것이다. 그러나 이 고난의 위기를 극복하고 나면 아주 강한 힘이 생겨서 어려운 상황을 만나더라도 좌절하지 않고 인내하며 자신의 길을 개척할 수 있게 된다. 내가 평소부터 알고 있으며 존경하는 한 분이 있었다. 이 분은 중학교 교장선생님 출신으로 내보다 나이가 열세 살 많으신 분이다. 거의 40년간 교편을 잡고 퇴직하신 분이라 학교와 학생들에 관해서는 그 특성을 잘 알고 계셨다. 그 분은 나에게 늘 하시는 말씀이 자녀 교육에는 두 가지 길이 있다는 것이다. 하나는 꼭 공부를 잘한다고 잘 사는 것이 아니고 남자 아이는 결혼을 잘하여 옳은 여자를 만나면 잘 살게 된다는 말씀이고, 다른 하나는 가장 좋은 교육은 자녀가 고생을 해보아야 스스로 느끼게 된다는 철학이었다. 이 두 가지 말씀은 평소에 입버릇처럼 교육이야기가 나오면 그 분의 입에서 자연스럽게 흘러나왔다. 여기서 말하는 고생은 실질적인 고생을 해보는 것으로서 억지로라도 고생을 해보는 것이 인생수업에서 대단히 중요한 교육이 된다는 것이다. 아무튼 쉽지 않겠지만 자녀가 고생을 해보도록 하는 것은 부모의 선택문제로 자녀가 일찍이 고생을 해보는 것만큼 중요한 인생 공부는 없을 것으로 생각이 든다. 특히 아버지의 친구나 친척분들이 경영하는 회사에서 방학기간을 이용하여 아르바이트를 하면서 돈을 벌여보는 것도 좋은 삶의 경험이 아니겠는가 하고 생각을 해본다. 자녀교육 문제는 이러나 저러나 결국은 부모의 뼈대 있는 가르침이라는 생각이 든다. 평소에 부모의 정신자세가 그대로 자녀라는 거울에 비친 자신의 모습일 것이기 때문에 자녀는 부모의 정신력을 닮지 않을 수 없다는 결론에 이른다. 자녀에게 고난의 위기감이 조성되었을 때 바른 학습의 길로 선회하느냐 하지 않느냐 하는 문제는 바로 부모로부터 평소에 배운 정신력이 그대로 반영될 것이라고 본다.

적성과 능력에 합당한 목표를 설정하라

자녀 교육에 있어서 어려운 점은 자녀의 미래를 위한 명확한 목표를 세우기가 쉽지 않은 점이다. 부모는 자녀의 미래와 진로문제에 있어서 처음에는 광범위한 선택의 문(門)을 열어두고 탐색하는 과정으로서 언제나 변동의 가능성을 생각하며 접근하여야 할 것이다. 물론 일찍부터 전공분야를 정하여 놓고 그 분야에 집중적으로 노력하는 것이 좋은 방법이겠지만 그것이 그렇게 쉽지 않기 때문이다. 특히 중학교 이전시기에 있어서는 더 그렇다고 생각된다. 그러니 확실한 것이 아니라면 꼭 이것이 전공분야라고 일찍부터 못을 박고 정(定)하지 않는 것이 좋다. 처음 학습에 입문하는 시기에는 어떤 과목이든 학문의 세계에 진입하도록 여기에 정열을 쏟도록 하는 것이 중요하다. 자녀의 에너지가 학습이외의 나쁜 방향(非行)으로 누전(漏電)되는 일이 없도록 하여 어릴 때부터 정신적인 에너지가 학습에 이용되어 저쪽 세계가 아닌 이쪽 학문의 세계에 머물도록 하는 것이 최우선 과제이다. 그렇게 하려면 사전에 나쁜 습관에 물들지 않고 학습에 흥미를 갖도록 유도하여야 한다. 처음부터 학습에 있어서 어려운 부분에 접근하는 것보다는 접근이 용이한 중간단계의 과정이 필요하기도 하다. 그러니 쉬운 것부터 찾아서 자녀가 어려움을 느끼지 않도록 하는 것이 현명한 방법일 것이다. 처음부터 무거운 짐을 지우지 말고 능력에 맞추어 항상 즐겁게 마무리되도록 간단하고 명료한 과제를 선택하여 이수하도록 하는 것이 좋다. 산수 같으면 한 단원 속의 간단하고 쉬운 문제부터 한 문제씩 구분지어 공략하도록 한다. 자녀가 확실히 학문의 세계에 진입하여 학습에 뜻을 갖고 적극적인 자세로 임할 수 있도록 하는 데 최선을 다해야 한다. 여기서 고등학생 정도가 되면 이때는 자신의 적성에 맞는 목표가 명확히 서 있는 것이 좋다. 이때 목표가 명확하다는 의미는 모든 주변상황이 어두워 방향감각도 없고 보이지도 않는 혼미한 상태인데 새벽하늘에 비추어지는 금성(金星)[31]처럼 선명하고 뚜렷하게 정체가 나타나는 것을 말한다. 이와 같이 목표가 명확하게 보여야 길을 헤매는 우리의 자녀들이 방향을 제대로 알고 그 길을 갈 수 있을 것이기 때문이다. 여기에는 적성에 있어서 적합성이 대두되지 않으면 안 된다. 방향은 알았지만 자신의 힘과 능력으로 해 낼 수 있을지를 가늠해 보아야 한다. 그래서 적성과 적합성 문제를 운운하는 것이다. 이러한 과정들을 통하여 먼저 자녀가 평소에 관심 있는 과목, 즉 좋아하는 과목을 찾아서 그 과목부터 학습에 즐거움을 갖도록 한다. 이때 뭐가 꼭 자녀의 적성이라고 하기보다는 한 과목 중에서도 좋아하는 한 단원을 찾는 데 주력한다. 그렇게 함으로써 일단은 자녀의 생각들이 처음에는 학습에 자신감을 갖도록 하는 것이 중요하다. 이때 학습을 함께할 수 있는 친한 동료가 있는

---

31) 금성은 태양계의 두 번째 행성으로 공전주기 224.7일이다. 저녁에 보이는 별은 '개밥바라기' '태백성'등으로 불리며, 새벽에 보이는 별은 '샛별' '계명성' 등으로도 불린다. 해뜨기 전에는 동쪽하늘에 해진 후에는 서쪽하늘에서 뚜렷하게 보인다. 그러니 이 별은 방향을 확실하게 제시하는 별이다.

것도 좋은 방편이다. 왜냐하면 학습하는 친구를 사귄다는 것은 학문의 세계에 더 가까이 접근하는 데 용이하기 때문이다. 앞으로의 자녀에게 있어서 전공분야 선택의 문제는 특별한 경우가 아니면 고등학교에 진학하고부터 점차적으로 접근하게 될 것이며, 초·중학교 시절에는 언제나 변화될 수 있는 가능성을 항상 열어 두고 있어야 한다. 처음에는 자녀에게 학습을 방해하는 요소를 차단하는 데 주력한다. 자녀의 생각의 움직임을 파악하여 적절히 욕구문제를 충족할 것은 충족하되 관심과 흥미를 발견하고, 그 쪽으로 유도하여 학문의 세계로 진입하는 것이 우선문제이다. 학습을 하는 과정에서 초등학교 과정에서나 중등학교 과정은 모든 학과를 배워야 한다는 것에 기준을 둔다. 현재까지의 학습 방법은 중등학교 때까지 이루어져야 할 입문의 과정이라고 할 수 있다. 그러나 특히 중등학교에 진학하였는데도 진정으로 학습에 도전하지 못하고 겉도는 자녀들은 대부분 정신집중이 되지 않고 성실한 면도 부족하며 인내력도 모자란다. 그리고 학습하려는 의욕이 없으며 생각의 세계가 짧으며 어려운 과제나 문제를 피하려고 한다. 그 중에서도 이들은 학습하는 방법을 모르며 학업에 충실하지 못해서 현재까지 쌓아온 기초실력이 부족한 편이다. 이 시기에는 무엇보다도 중요한 것은 어떠한 일이 있어도 부모와 자녀 사이에 신뢰가 무너지지 않도록 항상 온화하면서 부드럽고 때로는 부모는 물러서고 양보하며 오래 인내하는 정신력이 필요하다. 그리고 다른 또래아이들과 같지 않다는 점을 적용하여 자신의 자녀가 어떤 과목에서는 아직도 다른 학생에 비하여 잘할 수 있다는 가능성을 알도록 깨우쳐 준다. 자녀의 장점과 단점을 인식시키면서 이 중에서 유리한 점을 부각시켜 자포자기(自暴自棄)하지 않도록 희망을 주어야 한다. 이러한 시기에 부모가 반드시 알아야 할 것은 자기 자녀 역시 방황과 시행착오를 할 수 있다는 점이다. 이렇게 긴박하고 절박한 시기이지만 시간이 거꾸로 흘러가야 하는, 즉 흙탕물이 흐르는 역류의 강을 건너서 암울한 터널을 빠져나와야만 한다. 오랜 기다림과 처절하기도 한 인내의 시간이 필요한 것이다. 학습을 게을리하는 자녀에게 있어서 이러한 시기가 언제인가는 몰라도 오게 된다는 것은 기정(旣定) 사실이기 때문이다. 태평양 한 가운데에서 고래사냥을 할 때 낚시의 바늘이 고래의 목구멍에 걸렸는데도 한 없이 고래가 도망쳐 가도록 낚시 줄을 풀어줄어야 하는 시기와도 다르지 않다. 자녀에게 적합하고 현실적으로 실현 가능한 작은 목표를 찾아서 도전하도록 하여야 한다. 부모는 일찍부터 조기에 자녀의 진로를 생각하고 취미 있는 분야와 가능성을 발견하여 자녀가 자발적으로 이 분야에 대하여 학습을 할 수 있고, 서서히 지각(知覺)이 열리고 깨닫도록 미리부터 준비하는 것이 최우선 과제이다. 이것이 그렇게 쉽게 이루어지지 않을 것이다. 이때는 또한 항상 앞으로 자녀의 진로는 변경될 수 있다는 생각을 가지고 조금씩 조금씩 자녀의 변화를 관찰하며 학습에 임하도록 한다. 되도록이면 자녀에게 학습하여야 할 과제를 자신이 선택하도록 하는 것도 좋을 것이다. 또한 계획이 이루어졌을 때 돌아오는 좋은 결과에 대하여도 기대를 가져보면서 조목 조목 목표점에 도달할 수 있는 과정도 자녀에게 설명하여야 한다. 여기서 가장 중요한 문제는 자녀가 어떠한 분야에 취미가 있다는 것을 발견하는 것이다. 이것이 발견되고 나면 학습에 이 분야를 적극적으로 적용하여야 한다. 그렇게 하여 점점 더 품격 있고 심화된 양질의 교육을 투입하여야 할 것이다. 그래도 자녀의 태도변화가 보이지 않는다면 물론 자녀의 타고난 기질적인 문제도 있겠지만 부모 자신에게 문제가 있다는 것을 한번 더 생각하고 진정한 반성이 이루어져야 할 것이다. 왜냐하면 고등학생이 되었을 때는 문제는 다르게 나타난다. 즉 자기 적성을 파악하여야하고 학습목표가 명확하여야 할 것이기 때문이다. 이렇게 되어야 자녀는 분명한 태도로 학습에 임하게 될 것이다. 그렇게 하여 취미와 적성이 명확하게 드러나면 이때부터는 뚜렷한 목표의식을 갖고 학습에 임하도록 하는 것이 바람직한 일이다. 왜 그러냐 하면 취미와 적성, 능력을 알고 목표가 명확할 때 학습에 따른 부담과 실수가 적어지기 때문이다. 처음에는 오직 부모의 관심과 노력이 필요하다고 하겠다. 자녀의 어린 시절인 유아기(1.6~3세) 때부터 행동을 유심히 관찰하면서 미래에 있어서 성장 가능성을 지속적으로 탐색하여야 한다. 성장하는 자녀는 하루가 다르게 변화하므로 언제나 유동성을 가지고 미래를 열어 가며 변화 가능성에 초점을 맞추어야 할 것이다. 그렇다면 자녀의 소질을 파악하기 위하여 어떻게 하여야 하는가? 첫째 자녀의 좋아하는 과목부터 생각해 보아야 한다. 항상 자녀가 좋아하는 분야와 싫어하는 분야를 알고 자녀의 취미, 관심, 적성, 능력을 파악하여야 한다. 어떤 한 분야가 취미와 연결되고 취미가 적성으로 연결되며, 다음에는 흥미와 관심분야가 되어 전공을 정하게 되기 때문이다. 이와 같은 문제를 발견하기 위해서는 언제나 자녀가 좋아하는 분야를 주의 깊게 관찰하여 취미와 적성을 찾아야 할 것이다. 부모나 선조, 형제자매들의 유전적인 문제와 관련시켜 연관성을 찾아보는 것도 좋은 하나의 방법이다. 부모와 형제들의 유전적인 소질은 거의 닮는다고 할 수 있다. 둘째 자녀의 성장요인으로서 육체와 정신적 조건, 성격 등을 고려해야 한다. 즉 뚜렷한 목표를 갖기 위해서는 제일 먼저 그 자녀의 건강상태를 늘 점검하면서 앞으로 어떤 직업을 갖는 데 가장 적합할 것인지 부모의 혜안이 있어야 할 것이다. 예를 든다면 자녀의 건강이 연약하고 체격이 왜소하다면 운동선수로서의 성장은 적합하지 않으며, 오히려 음악이나 예술방면이 더 옳을 것이라는 결론이 나오는 것과 같은 문제이기 때문이다. 또한 성신적으로 참을성을 갖춘 자녀라면 학문의 길로 나아가는 것이 바람직하지 않을까 생각도 할 수 있다. 여기에는 성격의 영향이 크게 작용하리라 본다. 왜냐하면 성격은 변화시키고 고치기 힘들기 때문에 아주 조급한 성격이라든지 느린 성격이라면 중요한 일을 하는 데 그렇게 알맞다고 할 수 없을 것이다. 사교성이 뛰어난 성격이면 세일즈맨으로 적합할 수도 있고 외향적이라면 대인관계를 필요로 하는 직업을 구하는 학과를 선택하는 것이 알맞지 않을까 생각도 해보게 된다. 셋째 자녀의 가정환경을 빼놓을 수 없다. 여기에는 부모님의 교육수준, 경제적인 능력, 사회적인 지위 등도 고려하여야 한다. 만약에 자녀를 전문직에 종사하도록 학업을 계속시켜야 한다면 부모의 교육수준이나 경제적인 능력이 중요하다. 여기에는 부모의 폭넓은 지식과 미래를 내다 볼 수 있는 예측력이 필요하며, 또한 세밀한 부모교육이 따라야 하며 자녀의 학업에 아무런 부담이 되지 않는 경제력이 뒷받침되어야 한다. 비록 자녀가 지능과 실력이 있다고 해도 가정의 경제적인 형편이 너무 어려우면 충분한 뒷바라지를 할 수 없다. 자녀의 교육에 장애요소로 작용하기 때문이다. 특히 운동이나 예술 쪽으로 성장을 시키려 해도 경제력이 부족하면 그 쪽 분야의 선택은 힘들지 않을 수 없다. 넷째 자녀의 성장과정에 있어서 자녀의 적성이나 능력을 조기에 파악하기 위해서는 부모는 자녀와 함께 견학, 여행, 독서, 각종 예술분야의 발표 및 전시회에 참석하여 자녀의 관심과 행동을 지켜보아야 한다. 어느 분야에 자녀가 관심을 보이며 흥미를 느끼고 열정을 갖는지 관찰을 하고 가설(假說)을 세우고 평가를 하며 분석을 하여 자녀로부터 어떤 동기를 유발하도록 하여야 하기 때문이다. 다섯째 성장에 따른 시대적 배경과 국제정세의 변화, 미래에 대한 예측성 등을 파악하여 앞으로 자녀가 직업을 구함에 있어 사회적으로 긴요하게 필요로 하는 분야를 선택하여야 한다. 여기에 따른 대책으로는 독서를 통하여 많은 지식을 획득하여야 하며, 많은 여행을 함으로써 견문을 넓히고 훌륭한 사람들과 인맥을 유지함으로써 자신이 필요로 하는 정보를 수집 가능하리라 본다. 이와 같이 자녀의 올바른 성장과 참된 교육을 위하여 부모가 노력할 때 자녀는 뚜렷한 목표의식을 갖는 데 한 층 가까이 접근하리라 본다. 하지만 보통 자녀의 직업은 아버지의 직업을 계승하여 물려받는 쪽이 유리한 면이 한두 가지가 아니다. 그러하지 못한 경우에는 일찍부터 자녀의 직업을 선택하기 위한 자녀 학습의 목표를 잘 세우지 않으면 안 된다. 그리고 특별한 경우가 아니면 한번 목표를 정했다고 영원히 변함없이 그대로 추진하게 되는 것이 아니라, 언제나 그 목표는 변화하고 조정할 수 있다는 점을 알고 차선책(次善策) 등도 생각하면서 자녀 교육에 임해야 하리라 본다. 자녀가 학습에 자신감을 갖지 못하고 방황할 때는 무엇보다도 부모는 자녀의 적성을 정확히 파악하고 앞으로의 진로에 대하여 명확한 목표를 설정해 주는 것이 바람직하다고 본다.

자녀가 부모를 신뢰하여야 한다

　부부의 마음이 서로 엇갈리면 자녀는 부모를 신뢰할 수 없다. 부부
가 서로 화합(和合)하고 상대방을 존경하면서 사랑을 하게 되면, 자녀
는 저절로 그 기운의 힘으로 바르게 성장하게 되며 이것이 학습으로
연결되게 된다. 그러면 그 가정은 따뜻한 가정이 되고 부모의 긍정적
이고 적극적인 기운이 자녀에게 전해진다. 이때 자녀가 방황하는 듯
보이지만 자신의 가정만큼 좋은 곳이 없다는 것을 알게 되고 자신의
부모를 신뢰하게 된다. 이때 부부는 반드시 진실한 마음으로 열심히
살아가야 한다. 이렇게 부부가 다정다감하게 살아가야 자녀는 부모
를 더더욱 신뢰하게 되는 것이다. 여기에 가식과 허위가 존재한다면
자녀는 거짓을 배우게 되고 가정을 떠나 거리를 배회하게 될 수도 있
을 것이다. 부모가 진실로 성실히 살아갈 때 자녀는 바르게 성장하게
된다. 그리고 자녀는 부모의 지시를 받고 따르게 된다. 부부의 마음
이 하나로 되면 자녀에게 확고한 믿음이 전(傳)해진다. 특히 어머니는
아버지의 말에 순종하여야 하고 아버지는 어머니에게 자상하게 대하
여 자유스럽게 여유를 주어야 한다. 이러한 부모슬하에 있는 자녀는

믿음과 창조정신이 싹트게 된다.

부부의 결속력은 자녀의 자주성, 의지력을 생기게 하고 경쟁력을 증대시키며 무엇인가 하고자 하는 의욕을 싹트게 한다. 가정이 자유스러우면 마음이 살아 움직이고 삶의 활력이 긍정적으로 일어난다. 또한 부부사이의 화합은 자녀에게 중용의 의미를 배우도록 한다. 한쪽으로 치우치지 않으며 양편 모두를 오가면서 중간 과정의 의미를 알게 된다. 이것은 장차 자녀가 이기주의자로 성장하는 것이 아니고 이해심이 많은 자녀로 자라게 한다. 부모로부터 양질의 사랑이라는 영양을 섭취하게 되어 자녀는 무럭무럭 자라게 될 것이다.

화합(和合)의 사전적 의미는 '화목하여 합(合)하는 것'이다. 화목(和睦)은 서로인 부부가 뜻이 맞아 정답고 평화를 유지하는 것이다. 부부가 뜻이 맞아 정답게 되려면 자신의 고집과 이기심을 극복하고 잠재워야 하며 상대방의 뜻을 따르게 됨으로써 가능하게 된다. 즉 자기 자신의 절반 부분을 포기하고 상대편의 절반부분을 수용함으로써 가능하게 되는데 흰색과 검정색이 회색으로 변화되는 과정이 있어야 한다. 이 과정이 그렇게 쉬운 과정이 아니다. 여기에는 상대방을 위한 양보는 물론, 자신의 틀에서 나와 또 다른 세계에 대한 진입이 필요하다. 이러한 부모의 영향을 받은 자녀는 이와 같은 변화가 자신의 학습의 세계에서도 나타날 수 있게 되는 것이다. 인간이 삶을 살아가는 데 있어서도 남과 화목하게 지내는 것만큼 가치 있는 삶은 없다. 그 정도로 남과 화목하게 된다는 것은 삶에 있어서 귀중한 덕독이다. 결국 학습에 있어서도 화목에 대한 그 가치를 발휘하게 되는 것이다. 왜냐하면 부모의 화합 속에 자녀는 안정심을 찾아 자유와 창조의 정신을 획득할 수 있기 때문이다.

부부 또한 가정을 꾸려나갈 때는 저마다 때로는 복잡하고 어려운 상황과 만나게 된다. 이때 부부는 서로 의지하기도 하고 위로하기도 하며, 때로는 서로가 희망을 주기도 하고 개별로 가사를 분담하기도 하면서 어려움을 개척해 나간다. 특히 참고 견디면서 자신의 의무와 책임을 다하며 살아가게 된다. 이것은 자녀에게 그야말로 중요한 교육적인 의미를 갖게 하는 것이다. 이러한 기회는 자신의 가정이 아니라면 배우고 느낄 수 없는 소중한 교육이 된다. 삶은 고통과 즐거움이 언제나 함께한다는 것을 자녀에게 보여주는 것이다. 자녀에게는 이러한 행위들이 훌륭한 본보기의 교육이 된다. 예를 든다면 텔레비전 안에는 각종 부속품이 있는데 이들은 저마다 기능을 하여야 영상을 만들어 내듯이, 우리 인간의 내면에 있는 복잡한 마음이라는 구조물이 얽히고설키어 텔레비전의 부속품처럼 작용하면서 삶의 과정들이 형성되고 원만한 가정이 이루어지게 된다는 것을 자녀들은 자연스럽게 배우게 된다. 이러한 행위의 과정들이 곧 자녀들을 올바르게 성장하게 하며 학습 또한 복잡하고 어려운 과정을 겪으며 진행된다는 것을 차츰 알게 되는 것이다.

　자녀를 키운다는 것, 즉 자녀가 성장한다는 것은 정말 복잡한 문제들이 주어지는 가운데 변화해 가는 과정이다. 미묘한 작용들이 서로 역학적으로 균형을 이루며 앞으로 나아가는 것이 성장의 과정이다. 어쩌면 일직선으로 자라는 것이 아니라 얽히기도 하고 설키기도 하면서 진행되는 과정이라고 본다. 이러한 형태의 복잡하고 미세한 부분들이 맞물려 돌아가면서 제각기 저마다의 작용과 구실을 다하는 것이 자녀를 성장시키는 역할을 하게 하는 것이다. 이러한 과정들이 가정에서 이루어져야 한다. 자녀가 성장하는 데 있어서 가정만큼 중요한 교육의 장(場)은 없다고 하겠다. 물론 앞의 장(障)에서 가정의 중요성을 언급하였지만 삶의 터전인 가정은 가족들이 사회생활을 통하여 지치고 상처받은 육체와 정신을 회복시켜주는 치유(治癒)의 장소(場所)이며, 또한 서로가 사랑을 나누는 보금자리이기도 하고, 부모가 자녀의 교육을 시키는 교육의 전당인 동시에 가족구성원의 저마다 꿈을 이루어가는 소규모의 사회적인 집단이기도 한 것이다. 물론 훌륭한 가정에서도 드물게는 비행청소년이 길러지기도 한다. 그것은 환경적인 탓으로는 친구를 잘못 사귀어서 탈선을 하는 경우도 있을 것이고, 또한 유전적인 소질, 즉 한 예로서 알코올 중독성 유전인자를 지니고 태어난 자녀가 어릴 때는 유복(有福)하게 성장하지만, 늙어서 불행하게도 알코올 중독자가 되는 경우처럼 어쩔 수 없는 일이 생기는 경우도 있을 것이다. 대체로 훌륭한 가정에서 자란 자녀가 착하고 훌륭하게 자랄 확률이 높다. 특히 사춘기에 접어든 자녀가 가정이 원만하고 단란할 때 그 자녀는 가정을 떠나 바깥으로 나가는 사례가 드물다. 안락하고 편안한 가정생활이 자신에게 더 없는 귀중한 삶의 전당(殿堂)이기 때문이다. 혹간 순간적인 잘못된 생각에서 친구들과 가출을 했다고 하더라도 얼마 지나지 않아서 가정을 돌아올 것이다.

특히 부부가 진실한 사랑으로 이루어진 가정은 그 이상 가정이 탄탄할 수가 없다. 가족끼리의 내부를 향한 결속력의 강도는 파괴될 수 없을 정도로 강하다. 자녀의 측면에서 볼 때 아버지 어머니가 서로 사랑하며 가정을 꾸려나갈 때 자녀는 그 이상 부모님께 바랄 것이 없을 것이다. 자녀가 부모를 신뢰하게 된다면 자녀는 부모의 기대에 부응하고자 노력 할 것이기 때문이다. 이때 부모는 자녀에게 자신의 요구사항이 100퍼센트 받아들여지리라는 것을 알게 된다. 부모 역시 자녀에게 자신의 욕구를 충족하기 위하여 무리하게 요구하지도 않으며 주어진 환경에서 최대한 자율적으로 노력하도록 지켜 볼 것이다. 자녀 역시 부모가 자기를 강압적으로 요구하지 않을 것으로 믿는다.

자녀는 자신에 대한 부모의 가르침이 가장 훌륭하며 자신을 위하는 길이라는 것을 깨닫게 된다. 자녀는 실패를 두려워하지 않고 안정감 속에서 자신의 노력을 다하게 될 것이며, 자녀는 여유 있게 차분히 자기의 길을 묵묵히 갈 수 있을 것으로 본다. 이와 같은 결론이 나오는 것은 가족이 하나로 결속되어 같은 방향으로 힘을 모아주기 때문이다. 즉 따뜻한 태양과 맑은 공기가 주어지고 알맞은 토양이 제공되면 식물은 봄날을 맞이한 듯이 자연스럽게 성장하는 것과 같은 원리라고 생각되어진다.

이와 같은 환경에서는 자녀의 태도가 갑작스럽게 변화하지 않으며 눈에 보이지 않게 서서히 좋은 방향으로 성장하게 된다. 이유는 부부가 사랑하며 화목한 가정에서 자라난 자녀는 태어나면서부터 현재까지 긍정적인 모습만 보아왔고, 현재까지 옳은 방향으로만 성장하여 왔기 때문에, 특별한 환경적인 변화가 없다면 현재의 성장방향으로 지속적으로 발달되어 나아가기 때문이리라 믿어진다. 물론 자녀들의 성장과정에서 때로는 역기능적인 환경을 만날 수도 있고 역경에 처해지기도 하겠지만 부모가 살아가는 방식대로 곧 정상적인 성장의 궤도에 진입하게 될 것이다. 여기에는 어느 정도 자녀의 능력이 요구되기도 하지만 부부 사랑의 상승적 효과에 의해서 그 이상의 발전이 기대되기도 한다. 예를 든다면 한 가정에 자녀가 있다고 하자. 그 자녀가 평소에 그렇게 실력이 있는 것도 아니고 특별히 학급에서 두각을 나타내는 것도 아니었는데, 어느 날 어려운 시험에 합격을 하여 앞길이 환하게 열리는 경우를 우리는 흔히 보아왔다. 이러한 경우가 보통 가정이 하나로 화합하여 자녀가 부모를 신뢰하는 가정의 자녀에게서 나타나는 현상이라고 생각한다. 이와 같은 결론은 부모가 서로 사랑하여 단란한 가정이 이루어져 자연히 그 가정의 자녀가 꾸준히 노력하게 되고, 또 그렇게 실력이 쌓여서 이루어지는 현상이라고 생각해 본다. 그러니 따뜻한 가정만큼 자녀 성장에 중요한 성장환경은 없다고 생각된다. 이와 같이 자녀가 올바르게 성장하는 데는 부부의 화합이 중요하다. 반드시 여기에는 진실하고 성실하게 살아가는 부모의 자세가 있어야 한다. 왜냐하면 자녀는 자신의 부모가 열심히 살아가는 모습을 직접 옆에서 피부로 느낄 때 자신도 그 자세를 보고 배우게 되어 자연히 올바르게 노력하기 때문이라고 생각된다.

자녀의 독립심을 키워라

　부모로서 자녀교육에 있어서 성공은 자녀는 부모가 이 세상에 존재하지 않아도 스스로 자립하여 홀로 묵묵히 살아갈 수 있을 때이다. 이것은 자녀가 독립심이 길러졌을 때 가능한 일이다. 자녀를 부모로부터 독립시킨다는 것은 이들의 성장에 있어서 대단히 중요한 일이 아닐 수 없다. 이것은 자립을 의미하기 때문이다. 자립은 성장에 있어서 아주 서서히 이루어진다. 부모가 때로는 보호해주면서, 그리고 자녀의 자생력을 키우면서 점차적으로 부모로부터 독립시켜야 한다. 독립하는 개체는 차가운 세상에 자신만이 홀로 살아갈 수 있도록 어려움을 감내할 수 있어야 한다. 즉 자립한다는 것은 새로운 화학적인 변화가 시작되는 것이다. 자신의 몸속에는 새로운 생명력이라는 원형질이 생성되어져야 하며, 식물 같으면 환경에 적응할 수 있는 새로운 뿌리의 생장점을 만들어 내어야 한다. 뿌리의 생장점에는 골무라는 조직이 생겨 척박한 토양에서도 뿌리 성장의 원기를 보호하면서 아래로 침투할 수 있도록 새롭게 세포의 수가 양적으로 치밀하게 증대하여야 한다.

그렇게 하여 독립된 개체는 자신에게 주어진 유전인자의 본래의 모습과 기능을 충분히 발휘하면서 살아가게 된다. 한 개체가 독립한다는 것은 영양을 섭취하여 새로운 기운을 받아 외부세계에 적응하며 스스로 살아가는 것을 말한다. 제2의 새로운 탄생은 변화를 수용한다는 것이고, 이것은 고통을 이겨내기 위해 인내한다는 의미이기도 한 것이다. 내부적인 화학변화를 일으키기 위해서 외부적으로 물리적인 압박이 어느 정도 가(加)해져야 한다. 그래서 또 다른 새로운 생체구조를 만드는 것이다. 이러한 과정은 부모의 정신력이 자녀에게 이전되어지는 과정에서 이루어지는 것이다. 어떤 정신력을 심어주느냐가 관건(關鍵)이다. 이것은 자연의 원리에 입각하여 섭리에 순응하는 자세로, 우리 인간에게도 삶의 법칙을 적용시켜 서서히 독립시키는 과정을 밟아가는 것이다. 즉 자녀인 자신도 부모처럼 바르게 살아서 이 세상에 훌륭한 업적을 남기고, 또 강하게 후손을 길러서, 또 자신으로부터 이들의 자녀를 독립시켜야 한다는 원리가 적용된다. 즉 우리의 귀한 자녀도 이 차가운 세상의 찬바람을 일찍부터 맞아들여야 하기 때문이다. 적응과 도태의 자연법칙을 알고 살아남아야 하는 것처럼 처절한 몸부림이 있어야 한다. 식물이 다른 땅으로 이식(移植)되면 일정 기간 고통을 겪은 후 땅심을 받아 푸르게 자라듯이, 인간도 우주자연의 기운을 받아 부모 없이 튼튼하게 자양분을 축적하며 자라야만 한다. 이때 필요한 것은 깊게 뿌리를 내리는 인고(忍苦)의 과정이다. 이 노력의 과정이 또한 학습이라는 것을 자녀가 스스로 알게 될 때까지 부모는 채찍과 당근을 함께 가하지 않으면 안 된다. 이것이 자녀가 독립하는 과정이라고 생각한다. 생명력이란 연약하지만 제대로 원리를 알게 되면 쉽게 무너지고 부서지지 않는다는 점이다. 왜? 어떤 종(種)은 도태되는 것인가? 적응을 하지 못하기 때문이며 적응은 적절히 환경에 맞게 변해야 하는데, 그렇게 변화되지 못하는 데 그 원인이 있다고 하겠다. 살아있는 동물은 움직여야 하고 마음은 부드럽고 유동적이어야 하며, 언제나 자신을 환경에 적응하기 위하여 스스로 변화할 수 있어야 한다. 여기 변화하는 과정에서 보면 삶이란 언제나 포기하는 것과 선택하여야 하는 기준이 뚜렷하게 이루어져야 한다. 독립이라는 것은 삶의 터전을 새롭게 조직하고 구성하며 개척해나가지 않으면 안 되는 어려운 과정이다. 이 독립심은 청소년기에 어느 정도 완성된다고 할 수 있지만 영유아기의 분리 개별화 과정[32]이 잘 이루어졌을 때, 그 섬세한 과정의 단계를 밟으며 자아가 건강하게 자란 후 아동기와 청소년기를 거치게 되면서 부모로부터 정신적인 독립심을 형성하게 되는데, 자녀들의 성장기별 발달과정을 잘 발달시켜야 제대로 독립심이 길러질 수 있는 것이다. 여기에서 분리 개별화 과정이 잘 이루어진다는 것은 정말 세밀하고 예민한 부분이 아닐 수 없다. 분리 개별화 과정은 어린 싹의 원기(原基)가 분화하는 과정과 같아 조심스럽게 다루어져야 한다. 잘못 다루었다가는 어린 싹이 상처를 입어, 그 부분의 조직이 분화되지 못하고 성장에 어려움이 따르기 때문이다. 개별화 과정이 잘 이루어졌다면 환경에 맞는 적절한 자극과 영양분만 공급하면 어느 정도 정상적인 성장은 이루어질 것으로 본다. 독립성과 자제력 형성에 기본이 되는 최초의 시기는 유년기(幼年期)인 4~6세의 시기이며 이때부터 성장단계에 따라 알맞은 교육을 시켜야 할 것이다. 특히 이 유년기에는 부모는 자녀가 해야 할 행동과 금해야 하는 행동을 어느 정도 스스로 인식하게 될 때부터 부모는 자녀의 자율성을 차츰 보장하고 자녀에게 선택의 폭을 넓혀서

---

32) (주석 21) 영유아기의 분리개별화과정 참조

더 많은 환경에 노출시켜야 한다. 동시에 자녀의 행동을 주시하여 한계의 선을 그어 주면서 계속 좋은 행동을 존중하고 나쁜 행동을 제한하여야 한다. 스스로 솔선수범하는 자세를 익히도록 자기 의도(意圖)대로 행동하는 것을 방해하지 말아야 할 것이다. 자녀는 어머니를 떠나 어린이 집, 친구나 선생님, 형제자매, 가까운 친척 등과 접촉을 확대해 가면서 자기의 주관성을 키워나가게 된다. 이 시기에 부모는 자녀를 아끼고 사랑한다는 의미에서 자녀에게 일어나고 있는 모든 문제를 자녀를 대신해서 해결해 주려는 마음이 생기는데 이 점을 자제(自制)해야 한다. 자녀들도 그 나이에 자기의 문제를 자기 스스로 해결할 수 있는 힘을 길러야 하기 때문에, 어느 정도 자녀는 고통이 주어지고 어려움이 있어도 이것을 견디며 인내할 수 있어야 한다. 즉 자녀에 대한 부모의 지나친 참여와 보살핌은 오히려 해(害)가 되니 성장하는 것만큼 자유를 주고 책임을 부과하여야 한다. 그러니 부모가 자녀에게 참여하는 선(線)을 긋고 참견하지 않는 자세가 필요하다. 이것이 독립심은 물론 자제력 형성에 도움이 된다. 자녀 자신이 문제를 스스로 해결해 냈다는 자기 효능감을 갖도록 하는 것이 자신감에 이어 독립심을 기르는 교육이 된다. 자기 존중감이 자신감의 바탕이 되고 자신감이 독립심의 바탕이 될 때, 자녀는 정상적인 성장의 길로 들어가게 되는 것이다. 문제는 자신감이 독립심으로 연결되어야 하기 때문이다.

독립심이란? 삶에 있어서 남에게 의지하거나 남의 지배를 받거나 하지 않고 홀로 살아가게 하는 힘이다. 즉 자기의 행동에 있어서 자기가 책임을 지고 스스로 이 세상을 살아갈 수 있는 능력이다. 독립심을 갖기 위해서 두 가지 요소가 필요하다. 즉 노동과 독서이다. 노동을 통해서 경제적인 독립심을 키우게 되고 독서를 통해서 정신적인 독립심이 이루어지게 된다. 뭐니 뭐니 해도 자녀교육의 목적은 자녀가 부모 없이 스스로 독립하여 이 세상을 안전하게 살아갈 수 있세 양육하는 것이다. 독립심이란 자기의 권리를 주장하면서 그에 따른 의무를 스스로 행할 때 독립이 이루어진다. 단 여기서 권리와 책임과 의무를 수행하고 인격적으로 하자(瑕疵)가 없을 때 독립심도 완성된다고 하겠다. 여기서 우리가 알아야 할 것이 독립심을 형성하는 과정에서 가장 장애요소가 되는 것이 자녀의 과잉보호이다. 과잉보호는 자녀를 나약하게 만들고 무기력한 존재로 만들며 지속적으로 남에게 의지하는 존재로 만들어 인격적으로 성숙한 인간으로 가는 길을 방해하게 된다. 부모가 자녀의 한평생을 지키며 보호할 수 없는 것이 인간의 삶에 있어서 현실이고 보면, 때로는 동물의 세계에서처럼 도전정신과 위험성을 감수하면서 과감하게 홀로서기를 할 수 있도록 냉정한 결단을 필요로 한다. 자녀를 둔 부모들은 자기 자녀가 사랑스럽고 소중하지만 지나친 보호와 관심은 오히려 해(害)가 된다는 사실을 인식하고, 때로는 방치하고 때로는 비바람에 젖게 하여 강인한 생명력을 키우도록 마음을 굳게 가져야 한다. 독립심을 이루기 위해서는 자(自) 양분의 축적과 함께 이와 맞추어서 더 넓은 세계로 정신력의 확장이 이루어져야 하며, 내면으로는 어려움을 만나 고통을 겪어내어야 순조롭게 독립심이 길러진다고 볼 수 있다. 즉 독립심 형성의 세 가지 요소란 자양분 축적, 외부로 정신력 확장, 내면의 고통 감내라고 할 수 있을 것이다. 이것이 적절하게 이루어질 때 독립심은 서서히 형성된다고 볼 수 있다. 여기서 자양분의 축적을 이루기 위해서는 사랑을 많이 받고 자존감을 높이는 것과 위대한 사람의 전기(傳記), 명언(名言), 경구(警句), 종교의 경전 등을 많이 읽어 지혜를 넓혀 나가는 것은 물론, 훌륭한 사람들로부터 좋은 가르침을 많이 받는 것, 어려움을 극복하는 것, 정신과 육체적인 건강을 유지하는 것 등으로서, 즉 스스로의 힘을 기르는 것을 말한다. 외부로 정신력 확장은 인간관계를 넓혀 나가는 것, 더 넓은 사회로 진출하는 것, 새로운 지식과 변화의 물결을 받아들이는 것, 새로운 도전으로 어려움을 맞게 되는 것 등이다. 내면의 고통에 따른 감내란 자녀가 성장하게 됨으로써 아동기를 겪는 동안 또래 아이들의 압력을 극복하는 것, 학업에 따른 경쟁을 치르는 것, 사춘기를 맞게 됨으로써 이성(異性)에 대한 고민을 하게 되는 것, 자신의 처지와 친구들과의 비교와 평가에 따른 부족한 면을 극복해내는 것, 가정과 부모와 관련하여 어려운 환경을 이겨내는 것, 자기 자신의 외모에 대한 콤플렉스를 인정하는 것, 미래에 대한 불확실성을 확실성으로 변화시키는 것 등이라고 할 수 있다. 이렇게 하여 자존감이 형성되고 정체성이 올바르게 형성되면 독립심이 길러질 것으로 믿는다. 자녀가 이렇게 독립심이 형성되었다면 당연히 스스로 학습에 임하게 될 것은 틀림없는 사실이다.

이상과 현실 사이의 거리를 좁혀라

　자녀를 키우는 부모의 입장에서 그 욕망(慾望)은 끝이 보이지 않는다. 이 점은 자녀학습에 관해서도 그대로 적용되는 현상이기도 한 것이다. 이 세상 부모들은 지나치게 자신의 자녀에게 학습에 대한 욕망을 갖는다. 끝이 보이지 않을 정도로 무한하다. 사실은 나 자신부터가 그러하다. 자녀에게 억지로 학습을 시키다 보니 여기저기서 부작용이 생기게 된다. 하지만 우리의 자녀들은 달걀안의 생명처럼 아직 바깥세상을 모른 채 깨어나지 못하고 있는 실정이기도 하다. 이 점을 부모는 간과해서 안 된다. 학습이전에 자녀가 스스로 달걀의 껍데기를 깨고 바깥 세상에 나올 수 있도록 일정부분 기다리는 것이 필요하다.

　자녀는 아직도 달걀이라는 능력의 한계 범위에 머물고 있다는 사실을 잊어서는 안 된다. 모든 인간이 전부 최고라는 정점에 도달할 수는 없는 일이다. 대부분의 자녀, 즉 인간의 대부분은 보편적인 능력으로 보통의 삶을 지향해야 한다는 점이 인간생명의 공통성이며 한계점이기도 한 것이다. 아이러니하게도 어쩌면 보통의 삶이 비범한 삶이 되고, 비범한 삶이 오히려 보통인 삶보다도 못하게 되는 경우도 있게 된다. 어쩌면 본래 인간의 본성은 지식이나 학문을 먹고 살아가는 것이 아니라, 본능에 좌우되며 기본적인 욕망에 이끌려 자연스럽게 살아가야 하는 동물이라는 점이다. 그러니 자신의 욕망에 이끌려서 기본적인 욕구 충족을 추구하며 살아가는 것이 평범한 삶의 한 부분이 아닐까 하고 생각하는 바이다.

우리 자녀들의 학습 역시, 지나치게 높은 이상(理想)과 목표를 두고 추진하기보다는 기초적인 수준부터 차근차근 다음단계로 접근하며 점차적으로 상위의 목표에 도전할 수 있도록 학습을 추진하는 것이 학습의 의욕을 증대하는 데 도움이 될 것이다. 즉 이상(理想)과 현실(現實) 사이의 거리가 좁혀질 때 학습은 용이하고 도전하기가 쉬워진다. 특히 우리 부모들이 평소에 간과하고 있는 것은 자신의 자녀만은 최고의 일인자가 되어야 한다는 욕망을 지속적으로 자녀들에게 주문하고 있는 데 있다. 이 점은 정말 부모로서 자녀에게 기대해야 할 사항이 아니고 부모의 생각을 거두어 들여야 하는 부분이기도 하다.

자녀를 둔 부모들은 자기 자녀만큼은 학업성적이 꼭 1등을 해야 한다는 기대감에 사로잡혀 있다. 그렇다면 2등은 아예 없어야 한단 말인가? 아주 잘못된 관념에서 벗어나야 한다. 그것보다는 자신의 자녀만이 잘 할 수 있는 소질을 찾아서 그러한 능력을 신장시켜 주어야 할 것이다. 부모가 자기의 자녀가 학업성적이 1등하기를 바라는 대신에 자녀들의 적성을 찾는 데 심혈을 기울여야 하는 것이 부모의 도리를 다하는 올바른 길이기 때문이다.

부모 자신이 한번 깊게 생각해 보아라. 부모들은 자신이 학교에 다닐 때 그렇게 꼭 1등을 했는지? 1등을 할 수 있을 정도로 머리가 좋았으며 모든 조건을 갖추고 있었는지? 자신은 그렇게 할 수 없었으면서 자녀들에게 1등을 하도록 강조하는 것이 온당한 마음자세인지? 자녀의 능력은 못 미치는데 부모의 기대는 하늘처럼 높게 있다면 자녀가 그 기대에 부응할 수 있겠는가? 자녀의 입장에서는 정말 심각한 문제가 아닐 수 없다. 부모는 비록 자신의 자녀이지만 능력을 벗어난 무리한 요구를 하여서는 결코 안 된다. 만약에 부모가 자녀의 현실적인 능력을 무시하고 지나친 기대심리를 갖게 되면 어떤 문제가 발생하느냐 하면 자녀는 비뚤어지게 되고 옆길로 나가게 되는 원인이 되며, 또한 비합리적인 행동방식을 선택하게 된다는 것이다. 즉 이 방법의 선택은 문제의 근원적인 해결을 꾀하지 못하고 일시적인 미봉책으로 당장의 어려움을 면해보겠다는 행동으로 옮겨진다는 것이다. 이것이 흔히 매스컴에서 미국 유학생들에게서 나타나는 거짓 하버드생이 생기게 되는 것이나 다름없다고 하겠다.

교육심리학(정채기. 2003)을 참고하면 "학습하는 자녀에 있어서 이상적 자아개념과 실제적 자아개념의 차이가 벌어질수록 현재생활에 적응하기 어렵고 많은 문제 행동을 일으킬 가능성이 크다는 것이다. ……그러니 이상적 자아개념과 실제적 자아개념의 성질에 따른 그들 양자 간 간격을 좁히도록 지도해야 한다. 특히 자녀에 대한 지나친 요구수준, 즉 자녀의 능력수준이나 가능성 등은 고려하지 않고, 자녀에 대한 지나친 욕심과 부모의 요구는 오히려 부적응을 형성하게 하고 비행을 저지를 수 있다는 점을 기억하고 지도에 임해야 한다."라고 기술하고 있다. 눈높이를 자녀의 현실에 맞추어서 자녀가 자신의 신체 조건, 가정 분위기, 자녀의 주변 학습 환경, 능력과 적성, 정신적인 자세 등을 감안하여 자녀가 확실히 도달할 수 있는 범위를 설정하고 목표를 정하며, 추진하는 방법을 함께 연구하여 자녀가 지루함이나 불가능하다는 생각이 들지 않고, 용기와 자신감으로 그 목표를 실현할 수 있도록 하여야 한다. 조그마한 성공으로 자존감과 자신감, 창의력을 쌓아가도록 하는 것이 바람직한 교육방법일 것이다. 즉 즐거운 마음으로 운동선수에게 훈련을 많이 시켜 몸이 유연하게 풀리게 되면 자연히 어떤 경기에 도전하고 싶은 충동을 느끼게 될 것이다. 운동선수가 몸과 마음의 조건이 좋아져서 하늘을 날고 싶을 정도의 기운이 솟게 된다면 실패를 해도 즐겁게 수용하며 자신이 왜 실패했는지 알게 될 것이고, 그 정도의 여유를 얻게 되어 다음 경기는 어떻게 준비하며 대처해야 할지 자기 스스로 느끼게 될 것이다. 학습 또한 이와 같은 맥락이다. 자녀가 알맞은 환경에서 좋아하는 과목부터, 자기 능력에 맞는 범위의 학습내용을 부담감 없이 사전에 충분히 예습을 하면 자연히 자신감이 생기고 즐겁게 학습에 임하고 싶은 의욕이 생기게 될 것이기 때문이다. 만약에 자녀가 자기의 적성과 취미에 맞지 않고 능력과 하고자 하는 의욕이 없는 상태인데도 부모의 무리한 요구에 의하여 끌려가고 있다면 결과가 어떻게 되겠는지 한번 생각해 보아라. 자신의 능력은 모자라고 하고자 하는 의욕도 없는데 부모 생각대로 자녀가 학습을 잘 이행하여 높은 수준의 성적을 높일 수 있게 되겠는지 의문이 가지 않을 수 없다. 아마도 그 자녀는 자포자기와 좌절감에서 헤어 나오지 못하게 될 것이다. 자녀가 한번 학습에 싫증을 느끼게 되면 학습의 벽은 더 높이 보이게 되며 의욕을 잃게 될 것이니, 항상 가능한 범위를 찾아서 이룰 수 있는 목표를 정하여 즐거운 마음으로 학습하도록 부모는 그러한 환경을 만들어 주어야 한다. 즉 부모는 자녀에게 허망한 기대심리, 막무가내의 희망을 가지라고 주문해서는 결코 안 된다. 이러한 상황은 자녀가 아주 어린 시기에도 마찬가지이다. 물론 부모는 자녀에게 희망과 야망(野望)을, 자신감과 유능감을 키워주어야 한다. 하지만 뜬 구름 속에 행복이 있는 것처럼, 아니 꿈속에서 상상의 날개를 펼치는 것처럼 학습에의 길을 택해서는 안 된다. 언제나 가능한 범위에서 근접한 계획을 세우고 도전하도록 해야 한다는 것을 잊어서는 안 된다. 쉽게 말해서 자녀의 눈높이와 능력에 맞추어서 학습에 임해야 한다. 부모는 학습의 순위가 꼭 행복이 될 수 없다는 것을 알고 현실을 수용하고 받아들일 줄 알아야 한다.

자녀 학습에 있어서 가장 중요한 점은 자녀의 학습 역시 가능성이 보일 때 도전하는 용기가 있게 되는 것이지, 부모의 욕심대로 지나친 기대심리를 가지는 것은 과대망상이요, 위선일 뿐이다. 학습은 반드시 한 낱말과 한 구절에서부터 그리고 한 단락과 한 페이지에서부터, 나아가서는 한 단원에서부터 시작된다는 것은 잊어서는 안 된다. 부모는 자녀 학습에 있어서 무리한 요구와 지나친 과욕을 부렸을 때 반드시 그에 대한 무서운 대가를 치르게 된다는 것을 잊어서는 안 될 것이다.

자아개념을 높여라

　인간에 있어서 자아개념(自我槪念)이란 성장하는 아이에게 있어서 정말 무서울 정도로 큰 영향력을 미친다. 이 자아개념의 뜻은 어떠한가? 자아(自我)란 심리적인 용어로 볼 때 '자신에 대한 의식이다.' 즉 심리적·정신적인 의미로 쓰이며, 정신분석에서는 인간의 행동을 현실에 적응시키는 것이라고 가정하고 있다. 즉 자아개념이란 자신에 대한 의식이나 생각을 뜻한다. 학자들에 따른 자아개념의 이론을 종합해 보면 자아개념이란 '한 개인이 자신의 신체와 행동, 능력 등 한 인간으로서 지니고 있는 가치에의 태도, 판단, 가치의식의 전체적 집합체'라고 보는 것에 일치를 보인다. 여기서 낮은 자아개념이란 무엇과 연관성이 있는가? 몽테뉴 수상록(몽테뉴. 2015)에서 보면 "실로 못난이의 공부하기와 주정꾼의 술 끊기가 고통이 되는 것과 마찬가지로 수수한 생활이 방탕아에게는 고문(拷問)이 되며, 연약하고 한가로운 자에게 훈련은 고역이 아닐 수 없다. 우리가 약하고 비굴하기 때문에 그렇게 된다. 위대하고 고매한 일들을 판단하려면 그만큼 위대한 마음이 필요하다."라고 기록하고 있다. 즉 여기서 표현하듯이 학습의욕의 증대방안과 관련하여 낮은 자아개념을 갖고 있다면 그만큼 각별한 마음의 자세가 필요한 것이다. 각별한 마음 자세를 갖기 위해서는 폭넓은 사회에 진입하여 큰 물줄기의 흐름에 자신을 내던져야 한다. 좀 더 적극적이고 진보적인 학습 동료인 친구로 맞이하여야 하고, 더 훌륭한 부모의 삶의 자세를 접해야 하고, 더 훌륭하고 자극적인 스승의 가르침을 받아 빨리 학습의 중요성에 대하여 눈을 떠야 한다. 더 많은 좋은 주변 환경에 접하고 많은 점을 느끼게 한다든지, 자신감을 갖도록 높은 자존감을 이루게 한다든지, 더 어려움과 더 쓰라린 고통을 겪게 하고, 더 많은 선량한 일을 하도록 하여 남으로부터 유능감을 받도록 해야 한다. 현재의 마음상태보다는 좀 더 넓고 깊으며 높게 마음을 변화시키지 않으면 낮은 자아개념을 변화시킬 수 없다.

이 자아개념이라는 고정관념(固定觀念)은 어떻게 하여 형성되는가? 고정관념(固定觀念)의 사전적인 의미는? 심리적으로 '어떤 대상에 대하여 경험이나 지식 등에 의해 오래전부터 굳어져 온 관념'이다. 즉 자아개념의 고정화는 학습자가 현재까지 자라오는 기간 동안 어린이집, 유치원, 초등학교, 중등학교를 다니면서 부모님으로부터, 형제나 친척들로부터, 선생님이나 동료학생들로부터 받게 되는 태도에 의해 반사적으로 영향을 받게 되는데, 이들이 학습자에게 가지는 '잘한다. 잘못한다.'라는 평가는, 학습자인 자신도 그대로를 받아들여서 자아개념을 형성하게 되는 것이다. 예를 들어본다면 학교에 다니는 학생이라면 선생님으로부터 받게 되는 자신에 대한 평가를, 그대로 자신이 받아들이게 됨으로써 자아개념이 생기며 고정화된다고 볼 수 있다. 또한 가정에서는 부모님으로부터 받게 되는 칭찬이나 꾸지람으로부터 자아개념이 형성되는데, 즉 잘한다는 칭찬을 받게 되면 긍정적 자아개념이, 무능력하다는 꾸지람을 받게 되면 부정적 자아개념이 싹트게 된다.

교육심리학(정채기. 2003)에서 자아개념과 학업성취와의 관련성을 보면 "Patterson은 이에 관하여 교사가 학습자에 대하여 가지는 지각(知覺)은 그대로 학습자가 자신에 대한 지각이 되어 버린다. 즉 교사가 학습자를 능력 있고 재치 있고, 또한 책임감이 있다고 생각해 줄 때는 학습자도 자신들에 대해 스스로 그러한 긍정적인 자아개념을 갖게 되나, 반대로 교사가 그들을 무능력하고 가치 없고, 또한 책임감 없다고 취급해 버릴 때는 학습자는 자기도 모르는 사이에 자신에 대해 부정적인 자아개념을 갖게 되는 것이다."라고 기술하고 있다. 학교 다니는 학생들은 학업능력에 대한 자아개념이 학습자가 학교에서 이룩한 학업성취에 대한 선생님의 평정에 따라 좌우됨을 알 수 있다. 학습자의 낮은 자아개념에 대한 고정관념의 폐단은 어떻게 나타나는가? 앞에서 설명하였듯이 이렇게 하여 높은 자아개념이 형성되었을 때는 그 이상 더 바랄 것이 없다고 하겠다. 왜냐하면 높은 자아개념, 즉 긍정적 자아개념을 가진 사람은 부정적 자아개념을 가진 사람보다 성장과 발전을 위해 강한 추진력을 갖게 된다고 전문가들은 일률적으로 말한다. 자아개념이 상대적으로 낮게 고정화 된 학습자는 어떠한 마음가짐을 갖게 될 것인가? 앞에서 설명한 긍정적 자아개념과는 반대적인 부정적인 자아개념을 갖게 될 것이기 때문이다. 부정적이고 낮은 자아개념을 가진 학습자는 어떠한 자세를 견지하고 있는가? 1차적인 원인은 보통 이들은 태어난 가정형편이 불우하여 어릴 때부터 정상적인 교육을 받지 못하고 성장하게 되는 경우이다. 이들은 하나같이 부모로부터 따뜻한 사랑은 물론 올바른 보살핌을 받지 못하고 거의 방임된 상태에서 자라게 된 자녀들이다. 이러한 성장환경은 어린이집, 유치원에서부터 정서적인 면에서 정상적으로 성장하는 자녀들과 차이를 보이게 된다. 정서(情緒)라는 의미는 내적·외적 자극에 따라서 신체적 표현과 함께 일어나는 폭발적인 감정들을 지칭하는 말이며, 그것은 생활의 일부이며 자연적인 현상이라고 전문가들은 말한다. 그런데 불우한 가정환경에서 부모님의 교육을 제대로 받지 못하고 자라난 아이는 단체생활에서 가장 먼저 자신의 감정을 잘 표현하지 못하게 되고, 또래 아이들로부터 정상적인 대우와 인정을 받을 수 없게 된다. 이것은 곧 학습으로 이어져 소위 학업부진아로 연결되는 것이다. 학업 부진아란 정상적인 지능 수준을 갖고 있으면서도 여러 가지 원인으로 인하여 기대되는 성취수준을 이루지 못하는 아이들을 말한다. 이러한 조건은 초등학교로 올라갈수록 그 도(道)를 더하고 그 격차가 심화되어 선생님이나 동료 학생들로부터 인정을 받지 못하고 따돌림을 당하게 된다. 그러한 이유 중의 하나는 뭐니 뭐니해도 낮은 학업성취도, 즉 학업성적의 부진이 가장 큰 이유로 볼 수 있을 것이다. 2차적인 원인은 유아기나 초등학교 때까지는 정상적으로 성장하여 또래 아이들보다 뒤지지 않다가 중학교에서부터 학습에 의욕을 잃게 되고 학업성적이 갑작스럽게 떨어지는 학생들이다. 이들은 학년이 올라감에 따라 높은 수준의 학습내용을 소화시키기 위하여 많은 노력을 하여야 함에도, 성격적으로 나태하거나 좋지 못한 친구를 만나게 되거나 좋지 않은 가정환경으로 인하여 학습으로부터 멀어지게 되는 것이다. 이러한 환경이 지속되다보면 그러한 환경속에서 안주(安住)하게 된다. 이들은 어떠한 생각으로 고정관념이 형성되느냐 하면, 나는 원래 공부와는 인연이 없는 사람이며 원래 못하는 사람이니 그렇게 인정해도 하는 수 없다는 식으로 자포자기해 버리는 것이다. 이렇게 고정관념이 형성되고 나면 이것이 전부인양 자신의 능력이 그렇게 굳어버린다. 이것으로 자아개념이 굳어버리게 되면 기대 이상의 성장과 발전은 없게 된다. 이들의 공통적인 특징은 하나같이 낮은 자존감을 갖고 있으며 부정적인 자세를 보이며, 그리고 자신이 무능력하다고 인정해 버린다. 이들의 심리적인 상태는 주의산만, 불안정성(不安定性), 무기력함, 의욕부족, 자포자기 등으로 나타난다.

이들에 대한 처방은 낮은 자아개념이라는 고정관념을 없애도록 하여 자아개념을 높여 주어야 한다. 교육심리학(정채기. 2003)에서 보면 "긍정적인 자아개념을 갖도록 하는 지도에는 장점들을 주의 깊게 관찰하고 이것을 칭찬하여 주는 방법과 좋은 행동이나 업적을 보일 때마다 상(賞)을 주고 칭찬해 주는 방법 등이 있다. 또한 부정적 자아개념을 형성케 하는 요인을 제거해 주어야 한다."고 기술한다. 여기에서 긍정적인 자아개념을 갖도록 지도하는 방법은 자녀가 어릴 때는 가능하고 쉬운 일이지만, 문제는 이미 중등학교에 다니며 사춘기에 접어든 자녀일 경우에는 자신의 굳어버린 자아개념을 부수어 깨뜨려서 그 껍질을 벗고 새롭게 거듭 태어나도록 하여야 하는데 이 점이 쉽지는 않다는 것이다. 이렇게 낮은 자존감으로 굳어진 자아 개념의 틀을 부수기 위하여 환경을 확 바꾸어서 주변사람들의 평가기준이 달라지게 하여야 하는 것이 급선무이다. 즉 학교의 스승이나 동료학생들이 그 자녀를 보는 시선이 달라져야 한다. 그렇게 환경을 새롭게 조성해 주기가 쉽지는 않을 것이다. 이렇게 하려면 먼 곳으로 전학을 하여서 새롭게 시작해야 한다든지, 아니면 피나는 노력으로 주변사람들로부터 확실하게 옛날과는 다른 좋은 실적을 보여서 인정을 얻어야 한다는 결론에 도달한다. 이러한 학생들은 자신의 자질과 재능을 찾아서 잘할 수 있는 유능한 분야를 계발하여, 그 길로 유도하면서 학습에 대한 태도를 바꾸어야 할 것이다. 모든 면에서 잘하기를 희망하기보다는 포기할 분야는 포기하고 취미와 적성에 맞는 분야를 찾아 그 길로 가도록 유도해야 할 것이다.

나쁜 습관으로부터 벗어나도록 하라

　인간에게 있어서 나쁜 습성이라는 것이 가장 무서운 점은 자신도 모르게 매일 반복하는 행동이라서 잘못된 행동을 정상적인 것처럼 간과(看過)하는 점이다. 누구에게나 좋은 습성이 있는가 하면 나쁜 습성도 있기 마련인데, 이 나쁜 습성을 고치려고 하지 않는 데에 심각성이 대두된다. 이 나쁜 습성을 오래두면 고질병이 되어 결국에는 파멸에 이른다는 것을 명심해야 한다. 또한 생물학적 습성(習性)이란 동물의 한 종(種)에 속하는 개체의 대부분에서 볼 수 있는 일정한 생활양식으로 본능·학습·조건반사·지능에 따라 형성된다. 곤충류의 습성은 본능, 사람과 포유류는 지능에 의한 것이라고 본다.

　이 중에서 나쁜 습성, 즉 악습이 오랜 기간 동안 자신과 함께 함으로써 자신이 이 점을 간과하고 묵과한다는 점에서 심각성이 대두되는 것이다. 결국 본인이 '이 악습을 허용함으로써 그래도 괜찮다'이다. 이 악습은 인간에게 좋은 습관이 길들여지는 것을 방해한다. 긴 세월동안의 폐단은 인생을 실패로 끝나게 한다. 또한 악습은 또 다른 친구인 악습을 부르게 된다. 악습은 올바른 정신을 자라지 못하게 할 뿐만 아니라 번영과 발전의 길을 막게 한다. 생명을 단축시키는 암과 같은 작용을 함으로써, 학습과 관련하여 악습이란 학습이라는 씨앗이 자라지 못하게 방해하는 작용을 하기 때문이다.

이와 관련하여 다른 나라에서도 마찬가지이겠지만 우리나라에서도 습성과 관련하여 심각한 고질병(痼疾病)이라고 하는 것이 있는데, 이것은 사람이 살아가는 사회에서 도(度)를 넘어 인간 서열화가 형성되어진다는 것이다. 잘못된 습성이 풍요로운 만인의 삶을 방해한다고 생각되는 점이다.

프랑스의 교육사회학자인 부르디외(Bourdieu)의 문화재생산론의 문화적 습성과 계급재생산에서 습성[33]을 논하지 않더라도 이러한 결과

---

33) 프랑스의 교육사회학자인 부르디외(Bourdieu)는 "문화재생산론의 문화적 습성과 계급재생산에서 습성은 개인에게 내면화된 능력과 사고방식 및 구조화된 욕구의 체계이다. 그것은 객관적인 조건에 의해 오랜 시간에 걸쳐 형성된 지각·사고 및 행위의 복합체로서, 객관적인 조건이 변화한 후에도 오랫동안 존속된다. 그것은 개인의 욕구와 성향 속에 깊이 자리 잡고 있으면서 개인의 경험을 조직하는 강력한 힘으로 작용하며, 따라서 개인을 실천적인 행위로 이끄는 메커니즘이다."라고 표현했다. 그 정도로 문화재생산론의 문화적 습성이나 계급재생산에서 습성은 잘못된 관행이지만 오랫동안 우리의 내면에서 존속되어 온 결과 우리의 정신체계를 지배함으로써 정당화되는 오류를 범하고 있는 것이다. 정말 위험하면서도 피하기 힘든 문제가 아닐 수 없다. 또한 그는 습성은 어린 시절부터 같은 계급에 속한 구성원들이 함께 겪게 되는 공동경험을 통해 특정계급의 독특성을 유지시킨다고 한다. 각기 다른 계급의 구성원들은 지적(知的)인 면에서 뿐만 아니라 감정과 감각, 신체 등 모든 면에서 상이(相異)한 사회화 과정을 거치게 된다는 것이 불평등의 원인으로 작용하게 된다는 것이다. 문제는 학습에 있어서 성취수준이 낮은 습성에 길들여지면 낮은 학업성적에 안주하게 된다는 것이 문제이다. 이것만은 학습에 있어서 가장 무서운 질병이나 다르지 않다. 반대로 성취수준이 높은 습성에 길들여지면 낮은 학업성적은 불만족으로 이어져 높은 학업성적을 이루기 위해 노력하게 될 것이기 때문이다. 그렇다면 어떻게 하여 성취수준이 높은 습성에 길들여지도록 해야 할 것인가? 그것은 학습하는 습성을 유년기부터 획득하도록 해야 한다. 즉 지속적으로 높은 성취수준이 획득되도록 그렇게 환경을 조성하여 처음부터 성취수준을 높게 목표를 세워야 한다. 습성을 길들이기는 때로는 보상도, 채찍도 가하면서 지속적으로 학습하는 버릇을 갖도록 해야 한다. 그래서 부모는 물론이고 온 가정이 독서하는 분위기가 만들어 질 때 우리의 자녀는 학습하는 습성이 길들여질 것이다. 이것을 자녀의 성장과 더불어 자라도록 하여야 자녀에게 체화(體化)로 이어질 수 있게 된다. 이 습성이야 말로 자녀가 성장하면서 자주적으로 부모가 없어도 학습에 열중하는 계기가 될 것을 확신하는 바이다. 이외 부르디외는 습성이라는 개념을 사용하여 학교현장에서 나타나고 있는 계급 간 학업성취의 차이를 설명하고 있다. "노동계급학생들이 상대적으로 낮은 포부수준을 가지고 있으며, 또 낮은 학업성취를 보이는 것은 노동계급의 특유의 문화적 습성 때문이다. 그들은 정통의 문화를 물려받지 못했기 때문에 성취수준이 낮고 따라서 교육단계가 높아질 때마다 자신의 포부수

는 소수의 허황된 우월의식과 다수의 심각한 자격지심(自激之心)이 만들어 낸 결과물이라고 본다. 사회의 서열화된 잘못된 습성이 부(富)의 대물림, 과도한 사교육, 빈익빈 부익부 등과 같은 현상을 가속화시킨다는 점이 심각한 문제이다. 자조론/인격론(새뮤얼 스마일스. 2007)에서도 보면 "오래 된 습관을 버리는 것은 때로는 이를 뽑는 것보다 더 고통스럽고 힘들다. 게으르고, 낭비벽이 심하며, 술에 절어 사는 사람을 새 사람으로 만든다는 것은 대개의 경우 불가능한 일이다."라고 기술하고 있다. 이러한 악습은 몸에 배어 그 사람의 생활에 없어서는 안 될 중요한 부분이 되어 버렸기 때문에 뿌리째 뽑을 수가 없다는 것이다. 여기서 또 보면 "어떤 악습관이 침입하지 못하도록 특별히 감시하고 주의할 필요가 있다. 인격은 한번 무너진 부분에서 가장 약하기 때문이다. 한 번 무너진 원칙을 되찾는다 해도 전혀 흔들리지 않는 원칙만큼 견고해지려면 오랜 시간이 걸린다."라고 말한다. 처음부터 나쁜 습관에 빠지지 않도록 조심하는 일뿐이 없다. 좋은 습관은 어릴 때부터 길러야 한다고 강조하고 있는 새뮤얼 스마일스는 자조론에서 "미덕(virtue)의 습관이 들도록 젊은이들을 훈련시키는 것은 중요성의 면에서 아무리 높이 평가해도 지나치지 않다. 미덕의 습관은 어릴 때 길러주는 것이 가장 쉽다. 일단 습관이 되면 살아 있는 동안 내내 지속된다. 습관은 나무껍질에 새겨 놓은 글자처럼 세월이 갈

준을 낮게 조정해 나간다는 것이고, 반면에 정통문화를 이어받은 중·상류계급의 학생들은 계속해서 자신의 포부수준을 상향조정해 나간다. 요컨대 중·상류계급의 학생들이 성공하는 것이나 노동계급학생들이 실패하는 것은 모두 각 계급에 독특한 문화적 습성의 결과'라는 것이다. 이러한 맥락에서 본다면 학습에 있어서의 습성, 즉 높은 성취수준을 갖도록 하는 것, 이것은 자본주의 사회에서 계급 간 특성도 학습에 영향을 미친다는 것을 말해주고 있다. 그래서 문제는 성장하는 자녀의 학습과 관련된 습성은 어릴 때 지속적으로 학습에 기초가 되는 독서의 습관과 관련성이 깊다. 그러기 위해서는 독서의 즐거움을 찾아야 하고 올바른 독서법을 익혀야 한다. 또한 성취수준도 높게 설정하여 보통상태에서 만족함을 보이지 말고 어떠한 환경에서도 최고의 상위수준에서 만족함을 얻도록 어릴 때부터 학습습관을 길러주는 것이 부모의 의무라고 생각한다.

수록 커지고 깊어간다"고 말한다. 여기서는 행복도 습관을 통해서 얻을 수 있다고 기술하고 있다. "습관이 인격을 만들어내는 것은 말할 것도 없는 얘기다. 행복자체도 습관이 될 수 있다. 모든 사물에는 밝은 면과 어두운 면이 있고, 사람도 두 종류가 있다. 늘 밝은 면을 보는 습관이 있는 사람 있고, 또 늘 어두운 면을 보는 습관이 있는 사람이 있다. 어떤 사람은 언제나 선하고 운이 좋고 아름다운 면을 보는 데 익숙하고, 기쁘고 즐겁고 사랑하는 감정을 일으키는 데 익숙하다. 반면 어떤 사람은 언제나 나쁘고 흉하고 추(醜)한 면을 보는 데 익숙하고, 분노와 슬픔, 증오의 감정을 일으키는 데 익숙하다"고 한다. 그래서 같은 처지에서 같은 운명을 겪는다 해도 습관에 따라 행복과 불행의 차이가 생긴다는 것이다. 특히 자녀를 둔 부모에 있어서도 부모 자신의 나쁜 습성을 찾아 고치지 않으면 안 된다. 이러한 부모의 나쁜 습성이 다소 학습과는 관련이 적다고 하더라도 자녀는 부모의 습성을 그대로 보고 행하기 때문이다. 부모의 이 나쁜 습성을 고치지 않으면 자녀의 측면에서는 부모의 이러한 행동이 정상인양 생각하고 그대로 따르게 되어 자녀에게 나쁜 영향을 미치게 된다. 자녀들은 부모의 행동을 보고 자신도 모르게 그렇게 답습하기 때문에 성장하는 자녀를 둔 부모는 항상 자기의 행동에서 어떤 잘못된 습성이 있는가를 점검하고 뼈를 깎는 노력으로 바른 습성을 길러나가야 할 것이다. 성장하는 어린 자녀가 한 번 나쁜 습성에 익숙해지면 그것을 고치기가 쉽지 않다는 것을 알고 어린 자녀에게 좋은 습성을 들여서 건강하고 행복한 삶을 살도록 노력해야 할 것이다. 습성과 관련하여 중요한 것이 절제(節制)와 자제력(自制力), 신중성(愼重性)이다. 아마도 성장하는 자녀가 꼭 습관화해야 할 항목이 바로 이러한 점이 아닌가 하고 생각한다. 절제를 습관화하면 물건을 함부로 사지 않을 것이며, 자제를 습관화하면 분노를 억제할 수 있을 것이고, 신중한 행동을 하도록 습관화하면 무모한 행동을 하지 않게 될 것이다. 이와 같이 절제와 자제력, 신중성은 인간이 살아가면서 반드시 몸에 베게 해야 할 중요한 행동원칙이기 때문이다. 습성은 모든 면에서 중요하지만 여기에서는 학습과 관련된 습성을 다루기로 한다. 부모는 자녀가 유년기부터 학습하는 습성만 제대로 길러지도록 한다면 그것만도 일단은 자녀 교육은 성공이라고 할 것이다. 습성(Habitus)은 무엇인데 그것이 왜 그렇게 중요한가? 습성의 사전적 의미는 "오랜 습관에 의하여 굳어진 성질"로 되어 있다. 즉 버릇이 된 것이다. 습성이 갖는 무서운 힘은 매일 되풀이하다 보니 나쁜 생각이나 행동이 나쁘게 보이지 않고 정상인 것처럼 위장하고 있다는 것이다. 오랜 반복에 의해서 행동이 습관화되면 이 나쁜 습관이 신체의 일부가 되어 자신을 점령하게 된다. 이 정도로 진행된 상태라면 악습(惡習)을 자신의 몸에서 가려내어 분리한다는 것은 쉽지 않게 된다.

이 습관의 정체를 살펴보면 선조대대로 각 가정마다 이어져 내려와 좋은 습관이든, 나쁜 습관이든 있게 되는 것이다. 다행히 좋은 습관이 조상으로부터 이어져 전해 내려왔다면 그 후손들은 자신도 모르게 큰 덕을 얻게 된 것이고, 만약에 좋지 못한 습관이 전해져 내려왔다면 자신에게는 큰 손실이 아닐 수 없다. 왜냐하면 그 악습관으로부터 자신이 계속 피해를 볼 수 있기 때문이다. 현명한 가정의 가장(家長)이라면 자신의 가계에 어떤 나쁜 습관이 있고, 좋은 습관이 있는지 잘 살펴서 만약에 나쁜 습관이 가정에 존재해 왔다면 지금부터라도 이 나쁜 습관의 고리를 끊어 내지 않으면 안 된다. 그렇다면 어떻게 하여야 나쁜 습관을 약화시키고 좋은 습관을 강화시킬 수 있는가? 가장 비근한 한 예로서 음주와 흡연을 생각해 보기로 하자. 자라나는 청소년에게 가장 해로운, 즉 뇌를 파괴시키는 이 음주와 흡연을 어떻게 끊을 수 있겠는가? 큰 고통 없이는 불가능한 일이 아닐 수 없다. 네 안에 잠든 거인을 깨워라(앤스니 라빈스. 2002)을 참고하면 "나쁜 버릇을 바꾸기 위해서는, 그리고 장기적으로 변화를 가져오기 위해서는 일단 변화가 일어나면 그것을 다시 강화시켜야 하고, 그 다음에도 계속해서 신경시스템을 조건화하여야 한다. 피아노 조율을 하려면 한 번 조율한 다음에 일주일 후, 한 달 후 정기적으로 조율해야 하듯이 말이다." 이와 같이 습관을 변화시키는 일은 신경시스템 조건화로 변화시켜야 한다는 것이다. 현재 자기의 나쁜 습관보다 더 강한 새로운 습관을 만들어야 한다. 더 나은 가치관을 가지고 강렬하게 반복을 해서 신경시스템 조건화를 가해야 한다. 충분히 많은 반복과 강렬한 감정을 가지고 행동하면 더 많은 신경섬유가 더해지게 되는데, 이렇게 되면 이 감정 또는 행동습관과 관련된 신경회로의 강도를 높이게 되어 마침내 이런 행동이나 감정에 '굵은 회로'를 갖게 되는 것이다. 즉 새로운 패턴이 안정화될 때까지 지속적으로 조건화하여야 한다.

그것이 뇌 안에서 신경회로로 자리 잡을 때까지 반복하는 것이다. 이 정도로 나쁜 습관을 좋은 습관으로 바꾸는 과정은 힘들다고 할 수 있다. 그러니 아예 처음부터 좋은 습관을 길들이도록 하는 것이 중요한 일이다. 어쩌면 인생이란 모래 언덕위에 고층 건물을 건립하는 것이나 마찬가지일 것이다. 인생에서 성공한다는 것은 자연적인 삶과는 대조를 이루는 부분이 아닌가 하고 생각이 들기도 한다. 오직 인간의 삶이 다른 동물이나 식물과 다른 점은 성공이라고 하는 창조행위를 만들어 인위적인 완성이 따르도록 하는 점이다. 여기에 설계니 계획이니 하며 구조물을 그려 놓고 하나하나 건물을 세워나가는 작업이 바로 인생이기 때문이다. 이렇게 인생이란 좋은 목표를 세우고 좋은 습관을 들이는 것이 성공의 지름길이라는 것을 우리는 알고 있다. 전인성숙을 위한 제자훈련 시리즈 제자로의 발돋움(심수명)을 참고하면 "좋은 습관을 길들이기 위해 자신의 삶을 과감하게 구조조정하여야만 성공할 수 있다. 이처럼 성공하게 만드는 습관이 따로 있는 것이다. 육체를 건강하게 하는 습관이 있는가 하면 병들게 하는 습관이 있다. 삶을 성공하게 하는 습관이 있는가 하면 실패하게 하는 습관이 있다."고 가르친다. 몽테뉴 수상록(몽테뉴. 2015)에서도 "우리의 가장 큰 악덕은 연약한 소년 시절에 주름 잡히는 것이며, 우리의 가장 중요한 훈육은 유모의 손에 달렸다고 본다."로 습관의 위험성을 경고한다. 이와 마찬가지로 자녀 양육에 있어서 가장 무서운 적은 바로 악습관이다. 학습을 잘 할 수 있고 쉽게 접근할 수 있는 습관이 있는가 하면, 학습을 잘 할 수 없게 하고 쉽게 접근할 수 없도록 하는 습관이 있는 것이다. 학습과 거리를 멀게 하는 습관으로는 게으름, 속임수, 외모에 관심을 갖고 멋을 부리는 것, 불안심, 조급함, 낮은 자존감 등을 들 수 있을 것이고, 학습에 가까이 갈 수 있는 습관으로는 성실함, 책임감, 규칙적인 생활, 차분함, 집중력, 유능감 등을 들 수 있을 것이다. 어린 유년기 시절부터 나쁜 습관을 없애고 좋은 습관에 길들이도록 부모는 최선을 다해야 한다. 이 습관은 부모의 습관을 많이 닮게 되니 평소 부모인 자신의 습관을 분석하여 나쁜 습관에 젖어 있지 않도록 조심하지 않으면 안 된다. 이렇게 하여 좋은 습관에 길들여졌다면 학습을 수행하기가 그렇게 어렵지 않음을 알게 될 것이다.

제4장

자녀를 변화와 성장으로
이끄는 것은 무엇인가?

우리의 자녀들은 어떻게 변화와 성장을 하게 되는가? 자녀는 한 번 넘어질 때마다 아픔과 고통을 겪으며 일어나게 된다. 다시는 넘어지지 않겠다고 다짐하는 마음이 생기게 된다. 시간이 지난 후 다시 넘어지게 된다. 또 다시 자녀는 아픔의 전철을 밟지 않으려고 굳게 마음먹는다. 이렇게 하여서 자녀는 넘어지는 빈도가 차츰 줄어들게 된다. 이것이 바로 조그마한 변화와 성장의 모습이다. 이러한 과정이 반복되는 가운데 변화와 성장은 이루어지게 되는 것이다. 여기에는 반드시 넘어지는 것과 또 다시 일어서는 반복적인 과정이 필요하며 아픔을 통하여 뼈저린 후회가 따라야 한다. 이 뼈저린 아픔에 대한 후회와 반성을 통하여 자녀는 변화와 성장의 과정을 밟게 된다. 부모는 너무 지나친 간섭과 과잉보호하기보다는 상황에 따라서는 일부러라도 방관적인 자세가 필요하다. 성장하게 되는 자녀는 넘어지고 다시 일어나는 반복적인 과정과 같이 변화와 성장의 과정을 밟게 된다. 이 과정 속에는 아픔을 겪는 뼈저린 후회와 새롭게 다짐하는 반성이 따라야 할 것이다.

어린시절에 세상의 눈을 뜨게 하라

어린 시절부터 세상이 어떠함이라는 것을 알게 하는 것이 자녀의 성장에 도움을 주게 한다. 자녀에게 천진난만(天眞爛漫)한 유년기의 시절을 없게 하라는 것은 전혀 아니다. 조기에 세상눈을 뜨게 한다는 것은 온상의 화초처럼 키운다는 것과는 거리가 멀다. 즉 된서리 눈보라도 함께한다는 뜻이기도 하다. 조기에 세상눈을 뜨게 한다는 것은 성장에 맞추어 모든 일상생활을 학습과 연결하여 교육과 변화로 이끈다는 뜻이기도 하다. 꼭 학습이란 학교에서만 하는 것이 아니라 가정에서부터 도덕성, 예의, 자세, 언어, 올바른 사고(思考) 등을 잘 가르쳐야 한다. 교육을 크게 나누어 가정교육, 학교교육, 사회교육 등으로 구분한다면 이들 교육을 병행하기도 하고 구분하기도 하면서 교육의 폭을 생활 속에서 넓혀 나아가야 한다. 결국 교육의 목적이 인생이 무엇이며 사회가 어떠함이라는 것을 체험을 통하여 알게 하는 것이다. 이것은 간접적으로 학습을 유도하는 좋은 계기를 부여하는 것이기 때문이다.

학교 학습을 하게 한다는 것은 학문의 길로 나아가게 하는 것이다.

그렇게 하려면 자연히 어려움과 고통에 직면하게 되어 아픔을 맞게 된다. 여기에 앞서 생활 속에서 삶의 진실을 보여주고 느끼게 함으로써 자녀가 체험을 통하여 사회의 일면을 직접 경험해 보는 것이 학습에 앞서 필요하다. 또한 학습과 병행하여 노동의 아픔을 직·간접적으로 체험해 봄으로써 학습의 어려움과 건설현장의 노동을 비교해 볼 수도 있을 것이다. 우리의 자녀가 쉽고 편안하게 학습을 잘 할 수 있을 것이라는 것은 거의 불가능하다. 이러한 사회 속에서의 실질적인 체험학습을 넓혀 나아가기 위해서는 무엇보다도 현장견학과 학습을 연결하여야 한다. 예를 들면 시장, 병원, 양로원, 결혼예식장, 장례식장, 식물원, 동물원, 각종 전시회, 미술관, 박물관, 발표회, 운동경기, 유적지탐사. 여행 등을 통하여 학교 학습은 물론 사회 참여를 유도해 보는 것이다. 그렇게 함으로써 세상의 눈을 조기에 뜨게 하는 데 도움이 된다. 이를 통하여 자녀의 적성과 재능을 발견하는 데 부모의 능력을 최대한 투입하여 자녀를 특성화하는 것이 부모의 가르침이다. 단 이때 부모가 주의해야 할 것은 자연스럽게 생활 속에서 삶의 현장을 알게 하는 일이다.

교육이란 정확한 목표를 세우고 한 걸음 한 걸음 앞으로 나아가는 것이라고 한다면 부모는 어떠한 교육을 시킬 것이라는 것이 정해져야 한다. 이에 대하여 부모가 가정에서 자녀에게 가르쳐야 할 교육의 과제는 ① 정의, 진리, 덕, 선(善) ② 도덕, 윤리, 인륜 ③ 안전하게 삶을 보존하며 살아가는 기술 ④ 친구 등 단체생활과 인간관계 ⑤ 자기는 물론 타인의 사랑, 이성(異性)의 문제 ⑥ 물자의 절약과 돈의 중요성 ⑦ 예술, 학문 ⑧ 종교, 철학 ⑨ 우주, 자연의 현상 등과 같은 문제를 은연중에 가르쳐 주는 것이다. 이러한 종류의 과제들이 자녀에게 일찍 세상을 알게 하고 자신을 알게 하는 것이기 때문이다. 이것은 항상 학교의 학습과 함께하든지, 아니면 학습보다도 먼저 다루어야 할 부모의 가르침이 아닌가 생각한다. 요즘 부모들은 자녀가 태어나면 곧 어린이집이나 유치원, 학원이나 학교에 보내면 절로 자녀교육은 이루어질 것이라고 생각하는데 이는 위험한 착각이 아닐 수 없다.

성장 발달을 위해 교육과 훈련을 시켜라

인간을 야생의 세계에서 인간화하기 위해서는 교육과 훈련이 필요하다. 교육은 인간의 지능에 훈련은 인간의 행동에 변화를 유도한다. 이 두 가지를 원만히 수행하기 위해서는 반드시 정신의 집중과 반복을 필수로 한다.

　교육과 훈련의 중요성은 아무리 강조하여도 과(過)하다고 할 수 없으며, 교육과 훈련만큼 인간 성장발달에 미치는 영향이 큰 것 또한 없을 것이다. 어릴 때부터 철저하고 완벽한 교육과 훈련을 받은 사람은 무엇 하나 못할 것이 없을 것이며, 완벽한 자신의 인생목적을 충분히 수행해 나갈 수 있을 것으로 본다. 교육은 어떻게 이루어지는가? 교육을 광의적(廣義的)으로 해석해 보면 훈련(訓練)이라는 과정도 포함할 수 있겠지만, 협의적(狹義的)으로 볼 때 교육과 훈련은 그 성질면(性質面)에서 차이가 있다. 아무튼 성장하는 자녀의 측면에서는 교육과 훈련을 받는 만큼 어려운 과정도 없다. 어린 자녀들에게 있어서 그들의 앞날을 기다리고 있는 것은 고(苦)된 교육과 모진 훈련을 받아야만 하는 당위성이라고 말할 수 있다. 그들에게는 이 어려운 과정을 어떻게 수용하고 체화하며 자신을 계발하여 변화할 것인가 하는 것이, 미래의 삶을 위해서 앞으로 남은 최대의 과제임에 틀림없다. 성장하는 자녀들은 교육과 훈련을 통하여 자신의 삶을 개척하게 되고 운명을 바꾸게 된다는 가능성을 알아야 함에도, 아직도 그들은 이와 같은 좋은 결과와 경험을 체득하지 못하고 목전(目前)에 보이는 유혹에 사로잡혀 헤어나지 못하고 있는 실정이다. 그것뿐인가? 그냥 교육과 훈련이라는 거대한 장벽에 부딪혀 망연자실하는 경우도 있다. 특히 어려운 환경에서 성장해야 하는 자녀들은 자신에게 주어진 숙명적인 명령을 개척해야 함에도 불구하고 주어진 여건이 여의(如意)치 아니함으로써 교육과 훈련의 기회를 놓치게 되고, 이것이 원인이 되어 어두운 사회 속으로 내몰리게 되는가 하면 정상적인 성장을 할 수 없게 된다.

특히 요즘 자라나는 청소년들은 진실한 아름다움은 외모적인 겉모습이 아니라 건강하고 지성을 갖춘 인격체라는 것을 알지 못함으로써 자신의 능력과 소질을 개발하지 못하고 있다. 그래서 그들의 황금빛 능력과 소질은 어둠속에 묻힌 채 발견되지 못하고 수맥(水脈)이나 광맥(鑛脈)처럼 잠자고 있는데도 말이다. 이 거대한 잠재력을 누가 발견할 수 있도록 가르쳐 주어야 하는가? 진실한 승자는 남을 무력으로 짓밟고 억압하여 이기는 것이 아니라, 수모(受侮)를 참으며 자신의 꿈을 키워나가는 것에 있는데도 말이다. 인생에 있어서의 진실한 승부는 물질의 풍요로움보다는 정신적인 가치에 의해서 판가름 난다는 것을 누군가가 이들에게 가르쳐 주어야 하지 않겠는가? 인간이 살아간다는 것은 어쩌면 곡예사(曲藝師)가 높은 곳에서 줄타기를 하는 행위와 다름없이 어렵고 험난한 과정이 아닌가 하고 생각이 된다. 특히 우리의 자녀들이 앞으로 살아가야만 하는 길은 한 없이 넓고 험난한 바다위에서 거친 파도와 싸워가며 인생이라는 긴 여정을 항해해야 하는 것과 같다. 그런데 성장기에 있는 우리의 자녀들이 어떻게 자신을 무장하여 꿈을 키워야 할 것인지를 모른 채 방황하고 있는 것이다. 누가 아무것도 모르는 순진한 이들을 거친 바다를 지나 안전한 육지로 인도해 줄 것인가? 누가 야생마처럼 거친(rude) 그 청년들을 길들여 훈련시키고 인내력을 길러 줄 것인가? 누가 자신의 욕망과 욕심을 조절할 수 있도록 자제력과 절제력을 키워줄 것인가? 누가 비리와 부정으로 얼룩진 권세와 권력 앞에 굴하지 않도록 가르칠 수 있단 말인가? 누가 허위와 위선 등 세상의 악(惡)과 정면으로 부딪쳤을 때 어떻게 피하고 방어하며 자신을 지키도록 몸소 보여 주어야 한단 말인가? 그리고 물질과 사랑의 달콤한 유혹으로부터 자신을 어떻게 보호하고 지켜나가도록 할 것인가? 누가 좌절과 절망에 있는 자녀들을 희망을 갖도록 용기를 북돋아 주어야 하는가? 누가 부정적이고 삐뚤어진 그들의 마음을 참답고 올바르게 잡아 줄 것인가? 사회에 만연한 악습과 퇴폐문화를 어떻게 물리치고 자신을 보호할 것인가? 하는 문제가 대두된다. 교육(敎育)이란 사회생활에 필요한 지식과 기술을 가르치고, 인간의 잠재능력을 일깨워 훌륭한 자질, 원만한 인격을 갖도록 이끌어 주는 일이다. 흔히 우리 부모님들은 하나같이 하는 말이 세상에서 마음대로 안 되는 것 중에 하나가 자식농사라고 말한다. 하지만 자식은 부모의 그림자이다. 우리의 자녀들은 부모의 모습을 체현(體現)하며 자란다. 아마도 그 정도로 자녀교육은 어렵다는 말이라고 생각된다. 한편으로는 이렇게 말하기 이전에 진심으로 부모인 자신은 자녀의 교육에 있어서 최선을 다했는가라고 스스로 의문을 가져 보지 않으면 안 된다. 이 말을 깊이깊이 명심해 보면 부모가 자녀들의 교육을 위해 최선을 다하지 않은 사람들의 변명에 불과하다고 생각이 들기도 한다. 교육(敎育)이 이루어지려면 한편에서는 가르치고 한편에서는 배움으로써 그 목적을 달성하게 되는 것이다. 즉 가르치는 것은 모범을 보이기 위해 관련된 과제물을 배우는 자(者) 앞에 전시(展示)를 하는 것이고, 배우는 것은 가르치는 사람의 행실을 모방하여 본(本)을 받는 것이다. 다만 교육에서 가르치려고 모범을 보이기 위해 전시하는 것이나 배우려고 모방하여 본을 받는 것에는 다만 방법과 기술이 첨가(添加)되어야 한다. 이렇게 방법과 기술이 첨가되는 과정에서 스승의 가르침이 필요하게 된다. 물론 이 과정에서 스승의 가르침 없이 학습자 본인의 탐구(探究), 즉 연구에 의해서 그 과정을 획득해 갈 수 있지만, 어려운 순간과 고비마다 적절한 방법과 기술이 따르면 쉽게 이루어질 수 있기 때문이다.

우리나라 교육에 있어서 오늘날 현대교육의 오점(汚點)은 민주주의 교육방식이라는 간판을 앞세워 서구(西歐)의 교육제도가 우리나라에 아무런 비판 없이, 그것도 갑작스럽게 유입되어 들어오게 됨으로써 우리나라의 전통교육이 사라지게 되고 선조들로부터 면면(綿綿)히 이어져 내려오는 윤리·도덕적인 정통성, 즉 그러한 정신적 가치를 찾기 힘들다는 데에서 시작된다고 하겠다. 이 점이 우리나라 전통교육을 중시하는 교육자의 입장에서는 대단히 안타깝고 슬픈 일이 아닐 수 없다. 인간이 성숙되려면 영어, 수학 등의 교양과목이나 기술을 다루는 전공과목도 중요하지만, 자신의 마음을 조절할 수 있고 극복할 수 있는 내면의 승화가 먼저 이루어져야 하기 때문이다. 그래서 인도에서나 태국에서 이루어지고 있는 기도나 명상, 종교적 경전 등의 교육과목을 통한 내면의 정신적인 질서를 확립할 수 있는, 그러한 교육과정이 우리나라 교육제도에도 반드시 새롭게 도입되어 이루어졌으면 하는 바람이다. 사람이 살아가는 되는 훈련(training)만큼 가치성이 높은 것은 없을 것이다. 훈련은 반복의 과정을 통해서 그 자질을 획득하게 된다. 훈련은 곧 반복이라고 말할 수 있다. 반복을 통해서 행동을 익혀나가기 때문이다. 특히 훈련이란 자기극복과 자기 내면의 탐구를 말한다. 훈련(訓練)이라는 사전적 용어는'가르쳐 익히게 하는 것'으로 교육적인 측면에서는 일정한 목표나 기준에 도달할 수 있도록 실천시키는 실제적 활동이다. 이에는 정신적인 것과 기술적인 것이 있다. 보편적으로 자기 성장을 위한 훈련으로 기술적인 것도 해당되지만 여기서는 정신적인 것을 말한다. 훈련이 가치 있는 이유는 훈련을 통해 자신이 바라는 그 목표를 달성하기 위하여 자질을 갖추게 해줄 수 있어 수양(修養)처럼 정신적인 무장을 획득할 수 있기 때문이다. 오늘날의 물질만능 주의의 사회가 티 없이 맑고 깨끗하게 자라야 할 성장하는 자녀들에게 있어서 정신을 병들게 하고 있다는 사실을, 우리 부모들은 한시라도 잊어서는 안 될 것이다. 그 중에서도 대부분 요즘 핵가족에서의 자녀들은 가정마다 하나 둘로서 부모들의 지나친 과잉보호로 인하여 허약할 대로 허약한 상태이다. 이에 반하여 외부의 세상은 지나칠 정도로 극심한 경쟁사회로 참혹하고 살벌하며 험하다고 할 수 있다. 이와 같이 가정 내부와 외부의 격차를 어떻게 하여 좁혀서 현재와 미래에 적응할 수 있는 건강한 자녀로 성장시킬 것인가는 부모가 가르쳐야 할 자녀의 교육과 훈련에 좌우된다고 할 수 있다. 아마도 이것이 우리 자녀들에게 앞으로 부모가 가르쳐야 할 교육과 훈련의 내용이 될 것이다. 이 세상의 삶이란 아무리 몸부림쳐도 자신의 끝없는 욕망을 다 채울 수 없는 일이다. 그러니 수양(修養), 즉 훈련을 통해서 욕망의 통제력을 갖출 수 있게 해야 한다. 인간에게 있어서 실제적으로 삶을 실현하는 과정에 있어서 현실적으로 다가오는 문제들은 외부적으로 삶을 확장하여 욕망을 채워나가는 과정보다는 내부적으로 자신의 욕망을 억제하고 통제하며 조절하면서 살아가는 것이 더 가치 있는 일이다. 이 방법이 자신을 가장 안전하게 보존하고 삶을 무난히 완성할 수 있게 하기 때문이다. 그렇게 함으로써 자기 자신이 남의 의도대로 움직이거나 조정당하지 않고 자신이 자기의 주인이 되어 마음대로 삶을 주도적으로 살아갈 수 있게 된다. 이와 같이 정신적으로 자신을 훈련한다는 뜻이 바로 수양(修養)이다. 수양은 자신의 정신을 맑게 유지하여 위험과 불안전으로부터 자신을 보호하기 위하여 항상 경계하고 살펴서 자신을 안전하게 유지함에 있다. 수양의 목적을 달성하려면 자신이 안전하게 살아갈 범위를 사전에 확보하면서 그 범위 내에서 삶을 실현해 나가지 않으면 안 된다. 이것이 바로 자기 통제이며 자기 훈련이고 가장 확실하게 살아갈 수 있는 삶의 수단(手段)이 되는 것이다. 인생이라고 하는 것은 탄생의 순간부터 힘들고 어려운 과정이 아닐 수 없다. 부모는 성장하는 자녀에게 이러한 사실을 차츰, 그리고 서서히 직접 눈으로 확인시키며 보여 주어야 한다. 즉 연약하고 부드러운 어린 새순에서부터 자 벌레(a looper)는 피해를 주듯이 어린청소년에게 주어진 주변 사회적인 조건은 달콤한 유혹의 손길로 청소년을 악(惡)으로 유인하기 때문이다. 가정에서부터 허위와 나태(懶怠), 불안(不安), 폭언(暴言), 가식(假飾), 불신(不信), 금전적 낭비 등이 존재하는 비정상적이라면 자녀가 올바르고 참답게 성장하는 데 이들이 장애요소(障碍要素)로 작용할 것이다. 이러한 장애요소를 부모 자신부터 해결하고 개선하지 않는 한, 아무리 신체접촉을 하고 놀이를 함께 하며 부모와 자녀 간에 의사소통을 잘한다고 해도 자녀로부터 신뢰는 물론, 정상적인 성장은 기대하기가 어려울 것이다. 그 중에서도 가장 중요한 것이 부모의 진실한 마음가짐이다. 아무리 부모가 허위와 거짓을 숨기려고 해도 먼저 그 심정을 알게 되는 것이 성장하는 자녀의 생리적 특성이기도 한 것이다.

우주에 존재하는 모든 생물이나 사물들은 서로가 연관성이 있으며, 이러한 맥락에서 인간들의 영(靈)과 영(靈)은 서로 통(通)한다고 말할 수 있을 것이다. 즉 대한민국 서울에 계시는 아버지의 영적(靈的)인

생각은 미국에서 공부하는 아들의 영적(靈的)인 생각과 언어를 교환하지 않고 얼굴을 마주하지 아니하더라도 서로 뜻을 알게 되어 있다. 즉 생각과 생각은 서로 교감하고 있으며 우주의 신명함과 인간의 마음도 일맥 뜻이 통한다는 내용과 같다. 자기 자녀를 비행청소년으로 키우지 않고 선량(善良)한 청소년으로 키우고 싶다면 무엇보다도 부모의 영(靈)이 자녀의 영(靈)과 영적(靈的)으로 서로 진실한 교감이 이루어져야 한다. 흔히 부모들이 생각하기에 부모와 자식 사이에서 마음의 표현은 거의 말로만 전달되고 수용되는 것으로 인식하게 되지만, 그것보다는 생각과 생각의 흐름이 좋은 방향으로 감화(感化)를 주고 영향력을 미치게 한다는 것을 잊어서는 안 될 것이다. 물론 자신이 타고난 유전적인 소질이 아주 적게나마 어느 정도 환경과 작용하여 선(善)하게, 그리고 악(惡)하게도 작용할 수도 있을 것으로 본다. 하지만 의식적이든 무의식적이든 대부분의 자녀의 행동은 주변사람들의 영향을 받아 선(善)하게, 또한 악(惡)하게 성장하는 것으로 보아야 할 것이다. 선한 사람들 사이에서 자라면서 선한 행동을 보고 배우는 것이 좋은 교육환경이라고 생각된다. 큰 나무의 몸통은 결국 아주 작은 씨앗으로부터 시작된다. 자녀의 성장에 있어서도 정신적인 세계는 유아기 때부터 한 치, 한 올이라도 흐트러진 마음으로 오염되지 않도록 부모의 올바른 생각이 자녀에게 전해져야 할 것이다. 정상(正常)과 비정상(非正常), 즉 비행(非行)과 선행(善行)의 시초는 머리카락 한 가닥 관념의 차이지만, 종국에 가서는 돌아올 수 없는 큰 산맥을 사이에 둔 것처럼 멀어지게 된다.

예를 든다면 자식을 키우는 부모의 입장에서 참 매를 길들이는 응사(鷹師)의 마음가짐을 비교해 보기로 하자. 응사는 참 매를 길들이기 위해서 얼마나 많은 노력과 관심, 사랑과 먹이를 주면서 반복적인 훈련으로 오랜 기간 지속(持續)하는가를 보아라. 웅사는 야성의 동물인 이 참 매를 자기마음대로 부리기 위해서 24시간 참 매와 떨어져 있지 않는다. 웅사가 잠을 잘 때도 자기의 손등에 참 매를 붙들어 놓고 함께 자며 억지로 텔레비전을 보이기도 하고 기타와 음악을 들려주면서 사람이 많이 다니는 거리와 음식점 등에 데리고 다녀 인간의 세계에서 두려움을 갖지 않도록 훈련시킨다. 오죽하면 웅사의 말은 "참 매가 웅사를 길들인다고까지 말하지 않았는가?" 참 매를 웅사가 길들이는 데는 오직 몇 가지 훈련의 수칙이 있다. ① 웅사가 참 매에게 진실한 사랑을 주는 것 ② 참 매를 배고프게 허기지도록 하고 먹이를 손등에 놓고 유혹하는 것 ③ 지속적인 반복과 오랜 기간 접촉하여 두려움을 없애는 것 ④ 아주 어린 새끼 때부터 기르면서 길들인다는 것 ⑤ 웅사와 24시간 동거 동락한다는 것 등이다. 야성의 동물인 참 매가 얼마나 높은 창공을 활활 자유자재로 비행하며 자유를 만끽하고 싶었겠는가? 그리고 참 매의 입장에서 인간의 세계는 어떻게 바라보겠는가? 신(神)보다도 더 교활한 인간의 지혜 앞에서 과학으로 가공된 소음과 찬란한 불빛 속에서 전부가 자기를 위협하는 적(敵)과 무기와 같은 공포로 가득 찬 세계였을 것이다. 하지만 인간은 그 참 매를 야생의 성향(性向)인 자유를 주지 않고 지속적으로 사람 곁에 끈으로 묶어서 사람과 친하게 길들여 결국은 사람의 지시에 움직이도록 한다. 그래서 참 매는 결국은 웅사가 "아~"라고 부르는 구호에 창공을 날아야 할 때 다시 웅사의 팔뚝에 찾아오는 매의 순응하는 자세를 보이게 된다. 그런데 하물며 사랑하는 자기 자식인 인간을 야생화(野生化)시켜서 되겠는지 잘 생각해 보아라. 인간인 인간이 인간을 교육시키는 것을 웅사가 야생의 동물인 참 매를 길들이는 것에 비교해 보면 그것이 그렇게 어렵겠는지? 만약에 자녀교육이 힘들 때면 응사의 참 매를 길들이는 장면을 연상해 보기 바란다.

　여기서 비행청소년(非行靑少年)에 대해서 생각해 보면 동물세계에서는 비행(非行)이라는 말이 통용되지 않는 용어이다. 오직 선(善)과 도덕(道德)을 가장 가치(價値) 있는 삶이라고 생각하는 인간들이 사회의 제도적(制度的)인 차원에서 만인의 행복과 평화를 위해서 만들어진 용어(用語)일 따름이다. 인간에게만 적용되는 용어라고 생각한다. 동물의 세계에서는 '비행(非行)'이라는 용어가 있을 수 없다. 이러한 요소들은 인간이기에 인간심에서 '선(善)과 악(惡)이라는 경계선'을 설정해 놓고 '어떠한 행동은 착한 행동, 어떠한 행동은 나쁜 행동'이라는 인위적인 도덕과 윤리의 측면에서 만들어놓은 것에 불과하다. 자연 그대로 순수한 상태에서 본다면 '비행(非行)이란?' 사람들이 생물학적 존재로서 욕구충족을 위한 행위라고 생각되며 청소년들에게 있어서는 그들 나름대로의 진실한 마음을 표현한 것인데, 인간이기에 꼭 선(善)해야 한다는 전제조건이 있게 된 후 부차적으로 '비행'이라는 용어가 성립되었다고 본다. 즉 인간사회에 있어서 청소년기, 즉 겉과 속이 하나로 가식(假飾)으로 포장되지 않은 상태에서 순수한 마음의 욕구나 충족을 위한 그대로를 표현한 행동이 '비행'이라는 용어로 사용된다고 생각할 때, 성인으로서 우리는 이 '비행'을 보다 순수한 입장에서 받아들이고 이해해 주었으면 하는 바람이다. 즉 자연 상태에서나 동물의 세계에서는 있을 수 없는 일을 인간적인 측면에서 볼 때 욕구의 발로(發露), 그 자체가 비행이라는 이름으로 낙인찍히게 만드는 것이 아닐까 생각된다. 인간이 지켜야 하는 사회적 제도가 비행청소년이라는 관념을 더욱 짙게 하고 있다는 것이 사실이다. 만약에 인간이 살아가는 제도를 벗어난다면 이것은 자연 상태에서 생리적인 욕구를 충족시키기 위한 본능에 의한 순수한 발로의 한 형태라는 것이다. 어른들은 청소년들에게 접근할 때, 순수하고 자연스런 상태로 이해하고 받아들이며 이끌어 준다면 비행청소년이라는 이름을 다소 약화시킬 것이라고 생각해본다. 그러한 의미로 성인의 입장에서 편견을 버릴 것을 요구하고 싶다. 왜냐하면 청소년이란 시기, 그 자체가 생물학적인 욕구 충족 그대로를 표현 하는 시기이니까 말이다. 그 시기를 지나면 이러한 청소년들도 우리 성인이 생각하는 모습으로, 자기의 기본욕구를 마음속으로 억압하여 순화한 상태로 변신하여, 적어도 겉으로는 인자한 모습으로 자기를 표현할 수 있을 것이기 때문이다.

종합적으로 볼 때 교육은 지식을 유입시킴으로써 사고의 영역을 넓히고 깊게 하며 종국에 가서는 자아실현을 이루고 도덕적인 인간으로 도야시키는 데 그 목적이 있을 것이다. 훈련은 인내력을 키우는 것은 말할 것도 없고 마음이나 신체의 단련에 목적이 있다. 훈련은 교육에서 획득한 자질을 기초로 하여 반복적인 행동을 통해 체화함으로써 완전히 신체의 일부로 그 능력과 기술이 향상된다고 할 수 있다. 대체적으로 교육으로 지식을 높이고 훈련으로 행동의 변화를 기해야 할 것이다.

자아개념(自我槪念)의 형성은
객관적인 시각을 넓혀야 한다

자아개념이 구성화되는 과정은 일단은 조상으로부터 물려 받는 유전자의 작용이 발현되고, 여기에 정신적인 발달이 이루어지면서 서서히 자아개념이 싹트게 된다고 하겠다. 또한 '자신의 행동과 모습을 스스로 내면에 인식하고, 주변 동료, 부모 등이 자신을 보는 객관성에 의하여 자신의 부족한 면을 끌어올려 상호 조화와 균형을 유지하려고 하는 가운데 정신적인 발달을 기하게 된다.' 이것이 자아개념이 발달되는 과정이라고 할 수 있다.

인간이 세상에 태어나서 스스로 자기라고 인식하고 스스로 살아갈 수 있게 되는 '자아개념의 구성'은 언제부터 어떠한 과정을 통해서 형성되는지를 알아보고자 한다. 어린 자녀가 세상에 태어나면 부모로부터 육체는 물론 정신적으로 분리되어 한 개인으로 독립되는 성장 과정을 밟게 된다. 어린 생명체인 유아기(幼兒期, 1.5~3세)를 포함한 유년기(幼年期, 4~6세)에는 부모 없이는 거의 생존할 수 없는 존재로 자기 생명을 부모에게 의지하며 성장해 간다. 하지만 어느 정도 성장하여 아동기(7~12세), 청소년기(13~18세)가 되면 육체적, 정신적으로 부모로부터 독립하기 시작하여 자기 혼자서 스스로 살아갈 수 있게 된다. 이렇게 자아개념의 형성과 발달은 부모로부터 심리적으로 분리되어 자기 혼자 살아갈 수 있도록 독립화되는 자기 내면의 발달을 의미하는 것이다. 이 자아개념의 형성과 발달이 잘 이루어지게 됨으로써 부모로부터 심리적인 면에서 한 개인의 인격체로 독립하게 되는 것이다. 이러한 자아개념의 형성과 발달 시기는 유아기를 포함한 유년기, 아동기, 청소년기라고 말할 수 있을 것이다. 자녀가 어느 정도 성장하면 내면적으로 완전히 독립된 인격체로 발달하여 부모와 자녀가 분리되는 경계선(境界線)이 형성된다. 자녀는 부모와 통합 상태가 아니라 한 인격체로 독립하여 스스로 자기 행동에 책임을 지게 되며 창조성을 지닌 성인으로 발달하게 된다. 이 분리 독립에는 정신적인 심적 독립, 경제적인 물적 독립, 사회적인 독립, 더 나아가서는 영적인 독립으로 나누어 볼 수 있을 것이다. 우리의 주변에는 나이는 성인(成人)이 되었는데도 부모로부터 독립되지 못하고 의지하며 살아가고 있는 성인자녀를 볼 수 있다. 이들은 성인이 되어 결혼을 하고 자녀를 낳아 기르고 있다. 하지만 자기는 자신의 부모로부터 미분화(未分化)된 상태로 심리적으로 완전히 독립하지 못하고 스스로 살아가기에 많은 어려움을 겪게 된다. 이러한 의미에서 볼 때 어린 시절, 특히 영유아기(3세 이전)를 비롯한 유년기(6세 이하) 시절의 부모의 사랑과 가르침은 자녀가 성인이 된 이후의 삶에도 중요한 영향을 미치게 된다. 인생을 축제처럼(심수명. 2005)에서 기술(記述)하고 있듯이 "자기 존중감이 건강하게 세워지기 위해서는 인생초기의 심리적 안정감이 매우 중요하다. 물론 청소년기나 성인에게도 마찬가지이지만 영, 유아기와 같은 초기의 심리적인 안정감은 오랜 기간 평생 동안 지속적으로 영향을 끼치게 된다."고 기술하고 있다. 이와 같이 생각해 볼 때 영유아기를 비롯한 유년기에 부모와의 관계형성이 자녀자신의 성격형성에 긍정적으로 작용하느냐 부정적으로 작용하느냐로 영향을 미치게 한다는 것이다. 만약에 자신의 어린 시절, 유년기 이전의 삶이 부모로부터 진실한 사랑을 주고받았던 관계가 아니라면 자녀의 성격형성은 신뢰성을 획득하지 못하여, 자신은 물론 타인에게 있어서도 성장한 이후 계속하여 세상을 살아가면서 지속적으로 불신(不信)을 보이게 됨으로써 인간관계 형성에 악영향을 미치게 된다는 것이다. 이러한 성격적인 특성이 놀랍게도 노인기까지 간다는 것이다.

자녀는 어린 시절 부모로부터 받은 사랑과 배려, 보살핌을 바탕으로 신뢰를 획득하게 되고, 이 신뢰를 바탕으로 타인과의 관계에서 자신의 삶의 영역을 창의적으로 확장해간다는 것이다. 만약에 성장과정에서 이러한 사랑과 보살핌, 배려를 받지 못하면, 그로 인한 나쁜 영향이 노인기에 이르기까지 미치게 된다고 하니 중요하지 않을 수 없다. 이와 같은 까닭에 유년기를 지나 아동기(7~12세)에 접어들면서부터 자녀 스스로 학교에 가면서부터 자주성이 활발하게 자라기 시작한다는 것이다. 이때 주의하여야 할 점이 자녀의 독자적인 사고(思考)와 자주적인 행동을 존중해주고 스스로의 생각으로 판단하여 행동할 수 있도록 부모는 옆에서 어느 정도 거리를 두고 지켜보아야 한다. 부모가 지나치게 자녀의 의견이나 생각을 무시하고 자녀의 주관성을 인정하지 않으며 부모의 생각과 의도를 자녀에게 그대로 심어주어 자녀의 내면 깊숙이 부모의 의도(意圖)가 차지하게 되면, 자녀는 자신의 주관성이 바람직하게 성장하지 못하고 멈추어지게 되는 현상이 일어나게 되어 부모에게 모든 것을 위임하게 될 수도 있다. 그러면 그 이상 자녀의 발달은 바라는 만큼 기대하기 힘들게 될 것이다. 이와 같이 자녀가 성인이 되었는데도 스스로 생존하기 위한 창의적이고 자율적인 행동이 부족하게 되어 어른이 된 이후에 자신의 삶을 개척하는 데 어려움을 겪게 되니, 아동기인 이 시기부터 자녀의 자립심이 멈추어지지 않도록, 가능하면 자녀자신의 삶을 자신이 자율적으로 판단하고 행동하도록 자율에 맡겨야 한다. 여기서 중요한 것은 아동기에 자녀의 자립성이 거의 이루어지게 되니 이 시기에 자립성이 저해받지 않도록 세심한 주의가 필요하다고 하겠다.

한영 현대인의 성경(생명의 말씀사. 1990)을 보면 왕국건설 Ⅱ 제3장

29절에 이런 글귀가 나온다.

......다윗왕은 아브넬을 위해 이런 애가(哀歌)를 지어 불렀다.

"어째서 아브넬은
바보처럼 죽어야만 했는가?
네 손이 묶이지 않았고
네 발이 족쇄에 채이지 않았는데
악한에게 죽은 자처럼
네가 허무하게 죽었구나!"

이 애가(哀歌)에서 다윗 왕이 아브넬에 대하여 희망하는 바는 성인이 되었으면 스스로 알아서 자신의 생명을 보전할 수 있도록 처신했어야 하는데, 그러하지 못한 점을 한탄 섞인 내용으로 바라보는 것이다. 즉 성인이라면 스스로 누가 이렇게 하라고 시키지 않아도 자신이 알아서 삶을 건강하게 영위해 가야 한다는 내용이 역력히 이 애가(哀歌)에서 나타난다. 이 점은 아마도 자아개념의 형성발달이 미흡하여 창의적인 정신이 부족하면 나타날 수 있는 현상과 같다고 하겠다. 부모들은 아이들의 독립심을 키워주어야 하는데 혹시 위험하지나 않을까 하는 두려움 때문에 포기하거나 주춤할 때가 많다. 자녀들보다도 먼저 부모가 넘어야 할 산이 많다는 것이다. 이것이 바로 부모자신의 두려움이다. 이 두려움은 자녀가 하고자 하는 어떤 과업을 부모가 완전히 파악하거나 확실히 알지 못할 때 그 도(度)가 심화될 수 있다. 즉 부모자신이 자녀가 하고자 하는 어떤 과업에 대하여 소상히 그 내용을 파악하여 알고 있다고 한다면, 그 과업에 자녀가 뛰어든다고 해도 그렇게 두려워하지는 않을 것이다. 이것이 바로 부모자신의 두려움에 대한 극복이 먼저라는 점이다. 자녀들은 부모들이 두려워하지 않는 모습을 보고 힘을 얻어 자녀 자신의 두려움을 극복해 간다. 자녀 자신이 어떤 과업에 두려움을 이겨내고 스스로 추진하여 해냈을 때 자신감을 얻게 되며, 정체성 형성에도 도움이 되어 그만큼 자아개념에도 변화와 성장을 이루게 되는 것이다. 부모가 조금이라도 위험하다 싶어 자녀를 아예 못하게 막을 경우, 아이들은 오히려 더 심각한 위험에 빠질 수 있다는 것을 부모들은 심각하게 받아들어야 한다.

  인간의 삶에는 신체적 위험이든 감정적 위험이든 늘 위험요소가 여기저기 도사리고 있다. 인간이 살아가는 것이 본래 그런 것이다. 위험이란 피하고 싶다고 다 피할 수 있는 것도 아니며 꼭 피해야 상책인 것만도 아니다. 위험에 대비하여 적절한 수단을 강구는 해야 하겠지만, 위험요소들을 완벽하게 차단하는 것 자체가 불가능하며, 또한 그러한 행동이 그렇게 바람직하지도 않다. 신체상의 위험과 감정상의 위험은 늘 연결되어 있다. 그 중 한 가지만 피하려고 했다가 다른 한 가지는 더 큰 위험에 빠질 수도 있다. 엄청나게 많은 부모들이 아이들의 몸을 다치지 않게 한다는 이유로 지나치게 조심을 하는 경우가 많다. 그 결과 아이들은 미래에 대한 방향성도 부족해지고 자신의 설자리도 확보하지 못하게 되며 자신감도 잃게 된다. 이러한 위험에 대한 과잉보호 때문에 더 큰 문제점이 야기되고 있다는 것을 부모들은 지금 간과하고 있다. 아이가 관심이 있는 분야를 격려해 주기는커녕 과소평가하고 무시하며 못하게 말리는 것이 된다. 부모의 이런 태도는 아이의 사기를 꺾을뿐더러 더 위험한 지경으로 아이를 몰아가게 된다.

  Carl Rogers(1902~1987)의 인간중심 상담이론에서는 "인간의 본성은 선(善)하며 스스로를 조절하고 통제하는 능력이 있다"고 보았다. 이 이론에 따르게 된다면(물론 다른 측면에서 보면 그러하지 않을 수도 있다) 인간은 적절한 환경만 조성이 된다면 타고난 잠재력(潛在力)을 신장(伸長)시킬 수 있다는 것이다. 마찬가지로 자녀가 지나치게 조심하여도 주도성이 결여된다. 아동이 스스로 주도성을 갖도록 부모의 관심이 필요한데 자녀가 이를 갖추었을 때 삶의 목적의식이 뚜렷해진다. 자녀에게 목적의식을 부여하려면 자녀 스스로 주도적으로 할 수 있게 해야 한다. 그러기 위해서는 실패를 두려워하지 않고 무엇이든지 시도할 수 있는 기회를 주는 것이 중요하기도 하다.

부모의 입장에서도 무엇보다 자녀의 심리적인 측면에서 자아개념의 형성과 성장발달이 가장 중요하다고 하겠다. 자녀의 자아개념의 형성과 발달도 유전과 환경을 빼놓을 수 없으며, 이것 또한 유전과 환경의 영향을 받을 것이다. 타고난 유전인자의 기능이 단계별로 발현되는 과정에 따라 자녀의 정신적인 면도 이에 비례하여 발달할 것이기 때문이다. 이와 같이 자녀의 개인적인 특성에 맞는 가장 적합한 발달 조건이 있으며, 발달 단계에 따라 신체적 기본 욕구를 위한 충족 행위가 잘 이루어지도록 환경을 조성하도록 부모는 지속적인 관심을 가져야 할 것이다. 이와 아울러 자녀는 욕구 충족행위를 위한 나름대로의 개별적인 창조행위가 자연적으로 이루어지게 되며, 이것이 곧 자녀의 정신이 형성 분화, 성장 발달 되는 계기가 된다. 이와 같은 과정을 더욱더 촉진하려면 ① 성장 단계 별로 욕구를 자극하여 다양한 인간관계를 통한 인식의 영역을 확장한다. ② 성공과 실패의 모델에 직접 접하고 관찰하여 경험화한다. ③ 자녀의 역할에 자유와 책무를 부과하여 독립화시켜 나간다. ④ 새로운 과제와 미래에 도전할 수 있는 성장환경을 지속적으로 제공한다. 이와 같은 환경을 만들어 주기 위해서는 유아기·유년기에는 부모의 사랑을, 아동기에는 또래와의 좋은 만남을, 그리고 동료, 부모, 그리고 선생님으로부터 인정을 받는 것이며, 청소년기에는 시련, 고통, 성공 등 다양한 경험을 쌓도록 하여야 할 것이다. 자녀가 성장함에 따라 자기 자신이 감당할 수 있는 일을 확장시키고 떠맡아 자녀가 성장하는 만큼 그것에 합당하는 생(生)의 부분들을 책임지도록 하는 것이 중요하다. 단 억지로 자녀가 정신적으로 분화 성장 발달되게 강요하지 말고 부모는 자녀가 자연스럽게 성장하도록 적절한 환경을 제공하여야 할 것이다. 앞에서 설명이 있었지만 자아개념의 성장발달에 많은 영향을 끼치는 또래집단이 중요한 이유는, 또래집단이 의미 있는 타인의 하나로서 이들이 자아개념을 형성하는 데 지대(支待)한 영향을 준다는 것이다. 특히 초등학교를 비롯한 중·고등학교 시절은 인생에 있어서 성공과 실패를 좌우하는 기반을 다지는 시기(時期)라고 생각되는데, 이때 학교성적을 비롯한 그 영향력은 동창생들에게 인정(認定)을 받느냐 그렇지 못하느냐 구분지어지게 된다. 여기서 급우들로부터 다시 돌아오는 피드백은 학습자자신에게 고스란히 객관적인 평가와 여론이 되어 바로 그 자체가 자아개념을 형성하는 데 전부로 작용하게 된다. 그 외에도 학교 선생님과 부모형제로부터 받게 되는 인정감 역시, 자아개념 형성에 대단한 영향력을 미치게 되는 것이다. 만약 학습자 자신의 성적이 하위에 맴돌아 부정적인 자아개념이 형성되면 성적 그 자체로 말미암아 학습자가 인생을 살아가면서 무엇을 하려고 하는 자신감이 없게 되어 인생을 소극적으로 살아가게 되기 때문에 삶에 있어서 부정적인 요소로 작용하게 될 수 있다. 학교생활에서 학습자의 성적은 앞으로 학습자의 인생진로와 자아개념 형성에 크나큰 영향력을 미치게 된다. 올바른 부모 밑에서 자녀의 정신이 똑바로 형성되었다면 자녀는 자율적으로 진정한 독립의 길을 선택하게 된다. 이 말은 똑바른 정신을 갖추고 있는 자녀라면 독립적인 인격의 소유자로 자라게 된다고 볼 수 있다. 그러니 부모는 평소에 항상 자녀가 혼자서 고요하고 차분하게 깊게 생각하여 자신이 모든 면에서 스스로 어떤 일을 결론지어서 할 수 있도록 시간적인 여유를 제공해야 한다. 우리가 자신이 혼자 수양을 해보면 이 지구와 자연은 한 치의 오차도 없이 아주 미묘하고 섬세하며 엄격히 운행되고 있다는 것을 느끼어 알 수 있다. 그래서 자녀가 성장하면서 서서히 어머니와의 관계가 분리 독립되며 자녀의 내면적인 성장이 이루어지면서 자연적으로 올바른 정신이 길러지게 된다. 지나친 간섭이나 과잉보호보다는 홀로 생각하고 판단하여 스스로 생각하는 시간을 많이 갖도록 하여야 한다. 자아개념이 뜻하는 바는 사람들은 누구나 자기 마음속에 '자기 스스로'를 나타내거나 반영하는, 또 하나의 '자기모습'을 간직하게 되는데 이것이 개인의 행동을 결정하거나 적어도, 그 행동에 영향을 미치는 중요한 요인으로 작용하게 된다는 것이다. 이와 같은 자아개념은 자아관(self-view), 자아구조(self-structure) 등과 같은 의미로 사용되기도 한다. 자아개념이 구성화되는 과정은 일단은 조상으로부터 물려 받는 유전자의 작용이 발현되고, 여기에 정신적인 발달이 이루어지면서 서서히 자아개념이 싹트게 된다고 하겠다. 자신의 행동과 모습을 스스로 내면에 인식하고, 또 주변 동료, 부모 등이 자신을 보는 객관성에 의하여 자신의 부족한 면을 끌어올려 상호 조화와 균형을 유지하려고 하는 가운데 정신적인 발달을 기하게 된다. 이것이 자아개념이 발달되는 과정이라고 할 수 있다.

다음은 전문가를 중심으로 한 자아의 발달과정을 살펴보기로 하겠다. 현대정신분석학의 세 흐름으로는 자아심리학, 대상관계이론, 애착이론이 있는데 그 중에서 대상관계이론을 중심으로 먼저 소아기(小兒期) 위주의 자아발달과정을 살펴보기로 하자(다소 이러한 이론들이 개인에 따라 이해하기 힘들 수도 있다). 대상관계이론가 klein은 자녀의 자아발달단계에 있어서 '편집-분열 자리(paranoid-schizoid position) 이론'을 중요 발달원리로 내세우고 있다. 이 이론의 핵심은 "소아가 생후 몇 달 이내에 죽음의 본능과 관련된 '멸절(滅絶)'에 대한 원초적 공포를 경험한다고 하는데, 이러한 불안을 '편집-분열 자리(paranoid-schizoid position)'라고 명명하였다." 즉 편집증은 피해의식에 의해 생긴 불안, 다시 말해 밖으로부터 침입해 오는 악의적인 세력에 대한 두려움이다. 분열증은 이러한 두려움에 대한 방어로서 자신을 사랑하고 사랑스런 좋은 젖가슴을 미워하고, 미움 받는 나쁜 젖가슴으로부터 분리시키려는 분열을 말한다. segal(1964)은 "따라서 우리들은 편집-분열적 위치에서 사용되는 방어기제들은 즉각적이고 압도적인 불안으로부터 자아를 보호하는 방어기제로서뿐만 아니라, 발달에서의 점진적인 단계로 바라보아야 한다."는 것이다. 이와 같은 편집-분열적 위치에서 사용되는 방어기제인 분열증은 이러한 두려움에 대한 방어로서 자신이 사랑스런 좋은 젖가슴을 미워하고, 미움 받는 나쁜 젖가슴으로부터 분리시키려는 분열을 두고 하는 말이다. 즉 이 분열증이 자녀의 성장과정의 한 단계로 보면서 다음단계로 이행하는데, 다음 단계를 우울적 자리로 본다. klein은 이 우울적 자리는 "소아가 선(善)한 어머니와 악(惡)한 어머니가 실제로 서로 다른 존재가 아니고 동일인이라는 사실을 알게 될 때까지 투사와 내재화의 이러한 지속적 반복은 계속된다. 소아들이 이렇게 두 부분으로 나뉜 대상을 하나로 통합하게 됨에 따라 어머니를 향한 그들의 가학적(加虐的)이고 파괴적(破壞的)인 환상들이 그 어머니를 파괴시킬지도 모른다는 생각 때문에 소아는 혼란스러워진다. 어머니를 하나의 단일한 대상으로 파악하게 되는 이들의 새로운 관점을 klein은 우울불안(depressive anxiety)이라고 명명하였고, 그 단계를 우울자리(depressive position)"라고 칭하였다. 이 우울자리는 편집-분열증자리에서 한 단계 더 발달된 단계로 본다. 소아는 이 편집 분열증자리와 우울자리를 거치면서, 그리고 이 편집-분열증 자리와 우울자리에 대해 자아를 보호하는 방어기제, 즉 투사 및 내사와 함께 분열과 이상화, 투사적 동일시, 부인(否認), 배척(排斥), 축출(逐出) 등이 있는데, 이런 방어기제들이 알맞게 작용된다면 자아의 발달에 좋은 영향을 미친다는 것이 전문가의 견해이다. 만약에 우울적 위치와 편집-분열적 위치가 서로 융합이 되거나 혼재(混在)가 일어나면, 아이의 정신구조는 정신병적 불안을 야기(惹起)할 수도 있어 나쁜 영향으로 미칠 수 있지만, 과도하지만 않다면 성숙하게 되는 인성(人性)에서 중요한 역할을 하게 되고, 또한 자아발달과정에서 필요한 하나의 과정이라고 생각하게 된다(유근준, 2008).

여기서 현대정신분석학자인 klein(1946)은 "초기 자아는 대상(對象)과 대상에 대한 관계를 적극적으로 분열시키며, 이것은 자아 자신의 적극적인 분열을 암시하는데, 어떤 경우라도 분열의 결과는 위험의 근원으로 느껴지는 파괴적인 충동자극의 분산이다. 내부의 파괴적 힘에 의해 소멸되는 주요 불안은 자아자신을 분열하거나 산산조각 내는 자아의 구체적인 반응과 함께 정신분열증이라는 과정에서 매우 중요한 진행(進行)이라고 볼 수 있다(유근준, 2008)"이다. 그러함에도 불구하고 사랑을 많이 받은 긍정적인 경험과 이에 따라 강한 자아가 형성되었다면 이 원초적인 분열은 자아의 발달에 있어서 중요한 과정이라고 본다. 분열, 즉 애정대상과 증오대상의 분리는 이 두 부분을 통합하기 위함을 전제로 하기 때문이다. 이때 통합은 좋은 대상을 근거하여 생기는 것이며 좋은 대상을 보존하고 나쁜 대상을 분리하여 배척하는 기제(機制)인데, 이것이 자아를 보존하는 방법으로 간주하는 것이다. 이와 같은 이론은 현대정신분석학의 세 흐름인 자아심리학·대상관계이론·애착이론 중에서도 대상관계이론가인 klein의 이론(유근준, 2008)을 중심으로 살펴보았다.

　　그런가 하면 오스트리아 출신으로 미국에서 교수로 활동중인 대상 관계 이론가이며 현대정신분석학자인 Otto. F. Kernberg는 대상 관계적 측면에서 자기의 기원(起源)과 발달에 대해서 '내면화'라는 개념으로 설명하고 있다. Kernberg(1976)는 "성격의 구조화(構造化)란 계속되는 대상관계의 내면화를 통해 이루어지는 것이며, 이 내면화된 대상관계의 묶음들이 통합되고 공고화(鞏固化)되는 과정이 자기가 발달되는 과정이라고 보았다. 그리고 이 구조화와 통합과정에서 생기는 장애가 곧 병리를 초래한다"고 설명하였다. 이것은 심(心)적 성장의 본질과 방향을 이해하는 데 있어서 어머니-유아관계를 핵심적으로 생각하게 한다. 이 내면화가 먼저 이루어진 후에 유아의 정신형성과 조직에 영향을 주게 된다고 한다. 이와 같은 일련의 변화과정이 유아의 정신발달에 있어서 틀, 구조, 뼈대를 형성하므로 유아가 성장하면서 어머니와 생후 첫 관계가 시작되고 유아에게 많은 영향을 미치게 된다는 것이다. 이렇게 됨으로써 어머니와의 관계에서 대상표상이 생기며 어머니 이미지를 유아가 자기 내사를 통해서 내면화하며 대인 관계 경험의 내재화가 이루어진다는 것이다. Otto. F. Kernberg는 유아의 정신형성과 조직면에서 대인관계 경험의 내재화에 영향을 미치는 "내면화 체계의 발달단계를 내사(introjection)단계, 동일시(identification)단계, 자아정체성(identity)단계"로 나누었다. 여기서 Otto Kernberg는 "가장 원시적인 형태의 내면화 유형은 내사(introjection)단계라

고 한다. 이것은 환경과의 상호작용이 기억 흔적의 덩어리로 조직화
됨으로써 고착되고 재생산된 것으로서, 이 기억의 덩어리는 대상 이
미지, 그 대상과 상호 작용하는 자기 이미지, 이 두 가지에 대한 정동
적 색채34)로 구성된다는 것이다. 이 과정은 정신기구(psychic appara-
tus)가 성장하는 기제(機制)로 설명한다." Otto Kernberg는 "성격의 구
조화35)란 계속되는 대상관계의 내면화를 통해 이루어지는 것으로 간

---

34) 정동적 색채: 감정적인 색깔, 즉 노란색은 마음이 밝음을 그리고 회색은 마음이 우울함을 뜻한다.
35) 성격의 구조화란: 대상관계의 이해와 적용(유근준. 2008)에서 Otto Kernberg는 성격구조의 발달단
계를 다음과 같이 다섯 단계로 구분하고 있다. 1단계, 자폐단계는 생후 첫 달에 해당된다. 이 시기 동안
에는 성격구조를 정립해 가는데 영향을 미치는 일이 거의 일어나지 않는다. 그 후 점차적으로 미분화된
자기표상과 대상표상이 형성되기 시작한다. 미분화되어 있다는 것은 자기 이미지와 대상 이미지가 융합
되어있는 상태이다. 2단계, 공생 및 분화 하위단계이다. 2개월부터 약 6개월에서 8개월까지 자기표상과
대상표상의 분화가 발생하는 단계이다. 이 단계의 특징은 자기-대상표상의 '좋은' 단위들을 설정하는 기
초를 이루며 이를 강화하는 시기이다. 이 단계는 대상 이미지와 자기 이미지의 재 융합과 분화과정을 겪
는다. 3단계, 분리개별화 단계이다. 6~8개월에 시작해서 18~36개월에 이르러 완성기에 도달한다. 이 단
계에서 마음속의 '좋은' 자기-대상표상 안에서 자기표상이 대상표상으로부터 분화되고 마음속의 '나쁜'
자기-대상표상 안에서 자기표상이 대상표상으로부터 분화되기 시작한다. 즉 대상표상으로부터 자기가
분화되고, 비자기(nonself)로부터 자기(self)의 경계를 분명하게 설정하는 분화로 특징 지워진다. 이 단
계가 끝나갈 무렵 좋은 자기 표상과 나쁜 자기표상을 통합된 자기-개념으로 공고히하고 좋은 대상과 나
쁜 대상을 통합하여 전체 대상 표상을 형성한다. 4단계, 생후 3년의 후반기에 시작해서 거의 6세가 되었
을 때 끝나게 되는데 이는 오이디푸스기까지 지속된다는 의미이다. 이 단계의 특징은 부분적인 이미지
가 전체적인 이미지로 통합되는 것이다. 유쾌한 감정과 결부된 아동의 자기에 대한 '좋은' 이미지와 공격
적인 감정과 결부된 자기에 대한 '나쁜' 이미지들이 전체적인 자기체계로 합류하는 시기가 된다. 아동은
이제 어머니에 대해 전체적이고 더욱 현실적인 표상을 갖게 된다. 이 단계 동안 초자아는 독립적인 하나
의 정신내적 구조로 통합되는데, 초기에는 적대적이고 비현실적인 대상 이미지들을 내면화하고 두 번째
로 자아의 이상적인 자기와 이상적인 대상표상을 내면화하며, 마지막으로 오이디푸스기 동안 부모로부
터 제공된, 보다 현실적인 요구와 금지를 내면화하고 통합하는 것이다. 5단계, 이 단계는 초자아의 통합
이 완성되는 아동기 후반에 시작되어 통합된 자아와 초자아가 공고화되는 단계이다. 이 단계는 초자아
가 공고화되면서 자아와의 뚜렷한 구분이 줄어들게 되는데, 그와 동시에 초자아는 점차 인격 안으로 통
합된다. 초자아와 자아 사이에 일어나는 대립이나 갈등은 감소하게 되며 초자아의 통합은 다시금 타인
들과의 효과적인 관계경험을 통해 계속 발달함으로써 견고한 자아 정체성의 형성을 촉진시킨다. 이전단
계에서 수행되는 대상은 이미지의 조정은 외적인 대상들과의 만족스런 관계를 허용하고 내부의 대상표
상들은 실제 사람과의 경험에 비추어 새로운 형태가 되어간다. 나아가 이러한 경험들을 통해 자기개념
을 새로운 형태로 바꾸어 가게 되며 자기 이미지와 대상 이미지를 견고하게 한다. 만약 이 단계에서 모
든 것이 잘 진행된다면 세상과의 관계는 계속해서 통합된 자기 이미지와 대상이미지를 견고하게 하고 또
한 자아 및 초자아의 통합이 견고해질 것이다.

주하는데, 내면화된 대상관계의 묶음들이 통합되고 공고화되는 과정이 자기가 발달되는 과정이라고 보았다."라고 기술한다. 물론 이러한 과정 외에도 학습을 통하여 지식과 인격이 획득되는 과정이나 학교생활 등에 참여함으로써 그 경험에 의해서 자아개념이 형성될 수도 있겠지만, 이것보다는 앞에서 설명한 친구 등과 같은 남과의 상호작용에서 조화와 균형을 유지하며 성장하려고 하는 정신적인 갈망으로 자아개념이 뚜렷이 발달된다고 할 수 있을 것이다. 즉 이와 같은 원리와 과정을 통해서 점점 자아개념이 구성되고 심화되어 부모로부터 완전히 분리·독립된다고 할 수 있다. 자아개념이 형성 발달되는 과정이 잘 이루어지게 하는 환경은 일정부분 유전자의 발현으로 진행된다고 할 수 있지만 이때 환경적인 면이 함께 작용하게 된다. 여기서 중요한 것은 자아가 성장하면서 청소년기를 거치게 되는데 이때 성장의 환경이 지속적으로 좋은 조건이나 나쁜 조건이 주어지는 것보다는 좋고 나쁨이 뒤섞여 주어지게 됨으로써 항상 비교와 분석을 통한 변화 속에서 보다 나은 쪽으로 발전을 추구하게 됨으로써 자아개념이 더 발전적으로 발달된다고 할 수 있다. 그렇게 하기 위해서는 청소년기 이후부터는 약간의 아픔과 진통의 과정이 좋은 자아개념의 구성에 한몫으로 작용하게 될 수도 있다. 이때 아픔이나 진통의 과정은 물론 고독과 외로움, 때로는 실수와 방황, 이와 같은 요소들이 엇갈려 작용할 때가, 일률적으로 주어지게 되는 좋은 성장의 환경보다 더 발전적으로 작용할 수 있다고 본다. 즉 역기능적인 면과 순기능적인 면이 교대(交代)로 작용하여 통찰, 분별 등을 통하여 자아개념이 이루어지기 때문이다. 결국에는 내면적으로는 앞에서 설명한 교체작용이라는 자극이, 외면적으로는 친구 등과 비교를 통한 균형과 조화로움이 발달로 이어진다고 할 수 있다. 여기에는 또한 지식이 쌓이고 사유가 심화되는 등 다양한 학습과, 또한 주변 환경의 많은 영향을 받은 경험 등으로 올바른 삶의 도덕적인 기준을 설정하여 정확한 자기이해와 자기관찰을 통해 자아 개념은 형성 발달된다고 할 수 있을 것이다. 그리고 건전한 자아개념의 형성 발달은 항상 자신의 외모와 인격, 원만한 인간관계와 연관된다고 할 수 있다.

확신감(conviction)은
작은 성공으로부터 시작된다

'확신감'을 갖기 위해서는 그 분야에서 단계와 과정을 통하여 반복적이고 지속적인 훈련과 학습을 하여야 한다. 때로는 혼자 동굴 속으로 들어가 고심(苦心)하고 연구하며 탐색하여, 그것을 할 수 있다는 열쇠를 머릿속에서 구상하여 주조(鑄造)해 내어야 하는 고통과 아픔의 과정이 있어야 한다.

우리의 자녀가 바라고 있는 어떤 소원(所願)만 가지고는 아무런 의미가 없다. 여기에는 오직 어떤 것을 하고자 하는 목적의식, 그것을 이루어 낼 수 있다는 확신감이 있어야 한다. 무언가를 이루기 위해서는 막연한 소원만으로는 이것은 한낱 꿈에 지나지 않는다. 여기에는 노력이라는 추진력의 앞 단계로서 확신감이 필요하다. 에릭슨의 성격 발달단계를 보면 지나친 방임도 안 되겠지만 자율성의 중요성도 강조하고 있다. 스스로 판단할 수 있는 능력을 기르기 위해서는 자율성이 바탕이 되어야 한다. 이 자율성은 때로는 실수를 통해서 스스로 현실 속에서 자신의 길을 찾게 된다. "나는 스스로 할 수 있는 능력이 있다."라는 것을 아는 사람만이 가능성에 접근할 수 있게 된다. 즉 자율성을 가진 사람은 '나 스스로 개척한다.'는 의지와 '내가 할 수 있는 능력을 가진 사람이다.'라는 확신감이 있어야 한다는 말이다. 물론 하면 될 수 있다는 확신감은 약간의 영감의 작용도 있겠지만, 이것은 순수한 자신의 실력이 바탕이 되어 어떤 일을 이룰 수 있는 가능성이 있을 때 확신감이 생긴다. 물론 영감은 형이상학적인 문제이며 인간의 의식으로는 정확히 볼 수 없다. 하지만 우리 인간은 본능적으로 자신이 생각하는 대로 자신(one's self)이 그 길을 걷게 되고, 또 성장한다는 것이 우주의 법칙이며 인간의 정신세계이다. 나 자신이나 또한 신(神)에 대하여 나쁜 불길한 생각을 하게 되면 어쩐지 좋지 못한 징후가 보이고, 또 그렇게 되는 것이 만사(萬事)의 이치이다. 이러한 사례는 인간이면 누구나 느껴본 현실이기도 한 것이다. 여기서의 확신감은 단순한 어떤 영감의 작용은 아주 미미하게 적용되고 순수한 자신의 능력에 따른 가능성에서 확신이라는 굳은 신념이 생겨난다고 볼 수 있다. 전문가들은 말한다. 확신감은 믿음과 경험, 신념, 그리고 전문적인 지식을 바탕으로 형성된다고 한다. 이 지구상에 있는 아주 작은 하등동물들이 본능에 의해서 살아가고 있다. 이들의 삶은 자신이 올바르게 살아간다는 것을 확실하게 알지 못하는 가운데 저절로 옳은 삶의 길로 유도 되듯이, 우리 인간의 삶에 있어서도 어떤 생각을 하느냐의 생각 차이에서 우리의 미래는 결정된다. 과거에 자신이 한 생각 그대로 현재가 형성되고 현재의 생각대로 미래가 펼쳐진다는 논리가 적용하게 된다. 이와 같은 점을 이제 와서 60이 되어서야 내 자신이 새삼 더 느끼게 되었다는 것은 나이가 들면서 이러한 느낌과 관련된 삶의 경험들이 많이 쌓이게 되었다는 증거일 수도 있을 것이다. 인간이 지식을 쌓기 위해서든 사업을 하기 위해서든 우리에게 찾아오는 확신감은 아주 작은 영감과 자신이 현재까지 살아오면서 쌓게 된 경험의 세계에 의해서 형성된다.

secret(론다 번. 2009)를 참고하면 저자(著者)는 "좋은 것을 끌어당겨라. 나쁜 것은 하지 말고, 당신이 원(願)하는 대상에 생각을 집중하고 그 집중력을 유지하면, 그 순간 우주에서 가장 강력한 힘으로 그 대상을 불러들이고 있는 것이다."라고 강조한다. 즉 부정적인 생각보다는 긍정적인 생각이 몇 배 더 강력한 힘이 생긴다는 것은 과학적으로 입증됐다는 사실이다. 이런 측면에서 볼 때 이루어 낼 수 있는 확신감은 곧, 자기도 모르게 잠재적이고 무의식적으로 원한다면 그렇게 되어가도록 우주의 모든 에너지가 작용한다는 것이다. 그리고 확신감을 갖는 생각 자체가 곧 가능성을 함유한 자신의 행위이며, 그것은 곧 가능성이 이루어지는 계기가 마련된다는 뜻이기도 하다. 그런 의미에서 확신감이 곧 성공으로 이어질 수 있는 길이기에, 나는 확신감이 그렇게 중요하다고 생각한다. 하지만 앞에서 설명한 영적으로 우주의 어떤 인력에 끌려 확신감을 갖는 것에 반해서 인간적인 차원에서 확신감을 갖는다는 것은 어려운 일이 아닐 수 없다.

주위를 보면 평범하고 보통 사람들(a people)이 타인이나 자녀에게 확신감을 가지라고 입버릇처럼 아주 쉽게 말한다. 그러면서 누군가를 보고 그 사람은 무슨 일을 이루려고 하는 확신감을 갖지 못한다면서 흔히들 말하기도 한다. 확신감이 그냥 주어지듯이 확신감을 갖도록 요구를 한다. 그러나 실제로 확신감이 그저 말처럼 쉽게 생기는 것은 결코 아니다.

확신감의 속성(attribute)을 살펴보면 확신감은 홀로 움직이며 오지 않는다. 반드시 주위에 많은 개념(concept)들과 함께 동반하여 행동한다. 여기에서 이들 개념이란 과거 어려움을 견뎌내었던 인내력, 고통 속에서도 좌절하지 않고 무엇인가 이루어내겠다고 생각하는 한 줄기 희망, 과거의 조그마한 성공들, 희미한 가능성에 대한 영감, 실패와 성공이 아우러진 경험들, 자신의 능력과 적성, 부모나 스승의 도움과 가르침, 그 외 자신이 주변사람들과 접하며 느꼈던 인정감과 우월감 등이 함께 어우러진 결과에 의해서 확신감이 생겨나는 것이다. 이와 같이 종합적이고 총체적인 경험들이 쌓여서 새로운 시간의 흐름 속에서 어떤 기회가 주어지면 새롭게 잉태되어 확신감이라는 형태로 우리의 마음속에 탄생되는 것이다. 그러한 과정들 속에서도 가장 중요한 것은 과거에 이루어낸 성공적인 경험이 가장 큰 비중을 차지한다. 그러면서도 확신감은 자신이 갈 수 있는 조그마한 길부터 개척해야 한다. 어떤 목표를 정하였다면 방향을 잡고 그 길로 나아가야 한다. 비탈길을 따라 도로를 확장하고 나무와 잡초를 베어내며 움푹 들어간 곳은 메우고 높은 언덕을 깎아서 평편하게 하면서 지속적으로 앞으로 전진(前進)하여야 한다. 급히 서둘러서는 오랜 기간 동안 소요되는 높은 정상인 봉우리에 도착할 수 없다. 때로는 넘어졌다가 일어나기도 하고 때로는 물러서고 우회하기도 하면서 깊숙한 골짜기를 지나고 가파른 능선을 따라 고지를 향해서 나아가야 한다. 그러한 작업을 지속적으로 오랫동안 하다보면 언젠가는 푸른 이끼가 끼여 있는 기암절벽의 모습을 바라 볼 수 있을 것이고, 아름다운 구름이 머무는 곳 행복의 날개를 가진 천사를 만날 수 있을 것이다. 학습은 이와 하나도 다르지 않다. 자꾸만 학습의 길을 개척하여야 하고 그 길로 나아가야 한다. 반복이 중요하다. 그렇게 되면 그 길로 나아가는 것에 익숙해져서 자신감이 붙게 된다. 이것이 바로 확신감이다. 그러니 확신감이라는 것이 아무렇게나 쉽게 생겨나는 것이 아니다. 한 송이의 꽃을 피우기 위해서 그 생명 속에는 신(god)의 기운(energy)도 충만하여야 하고, 가능성을 추구하기 위한 어떤 기도(prayer)와 같은 마음의 자세가 있어야 하며, 그것보다는 아주 섬세한 정성과 올바른 마음의 자세가 있어야 한다. 무슨 일에 확신감을 갖기 위해서는 흔들리지 않는 굳은 마음과 같이 거기에는 모든 열정과 관심이 모이고 쌓여야 한다. 얼마나 실질적으로 확신감을 갖기가 어렵다는 것을 알 수 있다면 쉽게 확신감에 대하여 함부로 입버릇처럼 쉽게 말할 수 없을 것이다.

학습에 대한 확신감 역시 마찬가지이다. 학업에 좋은 결실을 맺기 위하여 얼마나 노력하고 괴로워하며 방황해야 하는가? 진실로 확신감을 원한다면 실패를 두려워하지 말고 실패 속에서 확신감을 끌어내도록 노력하지 않으면 안 된다.

세월이라는 강물이 과거에는 언제, 어디서부터 시작되었으며, 그리고 현재 이렇게 흘러가고 있는가? 또한 앞으로 언제까지 어디까지 어떻게 흘러갈 것인가? 즉 하늘이 어떻게 하여 열렸으며 이 지구상에 생물이 살게 되었고 인간이 탄생되었는가? 이렇게 보이지 않는 세월의 강(江)은 영원 속에서 영원 속으로 흘러가고 있는 것이다. 다르게 생각해 보면 나(I)라는 인간의 생명이 탄생되었을 때부터 강물의 흐름이 시작되었고 하늘이 열리게 되는 것이 아닌가? 비록 태고적(太古的)부터 태양은 비추어지고 달은 지구의 주위를 돌았으며, 이 땅 위에 춘하추동은 어김없이 변화하고 있었을 것이다. 그렇게 하여 인간의 생명은 시작되었고 꿈은 펼쳐지게 되는 것이다. 세월의 강물 위에 한조각의 꿈을 실은 생명의 돛단배는 언제 꺼져버릴지 모르는 가운데 기약 없이 오늘도 힘겹게 노를 저으면서 어디론가 항해하게 된다. ……인간은 유한성이라는 제한된 시간 속에서 생명의 꿈을 펼치기 위하여, 인간은 그렇게도 연약한 삶을 이어나가야만 하는 숙명에 처해 있는 것이다. 그러한 와중에서 갓 피어난 생명의 싹은 무엇인가를 이루어야 하기에 자신의 꿈을 개척해 나가야만 한다. 즉 우리 인간은 '무엇을 할 수 있다는 확신감(確信感)'을 마음속 깊이 새기고 키우면서 삶을 열어나가야 한다. 확신감(conviction)의 사전적 의미는 '굳게 믿는 것'이다. 학습을 잘하기 위해서뿐만 아니라 종교적인 면이나 인생의 모든 면에 있어서도 믿음이라는 가치는 대단히 중요한 의미를 갖는다. 확신감이라는 믿음을 갖느냐 갖지 않느냐는 모든 면에서 결과를 두고 생각해 본다면 하늘과 땅만큼이나 차이를 만들어낸다. 즉 성공과 실패를 좌우한다고 볼 수 있다. 특히 학습에 있어서 확신감은 쉽게 획득되는 것이 아니다. 즉 학습에 있어서 확신감을 가질 수 있다는 것은, 다른 장(chapter)에서도 언급하겠지만 성공적인 경험을 많이 가짐으로써 확신감이 생긴다고 전문가들은 한목소리로 말한다. 나는 이 세상을 오랫동안 살아왔지만 확신감을 마음에 두고 살아온 것은 아니다. 그냥 무턱대고 살아오게 되었다. 하지만 지금에 와서 인생을 깊이 되돌아보면 '이 확신감의 중요성을 이제 서야 깨닫게 되었다.' 어릴 때 나는 이 확신감의 중요성을 제대로 인식하지 못하였고, 신념이 마음속에서 생겨나지도 않았다. 30대 중반에서도 확신감에 대한 중요성을 느끼게 된 것도 아니었다. 물론 현재의 나이에서 확신감의 중요성을 그저 책에서, 그리고 주위사람들이 확신감이 중요하다고 하는 소리를 들어서 확신감을 가지면 무엇인가를 이룰 수 있는 확률이 높다는 것으로 단순히 생각하고 있었을 뿐이다. 그러나 특히 60이 지나서야 이렇게 글을 쓰게 되면서부터 확신감이 자기의 성장과 발달에 있어서 가장 중요한 믿음이며 방향이고, 성취할 수 있는 활력소가 된다는 것을 자신이 스스로 깨닫게 되었다. 무엇 때문에 그런 생각이 들게 되었겠는가? 확신감에 대한 정체를 한 번 살펴보면 일반적으로 사회에서 통용되는 용어로 부모들, 아니면 선생님이나 주변 친척, 선배님들이 자녀나 제자, 후배들에게 확신감이나 신념을 가져야 한다고 너무나 쉽게 말한다. 하지만 한번 더 강조하지만 우리가 깊게 새겨두어야 할 것이 '확신감'을 그렇게 쉽게 입에 담을 성질이 아니라는 것이다. 현실적으로 확신감이 자녀의 마음속에서 자연적으로 형성되기란 힘든 것이며, 어쩌면 하늘의 별을 따는 것처럼 어려운 과정이다. 나는 이렇게 어려운 과정을 겪어야 겨우 확신감에 접근할 수 있다는 것을 알고부터 그냥 건성(乾性)으로 입에 발린 말처럼 '확신감'을 가지라고 말하지 않을 것이다. 왜냐하면 확신감에 대하여 사실을 모른 채 막연히 확신감을 가지라고 하는 말은 자녀들에게 진실이 없는 거짓에 불과한 말이라고 생각을 하기 때문이다. 어쩌면 이 말은 하나의 기만(欺瞞)으로 들린다. 물론 말을 하는 사람의 입장에서는 대화의 과정에서 확신감이라는 용어가 저절로 나오는 경우가 있을 것이다. 그러할 경우에는 먼저 약간의 침묵을, 여운을 두고 신중히 그 단어를 사용하기를 바란다. 그래서 확신감(確信感, conviction), 즉 무엇인가를 목표로 하는 바를 이룰 수 있다는 굳은 믿음을 어떻게 하여 자신의 마음속에 샘솟게 할 수 있는가? 여기에서 정답은 단계와 과정을 거치는 반복적인 노력이다. 한순간에 갑자기 공중에서 낙하산을 타고 산의 정상에 내려올 수 있는 것이 아니다. 한순간에 갑자기 낮은 곳에서 산의 정상으로 비행기나 케이블-카(cable car)를 타고 오르게 되는 것도 아니다. 단계와 과정을 밟는다는 것은 확실한 목표를 정하고 정확한 방향을 잡아 시간과 노력의 투자 없이는 불가능하다. 여기서 정확한 해답을 구한다면 혼자 동굴 속으로 들어가 고심(苦心)하고 연구하고 탐색하여야 한다. 기반을 다져 가며 한 계단 두 계단 무엇인가를 할 수 있는 그 과제에 따른 실력을 갖추지 않으면 확신감은 요원(遙遠)한 것이다. 혼자 동굴 속으로 들어가 무엇인가를 할 수 있다는 열쇠를 머릿속에서 구상하여 주조(鑄造)해 내어야 하는 고통과 아픔의 과정이 있어야 한다. 즉 평소에 관련된 실력을 갖추도록 노력해야 한다는 것을 알고 확신감이라는 용어를 사용해 주길 바란다. 확신감을 마음속에서 싹트게 하기 위해서는 넓고 넓은 황막(荒漠)한 광야에 물줄기를 공급하기 위하여 처음부터 자(尺)를 재고 삽질을 하고 도랑을 파서 머리칼처럼 가(微細)는 물줄기를 찾아내고 점차 넓고 깊게 용량이

크도록 점차 확장해 가는 단계와 과정을 밟아야 이를 얻을 수 있는 길에 접어드는 것이다. 머리에 구상을 하고 사전(事前)에 경험적인 답사(踏査)를 하고, 습관에 익숙하도록 신경뉴런을 차츰 굵게 만들어 가는 과정이 필요하다. 확신감은 도전정신과는 약간은 유사한 면이 있지만 많은 면에서 차이가 있다. 즉 도전이란 보통 모험이 따르기 마련이다. 그러나 확신감은 정신무장의 단계라고 보는 편이 나을 것이다. 아울러 확신감은 앞서간다는 인식, 선두주자라는 인식을 할 때 더 쉽게 접근할 수 있지 않을까 생각이 된다. 왜냐하면 한 번 정도는 자신에게 실패를 더 수용할 수 있는 여유로움이 주어지기 때문이다.

일례로서 신라의 명장 김유신(A.D 595~673)장군은 왕으로부터 전쟁에 임해야 한다는 명령을 받으면 절(Buddhist temple)로 들어가 법당 한구석에서 전쟁에 나가 승리해 줄 것을 기도하면서, 일주일이든 한 달이든 나름대로 승리할 궁리를 한다고 한다. 그래서 전쟁에 관한 모든 가상(假想) 시나리오를 머리에 연상하면서 자기가 대처해야 할 방법을 연구하고 고뇌하면서 정답을 구하여 나름대로 승리의 확신감이 서게 되면 그때야 비로소 전쟁에 임했다고 한다. 그러한 결과는 곧 승리로 이어지는 것이었다. 그 정도로 확신감을 갖게 한다는 것은 고뇌하고 연구하는 과정이 있은 후에야 확신감이 생긴다는 뜻이 되겠다.

'신심(信心)이 생방(生方)'이라는 말이 있다. 이 말은 '할 수 있다(able)'는 믿음을 갖는 마음이 인간이 세상을 살아가는 데 성공적인 삶을 이루도록 작용한다는 의미일 것이다. 말(言語)이 인체에 생화학반응을 일으켜 그대로 된다고 했듯이, 믿음은 정신적인 면에서 영감과 자신감을 주어 생각대로 이루어지게 한다. 그렇다면 확신감이라는 믿음이 생기게 할 수 있는 마음의 씨앗은 어디에서 오는 것일까? 물론 영감에 의해서도 확신감의 싹이 틀 수 있지만, 우리는 경험에 의해서 확신감을 구해야 한다. 『혁언삼취유부(革言三就有孚)』란 말이 있다. "혁언이라도 세 번 성취되어야 믿음을 줄 수 있다."는 뜻이다. 여기서 '혁언'이란 혁명과 개혁에 대한 논의와 공약이다. 비록 정치적이고 정책적인 용어이지만, 여기서 보면 남에게 믿음을 심어주기 위해서는 세 번은 성취되었다는 실적이 있어야 한다는 것으로 풀이할 수 있다. 즉 바꾸어 말하면 자신에게도 세 번은 성공의 경험이 있어야 그 분야에 믿음이라는 확신감이 생기는 것으로 풀이해도 좋을 것 같다. 그래서 학습자에게 있어서는 확신감을 얻기 위해서 곧 초기노력이 중요하다는 것이다. 자신의 꿈을 이루기 위해서는 거기에 맞는 본격적인 노력이 필요하지만, 그 꿈을 이루기 위한 본격적인 노력을 위해서 사전단계로서 확신을 갖게 해주는 첫 단추의 노력, 결국은 조그마한 초기노력의 결실이 있어야 한다고 나는 주장하고 싶다. 그래서 확신감이라는 믿음은 감정이 아니라 할 수 있다는 의지의 결정으로서 성공이라는 견고한 경험 위에서 다시 세워진다고 하겠다. 그 무엇인가를 해 낼 수 있다는 믿음, 즉 확신감을 갖게 될 때까지는 방황과 불확실성, 그리고 때로는 의심이 마음에 자리 잡고 있을 것이다. 이와 같은 과정의 언덕을 넘기까지는 이루어야 한다는 마음의 결심, 즉 하겠다는 의지가 필요하리라. 이 의지를 갖기 위하여 초기 노력을 투입하여 작은 성공이 이루어졌을 때 자연히 자신도 모르게 하나의 목표를 이룰 수 있는 큰 믿음, 즉 목표에 대한 확신감이 설 수 있을 것이기 때문이다. 우리는 확신이라는 믿음을 얻기까지는 정보와 자료를 얻고 어느 정도의 초기노력을 투입하여 아주 작은 실적(이것은 미미한 성공)이라도 거두어야, 이것이 기반이 되어 하면 된다는 굳은 믿음이 생기게 된다. 이렇게 믿음이 생성된 것이 하나의 확신감이며 이렇게 되었을 때 본격적인 노력을 하게 될 것이다. 믿음이 생성되기 전에는 노력을 해야 한다는 당위성이 먼저 있어야 한다. 나는 왜 노력을 해야만 하는가? 노력을 하지 않고 쉽고 편하게 살아간다면 안 되는가? 노력을 하지 않으면 나는 어떻게 될 것인가? 마음속으로 자문자답이 필요하다. 노력을 해야만 한다는 정확한 판단이 내려졌다면 본격적인 노력을 해야 하는데, 이 일은 힘든 일이지만 노력을 한다면 몇 배의 가치가 되돌아오고, 성공을 보장받을 수 있기 때문이라고 판단이 서야 한다. 이와 같은 노력의 과정은 힘들지만 이것이 우리가 할 수 있는 일 가운데 가장 진실된 길이며, 혼자 힘으로 이루어낸 결과가, 또한 가장 보람된 길이라는 것을 알았을 때 이다. 이렇게 하여 자신이 어렵게 노력을 하여 이루어낸 성공은 무너지지 않으며, 또 이 길은 신(神)이 원하는 길이 된다. 우리는 희망이 보일 때까지 자신의 의지를 키워야 할 초기 노력이 반드시 필요한 것이다. 다시 말하면 아이러니컬하게도 할 수 있다는 의지는 쓰라린 고통을 견디어 낼수록 하려고 하는 의지의 힘은 비례적으로 높아질 것은 틀림없는 사실이다. 그렇다면 믿음을 갖고 노력하기 이전단계는 어떠한가? 한 가닥 희망은 아직 안개 속에 가려져 있을 것이다. 자신의 뜻을 세우기까지는 많은 동기가 있을 수 있다. 그 동기에는 비참하고 살벌한 삶의 경쟁의식, 주변 여건의 변화, 미래에 대한 불확실성, 자신이 성장하려는 염원 등이 삶의 기저(基底)에 깔려 있다. 이런 것들이 모여서 의지를 형성하게 하는 동기로 작용한다. 그러니 어느 정도 노력이 쌓이고 실적이 모여서 조그마한 성공이라는 기반이 이루어지면 자신도 모르게 이제는 할 수 있다는 믿음이 형성되고, 여기에 대한 열정이 있게 되며 가속도가 붙게 되어 하나의 목표를 이룰 수 있는 본격적인 노력이 시작되는 것이다. 그래서 이 초기노력은 처음에는 어느 정도 무모함을 동반할 수도 있다. 동시에 우주의 원리는 우리가 원하는 대로 이루어지게 되어 있는 것이니, 여기에서 필요한 것이 성공할 수 있다는 확신감인 것이다.

종교적인 교의의 가르침을 받아들여라

우리들은 신(神)과 영혼을 믿음으로써 악(惡)에서 선(善)을 어둠 속에서 빛을 볼 수가 있으며, 절망을 희망으로 바꾸게 되는 것이다.

_ 에라스무스

　인간은 신적존재(神的存在)인가? 인간에게 종교는 무슨 의미를 갖는가? 왜? 성장하는 아이들에게 유교, 불교, 기독교 등 종교의 경전을 가르쳐야 하는가? 아마도 종교의 경전 속에 모든 삶의 진리가 존재하고 있기 때문일 것이다. 이 경전 속에는 우리 평범한 인간들이 평소에 접근할 수 없는 형이상학적인 진리들이 포함되어 있다. 톨스토이 작(作) 인생이란 무엇인가를 참고하면 "네가 만약 자신에게 믿음이 없다는 것을 인식할 때는 세상을 살아가는데 있어서 가장 위험한 처지에 놓여 있다는 것을 알아야 한다."라고 강조한다. 또한 여기 참회록에 의하면 "인간 삶에 있어서 죽음에 대한 두려움에서부터 해방하는 문제는 이성(理性)의 힘으로는 도저히 접근할 수 없으며 오직 신앙만이 해결할 수 있는 길이다."라고 피력한다. 인간의 행복이 어떠한 조건이나 물질적 풍요로움에서 비롯되는 것보다는 정신적인 만족과 아울러 기쁨과 평안(平安)함이 주어질 때 가능하다는 의미이다. 그런 의미에서 종교를 갖고 경전의 가르침대로 믿고 행하게 됨으로써 사전에 어떠한 재난(災難)이나 고통 등의 어려움을 피할 수 있고, 주어진 조건과 상황에 만족할 뿐만 아니라 감사하게 살아갈 수 있을 것으로 믿는다. 물론 앞에서 언급이 있었듯이 종교를 갖는 이유가 인간과 신(神)과의 관계정립을 위해서는 말할 필요도 없겠지만, 인간이 삶을 영위하면서 종교적인 경전이 가르치는 교육적인 의미 또한 크다고 하겠다. 한번 더 말한다면 성장하는 아이들에게 유교, 불교, 기독교 등 종교적인 내용을 가르치는 것은, 이들의 경전 속에 삶의 진리가 다 들어있기 때문이다.

자조론/인격론(새뮤얼 스마일스. 2006)을 보면 "종교적인 사람의 삶은 엄격한 자기훈련과 자기 근신(謹愼)으로 충만해 있다. 그의 정신은 맑게 유지하면서 부단히 경계할 것이므로 악(惡)을 피하고 선(善)을 행하며 영혼의 세계를 산책한다. 죽음까지도 정중히 맞이할 것이므로 악(惡)이 찾아오더라도 잘 견디고, 모든 것을 해낸 후에는 그 자리에 머물러 있으면서 정신적 사악함과 세상의 어두운 지배자에 맞서는 데 전력한다. 신앙 속에서 태어나 신앙으로 세워진 정신일 것이며, 선행에 지치지 않을 것이다. 정신을 잃지 않는 한, 계절이 오면 열매를 거둘 것이기 때문이다."라고 기술하고 있다. 이 정도로 종교의 가르침은 빼놓을 수 없는 진리가 함축되어 있기에 인간에게 있어서 삶에 따른 올바른 방향과 지침이 되지 않을 수 없다고 하겠다. 그리고 중국 불교도의 말에 의하면 부처가 말한 내용이 실려 있는데 "세상에는 어려운 일이 수없이 많은데 어떤 일이냐 하면, 가난하면서도 자비심이 깊은 것, 부(富)와 명예(名譽) 속에 있으면서도 종교적인 것, 육욕(肉慾)과 번뇌(煩惱)를 억제하고 좋은 것을 보아도 탐하지 않는 것, 친구들의 모욕을 받아도 참는 것, 모든 것을 철저하게 연구하는 것, 무지한 사람을 멸시하지 않는 것, 싸움과 말다툼을 피하는 것, 아욕(我慾)에서 완전히 벗어나 마음에 있어서나 행동에 있어서 모든 사람들에게 평등하게 하는 것이 그것이다." 이러한 삶에 있어서 중요한 내용들이 종교적인 경전에 기록되어 있다고 하겠다.

인간이 종교와 관련성을 지우는 이유를 나름대로 생각하여 적어본다면, 인간도 동물의 한 부류이지만 다른 동물들이 주로 본능에 의해 살아간다. 우리 인간은 본능을 포함하지만, 특히 영적(靈的)인 존재라는 점에서 종교와 관련성이 깊어진다. 인간이 영적동물이라는 이유는 첫째는 다가올 미래의 무엇, 즉 예감(豫感)이 우연이든 필연이든 맞는(agree with) 경우가 있으며, 영적(靈的)이라는 이 의미(意味)는 우리에게 주어진 삶 자체가 어떤 영감(靈感)의 세계와 분리된 채 생각하고 행동하는 것이 아니라, 우리의 심적 내부 세계는 영적인 세계를 바탕으로 모든 것이 형성되고 작용되기 때문에 인간은 종교와 관련성이 있다고 할 수 있다. 둘째 인간은 자기 자신이 자기 의미대로 원(願)해서 이 세상에 태어난 것이 아니고 비록 부모에 의해 탄생되었지만, 이것 역시 부모에 의해서 탄생되어지지 않으면 안 될 필연적이고 생리적인 당위성이 존재하기 때문이다. 부모 역시 조부모(祖父母)에 의해, 이 세상에 피동적으로 태어난 것은, 어쩌면 또한 어떤 신(god)의 행위로 간주할 수 있을 것으로 본다. 태어남도 그렇지만 죽음 역시 그러하다. 자기가 원하는 시기에 원하는 의미대로 죽음을 맞이하는 것도 아니다. 자연스러운 죽음은 자기의 의식(consciousness)과는 무관하게 찾아오는 것이 아니겠는가? 셋째 우주원리가 아무런 질서 없이 운행되는 것이 아니고, 살아있는 하나의 생명체로 두려울 정도로 정교하고 엄중하며 신묘(神妙)하고 신예(神銳)하게 움직인다고 할 수 있다. 그렇다고 하지만 신이 존재한다든지 존재하지 않는다든지 하는 종교적인 문제는 순수한 자신의 마음의 세계, 즉 신에 대한 감화(感化)에 따른 개인적인 느낌과 판단의 문제로 파악해야 할 것으로 본다. 이와 같은 이유로 신(神)이든 신과 유사한 성격을 띤 자연현상이든 우리 인간들은 어떤 절대자의 존재성에 의문을 가지지 않을 수 없다. 넷째 인간이 살아가고 있는 자연을 비롯한 모든 환경은 물론, 인간이 갖춘 정신과 이성의 측면에서 보아도 인간이 살아가는 데 필요한 것을 모두 갖추어졌다고 보는데, 다만 한 가지 꼭 없어서 안 될 것이 있다면, 이것이 바로 눈으로 보이지 않고 인간의 의식으로 인식하기조차 어려운 신의 존재가 아닌가 하고 생각이 든다. 이러한 종교적 믿음은 인간 스스로 어떤 영감의 작용으로 접근하지 않으면 안 될 형이상학적인 문제로 보아야 할 것이다. 본능에 가까운 신이 있다는 믿음, 즉 종교적 신앙이 갖추어지게 되면 우리의 삶은 중단이 아닌 영원을 지향할 수 있기 때문이다. 그렇다면 종교를 가졌을 때 우리 인간의 삶에 유리한 점은 무엇인가? 특히 성장기에 있는 인간은 자기의 부모나 다른 사람과의 인간관계로부터 삶을 배우게 되는 데는 한계가 있는 법이다. 그래서 종교의 경전을 통해서 바른 삶의 방법을 배우고 터득하여 이 세상을 완벽할 정도로 살아가지 않으면 안 된다. 종교의 힘은 크다고 하지 아니할 수 없다. 그 중에서 자기 마음을 반성하는 것, 경전(經典)을 읽고 진리의 문제에 접근하는 것, 기도(祈禱)하여 영적(靈的)인 감화를 받는 것, 더 나아가서 영생(永生)할 수 있다는 믿음 등 정신적인 삶을 살아가기 위하여 종교가 우리에게 귀중한 삶의 의미를 부여하는 것만은 틀림없다. 종교에 귀의(歸依)하다 보면 원망심(怨望心)은 사라지고 인간만사를 수용할 수 있게 되며 자기의 운명을 받아들이고 자기에게 주어진 생(生)의 길을 홀로 걸어갈 수 있게 된다. 인간이 삶을 영위하는 과정으로 종교를 갖는 것과 갖지 않는 것과는 삶의 지향점에서 큰 차이가 있다. 일부의 종교인들이 드물게 종교를 위장(僞裝)하여 악행을 저지르고 위선(僞善)을 내세워 비사회적인 행동을 하는 경우도 없지 않지만, 이것은 극히 소수의 일이고 신(神)이 있다는 믿음인 종교가 없다면 죽음으로 모든 것이 종결한다는 생각으로 전 인류가 면전(面前)에 보이는 욕구 충족에 매달려 살아갈 것이기에, 우리가 살고 있는 이 인류라는 공동체는 번영의 길로 가는 것이 힘들 것으로 본다. 이 문제 때문이라도 종교를 부정해서는 안 되며, 종교적인 삶이 우리 인간에게 무한한 가치와 그 이상의 의미를 부여하고 있다고 하겠다. 신(神)이 없다고 하는 입장에서 삶을 바라보았다면 현재까지의 인류역사가 어떻게 이처럼 현존하게 되었겠는가? 나름대로 한번 깊이 생각해주기 바란다. 아마도 신이 없다는 것은 정신적인 삶에서 희망이 있는 미래가 없게 됨으로써 인간은 누구나 절망적으로 생을 마감하지 않을 수 없을 것으로 본다.

정상에서 만납시다(지그지글러. 2003)를 참고하면 "당신의 자녀들은 앞으로 종교적인 생활 없이도 가정을 꾸리고 좋은 직업을 가지며 아무런 문제없이 삶을 살아갈 수 있을지도 모른다. 그러나 종교적인 삶을 가지게 됨으로써 아이들의 능력과 잠재력을 최대한 끌어올릴 수 있음은 의심의 여지가 없다. 자녀들에게 신(神)에 대한 믿음을 심어줌으로써 3차원적이고 전인적(全人的)인 인간이 될 수 있는 탄탄한 토대를 마련해주지 않겠는가?"라고 말한다. 이것뿐인가? 성장하는 인간이 종교적인 신앙인이 된다는 것은 정신적으로 방황하지 않게 되며 부정적인 삶에서 긍정적인 삶으로 전환하게 된다는 점을 반드시 기억해주어야 할 것이다. 긍정적인 삶과 부정적인 삶의 차이는 인생이 성공이냐 실패냐를 가름할 수 있을 정도로 중요한 문제가 아닐 수 없다. 긍정적인 삶이란 성공할 수 있다는 믿음, 행복하게 살아갈 수 있다는 믿음, 열심히 하면 이룰 수 있다는 믿음을 가질 수 있기 때문에 옆으로나 뒤돌아보지 않고 희망 속에서 전진할 수 있기 때문이다. '믿음'을 갖는다는 것. 이 자체는 실로 삶에 있어서 대단히 중요하고 또 중요한 문제가 아닐 수 없다. 인간이 살면서 믿음을 갖게 된다는 것은 사실 이 문제 하나만으로도 성공을 위한 토대를 마련했다는 것이나 다름없다. 성장하고 있는 인간은 물론 성인들도 삶의 길을 몰라 방황하게 되는데 종교의 경전은 적어도 2,000년 이상의 역사를 가진 것으로 이 지구상의 55%가 종교를 갖고 살아가고 있지 않은가? 외국인의 사례나 유태인의 사례가 아니더라도 종교적인 가정에서 성장하는 아이가 비종교적인 가정에서 성장한 아이보다도 훌륭하고 위대하게 성장하여 성공한 사례는 주위에서 얼마든지 볼 수 있다. 특히 종교적인 가정에서 어릴 때부터 신앙심이 깊이 다져진 아이들은 성장과정에서 비행을 저지르지 않고 사회악에 물들지 않을 것은 틀림없는 사실로 여겨진다.

종교(宗敎)의 사전적 의미는 '일반적으로 초인간적·초자연적인 힘에 대해 인간이 경외·존숭·신앙하는 일의 총체적 체계'로 되어 있다. 즉 이 말은 종교라는 의미가 인간의 힘을 뛰어넘은 초월적인 개념인 동시에, 사람 저마다의 주관성에 따른 느낌을 갖는 인생관을 의미하기도 한다. 종교는 인간에게 있어서 삶의 목적과 본질을 파악하고, 내세관을 믿는 데 주요한 가치관을 제공할 수 있다. 나는 그렇다고 신(神)이 인간의 형상처럼 하고 존재하는 것이 아니라 우주 자연 자체가 하나의 신비로운 생명체이기 때문이다.

우주자연의 이러한 신비스러운 큰 그릇에 담겨져 운행되고 있는 우리의 현실세계와, 또한 신비스러움의 주도성 아래 통제를 받으며, 그 속에서 하루를 생활하고 살아가는 인간을 비롯한 만상만물들의 생명들이 어찌 우연성에 의해서, 그리고 인간의 두뇌만으로 조작된 삶이라고 단언할 수 있을 것인가? 이러한 생명 현상들의 존재성 가운데 모습을 감추고 배후에서 자신의 의도성으로 이 생명들을 품안에 품고 조정하고 있는 신명함이 있기에 가능하다고 생각되어진다.

시들어가는 농작물에 한 줄기 뿌려지는 빗방울, 검은 기름진 흙에서 돋아나는 봄의 새싹들, 꽃 봉우리를 화사하게 피어나게 하는 따사로운 햇빛, 생기를 머금은 영롱한 아침이슬, 한 줄기 가을바람에 떨어지는 마지막 잎새, 멀리서 들려오는 교회의 저녁 종소리, 철썩~ 찰싹~ 밀려와 바위에 부딪히는 파도, 칠흑 같은 어두운 하늘을 가르는 우렁찬 번개와 우레, 5월의 어둑한 밤에 처량하게 들려오는 두견새의 노래 소리, 8월의 여름날 내리쬐는 뜨거운 햇살, 별과 달빛으로 길을 찾는 기러기 떼의 날갯짓, 영혼이 살아 숨 쉬는 듯한 초롱초롱하며 맑고 깨끗한 새들의 눈빛, 새벽 아침 푸른 물결을 가르며 노를 젓는 어부의 힘찬 몸놀림, 멀리서 들려오는 나를 부르는 그대의 목소리 등 모두가 신비스러운 신(神)의 몸짓이 아니고 무엇이란 말인가? 세상에 이렇게 왔다가 떠나가는 우리의 생명들은 신비스러운 현상이 아니고 또한 무엇이겠는가?

종교는 그 시대의 문화를 만들어내고 그 시대의 인간관이나 세계관, 생활철학 등과 같은 기본적인 가치관을 형성하는 데 기여한다. 그렇다면 종교의 중요성으로는 어느 종교에서나 그 종교의 교리가 있을 것이다. 물론 종교는 도덕성을 최고의 목적으로 하여 행위하는 인간의 성향(性向) 중 가장 높은 가치관을 부여한다고 할 수 있지만, 종교의 진리 속에는 인류의 역사와 그 인류가 현재까지 살아온 문화가 있으며, 인류가 현재까지 살아남기 위해서 삶과 관련하여 환경에 적응하면서 인류가 갖추어야 할 영적이고 정신적인 삶의 기술과 방법 등에 관련된 정수(精髓, essence)가 녹아있다고 하겠다. 거기에 종교의 본질이 함축되어있을 것으로 본다. 이 본질을 터득하면 우리의 삶을 풍요로우며 아름답고 값지게, 후회 없는 삶으로 영원히 살아가게 될 것이다. 흔히 사람들이 종교를 갖는 목적이 첫째는 가족의 건강과 안녕, 사업의 번창을 기원하기 위하여. 두 번째는 자기가 지은 죄를 속죄하여 죽어서 구원받기 위하여. 세 번째는 종교적 교리를 배워 거기에 맞추어 살면 삶에 도움이 되고 살아가는 지침이 되기 때문으로 본다. 종교가 없는 무신론자보다는 유신론자의 삶이 긍정적이고 희망적이며 행복한 삶을 살아 갈 수 있을 것이기 때문이다. 신앙을 가진다는 것은 현세뿐만이 아니라 내세(來世)도 존재한다는 믿음이다. 그러나 나는 종교를 갖게 됨으로써 앞에서 거론한 목적보다도 더 중요하다고 생각하는 것은 맑고 깨끗한 영혼을 간직할 수 있기 때문으로 간주한다. 인간이 이 세상을 살아가면서 가장 중요하다고 생각되는 것은 정신이 맑아야 자신의 몸이 흩어지지 않고 맑은 정신으로 하여금 통제를 받을 수 있기 때문이다. 영혼이 맑고 밝으며 깨끗하다는 것은 정신이 선명하다는 것을 의미하는데 이 선명한 정신만큼 높은 가치를 지니는 것은 없을 것이다. 이와 같이 종교를 갖느냐 갖지 않느냐의 관념 차이는 세상을 살아가는 자세와 태도에서 삶의 목적이 크게 달라질 수 있다. 종교의 유무를 떠나서 우리의 삶은 귀중하고 이 세상 삶은 단 한번이라는 것을 잊어서는 안 된다. 자기의 삶은 자기가 책임을 지고 살아야 하는 것이기에 종교의 귀중함에 대해서는 자신이 먼저 알고 있을 것이다.

성(性)을 올바르게 인식하여야 한다

　인간 삶의 행위를 깊게 따져 보아서 일하고 먹으며 사랑하는 것이라고 말하는 것은 맞는 말인 것 같다. 사랑이 갖는 최고의 목표는 여러 가지 의미가 주어지겠지만, 그 중에서도 성적(性的)인 행위가 주(主)가 될 것이며 종국에 가서는 종족의 번식일 것이다. 종족의 번식이야말로 인간이 삶을 추구하는 최종의 목적이 아니겠는가? 이 우주를 창조한 창조주(創造主)는 성(性)을 통하여 생물에게 종족을 유지하게 함으로써 자신의 대(代)를 이어가도록 최고의 가치를 부여한 것이나 다름없기 때문이다. 청소년기는 본인으로 본다면 생(生)에 있어서 성장을 위한 가장 큰 변화의 시기이며, 또한 이 시기를 잘 극복해야만 하는 숙명(宿命)적인 과제를 안고 있는 시기이기도 하다. 동시에 부모로서는 아이를 잘 키우기 위해 교육을 시켜야 하는 높은 사명의식을 가져야 하는 시기이다. 부모의 입장에서 본다면 자기의 아이가 성(性)의 개념을 옳게 인식하고 이성(異性)과의 교제를 올바르게 갖도록 하는 것이 교육적인 측면에서 가장 중요한 책임인 동시에 의무일 것이다. 우리나라의 자녀들은 부모로부터 특별한 성(性) 교육을 받기보다는 부모와 함께 살아오면서 자신도 모르게 사회의 윤리적인 관습을 배워 나름대로 이성(異性)과의 만남을 위한 자신의 규준(規準)을 설정하게 된다. 만약 아이가 성장과정에서 부모나 이웃으로부터 성(性)의 인식(認識)에 대한 좋은 본보기를 배우지 못하였다고 한다면, 사회적인 제도에 의해서 충분한 관심과 이해로 우리의 아이들에게 올바른 이성(異性)과의 관계에 대한 가르침이 있어야 할 것으로 본다.

인간의 생리적인 현상에 있어서 이 성(性)의 문제만큼 복잡하고 미묘한 작용을 일으키는 것은 없을 것이다. 이 성(性)의 주머니 속에는 중요한 생명의 물질들은 말할 것도 없거니와 있어서는 안 될 악(惡)의 씨앗도 전부 다 함유하고 있는 것으로 보인다. 예를 든다면 성적인 쾌감은 어떠한가? 자연의 극치라고 하듯이 신(神)이 인간에게 준 최고의 가치이며 마지막 선물인 것이다. 여기에 생(生)의 모든 의미가 함축되어 있다고 하겠다. 삶의 희망과 열정, 온갖 욕망이 이 속에 녹아 있기에 생명에 대한 진정한 의미가 이 성(性)이라는 주머니로부터 탄생된다고 할 수 있다. 즉 정신적인 영역을 제외한 육체를 매개체로 하였을 때만은 이 성(性)의 주머니가 인간의 전부를 대변한다고 할 수 있을 것이다. 이 성(性)이라는 성질이 인간에 있어서 생명력 자체이기 때문이다. 이것뿐인가? 이 성(性)의 주머니 속에는 상대적으로 악(惡)의 요소가 가장 많이 함유되어 있다. 이 성(性)을 잘못사용하였을 때 이것으로부터 오는 폐해(弊害)는 화근(禍根)의 원인으로 작용하여 신적(神的)인 인간을 동물의 세계로 추락시키는 것은 물론이고 귀중한 생명을 앗아가기도 한다. 이렇게 볼 때 성(性)이라는 주머니는 잘 사용하면 행복이요, 잘못 사용하면 불행의 원인이 된다고 할 수 있다. 사춘기의 청소년들은 성장과정에 있어 자아의 정체성이 아직 확립되지 못한 상태에 있다. 이때 이성교제(異性交際)로 인하여 육체적인 관계를 갖게 된다면, 그 이후에 세월이 흘러 자신이나 상대방도 계속 성장을 하게 되고 변화하여, 완전히 성인이 된 후 자기의 정체성(Identity)이 확립되고 나면, 이때의 처지와 상황, 사회여건 등 자신의 정체성이 과거 이성교제 때의 상황과는 큰 격차가 생겨, 이미 자신이 행한 행위가 현실에 맞지 않는 순간적인 실수라는 것을 알게 될 것이다. 이때는 후회해도 이미 회복할 수 없는 선(線)을 넘어버렸기 때문에 정상적(正常的)인 위치로 돌아갈 수 없게 된다. 그래서 성숙하지 못한 상태에서 이성 관계를 맺게 되면 지울 수 없는 아픔과 불행이 초래되는 것이다. 동양의 전통사상이 그대로 보존되어 맥을 이어오는 선사(禪寺)에서 보면 스님들이 부르는 용어로 '올깨끼와 늦깨끼36)'라는 이름이 있다. 물론 이러한 예는 지난 시대에 선사(禪寺)에서만 통용되었던 성적순결함의 기준으로 부르게 된 이름이었겠지만 이 속에는 경멸할 수 없는 선사의 엄한 규율이 내재되어 있음을 간과할 수 없다. 실질적으로 인생이라는 삶에서 성적욕망을 자제(自制)하지 못하는 감정의 폐해(弊害)는 성경에서 말하는 원죄(原罪)의 개념을 떠나서라도 가히 상상하기 힘들 정도로 크다고 하지 않을 수 없다. 특히 성인인 우리의 부모들 역시 성적욕망을 가정을 벗어나 외도(外道)에서 충족하려고 하는 마음을 갖고 있다면 이에 상응하는 호된 대가를 치러야 할 것이다. 그것은 그렇다고 하더라도 자라나는 우리의 자녀들이 올

---

36) 올깨끼와 늦깨끼는 시자(侍者)로 있으면서 불경의 수업(修業)을 받고 있는 꼬마스님을 두고 부르는 이름으로 '올깨끼'는 예로부터 성욕발동기를 10세 전후로 보았을 때 10세 전후에 입사(入寺)한 스님을 동진출가(童眞出家) 또는 '올깨끼'라고 부르고, 이에 비하여 그 이후에 입사(入寺)한 스님을 '늦깨끼'라고 부른다. 그런데 여기서 주목해야 할 점은 '올깨끼'는 '늦깨끼'에 비하여 성적(性的)으로 순결무구한 동진(童眞)을 내세워 '늦깨끼'를 경멸한다는 것이다. 즉 '올깨끼'는 천사와 같은 존재로 세속(世俗)의 성적(性的)추잡(醜雜)함이 자신의 몸에 유입되기 전에 선사(禪寺)에 입문하였기 때문에 지속적으로 순결(純潔)을 보존함으로서 '늦깨끼'보다는 더 가치 있는 존재라고 여긴다. 이에 대하여 '늦깨끼'는 세속적으로 보았을 때 이미 성적인 탐욕의 시기를 사회에서 보냈다는 이유로 순결함의 측면에서 '올깨끼'보다는 못하다는 이미지를 지니고 있다.

바른 성(性)에 대한 인식을 갖지 못한다면 그들의 인생은 위험한 지경에 놓이지 않았다고 누가 장담할 수 있겠는가? 그러니 부모는 자녀에게 성(性)의 순결함에 대한 가치를 일찍부터 잘 가르쳐 주어야 할 것이다. 이 점은 자라나는 우리 자녀에게 있어서 대단히 중요한 문제가 아닐 수 없다. 미국 뉴저지 출생, 예일대학교 심리학교수인 로버트 스턴버그(Robert Sternberg)의 사랑의 삼각형 이론(유형)37)을 보면 남녀관계에 있어서 성숙한 사랑(consummate love)은 친밀감, 열정, 결심 등 헌신(獻身)의 요소가 모두 존재하여야 하며, 이외에도 사랑의 요소로는 기꺼이 상대를 즐겁게 해주고 수용하고자 하는 의욕, 상대방의 결점이나 잘못을 사실 그대로 인정하는 태도, 그리고 자기 자신의 행복과 마찬가지로 상대방의 행복도 배려해 주는 마음 등을 들 수 있다(신용주, 2002). 우리의 자녀가 성숙한 상태, 즉 자아정체감이 형성된 이후라면 이성교제에서 흔히 말하는 사랑의 조건인 친밀감을 상대방에게 조건 없이 줄 수 있다고 말한다. 사랑이 친밀감으로 대체되어야 하는데 에릭 에릭슨은 친밀감에 대해서 다음과 같이 언급한 바 있다. "친밀감이란? 우리 모두인 친구, 배우자, 형제자매와 부모 혹은 다른 친척들과 서로가 사랑 등 정체감을 나누어 갖는 것으로 생각한다, 즉 이것은 자신의 무엇을 상실한다는 두려움이 없이 당신의 자아 정체감을 그 외의 누군가와 연합시키는 능력이라고 말한다."로 설명하였다. 이러한 양상의 친밀감은 성공적인 결혼을 성취하는 데 필

---

37) 사랑의 삼각형이론이란? 심리학자 로버트 스턴버그는 '사랑의 삼각형이론'을 제시했다. 그의 이론에 의하면 남녀 간의 사랑은 세 가지 심리적 요소로 구성되어 있다. 첫 번째로 상대방에 대한 배려, 아끼는 마음, 따뜻한 정서 등의 '친밀감(intimacy)'이다. 두 번째는 성적인 욕망, 육체적 반응 등의 '열정(passion)'이다. 세 번째는 관계를 계속 지속하려는 의지, 관계의 중요성에 대한 인식, 미래에 대한 확신과 결단을 의미하는 '헌신(commitment)'이다. 보통 이 세 가지 조합에 의해서 서로 다른 유형의 사랑이 형성된다고 스턴버그는 주장한다.

수적인 요소로 본다. 이 말은 다른 사람이든 자신이든, 진실로 친밀감을 갖게 되려면, 앞으로도 변하지 않을 자신의 정신적 가치관을 획득한 후 이것을 바탕으로 남과 조건 없이 사랑을 나눌 수 있는 상태가 되어야 한다는 것이다. 이것이 자아정체감의 획득인데 사춘기 청소년들은 이 자아정체감이 아직 발달되지 못했기 때문에 이들은 이성교제에 앞서 선결문제로 이루어야 할 필수조건으로 자아정체감(正體感) 형성이 이루어져야 한다는 결론에 이르게 된다. 자아정체감이 확실하게 이루어지면 어떠한 일이 있어도 앞으로 상대에 대한 마음의 변화는 없다는 것을 의미하기도 한다. 성관계(sex)는 한번 행위하고 나면 회복할 수 없는 육체적, 심적 결손이 발생한다는 것, 특히 여성의 정조(貞操)는 생명과 같아 앞으로 자기와 결혼할 상대인 남자가 신뢰감으로 자기를 맞아준다는 사명감(使命感)이다. 이 사명감을 여자와 남자가 생명과 같이 귀중하게 간직하고, 이것을 관계의 보물로 삼고, 앞으로 가정을 꾸며 영원한 생(生)을 서로 보장받게 된다는 것을 확고하게 가르쳐야 한다. 중요한 것은 인간의 정신적인 가치를 지탱해주는 것은 육체적인 순결함이라는 것이다. 인간은 정신적인 면과 육체적인 면의 양면성을 가지고 있어 잘못하면 육체적 욕구에 이끌려 정신적인 면을 등한시할 수 있어 불행은 여기서부터 시작되는 것이다. 언제나 우리의 육체적인 면을 정신이 지켜주어야 하기 때문이다. 그래서 정신적인 성숙 다음에 육체적인 행위가 이루어져야 정상적인 성숙인데, 사춘기에서 가장 위험한 특성이 충동성(衝動性)으로, 즉 육체적으로 욕망에 빠져드는 것이 정신적인 성숙보다 먼저 온다는 것이 문제이다. 우리 부모들은 자녀들에게 정신적인 성장을 도와주어야 하는 것이 교육의 필수적인 요건(要件)이 되는 것이다. 어떤 생각과 행위가 옳은 판단이 되어 자기를 지켜 줄 것인지, 그리고 위험한 행동을 섣불리 한다면 문제가 발생하여 앞으로 자기의 인생에 어떤 불행이 닥쳐 올 것인지를 인식하게 하고, 인생에 있어서 사춘기 위험성을 사전에 예방하도록 하여야 할 것이다. 특히 자신의 가장 귀중한 삶의 생명력이기도 한, 성(性)은 남과 다르게 오직 자신만의 것인 것이다. 이렇게 귀중한 성(性)은 자신의 생명과 같이 아끼고 보존하여 남으로부터 보호하고 끝까지 지켜야 한다. 만약에 자기만의 생명과 같은 성(性)을 남이 함부로 사용토록 허락한다면 자신의 소중한 몸과 정신의 가치는 이 세상에서는 아무런 쓸모없이 된다는 것을 알아야 한다. 왜 성(性)이 중요한 것이냐 하면 우리의 행복도 즐거움도 하고자 하는 삶의 의욕도 전부 성적(性的)욕망으로부터 기인되기 때문이다. 노자와 21세기 《상편(上篇)》에서 다석(多夕) 유영모 선생은 "이 세상을 한마디로 식(食)과 색(色)의 문제이다. 사람이라면 모름지기 우선 먹는 문제와 남녀문제에 대하여 확실한 견해를 가져야 한다. 식(食)과 색(色)에 이끌리면 진리와 멀어지게 된다"는 뜻이다. 그 정도로 인간에게 음식과 남녀문제는 불가분의 관계로서 중요하게 다루어야 한다는 말씀이다. 그러한 의미에서도 성(性)은 생명과 동일한 만큼 귀중한 것이니, 아끼고 잘 관리해서 소중히 간직하면서 유용하게 한평생 사용해야 한다. 사람이란 온통 성(性)을 기초로 하여 사랑, 감정, 생명 등이 전부 연결되어 있는데, 그 중에서도 성(性)에 대한 문제가 바탕이 되어 있다. 도스토예프스키의 저서 『죄와 벌』을 보면 이러한 글귀가 나온다. 라스콜리니코프라는 살인범이 소냐라는 매춘 여(女)에게 하는 말이다. "지금은 모르겠지만 언젠가는 알게 되겠지. 당신도 나와 같은 짓으로 생명을 죽이는 짓을 했으니까. 당신 역시 못할 일을 저질렀소. 당신은 스스로 당신을 해쳤소. 스스로 당신을 망쳐버렸소. 그것만이 나하고 다를 뿐이오."라고 표현한다. 여기에서의 라스콜리니코프의 뜻은 몸을 파는, 즉 성(性) 행위를 상업(商業)으로 하는 매춘 여(女)인 소냐에게 당신도 자신을 스스로 망쳐 성조를 잃어 버렸기 때문에 살인범과 동격으로 취급하고 있다는 뜻으로 해석된다. 앞의 글귀는 비록 소설이지만 정조(貞操)의 중요성을 강조한 나머지 정조는 생명과 동일한 개념이라는 결론을 도출한 것이다. 그 정도로 성(性)행위는 중요하다. 즉 성(性)은 순결(純潔)이요. 자기를 지키는 생명이기 때문에 정조(貞操)는 자기를 영원히 지켜줄 자기의 남편에게 바쳐야 한다는 것이다. 남자는 생명처럼 여자의 순결을 원하기 때문이다. 어느 유명한 한 인사가 대중연설을 하는 가운데 여자에게 있어서 순결의 중요성을 예(例)로 들어 다음과 같이 설명한 것을 나는 기억하고 있다. "아무리 한 여자가 마음씨 곱고 지혜로우며, 미모(美貌)의 여성이고, 자녀에게는 훌륭하고 현명한 어머니이며, 동시에 남편의 부인이고, 부모의 며느리일지라도 정조(貞操)를 지킬 줄 모른다면 이것은 한 여인으로서 자격을 잃은 것이다."로 표현했다. 즉 이 말을 다르게 표현하면 여자의 모든 잘못은 용서될 수 있지만 자신의 성(性)을 지키지 못한다면 용서할 수 없다는 표현일 것이다. 왜냐하면 남자는 순결한 자기 여자에게 목숨을 바치기 때문이다. 우리는 한번 더 순결(純潔)의 가치를 생각해 보지 않을 수 없다. 순결의 사전적 의미는 '1. (마음이)순수하고 깨끗한 상태에 있는 것. 2. 여자가 성적인 경험을 하지 않고 처녀의 몸을 지키고 있는 상태'이다. 즉 여기서는 (남자나 여자가)문란하거나 부도덕한 성관계를 맺지 않아 정신적·육체적으로 깨끗한 상태에 있는 것이다. 인간의 삶이란 어쩌면 남녀 간에 사랑을 하며 살아가는 것이 전부라고 생각된다. 이것은 바로 성욕을 해결하며 살아가는 것이기 때문이다. 인간이 다른 짐승과 다른 점은 이성(理性)에 준하여 고귀한 사랑을 이루는 것이라고 할 때 순결은 최고의 가치를 지닌다고 생각된다. 특히 여자가 순결한 상태를 유지한다는 것은 자신에 대한 최고의 가치를 보존하게 되는데, 이 내면에는 절개(節槪)라고 하는 신념·신의 따위를 굽히거나 변하지 않는 성실한 태도인 의지가 숨어 있는 것이다. 이때 의지는 자신의 생명과도 같은 것이며 이 것이 자신을 지키는 결연한 정신이기 때문에 소중하게 다루지 않을 수 없는 것이다. 순결은 여자의 굳은 절개이며 이 뜻을 다르게 설명하면 한 여자가 한 남자에게만 자신의 생명과도 다름없는 순수한 성을 바치겠다는 의미이기도 하기 때문에 귀중한 가치를 가지게 된다. 시경(詩經)을 보더라도 옛 고전에서는 꽃과 새를 소재로 하여 가장 두드러진 것이 애정이고 사랑의 문제이며 처녀 총각이 짝을 찾는 구혼(求婚)을 주제로 자연을 노래한다, 그런데 어찌 우리의 아들·딸들도 사춘기를 맞이하여 이성(異性)을 찾지 않을 것인가? 인생에서 가장 값있고 최고인 행복의 조건이 사랑이며 이성(異性)을 구하는 것이기에, 우리 부모는 사춘기에 접어든 자녀가 이성(異性)인 친구에게 메일을 보내는 것과 전화 통화하는 것을 자연스럽게 지켜보면서 바람직한 방향으로 유도되도록 도와주고 함께 고민하는 자세가 필요하다고 본다. 사랑은 순수한 마음의 발로이며 자연의 섭리(攝理)이기에 절대로 부정(否定)하고 무조건 은폐(隱蔽)하는 자세로 자녀를 바라보아서는 결코 안 될 것이다. 또한 성(性)에 관하여 그리스도는 다음과 같이 말한 바 있다. "내가 간음(姦淫)과 혼전(婚前) 성(性)관계를 금하는 것은 성이 나쁜 것이 아니라 좋은 것이기 때문이란다. 성(性)은 사랑으로 묶어주고 생명을 탄생케 하는 창조적인 능력이 있을뿐더러 아주 강력한 힘이 있단다. 성(性)이 제대로 사용되면 굉장한 선(善)을 이룰 수 있지만 그렇지 않으면 인격을 파괴시키고 말지. 이런 이유로 하나님은 사랑하는 반려자와의 약속 안에서 성(性)을 경험하도록 의도(意圖)하신 거란다"라고 가르치고 있다. 여기서 그리스도가 말한 바는 성(性)은 생명을 탄생시키는 신비의 창조력과, 이 지구 안에서 생명을 가진 존재에게 조화로운 삶을 살도록 질서를 부여해주고, 이 지구를 풍만하게 하여 생명으로 가득 차도록 하며, 이 무서운 사랑의 힘으로 외로운 삶을 극복하여 누구나 아름답고 평온한 삶을 이어나가도록 하고 있다. 그러므로 생명과도 같은 이 고귀하고 신비스러운 성(性)을 잘 사용하는 것이 우리가 생명을 연장하고 행복한 삶을 살아가도록 하는 계기가 된다는 것을 부모는 자녀에게 가르쳐야 하며, 일순간의 잘못이 한평생을 실패로 연결되어진다는 것을 깨우쳐 주어야 한다. 이성(理性)을 가진 인간이면 동물적 본능을 이성(理性)으로 억제하는 것이 인간에게 있어서 가장 중요한 삶이라는 것을 우리는 자녀에게 가르쳐야 한다. 고사성어(故事成語)에 보면 '읍혈연여(泣血漣如)'라는 글귀가 나온다. 이 말의 본래 뜻은 여기에 사용되는 것은 아니다. 하지만 여기에 적용시켜본다면 겉으로는 눈물을 감추지만 속으로는 피눈물을 흘린다는 말이다. 철부지의 욕망 때문에 자신의 육체를 훼손하는가 하면, 중요한 젊은 시기를 허비하고 때를 놓치게 되면 후일에야 이를 깨닫고 후회해 보지만, 이 때는 이미 시기를 놓친 후이기 때문에 겉으로는 눈물을 감추고 살지만 안으로는 피눈물을 흘리며 살아야 한다는 경계의 말로도 풀이할 수 있을 것이다. 청소년들이 사춘기의 성적 욕망을 억제하지 못하고 성적 쾌락에 젖어들게 되면 육체적인 훼손은 말할 것도 없거니와 학습과도 영원히 멀어지게 된다. 왜냐하면 학습은 고통을 참아내며 긴 세월을 여기에 투자하여야 함에도 달콤한 성적쾌감의 맛을 보면 그 상황에서 헤어 나오지 못하기 때문이다. 그래서 학습하는 동안만은 청소년들이 강한 의지력을 발휘하여 성(性)의 충동을 억제해야만 하는 이유가 여기에 있다고 하겠다. 그렇다면 이 세상에서 가장 고귀한 가치는 어디에 두어야 한단 말인가? 이성(理性)을 가지고 자신의 육체적인 욕망을 억제한 이후에 획득할 수 있는 정신적인 가치일 것이다. 인간으로서 최고의 가치를 획득할 수 있는 격조 높은 품격은 바로 자신의 육체적인 욕구를 이성(理性)으로 억제하고 그 결과 획득할 수 있는 정신적인 결실에 의해서 이기 때문이다. 어쩌면 금욕(禁慾)을 지키는 정신만큼 위대한 가치성은 없을 것이다. 이러한 정신을 가짐으로써 가장 고귀한 삶의 가치를 획득하게 되고 성숙의 세계로 입문하는 경지에 들어서는 것이 아닌가 하는 생각이 든다. 누구나 함부로 이 경지에 입문하게 되는 것이 아니라 가장 최고의 지성과 교양을 갖춘 인격자(人格者)만이 가능하리라 본다. 신(神)은 이 순수한 영혼만은 반드시 구제하리라고 믿기 때문이다.

자녀의 재능을 조기에 발견하라

재능의 씨앗과 싹을 발견하기 위해서는 흥미와 관심이라는 밭(田)을 갈고 일구는 작업부터 시작하여야 한다. 이러하여 극세미(極細微)한 성질을 가진 재능의 씨앗과 어린 싹을 찾을 수 있기 때문이다.

　인간이 세상에 태어나 생(生)을 영위하는 과정에서 자기적성에 맞는 직업을 선택하여 살아간다는 것은 정말 대단한 일이 아닐 수 없다. 그 중에서도 성장의 과정에는 재능을 외부에서 찾아 볼 수도 있는가 하면 내부에서도 발견해 내어야 하는 길이 주어진다. 외부에서 찾아야 하는 길에는 여러 분야에 직접 참여하여 자신에게 맞는 것을 적용해 보는 것이지만, 내부에서 찾아야 하는 길은 재능을 찾기 위하여 자신의 정신적인 영역을 계발(啓發)하여야 할 것이다. 이 장(chapter)에서는 어린 자녀에게 있어서 재능을 발견하기 위한 탐색의 과정을 살펴보기로 하겠다. 부모의 자질 중 하나는 자녀의 진로를 결정하는 일이 무엇보다도 중요하다. 즉 자녀가 어릴 때부터 가장 잘하는 것이 무엇인지 관찰하여 진로를 결정하여야 하기 때문이다. 여기서 '재능의 발견'이라는 제목을 붙여 보았는데, 오히려 재능(才能)이라는 용어 대신에 적성(適性)이라는 단어를 사용하는 것이 바람직한 표현이 아닌가 하고 생각을 해 본다. 적성이라는 단어의 뜻은 '어떤 일에 알맞은 성질이나 능력, 또는 그와 같은 소질이나 성격'이다. 재능(才能)의 사전적인 뜻은 '어떤 일을 잘 할 수 있는 재주와 능력'으로 되어 있다. 아무튼 여기서는 재능과 적성을 같은 뜻으로 다루기로 하겠다. 그러면 재능이란 자녀의 어떤 과업(課業), 즉 여기서는 자녀가 앞으로 가질 수 있는 직업의 종류를 말할 수 있다. 세계적으로 등록된 직업의 종류는 대략 3만 정도라고 한다. 그런데 우리나라 청소년들이 생각하고 있는 직업의 수는 6~7종에 불과하다고 한다. 기껏해야 법조계 판사, 의사, 선생님, 일반직 공무원, 경찰, 간호원 정도라는 것이다. 웃기는 일을 넘어서 슬프지 않을 수 없는 지경이다. 그러면 3만이라는 직종이 있는데 6종의 직종만 생각한다면 그 외 직종은 직종이 아니라는 말인가? 잘못 생각하여도 한참 잘못됐으며 그 도를 넘어 어처구니없는 일이 일어나고 있는 현실이다. 부모들은 이 점을 유념하여 자신의 자녀들이 이러한 오류에서 벗어나 더 큰 직업 세계를 향해 나아가도록 해야 한다. 부모는 먼저 수많은 직종을 파악하여 그 특성을 알고 어릴 때부터 자녀 진로문제를 학교 담임 선생님과 의논함은 물론 자녀들과 대화를 통해 자녀의 적성을 찾지 않으면 안 된다. 자녀가 그 일에 재능이 '있다, 없다'라고 판단할 수 있는 것은, 부모나 선생님이 긴 세월을 인내하면서 자녀와 함께 어떤 일에 시간과 정열을 투자하여 관찰한 결과, 자녀가 어떤 일에 관심(關心), 즉 마음의 끌림이나 취미, 즐거워함을 갖고 주어진 시간 내에 남보다 높고 많은 실적을 올릴 수 있으며, 그 일에 새로운 창조력을 발휘하여 다른 사람들이 하기 어려운 일을 기꺼이 새롭게 더 계발(啓發)할 수 있을 때이다. 또한 그 일에 있어서 다른 사람들과 비교하여 능률적인 면에서 뛰어난 차이가 있을 때를 의미한다. 이제는 아버지가 나서야 한다(이해명. 2001)를 참고하면 "성공하기 위해서 재능, 노력, 환경 세 가지 조건이 필요하다. 재능이 나타나는 시기는 분야에 따라서 다르다. 예술 분야는 비교적

일찍 알아볼 수 있는데 음악은 5세 전후, 미술은 8세 전후에 나타난다. 과학 분야는 10대 후반, 인문사회 계통은 20대 초반에 재능이 나타난다."고 기술하고 있다. 이 문제에 대해서는 아직도 나로서는 이렇다 할 주관적인 입장을 밝히기 어렵다. 이 어린 나이에서 이렇게 일찍 재능을 발견할 수만 있다면 그것은 행운인 동시에 정말 바람직한 일이 아닐 수 없다. 하지만 재능이 이보다 훨씬 많은 나이에도 발견하기가 쉽지 않다고 본다. 좀 이상스럽게 보일는지 모르지만 60대 전후에서 겨우 자신의 재능을 발견한 사례도 없지 않게 나타나고 있기 때문이다. 물론 재능이란 타고나면서부터 본인 스스로 갖추고 있는 것이지만 이것이라고 꼬집어 이끌어 내기란 여간 힘든 일이 아닐 수 없다.

재능의 발견과 관련하여 다시 한 번 생각해 보면 처음에는 관심과 소질, 흥미 등으로 인하여 하나의 재능으로 발견되는 계기를 마련할 수도 있으며, 또한 이것이 자녀에게 확실한 재능이라고 꼭 찍어 말할 수 없지만, 어느 정도 가능성이 보인다면 그것으로 영원한 승부에 접근할 수도 있을 것이라고 본다. 때로는 한 자녀에게 있어서 약간의 소질, 보잘 것 없는 재능이지만 그 시대의 상황과 오직 자신의 불굴의 의지로서 가공적(架空的)으로 재능으로 선택하여 성공의 길로 이끌어진 경우도 흔히 있게 된다. 어떠한 경우에는 재능을 일찍 발견하고 강력히 그 길을 추진하다가 사춘기를 지나 정체성이 정확히 확립될 무렵, 중도에서 자신의 재능이라고 추진하던 과제를 포기해버리는 사례도 나타나기도 한다.

정신현상학 1(G. W. F. 헤겔. 2005)에서도 보면 "실로 재능이라는 것은 누구나 타고난 개성이 목적을 실현하는 단계에서 활용하게 될 내적인 수단이다. 실제로 목적을 위한 현실상황에서, 그 목적을 실현하기 위한 수단이 되는 것은 재능과 관심이 존재하여야 하며, 그것과 인간 개인의 본성과의 통일이 이루어져야만 한다. 재능이 행위의 수단으로 활용되는 측면을 나타낸다고 한다면, 관심은 내용의 측면을 나타낸다고 하겠으니, 어쨌든 양자는 다 함께 존재와 행위의 상호침투 된 개체성(die Individualitat selbst, als Durchdringung des Seins und des Tuns), 그 자체를 이룬다고 하겠다. 결국 재능은 현존해 있는 것이 있는 그대로의 상황으로서, 이는 본래 개인이 타고난 본성이 그대로 모습을 드러낸 것이다. 그 다음에 오는 것이 관심인데, 이 관심은 인간의 욕구에서 유래되는 것이지만, 이는 눈앞의 상황을 바로 자기의 목적으로서 정립하는 것이다."라고 기술하고 있다. 그리고 시카고 대학의 블룸 교수가 주도한 재능의 발달과정 연구결과를 보면 "재능의 발전에서 처음은 어린이의 놀이와 재미있는 활동으로 인식되고, 그 후 좀 더 높은 수준으로 가면서 학습이 뒤따른 것이 평생 직업으로 되어 하나의 재능으로 인정받고 고착단계(固着段階)에 이르게 된 것이다."라고 기술하고 있다. 즉 이것이 자녀에 있어서 재능의 발현과 정신 발달의 한 과정이 아닌가 생각된다.

자조론/인격론(새뮤얼 스마일스. 2007)에서도 "재능에 대하여는 버밍엄의 윌리엄 휴튼도 도서 판매업과 작가로서의 문필활동 양쪽 모두 성공적으로 해냈다. 그는 50세가 되어서도 자신의 최고 잠재능력이 무엇이었는지를 깨닫지 못하는 경우가 있다고 말했을 정도로 자신의 재능이나 자녀의 재능을 발견하기는 쉽지 않다고 했다. 윌리엄 휴튼은 세상 사람들이 그의 저서인 《버밍엄 역사》를 읽고 나서 그의 고고학자다운 면이 빛난다고 말해 줄 때까지 그 일이 자신에게 맞는지조차 모르고 있었다. 그는 사람들이 그 사실을 말해준 뒤에야 자신에게 그런 면모가 있었는지를 깨달았다."고 한다. 그 정도로 유명한 사람들조차도 자신의 재능을 발견하지 못하고 여러 가지 일을 하는 가운데 어떠한 계기에 의해서, 또 하나의 일을 하다 보니 늦게야 남들에 의해서 자신의 재능이 발견되는 경우도 있다. 그런가 하면 재능이라고 볼 수 없지만 50대 정도에서도 특별한 인생의 성공을 거두지 못하고 방황한 끝에 마지막 승부수를 걸고 한 가지 일에 매달려 고심분투한 결과 대 성공을 이루는 경우도 있는 것이다. 물론 이것은 재능이라고 말할 수 없을 것이다. 그리고 보면 일반적으로 다방면에 열심히 이것저것 노력하다 보면, 주어진 일에 최선을 다하다 보면, 자신의 직업에 열정을 쏟아 일하는 경우에 자신도 모르게 보편적인 능력을 발견하게 된다. 결국은 이러한 능력들을 발견하고 보면 이 일을 잘하는 사람이 저 일도 잘 하게 되는 경우도 있다. 그러다가 자기가 하고 싶고, 하면 재미가 있어 시간 가는 줄도 모르게 열중하게 되어 나중에는 하나의 결과물이 나오게 되는데, 여기에서 재능이 발견되기도 한다.

우리는 성공과 재능을 잘 구분할 수 있어야 되겠다. 그 길에 성공했다고 그 분야에 재능이 있어서 그런 것만은 아닌 것이다, 사실은 그 분야에 재능이 없지만 성공한 사례는 얼마든지 있기 때문이다. 이런 경우에는 재능이 있어서보다는 많은 노력을 하여서 성공했다고 보아야 하기 때문이다. 하지만 실질적인 재능으로 각 분야의 세계적인 천재는 13세 정도 될 때부터 벌써 그 분야에서 두각을 나타내기 시작한다고 한다. 이와 같다면 우리 부모들은 적어도 13세가 되기 훨씬 전부터 자녀의 적성을 파악하기 위하여 탐색을 위해 심혈을 기울여야 할 것이다. 현재의 우리 부모세대에서는 대부분 자녀의 재능을 발견할 수 있는 충분한 여유와 시간을 갖지도 못하고, 이에 필요한 지식도 없이 자녀가 어떻게든지 학교를 졸업하면 돈을 벌기 위해 바로 적당한 직업을 구하여 한평생 근무하도록 하는 것이 지금 나타나고 있는 우리의 현실이다. 하지만 앞으로의 세대에서는 부모는 좀 더 관심을 갖고 자녀의 재능을 찾아서 최대한 거기에 맞는 직업을 갖도록 하여야 할 것으로 본다. 그래야 자녀 본인의 발전은 물론 사회에 이바지하며 살아갈 수 있을 것이다. 그러면 재능은 어떻게 발견할 수 있는가? 아니 발견되는가? 재능이란 외부인 하늘에서 갑자기 떨어지는 것이나 땅에서 갑자기 솟아나는 것이 아니라, 자녀의 내면에서 조금씩 이끌어 내어야 한다. 눈에 보이지 않게 서서히 재능을 발견하여야 한다는 논리가 성립된다. 이러한 극세미(極細微)한 재능의 씨앗과 싹을 발견하기 위해서는 흥미와 관심이라는 밭(田)을 갈고 일구는 작업부터 시작하여야만, 이 극세미(極細微)한 성질을 가진 재능의 씨앗과 어린 싹을 찾을 수 있기 때문이다. 이 흥미와 관심이라는 밭을 갈고 일구는 작업이 무엇이냐 하면 자녀가 평소 일상생활에서 접할 수 있는 어떤 과제를 부여하고 그것을 받아들이고 소화하는 과정을 관찰하는 것이 된다. 즉 부모는 어떤 기준이나 잣대, 관찰의 항목을 정해 놓고 즐거움이나 싫어함, 자유와 통제, 고통이나 쾌락 등의 변화를 주어서 자녀의 심경을 알아보는 것이다. 그리고 이와 관련된 영화, 연극, 오케스트라 등을 관람하게 한다든지, 도서관, 놀이터, 경연장, 전시회, 경기장, 박람회 등을 통하여 자녀가 느끼고 표현하게 되는 내면의 정서를 찾아내고 재치와 실력을 엿볼 수 있는 기회를 마련하는 것이다. 여기에서 항상 부모는 자녀 내면의 밭을 산책하면서 넓은 분야에서 좁은 범위로 그 분야를 좁혀나가야 한다. 즉 관심이 없는 분야를 배제하면서 선택의 폭을 좁혀 나간다는 것이다. 그런가 하면 하나 하나 분야를 정하여 지속적인 관찰과 가능성을 타진하면서 미래를 대입(代入)시켜 나가야 한다. 이 과정에서 부모는 평소에 자녀가 어떤 분야에 관심을 갖고 즐거워하는지 오랜 기간 동안 살펴보지 않으면 안된다. 그냥 살펴보는 것이 아니라 '왜?'라는 의문과 '무엇?'이라는 목적의 해답을' 찾아야 하기 때문이다. 즉 자녀가 어떤 분야에 지속적으로 호기심을 갖고 흥미를 느끼며 정신적으로 집중하여 그 내용을 빨아들이는가 하는 것이다. 즉 그 분야에 자신의 영혼이 흡수되어 동화되는 것을 눈여겨 살펴보는 것이다. 자녀의 재능을 발견하기 위해서는 이와 같이 흥미와 관심이라는 밭을 갈고 일구는 작업이 선행되어야 하겠다. 때로는 재능의 씨앗과 어린 싹을 쉽게 찾을 수 있도록 그 분야 전문가의 예리한 눈이 필요하기도 하다. 귀뚜라미의 노래는 귀뚜라미가 제일 먼저 발견하고 함께 합창을 하듯이, 개구리의 울음소리는 개구리가 먼저 알고 함께 울어대듯이, 부모의 눈이 열려 있는 것만큼 자녀의 재능이 보이게 되며 전문가의 눈으로 관찰하는 것이 무엇보다 중요하다. 그렇게 하려면 자녀 두뇌의 움직임을 낱낱의 조각을 내어 뜯어 볼 수 있어야 한다. 즉 사고(思考), 취미, 능력, 체력, 지능, 적성, 유전적 요인, 개성(個性) 등을 대입하여 살펴보는 것이다. 형제들과 다른 이이들과의 비교, 차별화를 시켜보는 것도 좋은 방법이 될 수 있을 것이다. 또한 후손은 선조들의 능력만큼 자랄 수 있다는 것을 알고 조상들의 재능 등을 조사해 보는 것도 좋을 것이다. 이와 같은 조그마하고 작은 일들이 모이면 그 차이가 종국에 가서는 큰 변화를 가져오는 계기가 마련된다고 할 수 있다.

이와 같이 재능을 찾는다는 것은 가능성을 찾아 정진하는 것이다. 재능은 자기의 개성을 찾고 발현시키는 것, 성공(成功)이라는 프로정신보다는 개성(個性)이라는 보편적인 진리에서부터 접근해야 한다. 내가 알고 있는 어느 한 후배는 자기가 축구에 소질이 있고, 그리고 자신이 좋아하는가 하면 자기의 자녀가 또 축구를 즐겨 하는 것을 보고 초등학교 3학년 때부터 축구부에 입단시켜 축구의 길을 걷도록 하고 있는 것을 보았다. 이것이 보편적으로 재능을 발견하는 과정이라고 할 수 있다. 또 어느 교수 한 분은 자기의 딸아이가 초등학교 4학년 때 피아노 경연대회에서 입상한 경험을 살려 피아노 연주가로, 그 다음 작곡가로 키우기 위해서 음대(音大)에 진학시키는 것을 보았다.

앞의 예(例)에서처럼 어느 정도 자녀의 적성이나 재능을 발견하기 위해서 아무런 행동을 하지 않는 것보다는 약간의 징후가 보일 때 발견이 가능하다고 하겠다. 그것은 자녀가 노력하는 가운데 자신의 기량(技倆)이 나타나기 때문이다. 부모들은 자녀의 적성이나 재능을 발견하고자 원한다면 자녀에게 어떤 과제를 부여하고 그 일에 호기심과 흥미를 느끼며 좋은 실적을 얻게 되는지를 찾아야만 한다. 만약에 당신이 자녀의 재능을 발견함에 있어 꼭 이것이다 하고 100퍼센트 확답을 얻고자 한다면 재능발견에 있어서 기회를 영원히 놓칠 수도 있을 것이다. 재능에 따른 성공에는 항상 아이러니컬하게도 실패라는 큰 절벽이 함께 존재하기도 한다. 많은 사람들이 재능을 발견하고 그 분야에서 두각을 나타내기 위해서 노력하는 도중에 뜻을 이루지 못하고 실패의 뒤안길로 사라지는 경우를 우리는 흔히 보아왔다. 수많은 가수(歌手) 지망생들이 극히 소수만이 가수로 성공하고 나머지는 어두운 뒷골목으로 사라져 영원히 빛을 볼 수 없는 것과 마찬가지로 말이다. 그 정도로 가능성과 성공에 있어서 그 편차는 크다고 하지 않을 수 없다. 재능이 성공으로 이어지기까지는 넘어야 할 산이 수없이 많다. 우리의 부모들은 최선책(最善策)과 차선책(次善策) 모두를 예상하고 탐색의 과정에 발을 옮겨 놓아야 할 것이다. 언제나 기존의 길을 포기하고 새로운 길로 바뀔 수 있다는 개연성이 열려 있어야 함을 전제로 한다. 이러한 조건 아래 그렇게라도 재능을 발견하고 성공을 이루어 사회발전에 공헌할 수 있다면 그 이상 큰 보람은 없을 것이다. 하지만 우리 부모들은 자녀의 큰 성공을 바라기 위해서라기보다는 작은 성공을 위해서라도 자녀에게 있어서 작은 적성이라도 찾아내지 않으면 안 될 것이다. 재능은 타고난 자신의 자원을 내부에서 발견하기도 하고, 자신의 의지에 의하여 길러지기도 한다. 그리고 특별하게 걸출한 재능이 때로는 세상에 의해 만들어지기도 한다. 우리의 부모들은 이 점을 조심스럽게 주목해야 할 것이다. 즉 걸출한 재능은 운명적으로 그 길을 가야만 하는 처지에 놓이는 경우도 있다. 종합적으로 생각해 보면 조그마한 적성을 발견하고 자기의 의지와 역량을 총 투입하여야 하는 경우가 있는가 하면, 사회적인 요구와 시대성의 반영으로 주변의 뜻에 따라 추종한 나머지 훌륭한 인물이 탄생되기도 한다. 이렇게 하여 어쩔 수 없이 하나의 길을 선택하게 되고 자신의 모든 역량을 투입하여 승부를 걸게 되는 것이다. 즉 자녀의 재능을 발견한다는 것은 반은 자녀의 소질이라는 내면에서부터, 반은 외부의 희망과 바람에서부터 적용하는 것으로 이해되기도 한다. 걸출한 재능은 아이러니컬하게도 나쁜 유전자와 함께 존재하는 것처럼 보이기도 한다. 즉 특히 예술적인 어느 분야의 재능은 알코올 중독을 일으키는 유전자와 함께 존재하는 것처럼, 성격이 괴팍한 사람들한테서 어느 분야의 뛰어난 창조력이 존재하여 발현되는 것처럼 말이다.

우리의 조상들이 삶을 살아온 모습을 보면 구석구석에서 지혜로운 흔적을 발견할 수 있다. 한 예(例)로 아들 딸, 손자 손녀 돌잔치에 가보면 돌상을 가득히 차려 놓은, 그 앞에 아이가 좋아하는 물건들을 나열해 놓고는 무엇을 가장 먼저 잡는지를 보고 나중에 자라서 그러한 분야에 종사하는 사람이 될 것으로 예상하는 행위가, 바로 우리가 찾는 재능을 발견하려는 하나의 시초라고 볼 수 있을 것이다. 이와 같은 형태로 자녀의 재능을 발견하기 위해서는 평소에 자녀가 특별 활동에 참여한다든지, 아니면 평소에 기량(技倆)을 발휘하는 경기, 경연 등에서, 또한 특별히 신경 써서 가르치지도 않았는데 성적이 우수하게 나온 과목에서든지, 평소에 보이는 흥미와 관심 등에서 찾아 볼 수 있을 것이다.

제5장

학습자가
극복해야 할 과제

인내심을 길러라

학습으로 이루어낸 성적으로 이 세상에서는 사람을 평가할 때 가장 타당한 방법으로 인정한다. 왜냐하면 여기에는 오랜 기간 동안 자신이 이루어낸 진실과 성실함에 의한 결실이 있기 때문이다.

인간이란 건강한 상태에서 노동(勞動)과 성(性)이 어우러져 삶이 전개된다고 할 수 있다. 특히 노동(勞動)은 성(性)과 조화를 이루며 삶을 살아가는 원천이 된다. 그 중에서도 노동을 통하여 삶의 목적이 실현되며, 그 과정에서 따르게 되는 피로와 고통을 성(性)의 즐거움으로 해소(解消)하며 살아가는 것이다. 노동의 의미, 노동의 가치를 모르는 사람은 세상을 살아갈 자격이 없는 것이나 다름없다. 위대하게 노동을 수행하는 사람은 신(神)의 뜻에 따르는 사람이다. 신(神)은 인간에게 노동을 통하여 삶을 살아가라고 창조하셨기 때문이다. 노동은 생명력인 동시에 신성(神聖)한 것이다. 노동 속에는 삶에 대한 진실이 녹아 있으며 이것이 진리인 것이다. 노동을 하는 사람에게 악(惡)이 침범할 수 없다. 여기에는 거짓이 없기 때문이다. 노동을 함으로써 자신의 의지와 꿈을 실현시킬 수 있다. 인간은 노동을 통해서 삶이 실현되고 완성된다. 이 세상은 처음과 시작부터는 완성품이 없으며 인간은 반드시 노동에 의해서 그 가치가 증대되며 실현되는 것이다. 그래서 인간의 삶에서 노동이 중요한 이유이다.

청마(靑馬) 유치환 선생38)이 살아생전에 가장 싫어했던 사람은 권력에 아부하여 자신의 개인적인 이득을 챙기는 사람이라고 했다. 왜냐하면 이들은 땀의 진실을 외도하고 있는 사람이며 그 가치를 인정하지 않는 사람이기 때문이다. 특히 일제(日帝)시대에 있어서 일본의 권력에 앞잡이가 된 한국인을 가장 싫어했다고 전해진다. 권력의 앞잡이들은 자신의 진실한 노동에 의해서 이득을 얻는다고 하기보다는 한국의 중요한 정보를 일본에 몰래 넘겨주고 그 대가로 이득을 챙기는 사람들이었기 때문이다. 얼마나 파렴치한 행위이며 자신의 양심을 속이는 기만(欺瞞)인가? 내 나라의 생명이기도 한 조국과 민족을 팔아 자신의 이득을 챙기는 비굴함은 진정한 노동의 가치를 외면한 삶의 방법이기 때문이었을 것이라고 생각이 된다. 노동(勞動)의 사전적 의미는 '사람이 생활에 필요한 물자를 얻고 삶의 가치를 실현하기 위해 정신적·육체적인 활동을 행하는 것'으로 되어 있다. 노동이라는 가치는 학문에도 그대로 적용된다. 즉 학습을 행함은 곧 정신적인 노동이기 때문이다. 얼마나 성실히 학습에 임하느냐는 학습에 있어서 우열(優劣)을 결정한다. 이 세상이 아무리 평등하지 못하다고 해도, 그리고 악(惡)으로 만연해 있다고 해도 노동의 가치를 기만해서는 안 된다. 여기에는 허위가 아닌 진실이 담겨 있기 때문이다. 이것은 가장 가치 있는 삶의 결과물이 된다. 인생에서 노동만큼 중요한 행위는 없을 것이다. 그런데 사회생활을 통한 삶에 있어서 경쟁의 논리, 즉 승부(勝負)의 과정이 올바른 노동과 성실에 의해 이루어진다고 하

---

38) 호는 청마(靑馬)이며, 본관은 진주(晋州)이다. 외가인 경상남도 거제군에서 출생하였고, 초등학교 입학 전 경상남도 통영군 충무읍본가로 옮겨 가서 그곳에서 성장한 그는 극작가 유치진의 아우이기도 하다. 1931년 《문예월간》에 〈정적〉을 발표하면서 등단했다. 1939년 첫 번째 시집 《청마시초》를 발표하였다. 교육계에 투신하였던 그는 시작과 교사 일을 병행하였으며, 부산남여상(현 부산영상예술고등학교)의 교장으로 재직하던 도중 1967년 2월 13일 수정동에서 시내버스에 치여 병원으로 후송되던 도중 사망

기보다는 거짓과 허위, 위선(僞善)과 술수(術數)로 이루어지는 경우가 있기도 하다. 문제는 여기에서부터 삶의 진실이 훼손되는 것이다. 신(神)은 이렇게 위선을 허락하지 않고서는 이 세상을 구성하고 운행할 수 없었을까 하는 의문이 들기도 하는 대목이다. 성경에서도 보면 천상의 천신(天神)도 시기와 질투를 한다고 한다. 하물며 인간이야 말할 것도 없지 않겠는가? 하지만 지나친 경쟁심으로 적의(敵意)를 품고 남을 시기하고 질투하여 자신의 양심을 저버린다면 이 점은 깊이 반성해야 할 사항을 넘어서는 것이다. 사람이라면 똑 같을 수는 없다. 타고난 가정환경이 다르고 능력이 다르기 때문이다. 경쟁을 해서 남에게 뒤떨어져도 모든 것을 동일선상에서 같은 조건으로 시작되었다고 할 수 없으니, 때로는 자기의 환경과 처지를 수용하고 자신에게 관용을 베푸는 마음자세도 있었으면 하는 바람이다. 여기서 환경이란 가정의 경제적인 면이나, 부모의 능력, 자기의 타고난 자질과 적성, 신체적인 건강상태 등을 포함할 수도 있는 개념이다. 인격적인 인간이란 무엇보다도 경쟁심으로 남을 시기하고 질투할 것이 아니라, 남이 잘하는 것은 잘한다고 인정해주고 자신의 고유한 자질을 개발하는 것이 중요하다고 하겠다. 자신의 적성과 능력을 알고 자기 그릇을 채우는 데 최선을 다하며 살아가야 할 것이다. 옛날부터 우리 조상들은 인간을 선택할 때 신의(信義)와 성실(誠實)의 두 가지 원칙에 따라 사람을 등용하였는데 특히 성실한 사람을 중용하였다고 한다. 그 정도 삶에 있어서 성실은 중요한 의미를 갖는다. 나는 현재까지 이 세상을 살아오면서 꼭 한 가지 확실하게 느낀 점은 이 사회가 넓고, 아무런 원칙 없이 흘러가며 성인들의 자세와 태도가 바르지 못한 것 같지만, 오너(owner)들이 성장하는 젊은 세대들의 착실함과 성실함을 보는 눈은 너무도 정확하다는 것을 알게 되었다. 나는 아직도 젊은 세대들이 성장하며 사회생활을 하는 가운데 행실이 바르고 착하며 성실하게 삶을 살아가는 사람은 언제 누구에겐가 신임을 얻게 되며 직장을 구하게 되고 직장에서 승승장구(乘勝長驅) 할 수 있다는 것을 믿고 있다. 젊은 세대가 도덕적이며 양심적이고 열심히 살아가는 사람은 반드시 주변에서 그 사실을 알게 되고 그 사람을 채용하여 일을 시키게 되어 있기 때문이다. 역(逆)으로 말하면 이렇게 젊은 사람들이 많은 세상이며 일자리를 구하지 못하여 아우성이지만 실로 자신의 기업이나 공장에 직원으로 사용할 만한 진실한 사람이 별로 없다는 것이 현시점에서 사회의 현실이기도 하다. 즉 쓸 만한 사람이 그렇게 많지 않다는 것이다. 내가 여기서 꼭 예를 들지 않더라도 특별히 학식이 뛰어남을 필요로 하는 위대한 자리는 아니라고 하더라도 현재까지 성실하고 근면한 사람이 직장을 구하지 못해 놀고 있는 사람은 한 사람도 보지를 못했다. 당장은 사회가 바르지 못한 것처럼 보일지라도 젊은 사람이 확실하게 근면과 성실로 삶을 살아가고 있다면 주변에서 그 사람은 누가 데리고 가든지 자기에 맞는 직업은 구하여지고 건전한 사회의 구성원으로서 보람차게 생(生)을 살아가게 된다는 점이다. 그러니 착하고 근면한 사람은 꾸준히 열심히 살아가다 보면 반드시 어느 누군가가 주위에서 그 사실을 알고 일을 시키게 되어 있으니 젊었을 때의 무기는 바로 착하고 근면하게 살아가면서 주위의 사람들에게 신망을 얻는 것이 무엇보다 중요하다고 생각한다. 이 사실은 아무리 세월이 흘러가도 변하지 않는 세상의 기본 법칙이라는 점을 명심하기 바란다.

이 예는 학습에 있어서도 마찬가지다. 학교에서 학습을 하다보면 물론 IQ가 30점 이상 차이가 있으면 성적도 차이가 있을 수 있지만 10~20점 차이로는 열심히 학습하는 학생이 성적이 앞선다. 아침에 선생님이 출근하여 조례시간에 학생들의 개인별 눈빛만 보아도 현재 노력하는 학생인지 아닌지를 단번에 구분할 수 있다고 한다. 굳이 방과후 학생들의 개별행동을 보지 않더라도 말이다. 열심히 노력한 학생은 결국은 성적순위에 차이가 있게 되고 반 학생으로부터 인정을 받게 되며, 그 학생은 더더욱 자신감을 갖고 열심히 노력해서 학업성적이 우수하여 경쟁에서 승리하게 된다. 만약에 성실성에서 떨어지면 학교에서나 직장에서 그 사람은 다른 이유를 들어 불평과 불만을 품게 되고, 또 형식주의로 흐르게 된다. 그렇게 되면 유능감보다는 시기나 질투심에 젖어들기 쉽고 보통 경쟁에서 뒤떨어지게 마련이다. 사람이 살아가는 데 노력만큼 무서운 것이 없다는 점이 이러한 현실을 두고 말하는 것이다. 10년이면 강산도 변한다고 하였듯이 10년 동안이라는 노력의 결과는 엄청난 차이를 만들어 낸다. 영원히 되돌릴 수 없는 강을 건너게 한다. 인생이라는 경쟁에서 승부가 결정될 수 있는 충분한 기간이기도 하다. '성실' 이것은 부모의 자세인 동시에 우리의 자녀에게도 꼭 물려주어야 할 정신적 유산이라고 생각한다. 자녀가 어릴 때부터 노력한다는 것은 가정에서 학습을 하기 위해서나 행복한 삶을 영위하기 위해서라기보다도 '노동' 그 자체가 바로 신성(神聖)한 행위이기 때문이다. 삶의 기본자세는 성실과 노동이라는 것을 부모는 우리의 자녀에게 꼭 가르쳐 주어야 한다. 물론 어떤 사람은 부유한 환경에서 양질의 교육을 받고 자라서 결혼을 잘하게 되고, 부유하고 또 행복하게 살아가는 사람도 있다. 이러한 사람들에게도 성실과 노동을 인식하고 실행하는 정도에 따라 삶과 성공의 형태는 달라진다고 본다. 다만 이들에게 있어서도 다음세대인 자녀들에게 이 '성실성'이 어떠한 방법으로 전해져 자리매김할 수 있을 것인지는 의문이 남는 부문이다.

학습이라는 기본적인 자세와 성격도 역시 진실과 성실이다. 학습에는 허위와 거짓, 게으름이 통하지 않는다. 어떻게 학습을 이렇게 요령을 부리며 실력을 쌓을 수 있단 말인가? 학습이라는 어려운 과정을 성취하기 위해서 하루아침도 아니고 10년이고 20년의 오랜 기간 동안을 그렇게 참아 내지 않으면 안 된다. 학습으로 이룬 성과, 즉 실력은 이 세상에서 가장 값어치 있는 행위임에 틀림없는 것이다. 왜냐하면 오랜 자신의 열과 성이 함축되어 피와 땀으로 이루어낸 자신의 순수한 결실이기 때문이다. 이와 같은 의미에서 볼 때 학습은 정신노동이라는 성실한 자세로 이루어진 결과물이다. 그래서 이 세상에서 무엇과도 바꿀 수 없는 귀중한 자신만이 보유한 실력이 되는 것이다. 이 때문에 아직도 이렇게 실력으로 사람을 평가하는 것이 가장 진실하고 평등한 사람의 가치를 선택하는 방법이라고 생각한다. 내가 알고 있는 사람 중에 80대 노부부(老夫婦)가 있었다. 현재의 이 노(老)부부는 어린 시절 내가 자랄 때 보면 정말 열심히 일하는 젊은 농부였다. 한 평생을 일만 했다고 해도 과언이 아닐 정도로 오직 고(苦)된 노동을 통해 생계를 유지하였으며, 젊은 그 시기에는 경제적인 면에서는 못사는 편에 속한 하위 수준이었다. 하지만 늙어서는 젊었을 때 성실히 살아온 덕분에 그 지역에서는 제일 부유한 가정으로 성장하게 되었다. 이 가정의 가장(家長)은 숙명적으로, 태어나기 전부터 가난이 자기를 기다리고 있었다. 그것은 부모에게서 물러 받은 가난이었기 때문이다. 이 가정의 가장(家長)이며 아버지인 그는 어릴 때 가난으로 인하여 삶의 쓰라린 아픔을 직접 체험한 분이었다. 어린 나이인 열서너 살 때부터 남의 집에서 일하기도 하였지만, 그 후 열일곱이 되면서부터 일본으로 만주로 떠돌아다니면서 어린 나이에 찬바람과 눈보라를 함께하며 냉혹한 삶의 현장에서 고(苦)된 인생수업을 받은 분이었다. 누구에게 의지할 곳도 도움을 청할 곳도 없이 자신의 피와 땀이 곧 자신의 생명을 지키는 길이라는 것을 누구보다도 먼저 깨달은 사람이었다. 그러다가 해방이 되면서 고국(故國)으로 돌아왔고 결혼을 하여 고향에 정착하게 되고 가정을 꾸렸다. 일찍부터 객지의 설움을 겪었기에 누구보다도 열심히 일하는 가장이며 아버지가 되었다. 이분의 가슴에는 꼭 한 가지, 가난을 자식에게 물려줄 수 없다는 일심(一心) 바로 그 자체였다. 슬하에는 자녀가 다섯 명 있었는데 다 열심히 부모님을 돕고 공부를 해서 외국기업에서 근무하는 사람도 있었고, 공기업에서 간부지위에 있었기도 하고, 공무원으로 근무하는 사람도 있었다. 지금은 한 분만 현직에 근무하고 나머지는 직장에서 모두 은퇴를 했다. 그 집 자녀들은 어릴 때부터 부모들의 성실하고 진실된 삶의 모습을 보고 자라왔기에, 그 자녀들 역시 성실함을 철학으로 열심히 노력하여 성공하지 않았나 하고 생각을 해본다. 노력의 대가(代價)는 반드시 찾아온다는 법칙을 알고 있기 때문이다. 부지런한 사람에게는 하느님도 그 뜻을 아시는지 오순도순 정답게 평탄한 가정을 이루어 살아가도록 도와주는 것 같았다. 그 가정은 특별한 가정도 아니었다. 우리 주위에서 흔히 접할 수 있는 아주 평범한 가정인데, 다만 부부가 열심히 일하면서 살아왔던 성실한 가정일 뿐이었다. 다만 한 가지 눈여겨보아야 할 점은 아버지인 가장(家長)의 역할이 더 없이 중요하다는 것을 느끼게 한다. 거짓을 모르는 순박한 농민으로서 오직 성실한 자세와 미래에 대한 믿음으로 앞만 보고 살아온 사람이었다. 한 가정을 책임지고 있는 아버지의 자세가 곧 아내에게 전달되고, 두 분이 힘을 모아 열심히 살아갈 때 그 가정은 날로 번창하고 행복이 함께 한다고 생각된다. 여기에는 오직 성실한 삶이 있었을 뿐이다.

아버지라는 세 글자 속에는 혼자만이 알고 있는 수없이 많은 아픈 비밀들이 감추어져 있었을 것이다. 자신이 성장하면서 겪게 된 고(苦)되고 어려운 추억들도, 살아가기 위해서 남모르게 혼자서 괴로워했던 수많은 고독한 시간들도, 때로는 술에 취해 미혹(迷惑)을 헤매던 가슴 아픈 순간들도, 타인으로부터 모욕과 수모를 당한 참담했던 사연들도, 한 순간의 실수로 인하여 삶의 희망마저 잃어버릴 번했던 절망의 아픔들도, 남에게서 빌린 돈을 갚아주어야 할 날짜가 가까이 올 때 가슴 졸이던 나날들도, 돌아가신 부모님을 정성껏 돌보지 못한 자식으로서의 후회스러운 안타까움도, 권력과 힘센 자들에게 짓밟히는 쓰라린 모욕감도, 세찬 눈보라 속에서 자신의 일터로 나가야만 하는 모진 마음조차도 전부가 다 아빠의 이름 속에 감추어져 있었을 것이다. 그렇다면 훌륭한 아버지의 상(像)은 어떠한가? 훌륭한 아버지의 모습을 상상해보면 진실, 성실, 희망, 믿음으로 인생을 살아가야 하는 사람이다. 무엇보다도 가정이 중요하다는 것을 알고 있기에 자신의 욕구를 충족하기 이전에 자신의 아내에게 사랑을 주는 것으로부터 인생은 시작된다. 언제나 무엇이든지 솔선수범하는 자세를 보이며 조용하면서도 차분하며 묵묵히 삶을 준비하는 사람이다. 언제나 낮은 목소리로 말하며 상대방이 실수를 하여도 심하게 꾸지람을 하지 않으면서 사실을 있는 그대로 수용할 줄 안다. 그런가 하면 끝이 보이지 않는 고통과 괴로움 속에서도 자기 자신의 본분을 알고 의무와 책임을 완수하는 데 노력을 다한다. 허위, 가식, 교만, 사치와 나태(懶怠)는 자녀의 성장이나 가족의 행복에 있어서 가장 역기능적 작용을 하게 된다는 것을 먼저 알고 있는 사람이다. 풍족한 살림살이는 못 되더라도 빠듯이 가정을 꾸려가며 열심히 인생을 살아간다. 언제나 순리와 이치에 맞게 살려고 노력을 다하며 억압이나 강제로 가정을 운영하기보다는 현실을 파악하고 수용하며 온 가족이 자발적으로 행동하도록 스스로에게 맡긴다. 자신을 되돌아 볼 줄 알면서 가족에게 무리한 요구는 하지 않으며 가족 구성원들의 한계를 인정한다. 언제나 자신을 진솔하게 표현하여 자신의 의미를 전달한다. 인생은 고난이라는 것을 알며 눈물을 감출 줄도 안다. 인생이란 어려움을 참고 견디며 살아가는 것이기에 큰 행복을 꿈꾸지는 않지만 열심히 살아가다 보면, 그 속에서도 보람이 찾아온다는 것을 알고 오늘도 하염없이 자신의 길을 걸어가는 것이다. 이러한 가정과 부모의 슬하에서 자라난 아이는 무엇보다도 부모는 자녀인 자기를 사랑한다는 것을 믿고 부모를 신뢰한다. 자녀들은 이러한 환경에서 차츰 성장하게 되면서부터 자신은 무엇을 어떻게 하며 인생을 살아야 할지 깨닫게 되는 것이다. 자녀들은 친구들과 때로는 여름날 정신없이 미역을 감으려 시간 가는 줄 모르고 하루 종일 놀 때도 있지만, 언제나 아버지와 어머니는 자신들을 위하여 땀 흘리며 열심히 노력하며 농사일에 최선을 다하고 있다는 점을 알기에, 곧 자신도 무엇을 해야만 한다는 것을 자연히 깨닫게 된다. 이러한 부모슬하에서 자녀들은 오직 성실과 노동의 의미를 알고 서서히 성장하게 되는 것이다.

최소한의 경제력이 갖추어져야 한다

　돈이란 무엇인가? 생명을 얻어 이 세상을 살아가는 사람들 모두가
이 돈과 연관하여 삶을 영위해 가고 있다. 사람의 머리 위로부터 하
늘아래에서 돈을 정점으로 원추형(圓錐形)을 이루며 매달려 있는 형국
을 연상해 볼 수 있다. 전부의 사람이 낙하산을 거꾸로 뒤집어 매달
려 있는 것처럼 원추형에 길게 뻗쳐 내려올수록 옆으로 넓게 퍼져 연
결되어 있는데, 만약에 이 연결된 줄을 놓치면 생명은 높은 공중에서
무한한 나락(奈落)의 공간 속으로 추락하게 되어 생명을 잃게 되는 것
이나 다름없이 모든 인간은 돈줄로 연결되어 있다고 하겠다. 이것이
인간에 비유한 돈의 중요성이라고 할까? 왜 이렇게 돈에 매달려야만
하는가? 해답은 한가지이다. 즉 인간은 물질을 먹고 이용하며 살아간
다는 것이다. 물질이 없으면 육체적인 성장은 물론 정신적인 성장도
불가능하다. 인간의 욕망을 돈이면 충족할 수 있기 때문이다. 아니
돈이 없으면 불가능하다. 자신의 욕망을 충족하기 위하여 돈을 소유
하려 한다. 사리(私利)를 추구하는 인간이기에 더 나아가서 현재 자신
의 욕망을 충족할 수 있는 필요한 돈의 액수보다도 더 많은 무한정의

액수를 끝없이 보유하기를 원한다. 인간의 욕망은 끝이 없기 때문이다. 일반적으로 행복한 인생을 살아간다고 하는 것은 욕망을 충족하며 사는 것 이상은 없다. 욕망충족을 위해서는 최소한의 돈이 요구된다. 그래서 인간들은 한평생동안 자신의 모든 생명력을 동원하여 돈을 버는 데 에너지를 투입하게 되는 것이다. 삶의 성공여부는 물론, 생(生)과 사(死)의 문제까지도 돈에 걸려 있다고 보기 때문이다. 이것이 평범하게 살아가는 일반 사람들의 삶의 모습이다. 선방일기(禪房日記)(지허 스님. 2011)의 기록에 보면 "'신외(身外)가 무물(無物)' 차원 높은 정신성 속에서 살아가는 선객(禪客)일수록 유물(唯物)적이고 속한(俗漢)적이라고 타기(唾棄)할 게 아니라 화두(話頭) 다음으로 소중히 음미해야 할 잠언(箴言)이다."라는 말이 나온다. 여기서 '신외(身外)가 무물(無物)'이라는 말은 몸을 떠나야 물(物)이 필요 없다는 말로 해석해도 될 것이다. 생명(몸)이 있는 한 물질이 꼭 필요하다는 말이다. 더욱이 선(禪)을 추구하는 선방(禪房)에서도 화두(話頭)와 동등한 차원에서 돈이 중요하다는 말이다. 왜냐하면 선(禪)이전에 돈이 없으면 선(禪)의 행함도 불가능하기 때문에 돈이 먼저 있어야 한다는 결론이다. 인간이기에 특히 천진난만하게 성장하는 아이들에게 있어서 돈에 대한 의미는 어떻게 비추어질까? 돈을 바라보는 자신의 자세와 태도를 어떻게 규정(規定)하고 삶을 살아가야 하는가? 자신이 살아갈 목표와 방향을 바로 잡고 돈의 사용 범위와 한계를 정하여 정확한 판단을 내려야 하기 때문에 그 문제에 대하여 깊이 고민하고 연구하지 않으면 안 될 것이다. 자신의 삶에 있어서 돈의 가치를 정확히 인식하고 돈을 어떻게 벌며 돈을 바르게 사용하고 관리할 수 있는 기술과 실력을 갖추어야 한다. 이것만 확실하게 자질을 갖추고 습득하였다면 인생에 있어서 사랑의 기술만큼이나 돈에 대한 기술의 중요성을 획득한 셈이다.

이와 같이 돈과 관련된 문제에 대하여 해답을 구하는 데는 삶의 어려움만큼이나 복잡하고 혼란스러움이 함께하게 된다. 여기에는 욕망이라는 끝없는 마음과 소액의 돈이라는 두 가지 사항을 한 가닥으로 얽혀 엮는(weave)과정에서 욕망에 대한 압축(壓縮)이라는 고통의 과정이 있어야 하기 때문이다. 성장하는 우리의 자녀(젊은이)가 이러한 압축의 과정인 좁은 문을 통과하기가 여간 힘든 일이 아니다. 모든 인내력, 자제력, 절제력을 동원하지 않으면 통과하기 힘든 과정이며 여정이라고 할 수 있다. 이 압축의 과정 속에는 수많은 과제가 함축되어 있다. 즉 이 수많은 과제란 모든 생활에 있어서 돈을 버는 차원에서는 성실히 일해야 함은 말할 것도 없거니와 돈을 아끼고 모으는 측면에서는 절약해야만 하는 어려움이 녹아 있다는 것이다. 특히 젊은 시절 초기 생활에 있어서 욕구를 억제해야만 하는 금욕적인 생활 자세를 취해야만 한다. 이것만이 자신을 보존하고 유지하며 미래의 꿈을 실현할 수 있는 기반인 틀을 조성할 수 있게 된다. 이것은 돈을 절약할 수 있을 뿐만 아니라, 이러한 정신적인 자세가 사치와 낭비, 방탕으로부터 자신을 지키고 보호해 줄 수 있으며 돈을 버는 데 사용되는 시간을 절약하게 하여 삶을 또 다른 차원에서 유용하게 살아갈 수 있게 된다. 돈에 대하여 한번 더 생각해 보면 돈은 물질로서 인간이면 누구나 돈을 원하기 때문에 돈을 벌기는 어려워도 돈을 소비하기는 쉬운 일이다. 돈을 사용하고 나면 다시 돈을 벌여 들이기는 더욱 어렵다. 인간의 삶에 있어서 모든 삶의 수단은 돈과 연결된다. 어느 한 곳이라도 돈이 필요하지 않는 곳이 없다. 돈을 대하는 우리의 자세는 언제나 돈을 소비하기 전에 이 돈을 여기에 사용하는 것이 가장 최고로 적합한 곳에 사용하는 것인지를 자신에게 묻지 않을 수 없다. 돈은 한정되어 있고 사용해야 할 곳은 많기 때문에 언제나 돈은 부족하다. 한정된 돈에서 함부로 사용하다 보면 꼭 필수적으로 사용해야 할 처지에 놓이게 되어도 돈이 없어서 사용할 수 없기 때문이다. 즉 가치 우위성을 따져 보고 가장 높은 가치에 돈을 사용하는 것이 올바른 돈의 사용법이다. 그러다 보니 조심성이 많고 철저하게 자기 관리를 하는 사람은 자연히 돈을 아끼고 절약하게 되고, 그렇게 해서 돈이 모이게 되는 것이다. 이 법칙이 무너지면 돈을 저축할 수 없으며 자신의 미래나 생명마저도 무너진다고 할 수 있다. 왜냐하면 돈이 없으면 자신의 중요한 삶의 계획마저도 포기해야 하기 때문이다. 돈을 모으며 살아가는 사람은 얼마나 안으로 자신의 마음을 채찍질하고 다짐하며 억세게 이를 악물고 소비의 유혹을 물리치고 참아내며 굳세게 살아가는 것인가를 알 수 있다. 평범한 사람이 생각하는 그 이상으로 돈에 대하여 애착을 갖게 된다. 이러한 사람은 특히 돈이 없어서 끼니를 굶주려 본 사람들에게서 나타나는 현상으로 빈곤의 경험에 의해서라고 볼 수 있다. 이러한 저축 정신은 그 사람의 다른 면에서도 발견할 수 있을 것이다. 아마도 인내라든지 불굴의 정신이라든지 자신만의 내면적인 용감성이라든지, 아니면 더 나은 바람직한 방향으로 자신의 삶을 개척하기 위해서 그렇게 돈을 아끼며 미래를 준비하게 되는 것이다. 이러한 면에 대해서는 칭찬과 존경을 표하지 않을 수 없는 일이다. 돈을 아끼는 절약정신이야말로 절제력이며 이는 곧 성숙의 조건인 자제력이 갖추어졌기 때문에 그렇게 생각해도 괜찮을 것이다. 열하일기(박지원. 2009)를 보면 중국 명나라 때 부유하게 잘 사는 집을 방문해 보면 너무나도 물건을 잘 관수(管守)한다고 한다. 특히 물건을 잘 정리하여 보관하면서, 다음에 쉽게 찾을 수 있고 쉽게 다시 사용할 수 있도록 관리를 한다는 것이다. 돈의 절약은 물건을 잘 보존하고 관리하여 다시 사용함으로써 돈의 낭비를 줄이는 것에서부터 시작된다는 것이다. 즉 물건을 잘 배치해 놓고 쉽게 눈에 띄게 찾을 수 있도록 한다는 점이다. 요즘 우리들이 물건이 집안에 있기는 한데 어디에 있는지 찾을 수 없어서 상점에 가서 또 구입하는 사례와 대조를 이룬다고 할 수 있다. 누구나 자신의 귀중한 생명을 소진해가며 돈을 버는 데 그 돈을 그렇게 허비하게 된다면 돈은 돈이지만 귀중한 생명마저 허비하는 것이기 때문이다. 우리가 생각할 때 '그 돈이 몇 푼 한다.'고 까지 말하면서 별것 아닌 것으로 생각하기 쉬운데, 실제적으로 '돈의 의미'를 알고 나면 한 푼의 돈이 자신의 생명에 영향을 준다는 것을 알게 될 것이다.

한번 더 돈의 속성을 살펴보면 돈의 장점이란 이를 아끼고 절약하여 잘 보존하고 관리하면 식물의 종자나 나무의 가지처럼 새끼를 쳐서 불어난다는 점이고, 단점으로는 이를 목적 없이 순간에 휩쓸려 소비하고 나면 나무의 가랑잎처럼 휘날려 사라져 없어진다는 점이다. 그러니 현재 당면하고 있는 목전(目前)의 욕구를 충족하기보다는, 미래에 다가올 더 위대하고 가치성이 높은 욕구를 충족하기 위하여 현재의 소비를 유보하고 참아서 참담한 현실을 수용하여야만 자원으로서의 가치를 새롭게 형성할 수 있다는 점이다. 재산이란 흔히들 돈이나 부동산, 주식 등과 같이 유형의 재산만을 우리는 재산의 범주에 두는데 사실은 한 인간이 경쟁력을 갖출 수 있는 자원이란, 즉 지식이라든지 지혜는 물론이거니와 좀 다른 유형이지만 기술, 사회적인 신용, 그리고 단단한 근육질적인 체형 등도 자신의 재산으로 포함하여야 할 것이 아닌가 생각하는 바이다. 이와 같이 돈을 포함한 무형의 재산이란 행복의 조건에 있어서 필수요건으로 남으로부터 존경과 부러움의 대상이 된다. 재산이 없으면 남으로부터 무시와 천대가 따르게 되는 것이 인간세상의 인심(人心)인 것이다. 왜냐하면 재산이 되는 이 돈의 가치성이 지닌 성격은 현재까지 한 사람이 살아온 결과물, 즉 실적으로서 그 사람의 인격이요 능력을 나타내는 것이며, 그 돈이 사용됨으로써 발현되는 위력은 높은 가치를 창출하는 자원인 동시에 생명력이라고 할 수 있다. 동서양은 물론이요 고금을 통하여 살펴보더라도 금(金)으로 인간을 매수하여 생명을 죽이고 살리고 한 것이 바로 돈이기 때문이다. 그 정도로 돈의 위력은 인간세상에서 생명과도 같이 취급될 수 있다고 하겠다. 앞에서도 돈의 가치성을 논하여 보았지만 한번 더 인간세상에서 돈이 중요한 이유를 살펴보면 돈은 인간에 있어서 행복의 조건이 되는 것은 말할 것도 없으며, 그 사람의 능력이며 인격인 동시에 양심이라고 할 수 있다. 돈이란 한 사람의 꿈이며 더 나아가서는 생명력인 동시에, 또한 편안한 죽음까지 보장받을 수 있는 바탕을 제공하는 것이기 때문에, 사람마다 돈을 최고의 가치로 인정하고 돈을 벌고 절약하며 저축하게 되는 것이다. 돈이 우리 사회에 미치는 영향력을 보면 나이 많은 사람이 돈을 갖지 못하였을 때는, 이것은 전적으로 자신의 책임이라고 할 수 있을 것이다. 나이가 많아 부유하게 사는 사람은 그저 그렇게 자연히 절로 잘 살게 되는 것이 아니다. 이분들은 적어도 부(富)를 소유한 만큼이나 자신의 마음을 통제하고 조절하여 관리한 사람이다. 돈을 아끼며 저축한다는 것은 자신의 인격만큼이나 욕망을 억누르고 살아오면서 돈을 절약했기 때문으로 풀이된다.

사기열전 1(사마천. 2009)에는 이러한 글귀가 나온다. "……그러므로 가장 큰 부끄러움은 낮은 자리에 있는 것이며, 가장 큰 슬픔은 경제적으로 궁핍한 것입니다."라고 청렴한 선비의 절규가 있게 된다. 그런가 하면 현대를 살아가는 우리의 주변에서도 가난과 무지(無知)가 삶에 미치는 비참함에 대하여 쉽게 접할 수 있다. 한 예로서 내가 알고 있는 한 여인은 가난한 집안에서 태어났다. 키도 보통을 훨씬 넘어 호리호리하고 눈이 유달리 커 움푹 들어갔으며 눈망울이 뚜렷하였다. 또한 콧날이 날카롭게 서 있었고 얼굴에 있어서 이목구비가 확실하고 반듯했다. 피부도 하얗게 아름다웠으며 누가 보아도 미모를 갖춘 여인이었는데, 단지 흠(欠)이 있다면 성격이 강인하고 굳세어서 남성다운 성격을 소유하고 있었다. 이 성격은 순(順)한 아버지의 성격이 아닌 괴팍하고 모진 어머니의 성격을 유전으로 전해 받은 것 같았다. 이 여인은 오직 부모님의 무지(無知)와 가난 때문에 상급학교인 중학교에 진학을 하지 못하고 어린나이에 서울로 무작정 상경하여 밤에는 술집에서 일하고 낮에는 틈틈이 시간을 내어 미용학원에 기술을 배우려 다니기도 하였지만, 자신을 잘 관리하지 못한 탓도 있겠고 원만하지 못한 성격적인 문제인지 몰라도, 그 여인은 어느 경찰관과 치정(癡情)관계에 휩싸이게 되고, 그것이 원인이 되었는지 안타깝게도 어느 순간에 불의의 사고로 갑자기 인생을 마감하는 일이 일어났다. 가정이 가난하지 않았다면 부모님이 배운 분이고 자신이 지식과 인격을 갖추었다면, 그러한 슬픈 운명을 맞지는 않았을 것이라고 나름대로 생각을 해본다. 비록 소설이지만 도스토예프스키 작(作)『죄와 벌』에서도 이런 구절이 나온다. "가난은 죄악이 아니라고 말하고 있지만 그것도 어느 정도가 문제지요. 무엇하나 가진 것이 없는 알거지가 되면 문제가 생기지요. 인간사회에서 몽둥이로 쫓겨나고 맙니다. 내가 이런 꼴이 된 건 술 때문입니다."라고 고백하는 장면이 나온다. 뭐니 뭐니 해도 인간의 삶에 있어서 먼저 의식주(衣食住)가 해결되지 않으면 안 된다. 길게 이야기할 필요도 없이 세상은 그렇게 만들어져 있다. 즉 반드시 물질과 정신이 함께하는 것이 이 우주의 엄격한 진리라고 하겠다. 중국 선종(禪宗)의 창시자 달마(達磨)대사39)도 돈이 없었으면 수행을 못하였을 것이다. 이와 같은 것을 보더라도 우리 인간은 자기의 목적의식을 달성하기 위해서는 의식주를 해결할 수 있는 경제력이 꼭 필요한 것이다. 러시아의 격언(格言)에도 "돈은 제2의 생명이다"라는 말이 있다. 돈을 생명 다음으로 중요하게 다룬다는 말일 것이다. 생명이 위태로울 때 돈을 사용한다는 의미가 적용된다. 꼭 러시아가 아니더라도 돈이란 생명과 시간처럼 귀중하게 다루어야 할 것이다. 돈을 벌기 위해 시간과 정력을 소모하면서 일평생 일해야 하기 때문이다. 미래에 우리 후손들의 삶은 육체적으로는 편안해 질는지 모르지만, 정신적으로는 과거와 현재의 우리 세대들보다도 훨씬 더 어렵게 될 것이라고 학자들은 말한다. 그렇다면 인간으로서 삶의 목적론적인 측면에서 돈과 관련하여 살펴보면 돈은 버는 것이 삶에 있어서 최종목적은 될 수 없으며 수단으로 작용하여야 한다. 수단으로 작용한다는 것은 단 조건이 있는데 좋은 곳에, 더 훌륭한 곳(목적)에 돈을 사용하기 위하여 돈을 벌어야 한다는 전제조건이 붙게 된다. 만약에 돈을 모으는 것에만 목적을 두게 된다면 그것은 올바른 인간행위라고 말할 수 없을 것이다. 물론 약간의 돈을 훌륭하게 사용하기 위하여 저축하는 것을 여기서 말하는 것은 아니다. 이 말은 물질이 인간의 존엄성 위에 둘 수는 없다는 표현이기도 한 것이다. 그래서 돈은 어렵게 모아서 소중한 곳에 사용하여야 한다는 결론에 이른다. 이와 같이 물질위주의 삶에서 정신위주의 삶으로 이행되는 과정에서 아

---

39) 달마(達磨)대사는 520년경 남인도 향지국(촬至國)의 셋째왕자로서 중국에 들어올 때 보물을 한 수레 싣고 들어와서 나누어주며 자기의 의식주를 확실하게 돌봐줄 것을 허락받고 나서야 진정한 수행을 할 수 있었다고 한다. 그래서 의식주 해결로 인한 어떤 방해도 받지 않고 중국의 북위(北魏)에 있는 뤄양(洛陽)에 이르러 동쪽의 쑹산(嵩山) 소림사(少林寺)에서 9년간 면벽단좌(面壁單坐)정진 수행하여 선불교(禪佛敎)의 종사(宗師)가 되어 그 맥이 6조 혜능을 거쳐 지금까지 이어진다고 한다.

이들에게 정신교육이라고 할까? 삶의 자세를 새롭게 무장하도록 가르치지 않으면 안 된다. 우리의 부모들은 오직 근검, 절약 정신을 아이에게 가르쳐 주어야 한다. 그것은 부모가 실천을 통해서만이 가능하다. 어느 교수님이 하신 말씀이 생각난다. 요즈음은 자고나면 '사시오'라는 광고에 묻혀 살다 보면 자신도 모르게 카드를 긁어 물건을 사게 되는데, 이것만은 꼭 참고 물건 사는 것으로부터 자기를 지켜 돈을 절약할 수 있어야 현대를 살아갈 수 있는 자격이 있는 사람이라고 말한다. 돈을 모으기 위해서는 절약하고 저축하여야 한다. 이렇게 절약정신을 갖기 위해서는 현재의 소비욕구를 참아내는 인내력, 절제력이 있어야 한다. 이는 곧 그 사람의 인격을 나타내는 것이나 다름없는 것이다. 즉 자신의 마음을 통제할 수 있는 굳은 의지를 필요로 한다. 이러한 의지력이 없는 사람은 물건을 사고 싶은 충동심을 억제하지 못하고 돈을 소비하게 될 것이다. 돈을 절약하고 모을 수 있다는 것은 자신의 굳은 의지가 있는 사람으로서 인격적인 사람이며, 그러하지 못한 사람은 자신을 제어할 수 있는 제어력이 약한 사람으로서 인격적인 면에서 부족한 사람이라고 하지 않을 수 없다. 아무튼 최소한의 돈이 있어야 인간다운 삶을 유지할 수 있으며 가정에도 평화가 깃들지만, 돈이 없으면 기본생활마저 위협받는다는 사실을 염두에 두고 돈을 절약하여서 소중한 곳에 돈을 쓰도록 해야 한다.

욕구충족은 후일로 미루어라

"모든 행위는 넓은 의미에서 쾌락의 추구와 고통의 회피에서 나온다는 공리주의(功利主義)의 원리에 귀속되는 인간의 동기부여에 대한 설명에 기초해 있다."

_ 제임스 밀

아동기 이전의 성장기에 있는 자녀들은 오직 본능과 야성이 존재하는 하나의 생명체라고도 말할 수 있을 것이다. 그들은 하고 싶은 대로 하면서 살기를 원한다. 먹고 싶은 것을 먹고 놀고 싶으면 놀고 자고 싶으면 자면서 남들 따라하고 싶어 한다. 그들은 동물의 세계에서처럼 자신의 자유를 누리기를 원하고 장애요소에서 벗어나려고 하며 주도권을 잡고 싶어 한다. 이 시기에 있어서 성장하는 자녀들의 속성은 망아지, 송아지, 강아지를 연상하면 될 것이다. 그들에게 있어서 가장 두드러진 사건(事件)이나 혁명(革命)이라고까지 말할 수 있는 변혁은 어떻게 보면 자기에 대하여 부모님의 교육이 시작되는 시기라는 생각이 든다. 이 시점이 야성의 세계에서 인간의 세계로 길들여지는 첫 관문이기 때문이다. 이 시기부터는 인간이라는 존재의 기본을 갖추기 위하여 규율 속으로 입문하여 통제를 받기 시작해야 하는 시기이기도 하다. 이들에게 이러한 과정이 제대로 이행되지 않으면 앞으로 착실하지 못한 청소년으로 낙인찍히게 된다. 이 시기부터 규율, 도덕, 노력이라는 규제를 받아야 하며 그 결과에 의하여 자기 위치가 결정되게 된다. 이 과정에서 순조롭지 않게 성장하게 되면 모든 면에서 불협화음이 발생된다. 반드시 이 시기에 욕망억제, 규율 이행, 노력과 같은 과정이 원만하게 이루어져야 한다. 누구에게나, 성인에게 있어서도 변화한다는 것은 어렵고 힘든 일이다. 이 변화의 과정에서 즐겁게 자주적으로 스스로 참여하는 것이 중요하며 칭찬, 잘한다는 자존감 속에서 변화와 성장으로 이어져야 한다. 이러한 아동기까지의 시기를 지나서 청소년기가 되면 학업에 전념하여야 하는데, 청소년기 성장의 과정에서 갖추어야 할 것은 기본지식이다. 그 외에도 이들에게는 개인마다 고민이 있게 되고 주어진 환경이 각각 다르며, 이들에게는 이성(異性)문제와 학습에 따른 편차, 능력의 차이에서 그들 나름대로 개별문제가 발생하게 된다. 이러한 어려움 가운데에서도 행동을 일으키는 가장 중요한 요소는 욕구추구이다. 인간의 욕구 하면 미국의 심리학자인 에이브러햄 매슬로를 떠올리게 한다. 에이브러햄 매슬로(Abraham Maslow)는 인간의 자아실현 단계를 동기이론으로 설명하였는데 단계별로 형성된 인간의 공통된 욕구 5단계[40]를 잘 표현하고 있다. 어쨌든 인간의 욕구 차원에서 바라보면 자신이 원하는 이상적인 욕구를 찾아야 한다고 본다. 그러나 그 욕구추구는 자신의 한계를 넘지 않도록 하는 것과 다른 사람이 봤을 때도 인정 가능한 범위에서 욕구를 추구하는 것이 좋을 것이며, 도덕적인 범위를 넘지 않으면서도 헌신적인 면이나 삶의 과정적인 차원에서도 어느 정도 외부와 균형을 이루어 가야 한다. 그리고 욕구는 긍정적인 측면에서 자

---

40) 심리학자 애이브러햄 매슬로는 인간의 욕구를 5단계로 나누고 하위 욕구가 충족되지 않으면 높은 단계의 욕구가 발생하지 않는다는 욕구 계층설을 주장하였다. 그가 말한 5가지 욕구는 기본적인 욕구인 생리적인 욕구로부터 안전의 욕구, 애정의 욕구, 존경의 욕구, 자아실현의 욕구 등으로 이루어진다. 생리적인 욕구는 식욕, 성욕, 수면, 배설, 활동이며 안전의 욕구는 위험과 고통으로부터의 회피, 안정. 애정의 욕구는 애정, 친화, 소속감. 존경의 욕구는 존경, 지위, 명예. 최상위에 자아실현의 욕구가 있다.

기 발전을 가져올 수 있어야 할 것이다. 우리가 자녀를 올바르게 지도하기 위해서는 부모는 자녀의 행동 이면에 어떤 생각과 욕구가 있는지 먼저 살피고 나서, 이에 맞는 지도와 조언이 필요하다. 인간이라면 누구나 모두 자기가 하고자 하는 욕구가 있게 된다. 그러면 사춘기에 접어든 청소년들은 대체적으로 어떠한 욕구와 고민이 있는지 부모는 알고 있어야 할 것이다. 보통 청소년들의 고민이란 가정에서의 경제적인 어려움, 부모의 이혼이나 가출에 따른 절망감, 비만이나 신체적인 결함에서 오는 문제점, 자신의 몸에 있어서 어떤 질병에 따른 고민, 자신을 인정해 주는 친구와 함께 어울리고 싶은 마음, 친구나 이성으로부터 사랑받고자 하는 욕구, 또래들 사이에서 인기를 누리고 싶은 마음이나 갈등문제, 열등감을 극복하고자 하는 마음, 하고 싶은 대로 하지 못하여 생기는 괴로움, 끓어오르는 젊은 욕망의 호기심에서 성인이 하는 것을 따라 해보고 싶은 충동, 청소년으로서 유행에 따르고 싶은 욕망, 스승으로부터 사랑받고자 하는 욕망 등이 있을 것이다. 직장인이면 직장에서 승진하고 싶은 욕망과 사회에 헌신하고 싶은 욕망도 있을 것이다. 운동선수라면 좋은 경기를 관람객에게 보여 주고 싶어 하는 욕망도 있을 것이다. 하지만 여기서 중요한 것은 의무적으로 하는 수 없이 해야 하는 일이 있고, 진실로 하고 싶어도 도덕성 때문에, 아니면 사회적인 제약(制約)으로 인하여 금해야 할 욕망이 있다. 하고 싶은 욕구는 자기 마음 깊숙이 감추어져 있어 남들은 그 마음을 알기가 어렵다. 인간의 가장 심층의 영역에는 분노와 불안, 공포와 두려움, 남에게 의지(依支)하고 싶은 욕망, 성욕 등과 같은 욕구가 자리하고 있다. 그래서 자기가 하고자 하는 일에 관해서 혼자 나름대로 생각하다 자기와 같이 생각하고 있는 친구가 있으면 의논하기도 한다. 하고자 하는 행동을 행하는 경우도 있고 또한 포기하는 경우도 있으며, 다음으로 미루어두고 기회를 엿보는 경우도 있다. 그러나 하지 않으면 안 될 긴박한 욕구가 있다면 어떠한 일이 있어도 그 욕구를 충족하기 위하여 행동을 하게 될 것이다.

네 안에 잠든 거인을 깨워라(앤스니 라빈스. 2002)를 보면 "자녀의 행동을 결정짓는 것은 지적인 계산능력이 아니라 고통과 즐거움에 대한 본능적 반응이다."라고 기술하고 있다. 자녀의 행동은 즐거움을 찾는 것보다 고통을 피하는 데 더 치중한다고 한다. 여기서 중요한 것은 우리를 움직이는 것은 감정이라는 것이다. 앤스니 라빈스는 여기에서 "의식적이든 무의식적이든 우리의 행동은 어린 시절 친구들, 엄마, 아빠, 선생님, 코치, 영화배우나 탤런트 등 수없이 많은 사람들에게서 얻는 고통과 즐거움에 의해 이루어지는 것이다."라고 말한다. 즉 우리는 언제 프로그래밍과 조건반응 회로가 형성되었는지를 알 수도 있고 모를 수도 있다. 그런 것들은 누군가가 말한 것, 학교에서 일어난 사건, 상금(賞金)이 주어진 운동경기, 창피했던 순간, 전 과목 A학점을 받았던 성적표, 아니면 낙제한 과목 등일 수도 있다. 이러한 모든 것들이 우리의 사고(思考)를 이루고 있다는 것이다. 결국은 무엇을 고통과 즐거움으로 연결시키느냐가 운명을 결정짓는다고 할 수 있다. 부모는 이러한 자녀의 행동에 대하여 깊은 관심으로 관찰하면 자녀가 무엇을 생각하고 있으며 무엇을 하고 싶어 하는지? 무엇을 싫어하며 무엇을 피하고 있는지? 어느 정도 알 수 있을 것이다. 이것을 관찰하여 상황에 따라 적절히 부모는 자녀를 옳은 방향으로 지도하여야 한다.

Freud는 정신분석에서 정신생활은 의식수준과 무의식수준에서 진행되며 정신생활의 동인(動因)은 두 가지의 주요한 본능 집단, 즉 에로스41), 혹은 삶의 본능과 흔히 죽음의 본능으로 알려져 있는 타나토스(thanatos)42)에서 나오는 것으로 이해했다. 또한 프로이드는 인간행동의 동기화는 "신체적 흥분이 소망(wish)의 형태로 나타나면 그것이 바로 본능이 된다."라고 말한다. 본능은 선천적인 신체적 흥분상태를 말하고 이는 밖으로 표현되고 긴장감소를 추구한다. 모든 인간의 행동은 이러한 본능에 의해서 결정된다고 주장한다. 그에 의하면 "사람들은 본능적인 긴장의 충동 때문에 그렇게 행동하며, 즉 그들의 행동은 다만 이러한 긴장을 감소시키기 위한 것이다."라고 기술한다. 이렇듯 본능은 '모든 행동의 궁극적인 원인'이 된다.

머레이는 인간을 움직이는 12가지 장기 발생적(생리학적)욕구, 28가지 심리 발생적 욕구가 있다고 하면서 사람의 행동을 결정하는 요인을 '동기와 압력'의 두 가지로 보았다. 사람의 마음속에 가지고 있는 심리적 요인을 총칭하는 것이 동기이며, 개인이 외부 환경으로부터 지각하는 것이 압력이라고 한다. 따라서 두 가지 요인이 어떻게 작용하느냐에 따라 개인의 행동이 결정된다는 것이다. 심리적 요인인 동기는 인간행동의 내부적 조정자의 역할을 하고, 외적·환경적 요인인 압력은 인간행동의 외부적 역할을 각기(各其) 맡게 된다는 것이다. 또한 대상관계의 이해와 적용(유근준. 2008)에서 정신분석이론은 인간을 무의식적 존재이며 욕동적인 존재로 보았다. 여기서 인간행동을 이해하기 위해서는 의식된 행동뿐만이 아니라, 자신이 의식하지 못하는 무의식 속에 있는 성적본능 및 공격적 본능과 거기서 진행되는 과정을 이해해야 한다는 것이다. 그리고 타자와의 관계형성 및 심리적인 교

---

41) 에로스(Eros): 1 (그리스 신화) 그리스 신화에 나오는 사랑의 신. 날개가 있고 활과 화살을 가지고 다님. 로마 신화의 큐피드에 해당함. 2 (철) 참된 실제인 이데아(idea)를 동경하는 사랑. 플라톤에 의해 쓰인 말임. 성적(性的)인 사랑

42) 타나토스(thanatos): (그리스 신화) 타나토스(죽음의 의인화). 死神(사신)

류를 인간의 가장 근본적인 욕구로 전제(前提)한다. 타자와 정서적인 유대를 맺고 유지하고자 하는 것이 인간발달의 일차적인 동기라고 하며, 자기의 욕구충족을 위한 수단(手段) 이상의 의미가 타자에게 부여된다는 것이다. 여기서 대상관계 이론가 중의 한 사람인 Marhler는 인간의 본성을 구성하는 몇 가지 필수적인 특성을 실험적 연구를 통해 제시하였다. "첫째 인간은 상대역을 필요로 하며 관심을 보여주는 대상을 끊임없이 추구한다. 둘째 인간은 자율성을 통해 자기를 확인하려는 실천적 욕구와 의지를 가지고 있다. 셋째 인간은 자아의식이라는 특성을 가지고 있다. 이 특성은 주체성을 확립하려는 뛰어난 의지와 독특한 자극에 의해 강화된다. 넷째 인간은 선(善)한 존재도 아니며 악(惡)한 존재도 아니다. 다만 대상과의 거래에 의해서, 그 특성이 결정되는 유동적인 존재이다."라고 기술한다. 이러한 인간본성으로 볼 때 우리의 자녀들도 성장과정에서 혼자 살 수는 없는 존재이며 남과 관계를 형성하는 가운데 성장하며, 그러한 가운데 자기의 주체성을 살려 나름대로 선(善)한 사람으로 살아가기를 원하면서 성장하고 있다는 것이다. 그런가 하면 정신현상학 1(G.W.F.헤겔. 2005)을 참고하면 "인간의 진실한 존재는 오히려 그의 행위의 결과에 있다"고 본다. 문제는 성장하는 자녀를 둔 부모는 무엇을 교육하여 자녀의 행동을 조절하고 자제할 수 있는지를 살펴야 하는데, 특히 자라나는 자녀에게 필수적으로 잘 가르쳐야 할 것은 말과 행동이다. 성장기의 자녀들은 세상을 모르는 망아지와도 비슷한 성질이 있다. 다시 말하면 하룻강아지 범 무서운 줄 모른다는 것과 비유된다. 이렇게 행동을 하면 (원인이 있으면)다음 '결과'는 어떻게 될까? 이 점이 가장 중요한 문제이다. 결과 지점을 생각하고 나쁜 결과가 예상되면 말과 행동을 사전에 조심해서 선택적으로 하라고 가르쳐야 할 것이다. 부모는 자기의 자녀가 인간인 이상, 인간 본성과 기본적 욕구를 추구하면서 성장한다는 것을 늘 생각하고 언제나 행동에 앞서 마음에서 움직이는 심성을 파악하여 잘 가르치고 지도해야 한다. 행동의 목적이 인간이라면 누구나 제일 먼저 자기 욕구, 즉 그 욕구의 충족이 행동 대부분이 된다. 욕구에는 여러 가지가 있겠지만 남으로부터 사랑받고자 하는 욕구, 남보다 우월하고 싶은 욕구 등도 있을 것이다. 인간행동을 일으키는 가장 큰 동기가 인간의 욕구 충족에 의한 것임을 잘 이해하고 자녀의 행동의 결과나 말의 표현 등을 평소에 잘 분석하기 바란다. 친구들과의 관계 등 친분 형성을 위해서 자기가 원하지 않지만 어떤 모임에 참석하기 위하여 행동을 할 수도 있을 것이며, 그것은 개인의 행동은 하나의 목적의식뿐만이 아니라 상황에 따라서 자기 개인적인 생각과 장소 등이 복합적으로 작용하여 행동의 원인이 되기도 한다. 이러한 자녀의 행동이면에 깔려 있는 생각을 부모가 알고 주의를 줄 것은 주의를 주고, 먼저 해야 할 일, 뒤에 해야 할 일 등 앞뒤 순서가 잘못된 것은 시기를 조절하도록 하여야 한다. 자녀의 판단이 잘못된 것은 본인이 판단을 잘 하도록 약간의 암시를 줄 수도 있고, 어떠한 문제는 시행착오를 하도록 내버려 둘 수도 있으며, 되돌릴 수 없는 아주 위험한 일을 만나지 않도록 하면서 다양한 경험, 작은 실수도 할 수 있다는 것을 이해하고 큰 차원에서 자녀를 지도해 나가야 할 것이다. 그렇다면 성장하는 자녀에게 있어 행동을 주도하는 요인들은 어떠한 것들이 있는지? 이 문제를 살펴보고자 한다. 첫째 태어난 천성은 그대로 표현되고 행동에 나타나게 된다. 자녀를 슬하에 둔 부모는 자녀의 성격적 특성과 기질을 잘 파악하고 어떻게 외부적으로 행동에 임하게 되는지를 항상 형상화하며 어릴 때부터 자녀만이 갖는 독특성을 헤아릴 수 있어야 한다. 여기에는 마음이 여리다든지 모질지 못해서 처음에는 무엇인가 과감한 충동적인 감정을 행동으로 시도하려고 하더라도 끝에 가서는 본연의 마음으로 되돌아 올 것이라는 예상 같은 것을 말한다. 아니면 자기의 자녀는 성격이 강하고 굳세며 저돌적으로 행동하는 특성이 있고 앞일을 걱정하지 않는 무모함이 있으며 게으른 탓에 과격한 동료를 만나면 호기심으로 충분히 돌출행동을 할 수 있는 가능성을 배제할 수 없다는 등의 예측력을 말한다. 둘째 자녀의 신체의 특성과 외모의 영향을 염두에 둘 수 있다. 나의 자녀는 신체 조건이 왜소하고 나약하기 때문에 쉽게 선동적으로 선두에 나가지 않으며 언제나 남의 의중(意中)을 따르는 행동을 한다든지, 아니면 나의 자녀는 체력의 나약함으로 인하여 과격한 운동은 하지 않고, 그러한 친구들에게 어울리지 않고 제외되는 경우가 많다든지. 여자아이 같으면 나의 자녀는 스스로 얼굴이 자신의 기대에 못 미친다고 하면서 아름답지 못한 자신의 용모에 자신감을 갖지 못하고 항상 고민하며 성격마저 어두워져서 부모를 걱정스럽게 하고 있다는 등을 파악하고 있어야 한다. 셋째 완전한 독립적인 인간으로서 자신을 나타내고자 함이라고 말할 수 있다. 이제 자신도 어느 정도 성장하여 자기의 주체성과 개성을 갖추고 한 사람의 인격체로서 발돋움하여 자신의 삶을 자기 스스로 살아가겠다는 몸부림이 있게 되는 것이다. 이것은 타인으로부터 사랑을 받고자 함이며 자신이 좋아하는 사람에게 사랑을 또한 주고 싶어 하는 의미이기도 하다. 그러니 지금부터는 부모로서 더 이상 지나친 관섭은 하지 말고 스스로 자녀 자신이 알아서 일을 처리하도록 내버려 두어야 한다는 의미도 내포하고 있는 것이다. 부모는 이러한 자녀들의 행동이면에 깔려 있는 마음을 잘 읽어야 하는데 그 중에서도 더 중요한 것은 자기가 좋아하는 상대에게 호감과 관심을 끌고 싶어 하는 마음이 가장 짙다고 할 수 있다. 이러한 마음이 자라나는 청소년인 자녀의 행동을 지배하는 데 주류를 이룰 것이라고 생각한다. 이 외에도 친구의 기대에 보답하고자 하는 마음과, 어려움과 고통을 피하려고 하는 마음, 그날 그때의 기분상태에 따라 자신의 행동을 결정하리라고 생각한다. 위와 같은 행동을 지배하는 요인들을 부모는 분석하고 이에 맞는 처방을 내려 자녀를 선도하여야 할 것이다. 그렇게 하려면 자녀 자신이 자신의 욕구를 조절할 수 있도록 부모는 노력하여야 한다. 이 세상의 삶은 항상 상대성이 있으며 욕심대로 모든 일이 이루어지지 않는다는 것을 자녀에게 가르쳐야 하며, 물이 거꾸로 흐르듯이 인생이 나아가야 할 길도 때로는 물러설 수도 있고 거꾸로 흘러갈 수도 있다는 점도 일깨워 주어야 한다. 단기 욕구를 일시적으로 충족시키려고 하는 것보다는 장기 욕망으로 대체하여 더 큰 목적을 이루기 위해 시간을 두고 노력하여 쟁취할 수 있도록 희망과 용기를 주고 인내심을 기르도록 하여야 할 것이다. 성장하는 자녀에게 가장 무서운 적(敵)은 게으름이라든지 나태함이며, 무모하고 충동적인 행동일 것이다. 이러한 경우에는 부모가 조심스럽고 성실히 살아가는 모습을 보여야 하며, 그날 일하지 않으면 먹을 수 없다는 노동의 중요성을 어떻게 하든지 가르쳐 주어야 한다. 비행청소년의 배후에는 오직 나쁜 부모가 있다는 말처럼 어린 청소년에게 죄가 있는 것이 아니라 부모가 한번 더 자신을 뒤돌아 볼 수 있는 자세가 필요한 시점이 아닌가 생각이 든다. 자녀가 아직도 세상의 힘든 점을 모를 경우에는 돈 없이 여행을 하도록 한다든지, 객지에서 돈 없이 혼자서 살아 보도록 한다든지, 이러한 힘들고 고통스러운 경험이 필요한데 그것이 그렇게 쉽지 않다고 본다. 자녀가 어릴 때부터 친척들의 관혼상제(冠婚喪祭)나 고아원, 양로원, 병원 입원실, 삶의 힘든 직업전선의 현장 등에 많이 참석시킴으로써 삶이라는 뜻을 우회적으로 깨우쳐 줄 수 있을 것으로 보는데, 이러한 방법도 어릴 때부터 준비하여야지 시간을 일실하면 다시 기회를 만들기란 그렇게 쉽지 않다고 본다. 문제는 인생이라고 하는 삶의 과정에 있어서 무엇이 가장 가치 있는 일이며, 우리는 자녀들이 이 가치 있는 일을 추구하며 살아가는 것이 가장 훌륭한 삶이라는 것을 알도록 잘 가르쳐야 한다. 자녀에게 더 큰 문제는 어린 유년기 시절에 자신을 통제하는 힘을 길러주지 못하고 사춘기를 맞이했을 경우에는, 이 시기부터는 자녀를 통제하기 힘들다는 것을 알아야 한다. 이미 자녀의 마음은 습관화되어 있어서 게으르고 완고한 버릇이 하루아침에 고쳐지지 않기 때문이다. 이러한 경우에 사춘기 이후의 몇 년간은 빼앗긴 세월이 된다는 것을 부모는 알고 새로운 각오로 자녀 교육에 임하여야 할 것이다.

시간은 귀중한 자원이다

　시간은 인간에게 어떠한 개념으로 다가오는가? 살아있는 사람의 차원에서 볼 때 시간의 개념은 생명이 있는 동안의 흐름을 말할 것이다. 시각은 살아가는 어떤 시점을 나타낸다고 할 수 있다. 생명을 가진 인간은 살아가는 매 시간마다 삶의 실적이 나타나게 되는데 이때 시간의 중요성이 주어진다. 한정된 시간의 흐름이라는 길이에 따라 삶의 실적, 곧 그 결과물이 있게 마련이다. 인간이라면 생명이 있는 동안 가치 있는 실적을 이루어야만 성공한 사람이라고 말할 수 있다. 성공은 시간의 관리에 따른 효능으로 나타나기 때문이다. 그렇다면 먼저 하이데거의 존재론에서 시간 개념에 대하여 살펴보고자 한다. 하이데거에게 시간은 '존재물음'을 가능하게 하는 지평을 열어나가는 작업 속에서 그 중심축을 이루는 것으로서 등장한다. 『존재와 시간』[43]에서 하이데거는 존재를 물음에 있어 이미 모종(某種)의 방식으

43)　38세의 M. 하이데거는 E. 후설이 편집하는 현상학파의 기관지 『철학 및 현상학 연구 연보』 제8권 (1927)에 『존재와 시간 전반부』를 발표하여 일약 독일뿐만 아니라 서양의 철학계에 그 이름을 알리게 되었다. 이 '전반부'라는 속표지와 목차 사이에는 1926년 4월 8일자로 후설에 대한 헌사가 인쇄되어 있다. 본문의 처음은 플라톤의 『소피스테스』 인용으로 시작되며, 이어서 "〈존재〉의 의미에 대한 물음의 구체

로 존재의 의미를 이해하면서 존재하는 우리 '현 존재'[44]에서의 존재 의미를 분명히 하는 데서 출발한다. 현 존재에서 이해되는 존재의 의미야말로 '시간성(Zeitlichkeit)'이다. 즉 존재는 현 존재에서 시간성으로서 그 의미를 고지(告知)하는 것이다. 여기서 시간의 개념과 중요성을 생각해 보면 첫째 시간은 '존재와 시간'이라는 의미에서부터 시작된다고 할 수 있다. 존재라는 생명의 한계를 잘 나타내는 것이 시간의 개념이기도 한 것이다. 존재라는 것은 생명을 의미하는 것으로 생명이라는 존재가 없으면 시간 역시 존재의 개념이 사라지기 때문이다. 시간은 곧 생명이나 다름없다고 하겠다. 반드시 우주에 존재하는 시간은 생명이라는 주체가 있기에 시간이라는 생명 또한 주어지게 되는 것이다. 둘째 시간은 그 '유한성'이라는 측도를 나타낸다. 시간은 자원을 대변하는 길이의 측도로 사용되는 것이다. 누구에게나 똑같이 주어진 시간은 신(神)이 인간에게 가장 공평하게 부여한 것으로서 이 시간이라는 자원을 누가 잘 활용하느냐에 따라 자신의 인생은 달라질 수 있게 된다. 생명을 가진 인간은 시간이라는 자원을 잘 사용하느냐 잘못 사용하느냐에 따라 삶이 성공이나 실패로 갈리기도 한다. 그 정도로 인간에게 있어서 시간의 효용은 실패와 성공을 판가름하는 중요한 변수로 작용하게 된다. 셋째 시간은 그 자체가 생명이고 자원인 동시에 하나의 기준이고 척도의 역할도 한다. 시간이 어떤 것에 기준이 되고 척도로 사용될 경우에는 실질적인 시간의 중요성을 떠나 주체가 아닌 객체로서의 사명감을 갖게 되는 것이다. 시간이 생명이 되

적인 취급'이 본 논술의 목적이며, "모든 존재이해 일반의 가능적인 지평으로서 시간을 해석하는 것"이 그 목적의 당장의 목표라고 말하고 있다.

44 Ch. 볼프가 라틴어의 existentia를 번역하여 만든 술어. 단지 사유되었을 뿐인 것에 반해 현실에 존재하는 것을 의미한다. 칸트에서 현존재는 양상의 하나의 범주로 되지만, 그것은 사물의 개념에 부가되어 이것을 규정하는 사태적인 술어가 아니라 감성적 직관을 전제로 한 지성에 의한 정립이다.

고 자원이 될 때 주체의 성질을 지니지만, 이 성질을 벗어나 객체로서의 의무를 수행할 때는 자신이 자신을 또한 관리하고 재단(裁斷)을 하게 하는 것이다. 이럴 때 시간은 양면성을 지닌다고 할 수도 있게 된다. 여기서 인간이 일반적으로 사용하는 시간은 시각과 시각 사이의 간격 또는 그 단위를 가리키는 용어인 시간이다. 그러나 삶에 있어서 시간에 대한 우리의 의식은 '흐른다'이다. 즉 생명 속에서의 시간은 흘러간다는 데 의미가 주어진다. 이렇게 흘러간다는 의미 속에서 자녀에게 있어서 '학습'은, 어쩌면 시간과의 싸움이기도 하다. 왜냐하면 누구나 머리가 좋든 나쁘든 많은 시간이 주어지면 학습의 성과는 반드시 있게 마련이다. 학습을 잘하고 잘못하고는 주어진 시간 안에 학습의 좋은 성과가 있어야 한다. 우리의 젊음과 학교생활은 한정되어 있다. 그 나이, 즉 주어진 시간 내에 좋은 학습의 결과가 나와야 원하는 대학에 들어갈 수 있고 경쟁사회에서 이길 수 있게 된다. 그것도 자기 또래들과의 경쟁이기 때문에 시간 관리의 중요성이 여기에서부터 대두된다. 시간관리와 자아실현 Time Managemment & Self-Actualization(유성은. 1989)을 보면 "시간이란 말은 원래 산스크리트어인 ayn에서 나온 것으로 이는 '생애'를 의미한다. 또 히브리어인 et도 이와 비슷한 의미를 가지고 있다."고 한다. 여기서 시간을 생애로 풀이한 것은 우리의 생명은 시간으로 한정되어 있고, 이 한정된 시간에 무엇인가 창조하여 그 결과를 남기고 세상을 떠나야 하는 절박감이 내재되어 있기도 한 것이다.

우리의 인생살이는 오래 살아야 100년이다. 그 세월 동안에 우리가 배움에 투자해야 할 시간은 역시 많지 않다. 우주의 장구한 역사에 비하여 우리에게 주어진 삶의 시간은 찰나에 불과하다. 학습에도 예외는 없다. 바로 시간과의 싸움이 곧 학습이기 때문이다. 천재는 시간을 최대한 활용하려고 노력한 사람이다. 서구에 있어서도 신동(神童)의 특징 중 하나가 시간을 잘 활용했다는 점이다. 세계적으로 위대한 사람들의 시간 관리에 대한 많은 사례들이 있다. 디드로[45]는 팔코네에게 보내는 편지에서 이러한 조숙한 신동에 대해 "조숙한 인간이란 오로지 시간을 지배하고 앞서가는 기술을 갖고 있는 위대한 사람을 가리키는 것이다."라고 말했다. 볼테르는 중등학교 시절에 휴식시간을 갖지 않았다고 했고, 밀턴은 밤 열두시까지 책상 앞에 앉아 있었다고 하니, 즉 천재는 그들의 시간을 한 순간도 헛되이 보내지 않았다는 것을 알 수 있다.

최근 Bloom(1985)의 연구결과를 보면 "세계적인 수준의 창의적인 성취를 한 걸출(傑出)한 위인을 보면 이들은 중·고등학교 시절에 6~7시간 정도의 시간을, 성인이 되어서는 하루에 10시간 이상의 시간을 그들의 성취를 위해 쏟는다(전경원. 2000)"고 밝혀졌다. 결론적으로 학습과 시간은 불가분의 관계를 지니고 있다. 여기에서 시간이란 학습에 필요한 이해와 암기를 위해 집중력을 요하는 시간은 말할 것도 없고, 학습을 위해 준비하는 시간, 휴식시간, 그리고 부모가 자기 자녀의 학습을 돕기 위해 투자한 시간까지 총 망라한 시간이기도 한 것이다. 학습의 과정은 장시간(長時間)을 요하게 된다. 10년, 20년, 아니면 한평생의 시간을 학습에 투자하여야 한다. 그런가 하면 학습은 집중력을 요한다. 암기는 말할 것도 없지만 과제에 따른 문제를 해석하기 위해 이해력도 있어야 한다. 학습은 대부분 고행(苦行)의 길이며 시간과의 싸움이기도 하니 어떻게 시간을 잘 활용하느냐에 따라 성패(成敗)가

---

45) 드니 디드로(Denis Diderot, 1713년 10월 5일~1784년 7월 31일)는 1713년 샹파뉴의 랑그르에서 칼장수의 아들로 태어났으며, 프랑스의 백과전서파를 대표하는 계몽주의 철학자이자 작가이다. 그는 프랑스의 철학자로 달랑베르와 함께 18세기 계몽철학 사상을 집대성한 기념비적 저작 《백과전서》 편집자이자 철학, 소설, 희곡, 미술비평 등 다방면에서 수많은 저작을 남긴 계몽주의의 대표적 문필가이다.

좌우된다고 할 수 있다.

시간을 알뜰히 활용하는 방법에 대하여 생각해본다면 첫째 자투리 시간의 활용이다. 무슨 일에 대하여 생각을 할 때에는 시간을 절약하기 위하여 길을 걸을 때나 버스를 기다릴 때 자투리 시간을 활용하여 미해결된 일을 해결하기 위하여 시간을 충분히 활용해야 한다. 둘째 무의식을 활용한다. 중요한 일을 계획할 때 자신의 무의식에 사전에 입력을 해둔다. 특히 잠자리에 들기 전에 어떤 일에 대하여 어떻게 처리하는 것이 좋을까 한번 정도 생각해서 입력을 해두면 자신도 모르게 여기에 대한 정답이 다음에 머리에 떠오르게 될 때가 있다. 셋째 No man이 되어라. 자신의 귀중한 시간을 남에게 함부로 빼앗기지 말아라. 자신의 시간은 생명이나 다름없다. 쓸데없이 남을 위하여 동원된다든지, 군중에 합류하여 시간을 낭비하는 사례가 없도록 자신의 시간을 철저히 관리해야 한다. 넷째 사전준비로 철저한 계획을 세워라. 오류를 범하여 시간을 낭비하지 않도록 하기 위해서이다. 괜히 잘못하여서 두 번하는 일이 없도록 철저한 계획을 세우는 것이다. 다섯째 정신 집중력을 증대하는 것이다. 자기의 정신 집중력을 높이기 위해서는 헛된 잡념으로부터 해방되어 맑고 깨끗한 청정(清靜)한 상태에서 자기가 목적하는 바를 이루기 위해 자신의 정신을 투자해야 할 것이다. 구기종목운동(球技種目運動)의 하나인 탁구에 있어서는 0.01초를 기점(起點)으로 받을 수 있는 공과 받을 수 없는 공의 차이가 생겨 승부가 결정 난다고 한다. 자녀들에게 있어서나 우리 성인에 있어서도 결국 정신 집중력의 문제로 인생의 성패가 좌우되지 않을까 생각하는 바이다. 여섯째 비합리적인 사고와 비능률적인 행동은 금해야 한다. 무슨 일을 앞두고 이 일을 해야 하느냐 하는 문제를 두고 깊이 생각해 보아서 특별한 일이 아니라고 판단되면, 즉 내 인생의 큰 틀에 도움이 되지 않는다면 자신의 귀중한 시간을 투자할 필요가 없으니 자기능력에 맞는 최고의 가치를 선택하여 공략하여야 한다. 그러니 잘 선택하여 최고의 가치를 창출할 수 있는 일에 자신의 시간을 투자해야 한다. 일곱째 중요한 일은 새벽시간을 활용한다. 아마도 우리가 학습을 한다든지 정신집중을 요하는 일을 할 때는 새벽시간을 활용하면 훨씬 높은 효과를 얻을 수 있다. 여덟째 항상 목적의식을 가지고 행동을 하여야 한다. 무슨 일이든지 목적이 무엇인가를 물어라. 목적이 선명하고 뚜렷하다면 그 일을 서둘러 처리하기 바란다. 만약에 자신이 추구하지 않는 일이라면 신속히 포기하여야 한다. 아홉째 시간을 카이로스(Kai-ros)[46]로 받아들여라. 시간을 카이로스로 받아들이는 경우에는 소위 물레방아인생이나 다람쥐 쳇바퀴 인생에서 벗어날 수 있다는 것이다. 반복의 연속에서 벗어나 모든 것은 한 번의 새로운 찬스로 받아들이게 된다. 열번째 항상 시간의 개념을 돈으로 환산하는 자세를 가져라. 만약에 죽어가는 사람이 있다고 하자. 돈으로 시간을 연장할 수 있기에 시간은 그 정도 중요하다고 하겠다. 열한번째 좋은 습관을 갖고 적극적으로 살아라. 좋은 습관은 시간을 허비하지 않으며 후회하지도 않는다. 꼭 필요한 곳에 시간을 사용하게 된다. 또한 적극적인 삶은 살아야 할까 말아야 할까 망설이는 데 시간을 허비하지 않고 목표를 향해 매진할 수 있기 때문이다. 열두번째 비정상적인 상황에 늘 대비하라. 항상 정신을 각성하여 두뇌에 불이 밝혀져 있듯이 준비를 하고 있으면 맑고 깨끗한 물에 그림자가 보이듯이 미궁에 빠져 시간을 허우적거리며 낭비하지 않을 것이다. 열세번째 시간을 허비하지 않도록 적극적인 훈련을 하라. 비둘기가 콩

---

46) 카이로스(kai-ros)란 '호기(好期)' 또는 '적절한 때'를 뜻하는 그리스어에서 나온 단어이다. 예수그리스도를 통해 역사 안에 '하느님 시간'이 개입함을 가리키기 위하여 카이로스란 단어를 사용한다.

밖에 있어도 주변사람을 주의 깊게 살피듯이 긴장과 이완을 반복하여 시간을 붙잡아야 한다. 결국은 시간을 허비하지 않고 살았다고 하면 짧은 생애도 오래 산 것이나 다름없을 것이기 때문이다.

학교와 교우를 사랑할 수 있어야 한다

성공적으로 적응하는 사람이란 '자기와 타인을 사랑할 수 있고 가치 있는 일을 할 수 있는 사람'이라고 정의 하였다. 성숙한 적응을 방해하는 것은 무의식 속에서 동기로 작용하고 있는 억압된 충동과 갈등들이다.

_ 프로이트

성장하는 자녀들에게 있어서 학교생활의 적응에 대하여 살펴보기로 하겠다. 어린이는 만 7세의 아동기가 되면 어린이집이나 유치원 과정을 밟은 후 학교에 입학하게 된다. 물론 어린이집과 유치원을 다녔기 때문에 단체생활에 다소 익숙한 면도 있겠지만, 초등학교 입학은 또 다른 변화를 맞게 되어 낯선 환경 속에서 새로운 규율에 적응해야 하는 부담감을 안고 있다. 좋은 환경과 훌륭한 부모 밑에서 선행(先行) 학습을 꾸준히 한 학생은 좋은 성적으로 선생님으로부터 칭찬을 받아 자신감 속에서 학교생활을 하게 된다. 학령기의 아동들은 학교에서 학습을 통하여 또래 아이들과 선생님으로부터 우수한 학생이라는 인정을 받으려고 노력한다. 하지만 이러한 희망이 이루어지지 않는 어린이는 자신에 대한 열등감이나 혹은 부적합하다는 생각을 가지게 될 것이다. 학교생활에서는 성적이 중요하며 이 시기에 있어서 성적에 대한 열등감은 선행학습이 부족한 탓에서 발생한다고 해도 과언이 아니다. 학교에서 학습의 방법과 기술을 못 익혀 따라가지 못하게 될 때 아이들은 좌절감, 곧 무능력을 느끼게 되며 열등감으로 빠져들게 된다. 열등감에 빠지지 않고 학교생활에 잘 적응하려고 하려면 반드시 좋은 성적을 내어 학급에서 우등생으로 칭찬받고 앞서간다는 이미지를 얻어야 한다. 여기에서 자신은 학교생활에서 중도적(中度的)인 입장을 고수하되 학업성적은 우수하여야 한다. 이렇게 되면 대체적으로 그 아이는 일반적으로 학교생활에 적응을 잘하는 학생이 될 것이다. 만약 자기의 자녀가 학교생활에서 열등의식을 갖게 되어, 집단으로부터 소외감을 느끼게 된다면 부모는 어떻게 하여야 하는가? 여기서 문제는 자녀가 자신이 남보다 못하다는 열등감을 통해 '나는 부적절한 아이'라는 실망감에 빠지게 되어, 자신의 능력이 부족하다는 암시를 어린 시절, 학교로부터 받게 된다면 아이는 결국, 그러한 부적절한 순간적인 평가를 수동적으로 수용하게 될 것이다. 이와 같이 부적절한 어린아이들은 학습에 따른 능력과 외부적 여건(부모의 배경, 신체조건, 외모 등)에 의해 자신의 가치를 결정하고, 왜곡된 자아감으로 자신의 미래를 결정하는 부정적인 길을 택하게 될 수도 있다. 즉 열등감에 사로잡혀 자신의 제한성을 극대화시킨다는 결론에 이른다. 열등감은 질투를 낳게 됨으로써 자기의 에너지를 이곳에 소진(消盡)하므로 오히려 자기가 손해 보는 부정적인 결과를 초래하기도 한다. 교육심리학(정채기. 2003)에서 보면 '적응은 욕구가 충족되어 만족한 상태이며 부적응은 욕구불만이나 갈등, 심리적인 긴장상태로 지속적인 불안한 상태'를 뜻한다. 적응이라는 사전적 의미는 '일정한 조건이나 환경에 맞추어 잘 어울리는 것'을 의미하며 생물학에서의 적응은 '개체 또는 종족보존을 용이하게 하는 생물학적인 변화'를 가리킨다. 심리학적인 적응에 대하여 Shaffer(1956)는 "개체의 욕구와 사회 환경의 상황과의 조화"라고 했고, Lazarus(1976)은 "주변 환경 속에서 살아 남기 위한 각 개인의 투쟁을 의미한다."고 했다. 그런가 하면 Rogers가 말하는 적응의 본질은 "자기와 체험의 일치"이다. 자기와 일치하지 않는 경험이 많아질수록 위협으로 지각되고, 이러한 위협지각이 많아질수록 자신의 경험을 부인하고 왜곡(歪曲)에 의한 영향으로 여러 가지 부적응 행동을 드러내게 된다는 것이다. 결국 부적응은 자신에게 익숙하지 않는, 자기가 알고 있지 않는, 자신의 조건에 맞지 않는 새로운 국면에 부딪혀 현재의 자신과 통합이 이루어지지 않을 때이다. 그러니 적응을 위해서는 근본적으로 자기구조에 대한 위협이 전혀 없는 조건 아래서 자기 구조와 일치되지 않는 경험들도 지각·검토함으로써 이러한 경험들을 수용·동화할 수 있도록 자기구조를 수정하는 것이라고 한다. 이것이 심리치료와 상담이라는 것이다. 일반적으로 적응은 개인의 신체적·심리적인 욕구를 충족시키는 능력을 의미한다. 여기서의 '적응'은 우리의 자녀가 학교생활에서 선생님을 주축으로 하여, 교실의 교우들과 학습을 해 나가는 과정에서 자신이 만족한 생활을 하는 것이다. 요즘 어린이들은 학교에 입학하기 전 어린이집 등과 같이 학교와 유사한 과정을 밟기는 하지만, 유아의 학습과정과 학교의 학습과정은 운영의 형태와 학습의 방법, 구조적·생태적·내용적인 면에서 많은 차이가 난다. 일단 확연하게 달라지는 면은 학교생활은 경쟁의식과 서열화가 정해지는 곳이며, 이것은 자라나는 어린이에게 견디기 어려울 정도로 부담감으로 작용한다는 것이다. 이 천진난만하고 순진하며 즐거워야 할 학교생활이 성적순위라는 면학분위기가 부모들끼리의 생존경쟁의 장(place)으로 되기 때문이다. 천국이나 다름없는 세상에서 구김살 없는 어린 시절을 보내야 할 어린자녀들은 무서운 생존경쟁의 소용돌이 속에서 성적순위로 등급이 매겨져야 하는 참혹한 교육현장을 만나게 되는 것이다. 이러한 교육의 현장은 끊임없는 도전과 경쟁이라는 의식 속에서 불안과 긴장의 연속이 지속되는 곳이 된다. 그 속에서 갈등, 적대감, 좌절감은 피할수 없는 숙명이기도 하다. 이것이 우리의 자녀가 직면하고 있는 오늘날 교육의 현실인 것이다.

아동발달과 학습(김동일 외. 2,000)을 보면 인지발달 과정의 이해에서 적응이라는 용어가 나온다. 심리학자인 Piaget는 인간은 출생 순간부터 더 만족스럽게 적응하는 방식을 찾는다고 믿었다. 적응에는 두 개의 기본적 과정, 즉 동화와 조절이 있다. 동화(assimilation)는 이전에 이미 확립된 자기의 인지구조의 틀에 의거하여 현재의 대상이나 사건을 해석하고 이해하여 통합하는 과정, 즉 성장과 같이 양적인 증진이다. 조절(accommodation)은 자신이 가진 기존의 인지구조가 새로운 사건을 동화하는 데 적합하지 않을 때 그 새로운 대상에 맞도록 구조, 즉 틀을 바꾸어 나가는 동시에 새로운 화학적 구조변화를 겪게된다. 조절은 인간이 외계에 적응하는 과정이다. 이와 같이 인간은 동화와 조절의 과정을 통해 복잡해지는 환경에 적응해 나간다. 여기서 우리의 자녀가 동화에 해당하는 인지구조의 틀을 존속해가는 상태에서 성장이라는 양적 변화 과정은 스스로 적응해 나갈 수 있지만, 만약에 조절이라고 하는 자신의 기존의 틀을 바꾸어 나가면서 화학구조의 변화를 겪게 될 때에는 부모의 배려와 도움이 있어야 할 것으로 본다. 여기서 자녀가 조절을 필요로 할 때 부모의 지도가 없을 경우 자녀는 적응을 하지 못하는 처지에 놓이게 된다고 볼 수 있다. 이점이 대단히 중요한 문제이다. 그렇다면 학교생활에서 부적응은 무엇을 의미하는가? 학교폭력의 50퍼센트 이상이 왕따라는 따돌림에서 비롯된다고 한다. 왕따는 근절될 수 있는데 아이를 학교에만 맡기지 말고 부모들이 직접 나서야 한다고 주장한다. 즉 학급의 부모님들이 5~6명 정도 친하게 유대감을 갖고 교류를 하면서 자녀들도 함께 동참

시켜 친하도록 함으로써 따돌림이 되지 않도록 한다는 것이다. 이것으로써 충분히 학교의 집단 폭력을 예방할 수 있다는 점이다. 그러면 적응을 요즘 학교에서 흔히 일어나고 있는 '왕따'의 개념과 연결하여 생각해 보자. 이 '왕따'는 학교생활을 하는 가운데 표준적인 것이 아닌 '유별난' '특별한' 등의 의미를 내포하고 있는데, 그 중에서도 약(弱)한 자(者)에게 주어지는 고립적 대화단절을 뜻한다. 어떻게 보면 왕따의 개념은 평균적인, 중간(中間) 중용(中庸)과는 다른 경우를 일컫게 되는 것이다. 이렇게 볼 때 왕따를 당하지 않기 위해서는 언제나 머릿속에 평균, 중간, 중용과 같은 의미를 되새겨 볼 필요가 있다.

우리의 자녀가 학교생활을 하는 가운데 교우들과 선생님, 자신과의 사이에서 긍정적인 감정의 교류가 이루어지지 않고 단절될 때 보통 '왕따'라는 이름이 붙게 된다. 이 왕따는 남들이 생각하고 행동하는 기준에 못 미치는, 즉 부족한 가운데에서 발생하는 관계의 고립화 현상이다. 이때 부모가 해야 할 일은 자녀의 학교생활에 관심을 갖고 여기에 대한 정보를 사전에 파악하여 신속한 대처를 해야 한다. 즉 가해학생을 적발하여 어떤 조치가 이루어져야 하며 자신의 자녀에 대하여는 어떤 방어적인 대책을 마련하여야 하는 것이다. 하지만 이렇게 대응한다는 것이 쉬운 일이 아니지만 부모는 자녀의 학교적응을 위해서 어떠한 일이 있어도 최소한의 준비책을 마련해 두어야 한다. 학부형끼리 최소한의 인맥을 만들어 서로가 정보를 교환하고 함께 대비책을 세워서 자녀의 학교생활이 무난하게 진행되도록 지속적으로 노력하여야 할 것이다. 학교 담임선생님의 역할도 중요하겠지만 선생님이 모르는 가운데 나쁜 행동들이 이루어지기 때문에 선생님이 모를 수도 있으며 학교에 다니는 당사자 역시 이러한 좋지 못한 일에 대하여 숨기기 때문에 부모들은 자칫 잘못하면 모르고 넘어갈 수가 있다. 평소에 부모는 자녀와 대화를 원활히 하여, 이러한 일일수록 자녀가 부모에게 사실을 숨기지 않고 말할 수 있는 분위기를 만들어 놓고 있어야 할 것이다. 이러한 의미이고 보면 학교생활의 적응에서 중요한 것은 첫째, 우리의 자녀가 정신적·신체적 조건이 건강하여 그 나이에 감당해야 할 의무와 책임을 무난히 수행할 수 있도록 부모는 성장기에 있는 우리의 자녀들이 운동과 적절한 영양섭취로 건강한 신체와 정신력을 발휘할 수 있도록 키워야 한다. 둘째, 어린이의 외형적인 모습이다. 성인들도 외형적인 모습으로 사람을 판단하는데 어린이들이야 말할 필요조차 없다. 용모가 바르고 단정하여야 하고 옷도 깨끗하고 몸도 청결하여야 하며 소지품, 즉 학용품이나 장난감도 생활 속의 분위기에 어울리고 적합한 수준의 용품을 소지하면서도 지나친 사치나 부족함이 없도록 하여야 할 것이다. 셋째는 뭐니 뭐니 해도 학생이라면 학업성적이다. 초등학교에서는 학업성적이 그렇게 뛰어나지 않더라도 중상위 정도로 유지하여야 하며, 그러하지 못한 경우에도 과목에 따라 한두 과목은 우수한 성적을 보이도록 노력해야 한다. 그렇게 해야만 그 어린이가 학습에 싫증을 느끼지 않고 의욕을 보이며 급우들 사이에서 자존감을 유지할 수 있기 때문이다. 넷째, 반드시 친한 친구를 5~6명 정도는 사귀어 학교생활에서 외롭지 않게 해 주어야 한다. 학부형들끼리 서로 친해야 하며 자녀들도 부모와 함께 친한 친구로 사귀게 되고, 친한 친구들끼리는 각자의 집을 왕래하며 함께 놀 수 있는 관계를 조성해 주어야 한다. 다섯째로 정서와 성격문제이다. 인간이라면 누구나 감정을 소유하고 있어서 상황에 따라 자기의 감정을 표현하는데, 그 과정에서 자연스럽게 친구를 수용할 수 있는 포용적이며 온후한 성격의 소유자여야 한다. 그때그때 일어나는 상황에 대응하는 심리상태의 반응이 중요하다. 학교교실의 정서에 맞는 학생들의 보편적인 개념과 동일하게 많은 학생들이 웃을 때 웃고, 울 때 함께 우는 마음의 움직임이 있어야 한다. 이러한 마음 자세는 어릴 때부터 어머니와 좋은 교감을 통해서 싹트게 되는데 자녀가 자라면서 겪는 불안이나 공포, 죄책감이나 거절감, 열등감과 같은 것이 부정적인 성격으로 형성되었다면 그것이 부적절한 인간관계로 맺어지기도 한다. 성인도 조절하기가 힘든 이러한 관계형성이 어린이들은 스스로 조절하는 능력이 아직은 부족하다고 본다. 이 문제는 개인의 성격과 함께 학교생활의 적응에 많은 영향을 미칠 것이다. 그외에도 많은 요인들이 있다고 생각한다. 보편적으로 학교생활에 적응을 잘하는 학생은 협력을 잘하면서 친구들과 잘 지내고, 어떤 문제에 당면했을 때 적극적으로 해결하려고 하며, 솔선수범하여 앞서나가는 자세와 용기, 그러면서도 예의바르고 관대하며 악의가 없는 선(善)한 학생들이 대체적으로 학교생활에 적응을 잘 하는 것으로 나타나고 있다. 여섯째, 학생으로서의 자질을 갖추어야 한다. 예(例)로 조선일보 태평로 김호재 편집국장에 의하면 학생이라면 배우며 성장하는 과정의 신분이라는 것이며, 단 올바르게 성장해야 하는 조건하에서 갖추어야 할 요건은 다음과 같다고 한다.

1. 학생이 된다는 것은 자신을 올바르게 성장해야 하는 토양에서의 범주에 소속시켜야 한다.
2. 목표는 밝은 태양을 향해 성장이라는 과정을 밟아야 할 자세를 갖추어야 한다.
3. 자신의 행동을 스스로 바라볼 수 있는 정신 상태를 갖추어야 한다.
4. 인간의 자질을 배우고 익히는 데 정신을 집중해야 하는 내부세

계로의 의지가 있어야 한다.

5. 학생의 신분인 만큼 자신을 성장시킬 수 있는 교육을 수용한다는 자세로 자신의 태도에 책임을 스스로 져야 한다.

6. 배워야 할 과목은 지, 덕, 노, 체와 교양과목, 전공과목, 인간관계를 원만히 하고 실력을 얻기 위해서는 정신을 집중하여 노력과 끈기를 가져야 한다.

열심히 공부한다는 건 현명한 투자이며 현금을 불려 배당금을 쌓는 것과 마찬가지라는 심정으로 학습에 임해야 한다는 것이다. 자기와 자기의식(이만갑. 2004)의 적응 편을 참조하면 "심리적 부적응(不適應)은 유기체가 중요한 감관적(感官的)및 내장적(內臟的) 경험을 감지하는 것을 부정하고, 따라서 그와 같은 경험은 상징화(象徵化)[47]되지 않으며, 자기구조와 게슈탈트(Gestalt)[48]로 체제화되지 않을 때 존재한다. 이와 같은 상태가 존재할 때 기본적 또는 잠재적인 심리적 긴장이 있다. 심리적 적응은 유기체의 감관적(感官的)및 내장적(內臟的) 경험이 모두 상징의 수준에서 자기 개념과 시종일관 된 관계 속에 있거나 혹은 관계를 가질 수 있도록 자기 개념이 있을 때 존재한다."로 심리적 부적응과 적응에 대하여 기술하고 있다. 이 내용을 크게 학생과 학교라는 관계적인 측면에서 살펴볼 때 학교의 심리적 부적응은 어떤 한 학

---

47) 상징(象徵): 1. 사회적인 제도나 규약에 따라 추상적인 것을 구체적인 사물로 나타내는 일. 또는 그렇게 나타낸 표지, 기호, 물건 따위. 2. (문학)어떤 관념이나 사상을 구체적인 사물이나 심상(心象)을 통해 암시하는 일.

48) 게슈탈트(Gestalt): '형태주의(形態主義)'를 말하며 형태주의는 부분 혹은 요소의 의미가 고정되어 있다고 보지 않고 부분이 모여 이룬 전체에 따라 달라진다고 본다. 전체는 또한 부분에 의해 다르게 되므로, 형태주의는 전체와 부분의 전체성 혹은 통합성을 강조한다. 여기서 형태(形態)라는 의미는 일부분의 집합과는 달리, 전체를 하나로 통합하였을 때의 대상의 형상과 상태를 말한다. 형태심리학(形態心理學)이란 정신현상을 개개의 감각의 요소적 집합으로 보는 요소 심리학에 반대하고, 정신과 의식을 단순한 요소의 총화로 해소되지 않는 형태(게슈탈트)로 보는 심리학을 말한다.

생이 학교라는 단체나 조직의 속사정이나 성질을 완전히 파악하는 것을 부인하고, 자기 마음속에 학교의 내부 속사정의 속내를 하나의 그림으로 정립(定立)하지 못하며, 자기 마음이나 신체조건이 학교의 형태나 체제(體制)와 쉽게 자유자재(自由自在)로 동화(同化)되었다가 이화(異化)되고, 이화되었다가 동화되지 못할 때 존재하게 된다고 본다. 그렇다면 적응은 어떠한 상태인가? 외부적으로 학교의 학습을 수행함에 있어 자기의 능력이나 조건이 학습을 능률적으로 수행하여 자기내부의 심리적 상태가 학습이라는 과제를 충분히 이행할 수 있어 만족한 상태라고 말할 수 있다. 이와 같은 부적응을 적응으로 만들기 위해서는 학습과제를 원만히 추진할 수 있는 능력을 키워 자신의 심적 작용이 학습을 수행함으로써 만족한 결과를 얻도록 어떤 조건이 구비되어야 한다. 이러한 면을 참고하여 부모는 자기 자녀가 학교에서 적응을 잘하도록 적절히 협조하고 돕도록 관심을 가져야 할 것이다. 사회와 직장에서의 적응은 어떠한가? 사회나 직장에서의 성공을 위해서는 우선 만인이 선호하는 사람이 되어야 한다. 여유가 있으면서 성격적으로 세밀하면서 단단하기보다는, 오히려 인간적이면서 허술하며 빈틈이 있고 소탈한 면이 있어야 한다. 따스한 가슴을 보유하고 온화하면서 부드럽고 유순한 것이 좋다. 물론 직장인은 전문적인 실력과 기술을 갖추어야 하겠지만 성실하고 진실한 사람이라야, 그 사회 속에서 적응이 쉽게 이루어지리라 믿는다. 사회와 직장에서의 적응을 잘하기 위해서는 우리가 일반적으로 생각하는 지능이 높고 똑똑한 것보다는, 오히려 지능이 낮아도 감성이 높은, 즉 그때그때 상황이나 분위기, 또는 자극에 따라 반응하는 상태나 능력이 원만하고 관대하며 포용력이 있는 사람이 직장이나 사회에서 성공할 수 있다고 본다. 이러한 면은 어디까지나 인간이 살아가는 세상이기 때문으로 풀이된다.

제6장

부모의 역할

이 지구상에 하나의 생명이 새롭게 탄생한다는 것은, 이는 분명 신(神)의 의도가 개입된 것이 아닐 수 없다. 그렇게도 정교하고 영묘하게 생명이라는 구조가 만들어진다는 것은 신이 아니면 불가능하다고 생각하기 때문이다. 하나의 생명이 만들어지기까지는 우주의 기운은 긴장하고, 또 떨림이 없이는 새로운 정신이라는 에너지를 응축할 수 없을 것으로 생각된다. 인간이 세상에 태어나는 것을 제1탄생이라고 한다면, 태어나서 교육을 받아서 지성인으로 성장하게 되는 것을 제2의 탄생이라고 할 수 있을 것이다. 그 정도로 다른 동물과는 달리 인간에게 있어서의 정신적인 도야(陶冶)를 위해 교육이 필요로 한다. 교육은 생명의 탄생처럼 중요하게 다루지 않으면 안 된다.

태교에 대하여

    이 지구상에 하나의 생명을 새롭게 잉태한다는 것은, 여기에 분명 신(神)의 의도가 개입되어야 할 것이다. 그렇게도 정교하고 영묘하게 생명이라는 구조가 만들어진다는 것은 신이 아니면 불가능하다고 생각되는 부분이기도 하다. 하나의 생명이 탄생되기까지는 우주의 기운은 긴장하고 또 떨림이 없이는 새로운 정신이라는 에너지를 응축할 수 있겠는가? 태아가 어머니 뱃속에서 성장하는 과정을 살펴보면 태아는 태어나기 4개월 전부터 외부영향을 민감하게 받아들인다는 연구기록이 있다. 그리스도교에서는 임신기, 즉 태아기 때부터 하나의 생명체로 인정함으로써 낙태수술을 금(禁)하는 것으로 되어 있다. 그렇다면 분만기의 태아를 둘러싸고 있는 환경이 아기의 미래에 미치는 영향은 크다고 아니할 수 없다. 나는 나의 손자에게 그가 태아시절에 들려주었던 음악 테이프를 태어난 후 6개월부터 10개월 사이에 다시 들려주었더니, 손자는 조용하게 주의를 기울이는 모습을 보였다. 나는 이러한 아기의 행동이 언젠가 자신이 들었던 음악 멜로디이기에 자신도 모르게 친숙해지는 것이 아닌가 하고 의문을 가져본다.

엄마의 건강이 아이의 건강으로 직결되는 시기가 태아기이다. 심한 다이어트로 영양이 결핍됐던 산모가 튼튼한 아기를 낳기는 어려울 것이다. 임신기의 무기물, 비타민 중에서 특히 필요한 영양소가 철, 칼슘, 아연, 엽산이라고 한다. 가임여성은 임신 전 이들 무기물을 충분히 인체에 저장해 두어야 하고, 비타민인 엽산은 매일 매일 식품으로 신선한 과일과 채소를 먹어야 하며 영양제로도 공급해 주어야 한다는 결론이 나온다. 여성은 매달 생리로 약 30㎖의 혈액을 잃어 철분이 부족하다고 한다. 또 손실된 혈액이 골수에서 만들어질 때 엽산(비타민 B 복합체의 하나)이 필요하다고 한다. 그리고 임신 중에도 철을 적절히 공급받지 못하면 철 결핍성 빈혈이 되고, 이것이 원인이 되어 저 체중아, 미숙아로 장애를 초래할 수 있다는 것이다. 임신부의 철 권장량은 하루 30㎎, 엽산은 0.4㎎이 필요하다고 한다. 이 밖에도 인(燐)·요오드·마그네슘·아연 등의 성분은 태아의 뼈를 구성하는 데 도움을 준다. 특히 엽산의 부족은 태아의 신경관 부족이 나타날 수 있기 때문에 엽산이 이를 예방해 준다. 그리고 보면 임산부의 건강이 태아에 미치는 영향이 큰 만큼 임신 이전부터 산모는 건강관리에 철저를 기해야 한다. 물론 이 부분은 태아의 영양학적 입장에서 임산부의 건강이 태아에 영향을 주는 부분을 살펴본 내용들이다.

다음은 태교(胎敎)에 대해서 살펴보기로 하자. 기록상으로 태교라는 단어가 나오는 문헌은 3천 년 전 중국의 의학서『황제내경』과『사기(史記)』에서, 그리고 기원전 2세기경 한무제(漢武帝) 때에 있어서 그 이전의 관련 자료를 수집 정리한『대대예기(大戴禮記)』에서 찾아 볼 수 있다. 중국 주나라의 건국시조 문왕과 무왕을 낳은 태임과 태사는 임신한 순간부터 정결한 생각을 하고 부정한 것은 보지도 듣지도 말하지도 않았으며 덕을 쌓고 어진 마음으로 임신기간(月)을 채운 끝에 중국역사에 길이 남은 성군(聖君)을 낳았다고 전해진다. 우리나라의 기록을 보면 조선시대 사주당 이씨와 아들 유희가 태교 지침서, 『태교신기』를 펴냈다. 여기에는 태아의 건강한 발달과 산모의 마음가짐을 제시하고 있다. 조상들은 어머니의 마음이 태아와 하나로 묶여 있어 기쁨·노여움·슬픔·즐거움·사랑·미움·욕심 등 칠정(七情)을 함께 느낀다고 믿어 임신부의 마음가짐을 맑고 바르고 고요하게 갖도록 노력하였다. 조선시대의 부모들도 어질고 총명한 자식을 얻기 위해 부부의 신체적·정신적 조건을 세밀히 관찰하였고, 결혼 이후 천지기운과 기상조건을 감안하여 합방(合房)하는 시기와 장소 등을 선택하였다. 또한 궁중에서의 태교는 더 엄숙하고 철저하게 지켜져 왔다. 왕비가 임신을 하면 조용한 방에서 묵상(黙想)을 하거나 시(詩), 서(書), 화(畵) 등을 통해 마음의 안정을 기하였다고 전해진다.

태교 중에서 특별히 중요하다고 생각되는 교육과제는 바로 마음의 안정과 정서적 고요함일 것이다. 태아가 어머니 뱃속에 있는 동안의 성장발달 과제는 세포의 분열은 물론 조직 및 기관의 성장발달인데, 이 발달과제가 완벽하고 충실히 이행되기 위해서는 충분한 영양은 말할 것도 없겠지만, 그것과 함께 중요한 것은 정신의 정상적인 발달이다. 태아에게 정상적으로 정신적인 발달이 이루어지기 위해서는 산모의 마음이 고요함과 평안함으로 충만되어 있어야 할 것이다. 이러한 가운데 태아는 정신적이고 육체적인 성장이 완벽히 이루어질 것으로 본다. 요즘은 임신 7개월째 정도 접어드는 산모들이 왕실태교를 하는 체험이 진행되고 있다. 직접 옛 궁중을 찾아서 왕족의 생활을 생각하며 걷기, 궁중음악 듣기, 궁중음식 만들고 맛보기, 직접 먹을 갈고 자신의 붓글씨로 자녀에게 보내는 글을 쓰기도 하고, 궁중에서 입혔던 자녀 옷을 만들기도 하며 마음을 차분히 가다듬고 태어날 자신의 자녀가 훌륭하게 태어날 것을 기대하고 믿음을 갖는다. 우리의 전통교육에서는 임신을 했을 때 위에서 기술한 것처럼 몸과 마음을 단정하게 하고 감정에 지나친 흔들림이 없어야 한다고 말한다. 이것은 과학적 연구에 비추어 봐도 타당하다고 하겠다. 그렇다면 현대에 와서 임신부가 지켜야 할 사항을 살펴보고자 한다. 첫째 에너지 보존의 법칙에 따르면 산모와 태아는 하나의 에너지 체계라고 할 수도 있다. 정신적 에너지는 육체적 에너지로 전환될 수 있고 육체적 에너지는 정신적 에너지로 전환될 수 있다. 이러한 관점에서 '에너지는 한 가지 형태에서 다른 형태로 전환될 수 있으나 전체적인 우주체계에서는 에너지의 소실은 있을 수 없다.'는 논리이다. 이러한 맥락에서 임신부의 신체적·정신적 건강함은 에너지 면에서도 태아와 서로가 연관될 수 있을 것이다. 특히 임신부들이 정신적인 면을 소홀히 다루지 않도록 맑고 깨끗한 정신을 유지하는 데 각별히 유념해야 한다. 우주라는 천지에 존재하는 보이지 않는 기운은, 곧 우리 인간 마음의 기운과 상통한다는 성리학적 측면에서도 태아의 정신건강을 위해서도 임신부들의 기운이 항상 맑고 깨끗함을 유지할 수 있도록 정결한 마음가짐이 필요하다. 즉 자연의 맑고 깨끗한 기운을 받아들이는 것도 한 방편이 될 수 있다고 본다. 그래서 부인이 임신을 하면 남편은 물론 온 가족은 출생할 자녀를 위해서라도 임신을 축하하는 마음을 가지고 임신부가 정서적으로 즐겁고 편안하고 안정된 마음을 갖도록 도와주어야 한다.

둘째 신랑, 신부에게 있어서 요즘은 옛날과 달라 가장 무서운 것이 정신적 압박감이다. 이것을 스트레스라고 말한다. 이 스트레스를 해소할 수 있고 피할 수 있는 능력이 필요하다. 정자의 원시성 세포인 정조세포는 성장기를 거쳐 정자로 완전히 성숙되는 데 걸리는 기간이 최소한 60~70일이 소요된다. 난자의 원시성세포인 난조세포도 마찬가지의 성장기간을 거치게 된다. 그렇다면 난자와 정자가 만나기 위해 부부가 동침하는 날짜부터 역산하여 최소한 60일 전부터는 스트레스를 적게 받아서 정자와 난자의 활성을 높이도록 건강한 신체적 조건을 유지해야 한다. 그러나 그보다 훨씬 더 이전(以前)부터, 즉 늦어도 합방일 100일 전부터 근신해서 완전히 건강을 회복해야 한다. 좋은 음식과 맑은 물, 상쾌한 공기를 충분히 마실 것은 물론, 마음이 편안하도록 건강에 신경을 써야 할 것은 틀림없는 사실이다. 가축에 있어서도 소에게 번식기가 가까이 오면 보정사료(補精飼料)라고 하여 평소에 먹이는 사료보다 더 좋은 배합사료를 10퍼센트 더 먹인다. 이는 번식기(繁殖期)에 있는 어미 소의 정력을 보강하는 차원에서 그렇게 한다. 부부 역시 이 기간 동안에 수면시간이 부족하다든지, 업무에 지나치게 시달린다든지, 알코올이나 흡연, 약물 등으로 신체의 기능이 약해지지 않도록 특별히 조심하여 최대한 좋은 컨디션을 유지하여 정자나 난자의 활성도를 높일 수 있도록 하여야 할 것이다. 전 뉴욕 마운트사이나이 의대교수와 미국 바이오다인 연구소장은 스트레스가 태아 뇌(腦) 성장의 적(敵)이라는 글을 썼다. "임신부의 심신 상태는 태아에게 직접적인 영향을 미친다. 임신부가 술을 마시거나 담배를 피우면 태아도 알코올이나 니코틴의 혈중농도가 올라간다. 스트레스도 마찬가지다. 임신부가 만성 스트레스에 시달릴 경우 스트레스 호르몬이 나오게 되는데, 이와 같은 '당성 코르티코이드 호르몬'이 손쉽게 자궁의 태반장벽을 넘어 단숨에 태아의 뇌에 도달하게 된다고 한다. 임신부가 만성 스트레스를 받은 후 낳은 아이는 대체로 키와 몸무게가 평균치에 크게 못 미친다."는 결론이다. 이러한 이유 때문에 요즘 신생아들이 저 체중 상태로 많이 탄생하는 것으로 전문가들은 보고 있다. 스트레스의 영향으로 지능지수(IQ)가 떨어지고 성장 후 대인관계에서 위축된 행동을 보이는 등 사회활동도 원만치 못하다는 연구결과도 있다. 아이에게 가해지는 만성스트레스의 영향은 어른과 같다. 그러나 아이는 뇌세포가 성장하는 과정에 있기 때문에 그 영향은 훨씬 더 크다고 한다. 스트레스의 호르몬이 세포분화를 저해, 뇌 세포의 성장과 발달을 막음으로써 신경전달이 원활하지 못하게 된다는 이유이다. 또 두뇌유전인자의 DNA함량이 적어져 뇌에 필요한 물질을 만드는 데 지장을 받는다고 한다. 이런 아이는 일찍부터 기억력이 약하고 면역기능도 떨어져 병에 잘 걸리게 된다는 것이다. 갓난아이가 스트레스를 받을 경우는 감성을 담당하는 뇌 부위가 손상돼 감성기능 장애도 생길 수 있다고 한다. 셋째 인스턴트식품·커피를 비롯한 음료·질병치료를 위한 약물·식수 등을 조심해서 먹어야 함은 물론, 균형 식품으로 충분한 영양섭취 등도 중요하게 작용한다는 것도 잊어서는 안 된다. 여기서 균형 식품은 특히 비타민과 무기질, 섬유소와 같은 채소와 과일, 버섯, 해조류, 견과류 등이 이에 해당될 것이다. 넷째 적령기에 결혼을 하고 적령기에 아이를 낳도록 해야 한다. 20세 이하든지 35세 이상은 아이의 발달에 있어서 좋지 못한 환경이라는 것을 누구나 잘 알고 있다. 어린나이에 결혼하면 생식기능의 불충분한 발달로 미숙아의 분만율(分娩率)이 높아지고, 늦게 아이를 가지면 생식기능의 약화로 기형률(畸形率)이 높다는 연구결과가 있고 보면, 결혼 적령기를 지켜 건강한 아이를 분만하도록 관심을 가져야 한다. 이와 같은 자료를 볼 때 요즘 결혼적령기가 늦어지고 있는 현실은 다음세대인 자녀의 입장에서 볼 때 좋지 못한 점이라고 아니할 수 없다. 다섯째 임산부의 운동이다. 임산부가 임신기간 동안 적절한 운동이 자녀의 두뇌개발에 도움이 된다는 연구결과가 있다. 독일 막스프랑크 분자의학연구소의 연구팀은 뉴사이언티스트 최근호에서 임신기간 동안 운동을 한 어미 쥐에서 태어난 새끼가, 그렇지 않은 쥐에 비해 뇌에서 학습과 기억을 관장하는 영역인 해마 상 융기 부위의 세포수가 40%나 많게 나타났다고 밝혔다. 활동적인 어미자궁 내에서 새끼의 해마 상 융기 세포는 비활동적인 어미 쥐에 비해 적었고 태어날 때 체중도 적었으나 출산 후 뇌 발달이 급속하게 이루진다고 한다. 임산부의 운동 역시 자녀의 건강에 도움이 되니 알맞은 운동으로 임산부와 자녀가 동시에 건강할 수 있도록 유념해야 할 것이다. 이와 같은 의미에서 태어날 태아는 산모의 몸과 연결되어 있다는 것에 주목하지 않으면 안 된다. 문제는 태아의 뇌가 정상적으로 발육하도록 각별히 조심해야 한다. 한 생명의 탄생은 유전자라는 씨앗에 영양이라는 에너지와 물질이 보급되어 성장하게 된다. 즉 자연 속에 있는 기운과 물질이 태아에게 유입되는 과정이다. 특히 산모는 약물 복용 등에 조심하여야 하고 올바른 마음을 갖도록 해야 한다. 깊은 계곡의 춘란이 훨씬 향기로운 것처럼, 깊은 산속에 살고 있는 꾀꼬리의 소리가 우렁차고 활기에 넘치는 것처럼, 깊은 산속의 다람쥐의 뇌가 훨씬 총명하게 움직이는 것처럼, 이들은 모두 주변의 맑은 기운과 깨끗한 물질들이 함께 어우러져 새로운 생명체를 만들어 내기 때문으로 생각된다. 이와 같이 만들어진 깨끗한 정신과 육체를 지닌 동물이 죽게 되면 그들의 정신과 육체는 깨끗한 영혼과 부유물이 되어 또 다른 생명체로 이전(移轉)될 것이다. 이 얼마나 아름다운 자연의 순환인가? 이렇게 죽은 사체는 생명의 법칙에 이끌려 또 다른 생명으로 이전(移轉)될 것이기 때문이다. 그래서 정화(淨化)된 깨끗하고 순수한 에너지나 물질이 태아의 몸속으로 이전하여야 건강한 태아가 탄생될 것은 뻔한 이치라고 생각한다. 우리의 자녀가 노랗고 병든 식물처럼 태어날 것이 아니고, 새파랗고 푸르며 싱싱하게 생기를 머금은 상태로 이 세상에 태어나야 한다. 이 원리는 정신이나 육체에도 동일하게 적용될 것이다. 부모의 임무는 태어날 태아의 환경을 최적상태로 만들어 주는 일이다. 그 다음일은 모든 것을 신(神)에게 맡겨야 한다. 그렇다면 산모의 자세는 어떠하여야 하는가? 산모는 자연의 섭리에 따라 선(善)함을 유지하여야 한다. 착함을 유지한다는 것은 모든 생물들이 살아나고 생동하는 기운을 만들어 내는 원동력으로 작용하기 때문이다. 그리고 착함은 자연의 신명함과 교감(交感)할 수 있으며 자연의 이치를 받아들이고 따를 수 있게 한다. 산모에게도 밝은 태양이 떠오르고 아름다운 꽃이 피어나고 푸른 새싹이 돋아나도록 하는 환경이 조성되어야 한다. 이러한 환경이 바로 고요함을 유지하는 것이다. 자세는 바르게 하고 가정의 주변은 청결을 유지하며 생각은 자연에 순응하는 자세를 취하여 건강한 심리상태를 유지하면서 반성과 기도하는 마음의 자세를 유지할 수 있다면 이것으로 충분하리라 믿는다.

자녀에게 조기교육이 중요하다

인간에게 있어서 교육은 다른 동물과는 달리 정신적인 도야(陶冶)에 필요 불가결한 요소이다. 교육은 인간에게 생명의 탄생처럼 중요하게 다루지 않으면 안 된다. 신(神)의 영역에서 인간의 영역으로 갓 넘어 온 아기는 신에 가까운 가장 순수한 영혼을 간직하고 있다고 할 수 있다. 이 순수한 영혼은 선과 악에 물들지 않은 깨끗한 본 바탕 그대로인 것이다. 그 영혼은 도화지에 비유한다면 아직 아무런 기록이나 색칠이 되지 않은 백지나 다름없다고 할 수 있다. 잘못 간직하고 사용하면 곧 얼룩이 지고 더럽혀져야 하는 운명에 놓여 있다고 하겠다. 더욱이 우리가 간과(看過)해서 안 될 것은, 아기는 그냥 내버려 두면 무언가로 변해야 하는 가소성(可塑性)이 뛰어난 운명체라는 점에도 유의해야 한다. 평생 동안 영향을 주는 조기 교육의 가르침은 참다운 것이어야 하고 거짓된 것이어서는 안 된다. 어린이와 젊은이들이 맨 처음 듣는 이야기는 선(善)과 관련된 도덕지식으로 가장 신중을 기하여 선택한 가르침이어야 한다. 부모의 생각과 행동이 자녀에게 제일 먼저 각인(刻印) 될 것이라는 점을 생각한다면, 한번 더 부모인 자신의 생각과 행동을 되돌아보고 반성해서 참다운 마음을 가져야 할 것으로 본다.

조기교육을 실시한다는 것은 지식을 늘리는 측면에서 일찍이 돈을 모으는 것과 일맥상통한다. 우리가 흔히 자녀들이 젊은 나이에 직장을 구해 첫 월급을 타면 은행에 가서 최소 2~3년짜리 적금을 들게 된다. 이때 은행원들이 하는 이야기는 일찍이 벌기 시작한 돈이 기반이 되어 이자가 붙고 늘어나게 되어, 이 돈이 나중에 큰돈으로 불어나게 하는 기반이 되는 돈이기 때문에 이 돈을 종잣돈(씨가 되는 돈)이라고 말한다. 교육에도 삶의 기본바탕을 이루는 지식이 있는데, 이렇게 조기에 습득한 지식이 다음 지식의 기반을 이루기 때문에 종자지식이 된다. 이 조기에 얻은 지식이 성장하는 자녀에게 앞으로의 교육을 쉽게 잘 풀어갈 수 있도록 하는 역할을 하게 된다. 즉 조기교육에서 배운 지식이 다음교육을 하는 데 기반이 되어 기초가 튼튼해지고 쉽게 이해할 수 있는 기반의 틀을 이루게 하기 때문이다. 지식의 지배(레스터 C. 서로우 지음)에서는 "교육은 아주 어린 나이에 시작해야 최상의 효과를 거둔다. 심리적이거나 생리적인 이유를 댈 수도 있지만 무엇보다도 어린이는 더 빨리 학습하기 때문이다. '늙은 개에게 새로운 놀이를 가르칠 수 없다.'는 속담도 있지 않은가? 교육시기가 이르면 이를수록 좋다."는 것이다.

나는 일전에 1일 코스로 경남 거제시 쪽으로 관광을 가게 되었다. 거제시를 가는 도중에 충무시에 들러서 소위 말하는 서커스(circus)라고 하는 곡예와 묘기를 보게 되었다. 10대(代)에서 30대 정도로 보이는 곡예사들이 무대 위에서 묘기를 보여주는데, 한 장면은 의자를 10개 정도 좌우로 아주 불안하게 높게 5단으로 포개어 그 위에서 11살 되는 소년이 한 손으로 물구나무를 서는 등 자유자재로 움직이는 모습과 또 다른 한 장면은 10명 정도 되는 사람이 피라미드형으로 양팔과 다리를 펼쳐 서고 아래 사람의 어깨위로 또 포개어 서게 한 후 5단 높이를 한 후에 12살 되는 소녀가 맨 꼭대기에서 촛불을 몸에 얹고 물구나무를 서는 등 자유재로 체조를 하는 모습을 보여 주었다. 한 번이라도 실수를 하면 그것으로 목숨은 끝이 날 수 있는 높은 공중에서 묘기를 보여 주는데 정말 아슬아슬하여 마음을 졸이며 보지 않을 수 없었다. 제일 꼭대기에서 묘기를 보이는 그 어린 곡예사 두 명은 나의 손자 나이 정도여서 그 묘기를 보면서도 자꾸만 손자 생각이 나서 눈물을 감출 수 없었다. 저 아이들은 틀림없이 부모가 이 세상에 살아 있지 않을 것이라는 생각이 들었다. 만약에 부모가 살아계신다면 저렇게 위험한 곡예를 하도록 하지 않았을 것이기 때문이다. 글을 쓰는 나에게 한번 더 느껴지는 것은 어린 나이의 조기교육이 새삼 머리를 스쳐지나갔다. 훈련 역시 교육과 마찬가지로 나이가 이르면 이를수록 능률적이라는 것을 알 수 있었다. 가장 높은 곳에서 위험하고 스릴(thrill)이 있는 묘기를 연출하는 곡예사는 당연히 나이가 가장 어렸다. 이렇게 묘기를 연출하는 연기자는 얼마나 어린 나이부터 남모르게 피눈물을 흘리면서 수없이 연습과 훈련을 하였기에 기계적으로 그 높은 공중에서 생명을 담보로 신(神)과 같은 연기를 보여주게 될까 하고 마음속으로 상상해보았다. 교육도 이와 하나도 다름이 없다. 어린 나이에 교육을 시키는 것이 가장 효능 면에서 높다는 것은 두말할 필요가 없는 것이다. 이와 같이 조기교육이 잘 된 자녀는 학교에 입학을 하여 초등학교 저학년에서부터 수업시간에 선생님의 강의내용을 빠르게 이해하고 인지(認知)함으로써 다른 학생들보다 좋은 성적을 올리는가 하면 수업시간이 항상 즐겁고 능률적인 학습을 이행할 것임에는 부인할 수 없는 사실이다. 그러니 유치원, 초등학교 저학년의 과목에 이르기까지 기반을 튼튼히 하는 것은 정말 중요한 교육이 아닐 수 없으며, 가정의 모든 생활들이 부모가 교육과 연관하여 낱말 하나에서부터 모든 대화내용에 이르기까지 학습과 관련시켜 자녀의 교육에 도움이 되도록 하여야 한다. 또한 조기교육이 착함을 기르는 측면에서는 작물을 재배하는 것에 비유할 수도 있다. 즉 어린 작물이 자라는 과정을 보면 처음에 작물 종자가 발아하여 성장을 시작하게 되는데, 이때 잡초를 일찍부터 제거해서 어린 씨앗이 잘 자라도록 환경을 만들어 주는 것이 중요하다. 우리의 자녀에게도 어린 나이인 유아기에서부터 유년기에 이르기까지 나쁜 관습에 물들지 않고 도덕적인 사람이 되도록 습관화시켜 주어야 한다는 것이 일맥 조기교육과 상통한다. 한번 더 강조하지만 부모는 어린자녀가 있는 경우에 특히 모든 가정생활, 즉 예의범절, 말의 높낮이, 어감(語感), 행동으로의 실천, 가정 내 물품의 정리정돈까지도 자녀의 조기교육에 미치는 영향은 크다고 할 수 있을 것이다. 조기교육에 있어서 그 목적은 다른 교육적인 내용과는 조금 달리, 교육을 이루는 내용도 중요하지만 그와 함께 교육적인 태도와 자세인 외형의 틀(frame)을 만드는 것도 중요하다. 즉 교육에 임하게 되는 마음과 정신적인 자세를 옳게 만들어 주는 것이다.

이와 같은 내용을 다른 말로 표현한다면 우리의 자녀가 태어남으로서 다른 동물의 세계와는 달리, 인간의 길을 걷도록 야성의 세계에서 지성의 세계로 입문하도록 그 길로 인도해 주는 것이다. 학문이라는 분야와 일찍부터 인연을 맺게 한다는 의미이다. 정신세계라는 넓은 대지에 가장 먼저 학문이라는 나무를 심게 한다는 의미이다. 여기에서부터 자녀의 인생을 지성이라는 목표를 향해 달릴 수 있는 계기를 마련해 주게 한다. 그렇게 하기 위해서 조기 교육에서 가장 중요한 것은 부모는 자녀에게 자녀가 스스로 학습을 할 수 있도록 의욕을 북돋우는 것이다. 즉 학습에 대한 욕망감을 일찍부터 심어주어야 한다. 그것은 어떻게 하여야 하는가? 학습하는 것이 즐겁도록 학습에서 흥미를 일으키는 것이다. 그렇게 하려면 학습의 성취감을 맛보도록 하여야 한다. 조급하게 학습에 임하지 말고 차분히 학습에 임하여 알아가는 즐거움이 누적되도록 하는 것이 중요하다. 이렇게 되면 자녀가 자신감이 생기게 되어 자연히 학습에 즐거움을 갖게 될 것으로 본다. 어떠한 경기(競技)에서라도 첫출발이 중요하듯이 인생에 있어서도 조기교육은 중요하지 않을 수 없다. 이것이 저쪽의 야성의 세계가 아닌 이쪽의 지성의 세계로 유도하는 작업이 된다. 즉 본능에 치우친 동물의 세계가 아닌 이성(理性)에 입각하여 만물을 관장하도록 하는 인간의 세계로 입문하게 하는 그 기틀(base)을 마련하는 것이다. 그런가 하면 조기 교육은 인생이라는 마라톤 경주와 같은 긴 여정에서 '먼저'라고 하는 조기출발의 의미도 가지고 있다. 앞서 출발한다는 것은 유리한 고지(高地)를 차지할 수 있다는 가능성, 즉 여유로움을 갖게 됨으로써 추격(追擊)해 오는 경쟁자와 좀 더 거리를 유지하려는 마음이다. 즉 경주와 같은 학문의 세계에서 앞서 가려고 하는 그 목적의식이 베어 있다고 하겠다. 현대라는 이러한 세상은 지식의 양이 많고 시대의 흐름이 급변하며 활동무대가 넓으니 지식이라는 바다의 세계를 먼저 항해할 수 있는 기회를 만들어 주는 것이다. 조기교육을 받음으로 해서 우월감이 형성되고 남보다 빠르게 학문의 세계에 진입하는 데 그 의의가 있다고 하겠다. 즉 지식이라는 자신의 숲을 만들어 안전하게 살아갈 수 있도록 보금자리를 형성하는 것이다.

자신의 뇌(腦)라고 하는 백색의 도화지(圖畵紙)에 학문이라는 그림을 그리는데 다른 색깔이 침투할 수 없게 지식세계라는 짙은 물감을 채

색해 버리는 것이다. 영원히 죽을 때까지 지워지지 않는 물감으로 말이다. 그 그림의 세계에 있어서는 지식의 물줄기를 파고 학문이라는 지혜로운 집을 짓고 교양과 인격이라는 아름다운 나무를 심어 버리는 것이나 다름없다. 그래서 조기교육은 즐거운 상태에서부터 시작하여 미래의 세계가 희망으로 가득 차 있도록 하여야 한다. 아이에게 정확한 어휘를 가르침은 물론 모든 삶에 이해를 증진시켜야 하고 더 나아가서는 짧은 경구를 가르쳐 지식이 들어서야 하는 마음 밭을 일찍부터 일구어주어야 한다. 즉 아름다운 정서와 강인한 체력, 따스한 감성을 길러주어 지식이라고 하는 나무를 일찍 심고 그 수형을 잡아주어야 한다. 도덕과 예절교육이 먼저로 완전히 세뇌교육을 시켜 정신이라는 가지가 유연할 때 확고한 도덕적인 체형을 만들어야 한다.

플라톤에 의하면 "어린 그리고 연약한 존재, 어린 시절에 인간이 잘 도야(陶冶)되기 때문에 인간이 찍어내고 싶은 틀을 이때 잡아 두어야 한다."고 말했다. 세네카는 자기의 인생론(세네카. 2007)에서 자녀 교육에 대해서 언급한 바 있다. "교육은 최대의 배려(配慮)를 필요로 하지만 그것이 가장 유익한 수확을 약속한다. 아직도 나긋나긋한 정신을 갖추도록 하기는 쉽지만, 우리와 함께 커진 악덕을 끊어 버리는 것은 어렵기 때문이다."라고 강조한다. 이와 같은 말은 어린 자녀에게 알맞게 교육을 시키는 것은 그런 대로 가능하지만, 이미 자란 후 악덕(惡德)에 젖어버린 경우 이것을 본래 대로 되돌리기는 결코 쉽지 않다는 뜻이다. 아이들에게 어려서부터 그에게 어울리는 예의범절을 건전하게 가르치는 것이야 말로 무엇보다 중요한 과제라고 할 수 있다. 물론 조기교육이 무턱대고 좋다고는 할 수 없다. 지나치게 어린 나이에 무리한 교육을 시킴으로써 오히려 그에 따른 해악도 생각하지 않을 수 없다. 즉 쉽게 권태를 낼 수도 있고 또 흥미를 잃을 수도 있을 것이다. 강압적으로 학습을 하다보면 정신을 상(傷)하게 하여 인성(人性)마저 변할 수 있기 때문이다. 문제는 무리하게 학습에 임하지 말고 아주 자연스럽게 학습을 서서히 시작하여야 한다. 부모의 입장에서 자신의 목적이 먼저가 아니고 자녀의 입장에서 즐거움이 먼저가 되어야 한다. 즉 숨쉬기, 젖 먹기에서부터 자연적으로 교육과 훈련으로 연결시키는데 이것이 세뇌교육이고 사상교육이 되어야 한다. 알맞게 조기교육을 적절히 시킴으로써 학습의 길에 일찍 몸담을 수 있어 다른 경쟁자보다 유리한 고지에 접근할 수 있으며, 또한 조기교육을 실시함으로써 플라톤에서 이미 언급하였듯이 인간이 찍어내고 싶은 틀(frame)을 이때 갖추어야 하기 때문이기도 한 것이다. 자조론/인격론(새뮤얼 스마일스. 2007)을 보면 월터 스콧[49]은 자신의 아들 찰스에게 이렇게 편지를 썼다. "학습이라는 노동이 없이 인간의 마음에 지식을 심을 수 없다. 하지만 농부가 노동을 하여 뿌린 것은 다른 사람도 거두어들일 수 있지만, 학업의 결실은 어느 누구도 빼앗아 갈 수 없다. 지식은 그것을 습득한 본인만이

월터 스콧

사용할 수 있다. 젊은 시절에는 발걸음이 가볍고 마음도 유연하여 지식이 쉽게 쌓이지만, 만약 인생에서 봄을 놓쳐버리면 여름은 게으르고 무력해져서 가을에는 수확할 것이 없다. 그러면 인생의 황혼기인 겨울에는 어떻겠니? 처량하고 쓸쓸해지겠지."라고 학습을 어린 나이에 해야만 하는 이유를 자신의 아들에게 설명하고 있다. 자녀에 대한

---

49) 월터 스콧(Walter Scott, (1771. 8. 15~1832. 9. 21)은 19세기 초 스코트랜드 에든버러에서 변호사의 아들로 태어났다. 역사소설가·시인·역사가이다. 스콧은 어려서는 발을 저는 병약한 소년이었다. 일찍부터 스코트랜드 변두리의 옛 전설과 민요에 흥미를 가져 그들 민요를 채집 출판했다. 이것이 자신의 저서로서 유명한 《최후의 음유시인의 노래》, 《마미온》, 《호수의 여인》의 3대 서사시이다.

부모의 애틋한 심정이 이 글에 잘 나타나고 있다고 하겠다.

인문주의자 에라스무스는 아동의 조기 교육을 다음과 같이 강조했다. "아이는 태어나자마자 인간을 특징짓는 것들에 대한 감수성(感受性)이 있어서, 아기에게는 이미 아주 어린 나이부터 각별히 세심함을 기울여라. 밀랍이 아주 연할 때 조형하라. 점토에 아직 습기가 있을 때 모양을 만들어라. 양모(羊毛)가 아직 어떤 얼룩으로도 손상되지 않고 흰 눈처럼 하얀 채로 유피공으로부터 오자마자 양모를 염색하라."고 조언하고 있다. 즉 갓 제조한 시멘트 반죽이 응고되기 전에 건축에 사용할 형체의 틀을 갖추라는 말이다. 한번 사용하여 형체가 만들어지면 그 외양은 이미 결정되어 모양의 변화는 불가능해진다. 이러한 성질이 아기의 시기에 있기 때문에 아기에게 바른 조기교육이 강조되고 있는 것이다. 창의학(전경원. 2000)에서 보면 "자녀들의 창의적인 사고와 문제해결의 경험이 일찍 시작되면 될수록 인간발달에 큰 영향을 끼친다."라고 기술하고 있다. 물론 쉽지는 않겠지만 자녀에게 있어서 창의력을 증대하기 위한 훈련항목으로는 유아기에 꼭 발달시켜야 하는 것이 감각능력인데, 이 감각능력에는 민감성, 상상력, 유창성, 융통성, 정교성, 민첩성, 독창성 등이 해당된다고 한다. 사람은 육체와 함께 정신도 늙어가기 때문에 예술가에 있어서 생명과도 같은 창조력과 상상력도 육신이 늙으면 시들어가니 이러한 소질도 자녀가 어릴 때 획득하도록 부모는 최선을 다해 길러주어야 한다. 교육은 아주 어린 나이에 시작해야 최상의 효과를 거두게 된다는 점이다. 심리적이거나 생리적인 이유를 댈(put) 수도 있지만 무엇보다도 어린이의 뇌는 유연하기 때문에 모든 것을 더 빨리 학습한다. 어릴수록 뇌는 각인이 쉽게 이루어지며 뭐든지 쉽게 받아들이고 머릿속에 쉽게 기억을 남길 수 있다. 이와 관련하여 이천 선생의 문집에는 이러한 말씀이 전해진다. "아이가 어릴 적에는 생각에 자기 나름의 것이 이루어져 있지 않으므로 바른 말이나 훌륭한 의견을 늘어놓아 주어야 한다. 유아에게 그것이 아직 이해되지 않을지라도 끈질기게 가르쳐서 귀를 채우고 배를 채우도록 해야 한다. 그것이 오래 계속되면 자연히 익숙해져서 태어나면서부터 그것을 갖추고 있는 모양이 되고 다른 이야기로 그것을 미혹시키려 들어도 여지가 없게 된다. 만일 미리 준비하지 않으면 성장한 뒤에 제멋대로의 의향이 생겨서 세간의 갖가지 의견이 뒤섞여 들어오게 된다. 그때에는 마음의 순수성을 바라도 불가능하다."라고 강조하고 있다. 우리의 자녀들이 사춘기에 접어들어서 부모의 올바른 말을 듣지 않고 탈선을 하는 수가 있게 되는데 그렇게 하지 않도록 하려면 자녀를 아동기 이전에 충분한 교육으로 이미 어린 시기에 자녀의 인성교육을 시켜서 흔들리지 않는 확고한 자세를 길러 주어야 한다.

자녀의 조기 교육에서 가장 중요한 점은 아기의 영혼이 무의식적으로 반응하는 반복적 행위를 통해 습성과 모방이 의식화된다는 점이다. 이 과정이 곧 학습이며 교육이라고 할 수 있다. 그러니 악(惡)의 성향에 물들어 잘못된 행동이 고착화되지 않고 착함이 행동화되도록 올바르게 가르쳐야 하는 중요한 기로(岐路)의 시작이 '유아기(幼兒期)'라는 것을 명심하여야 한다. 이와 같이 우리의 자녀들은 유아기 때에 정신력이 가장 활발하게 활동을 하는 시기이다. 이 시기의 교육은 눈에 보이고 귀로 듣는 모든 것을 흡수하여 자신의 육체와 정신의 성장에 밑바탕이 된다는 점이다. 그렇게 되면 자기는 태어나면서부터 본래 학습을 잘하는 사람으로 스스로 인정을 하게 되어 학습에 체질화되게 된다. 이러한 생각이 고착화(固着化)되고 이것이 고정관념(固定觀念)으로 이어져 결국 자녀 자신에게 기질적(氣質的)인 변화를 가져와

긍정적이고 발전적으로 성장을 위한 미래를 결정하는 작용을 하게
되는데 이것이 바로 조기교육의 효과라고 할 수 있을 것이다.

자녀의 고충을 이해하라

자라나는 아이들의 목소리를 조용히 들어주어라. 그들에게 따스한 가슴을 열어주어라.
그 아이들은 자신들만의 꿈을 키우게 될 것이다.

　인간에 있어서 성장기라고 하는 초·중·고등학교에 다니는 시기야말
로 본인으로 보아서는 힘들고 불안하며 방황하는 시기라고 볼 수 있
다. 그 중에서도 장래에 대한 불확실성으로 인하여 항상 긴장과 초
조감이 함께한다. 특히 가정환경과 본인의 능력 등으로 인하여 학생
들 사이에 성적의 편차는 있게 마련이며 자신의 마음대로 잘 되지 않
게 되어 스스로 고충을 겪게 된다. 유치원에 다니는 유년기(6세 이하)
의 아이들은 아직도 어리기 때문에 항상 생리적 불안감에 놓이게 된
다. 이들은 아동기인 만 7세 이상이 되어야 비로소 다소 부모로부터
떨어져 있을 수 있다. 그 이전에는 부모가 항상 자기 옆에 있어야 불
안이 없어지고 만족해한다. 하지만 요즘 부모들은 자녀들을 어린이
집, 유치원에 맡기고 대부분 돈을 벌기 위해서 일터로 나가 늦게 집으
로 오는 실정이고 보면, 그 기간 동안의 어린이는 항상 마음이 허전하
다. 어머니가 가정에 없으면 자녀들의 가슴은 공허하게 되고 이것은
불안으로 이어져 마음은 언제나 어머니가 있는 곳으로 향하게 된다.
이러한 환경에 지속적으로 노출되면 모든 삶의 부분들을 자신의 내부가 아닌 외부에서 찾으려는 경향이 싹트게 된다. 결국 자녀들의 내면은 공간과 결핍의 상태를 유지하며 올바른 성장을 위한 양식(良識)을 쌓지 못하고 부정적인 요소, 즉 왜곡과 불신(不信), 비도덕적 행위들로 채워질 수 있다. 이렇게 해서 불안정한 상태에 놓인 자녀들은 어머니가 따뜻한 마음으로 보살펴주고 선(善)하고 바른 길로 인도해 주지 못하기 때문에 이때부터 방황의 길을 걸을 수도 있다. 이러한 성장은 후일 정체성 형성에도 문제가 생길 수 있으며 정신적인 면에서 비뚤어진 성장으로 이어진다. 이것이 현대 물질문명의 산업사회 속에서 어머니까지도 일터에 나가야 하는 현실 때문에 성장기간에 있는 자녀들에게 장애요소로 작용하게 된다. 이와 같은 환경 속에서 자라온 자녀들은 중등학생이 되어 사춘기가 되어도 부모님의 따뜻하고 올바른 가르침을 받지 못하여 정상적인 성장의 길에 들어서지 못하고 그들은 아직도 어린 상태 그대로 세상을 잘 모르는 순진한 아이처럼 행동하게 된다. 반드시 아이들은 성장 시기에 맞는 어머니의 사랑과 보살핌, 세밀한 가르침이 있어야 한다. 만약에 그러한 가르침을 받지 못한 경우에 주변의 나쁜 친구 등, 좋지 못한 환경을 만나게 되면 올바른 길을 찾지 못해 그냥 그대로 거칠고 강포(强暴)한 미지(未知)의 세계로 내몰리게 된다. 즉 이들은 노련하지 못한 어부가 바다가 무섭고 두렵다는 것조차도 모르는 상황에서 망망대해(茫茫大海)를 접하는 상황과 같이 파도와 강풍 속을 헤매게 되며 바로 위험에 직면하게 되는 것이다. 또 이들은 현재까지 아는 것도 부족하고 배운 것도 모자라며, 느낀 점도 없어 선과 악을 구별할 줄도 모른다. 남보다 특별히 뛰어난 점도, 앞서가는 점도 없는 상태에서, 나만의 소질도 적성도 발견하지 못한 채, 자신이 가야 할 목표와 방향도 없이 마냥 불확실한 미래 속으로 발걸음을 옮기게 되는 것이다. 자신은 누구이며 무엇을 해야만 하는 사람인지조차도, 이 혼란스러운 시대를 어떻게 살아가야 할지도, 어디서 왔으며 어디로 흘러가야 할지도 모르는 상황에서 막연하게 세상 속으로 내던져지는 것이다. 주변의 모든 동료, 각자는 나름대로 삶을 개척하며 살아가고 있는데, 이들은 자신을 어떻게 조직하고 구성하여 미래를 열어갈지 알 수가 없는 상황에서 앞이 보이지 않는 미로(迷路)의 세계로 던져지게 된다. 이들은 유명브랜드 상품을 비롯한 일류스타들의 몸매로부터 내미는 유혹의 손길은 제쳐두고라도, 사회에서 밀려오는 자본주의의 물결, 즉 방대하고 거대하기까지 한 물질 만능주의를 어떻게 극복하며 자기화(自己化)하여 선택적으로 수용하느냐 하는 난해(難解)한 문제들을 그들은 그대로 미해결된 상태에서 살아가야 한다. 그것뿐만 아니라 분망(奔忙)하고 분방(奔放)한 자유적인 시스템을 하나하나 좁혀 나아가, 자신의 틀에 맞추어 그 옷을 변형시켜 입어야 하는 문제도 안고 있게 된다. 또한 끝이 보이지 않는 망망대해와 같은 혼란스러운 세상에서 무엇이 중요하며 무엇이 귀중한지, 무엇을 버리고 무엇을 선택해야 하는지의 가치성 혼란에 따른 문제도 그들 앞에 놓이게 된다. 또한 학습의 부진, 즉 한 번도 공부에 대하여 즐거움도, 잘한다는 말도 듣지도 못하고 자라오게 된다. 하지만 책가방을 어깨에 메고 오늘도 그리고 내일도 학교로 향해야 하는 처절(凄切)한 운명에 놓이게 된다. 공부시간에 선생님의 가르침은 그냥 귀 뒷전에서 스쳐지나가고, 그런가 하면 언제나 불안감에 젖어 두려움과 공포 속에 떨게 된다. 어쩐지 선생님과 친구들 앞에서는 무력해지고 연약해지는 자신의 모습을 보면서, 자신의 얼굴을 떨구기도 하고 허전한 자신의 모습을 바라보기도 하면서, 멍하니 스쳐지나가는 바람에 자신을 날려 보내기도 한다. 그러는 가운데 오늘도 의미 없이 하루가 마감된다. 그리고 이성(異性)에 눈을 뜨게 되는 순간부터 자신의 열등감과 부족함에 젖어든다. 주변 친구들과 자신을 비교해 보면 어쩐지 잘하고 앞서가는 것이 없어 자연히 자신을 원망하며 미워하게 된다. 그런가 하면 자신도 모르는 가운데 조수처럼 밀려오는 그리움, 사랑에 대한 열정, 어쩐지 만나고 싶어지기도 하고, 또한 불안하며 두렵기도 한 설렘, 아마도 이런 것들이 자라나는 청소년에게 있어서 이들에게만 주어지는 이성(異性)에 대한 충동(衝動)이 아닌가 하고 생각해 본다. 특히 자신이 자신을 제어하지 못하고 흔들리며 속을 태워야만 하는 안타까움은 오늘도 계속되면서 또 하루가 그렇게 흘러간다. 자녀들은 자신이 태어난 환경의 틀(frame)을 벗어날 수도 없으며 순응하기조차 힘들어도 어쩔 수 없이 그 속에서 성장해야만 하는 안타까움에 놓이게 된다. 그런 와중에서도 자녀 자신이 스스로 선택할 수 없는, 운명적으로 받아들여야 하는 부분이 부모의 교육수준, 경제적인 어려움, 보잘 것 없는 자신의 처지(處地) 등이라고 생각된다. 자녀들은 이렇게 어린 시절을 아무것도 모르고 자라게 되지만 어느 정도 세월이 지나면 자신의 현실을 남과 비교하게 되어 자신의 신분과 능력을 알게 되는 것이다. 그래서 자신에 대한 불만과 원망은 증폭된다. 이렇게 하여 점차 자라다 보면 어떠한 자녀들은 어느 날 자신은 남보다 우위(superiority)에 있다는 것을 발견하기도 하고, 또 하위(a low grade)에 머물고 있다는 것도 알 수 있게 된다. 여기서부터 희비(喜悲)는 엇갈리게 되고 더욱더 용기를 얻어 노력하는 자녀도 있고, 또 방황하게 되는 자녀도 있으며, 자포자기(self-abandonment) 하는 자녀도 생기게 된다. 자포자기하고 방황하는 청소년들은 왜 나의 아버지는 남의 아버지처럼 권위적이지도 배우지도 부유하지도 못하고 얼굴은 언제나 피로감에 쌓여 수심과 걱정으로 점철(點綴)되는지 의문을 갖기도 한다. 또 자신은 이러한 비참한 현실을 수용하지 못하고 슬픔과 괴로움으로 몸부림치기도 한다. 어머니는 차가운 현실과 삶의 고통 속에서도 모질게도 살아남기 위해 헐벗고 굶주리면서 철부지한 자식들의 처절한 모습을 감싸 안으려는 듯, 하얀 희망을 놓치지 않으려고 그토록 애(哀)태우며 삶을 이어간다. 그 이후 자녀는 차츰 철(perception)들기 시작할 때부터 세상이 불공평하다는 것을 알게 되고 이것을 어떻게 받아들여야 할지 몰라 마음속으로 애태우기도 하며 고민을 해보지만 자신으로서는 어떻게 할 방법을 찾지 못하고 끌려가는 듯이 험난한 젊음의 강(江)으로 뛰어들게 되는 것이다. 자신의 숙명을 수용할 수 없는 아이들은 자기의 탓도 아닌 운명적인 만남에 대하여 더 이상 성장할 수 없다는 장벽에 부딪히게 된다. 어떠한 자녀들은 이러한 사실조차도 모르는 가운데 무조건 앞으로 나아가게 되어 그곳에서 바로 넘어지기도 한다. 황야에서 살아가는 누우(野牛)가 우기(雨期)를 만나 무리를 따라 초원을 향하여 전진할 때 갑작스럽게 불어난 강물에 자신도 모르게 정신없이 뛰어들어야 하는 운명처럼 말이다. 이렇게 어려운 환경 속에서도 세월의 아픔만큼이나 괴로움과 고통 속에서 우리의 자녀들은 차츰 성장하게 되어 사춘기를 넘기게 된다. 이렇게 사춘기를 지나 철(知覺, perception)이 든다는 것은 이 세상과 사회 속에서 자신의 존재와 능력을 발견하면서부터이다. 다른 말로 표현한다면 어떻게 보면 세상이 불공평하다는 것을 차츰 알게 되면서부터 새로운 국면을 맞이하게 된다. 그러면서 자신의 처지와 친구들의 처지를 비교하며 열등감에 젖어들면서 아픔은 더욱 더 심화된다. 여기에 맞물려서 특히 이성(異性)을 알게 되면 위와 같은 문제를 더 심각하게 받아들이게 되고 실제보다도 자신을 과소평가하여 자신을 원망하기도 하고 미워하기도 하면서 남을 부러워하고 시기(猜忌)하기도 한다. 한국적 이마고 부부치료(심수명. 2008)에서 보면 "사람들은 모두 자신의 상처를 숨기고 있다. 그 상처는 슬픔일 수도 있고, 분노, 공포, 수치심(羞恥心)일 수도 있다. 왜냐하면 이러한 상처는 드러날 경우 인정받고 수용되기보다는 거부와 조롱, 비판을 받을 수 있기 때문이다. 문제는 이러한 분노 등 상처를 숨기고 억압하면 사랑할 수 있는 능력까지도 억압된다"는 것이다. 여기서 중요한 문제는 바로 '자신이나 남을 사랑할 수 있는 능력'까지도 억압된다는 것에 심각성이 대두된다. 만약에 남에게 자신의 사랑을 표현할 수 없다면, 또 자신도 남의 사랑을 받을 수 없게 된다면 건전한 인간관계마저 포기해야 한다. 이것은 고립이요, 단절이며 절망이다. 그래서 상처는 노출하여 치료하여야 한다는 결론에 이른다. 하지만 이 점은 매우 중요한 일인데도 어려운 환경에서 마음의 상처를 치료하기란 그렇게 쉬운 일이 아닌 것이다. 마음의 상처가 성장에 미치는 영향은 어떠한가? 이와 같은 불우한 성장환경은 자신의 정신적 에너지가 바람직한 방향의 성장으로 이어지는 것이 아니고, 부정적이면서 비정상적인 곳에 소모된다는 데 심각성이 주어진다. 쓸데없는 곳에 걱정과 고민을 하게 되고 헛된 생각과 어두운 면을 생각하는가 하면 의욕을 상실하고 자포자기(自暴自棄)하게 되는 것이다. 우리나라 전통 교육적 측면에서 볼 때 자기 편리한 대로 살아가는 자(者)와 자포자기(自暴自棄)하는 자(者)를 최악의 학습자라고 분류한다. 자신의 정신적인 에너지가 올바른 성장을 위해 생산적으로 사용되지 못하고 부정적인 면으로 쓸데없는 곳에 허비하게 되어, 이러한 생활이 지속되면 결국에 가서는 성격의 고정화로 연결되고 모든 인간관계가 원만하지 못하며 피해의식에 젖게 되어 남을 신뢰할 수 없으며 사랑할 수도 없게 된다. 자신이 남에게 사랑을 받지 못했기에 남을 사랑할 수도 없으며 자신마저 미워하며 원망하게 된다. 그런가 하면 제대로 학습이 이루어지지 못해 정상적인 학교생활이 어려워지고 작은 성공의 경험마저 갖지 못해 모든 면에서 자신감을 잃게 된다. 정상적으로 성장한 자녀 같으면 일반적인 학교생활이나 사회생활에서 평범하고 무난하게 사람들을 사귀게 되고 원만하게 일을 처리할 수 있지만, 불우하게 자라난 자녀일수록 왜곡된 성격 탓에 모든 면에서 어렵고 힘들게 살아가게 된다. 즉 불우한 가정환경, 경제적인 어려움, 부진한 학업성적, 신중하지 못하고 경박한 자신의 성격, 이성(the other sex)에 대한 불만, 친구와 원만하지 못한 따돌림. 학교생활의 부적응과 선생님으로부터의 외면, 앞으로 자신의 진로에 대한 불확실성, 보잘 것 없는 외모 등 많은 어려움에 직면하게 되는 것이다. 이 외에도 아주 특별한 경우이겠지만 어떤 자녀들은 이미 사회악에 전염되어 자신의 목표와 방향을 잃고 방황하게 되는 청소년도 있게 되어, 또 다른 새로운 국면으로 빠져들어가는 경우도 있게 된다. 또한 훌륭한 부모를 만나 좋은 가정에서 우등생으로 자라는 자녀들 역시 중압감에 시달리는 것은 마찬가지이다. 학업 성적 때문에 한순간의 자유도 없이 정신적인 압박감을 이기지 못하는가 하면, 훌륭한 부모 역시 경제적인 부유함에도 불구하고 자녀에 있어서 능력의 한계 때문에 치열한 경쟁의식에 이리저리 시달리게 된다. 이 외에도 매스컴의 지나친 광고로 인하여 젊은 자녀들은 입고 싶은 것도, 하고 싶은 것도, 먹고 싶은 것도, 가고 싶은 곳도 많게 되어 자신의 욕구를 채우지 못해 불만이 쌓이게 되고, 또래들 사이에서 경제적인 어려움으로 자신감을 갖지 못하게 되며 학업성적이 떨어지는가 하면 자신의 능력에 한계를 느끼기도 하면서 자신의 처지를 비관하기도 한다. 그래도 훌륭한 부모를 만난 양질의 부모교육을 받은 자녀는 자신의 좌표, 즉 위치가 어디라는 것을 알게 되고 동서남북도 알게 되어 자녀 자신이 가야 할 목표와 방향 등이 선명히 나타나 학습이라는 바다의 항해를 무난히 지속할 수 있다. 이에 반하여 부모가 없다든지 아니면 부모가 있어도 무지(ignorance)한 경우라든지, 장애의 부모를 가진 자녀의 경우에는 끝이 보이지 않는 바다 한 가운데에서 방향을 잃고 표류하는 배처럼 방황하게 된다.

이 뿐인가. 자녀들은 각기 개성이 있고 성격이 다르기 때문에 자신만이 가야 하는 운명을 만나게 되어도 어디로 어떻게 길을 찾아야 할지 당황하게 되고 방황하게 되는 것이다.

교육심리학(정채기. 2003)에서 보면 "부모는 자녀들이 특정한 상황에서 어떤 동기(행동원인)와 어떤 욕구로 인하여 특정한 행동을 하게 되는 것인지에 대하여 잘 알고 있어야 한다. 이것이 결국 행동을 유발시키고 지향(志向)하고 활성화(活性化)시키며 지속시키는 기능을 한다. 동기에는 세 가지 특성이 있는데 목적, 방향, 강도가 있다."는 것이다. 자녀의 성장과정에서 중요하지 않은 시기가 없겠지만 사춘기가 자녀에게 가장 위험한 시기이고 보면, 이때를 생각해서라도 아주 어린시기인 유년기 때부터 꾸준한 관심과 지도가 있어야 한다. 부모와 자녀가 마음과 마음, 영혼과 영혼의 만남이 이루어질 때, 자녀는 부모를 수용하고 부모의 가르침에 귀 기울이게 될 것이다. 요즘 일본뿐만 아니라 우리나라에서도 자녀들, 즉 중·고등학생들이 학교에 적응하지 못해 중도에서 학업을 포기하고 집에서 칩거하면서 사회생활 단절로 낙오자가 발생하고 있는 것이 문제로 등장하고 있다. 부모 역시 대학을 졸업하고 직업을 구하기 위하여 취업시험을 준비한 사람이면 누구나 경험을 해 본 까닭에 학습의 어려움을 이해하게 될 것이다. 노동이 아무리 어렵고 힘들다 해도 학습이 자신의 적성에 맞지 않는 자녀에게는 학습하는 것보다도 더 큰 어려움이 없을 것이다. 노동은 육체적으로 하는 것이지만 학습은 정신적으로 하는 것이기에 이것이 쉬운 일이 아니다. 한번 상상을 해보아라. 흔히 성인들도 노동이나 운동을 한 이후에는 반드시 휴식시간을 갖는다. 육체적인 노동이나 운동은 휴식으로 몸을 쉬어주면 곧 회복된다. 그러나 청소년들이 학습에 정신적인 에너지가 소모되고 욕구가 억압되었다면 휴식으로는 그 공백을 다 메울 수 없다. 여기에는 반드시 무엇이 필요하냐 하면 마음의 아픔을 풀어줄 수 있는 적절한 대화와 공감, 사랑은 물론이거니와 그보다 더 한 것은 자신의 억압된 마음을 표현할 수 있는 시위(示威)가 요구된다. 젊은이들에게는 이 시위가 대단히 필요하다. 이 시위의 욕망을 충족하기 위해서는 마음에 맞는 친구와 유행하는 옷을 입고 머리를 손질하여 다방이나 술집을 드나들어야 하는 것처럼, 오토바이를 타고 머리를 휘날리며 거리를 헤매어야 하는 것처럼, 자동차 폭주족들이 깊은 밤 도로를 역주행하거나 카바레에서 맥주와 춤으로 자신의 젊음을 과시하여야 하는 것처럼, 또한 사랑하는 연인과 같이 해변을 거닌다든지, 아니면 혼자서라도 머나먼 나라로 배낭여행을 떠난다든지 등 젊음에 따른 낭만이 있어야 한다는 것이다. 즉 생활에 변화가 있어야 한다. 학습을 열심히 하는 청소년에게 이 점을 어떻게 보상해 줄 것인가 하는 문제는 부모 역시 외면할 수가 없는 일이지만 고스란히 자녀 자신의 몫으로 남게 되는 부분이다. 성인(成人)은 성인으로서 특권을 누리면서 생활하고 부부는 부부로서 자신들만의 시간을 갖고 살아가지만, 자녀는 하루 이틀도 아닌 긴 시간을 어렵고 힘겹게 학습을 지속한다는 것은 참으로 힘든 과정이 아닐 수 없다.

그리고 학습을 하여야 하는 청소년들이 학업성적의 저하로 그들의 집단에서 일탈할 경우에, 사회적인 비행으로 나아가게 된다든지 아니면 낙오자가 되어 생활의 고립으로 이어져 활동성이 없어지고 무기력하게 되며, 다른 또래 자녀들과 달리 퇴보되는 경향을 보이는 경우가 있게 된다. 부모는 이와 같은 상황이 일어나지 않도록 사전에 대책을 세워야 한다. 그렇게 하려면 자녀의 장점을 개발하고 사교성이 있게 외향적으로 키워야 하며 어린시기부터 많은 사람들과 대화(對話)하면서 작은 충격이나 압력에 견딜 수 있도록 하여야 한다. 그렇게 하려면 몇몇의 또래 아이들을 친하게 사귀어서 학교생활에 어려움이 없도록 부모의 배려가 필요하다. 먼저 자녀의 마음을 이해해 주고 그를 인정해준 후에 자녀에게 부모의 마음을 전달하면서 서로가 거리감이 없는 대화를 하는 가운데 부모는 자녀에게 자기의 뜻을 전달하며 감동시키고 감화시킬 수 있게 된다. 내가 알고 있는 사람 중에 J씨라는 선배가 한사람 있었다. 그 당시 고등학교 교사를 하고 있었던 분인데, 그분의 동생에 대한 이야기이다. 선배 J씨는 나와 자주 만나는 분이라 나에게 몇 번이나 자기 동생에 관해서 이야기를 하곤 했다. 이야기의 내용은 자기 동생은 시골에서 고등학교를 다니다가 중퇴를 한 사람으로 학교 다닐 당시, 그렇게도 공부하기를 싫어하고 게으르며 사고(trouble)를 자주 일으키는 학생이었다고 한다. 그의 동생이 몇 차례 학교에서 사고를 치고 무단결석을 하여 퇴학을 당해야 하는 급박한 상황에서, 형인 J씨가 동생이 다니는 학교를 찾아가 담임 선생님과 교장선생님을 만나 가정(家庭)에서 돌보지 못해 일어난 결과라면서 잘못을 사과하고, 겨우 1학년을 마쳤지만 2학년 초, 결국은 학교를 그만두게 되었다고 한다. 학교를 그만두게 된 이후에 가출을 자주 해서 동생이 진 빚을 형이 계속 갚아 주어야 했으며, 취직하려 간다고 몇 차례 돈을 주면 서울 부산으로 돌아다니다가 한 달 정도 지나 돈이 떨어지면, 또 집에 내려와서 빈들대고 놀다가 또 취직하려 간다고 돈을 빌려주면, 또 객지로 돌아다니다가 돈만 써버리고 집에 오곤 했다는 것이다. 그것도 수차례, 그와 같은 행동을 반복했기 때문에 형과 부모는 마음고생이 이만저만이 아니었다고 했다. 그러다가 약 15년 정도 소식이 끊어졌다가 어느 날 갑자기 나타났는데 그 당시에 고급 그랜저 승용차를 몰고 집에 왔다는 것이다. 이야기를 듣고 보니 그동안 도시개발지역에서 건축회사에서 일을 하다가 도시근교에 땅을 좀 샀는데 그곳이 개발지역이 되면서 땅값이 갑작스럽게 올라 주택을 지어 팔면서 갑자기 벼락부자가 되었다는 것이다. 지금은 동생덕분에 자기의 팔자가 달라졌다는 내용이었다. 지금부터 약 30년 전 우리나라의 경제성장의 격변기에 있었던, 그 시대에 부자가 된 전형적인 사례였다. 형이 자랑하는 이유는 자기 동생이 그렇게 사고를 칠 때 자기가 미워도 어쩔 수 없이 동생이 진 빚을 갚아주고 용돈을 주었는데, 그렇게 갑작스럽게 부자가 될 줄은 꿈에도 생각지 못했으며, 지금 생각하니 어떠한 경우라도 사람이라면 포기하지 말고 계속 믿고 밀어주어야 한다는 것이 그분의 지론(持論)이었다. 이처럼 사람이 산다는 것은 좋고 나쁨, 성공과 실패를 동시에 수용하여야 하는 양의적(兩儀的)인 삶을 살아야 할 것으로 본다. 사람이 살다보면 무슨 일이 눈앞에 전개될지 한치 앞을 모르는 것이 인생의 운명이 아니겠는가? 어느 정도 마음을 크게 하고 멀리 내다보면서 자녀를 키워야 할 것이다. 느긋한 마음으로 끝까지 포기하지 말고 오랜 기간 동안 기다리면서 자녀를 이해해 주기 바란다. 우리의 자녀들이 오늘 한번 실수를 했다고, 이번에 성적이 떨어졌다고, 사춘기 때 한 번의 탈선으로 자녀인생이 끝장난 것처럼 안달해서는 안 된다. 인생은 긴 여행이며 또한 여정이 아니겠는가? 때로는 많은 실수와 좌절감이 자녀를 더 단단하게 만들며 성공의 기반이 될 수도 있다. 즉 그 나이에 맞는 적절한 행동을 해야지 어린 자녀가 너무 어른스러우면 오히려 성장에 장애(障碍)가 된다는 사실들을 우리는 이미 알고 있지 않은가? 내가 살고 있는 지역에서

약 20리 떨어진 곳에 나와 동갑내기 한 분이 살고 있었다. 그 사람은 서울에서 생활을 하다가 시골로 이사를 와서 살고 있었는데, 그때 나이 38세 정도 되었다. 그 사람의 아들이 여섯 살 나이인데 자기 아버지를 따라 공설운동장의 체육행사에 구경하려 왔었다. 그런데 사람들이 그 아이의 주변에 모여들어 그 아이에게 신문을 읽히고 있었다. 그 신문기사는 한글과 어려운 한문으로 혼용되어 있는 기사(article)인데, 그 여섯 살 난 아이는 그 어려운 신문을 하나도 막힘없이 줄줄 읽어내려 가고 있었다. 그 아이의 옆에 서 있는 아버지는 전혀 자기가 아이에게 한문 공부를 가르친 적이 없는데 그냥 줄줄 알게 되더라는 것이다. 나도 참 이상해서 똑똑히 쳐다보았는데 한문을 막힘없이 읽어 가는데 그 수준이 문맥에 맞게 정확하게 읽어 나갔다. 나는 깜짝 놀라지 않을 수 없었다. 그 이후로는 그 신동(神童)인 아이에 대하여 소식을 듣지 못하고 있다가 그 아이가 성장한 이후에 우연히 소식을 들을 수 있었다. 이때 그의 아버지는 이미 세상을 떠나셨고 그 아이는 어느 전문대학을 겨우 졸업했으며 성장과정에 어떤 정신적인 건강 문제로 학업을 수행하는데 어려움이 있었다고 했다. 그러한 것을 볼 때 어쩌면 자녀들이 평범하게 성장하는 것이 부모가 바라는 이상적인 모습이 아닌가 하고 생각을 해 본다. 우리의 자녀가 건강하게 자라서 정서적으로 안정되고 행복감과 즐거움을 느끼며 건전한 신체에 건전한 정신을 소유한 인간으로 사회생활을 원활히 할 수만 있다면 그 이상 부모의 입장에서 바람이 없을 것이다.

모토로라의 창업자인 폴 갈빈은 이렇게 말했다. "실수를 두려워하지 말라. 지혜는 종종 실수에서 얻게 되는 법이다. 이러한 사실을 깨닫고 살아가야 하는 법을 배워야 한다."라고 말한다. 우리의 자녀들은 어떻게 변화와 성장을 하게 되는가? 자녀는 한 번 넘어질 때마다 아품과 고통을 겪으며 일어나게 된다. 다시는 넘어지지 않겠다고 다짐하는 마음이 생기게 된다. 시간이 지난 후 다시 넘어지게 된다. 또 다시 자녀는 아픔의 전철을 밟지 않으려고 굳게 마음먹는다. 이렇게 하여서 자녀는 넘어지는 빈도가 차츰 줄어들게 된다. 이것이 바로 조그마한 변화와 성장의 모습이다. 이러한 과정이 반복되는 가운데 변화와 성장은 이루어지게 되는 것이다. 여기에는 반드시 넘어지는 것과 또 다시 일어서는 반복적인 과정이 필요하며 아픔을 통하여 뼈저린 후회가 따라야 한다. 이 뼈저린 아픔에 대한 후회와 반성을 통하여 자녀는 변화와 성장의 과정을 밟게 되는 것이다. 부모는 너무 지나친 간섭과 과잉보호하기보다는 상황에 따라서는 일부러라도 방관적인 자세를 취하는 것이 필요하다.

그렇다면 부모는 어떻게 자녀의 마음을 파악하여야 하는가?

첫째 유전적인 성격 등 어떤 특질이 있는지 아는 것이 중요하다. 사춘기가 되기 전까지는 내성적이고 아주 얌전하던 자녀가 사춘기를 지나고 나면 자신의 성질을 참지 못하고 난폭하게 변하는 경우도 있고, 착실하고 진실하던 자녀도 사춘기를 지나고 나서 거짓말도 잘하고 이중적인 마음을 보이는 경우도 있다. 사춘기를 지나고 나서 발현되는 성격이 자녀의 본래(original) 성격이라고 생각하여야 할 것이다. 부모는 그때부터 자녀의 성격을 파악하고 앞으로의 성향을 예측하기도 하고 나쁜 성향을 예방하기도 하여야 한다. 또한 겉으로 보이는 육체적 건강은 물론 내부적인 어떤 심인성(psychogenic) 문제가 있는지도 자세히 관찰하여야 할 것이다. 그래서 자녀의 마음속에 있는 마음의(a point of view)의 눈이 어디로 향하고 있는지 항상 파악하여야 한다. 둘째 주변 교육적인 환경 등의 문제도 점검해보아야 한다. 먼저 가정문제 중에서도 자신인 부모로서 올바른 자세를 견지(adherence)하고 있는지? 자녀교육에 대한 인지도는 어느 정도인지? 자녀를 얼마나 이해하고 있으며 자녀 교육에 얼마나 열정(enthusiasm)을 가지고 있는지? 자녀 진로에 대하여 얼마나 고민하고 있는지? 등을 살펴보아야 하고, 부모와 자녀와의 관계는 원만한 관계를 맺고 있는지? 아니면 자녀가 부모인 자신을 불신임(nonconfidence)하고 있지는 않은지도 꼼꼼히 살펴보아야 할 것이다. 셋째 버릇, 습관, 취미 등의 문제이다. 오랫동안 나쁜 습관이 고정화되어 있지는 않은지? 무엇을 좋아하고 싫어하는지? 자녀에게 어떤 고민거리가 있는지? 집을 혼자 나가면 무엇을 하려고 어디로 가는지? 어떤 취미가 있으며 어떤 곳에 신경을 쓰고 있는지? 기분이 좋으면 어떤 모습을 보이고 기분이 나쁘면 어떤 인상을 짓는지? 등을 세밀히 관찰하여 성장하는 자녀의 교육에 도움이 되도록 하여야 할 것이다. 부모는 자녀 스스로 해결할 수 있는 고민은 멀리서 바라보아야 하지만, 자녀 스스로 해결할 수 없는 고민이라고 판단되면 부모가 얼마나 그 고민에 참견하여야 할지를 생각해보고 부모가 옆에서 도울 수 있는 것과 아니면 스승과 친구, 그리고 형제나 선배의 도움이 필요한 부분인지? 아니면 심리전문가의 도움이 필요한지도 부모가 결정하여야 할 사항이다. 그리고 자신감이 결여되어 있는 자녀일수록 믿음을 주고 의지력을 키워서 자발적으로 생각하고 자주적으로 살아갈 수 있게 지속적인 지도가 있어야 할 것이다. 그렇게 함으로써 부족한 부분이 메워(fill up)지고 잘못된 생각이 바르게 고쳐졌다면 건전한 희망을 세우고 그 목표에 매진하도록 격려와 충고, 지원을 아끼지 말아야 한다. 그러니 부모는 자녀들이 비행청소년이 되는 걸 예방을 위해 가장 중요한 것은 이들의 고충을 이해하고 정서적 공감대를 형성하는 것이다. 기독교적인 이야기이지만, 예수님과 삭개오의 이야기50)에서 이 부분이 잘 나타난다. 그래서 일단은 자녀의 심정을 이해해주고 인정해 줌으로써 자녀마음의 변화를 유도할 수 있게 된다. 자녀를 이해해 주고 자녀의 입장에서 생각해주면서 일단 부모의 욕심은 자제하는 일이 중요하다. 자녀 스스로 왜 이 일을 하여야 하는지를 자연스럽게 알도록 여유를 주어야 한다. 어려운 공부만큼이나 먼저 부모 자신이 한발 물러설 수 있는 자세가 필요하다. 이것은 어쩌면 부모 자신의 마음을 자제함으로써 자녀 자신이 먼저 솔선수범하는 자세를 획득하기 위함일 것이다. 사춘기에 접어든 청소년 시기에는 반드시 자녀가 지탱할 수 있는 학습의 무게, 그리고 자녀의 모든 역량의 범위 안에서 학습이라는 과제의 범위가 설정되어야 한다. 만약에 학습을 더 이상 할 수 없는 주변 환경이나 자신의 신체조건, 학습을 수용할 수 없는 마음의 정서를 외면한 과도한 학습의 강요는 자라나는 청소년에게 탈선(脫線)의 원인으로 작용될 수 있게 된다는 것을 부모는 알아야 할 것이다.

---

50) 예수님은 삭개오의 심정을 이해해 주고 그리고 받아준다. 그러자 삭개오는 자신의 재산을 팔아 가난한 사람에게 나누어 주겠다고 한다. 예수께서는 삭개오가 아닌 다른 사람인 부자청년에게 이 일을 요구 했던 것인데, 뜻 밖에도 삭개오가 스스로 이일을 하겠다고 한다. 그래서 예수님께서 이것이 정답임을 말해준다. "오늘 구원이 이 집에 이르렀다." 예수님은 삭개오를 인정해 준다. 이것이 상담이다. 그러므로 사람의 심정을 받아주면 그 사람이 변화되기 원하는 방향으로 스스로 변하게 된다. 즉, 재산을 팔아 가난한 사람들에게 나누어주는 것은 예수께서 원하는 목적이었다. 그러나 재산을 나누어주어야 할 부자 청년은 자기가 행해야 한다는 것을 알고 있으면서도 행하지 않는다. 그러나 심정을 읽어 주었던 삭개오에게는 목적을 가지라고 하지도 않았는데 스스로 주도적으로 목적을 가지고 행하겠다고 말한다(발달심리 강의노트. 심수명).

자녀는 사랑을 먹고 성장한다

생명을 위해서 성(性)이 있게 되고, 성(性)을 위해서 사랑이 있게 되었다.

_ 이호재

성장하는 아이들의 영혼은 반드시 사랑을 먹고 자라게 된다는 것이다. 어떠한 다른 그 무엇으로도 사랑을 대신할 수 없다. 이것이 바로 사랑의 가치이다. 사랑의 고귀함을 알려고 하면 부모의 사랑을 받지 못한 고아의 아픔을 생각해 보면 알게 될 것이다. 왜냐하면 인간의 영혼은 사랑을 먹고 성장하기 때문이다. 사랑이란 신(神)이 인간에게 생명을 위해서 부여한 최고의 선물이다. 사랑에는 인간의 생명을 살리기도 하고 죽이기도 하는 무서운 힘이 존재한다. 인간의 삶은 사랑의 역사이며 모든 생(生)의 문제는 사랑에서 시작된다. 인간의 생존에 있어서 가장 기본적인 욕구는 사랑받고자 하는 본능의 욕구이다. 자녀가 올바르게 성장하여야 하는데 이것을 완성하게 해 줄 것은 바로 사랑이다. 육체의 성장에 영양분이 필요하듯, 영혼의 성장에는 사랑이 필요하다. 인간은 사랑 속에서 잉태되고 사랑으로 성장하는가 하면 서로가 사랑을 나누고 삶을 영위하기에 사랑은 인간에게 있어 생명력(生命力)이다. 사랑은 살아서 움직이게 하는 에너지이다. 영혼이 자라고 성장할 수 있도록 영양원이 되는 것은 오직 사랑이다.

자연 속에 있는 만물은 따뜻한 정기를 받고 생동하며 자라듯이 인간은 사랑을 먹고 생동하며 자라게 된다. 삶이란 고통이듯이 성장 역시 '성장통(成長痛)'이라는 삶의 아픔을 겪게 마련이다. 이때 그 아픔을 사랑이라는 온기(溫氣)로 녹여주어야 한다. 고무줄이라는 것이 원래의 모습을 유지하고 있지만 늘어지는 것과 같은 성장을 하게 되면 아픔이라는 고통이 주어진다. 그 정신적인 확장의 아픔을 사랑이 아니면 원래대로 안전한 상태로 회복시킬 수 없다. 성장하는 자녀는 누군가로부터 사랑의 온기를 받아 자신이 성장하여야 하고, 자신이 성인이 된 후 자신의 가슴에 참답고 진실한 사랑의 우물을 샘솟게 하여야 한다. 자신의 사랑을 또 누군가에게 베풀어 그 온기로써 남이 성장하고 따뜻한 사랑으로 살아갈 수 있도록 하여야 한다. 순수한 사랑, 진실한 사랑은 자신의 몸과 마음의 상태가 성결(聖潔)하여야 그 우물에서 샘솟는 사랑이 순수한 사랑이 될 수 있을 것이다.

프랑스 정신분석의(醫)인 줄리아 크리스테바는 "인간의 한평생은 거대하고 영원한 사랑의 과정이다."라고 말했다. 미국 하버드대학교 의과대학 교수인 조지 베일런트 역시 『행복의 조건』에서 인생에서 가장 귀중한 것이 '일과 사랑이다.'라고 표현한다. 사랑은 인간에게 있어서, 특히 성장하는 아이에게 있어서는 더욱더 그 가치성(價値性)을 논(論)할 필요가 없을 정도로 귀중하다. 사랑은 인간이 태어나면서부터 죽을 때까지 영혼의 세계를 지배한다. 마슬로는 "성숙한 사랑이란 두 사람 사이의 건전한 사랑의 관계, 즉 상호존중, 칭찬, 신뢰 등을 포함한다."고 기술한다. 그런가 하면 "어린 시절의 사랑 받은 경험과 건전한 어른 사이에 높은 상관관계가 있음을 나타내는 많은 증거가 있다."고 결론 내렸다. 나는 현재까지 살아오면서 나의 주변에서 주의 깊게 보아 온 사실로 어린 시절에 진실한 사랑을 많이 받고 자란 자녀가 어른이 되어서 원만하고 건전한 성격의 소유자로 성숙한다는 것을 확실한 사실로 인정하게 되었다. 정신현상학 1(G.W.F. 헤겔. 2005)에서도 사랑의 조건으로 "사랑에는 지성(至誠), 정성의 지극함이 뒷받침되어야 하고, 지성이 수반되지 않는 사랑은 상대방에게 자칫 증오보다 더 큰 폐해를 끼칠 수 있는 것이다."라고 기술하고 있다. 그런데 지성(至誠)을 수반하는 본질이 선행(good deed)이라면, 그 선행은 가장 믿음직스러운 신뢰가 바탕이 되어야 할 것이다. 2005. 2월호 조선일보 웰빙라이프 기획특집. 생활미디어(주)에는 "우리가 생(生)에서 만나는 모든 문제는 기대했던 사랑이 오지 않았을 때 느낀 분노의 감정과 관계가 있다. 우울, 불안, 공포, 중독, 질투, 시기심, 그 치명적인 감정들은 분노가 표출되는 방식이며, 또한 사랑의 부재(不在)가 원인이 된다. 거리를 방황하는 청소년들, 폭주족들, 거식증이나 폭식증 환자들의 진정한 욕망도 사랑해 달라는 외침이다. 도박, 알코올, 마약, 일중독에 빠지는 사람들의 진정한 욕망도 사랑받고 싶은 욕망이다."라고 기술하고 있다. 생(生)의 가장 중요한 핵심적인 사랑이 '아기 때 엄마와 나누는 최초의 사랑이라고 할 것이다.' 이때 어머니로부터 받은 사랑이 아기에게 사랑의 원형이 되어 성인이 된 후에도 사랑의 샘은 마르지 않고 계속 생산되어 삶의 고단함을 녹여주며 인생의 활력소로서 밑거름이 된다고 심리분석가들은 말한다. 인간에게 사랑과 꿈이 없다면 의욕도, 삶의 미래도 없을 것이다. 인간이 살아가면서 피할 수 없는 삶의 일부분인 허무감과 절망감, 외로움, 병마와 노화현상, 이런 것들을 사랑이 아니면 지탱해낼 수가 없다.

　인간이 남으로부터 순수한 사랑을 받게 되면 받은 자신에게는 그 사랑이 없어지는 것이 아니고 고이 간직하게 되며, 그 사랑은 자신의 영혼 속에서 새롭게 피어나게 되는 것이다. 그러니 사랑은 하나의 귀중한 보물처럼 삶의 자원으로서 힘의 근원이 된다. 사랑은 아픔의 치료약이 되고 성장의 영양원이 되며 악한 사람에게는 사랑으로 그 악함을 치료할 수 있게 해 준다. 사랑은 온기로 나쁜 기운을 녹이는 에너지원이 되기 때문이다. 그런데 불행하게도 이 세상에는 거짓 사랑이 난무하며 배회하고 있으니 진실하고 순수한 사랑과 잘 분별할 수 있어야 하는데 이것이 그렇게 쉽지 않다. 그나마 다행스럽게도 대부분의 성인들은 사랑을 만나는 그 순간 진실한 사랑인가 거짓사랑인가를 직감적으로 느낄 수 있어서 그 사랑에 잘 대처하지만, 성장하는 어린 아이들이 이 거짓사랑을 잘 구분할 수 없어 피해를 보는 수가 있어 안타깝게 느껴지기도 한다. 특히 성장하는 사춘기의 자녀들이 이 거짓사랑에 쉽게 빠지게 된다. 그러면 사랑은 어디서부터 생기는 것일까? 물론 사랑에도 여러 가지 사랑이 있다. 하지만 가장 중요한 사랑은 생명(生命)의 탄생을 위해서 있게 되는 사랑이다. 즉 생명의 탄생을 위해서 성(性)이 있게 되고, 성적(性的)작용을 위해서 사랑이 존재하는 것이다. 사랑은 신(神)이 인간에게 준 최대의 선물이다. 신이 준 이 사랑은 본능으로 나타나게 된다. 그러므로 사랑이 있음으로 해서 생명 탄생의 근원은 시작되는 것이기에 사랑은 생명만큼이나 소중한 것이다. 인간이 공기와 물이 없으면 살아갈 수 없듯이 인간의 영혼은 사랑을 먹고 성장하기에 사랑은 곧 생명이고 삶 그 자체이다. 사랑은 인류의 탄생과 함께 조상으로부터 대대로 흘러내려온 생명력이며 후손들에게 대대로 전해질 생명력이다. 사랑은 인간이 살아가는데 최고의 가치를 지닌다. 또한 사랑은 경쟁심을 유발하기도 한다. 사랑을 받기 위해서는 자신을 자랑하며 뽐내야 하고 경쟁을 통하여 승리하여야 하며, 그렇게 하기 위해서는 노력해야 하는 의무감이 따르기도 한다. 사랑은 삶의 근원이라는 것이다. 사랑이 결핍된 영혼(soul)

은 자기 자신을 수용하지 못하고 자기 육체의 주인 구실을 못하게 된다. 그것은 곧 인간관계의 단절로 사랑이 없는 세상, 사랑을 주고받지 못하는 삶으로 연결된다. 너는 너고 나는 나라는 단절감은 이 세상의 조화와 균형을 깨뜨리고, 신뢰와 평화를 잃게 만든다.

성장하는 아이들의 영혼은 사랑이라는 토양으로부터 성장하게 되는 것이다. 사과나무에서 첫봄에 사과열매가 열리게 되면 이 열매가 가을에 충분한 열매로 성숙하기 위해서는 어느 정도의 적산(積算)온도가 필요하게 된다. 이 적산 온도는 몇 룩스(lux)의 강도로 하루 몇 시간씩, 며칠 간의 누적된 온도를 계산하여 산출한다. 그 과일의 성숙에 맞는 적산온도를 확보하기 위해서 앞에서처럼 햇빛이 알맞게 비추어 주어야 그 과일은 치밀한 과육과 향기, 당분을 함유한 성숙한 과일로 익게 되는 것이다. 이 원리는 벼(rice)에 있어서도 마찬가지이다. 이와 똑같이 인간에 있어서도 영혼은 과일에서처럼 사랑의 적산계수를 충족하여야만 성인으로 성숙하게 된다고 본다. 그 정도로 사랑은 인간 영혼에 없어서는 안 될 필수요소이다. 인간의 사랑 역시 갖추어야 할 조건은 청순한 꽃이 순수하고 자연스런 향기를 발산하듯이, 인간은 맑은 영혼에서 자연적이고 순수한 사랑을 품어내어야 한다. 이 사랑의 순수함은 우주자연의 기운(氣運)에서 이입(移入)되어 인간의 성품을 통하여 품어져 나오게 된다. 사랑은 제각기 향기와 맛도 다르다. 사랑의 특징은 남으로부터 순수한 사랑을 받은 사람이 그 성질을 그대로 감지하여 자기가 받은 그대로를 간직하고 음미하며 생의 활력소로 삼아 살아간다. 사랑은 나를 온전하게 보전하는가 하면 남과 공유할 수 있는 강력한 힘으로 작용한다. 사랑은 누구에게서부터 받아 누구에게 주느냐에 따라 받는 사람의 인격형성에 크게 영향을 미친다. 사랑을 받아들이는 상태에 따라 자존감, 열정, 독립성, 의

욕 등을 형성하고 역경, 좌절, 슬픔을 극복해 나갈 수 있게 된다. 신(神)이 인간에게 내려준 최고의 선물이 사랑이기에 잘 사용하여야 한다. 사랑이 흐르는 공동체 만들기(심수명. 2007)를 참고하면 로마서 13장 8절에서 "피차 사랑의 빚 외에는 아무에게든지 아무 빚도 지지 말라."고 한다. 그 정도로 사랑은 무제한으로 발할 수 있고 남에게 제공할 수 있도록 신은 인간에게 특별한 가치를 부여한 것이다. 미국의 의사이며 작가인 M. 스캇 팩(Scott peck)은 사랑에 대하여 말하기를 "사랑은 자기 자신이나 타인의 정신적인 성장을 도와줄 목적으로 자신을 확대시켜 나가려는 의지이며 행위로 표현되는 의미의 사랑이다. 사랑은 의지에 따른 행동이며, 의도와 행동이 결합된 결과이다."라고 사랑에 대하여 정의한다. 이와 같은 사랑이 인간관계에서 풍족할수록 삶은 행복하게 된다.

인생수업(엘리자베스 퀴블러 로스·데이비드 케슬러. 2006)에서도 "자신을 사랑한다는 것은 우리 주위에 언제나 있는 사랑을 받아들이는 것이다. 자신을 사랑한다는 것은 모든 장벽을 없애는 것이다."라고 기술한다. 사랑하고 사랑받기 위해서 가장 먼저 이루어져야 할 것이 자신을 스스로 사랑할 수 있는 힘이 있을 때 자신을 개방하게 되고 남을 사랑할 수 있게 되는 것이다.

우리의 아이들은 가장 먼저 스스로 자신을 사랑할 줄 알고, 자신을 개방하여 남을 사랑하고 또 남으로부터 사랑을 받게 되었을 때 그 사랑이 가장 가치 있는 사랑이 되며, 자녀 자신 역시 가치 있는 사람이 되는 것이다. 부모는 무엇보다도 자녀가 자신을 사랑할 수 있는 사람으로 교육시키고 성장시켜야 한다. 그러기 위해서는 부모 역시 자신을 사랑할 때, 자녀 역시 자신을 사랑하는 것을 배우게 된다. 누구나 자기 자신을 아름답게 꾸밀 줄 알고, 자신의 잘못을 용서하며 관용으로 대할 때 자신을 사랑하게 되는 것이다. 이 말은 대단히 중요하다. 자기가 자신을 사랑할 때 주변의 다른 사람들이 모여들게 된다. 자녀 자신이 특정한 사람을 사랑하지 않고 그냥 주변의 사람들과 사랑을 나누게 되면 자녀는 주변의 사람들로부터 더 많은 사랑을 받게 되는 것이다.

러시아 출신 작가인 투르게네프는 "사랑은 본능에 따라 움직이며 사랑이란 죽음보다 강하다. 죽음의 공포보다도 강하다. 오직 사랑에 의해서 인생은 지탱되고 움직이는 것이다."라고 기술한다. 인간은 누구나 강력한 사랑의 욕망이 이루어지고 나면 느낄 수 있는 것은 그 사랑의 욕망충족이야말로 죽음의 두려움을 이길 수 있다는 것을 알게 된다. 이 문제는 인간이 생(生)을 완성하는 데 있어서 필수적으로 이루어야 할 중대한 과업(課業)이다. 부모들은 이 사랑의 문제를 성장하는 자녀들이 어떻게 형성하고 성장시키며 수용하고 또 이루어나갈 것인지가 앞으로의 그들에게 있어서 인생 내면의 결실을 얻는 데 크게 영향을 미친다는 것을 이해하고 올바르게 성격을 형성하듯이 사랑에 대한 본성을 나름대로 잘 정립시키도록 해야 할 것이다. 이 사랑의 문제가 옳고 바르게 잘 정립되었다면 부부생활과 가정문제, 자녀교육은 물론 세상살이와 인간관계, 죽음에 대한 두려움의 문제까지도 원만하게 잘 해결될 수 있을 것으로 믿는다. 부모들은 이렇게 사랑의 의미를 되새겨 보고, 진실 되고 자연스런 순수한 사랑이 우리의 아이들에게서 생겨나서 꽃의 향기처럼 세상에 뿜어질 수 있도록 구김살 없이 잘 키워야 할 의무를 지니고 있다.

에리히 프롬이 '인간이란 근본적으로 고독한 존재이며, 그 고독감과 공허감을 극복하기 위하여 사랑하는 것'이라고 언급한 것도 같은 맥락이다. 특히 자녀들에게 있어서 교육적 의미에서 생각해 보면 사랑은 반드시 허위가 아닌 진실하고 순수한 사랑으로 자녀를 대해야 한다. 그리고 훈육적인 차원에서 금(forbid)해야 하는 것에 대한 채찍도 함께 해야 한다. 이것이 자녀에 대한 교육적 사랑이다. 즉 한편으로 자녀에게 사랑을 주어 기(氣, spirits)를 살려주어야 하고, 또 채찍으로 나쁜 습관을 제거해 주어야 한다. 자녀에게 의미 없이 사랑만 주면 이기적이고 버릇없는 자녀로 자라서 오히려 남에 대한 배려심이 없어진다. 대신 사랑이 결여된 채찍만을 주면 창의력과 자립심을 잃게 될 것이다. 반드시 자녀에게는 사랑과 채찍을 함께하는 것이 교육적인 면에서 완벽할 것으로 믿는다. 자녀는 사랑을 반드시 받고 자라야 하지만 오직 어머니의 사랑만 받고 자라는 것보다는 다방면에서 많은 사람들로부터 사랑과 충고를 받고 접해야 한다. 색깔에 있어서 여러 가지 색이 있듯이 사랑에도 여러 가지 성질이 있다. 어머니의 사랑과 아버지의 사랑이 다르고 할머니의 사랑과 할아버지의 사랑이 다르다. 그런가 하면 형제누이의 사랑이 각기 특이성이 있고, 선생님의 사랑과 교우의 사랑이 또 다른 정서를 불러일으킨다. 이러한 여러 가지 사랑 속에는 그 빛깔에 있어서 차이가 있게 된다. 그 빛깔들 속에서 풍기는 향미에서 교육적인 뉘앙스(nuance)가 있게 되는 것이다.

부모로서 갖추어야 할 자질은 무엇인가?

……하지만, 아들아. 아! 아! 나의 전부인 아들아. 아빠는 죽어도 아주 죽는 게 아니란
다. 세상에 널 남겨놓은 한, 아빠는 네 속에 살아 있는 거란다. 너는 아빠를 볼 수도, 만
질 수도 없겠지. 하지만 아빠는 언제까지나 너와 함께 앞으로 앞으로 걸어가는 거란다.
네가 지칠까봐, 네가 쓰러질까봐, 네가 가던 길 멈추고 돌아설까봐, 마음 졸이면서 너와
동행하는 거란다. 영원히, 영원히, ……아이를 세상에 남겨놓은 이상은, 죽어도 아주 죽
는 게 아니래.

— 조창언. 가시고기 중에서

　부모의 역할을 가늠하는 부모의 자질은 눈에 잘 나타나지 않으면
서 개인별로 심한 격차를 보인다. 부모가 갖추어야 할 자질을 든다면
자신의 자녀가 성인이 되어 결혼을 하고 독립하여 자신의 가정을 꾸
미고 이 세상을 잘 살아가도록 그 기반을 갖추게 하는 능력이라고 생
각한다. 부모가 갖추어야 할 자질은 끝이 없어 보인다. 부모는 자녀
들뿐만 아니라 손손자녀(孫孫子女)까지의 삶을 내다볼 수 있는 혜안
이 있어야 할 것이다. 특히 할아버지 할머니가 된다는 것도 그 의무
와 책임을 다하기란 끝이 없다. 후손을 정신적·신체적으로 건강하게
자라게 하여야 하고 교육을 잘 시켜 지성인이 되도록 길러야 하며 안
정된 직업을 갖고 올바른 사회인이 되도록 길러야 하는가 하면, 인간
개인으로서 성공자가 될 수 있도록 그 능력을 갖추게 하는 것이다.
돈키호테의 지혜(세르반테스 지음)에서 보면 "자식들이란 그 부모가 지
닌 육신의 조각들과도 같은 존재여서 좋든 나쁘든 부모의 모습을 따
라가게 되어 있다. 따라서 부모들은 어릴 때부터 자식들을 덕과 좋은
표양(表樣), 고결한 습관의 길로 이끌어야 한다. 이렇게 될 때 자식들

은 성장하여 부모의 위안이 되고 가문의 영광이 될 것이다."라고 말한다. 하나의 예를 들어보겠다. 일본에서 3대에 걸쳐 참치를 잡아온 가정이 있었다. 파도가 거세게 몰아치는 멀고 먼 망망대해(茫茫大海)에서 참치 잡이를 하는 어부의 일도 여간 고(苦)된 작업이 아니었다. 하지만 거의 200kg에 해당하는 참치를 한 번 잡기만 하면 그 값이 너무도 비싸 인생이 역전(逆轉)된다고 한다. 어떤 경우에는 4~5년 동안 참치를 잡지 못할 때도 있었다. 그럴 때마다 자신의 부모님으로부터 들어온 말은 오늘 못 잡으면 내일, 내일 못 잡으면 모래 잡으면 되니 서둘지 말라는 말씀이었다. 모든 일이 그렇듯이 참치를 잡는 데도 예외는 없이 노하우가 있는데, 그 기술을 자신은 아버지에게 아버지는 또 자신의 아버지에게 전수를 받았다고 한다. 여기에서 사용되는 도구는 물론 어부가 꼭 알아야 할 자질과 기술들은 자신의 아버지나 할아버지가 직접 고안해 내었거나 경험한 것이었다. 그러다 보니 이것보다 더 진실하고 실용적인 가치를 지닌 기술과 자질은 없었다. 결국 자신이 한평생 연구하고 고안해 낸 그 기술과 자질을 자신의 아들과 손자에게 자연스럽게 전수시키게 되는 것이다. 이와 마찬가지로 부모는 자식에게 진실하고 영원한 가치를 지닌 삶의 기술을 전수시켜야 한다. 이것이 바로 참된 교육인 것이다.

　심리학(心理學)의 총서(叢書) 성격심리학인 성격형성은 어떻게 이루어지나?(L. A. 젤리, D. J. 지글러. 1983)를 참고하면 "부모의 신뢰감(trust)이란 건강한 성격의 초석으로 다른 사람은 이를 자신감(confidence)과 같은 특성으로 여기는데, 부모란 자녀에게 금지와 허용을 통한 어떤 확실한 선도방안을 가져야 할 뿐만 아니라, 또한 부모가 행동하는 것에 어떤 의미가 있음을 깊이 신체적 확신으로 자녀에게 나타날 수 있도록 하여야 한다(Erikson. 1936)"로 기술하고 있다. 여기에 자녀에 대한 부모의 자질이 함축되어 있는 것이 아닌가 하고 생각하는 바이다. 교육전문가의 가르침에 의하면 부모는 자기 자녀의 신체·생리·심리적 발달 단계에 맞는 개인차에 관심을 갖고 교육을 시켜야 한다고 말한다. 우리 자녀들은 그들 자신이 어떤 사람인지? 자신이 할 수 있는 일은 무엇인지? 자신이 힘들 때 함께 대화할 수 있는 사람은 누구인지? 어려운 상황에 부딪혔을 때 직면하게 되는 긴박감이나 분노를 어떻게 해소할 수 있을 것인지? 생각할 여유를 갖지 못하고 학교생활에 연연하며 정신없이 생활에 지배당하듯 하루를 보내게 된다. 부모들은 자신의 자녀들이 어떤 모습으로 성장하고 있는지? 그들의 꿈과 희망, 그들의 아픔과 좌절, 고뇌가 무엇인지? 그들에게 과연 어떤 문제가 있는지? 지속적으로 관심을 갖고 이들의 미래를 열어주며 올바른 성장의 길로 이끌어 주어야 한다. 이러한 상황을 볼 때 부모의 역할이 무엇보다도 중요하다. 사실 이러한 역할을 부모가 완벽하게 수행하며 자녀를 교육시킬 수 있는 부모가 과연 몇 명이나 되겠는가? 사실은 훌륭한 부모 되기가 그렇게 쉽지는 않다.

부모의 입장에서 자녀의 양육은 자기 인생에서 무엇보다도 아주 중요한 과업(課業)임에는 틀림없다. 이것보다 더 중요한 과업이 또 있겠는가? 자녀는 바로 제2의 자기 인생이 아닌가? 지구상에 살고 있는 모든 생물은 생식(生殖)을 통하여 자기의 분신(分身)을 만듦으로써 생(生)의 의무를 완수하게 된다. 그리고 자신은 생명을 잃게 되고 후손이 번성하여 대(代)를 이어간다. 이와 같은 삶의 방식을 인간 역시 자연을 통해서 배우게 되는 것이다. 아니 그렇게 살아가도록 신(神)은 인간을 창조하셨다. 부모는 자신은 물론, 자녀의 양육을 위해서도 훌륭하고 행복하게 삶을 살아갈 수 있는 자질(資質)을 갖추어야 한다. 이것은 부모 자신의 삶뿐만이 아니라 자녀의 삶을 위해서도 그러하다. 이른바 콜맨 보고서(Coleman report: 원제목 Equality of Educational Opportunity, 1966)에 의하면 "학교의 교육환경상의 격차보다는 가정의 사회경제적 배경이 학생간의 교육격차를 야기하는 보다 중요한 원인이 되고 있음을 밝혔다." 즉 학교에서의 성공은 이미 가정의 경제적·사회적 위계에 의해 사전에 결정되어 있다는 것이다. 이 정도로 가정에 의한 부모교육의 중요성은 크다고 할 수 있다. 이뿐만 아니라 보울스와 진티스(Bowles and Gintis) 등이 밝히고 있는 것처럼 "개인 지적능력의 대표적 지표로 사용되어 왔던 지능이 이미 가정배경 요인에 의해 개인차가 발생한다."는 것이다. 자녀 역시 부모의 삶을 본보기로 하여서 자신도 열심히 살아갈 수 있을 것이기 때문이다. 그러면 현재 미성년자인 어린자녀를 양육하는 성인의 입장에서 부모가 갖추어야 할 자질에 대해서 어떤 문제점이 있는지 살펴보기로 하겠다. 만물의 영장인 인간으로서 자녀에게는 부모의 한 사람으로서 신(神)과 인간과의 그 연관성을 잘 알고 자신의 삶을 정립하여야 함에도 그러한 면에서 성찰이 부족하다는 점, 육체적인 욕구충족에 눈이 어두워 물질에 대한 집착력에 비하여 진실로 자신이 내면적으로 갖추어야 할 정신적인 무형의 소중한 가치를 갖추지 못하고 있다는 점, 사회의 흐름에 무조건 편성하여 유행에 따르면서 남의 삶을 비판 없이 수용하고 흉내를 냄으로써 진심으로 추구하여야 할 자기실현의 소중함을 간과하고 있다는 점, 자연 속에서의 소박하고 평온한 삶을 자신 안에서 발견하기보다는 육적(肉的)이고 감각적이며 욕망적인 삶을 외부에서 추구하여 충족하려는 점, 자신의 내면을 성숙시켜 자신의 양심에 입각한 선량한 삶을 추구하기보다는 남의 눈을 의식하면서 가식적으로 포장하여 선량한 채 허위적인 삶을 살아가고 있다는 점, 부모가 삶을 살아가는 과정에서 어려움을 만났을 때 자신의 마음부터 자제하고 절제하는 자세를 보여주어야 하고 자신의 감정을 조절할 수 있어야 함에도 그러하지 못하다는 점, 남과의 인간관계에서 때로는 자기위주의 삶보다는 조화와 균형, 화합을 이루며 살아야 함에도 그러하지 못하다는 점 등등을 지적할 수 있을 것이다. 이러한 성인으로서 보편적인 자질을 한 자녀의 부모로서 갖추지 못하면서 자녀를 교육시킨다는 것은 어려운 일이라고 생각한다. 부모는 자신의 인생철학이 뚜렷할 때 자연히 자녀는 그 부모의 삶의 자세를 배우게 된다. 이와 관련하여 현대 민주주의 교육방식에 대한 문제점을 미국 솔트레이크 시(市)의 유타대학 심리학 교수로 있는 빅터 클라인 박사는 이렇게 말한다. 이 교수는 자녀를 성공시키는 비결 How to Make Your Child a Winner에서 "미국가정에서 일어나고 있는 미국의 관용과 가족 민주주의로 어린 아이들이 선천적으로 선(善)하며 자신의 운명을 스스로 결정할 수 있다는 믿음은 잘못된 점"이라고 지적한다. 클라인 박사는 50년대에 성행했던 이 이론에 대해 강한 반대의견을 표명하고 있다. 그는 아이들의 행동에 타당한 한계를 설정하고 부모들이 이에 따른 적절한 통제를 가함으로써 아이들이 반사회적인 충동을 누르고 스스로 내면을 통제하게 될 것임을 지적한다.

어릴 때 부모 교육을 잘 받느냐 잘못 받느냐의 차이는 자녀의 성장에 중요한 변수로 작용한다는 것은 누구나 다 잘 알고 있는 사실이다. 특히 자녀의 삶에 있어서 가장 중요한 것이 부모로부터 어떤 교육을 받았느냐가 정말 중요하지 않을 수 없다. 훌륭한 부모 아래서 교육을 받은 자녀의 앞날은 승승장구하여 미래가 확 열려 있는가 하면, 가난하고 무지(ignorance)한 부모 아래서 교육을 제대로 받지 못하고 성장한 자녀를 보면 배움의 기회를 갖지 못하여 그 자녀의 앞날은 험난하다고 말하지 않을 수 없다. 이 세상에 태어나는 자녀는 자신의 입장에서 볼 때 훌륭한 부모를 만난다는 것은 자신으로 보아서는 기적(奇蹟)이며 영광인 동시에, 또한 행운이기도 한 것이다. 어떤 자녀는 불행히도 어릴 때 자신의 부모를 잃게 되어 부모가 생존해 계실 때 어렴풋이 남아있는 가르침의 말 한마디를 평생 동안 가슴에 간직하고 살아간다. 이것이 얼마나 처절하기도 한 뼈저린 사연인가를 생각해 보아라. 부모가 살아계실 때 자신에게 가르쳐 준 사랑이 담긴 귀중한 말 한마디는 평생 동안 자신의 가슴에 생명의 빛으로 남아 삶의 이정표가 된다는 사실을 우리의 부모들은 마음속 깊이 새겨야 할 것이다. 부모교육은 물론이지만 모든 교육에 있어서는 양보가 있을 수 없다. 교육만은 막무가내로 무모하게 양보 없이 먼저 받고 보아야 한다는 논리가 성립된다. 교육의 이수(履修)만은 선(善)은 선대로 악(惡)은 악대로의 진리가 통하지 않는다. 만약에 선한 사람이 자신의 자녀를 품격 있고 좋은 가치 있는 양질의 교육을 악한 자의 자녀에게 양보했다고 가정해 보아라. 선한 사람의 자녀는 패배자가 되고 악한 자(者)의 자녀는 승리자가 된다는 것을 상기하지 않으면 안 될 것이다. 악한 자의 자녀는 양질의 교육을 받게 되어 완벽한 사람이 된다는 것은 기정(旣定) 사실이기 때문이다. 그 정도로 교육의 힘은 위력이 있으며 무서울 정도로 완벽한 것이다. 누군가가 말했듯이 "교육은 곧 무기이다"라고 말한 것은 아마도 이를 두고 말하게 된 것이 아닌가 하고 생각이 된다. 부모는 자녀양육에 자신의 모든 것을 투자하지 않으면 안 된다. 앞에서도 언급하였지만 자신의 인생에서 가장 중요한 임무가 자녀 양육이기 때문이다. 그러니 부모 자신에게 중요하다고 생각되는 사회적인 출세도, 부부로서 나누어야 할 사랑도, 주변 사람들로부터 받아야 할 명성(名聲)도, 남들이 생명처럼 귀중하게 생각하는 재산 증식의 문제도 결코 자녀 양육에 비(比)하면 아무런 의미가 없

는 것이다. 영장류(靈長類)에 속하는 우랑우탄도 새끼가 스스로 살아
갈 수 있도록 성장시키기 위해서는 적어도 어미로부터 10년 이상은
교육을 받아야 한다고 한다. 우리 인간은 자녀를 성인으로 성장시키
는 데 적어도 20~30년이 걸린다. 다른 동물에 비하여 성장하는 기간
이 길다. 그 정도로 인간은 자녀에 대하여 교육을 시키고 보호해 주
어야 할 시간이 많이 걸린다는 의미이다. 부모는 건강하여 자녀 곁에
서 끝까지 지키고 보살펴서 자녀가 완전히 성인이 될 때까지 참다운
교육을 시켜 주어야 한다.

　다음은 부모 된 입장에서 다른 동물의 어미는 어떻게 새끼를 보호
하는지 한번 살펴보기로 보자. 산에 가면 멧새51)라는 새(鳥)가 있다.
멧새는 내가 어린 시절 산에 다니면서 보아온 새인데 처음에는 참새
와 쉽게 구별이 잘 되지 않는다. 그러나 참새가 산 속에 살지 않기 때
문에 참새와는 다른가 보다 하고 생각을 할 수 있는데, 알고 보면 이
멧새는 참새와는 생김새가 확연히 다르다. 그런데 이 멧새의 보금자
리는 사람의 눈에 잘 뜨이지 않지만 어쩌다보면 발견되는 경우도 있
다. 나는 어릴 때 산에 소에게 풀을 먹이러 갔다가 우연히 멧새둥지
를 발견한 적이 있었다. 나무가 가리어져 있고 주변의 땅은 잔디로 덮
여져 있는데 그 옆의 조그마한 바위 기슭에 어미멧새가 새끼를 품고
있는 둥지가 보였다. 나중에 안 사실이지만 멧새는 보통 한 번에 부화
하는 마릿수가 다섯 마리 정도 된다고 한다. 내가 접근하니 폴 날아
서 둥지를 떠나 가까이에서 지켜보며 맴돌고 있었다. 그때 멧새의 새
끼숫자는 정확히는 모르지만 대략 다섯 내지 여섯 마리는 되는 것을

---

51) 멧새: 몸빛은 밤색이며 흰 눈썹선과 멱(목의 앞쪽)이 뚜렷하고 몸길이가 참새는 호리하며 긴데 이 멧
새는 몸길이가 짧으며 둥글다. 다른 말로는 멥새라고 부르기도 한다. 대체로 잔디밭 위의 바위틈사이에
알을 낳아 새끼를 기른다.

멀리서 추측할 수 있었다. 그런데 뒷날 이른 아침에 산에 또 소에게 풀 먹이러 가서 보니 이미 새끼와 어미멧새는 그 둥지에서 사라지고 빈 둥지만 남아 있었다. 나는 이 이야기를 이웃 어른들께 했더니 멧새는 위험에 직면하면 어미 새가 날개로 새끼를 품고 날지 못하기 때문에 날개로 품은 그대로 데굴데굴 굴러서 새끼를 안전한 장소로 옮긴다고 하였다. 그 작은 날개로 새끼를 품어서 어떻게 굴려 다른 장소로 옮기게 되는지 놀라지 않을 수 없었다. 또 사람이 새끼를 잡으려고 할 때는 어미 새의 작은 발톱과 날개로 아주 날쌔고 강하게 위협적으로 사람의 얼굴을 공격한다는 것이다. 나는 이 소리를 듣고 비록 작은 한 마리의 새(鳥)지만 이렇게 무서운 모성애를 보이는지 놀라지 않을 수 없었다. 또한 이들 새끼는 간혹 어미 새가 수리의 공격을 받아 수리의 먹이가 되는 경우가 있는데, 이때 멧새의 새끼들은 자연히 낙엽 속에 묻혀 있다가 쥐나 뱀의 먹이가 되든지 자연히 죽어 없어진다고 한다. 그러니 반드시 어느 정도의 기간은 어미 새가 자신의 새끼를 키워주어야 하는 것이다. 그 이후에는 새끼 새들도 어미 새와 같이 스스로 살아가게 된다. 물론 사람은 이 멧새와는 생리적인 면에서 다르지만 사람 역시 어릴 때 자녀 성장에 있어서 부모의 역할은 아주 중요하지 않을 수 없다.

인간의 삶에 있어서도 다른 동물과는 다소 차이가 있겠지만 부모의 보살핌의 중요성은 다르지 않다고 본다. 인간에 있어서도 부모교육을 제대로 못 받고 자라온 자녀는 삶의 과정에서 오류(誤謬)와 시행착오를 겪으며 힘들게 살아가게 된다. 그것도 자녀 스스로 고생을 한 후에 나이가 들어 뉘우치고 깨우쳐서 늦게나마 정상적인 성장의 길로 접어드는 경우도 있지만, 때로는 삶의 과정에서 미궁(迷宮)으로 빠져 영원히 헤어나지 못하고 생(生)을 마감하는 경우도 있게 된다. 그렇다고 지나친 과잉보호나 익애(溺愛)가 있어서는 안 된다. 특히 부모 자신의 이기심과 자기주관적인 입장에서 자기 자녀를 귀(貴)한 존재로만 생각하고 남들이 평가하는 객관적인 입장을 떠나 자녀를 보호하며 높게 평가하는 것은, 자녀가 후일 스스로 사회생활을 하게 될 때 자신의 가치를 잘못 인식하게 되는 우(愚)를 범하게 된다는 것이다. 사회생활이란 그 때의 매 순간마다 정신작용의 새로운 산물인 창의성을 이끌어내어 대처해야 함에도, 자녀는 그렇게 삶을 살아가지 못하고 부모가 평소에 자기 자신에게 대(對)하던 것처럼 남들도 그렇게 대(對)해 줄 것으로 믿고 판단한 행동들이 잘못되어 사회생활에서 지장을 초래하게 된다는 것이다. 이것은 자녀 자신의 삶에 있어서 정확한 판단을 내려야 할 시점에서 오류를 범하게 됨으로써 정확한 자신의 길을 걸어가지 못하게 된다는 것이 교육전문가들의 가르침이다.

자녀의 입장에서는 인생에 대한 심오한 철학을 갖춘 현명한 부모를 원한다. 자녀가 교육적인 측면에서 바라는 것은 지혜로움이다. 삶의 모든 과정에서 어려운 현실을 극복하고 세상을 살아가는 기술은 지혜로움에서 나오기 때문이다. 그런데 만약에 부모의 교육이 올바르게 이루어지지 못하였다면 그 자녀는 성장을 하면서도, 성장을 한 이후에도 지속적으로 부모교육의 결핍상태는 자신 속에 남아 삶에 지장을 초래하게 된다. 완벽한 교육은 언제나 부족하며 자녀 스스로 배우고 느끼며 변신하면서 살아가야 한다. 비록 자녀가 결혼을 하여 배우자와 같이 살게 되어도 부모교육의 결핍은 그대로 여전히 남게 된다.

자녀교육과 관련하여 부모가 갖추어야 할 삶의 자질에 대하여 중요한 몇 가지만 살펴보기로 하겠다. 첫째 부모는 삶의 철학이 확고하여야 한다. 자녀의 교육적인 측면과 관련하여, 월든(헨리 데이빗 소로우.

2010)을 참고해 보면 "부모가 자녀에게 드는 회초리는 권위에 대한 존경을 가르쳐 주는 것이다. 그것은 안전성과 상호존중의 분위기를 유지시켜 준다. 자기의 뜻과 행동을 굴복시켜야 하는 확고하게 정해진 규칙을 한 번도 만나지 못하고 성장하는 아이는 가장 본질적인 의미에서 불우한 아이다."라고 말한다. 이와 관련하여 부모는 자연의 섭리에 순응하는 자세, 진리를 추구하는 도덕적인 삶, 선(善)하고 성실하게 살아가는 자세, 근검절약하는 소박한 삶, 금욕적이며 영적인 삶, 뚜렷한 목표를 실현하기 위한 굳은 의지 등과 같은 투철한 삶의 인생관을 가지고 살아가야 한다. 둘째 부모 자신이 먼저 내면이 개성화되어 있어야 한다. 발달심리 강의노트(심수명)를 참고하면 "한 개인이 사회의 평가나 그 사회의 이상(理想)에 맞추어 살기만 하면 외부의 역할이나 집단의 이상을 위해 사는 사람이 되고 자신의 내적인 추구와 개성화(個性化, individuation)[52]는 이룰 수 없다. 개성화는 점진적 과정을 통해 도달한다. 단순구조에서 복합구조로 변해간다. 개성화가 이루어지려면 적절한 경험과 교육이 필요하다. 칼 구스타브 융(Jung. Carl Gustav)[53]에게 상담·교육의 궁극적인 목적은 무의식의 의식화에 있는

---

52) 칼 구스타브 융(carl gustav Jung, 1875~1961)은 스위스의 정신과의사이자 분석(分析)심리학(心理學)의 창시자이다. 그는 자기 자신의 무의식과 수많은 사람들의 심리분석 작업을 통해서 얻은 방대한 경험자료를 토대로, 인간심성에는 자아의식과 개인적 특성을 가진 무의식 너머에 인류보편의 원초적 행동유형인 많은 원형(原型)들로 이루어진 집단적 무의식 층이 있음을 확인하였다. 칼 구스타브 융의 분석심리학의 특징으로 꿈과 환상이라는 내면적 세계를 중시하며, 인간성격(인격)구조 표면하부에 있는 무의식과 주의 깊게 대면할 필요성이 있다고 역설한다. 개인의 감추어진 내면에는 그의 경험뿐만 아니라 인류원시조상들이 쌓은 경험까지가 상징적으로 내포되어 있으므로 무의식이 중요하다고 역설한다. 인간이 현대에서 비인간화되어 가는 것은 의식적·합리적 존재임을 강조하면서 영혼의 가치와 자연과의 일체감을 잃어버렸기 때문이라고 한다. 우리시대의 일반적 신경증은 과거와의 영적결합을 잃은 직접적인 결과로, 그 치료책은 무의식 세력과의 접촉을 회복하는 것이라고 한다. 그래서 심리적인 건강은 무의식의 힘에 대한 의식의 감독과 지도가 이루어지는 것이라고 한다. 이렇게 의식과 무의식의 세계가 융화되는 과정이 개성화(個性化, individuation)혹은 자기 현실화(self-realization)이다.
53) 스위스의 정신의학자, 심리학자. 프로이트의 심리학에 영향을 받았지만, 정신 현상을 성욕에 귀착시켜 설명하는 프로이트에 반대하였고, 아들러(A. Adler)의 사상을 받아들여 성격에는 내향형과 외향형

것이다. 건전한 발달을 위해서는 기회를 제공해 주어야 하며, 개성화에는 유전형질인 소질과 환경, 본인의 태도 등이 변수가 된다. 부모와 교사가 개성화가 이루어졌을 때 가정과 학교에서 어린이를 올바르게 지도할 수 있다."고 기술하고 있다. 즉 부모 자신이 개성화가 이루어졌을 때 자녀들의 개성을 파악하고 자녀의 개성에 맞게 교육을 시킬 수 있다는 것이다. 인문학콘서트. KTV한국정책방송 인문학 열전 1(김경동 외. 2010)의 내용을 보면 「믿음만이 우월한 가치인가?」에서 "믿음이라는 것을 마음결이라고 표현하고 싶다. 우리에게는 총체적인 개념으로 서술할 수 없는 아주 자디잔 마음의 결들이 있다. 이성, 감성, 상상, 의지 등 제각기 다른 이름으로 부르는 마음의 결이다."라고 기술한다. 개성화가 이루어지게 되면 의식으로 떠오른 것만을 보지 않고 무의식세계에까지 접근하게 됨으로써 자녀들의 보이지 않는 세세하고 섬세한 마음결을 파악할 수 있게 되어 깊이 있는 자녀교육이 이루어질 수 있다는 것이다. 어쩌면 교육은 섬세하기도 하고 구조적으로 복잡하며 개인마다 그들에게 적용되어야 하는 교육원칙이 존재하기 때문이다. 주변에 우리 부모들, 특히 아버지는 물론 어머니까지도 사회의 이상(理想)에 맞추어 살려고 노력하지만 자신의 내면을 성숙시키려는 의도, 즉 개성화하려고 하는 의지는 보이지 않는다는 것이다. 그래서 출세를 하고 돈을 많이 벌고 사회에 영향력을 행사하면서 외부적으로 승승장구(乘勝長驅)하는 것도 중요하지만, 이에 못지않게 더 중요한 것은 자신의 마음 내부를 들여다보고 깊이를 심화하여 무의식에 접근함으로써 개성화하는 것이 삶에 있어서 성숙의 길이라고

___

이 있다고 주장하였다. 그는 인도와 북아프리카 등지를 여행하면서 미개인의 생활을 관찰하였고 그것을 바탕으로 심층 심리에는 단순히 개인적인 것 뿐만 아니라, 오랜 집단 생활에 의해 심리에 침전된 '집단무의식'이 있다는 사실을 밝혀냈다.

생각된다. 사람마다 자기 마음의 세계는 작은 우주나 마찬가지이다. 자신의 삶과 관련하여 외부에서 발생하는 어려운 문제들을 풀어나가기 위해서는 먼저 자신의 내부에서 정확한 해답을 이끌어내어야 하기 때문이다. 즉 자신의 내면(interior)을 갈고 다듬는 일이 중요한다. 셋째 작은 욕구 충족에 감사하게 생각하고 만족하며 살아야 한다. 정신적으로 풍요로우면 물질이 다소 부족하더라도 편안한 삶을 살아갈 수 있다. 이러한 삶은 시간을 연장하고 정신을 올바른 곳에 사용할 수 있기 때문에 건강하게 오래 살 수 있는 것은 물론이고, 행복한 삶을 살며 특히 자신의 삶을 헛되이 보내지 않고 충실히 살 수 있는 데 그 의미가 있다. 또한 욕심이 적다는 것은 물질적이든 정신적이든 갑작스럽게 삶의 문제에서 위험에 처할 확률이 적게 된다. 왜냐하면 자신의 분수(share)를 알기 때문에 어떤 모험심이나 극단적인 행동을 하지 않으며 적당한 선(線)에서 그칠 줄 알기 때문이다. 넷째 한 가정의 가장(家長)으로서 책임과 의무를 다해야 한다. 이것은 신(神)의 명령이기도 한 것이다. 신(神)과 인간의 관계만큼이나 엄격하면서도 밀접하며 민감한 상황이 또 있겠는가? 신의 명령(命令)을 얼마나 지키며 이행하느냐 하는 문제는 삶에 있어서 미해결과 완성을 뜻하기도 한다. 이것은 바로 책임과 의무로 나타난다. 신(神)과 자연에 대한 의무, 국가와 민족을 위한 의무, 사회와 이웃을 위한 의무, 친척과 가족을 위한 의무, 내 자신에 대한 의무, 이것은 순수한 자유정신에 입각한 자발적인 행위로 나타나야 한다. 인간에게는 누구나 자신에게 부여된 의무가 주어지는데 이것을 성실히 수행해야 하며, 그 이후에는 신(神)이 준 운명에 따르며 삶을 영위하는 것이다. 부모는 최선을 다해서 삶을 살아야 한다는 사명의식을 자녀에게 이심전심으로 가르쳐 주어야 한다. 이 점이 자녀양육에서 중요한 점이다. 삶이라는 것은 고(苦)된 여정이라는 것을 성인이 되면 자연히 알 수 있게 된다. 그러나 포기할 수 없는 것이 또한 삶이기 때문에 주어진 환경에서 최선을 다하여 삶의 어려움을 견디면서 한 조각의 생명이라도 남아있다면 끝까지 삶을 영위하여야 하기 때문이다. 다섯째 가정의 정통성(正統性)이다. 이 정통성을 생각해보면 우리의 가정은 오늘이 있기까지 조상으로부터 대(代)를 이어 전해져오고 있다는 것을 알 수 있게 된다. 할아버지의 삶의 방식과 중요한 사상(思想)이 현재 아버지가 살아가고 있는 오늘의 우리 가정을 통하여 실현되고 반영돼 후손에게 전(傳)해지고, 그들의 못다 한 삶은 유산(遺産)으로 남게 된다. 그 중에서 조상들의 사상은 그 가치적인 측면에서 다른 가문과 구별되고 차별화되면서 가풍(家風)이 생겨나고 가문(家門)의 맥(脈)이 이어지는 것이다. 예로서 흔히들 우리는 '불초자(不肖子)' '불초자식(不肖子息)' '불초소생(不肖小生)'이라는 말을 많이 하고 또 들어왔다. 여기서 불초(不肖)라는 용어의 뜻은(어버이를 닮지 않았다는 뜻으로) 어버이의 덕망을 따르지 못하는 못난 자식을 이르는 말이다. 즉 어버이의 덕망을 따르지 못할 만큼 못나고 어리석다는 뜻이다. 불초라는 말 속에는 인계(引繼)와 인수(引受)라는 의미가 포함되어져 있다고 본다. 어버이로부터 유산(遺産)을 물러 받았다면 이 유산 속에는 재산뿐만이 아니라 정신적인 맥(脈)을 이어받았다는 뜻이다. 즉 부모의 삶의 정신을 이어받았다는 내용이다. 이 정신적인 맥(脈) 이상은 아무것도 없는 것이다. 이 점이 대단히 중요하다. 이것이 정통성이다. 정신적인 맥은 선조들의 인생관이요, 철학이며 사상(思想)이기 때문이다.

여섯째 신앙정신이다. 즉 종교적인 엄격성을 말한다. 여기서 종교적인 엄격성은 외부적으로 나타난 자신의 자세와 태도는 물론이거니와 내부적인 규율을 지킨다는 뜻이다. 나는 이 세상에서 가장 올바르고 훌륭한 삶을 살아가는 방법이란 종교에서 경전의 가르침대로 살아가는 것이라고 늘 생각해 왔다. 이 종교적인 경전이야말로 곧 신(神)의 뜻이기도 한 것이기 때문이다. 종교적인 경전의 가르침대로 살아가면 현세는 물론이거니와 후세의 삶까지 보장 받을 수 있는 확실한 삶의 방법을 이행(移行)하는 것이 될 것으로 믿는다. 경전의 가르침대로 규율을 지키며 살아간다는 것은, 곧 신(神)과 자기와의 맹세이며 약속이기도 한 것이다.

신앙인의 정신생활을 보면 그들의 육체적인 본능과 욕망은 맑고 거룩한 영혼의 감시 아래 엄격하게 통제를 받을 것이다. 그들의 눈은 신(神)의 혜안과 같이 우주와 무형의 세계를 직시하며 바른 삶을 위하여 자신의 마음을 볼 것이다. 신앙인들은 그들의 현재의 삶이 전부가 아니며 또한 영원함이 아님을 알고 언제나 다음세상을 연상하며 오늘 자신에게 주어진 의무를 다할 것이다. 그들의 영혼은 흘러가는 구름과 한줄기 스쳐가는 바람을 친구삼아 영원 속으로 함께 여행을 떠날 준비가 되어 있을 것이다. 일곱째 지식과 인격을 함양하는 데 한 치(値)의 소홀함이 없어야 한다. 인간이면 누구나 생(生)을 다할 때까지 지식과 인격의 함양을 위해서 노력하지 않으면 안 된다. 지성인(知性人)이 된다는 것은 인간으로서 최고의 가치를 지닌 사람으로 평가받는다. 지성인이란 자기 자신만의 실존을 위해 사는 사람이 아니라 이 세상인류와 함께하는 사람이다. 내 자신의 안일과 영광을 위해서만 사는 사람이 아니라 주변의 이웃과 아픔을 함께하는 사람이다. 그들은 인의(仁義)를 추구하며 도리를 다하는 사람이며, 순풍에 돛만을 띄우는 사람이 아니라 거친 파도와 사나운 강풍에도 맞서며 홀로 노를 젓는 사람이다. 하지만 이들은 묵묵히 자신이 가야 할 길을 알고 외로이 혼자 나그네의 길을 떠나기도 한다. 먼저 삶을 살다간 위인들의 훌륭한 업적을 기리며 그런 사람들의 대열에 합류하기 위하여 자신의 발자국을 남기려고 온갖 힘을 다해 노력하는 사람이다. 그들의 입가엔 언제나 잔잔한 미소가 흐르고, 온화한 얼굴엔 다정함이 묻어나온다, 굳게 다문 입술과 신념에 찬 눈매 속에는 자신의 꿈이 서려 있고, 현명한 판단력과 섬세한 자기 분석으로 미래를 예견하기도 한다. 그런가 하면 예리한 혜안과 냉정한 비판정신은 주변의 악(惡)을 물리치는 데 충분하고, 영민(英敏)한 두뇌와 강인한 창의력은 언제나 주변사람들에게 훌륭한 힘이 되어 준다. 우리는 지성인이 되기를 희망하는 것이다. 여덟째 언제나 각성(覺醒)상태로 하는 자신에 대한 삶의 성찰이다. 각성(覺醒)의 의미는 의식이 깨어 정신을 차리는 것, 즉 깨달아 아는 것이다. 이와 반대되는 뜻을 찾아보면 몽매(蒙昧)함을 들 수 있다. 몽매함의 의미는 어리석고 사리에 어두운 것을 말한다. 어떻게 생각해보면 누구나 의식을 갖추고 있는 것이지 의식이 깨어 있는 사람이 있고 의식이 어두운 사람이 있느냐고 반문할 수도 있을 것이다. 하지만 사실은 이 의식의 상태는 사람마다 너무나 깊고 밝음의 차이가 크다고 하겠다. 언제나 자신을 살펴서 자신의 의식, 즉 정신 상태가 얼마나 깨어 있는지 아는 것이 삶에 있어서 대단히 중요한 일이다. 의식이 깨어 있는 사람에게는 자신의 삶이 훤하게 멀리 상세히 볼 수 있기 때문에 안전함은 물론이고 옳게 일을 처리할 수 있어 인간으로서의 도리와 사명감을 고양(高揚)시킬 수 있다. 그렇게 하기 위하여 명상의 시간을 갖게 됨으로써 지혜가 열리게 되면 사물을 세밀히 잘게 부수어 분석할 수 있게 되고, 우리 인간의 의식 밖 무형의 세계에서의 변화를 예측하여 인간 현실세계에 반영하고 적용함으로써 자신을 그 무형의 세계에까지도 맞춰 살아갈 수 있다. 이것은 곧 자연의 섭리에 순응하는 것이다. 물론 이 정도의 경지(境地)에는 들 수 없을지라도, 의식이 깨어 있다면 평범한 성인(成人)이고 한 가정의 가장으로서는 손색은 없을 것이다. 언제나 깨어 있는 상태를 유지함으로써 자신의 정신을 밝고 맑게 유지하도록 하여야 한다.

아홉째 사회적인 신뢰성(信賴性)이다. 신뢰(信賴)의 의미는 상대의 능력이나 태도를 믿고 마음을 놓는 것이다. 이 신뢰성이야말로 자신이 남에게 보이는 가치면에서 이보다 더 높은 것이 있겠는가? 이 점은 바로 나를 대변하는 보증수표가 아닌가? 상대를 보았을 때 똑같은 사람인데도 그 무게는 하늘과 땅만큼이나 차이가 있게 된다. 사람으로서 가치의 척도(尺度)는 바로 신뢰성이기 때문이다. 시간의 약속, 돈의 거래, 양심의 표현, 선과 악의 분별, 남에게 미치는 해악, 자신을 표현하는 예의와 도덕정신, 공동체 속에서의 화목과 균형감각, 이웃과 함께하려는 여유감, 자신은 물론 남을 용서할 수 있는 너그러움, 상대를 인정하려는 공손한 태도 등은 바로 신뢰성과 관련이 있다고 생각한다. 이와 같이 부모의 자질로서 갖추어야 할 덕목들이 많이 있다고 하겠지만 생각나는 대로 중요한 몇 개의 자질들을 살펴보았다. 아무리 성인이고 부모이지만 완벽하게 그 도리를 다할 수 있는 자질을 갖추기란 여간 힘든 것이 아니다. 부모의 도리를 다하기 위해서는 열심히 노력을 하지 않으면 안 된다. 그야말로 우리가 살고 있는 삶의 현장은 어떻게 보면 아수라장(阿修羅場)54)을 방불케 한다. 인간의 세계에도 초원의 징글 법칙이 그대로 적용된다고 볼 수 있다. 그렇다면 여

---

54) 아수라장(阿修羅場)은 수라장(修羅場)과 같은 용어, 즉 불교의 용어이다. 수라장(修羅場)은 육도세계 가운데 수라(修羅)들이 모여서 어지럽게 싸우는 곳. 아수라장과 같은 말, 전쟁, 투쟁, 혼란, 무질서로 뒤범벅이 되고 끔직스럽도록 야단스러운 곳을 나타내는 말, 즉 아수라가 불법(佛法)을 없애기 위해 제석천(帝釋天)과 싸우는 전장(戰場)에서 나온 말, 처참하게 되는 곳, 또는 난장판을 뜻함. 제석천이라는 신(神)은 수미산 정상에 있는 도리천의 왕으로, 사천왕과 32신(神)을 통솔한다고 한다. 수라(修羅)는 윤회설에서 말하는 육도세계의 하나, 싸움이나 그 밖의 다른 일로 큰 혼란에 빠진 곳, 또는 그런 세계나 그곳에 사는 존재, 싸우기를 좋아하는 귀신의 세계를 말한다.

기에서는 자녀교육을 위한 부부 각자의 특성과 의무감은 어떠하여야 하는가? 부부(夫婦)의 의미는 우리가 헤아릴 수 없을 정도로 그 의미가 깊고 넓다. 부부는 성인(adult)들끼리의 만남이다. 성인이라는 것은 성숙하여 자립할 수 있는 인격체이다. 이렇게 성인으로서 자격을 갖추었다는 것은 경제적인 자립, 사회적인 자립, 인격적인 자립, 영적인 자립, 육체적인 성숙에 의한 생물학적 자립 등이라고 볼 수 있다. 그러면서도 부부는 이성(異性, the other sex)으로 결합된 관계이다. 다른 성(sex)의 개체가 부부로서 결합하여 화합과 자주성을 동시에 수행해야 하는 이중적인 임무를 가지고 있으며, 이것은 자녀를 기를 때 성(sex)이 다른 자녀를 양육하여야 하는 적합성을 자연적으로 갖추게 되는 것이다.

이러한 부부관계가 성립하게 되는 이성(the other sex)적인 만남은 결혼을 통해서 관계가 형성되는데, 이것은 동등한 입장에서 서로 결합하여 새로운 생명을 탄생시키게 된다. 여기서 중요한 점은 성인으로서 부부(a married couple)의 상호작용이 얼마나 완벽하고 조화롭게 이루어져야 자녀의 바람직한 양육이 가능한가이다. 우리의 자녀는 부모로부터 무엇을 배우고 무엇을 익힐 것인가 하면, 바로 자기의 부모를 성장의 모델로 삼고 가정을 통해서 자녀는 성장하게 된다는 것이다. 부모에게서 배운 것을 자기의 생각과 행동의 지침으로 삼는다는 것에 중요성이 있다. 자녀 교육에는 아버지나 어머니의 한쪽이 우세하고 한쪽이 열세한 상태에서는 올바르고 바람직한 자녀교육이 성립된다고 말할 수 없다. 부부의 동등한 상호작용에 의한 자녀교육이 자녀의 정서에 긍정적으로 작용한다는 것을 우리 부모들은 간과해서는 안 될 것이다. 우리가 세상을 살아갈 때 의식적으로 생각하는 지적(intellectual)인 면보다는 순간순간 마주치는 즉흥적이고 감각적인 삶이 때로는 얼마나 중요한지 살아오면서 느껴온 바이다. 자녀들은 이러한 방법을 부모를 통해서 배우게 된다. 부모들은 자녀들의 정서적 발달을 위해서 반드시 남편은 아내를 사랑해야 하고 아내는 남편에게 순종해야 한다는 점이다. 한국적이마고 부부치료(심수명. 2008)에서 보면 "부부가 자녀에게 줄 수 있는 선물로서 중요한 것은 첫 번째는 부부가 행복하게 살아가는 모습"이라고 한다. 이때 자녀는 삶의 모델로서 부모를 볼 뿐만 아니라 정서적 안정감을 느끼기 때문에, 심리적인 평안함 가운데에서 자신의 능력을 개발할 수 있게 된다는 점이다. 이 점이 자녀의 성장에 매우 중요하다. 성서(聖書)에서는 "남편들에게 아내 사랑하기를 목숨을 바칠 만큼 사랑하라고 명령하셨다." 아내를 사랑하는 것은 자녀를 사랑하는 것과 같다는 뜻이다. 아내를 사랑해야 하는 의무를 지키지 않으면 가정은 불화로 휩싸이게 되고 부모가 싸우는 것을 자주 보고 자란 자녀들은 사회적으로 문제아가 된다. 우리의 주위에는 문제아가 있는 것이 아니라 문제의 부모가 있다고 할 것이다. 특히 부모가 서로 사랑하고 존경하며 어머니가 아버지의 고충(苦衷)을 자녀들에게 인식(認識)시키고 아버지가 어머니의 어려움을 자녀들에게 이해시킬 때 아들은 아버지에게 순종을 하게 되며 딸은 어머니에게 순종을 하는 것이다. 그러하지 않으면 아들은 아버지에게 반항하고 딸은 어머니를 무시하게 된다.

교육사상가 에라스무스는 "부모들조차도 아이들에게 두려운 존재라면 자식들을 올바로 키울 수 없다. 아버지는 강제를 통하여 영향력을 행사하는 군주와 달리 존경심을 일깨우도록, 관대함을 통하여 교육함으로써 아이가 외부적인 공포로부터보다는 스스로 분발(exertion)하여 옳은 일을 하는 데에 익숙하도록 하여야 한다"고 지적한 것에서 그가 이상적으로 보고 있는 교육학을 엿볼 수 있다. 우선 부모가 화목한 가정 분위기 속에서 서로 존경하며 아껴주는 부부관계를 유지하여 일상생활에서 모범을 보여야 이것이 성(性)교육의 첫걸음이 된다. 딸은 가정에서 아버지를 이해함으로써 남성을 알게 되고 아들은 아버지로부터 생활하는 모습을 보고 집안에서 아버지의 역할이 무엇인지 배우게 된다. 즉 가족의 중대사(重大事)를 결정하는 문제, 어머니를 사랑하는 문제, 가족의 분위기를 조성하는 문제, 앞일을 예측하고 준비하는 문제 등이 그러한 것이다. 우리가 흔히들 생각하기에 어머니가 없으면 아버지가, 혹은 아버지가 없으면 어머니가 자녀를 잘 키우면 되지 않을까 생각하기도 한다. 물론 어느 정도는 보완이 되지만 완벽하게 되지는 못한다는 것이다. 레스 & 레슬리 패럿(Les & Leslie Parrott(2004))[55] 부부의 이론을 보면 "부모가 자녀에게 권위(authority)를 확립하는 데 있어서 그 자신이 일상생활에서 보여주는 모범보다 더 중요한 것은 없다."고 한다. 아버지의 권위가 서려면 "권위"는 그 사회가 나타내는 모든 것을 그 자신의 내부에 요약해야 한다는 것이다. 그는 그의 공동사회, 즉 그것이 국가이든, 군대이든, 가정이든 간에 그가 그의 사회에 이바지하여야 하는 의무에 대하여는 원칙이 살아있는 화신(incarnation)이 되어야 한다는 것이다. 우리 사회의 현실이 어떻게 보면 아버지도 성공하고 자녀도 성공하는 확률

---

55) 레스 & 레슬리 패럿(Les & Leslie Parrott): 레스와 레슬리 부부는 시애틀 퍼시픽 대학의 관계개발센터(The Center for Relationship Development)의 책임자다. 레스는 이 대학의 임상심리학 교수이고, 레슬리는 결혼과 가족 심리치료사다. 흔히 '관계 전문가'(Relationship Experts)로 소개되는 것에서 알 수 있듯이, 이들은 깨어진 관계를 극복하고 성실한 관계를 통해 삶의 충만함을 누릴 수 있는 방법을 연구하는 데 많은 관심을 기울이고 있다. 특히 이성교제, 약혼, 결혼 등 가족 관계가 주된 관심사다. 연구 주제가 이렇다 보니 인간관계의 병리현상에 유독 취약한 미국 사회에서 해결책을 제시하는 역할로 자주 등장한다. 오프라쇼, NBC 나이트 등의 토크쇼는 물론 굿모닝 아메리카, CNN에 자주 모습을 비치며 이들의 저작은 「USA 투데이」, 「뉴욕 타임즈」에서도 주목을 받았다. 오클라호마 결혼 입법안에 조언자로 참가하기도 했다. 국내에는 「로맨스 씨, 현실의 바다에 빠져 죽다」(좋은씨앗), 「영혼의 반려자」, 「결혼: 남편과 아내 이렇게 사랑하라」, 「부부! 꼭 알아야 할 결혼 문제 100가지」(이상 요단) 등 다수의 책이 소개되었다.

보다는 한쪽이 성공하면 한쪽이 덜 성장하는 상황에 놓이게 되는 수가 있다. 어떤 부모는 자기의 출세보다는 자녀의 성장을 위해 시간과 노력과 돈을 더 투자하는가 하면, 어떤 부모는 자신의 성공에 치중한 나머지 자녀교육이 완벽하지 못하는 경우도 흔히 있게 된다.

그렇다면 아버지의 자세는 어떠해야 하는가?

첫째 인간으로서 세상을 보는 자신의 삶의 철학이 바로 정립(a thesis)되어 있어야 한다. 이 삶의 철학을 가정에서 자식의 어머니나 자녀들이 바라볼 수 있도록 자신의 행동과 사고(thought)를 확실히 규정(provision)하고 하루하루를 살아가야 한다. 여기서 '세상'이라는 것은 우주와 자연, 사회와 인간, 삶을 포함한 모든 범주가 여기에 해당한다. 이 말은 즉 아직은 성인(adult)으로 성숙되지 않은 자기 자녀에 대하여 사회를 대상으로 한 가정의 가장(the head of a family)의 입장에서나 개인으로서 아버지는 사회의 규범을 수용하고, 거기에 맞는 삶의 태도와 역할, 자신의 참여범위나 방식 등을 개방하여 자녀가 배울 수 있도록 생활하는 가운데 모범을 보여야 한다는 점이다. 즉 남자는 자녀양육이라는 책임감을 가질 때 비로소 진정한 어른이 된다는 것이다. 이 점이 아버지로서 가장 중요한 과제이다. 부모가 되어 아이를 양육하는 일은 그야말로 엄청나게 많은 생각과 뚜렷한 목표가 있어야 하기 때문이다. 둘째는 가정이라는 혈육의 정(love)으로 맺어진 관계 속에서 삶을 살아갈 때 부화부순으로 부부관계를 이루고 사랑으로 자녀를 보살피며 친척을 포함한 대가족 측면에서도 아버지로서 자기의 역할과 의무를 다하도록 힘써야 할 것이다. 셋째는 자신의 가족이 건강을 유지하고 가족 각자에 있어서 삶의 목표가 실현될 수 있도록 하루하루의 짧은 시간을 잘 관리하여 오늘 삶의 한토막이 인생의 긴 여정(itinerary)에서 성공으로 연결되도록 자녀를 양육시켜야 한다는 점이다. 또한 조상들이 현재까지 살아왔던 삶의 내용들이 후손에게 연결된다는 종(species)의 연장선상에서 아버지는 물론 자녀 자신의 삶도 그 역할이 중요하다는 것을 이심전심(telepathy)으로 정확히 부모가 자식에게 전(convey)해 주어야 한다. 되풀이하면 아버지는 위에서 나열한 중대한 원칙에 대한 큰 틀을 항상 구상(conception)하고, 그 범위와 방향에서 삶을 살아가도록 자기의 사고와 행동을 통제해야 한다는 점이다. 결과적으로 훌륭한 아버지는 자녀들의 어머니인 자기 부인을 잘 다스리고, 부부의 정(love)도 좋아야 한다. 아버지의 권위는 한 가정에서 곧 법이고 도덕이며 생활 자체인 것이다. 하나의 예로서 정상에서 만납시다(지그지글러. 2003)를 참고하면 "미국의 경우에 있어서 교도소 수감자들의 93%가 남성이었으며, 이들 중 자신의 아버지를 진정으로 사랑하는 사람은 거의 없었다고 한다. 그들 중 대부분은 아버지를 증오(憎惡)했으며, 그 증오심을 마약이나 알코올로 풀어보려고 하는가 하면, 사회에 해(evil)를 가(add)함으로써 이를 해소하려 했다"는 것이다. 이와 같은 것을 보더라도 아버지와 아들의 관계가 얼마나 중요한지 알 수 있다. 미국의 정신의학자인 로스 켐벨 박사는 "아버지로부터 따뜻한 사랑을 많이 받은 여아(girl)일수록 나중에 자라서 심리적 불안감이나 성적(性的)인 혼란, 마약 등의 유혹에 빠지는 경우가 적다"고 한다. 문제는 어머니와 아버지의 사랑만이 아이들을 위험한 사회악(evil)의 영향으로부터 보호할 수 있으며, 이것이 스스로를 가치 있는 존재로 여기도록 만들 수 있다는 점이다. 최근 가정마다 자녀가 하나 둘이다 보니 자녀의 요구를 무엇이나 들어주며 지나치게 관대함을 보이는 부모가 많다. 여기서 문제는 '지나치다'는 데 있다. 이것은 오히려 때로는 아버지의 권위가 필요할 때 자녀들의 무반응의 상태를 보여 교육에 역행할 수 있다는 보고가 있고 보면 무조건 자녀에 대한 관대함은 자제해야 한다는 지적이다. 자녀의 성장에 있어서 그들이 최초로 부딪치는 벽이 부모인데, 즉 어버이와의 대립과 갈등의 벽을 뛰어넘어야 하는 과정은 자식의 성장에 있어 필수적이라는 것이다. 그러니 상황에 따라 부모는 때로는 엄하고 때로는 부드럽게 교육시켜야 할 것이다.

어머니의 자세는 어떠해야 하는가? 어머니 역할을 살펴보면 생명을 탄생시키는 어머니의 창조행위는 신(神)의 행위나 마찬가지이다. 자식을 잉태하는 어머니의 몸과 마음은 우주자연을 연상케 한다. 어머니는 자신의 자녀에 대한 느낌이 아버지와는 사뭇 다르다. 무엇이 다르냐 하면 어머니는 자기자녀를 자기와 한 몸으로 느낀다는 것이다. 예를 든다면 자기의 자녀가 간암에 걸려 수술을 하게 된다면 어머니는 자신의 간을 도려내는 것과 같은 아찔한 아픔을 받는다고 한다. 그 정도로 어머니는 자신의 자녀와 영원히 한 몸으로 연결되어서 같은 느낌을 받고 있다는 것이다. 노자(김홍경. 2003)를 참고하면 "모(母)란 기르는 것이다. 계집녀(女), 글자의 태두리 자(字)를 써서 아이를 가진 형상을 상징한다. 일설에서는 아이를 먹이는 것을 상징한다."고 한다(『설문』). 이 글자에서 점 두 개는 젖꼭지를 상징한다(『광운』). 곧 '모(어머니)'란 이미 만물이 태어난 이후 그것을 기르는 것이다. 어머니라는 '모(母)'자(字)에서 그 의무가 잘 나타나 있다. 낳는다는 의미보다는 기른다는 것에 의미가 더 중요하게 주어진다. 그렇다면 어머니가 된다면 무엇보다도 인생이라는 것이 무엇인지 확실한 철학을 가지고 자녀를 길러야 한다. 이 문제가 가장 중요하다. 『주역』의 가르침을 보면

"어머니의 두 가지 중요한 임무가 하나는 엄하게 자녀를 교육시키는 것이고, 또 하나는 살림살이를 부유하게 만들기 위하여 절약하는 것이다."라고 기술한다. 이 두 가지의 과제가 가정을 이끌어 가는 어머니의 역할이다. 하나는 자녀교육 문제이며, 다른 하나는 가정 경제의 문제이다. 자녀교육은 『주역』은 엄하게 교육시킬 것을 주문하고 있다. 믿음과 위엄을 바탕으로 엄하되 여유 있게 자녀를 길러야 한다고 가르친다. 또 다른 하나는 가정이 부유하여야 한다는 것이다. 그만큼 가정의 경제가 중요하고, 기본적으로 경제문제가 해결되지 않으면 여타의 문제들 역시 원만히 해결될 수 없다는 말이다. 어머니교육과 관련하여 자조론/인격론(새뮤얼스마일스. 2007)에서 보면 에이미 마르탱이 말한 부분이 나온다. "나폴레옹은 캉팡부인과 이야기를 나누면서 이렇게 말했다. '낡아빠진 교육제도는 아무가치도 없소. 국민들이 교육을 잘 받아야 하는데 아직 뭔가 부족하지 않소?' '어머니요.' 캉팡부인이 말하자. 나폴레옹은 크게 감동받았다. '맞소! 어머니도 하나의 교육제도라 할 수 있소. 아이들을 어떻게 교육시켜야 하는지 알도록 어머니들 교육에 신경써주시오.'라고 나폴레옹은 말했다. 여기에서도 자녀에 대한 어머니교육의 중요성이 잘 드러난 장면이다. 가정에서의 어머니교육은 예절교육과 정신교육뿐만 아니라 인격교육까지 포함한다. 사람은 가정에서 마음이 열리고 습관이 형성되고 지성(知性)이 눈을 뜨고 선(善)이나 악(惡)을 모방하게 된다. 그런가 하면 여기서 또 조지 허버트는 "훌륭한 어머니 한 명이 백 명의 교사만큼 가치 있다."고 말했다. 가정에서 어머니는 모든 사람의 마음을 끌어당기는 자석이자 모든 사람의 눈을 밝혀주는 북극성이라고 한다. 베이컨은 모방을 가르침에 비유한다. "모방은 말이 없는 가르침이라고 한다." 말로 가르치는 것보다 본보기로 가르치는 것이 훨씬 효과적이라는 것이다. 자녀는 자라서 세상 밖으로 나와 자기 몫의 고난과 근심과 시련 속으로 발을 들여 놓을 때도 그들은 어렵고 힘들면, 비록 조언을 얻지는 못한다 해도 위안을 얻고자 어머니를 찾는다는 것이다. 자녀교육에서 부모자질의 중요성을 표현한 글로 대상관계의 이해와 적용(유근준, 2008)에서 Belsky(1984)는 "어머니 자신의 심리적 환경요인인 심리적 안정과 성숙이 어머니의 과거 경험에 의해 형성되고, 이후 자녀를 양육하는 방식과 관련된다."고 하였다. 어머니의 역할은 두 가지 큰 틀로 이루어진다. 하나는 우주의 음양(陰陽)조화(調和)로서 아버지가 양(陽)이라면, 어머니는 음(陰)이라는 양축(兩軸)으로서의 역할이다. 또 다른 역할은 아버지의 큰 틀의 구성(構成) 안에서 작은 세부적인 영역으로 자녀의 규율이나 태도, 가정의 분위기 등 아버지의 분신(分身)으로서 역할이라고 하겠다. 그렇다면 음양조화로서의 어머니의 역할은 아버지가 강직한 성격의 소유자라면 어머니는 부드러운 측면을 견지(堅持)하여야 하며, 아버지가 삶의 영역에서 확실히 끊고 맺는 성격의 소유자라면 어머니는 끊어지고 단절된 삶의 형태를 바꾸어 부드럽고 연약하게 연결하여 균형적인 삶의 모습을 자녀에게 보여주어서 생활의 조화를 이루어야 한다. 아버지의 분신으로서 어머니의 역할은 아버지의 손이 못 미치는 부분에서 어머니가 가정의 내부적인 지킴이로서 역할을 다해야 한다. 여기서 어머니의 역할은 어머니의 정신을 오직 가족의 안녕과 번영을 위해서 모든 것을 바쳐야 한다. 예를 든다면 꿀벌에서 여왕벌은 세상에 태어나서 단 한번, 오직 생식(生殖)을 위해 수컷과 교미를 하려고 벌통 밖으로 나가 공중에서 교미가 끝나면 자기 벌통으로 되돌아 온 후에는 죽을 때까지 자기 벌통의 봉군(蜂群), 즉 가족을 위해 산란을 하며 군사를 유지하고 자기 벌통 내부를 지킨다. 물론 현재 우리 삶의 현장은 이와 달라 어머니도 삶의 현장에서 일을 하여야 하지만 기본적인 의무는 가정을 지키는 일이기 때문이다. 본래 목적은 꿀벌의 습성처럼 가정 내부를 돌보는 것이 어머니의 의무라고 생각된다. 어머니는 아버지와 자녀가 직장에서나 학교에서 자기가 해야 할 일을 잘 이루도록 측면 지원을 아낌없이 수행해야 한다. 그렇게 하기 위해서는 어머니는 어머니가 있어야 할 장소에서 어머니가 감당해야 할 일을 성실히 수행해야 한다. 남편이나 자녀가 사회에서나 학교에서 지친 마음으로 가정에 돌아오면 어머니의 역할이 오염된 물을 정화하듯이 마음을 평안하게 하여서 새로운 마음으로 다음날 현지에 임하도록 보살펴 주어야 한다. 자녀가 길을 잃고 방향을 잡지 못한다면 어머니는 길과 방향을 찾도록 이정표(milepost) 역할도 해야 하는데, 그렇게 하려면 어머니의 정신이 항상 깨어 있어야 한다. 여기에는 비판정신과 창조라는 재료로 새로운 이미지를 형성해 나가야 하며, 가정의 새로운 비전을 제시해 줄 수 있어야 하는 막강한 책임과 의무를 지니고 있어야 한다. 어머니는 가족 구성원들 각자에게 있어서 그들의 삶의 목적을 실현시키기 위한 열정으로 채워져 있어야 한다. 오이디푸스왕(소포클레스. 2010)에는 이런 구절이 나온다. "가장 훌륭한 어머니로부터 양육 받은 자(person)가……", 이 얼마나 의미심장한 말인가? 이 문장을 다르게 표현하면 자녀의 앞으로의 운명에서 얼마나 훌륭하게 자라느냐 하는 문제는 어머니에게 전적으로 달려 있다는 말과 같은 뜻이 아닐까 하고 생각한다. 어머니의 가르침은 자녀 성장에 있어서 외부적으로 모든 삶의 영역은 물론, 내부적으로는 자녀 자신이 스스로 자신을 지켜야 할 문제 등, 즉 탄생에서 죽음에 이르기까지 지속적인 영향을 미치게 한다.

이 외에도 어머니가 자녀를 키울 때 가져야 하는 마음가짐에는 필수적으로 네 가지 요소를 갖추어야 한다고 생각한다. 이 네 가지 요소에는 정성(true heart), 사랑, 진실, 혼(soul)이다. 첫째 정성은 탑을 쌓는다는 의미로 생각된다. 자녀를 기른다는 것은 공(功)들게 탑을 쌓는 것이나 다름없지 않겠는가? 정성어린 공을 들이지 않으면 훌륭한 탑을 쌓기 어렵듯이 자녀의 성장은 어머니의 정성이 있어야 한다. 둘째 사랑이다. 어머니가 자녀에게 접근하는 통로, 즉 접근방식은 사랑으로 대하여야 하기 때문이다. 자녀는 어머니의 따뜻한 사랑이 주어졌을 때 가슴의 문이 열리게 된다. 사랑이 없는 어머니의 접근은 자녀에게로 가는 통로가 막히게 된다. 자녀의 교육에는 애틋한 어머니의 사랑이 필요하다. 셋째 진실(truth)이다. 진실은 자연에 비추어본다면 도(道)와 같은 것이다. 만약에 자녀를 기르면서 진실되지 않으면 어떻게 되겠느냐? 생각해 보아라. 즉 참(truth)이어야 한다. 참은 사실로서 진리에 어긋남이 없는 것이다. 즉 옳고 바른 상태를 말한다. 도(道)는 자연을 따르듯이 교육은 진실해야 하기 때문이다. 넷째 혼(soul)을 주입시켜야 한다. 인의예지(仁義禮智)라는 혼, 즉 선(善)이라는 혼을 자녀라는 그릇에 연(連)해 주어야 올바르게 성장할 수 있다. 이러한 네 가지 요소를 갖추고 자녀에게 교육을 시켜야 할 것이다. 이와 같은 맥락에서 볼 때 청소년 문제라고 하는 것은 사실 가정에서 책임을 져야 한다. 어머니가 자녀들을 교육하는 데 있어서 자녀가 태어나기 20년 전부터 교육을 잘 받아 훌륭한 사람으로 성장하고 있어야 하며, 20년 동안 채워 둔 지성(intelligence)이 자녀에게 교육의 내용이 되도록 해야 한다는 것이 전문가의 의견이다. 이것을 통하여 부모교육이 이루어진다는 것이다. 청소년 교육이라는 것은 부모교육을 의미하고 청소년 문제는 가정문제, 부모문제이기 때문이다. 생각해 보아라. 어머니가 현명하고 지적이며 자상하면서도 내면적인 삶을 살아간다고 한다면 그 자식과 남편은 어려움을 당하지 않고 안전하게 자신의 길을 걷지 않겠는가? 앞에서 기술한 여러 학설을 참고하더라도 한쪽 성(sex)으로 충분하고 완벽한 역할을 다 하도록 되어 있는 것이 아니고, 성(性)에 따라서 더 잘할 수 있는 역할을 부여함으로써 서로 조화를 이루는 과정에서 완전한 교육이 이루어지도록 되어 있는 것이다. 도쿠가와 이에야스 인간경영(도몬 후유지. 2007)에 이런 말이 나온다. "아이의 가슴속에는 아버지의 상자와 어머니의 상자가 있어서 태어날 때에는 텅 비어 있다. 자라면서 그 상자는 부모의 사랑으로 채워진다." 만약에 우리의 자녀가 어머니의 사랑과 아버지의 사랑을 받지 못하면, 그 상자는 영원히 비게 될 것이며, 그만큼 우리자녀의 인격은 자라지 못하고 멈추게 될 것이다. 단 여기에서 어머니와 아버지가 개별적으로 자녀에게 사랑을 베풀 때 꼭 염두에 두어야 할 것은 반드시 사랑과 함께 충고가 따라야 한다는 점이다. 특히 어머니는 아버지의 고충을 자녀에게 이해시키도록 하고, 아버지는 어머니의 고충을 자녀에게 알도록 하여 성장하는 자녀가 부모 역시 가정을 꾸리고 자녀를 성장시키기 위해 고달픈 생(生)을 살아가고 있다는 그 아픔을 세밀히 알고 있어야 한다. 그러하지 않으면 나중에 부모를 무시하고 천대하게 된다는 것이다.

부모는 자녀에게 무엇을 가르쳐야 하는가?

교육의 목표는 학습자의 내적 독립과 개성, 그 성장과 완전성을 촉진시키는 데 둔다.

_ 에릭 프롬

　부모는 항상 불안하다. 자녀가 부모 곁을 떠난 후 자립하여 독립적으로 스스로 잘 살아갈 수 있을지 자신을 갖지 못한다. 하나의 생명이 세상에 태어난다는 것, 어린 자녀가 완전히 성장하여 독립적으로 세상을 살아가면서 자신에게 주어진 수명을 완전히 누리고 노화될 때까지 살아남는다는 것은 부모나 본인의 입장에서는 실로 중요한 문제가 아닐 수 없다. 인간을 제외한 야생에서 살아가고 있는 다른 동물들이 건강하게 살면서 완전하게 일생을 마친 예(例)는 과연 몇 퍼센트나 되겠는가? 통계자료에 의하면 그들은 수명을 다할 때까지 살아남을 수 있는 생존율이 사자는 평균 10~20퍼센트이며, 초식동물은 평균 30~40퍼센트라고 알려져 있다. 인간의 생존율은 과연 얼마나 되겠는가? 인간은 다른 동물에 비하여 수명이 길기 때문에 동물과 단순 비교한다는 것은 다소 문제가 있다. 인간은 나라별로 차이가 있으나 대략 1900년 초(初)를 기준으로 했을 때 20세 전후까지 살아남은 비율은 눈부신 현대과학의 힘에 입어 평균 80~95퍼센트 정도라고 한다. 다른 동물에 비한다면 꽤 높은 수준이라고 말할 수 있다. 인간에 있어서의 생존율은 현대과학의 힘이라고 말할 수 있을 것이다. 이는 곧 교육적인 힘을 간과할 수 없을 것으로 본다. 그렇다면 부모교육이 학교교육과 다른 점은 무엇인가? '위대한 사람의 뒤에는 위대한 부모가 있다'라는 말을 명심하기 바란다. 부모교육이 중요한 점은 '한 사람이 어떤 인간으로 성장하느냐?'는 학교에서 선생님으로부터 받은 교육이 아니라 가정으로부터 부모에게서 받은 교육에 의해서 결정된다는 사실을 상기할 때 부모교육이 중요하지 않을 수 없다. 교육의 기본 기능이 전 세대(前世代)가 축적해온 그 사회의 생산 양식을 후 세대(後世代)에 전승(傳承)시키는 것이라고 할 때 공교육제도인 학교교육도 중요하지만, 부모교육 역시 자신이 현재까지 살아오면서 축적해온 삶의 기술을 다음 세대인 자신의 자녀에게 전수(傳授)시킨다는 점에서 중요하지 않을 수 없다. 야생의 세계에서 살아가고 있는 곰에게 있어서도 이들이 살아가는 삶의 기술을 어미 곰이 새끼 곰에게 전수하는 것을 보면 인간에게 시사(示唆)하는 바가 크다고 할 수 있다. 이것이 무엇이냐 하면 야생의 세계에서 살아가고 있는 곰 역시 어린 새끼 곰이 자신이 어린시기에 어미로부터 사냥하는 기술을 배우지 못하면 영원히 사냥하는 법을 알지 못하여 결국은 먹이를 얻지 못하고 삶을 이어갈 수 없어 죽게 된다는 것이다. 곰뿐만이 아니다. 바다에 사는 고래 역시 갓 태어난 새끼고래는 숨을 쉴 줄 몰라 그대로 방치하면 죽게 되기 때문에 어미 고래가 자신의 머리로 새끼고래를 바다 위로 올려 숨을 쉬도록 한다. 이러한 것을 보면 인간이든 야생의 세계에서 살아가고 있는 동물이든 삶의 어려움은 똑 같은 것이라는 생각이 들지 않을 수 없다. 인간이 배워야 하는 것에는 삶의 기술을 배우는 것과 일반적인 지식을 배우는 것이 있으며, 인간이 연구해야 할 것은 인생이라는 것과 전문적인 면에서 체계적인 학문이라는 것이 있다. 여기에서 지식을 배우는 것보다는 삶의 기술을 배우는 것이 더 어렵고 학문을 연구하는 것보다는 인생을 연구하는 것이 더 어렵다. 부모가 가르쳐야 할 점이 바로 삶을 가르치는 것이고 인생을 연구하도록 하는 것이다. 그러면 현대교육에 있어서 무엇이 문제인가? 전문가들은 말한다. 지혜를 가르치는 텍스트가 없다는 점이다. 이 지혜를 깨닫게 하는 교육을 부모가 맡아 가르쳐야 한다는 것이다. 이것이 현대교육에 있어서 가장 중요한 과제로 남게 되는 부분이다.

정상에서 만납시다(지그 지글러. 2003)를 보면 "자녀가 자신이 원하는 모든 일을 하면서 큰 사람이 되는 법은 없다. 소인(小人)은 자신이 원하는 일을 하지만, 위대한 사람은 자신의 위대함을 다스리는 법을 따른다. 당신이 자녀에게 규율을 가르친다면 이는 곧 그에게 미래의 성공과 행복에 이르는 가장 중요하고 훌륭한 도구를 쥐어 주는 것이다. ……무언가 훌륭한 일을 성취해 낸 사람이 있는가? 그 사람이 바로 규율에 의해 훈육을 받은 사람이다."라고 기록하고 있다. 이 가르침이 얼마나 의미 있는 말씀인가? 여기서 보면 부모는 자녀가 원하는 것을, 즉 아이에게 무엇을 주느냐가 중요한 것이 아니라 어떤 원칙을 갖고 아이들에게 어떤 자질을 함양시켜 주느냐가 중요하다. 가정에서 부모가 자녀에게 꼭 가르쳐야 할 것이 수없이 많겠지만 우선 생각나는 대로 기록해 보면 먼저 남으로부터 수모를 겪고 모욕을 견디면서 몸을 안전하고 건강하게 보존하는 법, 자기 자신을 사랑하고 존중하며 밝게 긍정적으로 살아가는 법, 예의와 도덕을 알고 타인과의 관계에서 인격성을 유지하며 살아가는 법, 앞이 보이지 않는 참담함 속에서도 언제나 희망과 꿈을 잃지 않는 법, 어려운 고비마다 중대한 상황에 부딪쳤을 때 창의력을 발휘하여 헤쳐 나아가는 법, 자기 조절력·자제력을 길러주는 법, 자주적이고 독립적으로 살아가는 법, 신

(神)이 자신에게 부과한 그 명(命)이 무엇인지 발견하고 그것을 이행하며 살아가는 법, 사랑의 거룩함을 알고 성(性)의 순결을 보존하는 법, 시간의 귀중함을 알고 잘 관리하는 법, 악한을 피하고 선(善)한 사람을 가려서 사귀는 법, 돈의 가치를 알고 물질을 절약하는 법, 단 한 번뿐인 자신의 생(life)이 소중하다는 것을 알고 인생을 성공으로 이끌어 가는 법 등등 많은 가르침이 있어야 할 것이다. 여기서 앞에서 나열한 것을 부모가 자신의 자녀에게 가르쳐야 하겠지만 이것과 연관된 것으로서 중요한 것이 자아강도가 강한 사람으로 자녀를 키우는 일이다. 자아강도란 무엇인가? 사람에게 있어서 모든 것이 평화로울 때 사람은 쉽게 마음에 평정을 쉽게 유지할 수 있지만 문제는 내적, 외적으로 자극을 받을 때 과연 마음에 평정을 유지할 수 있는가이다. 이때 자아강도가 양호한 사람이라면 이렇게 마음에 평정을 유지하는 것이 가능하지만 자아기능이 약한 사람은 그렇게 할 수 없다는 것이다. 자아기능은 천성과 양육이 합해진 결과물이라 볼 수 있으며, 원인이 무엇이든 간에 개인이 살아가는 방식에서 아주 중요한 영향을 미치게 한다는 것이다. 박용천, 오대영이 번역한 『정신역동적 정신치료』를 참고하면 "자아기능들 가운데 일부는 주로 우리를 둘러싼 세계와의 관계를 다루고 환경이 주는 자극으로부터 우리가 압도당하지 않도록 보호한다는 것이다. 여기에는 현실 검증력, 현실감각, 자극 조절, 타인과의 관계, 판단력이 이 기능에 속한다. 다른 자아 기능들은 주로 내적인 환경을 다루며, 내부에서 오는 자극으로부터 압도당하지 않도록 보호한다. 감성, 불안내성, 충동조절, 방어력, 자기 존중감, 인지기능이 여기에 속한다."라고 기록하고 있다. 그러니 성장기에 있는 자녀를 둔 부모는 어떻게 하든지 자아강도가 강한 사람으로 자녀를 양육하여야 할 것이다. 자조론/인격론(새뮤얼 스마일스. 2007)에서

보면 "부모들이 날마다 보여주는 애정과 규율, 근면, 자제심이 배어 있는 행동은 아이들이 귀로 듣고 배운 그밖의 모든 것을 잊은 뒤에도 오래도록 남아 작용하게 되는 것이다. 부모의 말없는 행동과 무의식적인 표정조차 아이의 성격에 지울 수 없는 흔적을 남기며, 선량한 부모의 깨끗한 모범으로 얼마나 많은 죄악이 방지되고 있는지 사람들은 잘 알지 못한다."라고 여기에서 기술하고 있다. 행복의 조건(조지베일런트. 2010)에서도 "벤저민 스포크(Benjamin spock)와 그의 연구원들은 자녀의 성장을 예측하고 자녀에게서 바뀔 수 있는 것과 있는 그대로 받아들여야 하는 것이 무엇인지 이해할 수 있도록 부모들은 가르쳤다."고 기술하고 있다. 즉 적응에 있어서와 마찬가지로 자녀의 의식구조에 있어서 그대로 두고 받아들여도 가능한 것은 그대로 수용을 하고 간과하여도 자녀의 성장에 큰 문제가 없지만, 자녀의 의식구조가 반드시 현재의 상태로 그냥 그대로 받아들여 수용을 했을 때 앞으로 자녀의 성장에 장애가 나타나고 자신의 미래에 큰 지장을 초래할 수 있다고 예상되는 위험한 부분은 반드시 그 의식구조의 틀을 변화시키고 바꾸어 주어야 하는데 그 역할을 부모교육이 담당해야 하는 부분이라는 것이다. 여기에는 좋지 못한 습관과 성격 등이 해당될 것으로 본다. 현재로서 볼 때 부모는 자신의 자녀가 후일 부모가 되어 다음세대인 자녀를 키우게 될 때 지금 자신의 부모로부터 자신이 세심한 교육을 받지 못하였다면, 그들이 자신의 자녀에게도 올바로 교육을 시키지 못하게 되어, 그들에게서 태어난 자녀 역시 올바르게 성장하지 못하게 된다는 점을 인식하고 있어야 한다는 점이다. 흔히들 우리 부모가 간과(看過)하기 쉬운 것은 아이들은 자연스럽게 세월이 가면 성장하게 된다고 생각하는지는 몰라도 그것은 아주 위험한 생각이 아닐 수 없다. 훌륭한 부모들은 그렇게 생각하지 않는다는 데 있다. 교육에는 여러 가지 형태와 방식이 있다. 돈과 권력을 위해서는 인간이 만든 논리적인 이론과 기술을 열심히 연마해야 할 터이지만, 진정한 인간의 도(道)를 깨달아 참다운 삶을 살아가기 위해서는 자연의 도리를 몸으로 깨닫고 중용의 덕을 쌓아야 한다. 이렇게 되려면 덕을 익혀 너그럽고 포용력 있는 생활의 도(道)에 충실한 사람이 되어야 하기 때문이다. 물론 21세기를 살아가는 우리의 자녀들이 옛날처럼 몸으로 중용의 덕만 쌓고 가만히 있을 수는 없다. 그러나 참 교육의 원리만은 지금이나 옛날이나 다름이 없는 것이다. 아무튼 현재 우리의 자녀는 그럴수록 내면적으로 마음을 갈고닦아 수양을 충실히 하여야 하며, 또한 좋은 직장을 구하기 위해서는 인간이 만든 논리적인 이론과 기술을 학교교육에서 열심히 배우지 않으면 안 된다. 이 두 마리의 토끼를 잡기 위해서는 무엇보다도 부모의 마음자세가 거짓이나 가식(假飾)이 아닌 순수성, 진실성과 성실성을 가지고 열심히 살아가는 자세를 자녀에게 보여주어야 한다. 원래 동양의 전통적인 교육에 있어서 군자의 학문이란 반(反)은 수신(修身)하는 것이고, 반(反)은 목민(牧民)하는 것이다. 현대에 있어서 학교교육은 지식을 가르치는 일에 치중하여 오직 사회인이 되기 위하여 직업을 구하는 일에 전념하고 있다. 오늘날에도 교육에서 필요한 것이 동양의 전통교육처럼 우선 먼저 수신(修身)을 위한 교육을 가정에서 부모가 가르쳐야 한다. 주역강의(서대원. 2007)를 보면 비록 고대 전통교육의 원리이긴 하지만 "참 진리만은 인간이 욕심대로 구한다고 쉽게 얻어지는 것이 아니요, 진리가 자연스럽게 나를 찾아오도록 해야 하는 법이다. 그러기 위해서는 가장 중요한 것은 어린아이와도 같은 삶의 순수성을 간직하는 일이다. 이 순수성을 잃지 않으면 가르침을 얻게 될 것이나, 순수성을 잃으면 아무것도 얻을 수 없다."라고 가르친다. 바로 이 뜻은 부모가 진실하고 성실하게 살아간다는 것은 자연의 입장에서 볼 때, 이것이 바로 순수성이다. 이'순수성'이야말로 교육에 있어서 기본적인 마음의 자세인 것이다. 이 순수성에 의해서 부모가 자녀를 가르치게 되고 자녀가 가르침을 수용하게 되며 자연히 도(道)를 획득하게 되는 것이다. 즉 부모의 마음이 순수함을 유지할 때 자기의 자녀 역시 불순물에 오염되지 않고 순수성으로 도(道)를 따르게 되고 진심으로 노력하게 된다. 부모가 이러한 생활 자세로 꾸준히 열심히 살아가면 자녀의 성장은 진리가 자연스럽게 찾아오듯이 바르게 성장하게 될 것임은 틀림없을 것이다. 바로 이 점이 오늘날 부모들이 흔히 말하는 자녀를 키운다는 것은 부모 마음대로 이루어지지 않는다는 말과 일맥상통한다고 생각하는 바이다. 만약에 자신의 자녀와 같은 또래 아이들이 바르게 성장하고 있다면 그 자녀의 배후에는 반드시 훌륭한 부모가 존재하고 있다는 것을 알아야 한다. 남의 자녀가 겉으로 보기에는 자녀 스스로 성장하는 것처럼 보일 때도 있겠지만, 내면을 자세히 들여다보면 전혀 그러하지 않다. 그 정도로 자녀의 성장시기에는 부모의 각별한 지도와 긴장된 자세가 필요하다. 우리 부모들이 꼭 알아야 할 점이, 특히 성장기에 있는 자녀에게 있어서는 한순간의 실수가 한평생을 불행하게 만드는 경우가 있으니, 이 점을 명심하고 부모는 한순간이라도 방심(放心)하여 그 끈을 놓아서는 안 된다. 물론 때로는 자녀의 성장이 어느 부분 자연스럽게 이루어지는 부분도 있을 것이다. 하지만 대부분 그렇게 자연적으로 이루어지는 것들이 겉으로 보기엔 자연스럽게 이루어지는 것같이 보이지만, 사실 그 내용을 알고 보면 인위적으로 부모가 최선을 다했을 경우에 찾아오는 그 결과물이라는 것을 잊어서는 안 된다. 교육의 목적에 관하여는 학자들마다 많은 이론이 있다. 서양의 고대철학자 아리스토텔레스는 인간은 여러 가지 능력을 가지고 생존하는 존재라 보고 "교육은 바로 합리적 사고의 원천이 되는 이성적 능력의 잠재력을 개발하는 과정이라고 생각하였다." 아무튼 교육을 받음으로써 받지 않은 것보다 지적(知的)으로나 심리적으로나 깨우쳐, 자연현상과 사물의 원리, 과학의 힘을 받아들이는 속도와 깊이가 향상되고 행동에 변화가 있게 된다. 국가와 사회적 측면에서는 민주적인 시민의 양성이나 개인의 변화를 통한 사회의 변화에 교육의 의미를 두기도 한다. 이러한 교육의 의미는 국가적 측면에서 우리의 삶에 있어서의 질(quality)을 개선하고, 사회가 발전하고 더 나아가서 평화로운 국가가 건설되는 데 기여하는 것이라고 본다. 그런가 하면 교육의 목적이 개인적 측면에서는 인격의 완성, 진리혹은 인간됨의 도리추구, 우주현상의 원리 파악, 자아실현 등을 제시하고 있다. 하지만 궁극적인 목적은 배움으로써 주변사람들로부터 존경을 받는 것이며 또한 자녀의 신분상승일 것이다. 어쨌든 문제는 가치 있는 삶을 추구하는 데 있어서는 예나 지금이나 변함이 없다고 하겠다. 이와 같은 맥락에서 볼 때 부모가 자녀 교육에 앞서 깊이 생각해야 할 문제는 자녀의 신분상승도 중요하지만, 인간성 개발, 내면적 가치 추구, 성숙한 인간으로 양육하는 데 그 목적이 있지 않으면 안 된다. 이와 같은 가치 추구는 직접적인 개인의 욕구충족에도 있겠지만 인간으로서 갖추어야 할 기본적인 자질이기도 하다. 아무튼 부모 교육이란 깊게 들어가면 결국은 장자(최효선 역해. 1997)의 '양생주(養生主)'[56]의 가르침이나 다름이 없다. 또한 이율곡이 말하는 교육적 내

---

56) 장자의 양생주(養生主)란 "모름지기 생(生)을 보존해가는 근본적인 도를 말한다." 즉 양생주란 생명을 보양하는 근본적인 도란 뜻이다. 세속의 생활에 있어서 초월자의 생활의 지혜를 밝힌 것이다. 곧 인간의 세상을 살아나감에 있어서 자기의 생을 온전하게 하려면 어떻게 살아나가야 할 것인가 하는 근본원리를 설명한 대목이다. 오늘날, 인간의 지적 욕망의 갈구가 현재와 같은 고도의 문명을 만들어냈지만 반면 이 유익한 문명의 이기는 도리어 인간의 파멸을 가져오고 있다. 이는 결과적으로 매우 위태한 상태

용은 "인간이 생명을 보존하고 기르는 차원은 물론이고 하늘을 섬기는 일까지 미치게 한다."고 하는 내용과도 일치하게 된다. 이와 같이 자녀 자신이 홀로 세상을 안전하고 완전하게 살아가는 방법을 가르쳐야 하기 때문에 부모교육이 중요한 의미를 갖는다고 하겠다. 부모교육의 중요성이 이러함에도 이와는 다르게 특히 요즘의 자녀들의 성장 과정에 있어서의 현실은 특히 과거에도 그렇겠지만 자신의 외모에 지나친 관심을 갖고 친구보다 자신이 못생겼다고 생각하면서 심각하게 고민에 빠지게 된다는 점이다. 물론 그들의 행위에 대해서 이해는 가지만 이러한 생각을 극복하기 위해서는 자신의 능력을 개발하여 외모보다 더 가치성 있는 과업(課業)을 개발하도록 능력을 키워주는 데 부모교육이 담당해야 할 몫으로 남게 된다. 이것이 바로 자녀에 대한 능력의 개발이며 자존심을 기르는 하나의 방법이다. 또 다른 한 가지 중요한 교육적인 과제는 저마다 타고난 운명(運命, fortune)을 수용하여야 하는 자세가 필요하다는 것이다. 신(神)은 모든 인간에게 똑 같은 운명을 준 것은 아니다. 저마다 각기 다른 복(福)을 주었으며 또한 재능도 각기 다르게 주었다. 우리의 자녀들은 자신에게 주어진 운명을 수용하고 감사하게 살아가야 할 자세가 필요하다. 비록 자신이 타인보다 주어진 운명이 불우하더라도 먼 미래를 생각하며 열심히 살다

를 초래할 것이고 다시 원시의 천연적인 인간생활을 갈구하게 되는 것이다. 오늘날 과학의 발달로 오는 혜택보다 피해를 2천 여 년 전에 장자는 이미 염려하고 있었다. 그래서 참으로 생을 누리려면 백정이 소를 잡는 천연적인 이치와 공문헌과 우사의 문답, 진일과 제자의 대화 속에서 묘체를 얻어, 오직 도에 따라 살아나가야 천수를 누리고 가족을 보양하고 인간의 질서를 확립할 수 있다 함이다. 따라서 인간은 속세의 모든 오욕(五慾)을 버리고 오직 천도에 순응하면서 살아나가야 참된 삶을 누릴 수 있는 것이다. 덧붙인다면 우리의 생명에는 한(限)이 있으나 지식에는 한(限)이 없다. 한이 있는 것으로써 한이 없는 것을 따르면 위태하다. 위험한 줄 알면서도 지식을 추구함은 더욱 위태로운 일이다. 선을 행하여 명예에 가깝게 하지 말고 악을 행하더라도 형벌에 가깝게 하지 말며 오직 중도(中道)를 따름으로써 상도(常道)를 삼으면 그로써 몸을 보존할 수가 있으며 어버이를 봉양할 수가 있고 천수(天壽)를 누릴 수가 있다. 그러니 양생주란 천수를 누리도록 중도를 따르라는 말씀이다.

보면 자신은 뜻을 이루게 될 것이고 후손들에게도 좋은 미래가 열릴 수 있을 것인데도 말이다. 이러한 의미에서 부모가 자녀에게 가정에서 가르쳐야 할 교육내용이 수없이 많겠지만 가장 중요하다고 생각하는 것은 철저한 교육을 시켜 자녀가 스스로 자신의 운명을 개척하고 홀로 이 세상을 안전하게 살아가도록 하는 법을 가르쳐야 한다. 아리스토텔레스는 꾀꼬리들이 새끼들에게 노래를 가르치느라고 시간과 마음을 많이 소비한다고 한다. 우리가 꾀꼬리를 새장에 가두어 기르면 그들이 부모 밑에서 공부하는 기회를 얻지 못하는 까닭에 노래의 우아미를 많이 잃는 것이라고 생각했다. 하물며 꾀꼬리도 그러할진대 인간이라면 어떻게 해야 하겠는가?

하나의 예를 더 들어 보기로 하자. 바다고기 중에서 쇠고래[57]라고 하는 고래가 있는데 이 고래만이 유독 사람을 무서워하지 않고 배(ship) 가까이 다가 와서 사람과 친교를 갖는다고 한다. 즉 사람이 고래를 만나려고 가는 것이 아니고, 이 고래가 사람을 만나려고 다가온다는 것이다. 이 쇠고래가 사람을 무서워하지 않고 가까이 하려고 하는 것은 어미 쇠고래가 새끼 쇠고래를 데리고 사람이 타고 있는 배에 가까이 와서 배 밑으로 헤엄치며 사람과 만나서 사람의 손이 자기 쇠고래 등에 닿도록 함으로써 오히려 안정을 찾으며 위안을 갖도록 새끼 쇠고래에게 교육을 시킨다는 것이다. 이 어미 쇠고래는 단 한 마리의 새끼를 낳아 기르는데 새끼와 나란히 헤엄쳐 다니면서 새끼 쇠고래에게 완벽한 교육을 시킨다고 한다. 어미 쇠고래는 교육 중에 새

---

57) 쇠고래: 알래스카에서 사는데 번식기에 맥시코의 바하 캘리포니아 반도에서 수백 킬로 떨어진 태평양으로 내려와 새끼를 낳고 어느 정도 키워서 새끼가 헤엄치는 능력이 길러지는 4월쯤이면 다시 알래스카로 되돌아간다.

끼 쇠고래가 말을 듣지 않을 경우에는, 어미의 지느러미로 새끼를 때려가며 살아가는 방법, 먹이를 찾는 방법, 위험을 피하는 방법 등 일일이 하나하나 빠짐없이 몸소 실천으로 교육을 시킨다는 것이다. 이와 같은 교육을 받은 새끼 쇠고래는 자기가 어미가 되면 자기가 어미한테서 배운 그대로를, 또 자기의 새끼에게 교육을 시켜 세대 간 교육이 이루어져 사람과 가까이 지내게 된다고 한다. 여기서 주목할 것은 이 어미 쇠고래가 물고기 중에서 다른 물고기보다도 자기 새끼에게 가장 강(强)하게 교육을 시킨다고 하는데, 언제나 어미 쇠고래는 자기 새끼 쇠고래를 데리고 다니면서, 나란히 헤엄치며 상세한 부분까지 강(强)한 교육을 시킨다고 전해지고 있다. 바다고기에서도 새끼교육이 이러할 진대, 인간이라면 자녀에 대한 부모교육의 중요성은 말할 것도 없지 않겠는가?

부모교육과 관련하여 시간 관리와 자아실현(유성은. 1988)을 참고해 보면 "삶의 관리는 지식, 태도, 기술, 의욕이 결부된 종합예술이라고 할 수 있다. 각자의 삶의 방식은 다르나 삶을 살아가는 데 필요한 기본원칙은 공통적으로 존재한다고 믿는다. 전통적으로 학교에서는 지식과 기술의 개발에는 중점을 두었지만 인생을 살아가는 데 기본이 되는 삶의 방법은 세밀하게 가르치지 못하고 있다. 그러므로 균형적인 삶을 살아가기 위해서는 인생 관리를 공부해야 한다."로 설명하고 있다. 승려와 철학자(장-프랑수아르벨 & 마티유리카르. 1999)에서도 "대중에게는 어떻게 살아야 하고 어떻게 삶의 기술을 익히고 어떻게 자신의 삶을 이끌어 가야 하는지가 중요하다."고 말한다. 이러한 모든 교육이 가정에서 부모가 자녀에게 가르쳐야 하는 교육이다. 앞에서 언급하였듯이 인생관리, 삶의 기술 등 자녀가 어떻게 살아야 하느냐가 중요하지 않을 수 없다. 2012년 12월 미국의 코네티컷주 뉴타운 샌디훅 초등학교에서 총기난사 사고를 일으켜 28명의 생명을 죽이고 자신도 자살을 한 끔직한 사건도 결국은 지나친 지적추구로서 감성의 결핍에서 기인한 정신적 우울증이 부른 결과라고 설명하고 있다. 감성을 외면하고 지나치게 지적인 면을 추구하다보니 마음이 메마르고 이기적이어서 절대로 남을 배려할 줄 모르고 이해할 줄 몰라 자기만이 혼자 있게 되고, 남과의 관계에서 화목과 조화를 이루지 못해 결국은 정신병인 우울증에 걸려 문제를 일으킨 것이라고 판단을 한다. 예로부터 지혜가 있고 생각이 깊은 자는 염결(廉潔)을 숭상하고 탐욕을 경계하였다. 아무리 과학이 발달하고 세상이 변한다고 하더라도 동양의 전통교육의 올바른 사상을 전수하여 자자손손 대대로 번영하여 훌륭한 삶을 이어갈 수 있게 하려면 청렴과 결백을 중요시하지 않으면 안 된다. 이 청렴과 결백을 지키기 위해서는 무엇보다도 자녀들에게 자제력과 절제력을 길러주어야 한다. 아무리 자녀가 태어날 때 훌륭한 재능을 타고난다고 하여도 자제력과 절제력이 없으면 아무런 소용이 없는 것이다. 그 중에서도 옛말에 '규문(閨門)이 엄하지 못하면 가도(家道)가 어지러워진다.'고 하였으니 인자하신 어머님의 가르침은 천금보다도 중요하지 않을 수 없다고 하겠다. 요즘 현대사회에서도 모범적인 어머니의 훌륭하고 엄정한 행실을 배워 여자아이가 근신(勤愼)할 줄 알고 가도(家道)를 지킬 줄 안다면 그 이상 훌륭한 교육은 없을 것이다. 이렇게 가정주부가 정조(貞操)를 지키고 순결을 유지하며 절제(節制)할 수 있는 자녀교육이 대학에서 가르칠 수 있는 과목이 아니라 가정에서 훌륭한 어머니로부터 배워야 한다는 것을 우리는 잘 알고 있는 사실이다. 교육사상가 에라스무스는 "자연이 너에게 아들을 줄 때, 자연은 너에게 가공(加工)되지 않은 재료를 주는 것에 다름 아니다. 너의 과제는 유연하고, 또 무엇보다도 조형 가능한 재료를 최선의 상태로 완성하는 것이다. 네가 이를 게을리한다면, 너는 야수(野獸)를 얻게 될 것이다, 네가 이를 세심히 행(行)한다면, 너는 예컨대 신적(神的)인 존재를 얻는다."라고 말했다. 현재 우리사회는 민주·자본주의 등과 함께 산업사회이기 때문에 이런 환경에서 살아가다보니 물질주의 위주로 사회가 발달되고 편성되어 정신적인 면(aspect)이 소홀하고 부족해져 자녀들의 정신건강에 악영향을 미치게 된다. 요즘 신세대 부모들은 혹간 자신이 부모가 되었는데도 자기 자신이 어릴 때 부모로부터 부모교육을 제대로 받지 못한 것이 원인이 되어, 현재 자신이 자기 자녀에게 아버지나 어머니로서의 자녀교육을 제대로 시키지 못하는 경우가 있다. 이것은 대단히 불행한 일이다. 더군다나 성인이 되면 자기가 제대로 삶에 대하여 배우지 못하였다고 인정을 하지 않으려고 하는가 하면, 또한 남의 말을 듣지 않으려고 하는 데 더 심각성이 대두된다. 그렇게 되면 부모 자신의 삶은 물론이거니와 여기에서 태어난 자녀들도 위태로워질 수 있기 때문이다.

이와 같은 경우 부모는 물론 자녀 역시 자제력도 부족하며 물질의 중요성도 인식하지 못하여 낭비를 하게 되고 자신의 몸을 보호하고 관리하는 데도 어려움이 따르게 되며 남에게 피해를 주어도 피해의식을 갖지 않게 되는가 하면 극단적일 경우 생명의 중요성도 알지 못하게 된다. 자신이 어떠한 생각과 행동이 잘못된 것인지도 인식하기가 힘들다는 것이다. 현재 우리 사회에서 이러한 젊은 세대들이 잘못 성장하고 있어서 사회가 혼란스럽게 되어 심각한 문제를 야기하고 있기 때문이다. 이러한 현상은 물질적인 풍요로움과 즐거움을 지나치게 추구함으로써 정신적인 면을 소홀히 하는 과정에서 발생한다고 볼 수 있을 것이다. 이러한 결과는 부모 자신의 세대에서 끝나는 것이 아니라 자식의 세대(世代)로 이어져가며 지속된다는 데 더 큰 문제가 있을 수 있다. 이와 같이 자기세대에서 자녀교육이 잘못되었을 때 자녀 한 세대만 잘못되는 것이 아니고, 그 자녀가 부모가 되었을 때 똑 같은 오류(誤謬)를 범하게 될 확률이 높다고 하겠다. 물론 세대에 따라 교육의 차이는 다소 발생하겠지만 인간의 삶에 있어서 교육의 핵심적인 부분은 큰 차이가 없을 것으로 생각한다. 이런 문제 때문에 자녀교육은 더욱더 중요하지 않을 수 없다.

  나는 내가 젊은 시절에 우연한 기회에 내보다 나이가 10세 정도 아래 되는 어떤 한 분을 만난 적이 있었다. 그곳은 공무원 교육원인데 영어전문반 7주간 교육을 받는 기간이었다. 그곳에는 원어민 강사가 와서 직접 영어로 말하면서 가르치는데 교육이 끝나면 라-트(그 당시 영어 자격증) 시험을 쳤다. 그런데 그 젊은이와 기숙사 같은 방에서 7주간 같이 거처를 하면서 생활을 하게 되었는데, 특히 그 젊은이의 얼굴이 티 없이 앳(look young)되며 인상도 좋았다. 내가 한 가지 놀란 점은 이 젊은이가 보기에는 틀림없이 세상 고생을 하지 않고 귀하게 자란 청년인데도 어떻게도 그렇게 세속(世俗)의 움직임과 흐름, 사람의 인심(人心)을 잘 알고 있는지, 꼭 나이 많은 70세의 산전수전(山戰水戰)을 다 겪은 노회(老獪)한 사람처럼 머리를 사용하고 있었다. 상대방의 마음을 꿰뚫어 볼 줄도 알고 그렇다고 예의에 어긋나는 행동도 하지 않고 먼 미래를 내다보면서 자신의 실력을 쌓아가고 있었다. 한 마디로 말한다면 착실한 젊은이 바로 그 대명사였다. 나는 한동안 의아해 하지 않을 수 없었다. 그런데 그 젊은이의 가정과 부모에 관해서 말하는 것을 들어보니 부모로부터 가정교육을 잘 받은 사람임에 틀림이 없었다. 나는 마음속으로 부모교육이 중요하다는 점을 다시 한

번 깨닫게 되었다.

  보통 한 가정을 보면 그 가정 나름대로 남다르게 지켜온 예의와 전통 등 특별한 인격적인 면이 있다. 어떤 가정은 무슨 일이 있어도 남의 인격을 침해하지 않는가 하면 무슨 일이 있어도 비속(卑俗)한 언어를 사용하지 않는다. 어떤 가정은 이웃사람들에게 친절하게 인사를 잘 하는 가정도 있으며, 어떤 가정은 어려운 이웃을 자신의 가족처럼 잘 돌보아주는 가정도 있다. 이러한 행동은 그들 나름대로 그 가정을 지켜온 어른, 즉 부모들의 인격에서 유래한다고 할 수 있다. 인격은 아무리 세월이 흐르고 세상이 변하더라도 인간이 함께 살아가는 한 하나의 보물처럼 빛을 발하게 된다. 또 어떤 가정은 부모들은 너무도 물질적인 것에 계산이 빨라서 어떠한 일이 있어도 금전적으로 자신이 손해를 보지 않으려고 하며 조금이라도 자기 자신에게 이익이 되도록 행동한다. 그리고 그들 자녀는 부모의 복제품(複製品)이 된다. 자녀는 보통 성인이 되어도 부모의 행동과 모습 그대로를 배워 반복하며 살아간다. 그런데 우리가 여기서 잊지 말아야 할 것은 인격은 무형의 재산이며 소중한 가치라는 점이다. 작물이 성장하는 것을 보아도 그 주인의 인격과 건전성을 알 수 있는데, 어찌 자녀는 부모의 영향을 받지 않는다고 하겠는가? 부모의 정신력이 발현되는 인격은 한 치의 오차도 없이 자녀에게 반영되어 나타난다. 그래서 도덕적 교육이 최초로 이루어지는 곳이 가정이라는 것이다. 가장 훌륭한 가정은 무엇보다도 도덕이 완벽하게 실천되는 가정이라고 말할 수 있다. 도덕은 원래 자연의 법칙에서 유래된 것이다. 이 자연의 법칙에 따른 도덕교육은 자연에 순응하는 것으로부터 시작된다. 이 자연의 섭리에 먼저 순응함으로써 자신의 수명(壽命)을 보존할 수 있기 때문에 인간은 도덕을 실행하게 되는 것이다. 도덕교육이 인격형성 전반에 영향을 끼쳐 바람직한 행동으로 나타나기까지는 오랜 세월이 걸리기 때문에 교육적인 효과가 쉽게 외부에 잘 나타나지 않는다. 가정에서 부모로부터 도덕교육을 잘 받은 자녀는 사회에 나가면 어디에선가 행동면에서 도덕교육을 받지 못한 사람과 차이가 나게 마련이다. 이것은 자녀의 자제력, 의지력, 습관에서부터 도덕교육을 받지 않은 자녀들과는 뚜렷하게 구분이 된다.

나는 국가와 사회적인 정통성, 이에 영향을 받는 가정의 의미와 자녀의 인격형성 등과 관련하여, 이민자(移民者)의 자녀교육에 대한 현실적으로 어려운 사례를 한번 적어본다. 2010년 3월 말(末) 어느 교수님 한 분과 함께 뉴질랜드로 여행을 간 적이 있다. 인천공항에서 대한항공을 타고 뉴질랜드 북(北)섬에 도착하니, 한국인 40대 중년신사 한 분이 안내자(guide)로 나와 우리가 타고 있는 관광버스에 올라 안내하기 시작했다. 그분은 한국에 부모님이 살아계신다고 하면서 잘생겼고 친절하면서도 많은 지식을 갖추신 분이었다. 그분은 차에 오르고 나서 처음 하는 인사가 오늘 아침 집을 나오면서 자기의 둘째딸과 다툼이 있었다고 하였다. 본인으로는 이 둘째 딸 때문에 심적 고통이 이만 저만이 아니라는 의미를 내포하고 있었다. 자기는 딸만 둘이 있는데 큰딸은 대학생인데 공부도 열심히 하고 가정일도 잘 도와주는 착실한 아이라고 했다. 둘째 딸은 오늘 아침에도 학교에 가지 않을 것이라고 집에서 고집을 부리는 것을 보고 한바탕 불화(不和)가 있었다고 한다. 이 둘째 딸 때문에 삶의 한계(限界)를 느낀다고까지 말하였다. 작년에는 그 둘째 딸이 아빠가 자기를 때렸다고 경찰에 신고를 하는 바람에 딸과 자기가 경찰서에 불려가 진술(陳述)하는 과정에서 아빠인 자기는 딸을 때린 것이 아니고 밀었다고 했지만, 그곳 경찰관은 때린 것이나 민 것이나 똑같이 취급을 했다고 한다. 그러면서 자기 딸이 그곳에서 경찰관이 지켜보는 앞에서 아빠인 자기한테 하는 말이 한번만 더 밀어봐라 아빠고 뭐고 그냥두지 않을 것이라며 아빠에게 항변을 했다는 것이다. 그 딸의 아버지인 안내자(guide)는 자신의 둘째 딸은 어떤 정통성(正統性)도, 정체성(正體性)도 없다고 말했다. 이 둘째 딸아이가 두 살 때 한국에서 뉴질랜드에 오게 되었고, 그곳에서 이년째 되는 해부터 한동안 영국에 살면서 초등학교를 다녔는데 영국에서 큰아이는 사립학교에 다녔지만, 둘째아이는 그 당시 영국의 어느 공립학교에 다녔다고 했다. 그 공립학교에 다니면서 혼혈 아이들과 같이 생활하면서부터 점점 인성(人性)이 변하게 되었다고 그 딸의 아버지는 말했다. 그 후 다시 영국에서 뉴질랜드로 오게 되었으며 지금은 첫째 딸은 대학생인데 그야말로 착실하고 공부도 열심히 하며 가정도 걱정하는 모범 학생인가 하면, 둘째 딸은 현재 고등학교 재학 중인데 문제아(問題兒)로 생각이 되어 크게 걱정스럽다고 말하였다. 그 관광버스에 탄 대부분의 여행객들은 관광버스의 안내자인 그 둘째 자녀의 아버지 말을 듣고, 둘째 딸아이가 지금은 말썽을 부려도 나중에는 크게 될 사람이니 걱정하지 말라고 하면서 그 안내자를 위로해 주었다. 나의 마음 한 구석은 남의 일이지만 자식을 키우는 부모의 한 사람으로서 다소 걱정스러운 면이 있었다. 이 안내자의 둘째 딸에게는 근본적으로 잘못된 점이 있는 듯했다. 그것은 그 나이에 걸맞게 획득해야 할 가정이라는 의미와 특히 부모와 자녀에 있어서 하늘이 맺어준 인연인 천륜의 의미 등은 물론이거니와 부모와 자신과는 무슨 관계가 있는지? 학교에는 왜 가야 하는지? 앞으로 나는 어떻게 이 세상을 살아가야 하는지? 내가 태어난 곳은 어디이며 할아버지와 할머니는 어떤 분이라는 것 자체도 모르는 상태라고 생각이 들었다. 즉 국가와 민족 속에서 흐르는 중심사상인 정통성(正統性)과 자신이 세상을 보고 인간존재의 본질을 깨달아서 확실히 자신은 누구라고 하는 정체성(正體性)이 결여되어 있다고 보았다. 물론 고등학교에 다니는 학생들이 부모가 원하는 대로 누구나 그렇게 착실하며 모범 학생이 되는 것은 아니지만 그래도 본국에서 학교에 다니는 학생이라면 그렇게까지는 행동하지 않을 것이라고 본다. 아마도 국내에서나 이민(emigration)가서 살고 있는 외국에서나 자녀교육의 어려움은 마찬가지라고 생각할 수도 있지만, 훨씬 이민자의 자녀교육이 어려울 것 같은 생각이 들었다. 언어와 인종차이로 인하여 외국에서의 자녀교육은 다른 문화의 영향으로 두세 배의 어려움이 가중(加重)될 것으로 본다. 그것도 한국에서 어느 정도 자라 이미 자기나라의 정통성이 형성되었다면 몰라도, 어릴 때 외국으로 이주(移住)해 혼란한 그 사회에서 성장한다면 부모의 기대와 달리 자연히 그곳의 문화를 받아들이게 되고, 그 속에서 성장하면서 접하게 되는 환경적 차이를 어떻게 선택적으로 수용하고 체화(體化)하며 살아야 하는지 정말 어려운 문제가 아닐 수 없다. 영어를 배우기에는 좋을 것이지만 인성(人性)문제에서는, 정통성이 면면(綿綿)한 우리나라에서 교육을 시키는 것이 정도(正道)가 아닐까 생각해본다.

학습을 하는 것도 마찬가지이겠지만 인격형성 역시 뇌 안의 신경시스템을 조건화시키는 과정이라고 볼 수 있다. 좋은 습관을 지니도록 올바른 생각과 행동을 반복적으로 강화시키는 훈련이 바로 인격형성의 교육과정이 아닌가 생각해 본다. 현재의 비도덕적이고 나쁜 생각과 행동보다는 착함을 바탕으로 한 도덕적이고 자제력을 갖춘 올바른 생각과 행동이 습관화하도록 강렬하게 반복훈련을 통하여 신경시스템을 조건화시켜야 한다. 학습도 마찬가지다. 모르는 부분을 반복적으로 외우는 과정이 신경시스템을 조건화시키는 과정이기 때문이다. 그렇게 함으로써 기억이 증대되고 신경회로의 밀도를 높이게 되어 뇌의 신경섬유가 굵은 회로를 갖게 됨으로써 인격이 형성되고 지식이 쌓이게 되는 것이다. 자조론/인격론(새뮤얼 스마일스. 2007)을 보면 "인격은 최상의 인간성이며 구체화된 도덕질서이다."라고 표현한다. 높고 훌륭한 인격을 쌓기 위해서는 지속적인 자기 훈련이 필요한데, 여기에는 선(善)을 바탕으로 한 도덕질서를 함양하는 일이라 하겠다. 하지만 착함을 바탕으로 하는 것이나 도덕질서를 함양하는 것은 스스로의 자제력으로 부단한 인내력를 요구한다. 여기에서 좋은 습관은 어릴 때부터 길러야 한다고 강조하고 있는 새뮤얼 스마일스는 "미덕의 습관이 들도록 젊은이들을 훈련시키는 중요성은 아무리 높이 평가해도 지나치지 않다. 미덕의 습관은 어릴 때 길러주는 것이 가장 쉽다. 일단 습관이 되면 살아 있는 동안 내내 지속된다. 습관은 나무 껍질에 새겨 놓은 글자처럼 세월이 갈수록 커지고 깊어간다"고 말한다. 그래서 자기 스스로의 내부 규율을 정해 놓고 그 질서를 지켜나가는 것이 여간 힘 드는 일이 아닐 수 없다. 여기에는 시간적인 여유와 경제적인 넉넉함이 있을 때 자신의 인격을 높일 수 있는 기반이 마련되는 것이다. 좋은 부모와 훌륭한 스승 밑에서 지도를 받으며 오랜 기간을 통하여 습관화되어야 한다. 옛날 중국에서도 외국 손님을 맞아들이는 일에 종사한 관리(官吏)는 반드시 귀한 집안의 저명한 사람을 선별하여 의전(儀典)을 책임지게 하였다는 것은 그들이 명망 있는 가문에서 풍습과 도덕규범을 쌓아 이러한 문제를 감당할 만한 인격을 소유한 인물이기 때문이었을 것이다. 그 정도로 훌륭한 인격은 명문의 귀한 집안 출신이기에 가능하다는 의미이기도 하다. 자조론/ 인격론에서 인격은 인격으로서 분명히 하나의 개인에 대한 재산이라고 강조한다. 그래서 인간은 자신의 인격을 지키며 유지해야 한다는 결론에 이른다.

뉴욕 월트윅 학교에서 결손가정과 비행청소년들과의 상담을 통해 구조적 가족치료를 개발하기 시작한 살바드르 미누친(Salvador Minuchin)이라는 학자로부터 도출한 부모와 자녀관계 등 가족관계와 관련된 연구를 보면 "가족구성원의 경계형성에 장애가 되는 두 가지 형태로 경계가 너무 약한 것과 지나치게 강한 것을 말하고 있다. 여기에는 지나치게 강한 경계는 자폐성이나 고립상태를 만들고 지나치게 약한 관계는 체계 간에 분리가 되지 않고 밀착되어 있어 신체적, 정신적 독립성과 개별성을 허용하지 않으므로 많은 문제가 발생한다고 하였다." 그러니 가족구성원 개개인 사이의 관계가 어느 정도 자유스러우면서 가족으로서의 끈이 잘 연결되어져 있어야 할 것으로 판단된다.

영국에서도 1960년대 말부터 대부분의 교사들이 '체벌 안하기'에 동조했으나 이후 공교육은 거의 무정부(無政府) 상태가 되었다고 전해지고 있다. 인간은 저절로 성장하는 존재가 아니며 보살핌과 함께 지속적인 간섭과 주의(attention), 엄한 가르침이 있어야만 정상적인 자아가 형성된다는 것이다. 그러니 나태(懶怠)와 방임상태가 아닌 자신의 욕망을 자제하고 규칙과 규범을 준수하는 생활 속에서 올바른 자아가 정립되고 훌륭한 인격이 형성된다고 할 것이다. 건전한 가정이란 어떤 가정일까? 가정(家庭)이란 함께 살아가는 한 가족의 모임, 또는 그 가족이 함께 사는 곳이다. 가정의 본연의 의무는 가족원들의 기본적인 욕구를 충족시켜주어야 한다. 기본적인 욕구로는 의식주를 해

결하여야 하며 자녀를 양육하고 보호하는 피난처이기도 하다. 그 중
에서도 심리적 안정, 사랑의 교감(交感), 사회적 측면으로는 종족을 보
존하고, 더 나아가서는 자아실현을 구상하는 데 으뜸이 되는 장소이
기 때문이다.

제7장

성격형성과 인성의 발달

"세상에는 완벽한 어머니도 없고 완벽한 자식도 존재하지 않기 때문에 모든 사람은 참자기가 생겨나서 독특하고 자율적인 자기에 통합되기 시작하는 생후 첫 3년의 상처를 안고 살아간다. 많은 사람들이 성인이 되어 겪는 어려움이 어린 시절의 사소했던 갈등의 잔재 때문이고, 그 결과 창조성과 자율성, 성적 친밀감에서 경미한 문제를 일으킨다는 뜻이다."

_ 자기 심리학을 주창한 제임스 F. 매스터슨

성격이 성장에 미치는 영향은?

가. 성격의 이해

성격은 많은 요소로 이루어져 있다.

_ 틱낫한

성격은 환경은 물론 유전적인 영향으로 뇌의 작용에 의해서 발현된다고 할 수 있다. 그 중에서도 유전적인 요소에 크게 좌우되는 기질(氣質)과 체질(體質)은 물론이고 성장환경, 현재까지 살아오면서 겪게되는 경험, 미래에 살아갈 목표에 따라 성격은 변화한다고 할 수 있다. 사람의 얼굴모양이 각양각색으로 다르듯이, 성격 역시 얼굴처럼 각양각색으로 다르다고 하겠다. 우리가 흔히들 성격을 말할 때 둥근 성격, 모난 성격, 조급한 성격, 느리고 굼뜬 성격, 조그마한 일에 흥분을 잘하는 성격, 침착하고 차분한 성격, 직선적인 성격, 우회적인 성격, 다정다감한 성격, 싸늘하고 차가운 성격, 온후한 성격, 호탕한 성격, 침울한 성격, 깔끔한 성격, 이기적인 성격 등으로 표현하고 있다.

성격(性格)의 사전적 의미를 살펴보면 '① 각 개인이 가지고 있는 특유한 성질, 품성 ② 각 개인을 특정(特定) 짓는 지속적이며 일관된 행동 양식으로 되어 있다.' 물론 성격은 나이를 먹어감에 따라 변화한다. 그러나 성격은 대체적으로 개인이 갖는 특유한 성질로 지속적이며 일관된 행동 양식을 보인다고 할 수 있다. 한번 형성된 성격은 자기를 대변(代辯)하며 자기를 오랫동안 구성(構成)한다고 할 수 있을 것이다. 성격의 유사적 의미로 인성(personality)이란 말을 흔히 사용하고 있는 바, 이 말은 개인의 사회적 기질(氣質)[58]이나 특질(特質)을 설명할 때 적용하고 있는 것이 보통이다. 즉 '비협조적인 사람' '공격적인 사람' '솔직한 사람' '강직한 사람' 등이 그런 것이다. 이와 같이 성격의 특성에 대하여는 여러 가지 이론이 분분(紛紛)하다. 학자들은 학자들대로 성격의 특질을 말하는가 하면, 종교인은 종교인대로 성격에 대한 특질을 밝히고 있다. 그러면 성격의 특질은 어떠한가? 성격은 겉으로 보이지 않는다. 원만한 성격의 소유자 측면에서는 과격하고 조급한 성격의 소유자를 만나면 늘 위태롭고 불안하게 느껴진다. 그러나 과격하고 조급한 성격의 소유자는 그것을 좀처럼 고치기가 힘들다. 성격은 언제 어디서나 내면적으로나 외부적으로, 사람이나 사물을 접했을 때 감정과 함께 일어나며 본인의 행동에 영향을 미치게 된다. 이것이 성격의 특질이다. 우울한 성격의 소유자는 별것 아닌데도 남이 그 사람을 볼 때 어쩐지 슬프게 보인다. 호탕한 성격의 소유자는 시원스럽게 한바탕 웃으며 매듭을 짓고 지나친다. 성격은 바람같이 지나고 보면 아무것도 아닌 듯 느껴진다. 그러다가 또 상황이 바뀌면 바람처럼 일어난다. 즉 그러한 성격이 다시 엄습해 온다. 본인은 자신의 성

---

58) 기질(氣質): ① 어떤 사람의 행동에 나타나는 특유한 성질. ② [심]사람의 행동양식의 바탕이 되는 유전적·생물학적·감정적 성질

격을 고치려고 노력해보지만 쉽게 고치기 힘들다. 주변 사람들은 그 사람의 성격에 의한 행동을 고치지 않고 그렇게 행위(行爲)한다고 원망하며 비난하기도 한다. 성격의 속성으로서 성격은 청년기 이전에 있어서는 약간해서 자신의 성격을 고치기 힘들다. 왜냐하면 유전적인 것은 제외하고라도 환경의 영향을 받는 성격, 즉 경험, 의지 등도 아직은 부족하기 때문이다. 다만 어느 정도 나이가 들어 세상만사를 다 겪으면서 자신의 성격의 결함을 명확히 알고 있는 경우라든지, 지식과 인격이 고양되어 성숙하게 되었다든지, 그동안 갈고 닦은 수양심 등 의지력에 의하여 자제력이 향상되면 성격은 어느 정도 변화시키고 고칠 수 있게 되는 것이다. 여기서 성격의 정의(正義)를 살펴본다면 '성격은 외부적으로 환경에서 도출(導出)되는 문제나 상황에 대한 자신만의 정신능력의 표현으로 얼마나 조화를 이루느냐에 따라 건전성의 여부가 결정되는 역동적인 실체다.'라고 설명할 수 있다.

건전한 성격이란? 자기 수용력, 정신적 안정감, 온화함과 부드러움, 높은 포용력과 이해력, 절제된 욕망심, 명확한 인생목표, 자기 확대감, 창의성, 훌륭한 가치관 등이라고 말한다. 이에 대하여 불건전한 성격이란? 정신의 불안정, 과격성과 충동성, 생활리듬의 굴곡과 다변화, 감정의 불균형, 자기중심성 결여, 무한한 이기적 욕망심 등이라고 말한다. 자신의 좋지 못한 성격은 특히 자신의 성격이지만 자신이 통제하기가 어려운 데 문제가 있는 것이다. 자신이 자신을 통제하지 못하는 성격을 정신적인 불구라고 말할 수 있는데, 이러한 성격은 남에게 상처를 입히게 되고 결국은 자신을 해치게 된다. 이와 같이 좋지 못한 성격은 자신이 자신을 통제할 수 없어 발생하는 정말 어려운 문제가 아닐 수 없다. 성격은 유전적 성향으로 고치기가 힘들다고 생각되지만 점점 나이가 들면서 유전적 성향에 비하여 삶의 경험이 증대하여 이때부터는 환경적인 색채가 강하게 되어 성격을 변화시키는 데 유리하게 작용할 것으로 생각된다. 한 사람의 개체에 따른 개성, 즉 성격은 여러 가지 형태의 조합이 모여 하나의 성격이라는 개념으로 표현된다. 그래서 주변상황변화, 개인이 타인과 접하면서 발현되는 내면화된 요인, 신체적 정신적 그때 상황, 연령과 주변 환경 등에 따라서 성격의 특징이나 발현이 다르게 나타난다고 할 수 있다.

나. 성격이 성장에 미치는 영향?

인간이 세상에 태어나서 삶을 안전하게 살아간다는 것은 정말 어렵고 힘겨운 일이 아닐 수 없다. 왜냐하면 이 세상에 펼쳐져 있는 환경은 아름답기도 하지만, 한편으로는 인간이 노출되어 있는 지천(地天)에는 생명을 위협하는 사물과 요소들로 이루어져 있다고 하지 않을 수 없다. 한순간의 방심과 잘못이 생명을 앗아가고 인간의 몸과 정신에 상처를 입혀 죽음과 불행을 초래하게 한다. 그 중에서도 삶을 살아가는 데 가장 큰 영향을 미치게 하는 것이 성격이다. 성격이 바로 삶을 주도하고 이끌어가는 주인역할을 하기 때문이다. 아무튼 성격은 한 인간이 세상을 살아가는 데 행동면에서 지속적인 영향을 미치게 되어 일생을 통하여 삶의 성공과 실패를 가늠할 정도로 중대한 결과를 가져오게 한다. 그래서 성격의 특질을 파악하고 이해함으로써 삶의 행동을 보다 나은 방향으로 개선코자 하는 데 그 목적이 있다고 하겠다. 지식과 성격은 서로 보완관계에 있다고 할 수 있다. 왜냐하면 지식이나 인격이 높아지면 자신의 성격적 결함을 보완하고 고치기가 쉬워진다. 여기에는 많은 사회적인 경험도 한 몫을 하여 자기 자신의 성격적 결함을 명확히 알게 되어 자신의 좋지 못한 성격을 미연에 방지한다든가 억압함으로써 좋지 못한 성격을 발현하지 못하게 하기 때문이다.

성격은 유전과 환경의 영향에 의한다고 하지만 환경적인 영향보다는 주로 유전적으로 타고난다고 할 수 있다. 물론 어떤 성격은 유전적인 영향을 많이 받고, 어떤 성격은 환경적인 영향을 많이 받는다고 할 수 있으며, 상호작용에 의해서 나타난다고 할 수 있을 것이다. 그래서 성격이 삶에 있어서 생각과 행동을 관장(管掌)하기 때문에 삶의 질(質)을 좌우하고 인생행로에 큰 영향을 주어서 운명을 결정하기도 한다. 비근한 예로서 화(火)를 참지 못한 사람이 남을 공격하여 구속되는 경우도 있고, 우울한 성격의 소유자가 비관하여 자살에 이르는 경우도 있으며, 교만한 성격의 소유자가 자신의 교만함이 원인이 되어 자신의 목표 실현이 불가능하여 중도에서 좌절되는 경우도 있다. 이와 같이 나쁜 성격이 운명을 좌우하게 되어 본인의 인생을 파멸로 이끈 예(例)는 얼마든지 주변에서 찾아볼 수 있다. 어떤 사람은 타고난 천성이 차분하고 온유하여 일생동안 무난히 평온하게 살다가 세상을 떠나는 사람도 있다. 그 정도로 성격은 운명을 만들고 삶에 지대한 영향을 미치게 된다.

성격의 발현과 관련하여 행동으로 나타나게 되는 음주벽에 대한 한 예(例)를 들어 보면, 내 주변에는 조금(약 15일 주기)술을 먹는 사람이 한 사람 있었다. 보름 정도의 간격을 두고 술을 3~4일 지속적으로 마신다. 술을 먹는 기간만은 아무도 말릴 수 없고 자신도 자신을 통제할 수 없어 자신의 감정이 폭발적으로 나타나 주변 사람들을 놀라게 한다. 하지만 자신도 어쩔 수 없다. 그러다가 그 술이 깨고 나면 언제 그런 듯이 보름 동안은 술을 먹지 않고 아주 평온하고 조용히 지낸다. 또 그러한 행동이 반복된다. 남이 생각할 때는 나쁜 버릇이라고 하지만, 본인으로서는 도저히 고치기 힘든 문제이다. 이러한 습관 역시 성격과 관련된다고 볼 수 있다. 사람이 살아가면서 삶에 영향을 미치게 하는 것으로서 자신의 성격만큼 무서운 것이 없다. 10년 동안 마음공부를 하고 수양한 사람도 성격이 원만하지 않으면 일자무식해도 성격이 온유한 사람보다 위태로울 수가 있다. 무식(無識)해도 성격이 온유하면 자기 몸을 오랫동안 안전하게 보전할 수 있으며 남과의 관계에서 좋은 관계를 맺으며 인생을 무난히 살아가게 된다. 하지만 좋지 못한 성격을 소유한 사람은 먼저 남에게 피해를 준다. 자신의 나쁜 성격으로 하여금 남에게 상처를 입히게 된다. 결국에 가서는 자신의 정신이나 몸을 상하게 하고 자신을 파멸로 몰아넣는다. 불건전한 성격적인 영향으로 인하여 발생하는 삶에 미치는 영향을 보면 부부의 이혼, 건강의 훼손이나 신체적인 결손, 인간관계의 불화 등 지속적인 갈등과 마찰, 갑작스런 사고(事故), 업무실적 부진, 자아실현 불가능, 사회적인 고립, 경제적인 파탄, 심지어는 죽음에 이르기까지 굵직한 생(生)의 문제들이 전적으로 성격과 연관된다고 할 수 있다. 인간의 건강은 정신이 건강해야 한다. 정신건강을 좌우하는 것이 성격이다. 성격이 건전한 사람은 정신적으로 문제가 없는 사람이다.

올포트(G. W. allport)는 성격을 정의하기를 '성격은 환경에 대한 개인의 독특한 적응행동을 결정하는 심리·물리적 체계들의 역동적 조직'이라고 하였다. 번루터(R. G. Bernreuter)는 인간의 성격을 이해하기 위해 "신경성 경향, 자기 충족감, 내향성-외향성, 지배-복종, 자신감, 사회성의 6가지 특성"으로 분류하고 있다. 미네소타 다면적 성격검사에서는 성격을 이해하기 위해 "히포콘드리어증[59], 우울증, 히스테리아, 정신병질 이상, 편집증, 정신쇠약증, 정신분열증, 경조증[60], 남녀성(性)의 특성(Masculinity-Feminity), 사회적 내향성, 즉 10개 특성"으로 분류하고 있다. 성격검사의 대부분이 특성이론에 의지하고 있는 것은 그것이 개인의 성격특성을 기술하고 비교하기에 편리하기 때문이라고 한다. 그러면 성격을 어떻게 고칠 수 있나? 성격을 고치지 않으면 삶을 안전하게 살아갈 수 없다는 생각이 들지 않으면 성격은 고치기 어렵다. 꼭 성격을 고쳐서 삶을 무난하게 살아야 한다는 각오로 뼈를 깎는 아픔을 참으면서 성격을 고쳐야 하기 때문이다. 그런가 하면 성격을 고쳐야 한다면서 고치지 못하고 자신의 삶을 운명에 맡기는 사람도 있다. 그 정도로 성격을 고치기는 힘들다는 표현이다. 성격을 고치려면 자신의 성격을 완벽하게 파악하지 않으면 안 된다. 어떤 사람은 자신의 화(anger)를 참지 못해서 극단적인 행동을 선택하는 경우도 있다. 얼마나 성격이 삶에 무서운 영향력을 행사하는지 알 수 있는 대목이다. 대오각성하지 않으면 성격 고치기가 힘들다는 것을 말해 준다.

그러면 성격을 고치려면 어떻게 해야 하는가?

· 자신의 성격적 결함을 명확히 알고 있어야 한다.
· 성격을 고치려고 하는 동안만은 가급적 사람 많이 모이는 곳을 피하고 가능한 한 혼자 있으면서 자신 내면의 마음 움직이는 것을 살

---

59) 히포콘드리어증(심기증, 心氣症): 자기의 건강상태에 대하여 필요이상으로 염려하여 각종자각증상을 나타내고, 그로 인해 더욱 불안하게 되는 상태
60) 경조증(輕躁症): 방정맞고 성미가 급하여 말이 많음

펴 고요함을 유지하여 성격을 고정화하는 기간이 필요하다.

· 일반적으로 건전한 성격은 어떠한 성격이며 그 기준을 명확히 설정하고 자신의 좋지 못한 성격을 파악하여 깊이 성찰하여 좋지 못한 성격의 발현을 미연에 차단하고 없애도록 최선을 다해야 한다.

· 자신의 성격의 불건전성에 대하여 대비책을 세운다.

· 풍부한 지식과 의지로써 인격을 쌓아 자신의 부족한 점을 보완한다.

· 교양이 있고 인격이 높은 사람과 사귀며 그들의 행동을 배운다.

· 가능한 한 욕심을 줄이고 경쟁의식을 피한다.

· 즐거움을 찾기보다는 평소에 자제하고 절제하는 생활을 한다.

· 자신의 마음을 지키기 위해 늘 바른 마음을 갖도록 노력한다.

· 언제나 여유를 가지고 가급적 마음을 비운 상태로 살아간다.

· 경구(警句), 명언(名言)을 많이 읽고 지식, 인격을 많이 쌓아 교양을 갖추도록 한다.

· 산다는 것은 행하는 것이고 행동의 주관자는 성격이라는 것을 명심한다.

즉 매일 바르지 못한 자신의 생각과 행동을 반성하여 옳고 바르게 행동할 것을 다짐하며 반드시 실천하도록 꾸준히 노력하여야 할 것이다.

성격의 형성변화에 대한 고찰

가. 성격은 어떻게 형성 변화하는가?

성격도 대물림한다.

_ 클리프 아이잭슨(출생의 심리학 중에서)

성격(性格)이란 무엇을 의미하는가? 성격은 인간이 삶을 살아가는 데 자신의 행동에 크게 지속적으로 작용함으로써 쉽게 고쳐지지 않는 무서울 정도로 중대한 영향을 끼친다고 하지 않을 수 없다. 성격의 특성이 왜 그렇게 삶에 영향을 주느냐 하면 자신의 의도대로 움직이지 않는 데 심각성이 대두된다. 그러면 성격의 형성 변화와 관련하여 학자들의 중심이론부터 살펴보기로 하겠다. 오스트리아의 정신분석학자인 지그문트 프로이트(Sigmund Freud)는 "성격의 근본적 변화는 매우 힘들며 일생을 통해 피상적인 행동변화가 일어나기도 하지만, 보통 내재된 성격구조는 불변한 채로 남아 있다."라고 한다. 또 이 변화는 흔히 장기간의 고통을 수반하는 정신분석치료에 의해서만 가

칼 구스타브 융

능한 것처럼 생각했다. 성격의 형성면(形成面)에서 Freud는 심리성욕(心理性慾)과 인간발달(人間發達)에 관한 정신분석학 이론을 두 가지 조건을 전제로 하고 있다. 첫째는 유전학적인 접근방법으로서 성인의 성격은 유아기의 여러 가지 경험에 의해 형성된다는 것이다. 두 번째는 성 에너지(libido)[61]의 상당량은 출생 시(時)에 이미 나타나며, 이것은 일련의 심리성욕단계를 거쳐서 발달해 가는데, 이 단계는 개체의 본능적 과정에 그 뿌리를 박고 있다는 것이다. 스위스의 정신의학자인 칼 구스타브 융(Carl gustav Jung, 1951)은 인간의 생물학적 본능뿐만 아니라 선조의 경험까지도 유전으로 물려받는다고 주장한다. 융은 40세를 전후하여 이전에 가치를 두었던 삶의 목표와 현재까지 삶의 과정에 의문을 제기하면서 중년기에 성격 특성이 변하고 위기가 시작된다고 주장한다. 사회적으로 성취한 모든 것들이 어떤 면에서는 개인의 내재적 욕구의 억압을 바탕으로 한 것이므로, 사회적으로 성공한 사람들도 중년기 위기는 불가피하다는 것이다. 이러한 위기를 극복하기 위해 중년기 전까지 외부세계로 집중되던 정신에너지를 내면으로 돌려, 억압하고 방치되어 있던 자신의 내면의 진정한 자아를 찾기 위한 탐색이 시작된다고 보았다. 융은 이러한 자아탐색을 통한 내적 성장과정을 개체화라 부르고 있다. 아무튼 Carl gustav jung은 인간의 성격(심리)은 《동시성(同時性)의 원리 principle of synchronicity》라고 부르는 "현재가 과거에 의해 영향을 받을 뿐만 아니라 미래에 대한 목적의식에 의해서도 영향을 받는

---

61) 리비도(libido): [심] 프로이드의 정신분석학의 기초개념인 성적(性的) 본능에 의한 충동

다고 믿는다."는 것이다. 칼 구스타프 융은 "성격발달을 아동기, 청년 및 성인초기, 중년기, 노년기에 걸쳐 성격발달이 이루어지며 35~50세에 변화를 경험한다."고 보았다. 조오지 켈리(George Kelly, 미국의 인지적 성격이론가)의 구성개념이론을 중심으로 성격의 발달측면을 살펴보고자 한다. 임상심리학자요 성격학자인 조오지 켈리(George Kelly)의 성격에 대한 가장 두드러진 특성으로 인간존재의 인지적(認知的)이고 지적(知的)인 측면, 즉 그의 이론적 체계는 개인적 구성개념 심리학일 것이다. 이 개념 심리학은 인간은 근본적으로 개인적 경험 세계를 효과적으로 다루기 위해 그 세계를 이해하고, 해석하고, 예견하고, 조직하려고 투쟁하는 과학자라고 생각한다. 이러한 측면에서 성숙의 개념적 이해를 높이기 위해 조오지 켈리(George Kelly)의 요점은 '인류는 주변의 사상들을 예견하고 조절하는 연구를 해오고, 연구의 진보는 수세기에 걸쳐 두드러지게 발전했으며, 우리들이 주변에서 일상적으로 만나는 사람들이 모두 이러한 인류에 포함되는 것이다. 과학자들의 열망이라는 것은 근본적으로 모든 인류의 열망이다(Kelly, 1955, P43).'라고 말한다. 켈리는 그의 동료 심리학자들에게 피험자(일반사람)들도 과학자처럼 과거를 토대로 추론하고 미래에 관해 가설을 세우는 행동을 한다고 강조하면서 구성개념 심리학이란? 모든 사람들 역시 과학세계에 참여하고 있는 학자와 마찬가지로 가설을 세우고 이를 긍정하거나 혹은 부정하는 똑같은 심리학적 과정을 따른다는 의미에서 과학자라고 말했다(Kelly, 1955). 개인적 구성개념이론의 기본전제는 과학은 각자가 인생을 살아나가는 그 목적과 과정을 세련화(洗練化)해 가는 것을 나타낸다. 즉 과학의 목적은 사상(思想)을 예상하고 수정하고 이해하게 한다. 즉 과학자의 주된 목적은 불확실성을 감소시키는 것이다. 과학자뿐만 아니라 모든 사람들은 이러한 동일한 목적을 갖는다. 우리는 모두 미래를 예견하고 그 결과를 예상할 수 있는 계획을 세우도록 자극 받고 있다는 것이다. 결과적으로 성숙(成熟)하기 위해서는 개인은 새로운 사상을 구성하거나 오래된 사건을 재구성할 수 있을 뿐만 아니라, 변화 그 자체를 구성할 수 있는 능력이 있어야 한다는 것이다. 이것이 즉 사람이 성숙하게 된다는 것을 의미한다. 누구나 다 조오지 켈리(George Kelly)가 말하는 구성개념이론을 가지고 행동화하고 있지만, 성숙되려면 좀 더 창의적이고 적극적인 자세로 구성개념이론으로 문제를 재구성(再構成)하여 보다 더 나은 성장과 발달을 추구하여 변화해 나아가야 한다고 말한다.

예를 든다면 음주가 몸에 해롭고 정신세계를 혼미하게 만들기 때문에, 술 중독자인 한 인간을 타락시켜 못쓰게 만든다면, 만약에 이 술주정뱅이는 그것으로 하여금 버려지게 될 것이다. 하지만 구성개념이론을 도입하여 이 주정뱅이는 자기의 행동과 습관의 잘못된 관념을 반성하고, 다음부터는 술을 먹지 않는 새로운 사람으로 새롭게 탄생하여 생을 값어치 있게 살아간다면, 그 사람은 성장과 변화, 성숙으로 이어질 것이다. 조오지 캘리(George Kelly)는 모든 사람은 이렇게 살아가고 있다고 주장하며, 사실 그렇다고 인정한다(조오지 캘리, 1955). 칼 로저스(Carl R. Rogers, 미국의 심리치료가)의 현상학적(現象學的)[62] 성격이론(性格理論)으로 성격발달측면(인간성숙)을 살펴보고자 한다. 성격심리학자로서 현상학적(現象學的) 성격이론(性格理論)을 주창(主唱)한 Carl R. Rogers의 주된 학문적 관심사는 퍼스낼리티의 변화와 성장이다. 이 퍼스낼리티가 현재의 상태로 이루어지기까지는 의식

---

62) 현상학(現象學): 1. 헤겔이 그의 저서 '정신현상학'에서 보인 정신이 가장 단순한 감각적 확신에서 최고의 절대지(絶對知)에 이르는 변증법적 발전의 철학 2. 객관적 세계가 독립적으로 존재한다는 입장을 비판하면서 순수의식의 본질을 분석기술하고자 하는 후설의 철학.

적인 상태나 혹은 과거의 경험이 아니라, 현재에 있어서의 퍼스낼리티의 변화와 성장이라는 것이다. 칼 로저서는 『내담자중심요법』을 출판하였는데, 여기에서 그는 "한 개인은 자신에게 유리한 내부적인 준거의 틀을 가지며, 이 준거의 틀 내에서 자기 자신을 중심으로 자기 경험의 세계를 체계화하고 끊임없이 변화, 성장하려고 노력하며, 자기의 욕구를 충족시키면서 어떤 목표를 향해 앞으로 나아가는 존재라고 말할 수 있다."고 이론을 전개한다. 즉 칼 로저서의 현상학적 이론에 입각한다면 인간은 주어진 상황에서 자기를 현재보다는 미래에 더 성장하려고 하는 성질(인간의 본성)을 가지며 자기가 원하는 기본적인 욕구를 충족시키려는 목표의식과 함께 변화와 성장을 스스로 시도하는 존재라는 것이다. 미국의 심리학자 벌허스 프레더릭 스키너 (Burrhus Frederic Skinner)는 개인의 주관적 경험세계를 가장 중요시하는 칼 로저스와 정반대의 입장으로 현대 행동주의를 대표하고 있는데 그는 다음과 같이 주장한다. "과학적 분석의 과업은 신체조직으로서의 한 개인의 행동이 인간의 발달조건과 그의 생활조건에 어떻게 연관되어 있는가?"를 규명한다. 즉 현대 행동주의의 스키너에 있어서 인간행동은 외부에서 작용하는 객관적인 요인에 의한 결과라는 것이다. 행동은 이들 요인과 심리학이 중점적으로 관심을 갖는 유기체의 행동 간의 법칙적인 관계라는 의미이다. 오스트리아의 정신의학자 알프레드 아들러(Alfred Adler)는 유전이나 환경도 성격형성에 영향을 주지만 성격의 고유성을 강조한다. 그에 의하면 "인간은 각기 동기, 특성, 관심 및 가치 면에서 독특하여 개인의 행동은 그의 독특한 생활양식으로 특징 지워지며 거기서 고유한 성격이 발달한다."는 신념을 가지고 있다. 그는 근본적으로 사람은 사회적동물이며 사람은 사회적 관심에 의하여 지배되는 것으로 경쟁사회에서 남보다 우월해지려고 노력하고, 자기의 결함을 극복하려고 노력하는바, 이러한 행동이 성격의 형성에 영향을 미친다는 뜻이다. 결국 Adler에 의하면 열등감(inferiority)과 부적감(feeling for inadequacy)은 보상(compensation)을 통하여 극복될 수 있는데, 이는 힘으로 약점을 변경시키거나 상실한 것을 보상하기 위한 다른 재능의 발달도 포함한다고 하겠다. 이와 같은 작용은 우월감의 추구, 우월해지기 위한 투쟁의 결과로 표현된다. 그러나 Adler가 의미하는 것은 다른 사람보다 우월해져서 사회의 지위를 획득한다거나 이익을 도모한다는 등의 통상적이고 상대적인 의미의 우월이 아니라, 그보다는 자신의 한계를 능가하고 잠재력을 충분히 발현하는 것을 의미하고 있어서 그것은 자아실현(Self-actualization)의 개념으로 해석될 수 있는 것이기도 하다. 아동발달과 학습(김동일 외. 1999)에서는 인간의 성격형성은 정신 역동적 관점과 전 생애 발달적 관점이라는 두 가지 이론으로 설명한다. 첫 번째의 정신 역동적 발달이론을 살펴보면, 이 이론은 앞에서 언급했던 Freud의 심리성욕(心理性慾)과 인간발달(人間發達)에 관한 정신분석학 이론의 두 가지 조건 중 첫째의 유전학적인 접근방법으로서 '성인의 성격은 유아기의 여러 가지 경험에 의해 형성된다'는 것과 같은 맥락이다. 인간의 동기와 성격의 발달은 무의식적 욕망과 본능에 의하여 인간이 태생적으로 가지고 있는 생리적·본능적 욕구가 환경의 영향으로 좌절될 때마다 그 불만은 무의식체계에 쌓였다가 연령의 증가로 성장하면서 생리적·본능적 욕구를 충족시키기 위해 우리의 의식세계에 표출되어 행동의 표현을 조정하는 동기가 되어 아동이 성장함으로써 성격을 형성한다는 주장이다. 이러한 영향은 6세 이전인 어릴 때일수록 영향이 커, 어린시기에 아동의 욕망이 충족되었느냐, 욕망이 박탈(剝奪)되었느냐가 이후 성인 성격에 결정적인 영향을 끼친다는 것이다. 두 번째의 전 생애 발달적 관점이 있는데 이 이론은 중요한 의미로 환경이 변화될 때, 즉 부모의 이혼, 경제적 파탄, 부부 중 한쪽의 죽음으로 이별, 먼 곳으로의 이사, 사랑하는 자녀의 죽음, 본인의 건강악화와 갑작스런 교통사고 등 주요한 사건들이 개인의 성격 등 성장 발달에 크게 영향을 준다는 이론이다. 즉 성장과정에서 외부와의 접촉을 통해 욕구에 따른 좌절이라든지, 신체적 결손 등 치명적인 아픔은 각 발달 단계별 흔적으로 남아 성격에 영향을 끼칠 것으로 여긴다는 내용이다. 미국 출신 「행복의 조건」 작가이며 정신과 전문의인 조지 베일런트(George Vaillant)는 "성격은 결코 석고처럼 굳어버리는 것이 아니다. 사람들은 늘 변화하고 발전한다. 참으로 기쁜 소식이 아닐 수 없다." 로 표현하고 있다. 여기서 성격의 변화란 유전적으로 구조화된 성격이 변화하고 고쳐지기보다는, 환경이 변화함으로써 연륜에 의한 인격의 변화를 뜻하지 않을까 나름대로 생각해 본다. 이러한 환경에 의한 성격의 변화일지라도 어릴 때는 어려우며 성인이 된 이후에야 어느 정도 자신의 원만하지 못한 성격을 억제하고 조절하며 변화시킬 수 있을 것으로 본다. 물론 이러한 점도 각 개인마다 어떤 기질적인 요소에 의하여 성격의 특질이 다르게 형성 변화한다고 할 수 있을 것이다. 여기서 주목해야 할 것은 어떤 학자의 의견이 100퍼센트 맞게 성격형성 발달에 적용한다고 하기보다는 성격은 많은 요소에 의해서 복합적으로 적용된다고 볼 수 있을 것이다. 하지만 글을 쓰고 있는 필자(筆者) 역시 40세 초반에 성격이 다소 변했다고 스스로 느낄 수 있었다. 나는 여기서 성격이 변했다고 하는 것은 인격이 훌륭한 방향으로 향상되었기 때문에 삶의 모든 면에서 만나게 되는 어떤 요소와 상황들을 더 깊이 생각하게 되고 자신의 부족한 면을 보완한 것으로 생각되며, 이것은 환경적인 요인에 의하여 성격의 변화가 일어난 것으로 생각하는 바이다. 그러나 그 성격의 유전적인 원형은 변했다고 인정하기는 힘들다. 또한 칼 구스타프 융은 "40대쯤 중년기의 우울과 성격변화를 경험하며 인생의 후반기에는 외부보다 주관적 내면세계에 헌신하고 내향적이 되어 개성화를 성취할 수 있게 된다고 보았다.

　나도 칼 구스타프 융이 주장하는 인간의 생물학적 본능뿐만 아니라 선조의 경험까지도 유전으로 물려받는다고 주장한다는 이 이론에 어느 정도 동조하는 편이다(물론 현대 과학은 이 이론을 부정하는 것으로 알고 있다). 나는 이 이론을 알지 못하였을 때도 나름대로 이러한 형질의 발현에 있어서 항상 그러한 현상을 다소 생각해 왔다. 비록 선조의 경험들이 유전과 상관이 없는데도 후세에 아주 미미하게 전달된다고 보는 것은 아마도 선조들이 어떤 항목에 관심을 가지는 것은 유전과는 다르지만 이에 대하여 관심과 친화성을 가지고 있기 때문에 이 관심과 친화성이 선조들의 경험으로 어우러져 후손에게 전달되어 이렇게 나타나지 않을까 하고 생각을 가져보기도 한다. 다시 말하면 선조들의 경험(관심과 친화성 포함)들이 아주 미미하게나마 어떤 유전성과 유사한 어떤 요소에 관여하게 됨으로써 후세에 전해지는 것으로 생각하여 왔다. 그렇게 생각한 이유 중의 하나는 할아버지 세대나 아버지 세대 등 선조들이 유전적으로 머리가 우수하다기보다는 열심히 공부를 많이 한 사람의 후손(자녀)이, 역시 공부에 소질을 갖게 된다는 것으로 인정하기 때문이다. 한 번 더 예를 들면 축구에 소질이 없던 조부모나 부모 등의 선조가 연습을 많이 하여 축구를 잘하게 된다면 그 조상으로부터 태어나는 자녀 또한 축구와 상당한 관련성과 자질(資質)이 있게 된다는 내용과 일맥상통한다. 나는 주변에서 그러한 현상들이 일어나고 있다는 것을 경험적으로 알고 있다(물론 정확한 연구 및 조사가 이루어지지 않았기에 확신할 수 없지만 현실적으로 그렇게 인식하는 편이다). 여기서 우리가 한 가지 더 유추 해석해 보아야 할 문제가 자신의 적성과 취미가 유전과 어느 정도 상관관계가 있는 것으로 생각되기 때문이다. 자신의 적성과 취미가 부모의 적성과 취미와 상관관계가 있으며, 또한 선조들의 후천적이고 인위적으로 노력에 의해 획득한 실력이 경험화되고, 그것이 체질화됨으로써 자연히 친숙해진 요소들이 유전과 영향이 있는 것으로 생각하게 된다. 그러면 여기서는 성격의 특질(特質)이 인간행동에 미치는 영향을 연구한 심리학자들의 견해를 살펴보기로 하자. Craighead, Kazdin, & Mahoney(1976)은 환경(環境) 대(對) 체질(體質)이라는 가정(假定)에서 상호작용론적인 입장을 취한다. 이 학자들은 "인간행동은 항상 체질과 환경 간의 상호작용의 결과로 간주하며 환경의 어떤 영향은 영향을 받는 사람의 체질에 따라 다르다"는 뜻이다. 또한 성격의 특질이 인간행동에 미치는 영향으로 가변성(可變性)이냐 불변성(不變性)이냐의 측면에서 살펴보면 에릭슨(1963)은 프로이드(성격은 거의 변화하지 않는다)보다 성격의 변화가능성을 시사(示唆)한다. 에릭슨은 "인간의 일생은 항상 변화하는 것임을 강조하면서 개인은 반드시 성장단계별로 변화의 과정을 거쳐 성격이 발달한다."고 묘사했다.

그리고 성격의 특질이 인간행동에 미치는 영향으로 주관성(主觀性) 대 객관성(客觀性)의 측면에서 살펴보면 미국현상주의의 대표적 학자인 칼 로저스는 그의 이론에서 다음과 같이 언급했다. "외부 환경자극보다 개인의 내적 세계가 그의 행동에 더 큰 영향을 준다(1964)."고 말한다. 또한 칼 로저스의 현상학에서 개인의 주관적 경험세계를 가장 중요시하여 "그 경험세계에 비추어 보지 않고서는 개인의 외현적(外現的) 행동을 영원히 이해할 수 없다"고 한다. 앞에서 설명한 학자들의 이론들은 한 개인의 심리적인 면(面)과 주변 환경과의 상호작용이 인간개인의 저마다 성격에 미치게 되는 영향을 기술한 것으로 본다.

아무튼 일반적으로 생각할 때 성격의 형성은 유전적인 구조 속에서 대부분 어린 영아시절부터 부모의 영향과 가정교육, 주변 환경, 그리고 육체적인 건강과 기질(氣質)의 영향, 친구들의 관계형성 등등에서 영향을 받으며 형성 변화된다고 할 수 있다. 심리학자나 정신 분석의(醫)들은 인간정신은 생후 3년까지 60%, 여섯 살까지는 95% 형성된다고 한다. 하지만 성격의 변화는 일생동안 계속되지만 35~40세 사이에 가장 큰 변화를 경험한다는 것이다.

성격특성의 한 예로서 나의 가정을 보면 세 자녀가 있는데 같은 부모 밑에서 거의 동일한 환경에서 성장하였는데도 큰딸은 나의 성격을, 둘째 딸은 자기 작은고모님의 성격을, 셋째 아들은 자기 어머니의 성격과 유사함을 찾아볼 수 있다(이 예는 100% 정확한 것은 아니겠지만 내 자신이 보편적으로 생각할 때 외현적으로 나타난 자녀의 성격을 이렇게 유추해 본다). 그러고 보면 성격은 많은 부분 유전적으로 타고난다고 하겠다. 또한 학창시절이나 성장기간 동안에 있어서 접해온 우월감이나 열등의식 등도 역시 후기 성격형성과 변화에 영향을 미치게 된다고 할 수 있다. 하지만 필자로서 내가 생각할 경우 성격에 있어서 타고난 성격의 유전자 배열에 따라 거의 죽음에까지 변함없이 그대로 유지한다고 생각하는데, 특별한 환경이 주어지면 그 영향으로 성격이 유연하게 되든지 침착해진다든지 하는 성격의 변화(인격적인 변화 포함)만 있을 뿐이라고 기술하고 싶다. 즉 겉으로 표현하는 방식이 달라져서 더 오래 참을 수 있으며 좋지 못한 기질적인 요소를 약화시킬 수 있을지라도, 성격의 그 본질적인 면에 있어서는 거의 변함없이 유지된다고 하지 않을 수 없다(물론 유전적인 요인들도 나이의 영향 등 복합적인 상황에 따라 유연성 등과 같은 문제에 대해서는 변화한다고는 할 수 있을 것이다). 그래서 성격의 특성은 많은 부분이 유전적으로 타고 나며, 또한 출생순서라든지 성장단계별로 접하게 되는 본인의 경험과 환경적인 요소들 등에 의하여 형성 변화가 이루어진다고 할 수 있을 것이다. 보통 사람들은 외모를 두고 부모를 많이 닮았다고 자주 말하곤 하지만 성격에 관해서 부모를 닮았다고 이야기하는 것은 상대적으로 적은 편이다. 하지만 눈에 보이지 않는 자녀 성격은 조상으로부터 물러 받은 유전적인 면을 살펴보고 자녀의 성장에 도움이 되도록 하여야 할 것이다.

성격의 형성과 그 변화하는 과정은 유전자의 바탕에 의한 정신이 작용하는 과정에서 일어나는 그 기능의 한 부분이라고 생각한다. 즉 성격의 발현은 정신작용의 부차적인 기능에 속한다고 할 수 있을 것이다. 기능면에서 본다면 성격은 정신이 작용하는 가운데 2차적으로 발현되는 또 하나의 기운(energy)이다. 그것은 뇌의 성장과 더불어 정신의 기능이 작용함에 따라 함께 형성 발현된다고 본다. 이렇게 해서 성격의 바탕이 이루어지면 육체의 성장과 함께 정신도 성장하고 성격의 발현도 그 세기(energy)를 더하게 된다. 육체가 20세 전후까지 양적 성장을 한다고 하면 성격은 정신의 발달과 함께 질적인 발달을 하지만 형체가 없어 보이지 않는다. 그러나 그 기운은 에너지를 점점 더하게 되는 것이다. 성격을 자연에 비유하면 지구라는 땅위에서 일어나는 바람과 같다, 이 바람은 지구라는 지형의 모양에 따라 즉 대기의 흐름이 다르게 나타나듯이 때로는 태풍처럼 일어나기도 한다. 여기서 성격 또한 육체를 바탕으로 하여 뇌 속의 유전자 조합의 형태에 따라 그 기운이 성격으로 발현되는 것으로 생각해 본다. 이것은 뇌의 유전자에 의한 기능의 일종이라고 할 수 있으며, 이 정신의 기운인 성격의 발현도 육체의 기운처럼 성인기에 그 기능이 최대에 이른다고 할 수 있다.

예로서 애주가(愛酒家)로부터 흔히 성격의 실체를 찾아볼 수 있다. 성격을 고치지 못한 사람은 술을 자제하기가 어렵다. 성격의 실체는 유전자 기능에 영향 받기 때문에 성격을 고치기가 쉽지 않다는 결론에 이른다. 또한 성격은 단독 유전자에 의해서 작용하기도 하겠지만 심리적으로나 환경적인, 또 다른 요인과 만나면 그것이 원인으로 작용하여 성격이라는 감정의 에너지는 복합적으로 더 힘을 얻어 나타나게 된다고 할 수 있다. 한 예(例)를 든다면 계곡에서 물줄기가 흐르면서 물보라를 만든다. 이 물보라의 형태는 계곡의 바닥 구조물(깊이와 모양 등)의 형태에 따라(물론 물의 속력과 바람도 작용하지만) 물보라의 형태가 다르게 나타나듯이, 여기에는 뇌 안의 유전자 구조상의 차이에서 성격의 특성이 다르게 발현된다고 볼 수 있다. 성격을 변화시키고 고치게 되는 것은 골짜기 바닥의 모양(깊고 낮은 것 등)을 변형시키고 물의 속력과 바람의 세기 등을 바꾸어야 할 것이다. 그래서 근본적인 성격을 변화시킨다는 것은 일차적으로는 우리의 인체 정신작용을 일으키는 유전자의 작용을 고쳐야 하는데 그것은 현재의 과학으로서는 한계가 있다. 반면에 부차적으로 지식과 도덕성, 의지로써 어느 정도 성격을 변화시킬 수 있을 것이다. 이것을 계곡의 물보라에 비교한다면 물의 속력이나 바람의 속도에서처럼 환경적인 면을 어느 정도 조절하여 성격을 변화시키는 것과 같은 작용이며, 계곡의 바닥을 이루는 구조물의 변형(유전자의 구조)은 어려울 것으로 본다. 물론 성격의 특징이 유전자 단독 작용이 아니고 환경적인 면과 의지 등이 복합적으로 상호작용하여 일어나기 때문에 그나마 성격을 변화시키고 고칠 수 있다고 본다.

나. 원만한 성격은 어떻게 형성되는가?

어떤 길은 사람이 보기에 바르나 필경 사망의 길이니라.

_ 잠언 14장 12절

성격은 인간의 삶에 중대한 영향을 미친다. 어떻게 하면 한 인간의 성장에 있어서 원만한 성격을 형성할 수 있도록 할 것인가가 중요하지 않을 수 없다. 성격을 변화시키기 위해서는 지식을 함양하여 인격을 쌓고 자신을 수양하는 것이 하나의 방법이라고 말할 수 있을 것이다. 즉 참지 못하는 급한 성격을 바로잡는 최선의 방법은 많은 지식과 경험을 쌓아 자신의 잘못된 점을 반성하여 고치는 것이라고 생각된다. 즉 교양이 있고 경험이 풍부한 사람들이 참을성이 있고 원만한 성격의 소유자로 변화한다고 말할 수 있을 것이다. 성격의 결함은 하나의 질병이나 다름없다. 그것도 무서운 질병이나 다름없으니 고치지 않으면 안 된다. 특히 폭풍우와 같은 위험하고 무서운 성격, 자신의 마음대로 하여야 시원하게 느껴지는 과격한 성격은 잘못하면 자신의 몸을 다치게 하는 것은 물론이고, 다른 사람의 몸까지 상(傷)하게 할 수 있는 무기나 다름없다. 자녀에게 있어서 원만한 성격은 무엇과도 바꿀 수 없는 삶에 있어서 귀중한 무형의 재산이나 마찬가지이다. 왜냐하면 태어나면서부터 원만한 성격의 소유자는 그 원만성으로 인하여 특별히 삶의 현장에서 순간순간의 고비마다 장애물을 만나더라도 아무런 걸림이 없이 순조롭게 인생을 영위할 수 있지만, 그와는 반대로 성격이 모(an angle)가 나고 거칠며 자기를 통제하고 조절함에 있어 어려움을 갖고 있다면, 그 성격적 결함으로 인하여 삶에 많은 문제가 야기된다.

여러분은 조용히 눈을 감고 주변을 한번 되돌아보아라. 원만하지 못한 성격이 원인이 되어, 즉 좋지 못한 성격 때문에 일찍이 젊은 나이에 생명을 잃은 사람도 있고, 자신의 몸을 다치게 해 한평생을 장애자로 살아가는 사람도 있으며, 희망하는 자신의 원대한 꿈을 이루지 못하고 낙오자가 된 사람도 있다. 그리고 부유한 집안 살림도 한 순간에 잃어버린 사람도 있다, 이러한 것을 볼 때 성격이 우리의 삶에 얼마나 치명적인 영향을 미치는지 알 수 있다. 미국의 심리학자이며 대학교수였던 Carl Rogers에 의하면 "부적응성격의 발달은 타인으로부터 긍정적인 관심을 받으려는 욕구로서, 이 욕구는 자신의 실질적으로 느끼는 욕구를 억누르게 되고 타인의 생각과 가치를 마치 자신의 것인 것처럼 받아들인다. 이때 경험이란 자신이 경험하는 바에 의해서가 아닌 타인의 판단에 의해서 좋고 나쁨이 평가된다."는 것이다. 타인으로부터 긍정적인 관심을 받으려는 욕구는 언제나 허위이며 껍데기에 불과하고 자기의 올바른 정체성의 결여에서 초래되는 것이기 때문에 일관성이 없으며 좋은 결론을 얻지 못하는가 하면 자신의 삶이 아닌 남의 비위를 맞추며 삶을 살아가는 형국이 된다는 것이다. Carl Rogers에 의하면 원만한 성격의 소유자란? "1. 경험(經驗)에의 개방성63)을 갖는다. 2. 실존적인 삶64)을 영위한다. 3. 유기체적 경험에

---

63) 경험(經驗)에의 개방성은 방어기제(防禦機制)의 사용 없이 자신을 개방할 수 있으며, 유쾌한 감정뿐만이 아니라 불쾌한 감정도 의식(意識)에 동등하게 접근할 수 있다. 튼튼한 자아감각을 갖추고 감정(感情)에 압도되지 않는다.
64) 실존적인 삶은 매 순간을 충만(充滿)하게 살아가며 과거나 미래에 집착하지 않으며, 삶에 대한 보편적인 흥미를 가지고 있으며, 삶의 모든 측면을 새롭고 풍부하게 경험한다.

대한 신뢰[65]을 갖고 행동한다. 4. 자유감(自由感)[66]을 갖는다. 5. 창조적인 사람[67]이다."라고 말한다. 이와 같은 사람을 충분히 기능(機能)하는 사람이라고 정의한다. 아마도 충분히 기능하는 사람을 원만한 성격을 소유한 사람이라고 할 수 있을 것이다. 그렇다면 자녀에 있어서 원만한 성격의 형성과 관련하여 학자들의 이론중심으로 살펴보기로 하겠다. 첫째 심리 및 정신분석학자들의 이론을 먼저 살펴보기로 하자.

Freud는 모유를 통한 피부접촉은 따뜻하고 건전한 성격을 형성하여, 어떠한 어려운 일에 당면하더라도 이겨내는 정신력과 자신감을 갖게 한다고 하였다.

Harry Harlow(1959)는 원숭이 실험에서 얻은 결론을 통하여 "어머니로부터의 격리와 같은 아동기의 외상적(外傷的) 경험은 성인이 되어서도 이상적(queer)인 성격을 만든다"고 하였다. Main(1973)은 "1세 때에 엄마에게 안전함의 애착을 느낀 아기가 성장 후에도 다른 친구를 쉽게 사귀고, 새로운 과제에 탐색적이며, 열성적이고 지속적이라고"하였다.

독일 출신의 미국심리학자인 에릭슨(Erik Homburger Erikson)의 정체성 형성개념과 연관하여 성격발달을 살펴보면, 에릭슨은 "정체성 개념을 각 단계에 따른 심리사회적 위기들을 거치면서 점진적으로 이루어지는 성격발달을 나타내는 개념으로 보았다." 청소년기 말기의 정체성은 비교적 갈등이 없는 심리사회적 요소들과 통합되어야 한

---

65) 유기체적 경험에 의한 신뢰는 가장 만족스런 행동에 도달하는 믿을 만한 수단이 바로 자신의 유기체임을 믿는 상태, 옳다고 느껴질 때 그렇게 행동한다.
66) 자유감이란 삶에 대한 개인적 자유감을 즐기며 그것은 일시적인 생각이나 환경 또는 과거의 사건들에 의해 결정되는 것이 아니라 자기 자신에게 달려있다고 믿는다.
67) 창조적인 사람은 남들로 부터의 인정에 구애받지 않고, 자기 자신이 존재하는 모든 영역에서 창의적인 소신과 삶으로 스스로를 표현한다.

다고 강조한다(여기서 정체성이라는 뜻은 인간관계나 사회생활을 통하여 좋고 나쁜 다양한 경험들을 자신이 잘 통합하여 나름대로 정립하는 것을 의미한다. 특히 정체성은 청소년 말기에는 거의 형성이 완료된다고 보기 때문이다). 그러한 통합이 일어나지 않으면 정체성 혼미(identity diffusion)라는 증후군이 나타나는데, 이것은 대개 신체적 친밀함, 직업선택, 치열한 경쟁, 심리사회적 자기정의를 동시에 요구받는 어렵고 중요한 상황에서 불리한 조건으로 발생한다는 것이다. 그러니 원만한 성격의 발달이 이루어지려면 특히 청소년기 말기에 자신과 사회적인 요소들 사이에 갈등을 최소화하여야 하며, 그리고 이때까지는 올바른 정체성이 형성되어야 한다는 이론이다. 인간의 성격 형성은 대부분 영·유아 초기에 형성되는데 자녀의 두뇌가 성장하고 발달되기 시작할 무렵인 이 시기에 자기 유전형질을 바탕으로 환경 등과의 교류와 본인의 감각적 경험에 의해서 성격이 형성되는 것으로 본다. 그런데 이 영·유아기 때의 가장 중요한 성장 기제(機制)로서 생리적인 특징이 분화(分化)와 통합(統合)이라는 것이다. 대상관계이론에서 본 정신면에서도 정신의 성장은 분화와 통합으로 성장이 이루어진다고 한다. 분화(分化)라는 것은 서로 다른 정신적인 요소들을 구분하는 기능이다. 나와 어머니, 나와 아버지 등 다른 경험들이 각각 다르게 느껴지고 구분하여 지각(知覺)되는 것이다. 그래서 자기의 정신영역이 확장되고, 그리고 나누어져서 여러 개의 실제와 관련된 관념(觀念)과 표상(表象)[68]이 생겨 자기두뇌에 입력·저장·기억되고 다음에 회상(回想)되는 것이다. 이와 관련하여, 또 다른 개념으로 통합(integration)이라는 개념이 있는데, 이

---

[68] 표상이란? 자기 자신과 대상에 대해 갖는 어떤 정신적인 상(image)을 말하는데 객관적인 상황을 있는 그대로 반영하기보다는 주요 타자와의 관계에 대해 개인이 주관적으로 지각하고 경험 한 바를 반영한다. 생애 초기유아는 어머니로 대표되는 초기 양육자와 상호작용을 하면서 그대상과의 경험은 물론이고 그 경험에 수반하는 정서 상태까지 내면화하여 대상표상을 형성한다.

통합은 앞의 분화에서 역(逆) 기능의 과정과 같이 자기표상과 대상표상, 즉 표상, 그리고 지각, 기억, 정서(情緒), 사고(thought) 등과 같은 내용들, 바꾸어 말하면 즉 타인표상의 부정적 측면과 긍정적 측면을 통합하고 자기표상의 긍정적 측면과 부정적 측면을 통합하는 그러한 기능들을 말한다. 즉 타인의 나쁜 면과 좋은 면을 함께 관찰하여 자기 기억장치 속에 저장하되, 또한 자기의 긍정적 측면과 부정적 측면도 함께 비교 분석하여 내면화하는 것이 통합이다. 그래서 긍정적인 면과 부정적인 면을 경험하되 가능한 한 긍정적인 면이 많도록 자기 정신체계에 경험화(經驗化)되어 통합되어야 원만한 성격이 이루어진다는 것이 전문가의 견해이다. 둘째 자녀에 있어서 원만한 성격의 형성과 관련하여 대상관계 이론의 측면에서 살펴보고자 한다. 대상관계 이론의 측면에서 보면 원만한 성격 형성은 많은 긍정적, 그리고 부정적 측면들의 경험을 쌓되 건강한 정신의 발달은 긍정적 측면이 많아 항상 자신의 정신체계가 사고(thought)의 과정에서나 기억의 회상, 자아정체성 확립에 있어서 즐거움과 행복, 사랑이 충만하여 희망적이고 평화롭고 삶의 가치가 있는 인생관이 설정되도록 통합되어야 정신적인 건강한 발달이라고 말할 수 있다고 한다. 또한 여기서도 부정적인 측면도 반드시 필요하다는 것이며, 다양한 경험들이 비교되어 축적되면서 관념들의 선택과 저장이 긍정적 측면으로 발달되어야 한다는 것이다. 이상은 앞에서 원만한 성격형성에 의하여 심리 및 정신분석학적 측면과 대상관계의 이론의 측면에서 살펴보았다. 셋째 자녀의 원만한 성격형성에 있어서 부모의 교육적인 측면에서 살펴보기로 하겠다. 자녀들이 어릴 때 성장과정에서 그 나이에 알맞은 놀이와 욕구충족, 호기심, 희망사항, 갈등관계, 실수 등을 겪고 스스로 해결하면서 자란 자녀와, 성인인 부모의 요구에 의해서 착실하게만 자란 자녀들을 비교해 보면, 부모의 요구에 의해서 착실하게만 자란 자녀들이 우선은 학업 면에서나 성실 면에서 앞서게 되는지 모르지만, 정신적 발달 측면에서 장기적으로 본다면 성장기의 어린이가 그 시기에 맞는 욕구에 적절한 경험의 과정을 겪은 자녀보다 성격의 융통성과 자율성에서 뒤떨어진다고 한다. 즉 성장기에 겪어야 할 경험들을 접촉하여 해결하며 자라서 발달적 욕구를 충족한 청소년은 성장과정에서 성인이 가까워질수록 젊은 시절을 안타깝게 되돌아보고 서운해 하는 느낌이 없이, 고도성장(高度成長)을 향해 질주(疾走)할 수 있으며 성인이 된 이후에도 고독감이나 허무감, 그리고 회한(悔恨)이 없는 사람이 된다고 한다. 전문가에 의하면 만약에 자녀가 성장기에 접해야 할 경험을 갖지 못한 경우에는 그 결핍성 때문에 나타나는 공백이 시간이 지나 어느 정도 자녀가 성장한 후에 다시 나타날 수 있다는 것이 염려되는 부분이기도 하다. 이 점이 성장하는 자녀에 있어서 중요하다고 생각된다. 성장기에 겪어야 할 경험들과 접하여 호기심과 어려움을 해결한 경우에는, 그 자녀는 자아기능이 강화되어 있기 때문에 자아충실도가 온전히 성숙한 사람이 되는 것으로 본다. 그렇다고 청소년기의 자녀가 그것에만 매달려 학업에 충실하지 못해도 부모의 의무가 끝나게 된다는 말은 아니다. 자녀가 학업에 충실할 것은 말할 것도 없지만 가능하면 청소년기에 호기심이나, 꼭 접해야 할 욕망 충족들은 긍정적이고 현실적인 측면에서 접하여 충족하기도 하고, 시행착오도 겪으면서 많은 경험을 쌓아가야 하기 때문에, 그것에 따른 별도의 지도와 배려가 더 요구된다고 하겠다.

여기서부터는 자녀의 원만하지 못한 성격의 형성은 어떻게 이루어지는지 살펴보기로 하겠다. 비뚤어진 성격은 어떠한 사람인가? 유근준은 대상관계의 이해와 적용에서 "성장과정에서 미해결된 욕구나 갈등을 충족시키지 못한 사람은 다른 사람들을 있는 그대로 보고 받아들이는 것이 힘든데, 이러한 사람은 과거 경험에서 내사된 대상관계를 가지고 사람들과 관계를 맺기 때문이라고 한다. 이들은 상대방에게 자기가 투사하고 있는 방식대로 반응하도록 강요하거나 조종하면서, 상대방이 자신이 투사한 대로 행동하도록 자신의 생각을 점점 더 견고히 하는 결과를 초래하게 된다고 한다. 이러한 결과는 자신의 내면에 있는 나쁜 대상이 강화되는 결과를 낳게 되므로 사람들과의 관계가 더 힘들어지게 된다."고 한다.

성격은 바로 한 사람의 정신적인 구조의 틀이며 인간과 사회를 맞아들여서 여기에 반응하는 자기의 표현인 동시에 상호교류의 원동력으로 작용한다. 스위스의 정신과 의사이며 분석심리학(分析心理學)의 창시자인 칼 구스타브 융(carl gustav Jung, 1875~1961)에 있어서 한 사람의 성격(인격)의 구조[69]를 보면 자아(ego), 개인 무의식, 집단 무의식으

---

[69] 칼 구스타브 융(carl gustav Jung, 1875~1961)에 의하면 인간심성에는 자아의식과 개인적 특성을 가진 무의식 너머에 인류보편의 원초적 행동유형인 많은 원형(原型)들로 이루어진 집단적 무의식 층이 있음을 확인하였다. 그러면 칼 구스타브 융(carl gustav Jung,)에 의한 성격(인격)의 구조를 보면 자아(ego), 개인무의식, 집단 무의식으로 되어 있다고 한다. 첫째 자아(ego)에는 ① 의식속의 정신부분(지각. 기억. 사고. 감정 등)이 존재 한다. ② 의식의 기본태도로 외향성/내향성이 있다. ③ 심리적 기능에는 이성적 기능으로 사고/감정이 있으며, 비이성적 기능으로 감각/직관이 있다. ④ 무의식부분 보다 덜 중요함. 둘째 개인 무의식은 ① 의식부로 쉽게 떠오를 수 있는 자료들의 저장소이며 ② 중요하지 않거나 너무 위협적이어서 의식부에서 밀러나간 생각과 기억들이며 ③ 콤플렉스(하나의 공통된 주제에 관한 정서, 기억, 사고의 묶음)가 개인무의식의 중요한 국면임. ④ 아동기만이 아니라 종(種)의 진화사에서 계승되는 경험으로 이루어져 있다. 셋째 집단무의식은 ① 인간성격의 토대이며 현재 모든 행동의 지시를 하며. ② 의식으로 지각할 수 없으며 소인(素因)이나 경향성으로 존재한다. 예로서 어둠에 대한 두려움이나 어머니에 대한 지각 같은 것이다. ③ 인간의 시대와 장소를 불문하고 꿈과 환상 속에서 반복되는 상징성과 주제가 있음 ④ 심상으로 표현되는 이것이 원형임. 원형은 페르소나/아니마/아니무스이다. 앞에서 기술한 자아(ego), 개인무의식, 집단 무의식이 성격을 이루는 구성요소이다. 그러면 여기에서 성격의 구조를 이루는 것 중에서 집단무의식의 심상으로 표현되는 특징적인 원형들을 살펴보면 첫 번째 페르소나이다. 이 페르소나는 자신이 아닌 다른 것으로 나타내 보이려는 가면을 말한다. 예를 들면 판사가 법정, 점심시간, 가족

로 되어 있다고 한다. 그래서 성격형성은 갓 태어난 초기 아이에서부터 시작된다는 것이다.

이와 관련하여 성격형성에서 장애의 원인이 되는 사항에 대하여는 다음과 같이 여러 학자들의 주장이 있다.

여기서는 먼저 성장기 자녀, 특히 영아기(嬰兒期)에 있어서의 성격장애병리 현상이 일어나는 원인을 살펴보기로 하겠다. 첫째 대상관계 이론적 측면에서 보면 정신 병리는 자기구조에 장애가 생긴 것으로 본다. 성격장애 증상들, 감정기복, 세상에 대한 왜곡된 지각 등, 이 모든 것은 개인의 대상관계들과 대상관계들이 내면화되어 온 방식에 의하여 해석된다는 이론이다. 대상관계이론가인 Cashdan(1980)은 "자기는 대인관계(어머니를 포함)를 통해 형성되기 때문에, 소위 '정신장애'는 대인관계에서 생긴 장애와 동일하다. 만약 개인의 초기 대상관계에서 특별히 문제가 있었다면, 예를 들면 어머니와의 관계가 만성적인 분리의 문제로서 명백한 유기(遺棄)의 성격을 띠었다면, 실제로 자아기능의 모든 영역에서 어려움이 발생할 가능성이 있다."는 것이다. 자아

속에서와 같이 자신의 자아를 페르소나와 동일시하는 경우 성격의 다른 측면들을 발달시키지 못함. 진정한 자기(self)로부터 소외 되어 심리적 건강에 방해가 됨. 두 번째 아니마/아니무스이다. 생물학적으로 남성, 여성 모두 이성(異性)의 호르몬이 분비되고 심리적으로도 이성의 행동을 한다. 그래서 여성이 성격이 남성적 요소를 포함하는 것이 아니무스 원형이고, 남성의 성격이 여성적 요소를 포함하는 것을 아니마 원형이라고 한다. 양쪽 모두를 포함하는 것이 중요하다. 셋째 그림자이다. 그림자는 강력하지만 잠재적으로 해로운 원형이다. 부정적인 측면에서 그림자는 사회가 사악하고 죄를 짓는 것이고 부도덕하다고 생각하는 모든 충동을 포함한다. 그림자는 동물본능의 근원일 뿐 아니라 자발성, 창의력, 통찰력, 깊은 정서 등을 포함한다. 그림자의 지배력을 조화롭게 조절해 표현하면 생기 있고 박력 있으며 삶에 열의를 갖게 된다. 넷째 자기(self)이다. 자기는 가장 중요한 원형으로 성격 모든 부분의 통일성, 완전성, 전체성을 향해 노력하는 것이다. 자기라는 원형은 성격의 모든 부분을 한데 묶어 균형 있게 하는 것으로, 성격의 중심점을 자아로부터 의식부와 무의식부의 중간지점으로 옮겨 놓는 것이다.

심리학자인 Jacobson(1964)의 이론을 보면 "생의 초기에 심리내적인 구조는 미분화70)된 상태인데, 엄마와 유아의 질적(質的)인 관계 경험을 통해 점차로 자기표상과 대상표상이 발달하고 분화하게 된다는 것이며, 자아경계의 형성은 자기표상과 대상표상의 분화에 달렸다고 하겠다. 우울증과 같은 정동장애, 경계선 상태 등의 심각한 정신 병리는 이러한 자기표상과 대상표상의 장애로부터 발생한다."는 것이다.

Winnicott(1980)은 "초기 부모와 유아와의 관계성 속에서 성격장애의 징후가 나타나기 시작한다고 주장한다. 즉 자기애성 성격장애, 경계선 성격장애, 분열성 성격장애, 편집성과 정신분열증 등의 소인(素因)이나 병리적인 발달이 유아와 초기부모와의 관계에서 비롯되어 정서발달을 정지시킬 정도의 자아지원이나 성장 촉진적 환경의 실패로 인해 야기될 수도 있다."고 보았다. 또한 그는 "생애 초기의 심리적 상처는 존재의 멸절과 관련된다고 하였으며, 존재의 멸절은 '원초적 고통' 또는 '극심한 불안'이라고 부르는 느낌을 말한다. 그는 존재의 연속성을 방해하는 반응이 계속 반복된다면, 존재의 파편화 유형이 고정될 것이다. 존재의 영속성을 파편화하는 유형을 지닌 유아는 초기부터 정신 병리 쪽으로 발달할 위험이 있다."고 경고한다. West & Shelgon(1994)은 "유아의 욕구를 적절히 충족시켜주지 못하는 부모는 아동의 발달을 저지(沮止)시키는 결과를 낳는다. 즉 과거 환경적 실패

---

70) 미분화란? 에너지가 질적으로 다른 두 욕동으로 변형(trans-formation)되는 과정은 심리생물학적으로 미리 결정되는데(Jacobson, 1964), 욕동의 변형과정은 내적 성숙요인들에 반응하면서도, 다른 한편 초기관계들에 의해 영향을 받는다. 리비도의 욕동은 발달과정에서 좋거나 나쁜 대상과 좋거나 나쁜 자기의 대립된 이미지들을 통합하는 것을 돕고, 공격성은 자기와 타인 이미지를 분리하고 변별하도록 촉진시킨다. 리비도와 공격성은 서로 보완적인 역할을 하는데, 만족과 좌절의 순간을 번갈아 가면서 안정된 정체감을 형성하는데 중요한 역할을 한다. Jacobson은 인간이 일생을 통해 융합하고 싶은 리비도적인 갈망을 충족시키려고 애쓴다고 보았는데, 일반적으로 자기와 타인의 경계가 분명해진 이후에야 비로소 융합 환상은 가장 만족스럽게 충족될 수 있다는 것이다.

로 인해 충족되지 못한 욕구는, 그 실패에 적응하는 유일한 수단으로 자기의 심상(心象)에 남아 지속적으로 충족을 기다리며 앞으로 나아가기보다는 과거의 그 시점에 머물게 한다."는 것이다. Homer(1982)는 "생의 초기 발달과정에서 '충분히 좋은' 양육자의 결손과 민감한 반응의 부족이 자신과 타인을 다루는 구조의 취약(脆弱)함을 초래해 아동의 성격에 결함을 불러온다."고 했다. 김병석(1999)은 "발달의 초기에 대상표상이 자녀와 분열되면 성격의 결함과 동시에 타인을 부정적으로 인식해 대인관계의 악 영향을 미치고 만성적인 우울과 충동통제의 결여와 같은 증상을 유발한다."고 했다. 여기서 생후 3, 4년간의 주(主) 양육자로서 어머니의 역할의 중요성이 대두된다. Blanck(1986)는 "엄마와 하나라는 느낌은 유아가 기본적인 만족감을 얻을 수 있는 대상관계를 형성하게 하고, 이 만족감이 경험되어야 평생 동안 자기 신뢰, 자기 존중감을 발달시킬 수 있게 된다. 만약 이 공생적 만족감을 얻지 못하면, 아동이 대상의 세계에 진입하기가 어렵고, 아동기나 그 이후에 정신병을 얻게 되기도 한다."는 것이다. 둘째 애착 이론에서의 정신 병리 발생문제를 살펴보면 아동에 대한 무시나 학대가 발생되는 기제(機制)를 다음과 같이 본다. 즉 부모가 과거부터 현재까지 형성해 온 양육에 대한 내적 작동 모델과, 아동이 자신의 기질과 특성을 바탕으로 부모나 중요한 타자와의 경험에 의해 형성시켜온 내적 작동 모델 사이의 상호작용에 의한 것이라고 설명한다. 즉 학대나 무시를 받은 아동이 불안정한 애착을 형성하게 되는데, 이러한 불안정한 애착(愛着)은 공감능력의 결여와 공격성, 반사회성과 충동성, 수동성과 무력감 등의 정신적 문제와 연관이 있다고 한다. 이상과 같은 자녀의 원만한 성격과 원만하지 못한 성격의 형성을 알아보았다. 결론적으로 말한다면 자녀의 원만한 성격형성을 위해서는 특히 영아기(출생~15개월)나 유아초기(16개월~3세)에 있어서 아기와 엄마와의 원만한 유대감이라는 것이 학자들의 일반적인 견해이다. 그래서 성격이 형성되는 시기는 앞에서 언급을 하였지만 어릴수록 영향을 많이 받는데, 이 어린 시기는 아직은 성격이 고정되어 있지 않기 때문에 앞으로 성격이 고정되기까지 유동적인 시기이다. 이 말은 여기서 성격에 영향을 주는 유전적인 문제는 우선 제외하고 현재 자녀가 경험하는 상태에 따라서 성격이 달라질 수 있다는 가능성이 열려 있다. 그런데 이 어린시기에 타인으로부터 학대를 받는다든지, 소외감이나 멸시, 따돌림 등을 받아 지울 수 없는 깊은 상처를 받았다면, 이것은 성인이 되었어도 치유되기가 무척 어렵게 된다는 점이다. 서양철학사(앤서니케니 편. 2004)에서『경험적 관점에서 본 심리학』의 저자 브렌타노(1838~1917)는 "어릴 적 자기가 체험한 공포(fear)의 경험 속에는 공포의 대상[71]이 포함되어 있는데, 이 대상은 현재에 있어서 실재와는 아무런 상관이 없는데도 그때 공포의 현상이 아직도 일부 가슴에 남아 현재의 생각과 행동을 지배하기 때문이다."라고 한다. 반대로 성장하는 자녀가 어린시기에 주변사람들로부터 칭찬과 우월감, 인정감을 받고 자랐다면 성인이 된 후에도 대인관계에서 언제나 자신감을 갖고 적극적이

---

71) 서양 철학사(앤서니케니편. 2004)에서 브렌타노(1838~1917)는 이탈리아 성씨지만, 독일어권의 오스트리아인이며, 『경험적 관점에서 본 심리학』이라는 제목의 저작을 집필했다. ……브렌타노가 현대철학에 남긴 가장 중요한 유산은 "심적 현상"을 정의하는 규준을 탐구한 학업에서 유래한다. 의식의 내용에는 물리적 실제를 표상하는 것과 심적 영역 자체에 속하는 것, 두 종류가 있다. 브렌타노는 이러한 심적 현상은 그 현상 "속"에 존재하지만 단지 "지향적으로" 존재하는 "어떤 대상을 향해 있음"에 의해 구분된다고 주장하였다. 예를 들어 공포의 경험 속에는 공포의 '대상'이 포함되어있는데, 이 대상은 실재와 대응할 필요가 없음에도 불구하고 현상의 일부로서 남아 있다. 각각의 모든 심적 상태는 이런 방식으로 "향해있으며", 그것의 방향을 규정하는 "마음 안에 존재하는" 어떤 대상을 포함한다. 브렌타노는 어떤 물리적 현상도 심적인 것에 고유한 이러한 특징을 드러내지 않으므로, 이러한 특징을 심적인 것을 정의하는 규준으로 제시하였다. 후설과(중세의 스콜라철학의 전통을 따른) 브렌타노를 따라, 지금은 그 특징을(라틴어 "향하다intendere"에서 유래한) "지향성 intentionality"이라고 한다.

며 긍정적인 사고를 가지고 인생을 살아간다는 것이다. 물론 절대적인 변화의 가능성이 없는 것은 아니지만, 이 부정적인 성격을 긍정적으로 변화시키는 데는 무척 긴 시간과 노력이 있어야 할 것으로 생각된다. 그리고 원만한 성격형성과 관련하여 이해하기 쉽고 중요한 내용을 표현한 용어들을, 고든 올포트의 이론에서 찾아볼 수 있다. 올포트는 특질 성격론에서 "성격은 각 개인의 정신 신체적 체계(psycho-physical system)안에서, 그의 특징적 사고와 행동을 결정해 주는 역동적 조직이며, 기질은 지능, 체격과 함께 성격을 구성하는 원재료(raw material)다."라고 기술하고 있다. 흔히 우리들은 성격하면 정신과 관련해서 성격이 발현되는 것으로 알고 있는데 올포트의 이론에서 보면 성격은 정신과 신체를 동시에 포괄한 관련 속에서 발현되는 것으로 본다. 그러니 성격은 우리 몸 전체를 통솔하는 개념이며, 또한 정신과 신체 속에서 생성되고 발현된다는 것이다. 올포트의 이론에 따른다면 올바른 성격의 형성은 건전한 정신과 신체에서 형성된다고 할 수 있을 것이다. 그런가 하면 또한 성격은 무엇으로 구성되어 있느냐 하면, 성격을 구성하는 요소가 '기질(氣質), 체격(體格), 지식(知識)'이라고 설명하고 있다. 여기서 기질은 유전적인 요소로 타고나는 것으로 분류하고 있으며, 체격은 유전적, 환경적인 요소가 동시에 포함되어 있으며, 지식은 환경적 요소에 가깝다고 생각된다. 우리가 자녀의 원만한 성격형성을 위해서 부모로서 어떻게 노력해야 할 것인가. 올포트의 이론에 따르면 먼저 좋은 기질을 타고나야 할 것이며, 건강한 체격으로 자라도록 해야 하며, 지식(지혜를 포함)을 갖춘 지성인으로 키워야 될 것이다. 그러한 의미에서 기질은 타고나는 것이니 제외하고 성격을 변화시킨다는 것은 최대한 건전한 신체와 정신을 보존하고 지식을 넓혀 나가야 할 것이다. 다만 건전한 성격은 이론적으로 볼 때 화목한 가정에서 자란 사람은 특별하고 모난 성격이 잘 나타나지 않으며, 반면에 어려운 가정에서 상처받고 버림받은 가운데 성장한 자녀는, 그러한 극한(極限) 상황을 극복하는 과정들이 습관화되면서 특출한 성격의 발현들이 고정화되는 것으로 판단된다.

자신의 성격을 온유하게 할 수 있는 마음의 상태, 즉 정서(emotion)를 어떻게 가꾸고 유지하는 것이 좋은가? 정서란 주위의 사물을 접할 때 기쁨, 슬픔, 노여움, 괴로움, 사랑, 미움 따위를 느끼게 되는 마음의 작용이나 기능을 말한다. 자신의 마음이 외부와 접촉하게 될 때 일어나는 마음의 감정이다.

그렇다면 자신의 마음, 즉 정서를 어떻게 가꾸어야 좋은 성격을 형성하고 발현하는 데 도움이 되겠는가?

· 자신의 마음이 평화롭고 부드러우며 상대방 마음을 읽고 받아들일 수 있어야 한다.
· 항상 마음의 여유가 있어야 한다. 스쳐가는 바람도 느낄 수 있어야 하고, 아름다운 꽃의 손짓도 받아들일 수 있어야 하며, 새의 노래소리도 들을 수 있고, 달빛의 외로움도 느낄 수 있어야 한다.
· 모든 것이 자신의 마음이다. 자신의 마음이 먼저 무엇에 이끌려 푹 빠져 있으면 주변 외부와의 접촉 시 일어나는 정감(情感)을 좋게 느낄 수 없다.
· 자신의 마음의 결(temper)이 섬세하고 풍부하고 심오하며 순수한 감성을 지니고 있어야 본인의 향기를 발(發)할 수 있다.
· 미추, 선악. 지성과 무지 등을 분별할 수 있는 혜안이 필요하다. 이상과 같은 마음가짐으로 자신의 정서를 잘 가꾸어 나아가야 원만

한 성격을 유지할 수 있을 것으로 본다.

　이와 같은 이론들을 종합해보면, 첫째 성장기의 부모를 비롯한 가족과 선생님의 따뜻한 배려와 관심이 있어야 한다. 둘째 자녀의 일반적인 지식도 중요하지만 인격적 도야를 위한 수양심을 길러야 한다. 셋째 지나친 탐욕과 쾌락을 떠나서 자유로운 삶을 추구할 수 있는 마음의 여유가 있어야 한다. 넷째 정신적인 삶에 중심을 두고 내세(來世)를 추구하는 종교적인 믿음이 있어야 한다. 다섯째 시와 음악, 예술을 가까이 함으로써 영혼을 순화시키는 것이 좋다. 여섯째 건전한 신체를 길러주어서 건강한 육체를 보존하고 있어야 한다. 그래서 인격이 형성되는 시기, 특히 영아기, 유아기에는 부모의 사랑이 필수적이며 아동기, 청소년기에는 많은 사람들로부터, 즉 여러 분야, 그리고 각양각층의 사람들로부터 다양한 사랑과 경험을 얻는 것이 건강한 성격으로 성장하게 되는 데 도움이 될 것으로 본다. 이에 반해 자녀가 영·유아기를 비롯해서 특히 5~6세 이후에도 어머니로부터 편애, 즉 지나치게 어느 한쪽으로부터 치우친 사랑을 받는다면, 자라서 자기만 아는 인격 장애가 발생할 위험이 따르게 될 것이다. 그런가 하면 성장기의 자녀에게는 어느 정도의 실패와 시행착오, 고통도 함께 체득하는 것이 성장의 자극제도 되고 자립할 수 있는 경험도 쌓게 되니 청소년기 이후에는 좋고 나쁨을 떠나서 풍부한 경험을 쌓는 것이 바람직하다고 생각한다. 다만 어린 자녀들이 지나치게 상처를 받아 자신이 수용할 수 없는 한계점에 도달되지 않도록 부모의 관심이 필요하다고 하겠다.

심리교육의 중요성과 이해

어머니의 품이 편안해야 아기는 타고난 잠재력을 발달시키고 안정된 능력을 갖게 된다.

_ Winnicott

심리학(心理學, Psychology)이란 인간의 심리과정과 행동을 과학적으로 연구하는 학문이다. 심리학이란 쉽게 말해서 인간은 무슨 목적을 가지고 왜? 그렇게 생각하고 행동하는지를 묻고 답을 구하는 과학의 한 분야이다. 심리학이란 단어는 영혼이라는 뜻의 그리스어 프슈케(Psyche, 마음)와 어떤 주제를 연구한다는 의미의 로고스(Logos, 理法, 學)가 합쳐진 것으로 초기에는 심리학을 '영혼에 대한 탐구'라고 하였다. 심리학은 기초심리학 분야로 생리(生理)·지각·인지·발달·성격·사회심리학 등이 있고, 응용분야로는 임상·상담·교육·적응·범죄·심리검사 등의 다양한 분야를 아울러 포함하고 있다. 또한 심리학 중에서 자녀의 성장과 관련하여 주요 분야를 살펴보면 동기심리학과 정서심리학이 있다. 동기심리학이란 사람이 어떤 행동을 하게 되는 의지(意志)를 불러일으키는 원인이 되는 동기(motivation)의 작용과 메커니즘(mechanism)을 연구하는 분야이고, 정서심리학은 정서(情緒)를 어떻게 다루어야 하는지 자기 정체성을 창출하기 위해 정서를 이성(理性)과 어떻게 통합해야 하는지에 관한 연구를 하는 분야를 말한다. 이 외에도 상담심리학·치료심리학·범죄심리학 등도 자녀교육에 응용하고 적용함으로써 보다 바람직한 자녀의 성장이 이루어지도록 하여야 할 것으로 본다. 심리(心理)의 사전적인 용어를 살펴보면 '마음의 작용과 의식(意識)의 상태'로 되어 있다. 이 심리학 교육은 도덕교과를 가르치는 시기에 우리의 자녀에게 적용하여 교육을 시킬 수 있도록 우리의 부모나 교사가 자질을 갖추고 있어야 한다. 인간에게 있어서 가장 중요한 공부가 마음의 공부인데 이 마음을 다루는 학문이 바로 심리학이기 때문이다. 이 심리학을 바르게 이해하고 자녀에게 적용하여 가르칠 수 있다면 사회적으로 문제시 되고 있는 청소년의 비행은 대부분 예방할 수 있을 것으로 믿는다. 이러한 심리교육을 자녀가 어릴 때부터 오랜 시간에 걸쳐 활용하고 적용하여 가르칠 수 있다면 좋은 교육적 효과를 기할 수 있을 것으로 본다. 상담목회(심수명. 2008)에서는 "성경의 역사에서 인간에 대한 인격은 결코 하루아침에 변하지 않음을 말하고 있다. 인격의 변화 없이는 전인적(全人的)인 성장을 기대할 수 없으며, 인격의 변화는 성격과 삶을 재구성해야 하므로 오랜 기간의 수고와 인내가 요구되며, 인간의 심리내적인 이해와 더불어 내면이 성숙하여 자신의 문제를 자기 스스로 해결해 줄 수 있을 때 가능하다."고 기술하고 있다. 대단히 어려운 문제이다. 우리나라 교육현장의 문제점이 지식주입과 입시위주의 암기식 교육으로 인해 학생들의 정의적(情意的) 측면의 개발이 부족하여, 자신의 감정을 처리하는 기술과 정서(情緖)를 받아들이고 조화를 이루는 삶의 기술에 대하여 배울 기회를 갖지 못해 건강한 정신성장이 이루어지는 데 어려움이 있는 것으로 나타나고 있다(이재창. 2000).

여기서 삶의 기술이란 인생을 살아가면서 자신의 감정과 정서(情緖), 공포와 희망, 갈등과 좌절, 즐거움과 슬픔의 조절능력 등을 다루는 기술을 말한다. 이러한 삶의 기술은 학습될 수 있는데, 그러하지 못할 경우 다양한 청소년 문제들인 청소년 비행, 정신질환, 의식구조의 비정상화 등 청소년 범죄화로 연결될 수 있는 확률이 높다는 것이다. 성장하는 아이들은 전인적(全人的)인 인간의 자질로서 갖추어야 할 정신활동의 근본기능인 지성(知性), 감정(感情), 의지(意志)를 두루 학습하여 자질을 습득해야 함에도, 우리의 교육현실은 지나치게 지성에만 몰두하다 보니 감정과 의지의 발달이 미흡하다, 이 점을 보완하기 위해서 심리교육의 필요성이 대두된다. 심리교육은 학생들에게 삶의 기술을 학습시키는 대표적인 학습과목이다. 심리교육의 정의를 살펴보면 생활지도(이재창. 2000)에서 심리교육을 "성장을 위한 특수교육이며, 정신건강과 개인적응을 포함하여 주의 깊게 설계된 교육과정이다. 그리고 개인이 자신을 이해하고 자신이 원(願)하는 것을 좀 더 효과적으로 달성하기 위한 방법을 배울 수 있는 교육과정의 영역이다."라고 말한다. 실제적으로 나 자신의 어린 시절, 즉 성장기 때를 되돌아보면 진실로 필요한 과목이 심리교육이라는 것을 알게 된다. 하지만 나의 어린 시절 교육환경이 심리교육을 받을 수 있는 실정이 못되고 보면 이 분야의 부족이 삶에 미치는 영향이 대단히 중요하였음에도 불구하고 교육이 거의 전무상태였다는 점은 실로 안타까운 심정이 아닐 수 없다. 지금에 와서 생각해보면 그야말로 심리교육만이라도 잘 받았다면 나의 성장은 순조로웠을 것이고 후회 없는 삶으로 연결되었을 것으로 생각하게 된다. 어쩌면 초등학교 시절부터 배우게 되는 국어·산수 등 어떤 과목보다도 심리교육을 더 우선적으로 배워야 할 과목이 아닌가 하고 생각하는 바이다. 그런가 하면 Kelley는 "가장 중요한 것은 어떻게 우리 자신이 자신의 행동을 지시하고 제한하는 것으로서, 이는 우리가 아는 것보다는 우리가 느끼는 것에 의해서 좌우된다고 한다. 따라서 자신을 타인의 감정과 욕구에 대해 개방하고, 이를 자기 자신이나 자신의 목표에 관련지우는 능력을 갖는 것이 중요하다."는 것이다. 우리는 흔히 주위에서 보다시피 좀 적게 배운 사람이지만 따뜻한 마음과 배려, 인정미 넘치는 인간다운 이웃이 있는가 하면, 좀 배웠다고 생각되는 사람은 감정은 메마르고 차디찬 인간미(人間美), 이기주의적인 싸늘한 태도에, 그만 우리는 실망을 하고 돌아서는 경험을 겪은 적이 한두 번이 아니다. 성숙한 인간이라면 지식과 감정의 조화로운 성장과 발달로 좀 더 폭 넓은 인격의 소유자여야 할 것이다. 그렇다면 따뜻한 감정을 바탕으로 그 기초 위에 날카로운 지식의 날개를 갖추고 있다면 그 이상 바랄 것이 없을 것이다. 그래서 반드시 완전한 정신적인 부분은 지적인 면과 정의적(情意的)인 면(面)이 함께 성장하는 가운데 전인적인 금자탑이 세워져야 한다는 논리이다. 이와 같이 정의적인 면을 학습하며 경험하고 길러주는 것이 심리교육이다. 그러므로 학교에서 심리교육의 교과과정으로 반영할 프로그램으로 Alschuler에 의하면 "감정의 이해, 타인의 이해, 공포와 노여움 관리, 가치와 선택의 인식 등과 같은 주제를 다루는 자료가 교육과정에 포함되어야 할 것이며, 학생들을 정신적으로 건강한 인간으로 성장시키는 것" 등이 목적이 되어야 한다는 것이다. 또한 Mosher와 Sprinthall는 "심리교육의 교육과정을 유아기에서부터 청소년기를 거쳐 노년기에 이르기까지 인간발달의 여러 단계에 초점을 두는 일련의 과정으로 구성할 것을 제안하고 있다." 그래서 심리교육에서는 적극적 경청, 감정에 대한 반응, 소집단 역동, 비언어적 암시에 대한 반응, 체계적 조건형성 등과 같은 내용을 다룰 필요가 있다고 한다.

그 외에도 정의적(情意的)·감성적(感性的) 교육을 위해서는 명상, 좌선, 성경공부, 반성을 통한 심령공부, 일기 등 반성문 쓰기, 백일장, 그림대회, 노래자랑 등 예술부분, 윤리시간 확대, 선조들의 유적을 찾아 우리문화의 우수성을 계승 발전하는 역사탐방, 극기 훈련 및 봉사활동 참여, 다양한 체험활동 등을 교육내용에 더 많이 포함할 것을 권장하고 있다. 즉 심리교육은 마음을 다루는 공부이기 때문에 언제나 자기 마음을 살펴서 고요하고 둥글고 착한 마음을 가지도록 하여야 한다. 남도 자기와 같이 이익과 행복을 추구하면서 남으로부터 사랑과 존경받기를 원하는 나와 똑같은 가치를 추구하는 인간인 것을 인식하도록 하고, 나보다 남을 먼저 배려하고 공경함으로써 자기의 영역을 확장하여 원만한 인간관계 속에서 자기의 삶을 실현할 수 있는 마음가짐이 필요할 것으로 생각한다. 가장 바람직한 우리의 삶은 자연과 우주의 원리를 배우고 그것과 일치를 이루는 삶이 가장 바른 삶이라는 것을 성장하는 아이에게 가르쳐 주어야 할 것이다. 그렇게 하기 위해서는 부모는 자녀를 먼저 이해해주고 관대하게 대하며 관용을 베풀면서 따뜻한 사랑을 주어 자신이 자신을 수용하고 제어(制御)하며 자신을 통제하고 조절해 나가도록 하면서 가능하면 자율에 맡겨 스스로 자립해 가도록 키우는 것이 심리교육이 될 것이다.

심리교육의 필요성에 따라 이와 같은 의미에서 볼 때 부모로서의 기대(期待)는 학업을 수행하여야 하는 자녀에게 정신적인 건강이 최우선의 문제가 아닐 수 없다. 그 중에서 특히 의욕상실, 무기력, 불안, 우울 등에서부터 자유로워져서 자신의 맡은 바 소임을 완수하며 성장하는 것을 가장 바람직한 행동으로 볼 것이다. 2012년 7월 19일 KBS 1 텔레비전 08시 30분 아침마당이라는 프로그램에서 「못난이 complex 치료방법」이 방영된 적이 있다. 아마도 이 치료방법이 바로 심리학을 기초로 정신건강을 위한 치료방법이 아닌가 생각이 되어 여기에 간단히 소개한다. 만약에 우리의 자녀들이 심리적으로 위와 같이 의욕상실, 무기력, 불안, 우울 등의 증세를 앓고 있다면 스스로 자신의 심리를 치료하는 방법은 잠자기 직전에 누워서 자신의 이름을 부르며 스스로 자신을 돌봐주도록 가르쳐야 한다는 것이다. 이것은 내가 나를 위해 스스로 사랑, 자비, 이해를 해 주는 심리치료법이라는 것이다. 즉 "자신의 이름(자신의 아픈 마음을 못난이 complex를 가진 아기처럼 대하면서)을 부르며 부드럽게 가슴을 도닥거리면서 ○○야! ○○야! 그 동안 고생이 많았다. 힘들었지? 오늘 밤은 아무런 걱정이나 부담을 가지지 말고 편안한 마음으로 푹 잠을 자도록 해라. 정말 그동안 수고가 많았다. 내가 너에게 너무 지나치게 안달하며 모든 것을 잘하도록 요구한 것이 가혹한 것 같구나! 이 과정을 이해하고 용서를 해다오. 나는 너만을 사랑한단다. 괜찮아! 너무 힘들 때 쉬어가자구나." 등과 같이 매일 날마다 반복하여 힘들 때마다 자신을 다독거리면서 스스로 돌보아 줄 때, 우리의 아픈 자신의 마음은 치료가 된다는 것이다. 이와 관련하여 현대교육심리학(정원식외. 1995)을 참고하면 "인성심리학의 교육적 의의는 명백하다. 인성(人性)심리학(心理學)은 학습자의 생활지도와 성격지도에 필요한 지식과 기술을 제공한다."는 내용이다. 즉 인성심리학의 지식을 근거로 하여 성격을 지도함으로써 학습자의 학습능률을 증대시키고 개인 상담을 통해서 정서적·개인적 문제를 해결한다는 것이 심리교육의 목적이 될 것이다. 문제는 심리교육과 관련하여 감성(感性)의 증대방안으로 우리 부모들이 원하는 것은 자녀에 있어서 일정한 공간의 마음의 자리에 감성과 지성이 따로 따로 채워질 수 있는 별개의 공간이 각각 마련되어 있으면 하는 바람이다. 하지만 불행히도 자녀의 일정한 마음의 공간에 지성이 먼저 차지하게 되면 감성이 들어갈 공간이 좁아지게 되어 감성이 성장하는 데 어렵게 된다는 점이 대단히 안타까운 실정이라는 것이다. 이와 같은 현상은 공간적으로 별개의 공간이 없기 때문이라고 보기보다는 두 가지 동반성장이 그렇게 쉽지 않다는 결론에 이르기 때문이다. 특히 지성의 성장은 자신의 성장만을 우기기 때문이라고 풀이된다. 그러니 가능하면 어릴 때 먼저 감성이 발달되고 다음에 지성이 발달하여야 올바른 순서가 아닌가 생각하는 바이다.

감성지능이 자녀의 성공에 미치는 영향

감성지수, EQ는 Emotional Quotient의 약자로 감성지수, 즉 사전적 의미는 "심리학에서 자기감정을 다스리고 남의 감정을 이해할 수 있는 능력을 나타낸 수치"라고 기술한다. 감성지능(EQ)의 이론은 1990년 초 미국 예일대학 심리학 교수 피터 셀로비(Peter Salovey) 씨가 그의 동료인 뉴햄프셔대학의 존 메이어(John D Mayer) 교수와 처음으로 감성지능에 대한 공동 연구로 감성지능의 개념을 정리하였다. 그들은 감성지능을 '자신의 감정을 이해하고 남들의 감정을 공감하며, 그 감정들을 통제하는 능력'이라고 규정한다. 감성(Emotion)도 하나의 지능으로 IQ처럼 계발할 수 있다는 시도(試圖)였다. 1995년 뉴욕 타임지의 과학 기자인 다니엘 골만(Daniel Goleman)의 저서 「감성지능」이란 책을 출간함으로써 일반인에게 알려졌는데, 그에 의하면 "감성지능이란 충동자제능력, 동기부여, 타인과의 감정공유 능력, 인간관계 능력 등"을 말한다.

학교에서 학업성적을 위해서는 IQ(Intelligence Quotient), 즉 지능지수가 높아야 하지만, 사회에서의 성공을 위해서는 지능지수(IQ)보다

감성지수(EQ)가 더 요구된다. IQ는 성공에 20% 정도 기여하지만 EQ는 다른 사항과 관련하여 성공에 80%정도 관여하는 것으로 나타났다. 미국인을 상대로 얻어진 결과로는 지위(position)까지를 포함한 여러 변수들을 고려했음에도 불구하고 40년이 지난 이후에 그들의 출세와 성공을 가장 잘 설명해 준 변수는 좌절을 극복하는 태도, 감정통제 능력, 타인과 어울리는 능력 등으로 나타났다. 결국 EQ적인 요소와 능력들이 한 사람의 출세와 성공을 가장 잘 예언한다는 것이 다시금 입증된 셈이다. 결과적으로 출세와 성공에 있어서 EQ가 학교성적보다 중요하다는 것을 미국사회에서는 증명된 것이다. 우리가 사람의 성품에 대하여 이 사람과 저 사람의 성품을 서로 비교해 볼 때 무언가 차이를 발견하게 된다. 어떤 사람은 순수하면서 자연의 본성에 바탕을 두고 상대방을 대(對)한다. 즉 아무런 과식(過飾)이나 포장(包裝)이 없이 발가벗은 마음의 상태를 보고 보이면서 인간이라는 참모습인 따뜻하고 진실한 가슴으로 인간관계를 맺는다. 또 어떤 사람은 순수한 자연적인 본성은 마음의 어느 구석인가에 묻혀 있는 상태로 자신의 이해타산을 목적으로 살아오면서 사회에서 획득한 계산의 논리 속에서 자라온 가면(假面)이라는 머리로 인간관계를 맺는다. 앞의 사람은 자연의 본성에 바탕을 둔 성품에 의존하고, 뒤의 사람은 살아오면서 사회 속에서 살아오는 동안 자신이라는 이기심에 바탕을 둔 인간심에 의존하여 사람을 대면(對面)하게 된다. 이러한 차이가 상대방의 가슴에 와 닿는 것은 너무나 큰 차이로 나타난다. 마주치는 사람들의 눈빛만 보아도 그것을 상대방의 사람은 알아차리게 된다. 어쩌면 앞의 사람을 감성적인 사람이고 뒤의 사람은 지적인 사람이라고 분류해 볼 수도 있을 것이다. 그런데 이 지적인 사람은 자신의 머리에는 자신(ego)이라는 이기심이 이차적으로 다른 사람에 비하여 더 많이 획득되어 있는 사람일 것이다. 이러한 사람은 사회가 그러하듯이 물질과 개인의 행복을 추구한 나머지 여기에 편성하여 살아오면서, 그 속에서 훈련받고 익숙해져 그 생활에 알맞도록 적응되어 온 사람이다. 이러한 사람은 자본주의에 바탕을 둔 현대사회에서 살아남기 위하여 더 인공적(人工的)인 요소가 첨가된 새로운 인물이며 더 과학적인 사람으로 양성된 사람이라고 생각될 수도 있다. 인간으로서의 자연적인 본성에다 그 위에 새롭게 무장된 지식으로 물들어지고 개조된 사람이 아닌가 생각한다. 그러나 앞의 감성적인 사람은 뒤의 지적인 사람에 비하여 아직도 순수한 인간과 자연의 성품을 보존하면서 그 순수한 자연의 성품으로 살아가고 있는 사람일 것이다.

나는 내 주변에 이러한 사람을 만난 적이 있다. 아니 한 번의 만남이 아니고 사회의 일원으로 함께 살아가고 있는 사람이다. 이 사람을 처음 만나 봤을 때 그 사람의 인간성의 특징은 상대방을 자연 그대로, 있는 그대로 순수하게 받아들이고, 자신을 순수한 마음 그대로를 보이는 사람이다. 나는 소위 이 사람을 나름대로 감성적인 사람으로 인정하고 있다. 이 사람은 초등학교를 졸업하였고 얼굴이 두루뭉술하게 생겼으며 꾸밈이 없고 상대방을 아주 편안하게 대(對)한다. 특별한 직업이 없으며 시골에서 농사를 지으며 농한기에는 닥치는 대로 남의 일을 하면서 생계를 유지하는 사람이다. 그런데 그 사람은 시골에서 생활하며 살아가는 데 필요한 기술을 모두 갖추고 있다. 예를 들면 작은 농기계를 수리할 수 있는 기술, 가정의 부엌에 선반을 고친다든지, 화장실의 세면대를 교체한다든지, 하수구의 물을 쉽게 빠질 수 있도록 기술을 갖고 있는 능력이라든지, 집을 건축하는데 벽을 세면으로 바른다든지, 집의 문을 교체하고 수리한다든지, 전기의 선(線)

을 교환한다든지 등 온갖 일들을 잘 하였다. 또한 신용을 얻어 누구나 그 사람하면 언제나 불러서 그 사람에게 일을 부탁할 수 있어 주변사람과 신뢰를 쌓고 있었다. 그러면서도 항상 낮은 목소리, 잔잔한 미소, 따스한 가슴, 순수한 마음씨를 유지하면서 인간관계를 맺는다. 특히 여성분들로부터 대단한 인기를 얻고 있었다. 왜냐하면 부드러우면서 남에게 피해를 주지 않고 인간적이기 때문이다. 자기를 그렇게 내세우지도 않으면서 자신의 마음을 표현할 줄 알며 억지로 상대의 비위를 맞추어주지 않으면서 마음을 받아들이고, 순수한 마음과 마음을 공유하며 상대의 아픔을 헤아릴 줄 알고 있었다. 어려움을 나눌 줄 알고 자연의 흐름에 순응하면서 세상 따라 살아가고 있는 사람이다. 나는 그 사람을 볼 때마다 마음속으로 존경하는 마음이 저절로 생긴다. 우선 내 자신의 마음이 편하기 때문이다. 교만하지도 않고 마음이 안과 밖이 동일하며 자신의 이익을 위해서 감춘다든지 속이지 않기 때문이다. 나는 이러한 사람을 감성지수가 높은 사람으로 생각하게 된다. 지식이 높지 않아도 얼마든지 이 어려운 세상을 남과 더불어 살아 갈 수 있는 사람, 남에게 필요한 사람으로 도움을 주는 사람, 자신의 기반이 축적되는 사람, 이러한 사람이 출세하며 잘 사는 사회가 앞으로 펼쳐졌으면 하는 바람이다.

현대사회에 있어서는 감성지능이 더 필요하고 중요하지만 이에 비하여 언어능력, 수리능력, 창조적이고 논리적인 능력을 말해주는 지능(intellience)에만 의존한 IQ위주의 교육이 주로 이루어져 왔다. 1995년 다니엘 골만(Daniel Goleman)은 좋은 정서, 즉 EQ(감성지능)는 사상(思想)에도 지대한 영향을 미친다는 논리를 전개한 바 있다. "감성지수가 높으면 현명한 결정, 명확하게 생각하는 능력을 크게 도울 뿐 아니라, 분석적인 사고도 높고 상상력도 풍부하여 창작력 발달에도 커다란 도움을 준다."는 것이다. 더 중요한 것은 가정에서 감성지능(EQ) 교육을 잘 받은 사람은 도덕지수(MQ: Moral Quotient)나 사회지수(SQ: Social Quotient)도 높아 좋은 대인관계로 이어져 사회적으로 성공요인으로 작용한다는 내용이다. 한 인간이 출생하여 성숙한 인간으로 성장하려면 전인교육(全人敎育)을 받아야 하는데 이 전인교육과정, 지(知)·정(情)·의(意) 중에서 감성지능(EQ)은 정(情)에 해당한다. 정(情)은 정서(情緖), 즉 주위의 사물을 접할 때 기쁨·슬픔·노여움·괴로움·사랑·미움 따위를 느끼게 되는 마음의 작용이나 기능을 말하는 것으로, 이 감성지능(EQ)을 높이려면 마음(心)으로 느끼는 감정을 조절하고 통제하며 표현하는 능력을 기르는 것으로, 가정에서는 부모로부터, 종교에서는 교리를 통하여 지도자로부터, 또한 사회생활을 하면서부터는 대상관계를 통해서 길러지기도 하고, 유전적으로 감성지능(EQ)이 높게, 태어날 때 타고나는 것으로 알려져 있다. 만약 가정에서 감성지능을 높이려면 가능한 한 태어나면서부터 어릴수록 감성지수가 높은 부모님 밑에서 따뜻한 보살핌과 배려, 관심 등으로 학령기 이전에 계발하는 것이 유리하다고 하며, EQ교육을 먼저 시키고 다음에 IQ교육을 시키는 것이 가장 바람직한 교육모델이라고 전문가는 말한다. 그 후에는 종교적인 지도자나 성경·불교경전을 통하여 자신의 마음을 수양하여 인격을 양성할 수 있고, 사회생활을 통해서 꾸준히 지속적으로 덕(德)을 키워나가는 것으로 자기의 감성지수를 키워나갈 수 있을 것으로 본다. 흔들리는 가정과 교육(문용린. 2001)에서 감성지능(EQ)을 키우기 위해서 첫째 어릴 때 자녀들로 하여금 부모나 형제자매 등 가족 구성원들의 표정과 감정, 속마음을 읽는 연습을 하도록 할 것. 둘째 화(火), 분노, 질투, 충동, 조바심 등이 일어날 때, 그런 감정을 어떻게 처리하는 것이 좋은지 사례를 들어가면서 예행연습을 시킬 것. 셋째 동화, 소설, 영화 속에서 나타난 관심 있는 인물과 주인공의 정서처리 능력과 방법에 대해서 조사·분석하여 표현하게 해볼 것. 넷째 사람들로 하여금 그 스스로의 정서표현, 조절, 활동의 경험을 계발하고 반성케 해 볼 것. 이렇게 꾸준히 연습을 하여 정서지능 (EQ)를 높이도록 해야 할 것이라고 강조하고 있다.

부모가 해야 할 일 하지 말아야 할 일(히라이노부요시. 2003)에서, 저자는 아이들에게 감성지능을 높이기 위해서는 부모들은 자기의 생활태도부터 감성적으로 살아가도록 노력해야 한다는 것이다. 이 감성 (感性)의 사전적 의미를 살펴보면 '사람이 외부자극에 대한 어떤 느낌을 가지는 상태나 능력'이다. 좀 어려운 표현이긴 하지만 자녀에게 감성지수를 높이기 위해서는 오래전부터 일컬어지는 그대로 '진(眞)·선 (善)·미(美) 그리고 종교 등'과 관련이 있는 우리의 감정을 순화하며 좋게 변화시키는 일이다. 진(眞)은 과학적이고 논리적인 관점에서 과연 진실은 무엇인지를 추구하는 마음이며, 선(善)이란 도덕적인 인간, 즉 남을 배려하는 마음이며, 참된 의미의 올바른 인간은 어떤 것인지 궁리하고 그런 사람이 되려고 노력하는 마음이며, 미(美)란 아름다운 것에 감동하는 마음이다. 자연에 대한 미(美)도 있고 음악, 미술, 문학 등의 예술에 대하여 감동하는 미(美)(마음의 아름다움)도 있게 되는 것이다. 이와 같은 마음은 자녀의 정서를 함양시켜주기 때문에 중요하다. 마지막으로 종교에 대한 것은 신앙심을 가지고 이 세상을 바라볼 때 한 층 더 희망적이고 즐거우며 착하게 되는 마음이라고 한다. 감성지수(EQ)를 높이기 위한 방법으로 정원을 조성하여 식물을 키운다든지, 아니면 애완동물이나 곤충을 기르는 것도 감성지능을 높게 한다. 이와 같이 꽃을 재배한다든지 애완동물을 기르는 일은 날마다 그 일에 신경을 써야 할 것이다. 죽지 않게 하기 위해서 물도 주고 먹이도 주면서 식물, 동물과의 대화도 이루어지게 되고, 그러한 대상의 입장에서 사물을 보게 되어 보살피게 되는 것이, 곧 남을 배려하는 마음과 같으며 자연에 순응하게 되고 마음도 부드러우며 선하게 된다. 그리고 참고 기다리는 인내심도 발달하고, 자기 꽃과 동물을 잘 키우려는 노력으로 책임감도 강하게 되고 성실해진다. 또 체험학습도 된다."고 기술한다. 자녀가 어릴 때부터 노래나 시(詩)를 통하여 우뇌를 자극함으로써 EQ를 높여줄 수 있다고 한다. 노래를 하기 위해서는 음악을 감상하고 즐겁게 노래를 부름으로써, 시를 읽고 감상함으로써 가능하다는 것이다. 그림도 그리고 도덕 수업도 많이 받게 함으로써도 EQ를 높일 수 있을 것이다. 이와 같은 마음은 자녀의 정서를 함양시켜주기 때문에 중요하다. 무엇보다도 자녀에게 있어서 감성적인 성장을 바란다고 한다면 반드시 어린 유아기 시절에 자유로움과 여유로움을 제공하여 자녀 스스로 충분히 다양한 경험과 생각할 수 있는 기회를 제공함으로써 원만하고 따스한 자아가 싹트게 하여야 할 것이다. 이것이 곧 자녀의 감성발달로 이어지게 된다. 만약에 자녀의 어린 시절에 충분한 시간적인 여유로움을 부모로부터 박탈당하게 되어 학업을 강요받는다면, 자녀 스스로 자아가 분화 발달되지 못하여 감성의 미발달은 물론, 편협하고 이기적인 성인으로 성장하게 된다는 것을 유념하기 바란다. 대체적으로 성장하는 자녀들의 감성의 발달적인 측면을 분석한 결과 충분한 시간과 자유로움을 획득할 수 없어 자아의 분화가 이루어지지 못하고, 그 시기에 학업을 부모로부터 강요받은 자녀에게서 성격적으로 원만하지 못하고 자기중심적으로 성장하게 된다는 것이 알려지게 되었다. 한번 더 설명한다면 감성의 발달을 위해서는 어린 자녀시절에 있어서 충분한 시간적인 여유를 주어 마음 밭에 아름다운 꽃 한 송이를 키운다는 생각만큼이나 여유가 있어야 한다는 것이다. 이러한 환경 속에서 자녀가 성장할 때 여러 가지 면에서 남을 배려할 수 있는 생각들이 자라게 될 수 있을 것이다. 이것이 감성의 발달의 한 일면(一面)이다. 어쩌면 감성적인 성장을 위한 학습방법은 지능을 높일 수 있는 학습보다도 더 어려운 과제가 아닌가 생각이 된다.

정신건강을 위한 자세와 습관

정신 병리는 쾌락을 추구하는 충동들이 일으키는 갈등 때문이 아니라 타자와 관계 맺는 것을 방해하는 장애물 때문에 발생한다는 것이다.

_ 페어베언(Fairbairn)

뇌는 사랑과 공감으로 성장한다고 한다. 자녀들이 이 세상에서 삶을 영위하는 동안 고(苦)되고 어려운 부분을 나열하라고 하면 그 중에는 학습하는 것이 아닌가 하고 생각하는 바이다. 자녀들이 원대한 꿈을 갖고 목표를 향해 나아가기 위해 실력을 쌓아야 하는 학습은 우리의 정신건강이 건전한 가운데 이루어져야만 성공할 수 있으며, 이를 잘못 수행하면 신경증으로 학습을 중도에 포기해야 하는 경우가 발생할 수 있다. 학습자가 학습하는 과정에서 꼭 염두에 두고 정신 상태를 점검해야 하는 것이 바로 정신을 한곳으로 모아 집중하여 학습을 수행해야 하는 일이다. 학습을 하는 도중에 다른 생각, 즉 잡념에 정신이 분산되면, 지속적으로 행하여야 하는 학습이 방해를 받아 병리적 현상이 나타날 수도 있다. 확대경의 빛이 초점에 모이듯이 정신이 한곳으로 집중되어야 학습이 가장 잘 이루어지기 때문이다. 자기의 모든 생각을 스스로 점검하면서 편안(便安)한 마음으로 학습에 집중하기란 쉬운 일이 아니다.

심리전문가들은 한 사람이 하루에 6천 가지 정도의 생각을 한다고 말한다. 이와 같은 현실에서 학습자가 자기의 정신 상태를 고요한 마음으로 지속적으로 유지하며 학습을 수행한다는 것은 어려운 부분이 아닐 수 없다. 만약 학습을 싫어하는 마음, 즉 부정적인 사고를 가지고 학습에 임한다면 자꾸만 정신이 분산되고 잡념에 정신을 빼앗겨 정념(正念)이어야 할 자리가 사념(邪念)으로 채워지게 되어 학습의 효과가 떨어지고 정신건강을 해치게 될 것이다. 우리가 세상을 살아가면서 평상심(平常心)이 항상 즐겁고 유쾌하며 낙관적이고 희망적이어야 한다. 건전한 정신 상태는 선(善)한 마음을 가지고 있어야 한다는 것이 전제 조건이 된다. 선(善)한 마음이란? 국가에 이로움을 주는 마음, 부모에게 효도하는 마음을 비롯한 덕(德)스러운 마음, 남을 사랑(慈)하는 마음, 남과의 관계에서 화목(和睦)하게 지내는 마음, 묵묵히 살아가려고 하는 마음, 믿는 마음, 바른(正) 마음 등을 일컬을 수 있다. 이 선(善)한 마음을 갖게 되면 정신이 살아나게 되고 만약에 악(惡)한 마음을 갖게 되면 정신은 병들어 가게 된다. 악(惡)한 마음이란? 독(毒)한 마음, 정욕(色)에 사로잡히는 마음, 탐(貪)하는 마음, 질투(嫉妬)하는 마음, 속이는(欺) 마음, 사사(邪思)스러운 마음, 남을 욕하는 마음, 자기만 생각하는 이기심(利己心) 등을 갖는 마음이라고 할 수 있다.

학습이라는 것은 현재 자기 몸에 머무는 청정(淸靜)한 정신을 바탕으로 한 자기 본래의 정신에, 학문이라는 새로 입력이 되는 '기억(記憶)이라는 내용' 즉 정신이 더해져서 새롭게 통합되는 과정이고 보면 학습 본래의 기본원칙에 어긋나지 않도록 학습을 수행해야 할 것이다. 학습은 정신을 갈고 닦아 기존의 정신 위에 새로운 정신구조를 재편성하는, 즉 '기존의 정신을 바탕으로 그 위에 지식을 쌓아가는 힘겨운 과정의 작업'이라고 할 수 있다. 정신이라는 도구를 사용하여 정신노동을 함으로써 하나의 결실을 맺도록 하는 정신예술의 건축물을 세우는 과정이다. 다른 말로 풀이하면 학습이라는 것은 배우게 되는 학습내용을 기본정신이라는 바탕 위에 첨부하여 쌓아가는 과정으로, 학습내용을 분석·이해하여 그 기본 정신 위에 새롭게 저장하는 동화작용인 것이다. 학습에 있어서 가장 중요한 것이 정신작용이며 정신건강이다. 지속적으로 정신을 소모하고 사용하여야 하는 힘든 과정이 곧 학습이기 때문이다. 어떤 사람은 고(苦)된 학습을 한평생 지속해도 정신건강은 소진(消盡)되지 않고 더욱더 좋아지는가 하면, 어떤 사람은 한 시간도 못되어 정신의 쇠약으로 말미암아, 곧 골머리가 아프다며 주저앉고 만다. 아무튼 다사(多思, 많이 생각함)는 정신을 죽이고 폭식(暴食)은 육체를 병들게 한다고 한다. 이 말은 학습을 하여야 하는 자녀를 둔 부모들은 잘 새겨두어야 하는 대목이다. 자성반성(自性反省) 성덕명심(聖德明心) 도덕경(道德經)에 '생야생야 영육일치(生也生也 靈肉一致)'라는 법문(法文)이 있다. 이 법문의 뜻은 '사는 것이 사는 것이냐 영육이 일치되어야 사는 것이다.'라는 뜻인데, 즉 영육일치는 쉽게 풀이하면 영(靈)과 육(肉)이 하나로 한 곳에 있어야 건강한 육체에 건강한 정신이 이루어진다는 뜻으로 풀이된다. 즉 육체에 정신이 안정하게 깃들어 있어야 한다는 의미이다. 이 뜻은 정신이 자신의 육체에 안전하게 머물러 있으려고 하려면 아무런 잡념 없이 고요한 상태가 영육(靈肉)이 일치된 상태라고 말할 수 있을 것이다. 여기에서 한 걸음 더 나아가면 우리의 정신은 육체가 행위하는 그 부분에 정신이 머물러 있어야 하는데, 육체는 이 일을 하고 있는데 정신은 다른 곳에 있게 되면 우리가 흔히 말하듯이 정신이 나간 상태가 되는 것이다. 우리에게 주어지는 고요함의 중요 의미는 앞에서 말한 영육이 일치된 본래의 정신으로 화(和)하여 창조력의 계기(契機)가 되며 정신 활동이 재개(再開)될 수 있는 기회를 제공할 수 있는 경지(境地)에 놓이게 된 상태를 말한다. 즉 학습자에게 있어서 정신건강은 학습 그 자체가 영육일치가 된 상태에서 수행해야만 지속적으로 정신노동을 하더라도 지치거나 쇠약해지지 않고 건강한 정신을 보존하게 된다는 의미이다. 고(苦)되고 오랜 기간 학습을 해야 하는 자녀를 둔 부모는 이 법문(法文), 즉 이 구절(句節)을 이해하여야 한다. 영육일치가 되도록 하려면 심호흡을 통하여 명상을 하든지, 덕(德)이 쌓일 수 있는 동일한 낱말을 똑 같이 소리 내어 반복적으로 외우다보면, 잡념이 없어지며 정신이 맑아지고 통일되며 건강해지는 것을 느낄 수 있다. 즉 불교에서 염불의 효과와 같을 것이다. 학습을 하는 자녀가 정신이 산만하고 집중력이 떨어질 때는 앞에서 말한 명상요법을 시행하도록 조언한다. 명상(瞑想)은 사고(思考)에 있어서 번잡함보다는 고요함을 추구하는 것이다. 우리의 사고에서 정신이 극단에 치우치는 것은 고요함과 반대되는 것으로 긴장과 괴로움, 피곤함 등을 불러오게 한다. 이것은 정신에 부담을 주고 정신건강을 해친다. 즉 정신이 좋지 못한 상태로 한 극단에 고착되면 파국에 이르게 되니 명상을 통해서 고요함을 유지하는 것이 중요하다.

자녀를 둔 부모가 한 가지 더 명심하여야 할 것은 우리 인간에게 있어서 한정된 시간에 사용하여야 할 두뇌(頭腦)의 사용량은 어느 정도 한계가 있다고 하겠다. 이 두뇌의 사용량은 다시 말하면 사고(思考)의 용량, 기억(記憶)의 용량으로 바꾸어 말할 수 있을 것이다. 아무리 자녀가 앞에서 설명한 대로 정신건강을 유지하기 위하여 고요함으로 잡념을 버리고 학습이라는 한 가지로 정신으로 모은다고 하더라도 쉽게 모이지 않는다. 이 학습이라는 과정은 어려우며, 또 학습이라는 것이 지나치고 과도(過度)하면 학습은 자녀의 정신건강에 부담을 줄 수 있다는 원리(原理)를 이해하고 있어야 한다. 이 말을 다른 말로 풀이하면 우리의 정신은 일을 할 수 있는 능력에 한계가 있다는 것이다. 즉 짧은 시간에 강도 있고 급하게 정신을 사용하면 정신이 자신 스스로 회복할 수 있는 한계점을 넘게 되어 그때부터는 회복 불가능한 상태에 접어들게 되니 학습자의 정신 건강을 위해서 학습의 강도를 조절할 수 있어야 할 것이다.

우리 인간의 대뇌는 우리의 모든 경험을 기억하고 있는 기관이다. 고통과 기쁨의 대가(代價)를 치르고, 배운 지식이나 음식이름, 술맛, 실연의 쓰라림, 하늘을 나는 짜릿함, 배뇨시의 쾌감, 섹스의 황홀함, 뉴욕타임즈의 내용 등 모든 기억을 관장하는 곳이다. 즉 신경의 가장 미세한 가닥인 뉴런에 전달되어서 한 과정으로 처리되는 것이 과학으로 증명되었지만 차마 쉽게 설명하기가 어려울 정도로 정밀하고 섬세한 기계장치처럼 그 기능을 수행한다고 볼 수 있다. 그런데 우리의 자녀들은 잠이 부족해 벌겋게 핏발이 선 눈으로 그들은 뚫어져라 책을 외우고 시험을 친다. 우리의 주변현실을 보더라도 의대를 졸업하고 병원에 새롭게 배치된 의사가 의과대학시절에 받은 학업의 무게인 그 후유증을 견디다 끝내 견디지 못하고 결국은 생을 포기하는 그 안타까운 현실을 우리는 눈여겨 보아왔다. 이러한 정신적인 병(病)은 고등학교 때부터 오랜 기간 동안 누적된 정신적인 과로(過勞)가 다시 본래 자신의 평온함으로 회복되지 못하고 그 압박감에 짓눌러서 우울증이라는 상태, 즉 무서운 자포자기로 끝나게 되는 것이다. 아이러니컬하게 아마도 그것은 스펜서(Spencer. H)에 의하여 제창되고 다윈(Darwin. C. R)이 『종(種)의 기원(起源)』에서 사용한 적자생존(適者生存)원리(原理), 즉 생명의 생존경쟁의 결과 환경에 적응하는 것만 살아남고 그렇지 못한 것은 도태되는 현상이 그대로 처절하게 의과대학생에게 적용된 하나의 예(例)라고 아니할 수 없다. 정신발달과정을 살펴보면 정신발달에 있어서 태아기와 영아기(출생 후 15개월까지)는 대단히 중요한 시기이다. 정신형성(精神形成)에 있어서 태아기 중에서도, 수정이 된 후 약 3주일째부터 외부적으로 세포분열이 서서히 시작되어 가며 아주 적은 세포군에서 6주간이라는 짧은 기간 동안에 배아의 기능으로 분화, 원기의 기초가 마련되는 것이다. 이때부터 중요한 기관(외배엽, 중배엽, 내배엽 등)이 결정적으로 나타나기 시작한다. 따라서 모체가 자신도 모르게 입게 되는 병(病), 낙상(落傷), 심리적 타격 등의 영향을 받기 쉬운 시기가 바로 이 시기인데 유전적인 질병은 제외하고라도 환경적인 영향을 받는 어떤 발달적인 정신건강도 이 시기부터 세심한 주의가 요구되는 바이다(민영순. 1983).

특히 태아기부터 영아기의 전반기에 주로 감각기관이 발달하고 후반기에는 지능의 발달이 현저하게 나타난다고 한다. 감정도 싹트기 시작하며 지능(知能), 역시 영아기 후반에 현저히 발달하기 시작하는 것이다. 육체의 성장과 정신의 발달은 비례한다고 보아야 한다. 육체의 성장과 정신의 발달이 이루어지는 영유아기 시절이 성격형성에 있어서도 거의 결정적인 영향을 준다고 볼 수 있다. 이 시기가 또한 습관이 형성되는 시기이기도 하다. 성격과 습관의 기초적인 형성이 이 영유아기에 거의 대부분 이루어지게 된다고 본다. 인간이 성장하는 동안 자기의 잠재능력을 충분히 발휘하지 못하는 이유는 그가 어려서 주위로부터 받는 욕구불만과 관련이 있으며, 그것은 결국 적의(敵意)나 고통이 증오(憎惡)를 수반하는 것이라고 한다. 즉 증오는 인간관계를 말살하고 본인의 주관적인 고정관념이 많이 좌우하기 때문이며, 객관적인 견지에서 사물을 보지 못하고 인간과 인간을 단절하고 최후에 가서는 자기마저 궁지로 몰아넣는 경지로 이끌게 된다는 것이다.

프로이드는 이러한 욕구불만은 정신기제(Mental mechanism)를 사용하도록 유도한다는 것이다. 정신기제란 억압된 욕망을 보상하려는 간접적인, 특히 잠재의식 층(層)의 의식작용으로써 갈등을 취급하는 여러 가지 방법들을 말하는데, 이것들은 개인의 자아의식(ego-consciousness)을 보호하고 높이려는 수단이 된다고 한다. 이러한 기제(機制)는 누구나 다 가지고 있으나 정도가 다를 뿐이며 사람에 따라서 한두 가지 특정한 기제만을 너무 많이 사용하면 정신건강에 손상을 가져온다는 것이다. 우리나라 교육환경으로 보아 학습을 하는 자녀들이 대부분 크고 작은 정신적인 불안이나 고통에 시달리면서 학습을 계속하고 있는 것이 현 실정이다. 이 정신적인 불안상태에서 학습을 하다보면 학습의 효율은 저하되고, 심하면 신경증으로 연결되어 학습을 포기하여야 하는 사례가 발생할 수도 있게 되는 것이다.

학습하는 자녀를 둔 부모들은 이러한 정신적인 병리현상에 대한 지식을 사전에 어느 정도 앎으로써 이에 대한 예방과 대책이 가능하리라고 본다. 우리가 흔히 보아 왔듯이 사춘기가 끝날 무렵 고등학교 졸업 전후에 한창 대입시험을 앞두고 열심히 공부를 해야 할 시기에 뜻하지 않게 신경증을 앓는 경우가 있다. 나의 기억으로 어릴 때, 주변 사람들로부터 들어온 이야기로 누구는 공부를 하다가 정신이 돌았다는 말을 들었다. 나는 그 시기 어린마음에 혼자생각으로 어떻게 정신이 돌까? 하고 의아해했다. 아마도 지금도 많은 사람들이 공부를 한다고 정신이 돈다는 이야기를 이해 못하는 사람이 있을 것이다. 사실은 공부를 잘못하면 머리(뇌 작용의 움직임)가 돌게 된다. 즉 학습자에 있어서 인간관계를 포함한 주변 환경이 좋지 못한 상태와 학습(내면적인 성격의 학습추진력)이 추진되는 과정에서 이들 두가지 요소가 상반되어 서로 조화와 균형을 이루지 못하면 자신의 마음속에서 두 가지 마음, 즉 학습을 하려는 의욕과 학습을 방해하는 마음사이에 갈등이 생기게 된다. 다시 말하면 공부 하는 사람의 정신적 조건이 안정되지 못하는 가운데에서, 학습을 수용할 수 없는 거부하는 상태―내부적인 마음에 상처, 경제적인 어려움, 주변사람들과 인간관계의 갈등에 의한 공포감 등이―학습행위를 방해하는 장애의 벽(壁)이 되는데, 이때 학습자의 성격이 급하고 강하여 짧은 시간에 강도 있게 학습을 하려는 추진력이 학습을 방해하는 그 장애의 벽(壁)인 정신의 한계를 넘어서도록 저돌적으로 힘(학습을 하려고 하는 의욕과 추진력)이 가(加)해지면 신경의 회전능력이 과부하(過負荷)상태로 자기 조절을 못하고 한계를 넘어서 지속된다. 이러한 경우에 정신(두뇌)은 계속 한쪽 방향으로만 회전하게 되고 결국은 제자리로 복귀(復歸)할 수 없는 본래의 자기 위치를 넘어서게 된다. 그러한 환경이 지속되면 두뇌의 추진력은 원점으로 돌아오지 못하고 그 한계를 넘어 서게 되는 것이다. 이러한 현실에 놓이게 되는 경우를 일반사람들이 볼 때 정신이 돌았다고 표현할 수 있다. 이 말은 학습이라는 추진력이 본인의 정신용량이라고 하는 수용할 수 있는 범위를 넘어서 계속된다는 뜻이다. 말하자면 기계 조립 시 나사(螺絲)가 한도를 넘어서버린 상태와 같은 현상이라고 말할 수 있을 것이다. 한국적 이마고 부부치료(심수명. 2008)에서 보면 성인이 된 이후의 정신건강문제도 유아기 때부터 어머니와의 관계에서 출발한다고 본다. 또한 심리학적 용어로서 "분리(分離)라는 것은 모순된 감정, 자기표상, 대상표상들을 서로 적극적으로 분리하는 무의식적 과정이다. 분리(分離)는 유아로 하여금 선함과 악함, 쾌감과 불쾌감, 사랑과 증오 등을 분별할 수 있게 하여 긍정적 경험과 감정, 자기표상, 대상표상 등을 독립된 정신영역 안에 안전하게 보존케 하고 부정적 요소들로부터 지켜주는 심리적 방어기제의 하나이다."라고 기술한다. 그러니 유아는 좋은 경험이나 감정 등 긍정적인 요소를 많이 축적하는 것이 정신건강에 도움이 된다는 결론에 이른다(물론 나쁜 경험이나 감정 등 부정적 요소도 축적되어야 한다). 유근준(2008)의 대상관계의 이해와 적용에서 기술한 내용을 보더라도 klein(1946)은 "긍정적 경험은 유아에게 따뜻함, 보살핌, 만족, 안정감을 안겨 주지만, 부정적인 경험들은 유아에게 분노, 불안, 염려 등을 가져다준다. 자아가 단계[72]를 거치면서 발달하는 과정 중에 만족스러운 경험과 불쾌한 경험을 구별할 수 있는 능력이 생기며, 결국에는 분열(splitting)을 통해서 자신의 모습 가운데 좋은 모습과 나쁜 모습을 구분한다."는 것이다. 그런가 하면 유아의 환상[73]을 통해 "아동은 자신의 몸속에 좋고 나쁜 물질과 대상들이 살고 있다고 상상한다. 우선 아동들은 '좋은'물질들과 대상들(궁극적으로 '좋은' 우유, '좋은' 배설물, '좋은' 남근, 그리고 '좋은' 아동들)을 받아들여, 그것들의 도움으로 자기 몸 안에 있는 '나쁜'물질들과 대상들을 마비시키려고 한다."는 견해이다. 앞에서 기술한 내용들을 종합하면 유아의 정신건강을 위해서는 긍정적 경험을 많이 축적함으로써 부정적 감정이 줄어들어 경험들의 통합에서

---

72) 첫 번째 단계에서 말러는 생후 3~4주는 자폐기로 자신의 신체적 욕구와 감각에 관심을 가지며 두 번째 단계인 생후 2개월부터 5개월까지의 공생기는 엄마를 욕구충족의 대상으로 지각하기 시작한다. 이 단계에서 유아는 자기의 욕구를 만족시켜주는 어떤 사람의 존재를 희미하게 느끼기 시작하며, 마치 어머니가 자기와 한 몸인 것처럼 지각한다. 어머니와 하나라는 느낌은 유아가 기본적인 만족감을 얻는 대상관계를 형성할 수 있게 하고 이 만족감의 경험이 자기신뢰 및 자기 존중감 발달의 바탕이 된다(M.Nichols & R.Schwartz. 1995, 249~250). 세 번째 단계인 분리기는 생후 6개월부터 두세 살까지로, 주요 특징은 분리불안이며, 분리개별화 작업을 통해 불안이 극복되면서 대상 항상성을 갖는다. 이 때 공생관계가 주는 만족감, 혼자 움직일 수 있는 근육의 발달, 그리고 지각, 기억의 발달 등으로 인해 자신감이 생기면서 미래의 자존감, 모험에 대한 의지가 발달하는 기초가 된다. 이 때 어머니가 독립적 탐구행위를 지나치게 강요하면 아동은 어머니의 애정을 상실할지도 모른다는 두려움을 갖게 된다. 이 단계에서 어머니로부터 분리과정을 시작하여 어머니와의 공생의 연합을 점차 포기하게 된다. 뿐만 아니라 양육자의 좋고 나쁜 상을 통합시키기 시작하고 그 자신의 정체성을 통합시키기 시작하며, 어머니의 부재 시에도 어머니의 상을 보유할 수 있는 능력이 획득되며, 참을성을 키우고 분리를 수용할 수 있게 된다(M. Mahler. 1952. 48)

73) 환상(Phantasy): Klein은 환상이란 무의식적 정신과정의 내용이라고 이해하고 처음부터 충동의 대상이 존재한다고 생각하였다(대상관계의 이해와 적용. 유근준, 2008)

정신건강에 유리하게 작용되는 결론에 도달한다.

Freud는 생후 5, 6세경에 개인의 성격이 거의 95% 정도가 형성되며 이 시기의 경험 속에 많은 정신적 질환의 원인들이 함께 있다고 보면서, 이 시기의 중요성을 강조하고 있다. 이때 형성된 인성(人性)을 중심으로 성인이 된 후에도 그 성격을 가지고 살아간다는 것이 Freud를 비롯한 전문가들의 견해이다. 그리고 아들러(1907)의 기관열등감과 그로 인한 심리적 보상에 관한 연구(Study of Organ Inferiority and Its Psychical Compensation)를 보면 '병적 열등감과 그 원인'에서 "열등감과 부적절감(inadequacy)은 유년기 때 시작된다고 믿었으며, 인간은 이 열등감을 극복하기 위해 노력해도 어떤 이유로든 안 될 경우엔 이 열등감이 더 강화되어 아들러가 말하는 소위 병적 열등감에 이르게 되는데, 이 열등감을 극복하지 못하면 성인이 된 후 신경증을 일으키는 중요한 요인이 된다."는 것이다. 행복의 조건(조지 베일런트. 2010)에서도 하버드대학교 의과대학 교수이며 보스턴 브리검 여성병원 정신의학분과 연구소장으로 재직 중인 세계 최장기(最長期) 성인 발달 연구를 맡아온 조지 베일런트(George E. Vaillant,M.D)는 하버드 대학에 1930년대 말에 입학한 2학년생 268명의 삶을 72년 동안 추적한 결과 1948년 초, 심각한 정신질환을 겪은 연구 대상자는 20명에 이르렀으며 50세에 이른 연구 대상자 중 3분의 1이 베일런트가 규정한 정신질환 범주에 한 차례 이상 포함되었다고 한다. 베일런트 교수는 말하기를 하버드 출신 엘리트라는 껍데기 아래엔 고통 받는 마음이 있었다고 말한다. 이와 같은 연구 결과를 보더라도 우리의 주변은, 우리는 크고 작은 정신질환에 쉽게 노출되어 있는 현시대에 살고 있다고 할 것이다. 또한 조지 베일런트(George E. Vaillant,M.D)에 의하면 행복의 조건은 '인생의 고통에 어떻게 대응하는가?'에 달렸다고 하면서, 그가 주로 사용한 분석도구는 고통이나 갈등, 불확실성에 대한 '무의식적 방어기제'였다. 베일런트는 방어기제란 아주 기본적인 생물학적 과정에 대응하는 정신세계의 현상이라고 설명하고, 방어기제 역시 우리를 구원할 수도, 나락으로 이끌 수도 있다고 한다. 베일런트는 이러한 방어기제를 가장 건강하지 못한 '정신병적(psychoyic)방어기제'에서부터 '미성숙한(immature)방어기제' '신경증적인(neurotic)방어기제' '성숙한(mature)방어기제'74)에 이르는 네 가지 범주로 분류한다. 여기서 중요한 것은 이 네 가지 방어기제 중 성숙한 방어기제(mature)를 사용하는 것이 정신적으로 건강을 유지할 수 있다고 하며, 만약 방어기제를 부정적으로 이용하면 정신병 진단을 받게 되고 이웃들로부터 외면당하고 사회에서도 부도덕적이라는 낙인이 찍힌다고 했다. 이 방어기제 사용이 중요하다고 할 수 있다. 인간은 누구나 태어날 때부터 유전적으로 완벽한 탄생은 없을 것이라고 말하며 성장 또한 완벽할 수 없다는 것이다. 이러한 면을 보더라도 성격적으로 너무 지나치게 순한 사람도 있고, 급한 성격도 있으며, 정신적으로 산만한 성격도 있

---

74) 성숙한 방어 기제란 어떤 것이 있는가?
○ 이타주의(altruism): 본능적인 욕구 충족을 타인을 돕는 일로 대신하는 행동으로 이타적 포기라는 말도 있는데, 이는 자신이 직접 욕구를 충족하는 대신 다른 사람이 충족할 수 있도록 도와서 대리만족을 느끼는 것이다. 가족을 위해 자신의 즐거움을 모두 희생하는 어머니라든가, 월급의 일부를 쪼개서 구호 단체에 기부하는 것도 이타주의의 예다.
○ 금욕주의(asceticism): 현실에서 경험할 수 있는 욕망의 충족과 쾌락을 없애고, 금욕을 통해 만족을 얻는 태도다. 도덕적인 면이 강하게 작용한다. 놀고 싶고 갖고 싶은 것도 많지만, 대학 진학을 위해 모두 포기하고 공부만 하는 것도 금욕주의적 행동이다.
○ 유머(humor): 불쾌하고 기분 나쁘거나 공격적인 충동이 생겨도 농담으로 방어하는 것이다. 그 덕분에 불쾌한 감정을 견딜 수 있고, 공격적인 행동을 하지 않고도 넘어간다.
○ 승화(sublimation): 사회적으로 용인되거나 바람직한 목적을 추구하여 무의식적인 욕망을 충족하는 행동으로, 본능적인 에너지가 가로막히거나 분산되지 않고 바람직한 방향으로 배출된다. 공격적인 충동이 강한 사람이 의대에 들어가서 외과 의사가 되는 것도 승화의 일종으로 본다.
○ 억제(suppression): 의식 차원에서 느껴지는 충동과 갈등을 의식 혹은 전의식 차원에서 축소하거나 조절하는 것이다. 불편함을 느끼기는 하지만 압도당하지 않고 최소한을 경험하는 선에서 제어한다.

는가 하면, 지나칠 정도로 말이 없는 성격도 있다. 자녀에게 무슨 죄가 있어서든지 태어나면서부터 선천적으로 정신적인 질환을 갖고 태어나는 자녀도 있다. 만약에 선천적인 문제가 있는 자녀라면 인간으로서 최선을 다해 감내(堪耐)해야 하며, 가정, 학교, 사회가 협력하여 이러한 질환을 이기고 학습에 참여하도록 최선을 다해야 할 것이다. 그러면 여기서는 건강한 자녀를 대상으로 학습을 하는 동안 정신건강에 피해를 입지 않도록, 즉 좋은 습관을 갖도록 하는 데 더 큰 의의가 있지 않을까 생각해 본다. 정신건강에 피해를 주는 원인, 특히 마음의 상처는 어떤 것이 있는지 살펴보기로 하겠다. 상처(傷處)라는 낱말의 사전적 의미는 '부상을 입은 자리'라고 되어 있다. 그런데 이 상처는 육체적인 상처가 있고 마음에 상처가 있는데 반드시 이 상처들은 흔적을 남긴다는 것이다. 어릴 때 뒷산에서 소에게 먹이기 위해 풀을 베다가 손가락이 낫에 베어 상처를 입게 되면 훗날 상처가 아물고 완전히 치료가 된 이후에도 대체적으로 상처가 아문자리는 하얗게 상처의 흔적이 남는다. 그것이 성인이 된 이후에도 완전히 없어지지 않고 존재하는데 육체적인 상처는 눈에 보이기 때문에 이 상처를 완전히 치료를 하는 반면, 반대로 마음의 상처는 눈에 보이지 않기 때문에 치료를 하지 않고 가슴 속 깊이 감추고 묻어 둔다는 데서 문제가 발생한다는 것이다. 이 마음의 상처는 평생 없어지지 않고 그대로 가슴에 남아 있다가 세월이 지난 다음에, 또 다른 모욕(侮辱)이나 비난, 충격과 같은 피해를 당할 때 되살아나면서 더 큰 상처를 형성하게 된다는 것이다. 이 상처는 더 커지고 심해져서 급기야는 자기가 이성(理性)으로 감당할 수 없을 정도의 감정의 폭발이나 심한 실수로 이어져 남을 해칠 수도 있고, 아니면 심적 불안과 신경증 등 우울증 증세로 자신을 해칠 수 있다는 것이 전문가의 견해이다. 이것은 무감각이나 좌절감으로 이어져 모든 삶의 자세를 뒤흔들어 사회생활을 하는 데 정확한 판단을 하지 못하도록 혼란과 시행착오의 원인으로 작용한다는 것이다. 한방과 방중술(한청광, 2006)을 참고하면 칠상(七傷)이라는 용어가 나온다. 이 칠상(七傷)이라는 용어는 심한 정신 자극에 기인한 질병을 두루 일컫는 것으로서, 일곱 가지 원인으로부터 생긴다고 한다. 이 일곱 가지 원인은 기쁨·성냄·우울·번민·슬픔·두려움·놀람 등의 감정이다. 이 일곱 가지 감정을 잘 다스려 심한 정신적인 자극은 피해야 할 것으로 본다. 심리적 용어로 상처 중에는 "트라우마(trauma)"라는 용어가 나오는데, 이 트라우마(trauma)는 그리스어의 의학용어로는 '외상'을 뜻하나, 심리학에서는 '심리적 외상' '심적 외상'을 말한다. 이 심리적 외상은 상처에 해당하는 것으로, 다음과 같은 것이 심리적 상처를 입힌다는 것이다. 즉 아동학대, 육체적·정신적 폭력, 정서적·육체적 무관심, 아동기에 겪은 보호자 상실, 가족의 중병, 교통사고와 산업재해, 고문(拷問), 추방, 학대(虐待), 대형사고의 목격, 사회의 폭력 등이다. 이러한 "트라우마(trauma)"의 핵심은 발생하는 일에 대해 아무런 영향력도 행사할 수 없다는 무력감과 두려움이라는 것으로 이 "트라우마(trauma)"는 굉장히 위협적이고 재앙이라 할 정도로 감당하기 어려운 고통으로서 심한 장애현상을 겪는 체험을 의미한다. 이러한 사건은 기본적인 안전감을 파괴시키고 심리적 큰 상처를 남기게 되는데, 이때는 기대했던 안전하고 선(善)한 세상의 모습과 그 속에서 고귀하고 품위 있게 살아가는 자신의 모습은 사라지고 끝없는 추락의 길로 이어진다고 한다. 이 심리적인 상처는 자존감의 저하, 불신, 불편한 인간관계, 예민한 성격을 유발하여 결국에는 심인성(心因性) 질환으로 인한 육체적인 고통이 수반되기도 한다는 것이니, 반드시 이 마음의 상처를 간과하지 말고 치료를 해야 한다는 것이다. 이 치료 과정 중 하나는 조용한 가운데 자신의 내면을 잘 관찰하여 자기 통찰의 기회가 있어야 하고, 그 원인이 무엇이며 그 원인을 반성하고 앞으로 그런 일이 다시는 일어나지 않도록 미연에 방지하는 것이 중요하며, 남을 용서할 것은 용서하고 자신의 잘못도 수용하여 반성함으로써 너그러운 마음과 새로운 각오로 삶에 임해야 한다는 것이다. 이 상처가 어린이로서는 감당하기 어렵고, 남과의 관계에서 약자의 자기 피해로 나타나기 때문에 주위에 있는 전문가의 도움이 절실히 필요하다고 한다. 특히 가정을 통해 마음의 상처를 입게 되는 것은 "부모의 중병, 알코올 중독, 일중독, 도박, 외도(外道), 부부싸움, 폭행, 이혼, 재혼, 율법주의적 신앙생활, 거부, 공포, 무시 등"의 태도로 자녀를 돌보지 않거나 가난을 통해 생기며, 이런 가정을 통틀어 역기능(逆機能) 가정이라 하고, 역기능 가정에서 자란 모든 사람들을 성인아이(adult child)라고 부른다. 한 예로서 이러한 성인아이들 중 알코올 중독자 가정 출신의 성인아이들은 상처, 분노, 두려움, 모멸감, 슬픔, 부끄러움, 죄의식, 수줍음, 이질감(異質感), 혼란, 무가치, 고독, 불신, 불안, 위협, 우울함을 느끼며, 이런 성인 아이들은 종종 자신들 스스로가 지나치게 책임의식이 있고 지배적이고 충동적이며, 강박적이고 일 중독적이고 남들을 즐겁게 하는 자, 완전주의자, 결단을 내리지 못하는 자 등으로 표현하고 있다. 이와 같은 상처받은 아이들의 심리상태를 보더라도 그들의 사고(思考)와 정서(情緖)가 왜곡된 것을 쉽게 알 수 있으며, 이런 성인아이들과 함께 있는 아내나 자식들, 사회에서 동일한 조직에서 함께 일하는 사람에게 미치는 영향은 본인은 물론이고 주위사람을 안타깝게 하며, 이와 같은 마음의 상처를 어떻게 해서라도 전문가의 도움을 받아 치료를 하여 새로운 삶을 향해 나아가야 할 것이라고 전문가들은 말한다.

현재 글을 쓰고 있는 나 자신도 20대 초기에 심한 노이로제와 우울증으로 정신건강이 약화되어 생활에 큰 지장을 초래한 적이 있었다. 물론 나름대로의 증상이 심하여 교회에도 가서 목사님을 만나 상의(相議) 해보기도 하고, 천주교에 가서 신부님을 만나 상의도 해보았으며, 불교인 절에도 가서 스님과 상의해보기도 했다. 절에 가서 스님과 상의해 본 결과는 내 자신이 다른 사람보다 신경을 20%정도 더 쓰고 있으니 신경 쓰는 것을 줄이라는 말을 듣기도 했다. 마지막으로 찾은 곳은 신경정신과 전문의를 찾아 가서 의사선생님과 상담도 하고 약을 처방받아 15일 정도 약을 먹은 기억이 있는데 의사 선생님의 조언은 모든 일에 지나친 신경을 쓰지 말고 친구와 다른 사람들도 자주 만나면서 즐겁게 살라고 부탁을 했다. 문제는 사람들과의 인간관계가 원만하지 못한 것이 가장 큰 원인이었다고 생각한다. 사실 스님이 말씀한 신경 쓰는 것을 20%를 줄이라는 말도 그 당시에 실천하기가 어려운 문제였으며, 의사선생님께서 친구 등 다른 사람들과 반갑게 만나 즐겁게 살아보라고 하신 말씀도 충분히 이해는 가지만 실천하기가 그 당시에는 쉬운 일이 아니었다. 이 노이로제 증상은 강박증과 함께 오는 수도 있기 때문에 어쩌면 노이로제가 강박증이고 강박증이 노이로제나 비슷한 증상이라고 생각되기도 한다, 정말 견디기 힘들고 죽고 싶은 충동도 생겨나고 안절부절 하게 되는 그런 상황이었다. 물론 약을 먹는 동안 어느 정도 효과를 보았을 것인데, 지금 생각하면 그때 확실히 완쾌하게 치유되지는 않았을 것으로 본다. 불면증은 말할 것도 없고 만사가 무기력해지고 자신감과 힘이 없어지며 불안한 증세, 즉 삶이 무섭고 세상이 겁이 나는 등, 특히 인간관계에서 오는 대인 공포증도 있었던 것 같았다. 물론 교회고, 절이고 간에 깊은 진리에 도달하여 수양을 하면 같은 효과를 얻어 우리의 정신생활에 도움이 되겠지만, 자신의 수준과 여건, 취향에 맞는 수양처(修養處)를 찾기가 쉽지 않았다. 아무튼 마음수양을 하면 정신건강, 즉 스트레스에 따른 대응책이 되리라고 생각한다.

동아일보사(2006)에서 발행한 하버드메디칼스쿨 가정의학 가이드를 참고하면 이완반응(relax response)에 대한 벤슨 박사(Dr. Benson)의 조언이 있는데 일상생활의 스트레스가 우리에게 좋지 않은 영향을 미칠 때, 이완반응을 이용하면 몸에 해로운 결과를 줄일 수 있다고 한다. 또한 스트레스를 받으면 심장박동이 빨라지므로 우리 스스로가 스트레스를 느낄 수 있으며, 사실 심장박동은 마음먹기에 따라 속도를 정상수준으로 되돌릴 수 있다는 것이다. 이완반응을 반복하여 연습하면 스트레스와 짜증, 충동적인 행동, 부정적인 사고를 줄일 수 있으며 집중력과 인지력, 자신감을 증진시킬 수 있고 충분한 수면을 취할 수 있다고 하는데, 이완반응은 명상과 상상만으로도 가능하다고 한다. 이와 같은 이완반응을 이끌어 내는 중요한 2가지 요소가 있는데 하나는 명상을 하거나 어떤 단어나 기도문 같은 말을 반복해서 외우면 일상의 스트레스와 걱정에서 벗어날 수 있으며, 두 번째는 자신이 지금 집중을 잘하고 있는지, 아닌지에 신경 쓰지 말 것. 숙제나 집안일과 같이 정신 집중(이완반응)을 방해하는 생각들에 반응을 하지 말아야 한다고 조언을 한다. 이것은 마음을 늦추어 느리게 살아야 한다는 말과 같은 맥락이기도 하다. 단 이완반응의 효과를 느끼기까지는 어느 정도의 시간이 걸리지만 계속 연습하고 반복하면 우리의 일상생활에 응용하여 정신건강을 찾을 수 있을 것이라고 본다. 보건복지부는 서울대 의대 등 12개 대학에 의뢰해 전국의 성인(18~64세)을 대상으로 2006년 정신질환 실태조사를 실시하였다고 한다. 25개 주요 정신질환이 있는데 세계인구 4명중 1명꼴로 정신 및 신경질환을 앓고 있으며, 우리나라의 경우에도 성인 6명중 1명꼴로 1년에 한 가지 이상 정신질환을 경험하고 있다고 한다.

비록 소설이지만 "닥터스(에릭시걸. 1992)'에는 정신병에 걸린 하버드 의과대학생의 한 일기장에서 다음 세 단어가 쓰여 있는 것을 발견하다."라는 문구를 기록하고 있다.

그들이 잡을 거야! 그들이 잡을 거야!
그들이 잡을 거야 ……!

이와 같은 '두려움과 죄의식'이 극(極)에 달하면 인생을 포기할 수 있다는 것이 전문가의 견해이다. 정신병은 자살로 이어질 수 있어 부모를 가장 두렵게 한다. 이때 부모가 느끼는 심정은 자기의 자녀교육을 일종의 실패로 받아들여야 하기 때문이다. 여기에서 문제는 두려움과 죄의식이다. '두렵다'의 사전적 의미는 '(어떤 일이나 대상이)행하거나, 대하거나, 맞닥뜨리거나 하는 것이 위험하거나 좋지 않은 결과를 가져올 것 같아 불안하다. 또는 (어떤 좋지 않은 일이 생기지 않을까) 걱정이 되는 상태에 있다.'라고 표기하고 있다. '죄의식'은 저지른 죄과(罪過)나 잘못에 대하여 스스로 느끼고 깨닫는 마음으로 되어 있다. 그러니 우리의 자녀들은 불안감을 최소화하도록 마음을 안정시키고 자신을 되돌아 볼 수 있어야 하며, 죄의식에서 자유스럽도록 정직하고 양심껏 삶을 살아야 할 것이다. 자녀가 유년기 때 어떤 열등감으로 인해 우울한 증상을 보인다든지 열등감을 극복하지 못하고 자기 갈등으로 침잠(沈潛)하는 현상이 있을 때, 부모는 그 열등감의 원인을 분석하여 자녀가 이 열등감을 극복하고 정상적으로 성장의 궤도(軌

道)에 오르도록 신경을 써야 한다. 이 열등감이 우울의 원인으로 작용하기 때문이다. 열등감 및 우울증은 복합적으로 작용하기도 하겠지만, 만일 열등감을 극복할 수 없을 때는 자기 수용, 즉 자기의 운명적인 열등감을 인정하고, 다른 분야에서 자기능력을 개발하여 그 열등감을 보상할 수 있는 저력을 키워주어야 한다. 예를 든다면 다리에 장애가 있는 사람이 음악분야에서 두각을 나타내듯이 자녀의 부족한 면을 다른 분야에서 남보다 앞서도록 성장시켜 열등감을 극복해 나아가야 할 것이다. 정신적 건강을 위해서는 전체적인 측면에서 건강을 유지하도록 힘써야 한다. 정신은 건강한 육체와 관련하여 유지되고 능력을 발휘할 수 있기 때문에 영양과 운동, 음악과 놀이 등 다양한 기능을 조화롭게 적용하여 종합적인 신체적인 발달과 정신의 건전함을 유지하도록 해야 할 것이다.

학습을 하는 자녀의 영양에 대해 살펴보면 신경과 관련하여 비타민 B_1, B_2, B_{12}와 무기물로는 칼슘, 칼륨, 나트륨, 지방의 섭취가 필수적으로 공급되어야 한다는 것도 이미 우리는 잘 알고 있다. 지방은 동물성기름을 과다 섭취하지 않도록 하고, 식물성 기름인 올리브유나 잇꽃 기름 그리고 참깨 기름 등을 섭취하는 것이 좋다. 비타민은 과일과 채소, 무기물은 우유, 요구르트, 저지방 치즈, 생선을 통하여 섭취하도록 권하고 있다. 금해야 할 식품으로는 설탕, 짠 음식, 커피, 술 등으로 부모들이 각별히 주의를 하도록 부탁하고 있다. 특히 수험생들, 즉 대학입시를 압둔 고등학생들에게서 나타나는 스트레스 해소에 대해서 알아보고자 한다. 물론 스트레스의 해소법에는 많은 방법이 있겠지만 여기서는 스트레스 해소에 도움을 주는 음식들을 소개한다. 우선 학업에 대한 스트레스 등을 이겨내는 데 도움이 되는 음식으로는 생선, 육류, 우유, 계란, 콩 등의 단백질 식품을 들 수 있다. 단백질 함유량이 많은 식품을 섭취해야 일상생활에서 받는 스트레스를 줄일 수 있다.

이와 함께 뇌의 움직임을 활발하게 하는 식품도 알아두어 식생활 개선을 해보는 것도 좋다. 뇌는 포도당만을 에너지원으로 사용하는데, 이때에는 반드시 비타민 B_1의 도움이 필요하다고 한다. 따라서 비타민 B_1이 많이 들어있는 현미, 도정이 덜 된 칠분도미, 보리 같은 잡곡을 섞어 먹는다든지, 오트밀, 간, 내장, 계란노른자의 섭취를 늘리는 것이 좋다. 또한 야채나 과일을 많이 먹어 비타민 C를 보충하도록 전문가는 권한다.

다음은 규칙적인 운동이다. 학습을 한다는 것은, 어쩌면 신경에 부담을 주는 행위라고 볼 수 있는데, 이 과정은 신경의 긴장을 초래하기 때문에 운동을 함으로써 신경의 긴장을 해소할 수 있도록 하여야 한다. 적당한 운동은 식욕의 유지와 충분한 수면을 필요로 하기 때문에 반드시 필요하다. 다음은 학습자의 평소 마음가짐이다. 오랜 기간 동안 집중력을 필요로 하는 학습자에게 있어서는, 어떠한 일이 있어도 학습자는 자기의 정신을 한곳에 모아야지 분산해서는 안 된다. 만두모형의 교육관 한국의 전통교육(정재걸. 2001)에서 성인교육으로서의 서원(書院)교육을 보면 우리나라 전통교육에서 성인이 되기 위한 공부를 위하여(여기서 기술하고 있는 것은 성리학 측면에서) '성인은 자신의 내부로 향한 끊임없는 수렴(收斂)을 통해 자신의 외연(外緣)으로—불교 측면에서 말하면 밖에서 이루어진 업과(業果)를—생기게 하는 인연을 우주 삼라만상과 동일시(즉 고요함을 유지)하는 사람이라고 주장한다.' 즉 마음을 내부로 수렴하는 것은 결코 쉬운 일이 아니다. 우리의 마음은 끊임없이 밖으로 내달리기 때문이다. 그렇다면 학습을 함에 있어서 될 수 있는 한 학습은 정신을 집중하여야 한다. 특히 학습을 함에 있어서 정신건강은 잡념을 없애고 정신을 학습에만 쏟도록 하는 것이 정신건강과 학습에 효과적이라는 말이다. 정신을 한곳에 모은다는 것은 정신을 보존하면서 강하게 만들어 정신의 집중력을 높이게 하는 것이니 반드시 학습자가 지켜야 할 문제이지만 이 문제만큼 어려운 것도 없다. 어느 정도 깊이 있는 수양을 해야 잡념을 이길 수 있다고 생각되니 부모들의 조언과 도움이 필요한 부분이라고 생각한다. 이 잡념처리 문제는 자기가 현재 생각하고 있는 내용들이 부정적이라고 생각되면 마음 깊숙한 곳에서부터 뿌리째 뽑아 그 생각을 완전히 소멸시키는 것이 중요한 방법이다. 하지만 이 일이 쉬운 일이 아니기 때문에 무조건 생각을 하지 않도록 차단하는 것이 우선이 되어야 한다. 이 잡념은 또한 학습자가 자신감을 갖고 희망적일 때 극복하기가 쉬우며 학습자의 마음가짐, 즉 세상을 보는 눈이 비관적이고 우울한 상태가 계속되면 잡념은 기세를 부리고 더 도전적으로 학습자의 마음을 잠식하게 되니 잡념처리만큼 학습자를 힘들게 하는 것도 없다. 특히 학습자의 주변 인물들 가족, 친지, 친구, 스승 등의 관계가 원만하고 자아개념이 긍정적일 때는 걱정할 필요가 없어지는데, 만약에 주변 인물들과의 인간관계에서 학습자를 지속적으로 위협한다거나 침해를 하여 학습자 자신이 피해를 보고 있다는 심리상태가 주어진다면 학습자는 불안과 걱정, 우울상태를 나타내고 나중에는 신경불안 증세를 초래할 가능성이 있으니 이 점 명심하여야 할 것이다. 그러니 학습자를 둔 부모는 학습자의 마음가짐을 점검하여 언제든지 마음이 안정적이고 긍정적이며 평화로운 상태를 유지하도록 힘써야 한다. 그렇게 하려면 부모는 물론 학습자 자신이 먼저 이 세상을 바르게 살아가야 한다. 특히 학습자의 마음이 약해질 때로 약하게 된 상태에서 2~3명의 강자와 갈등관계가 지속된다면 심리적인 피해는 본인이 감당하기 어려운 상태가 될 것이다. 아마도 이것이 현재 젊은이들이 소위 말하는 '왕따'의 개념과 같은 것이며, 이때 만약 학습자가 장애자라든지, 아니면 신체적으로 어떤 비정상적이고 일반사람들이 보기에 혐오스러운 점이 있을 때, 그 피해는 훨씬 중대된다. 또한 이때 학습자의 성격이 약하고 급하다면 더 충격적인 피해가 예상되기도 한다. 학습자가 어떤 사람과의 관계에서 피해를 입혀 죄의식을 떨칠 수 없다면, 그것도 큰 피해를 초래하는 원인이 될 수 있다. 이러한 상황이 꼭 학습자 본인뿐만 아니라 가까운 가족이 피해를 받아 학습자와 관련될 때도 마찬가지이다. 그러니 정신을 많이 쓰는 학습자는 언제나 정신이 자신의 마음에서 안정감을 갖도록 편안한 상태가 유지되어야 함을 잊어서는 안 된다. 이러한 상태에서 정신은 온당히 보전되고 정신의 활동이 힘차게 움직여 그 상태에서 학습내용의 인식작용이 자신의 기본정신에 통합될 때 학습의 증진을 기대할 수 있다. 여기에는 경제적인 문제도 학습에 부담으로 작용하기 때문에, 경제적인 빈곤은 어느 정도까지는 활력소로 작용할 수 있지만 자기가 감내하기 힘들고 견디기 어려운 빈곤은 큰 부담으로 작용하여 학습에 지장을 초래할 수 있다.

또 다른 정신병리현상에 대하여 알아보면 칼 로저스 현상학적 성격이론의 성격파탄(性格破綻)과 정신병리(精神病理)이다. 이 이론에 의하면 "만일 개인의 자아개념과 그의 경험에 대한 평가 간에 큰 부조화가 생기면 개인의 방어는 작용할 수 없게 된다. 이러한 '무방어(defenseless)' 상태에서는 부조화를 일으키는 경험이 의식 속에 그대로 상징화됨에 따라 자아개념은 산산조각이 난다. 따라서 자아가 위협적 경험으로부터 자신을 방어할 수 없을 때 성격파탄(personality disorganization)과 정신병리가 생긴다. 이러한 성격파탄의 사람을 흔히 정신병적(psychotic)이라고 부른다."라고 기술하고 있다. 이와 관련하여 로저스의 내담자 중심의 치료법에서는 자아개념과 전체 유기체(有機體)75)가 더 일치하는 관계를 갖도록 이를 재정립하려는 시도를 하고 자아개념과 현상적 경험의 장(場) 간의 일치를 더 높이려 한다. 즉 칼 로저스의 이론에 따른다면 현재까지 자기가 알고, 느끼고 또한 올바르다고 믿고 있는 자아개념이 사회생활을 하면서 자기내면과 사회와의 상호작용 등 교류 중에서 외부로부터 자기에게 가해진 정신적 작용이 자기로서는 수용할 수 없는 충격으로 작용할 때 정신적 부조화를 이루며 여기서 외부에서 가해지는 압력이 커서 자기 개념이 순조롭게 흡수하여 통합하지 못할 때, 현재까지 내면화되어 있는 자아개념이 무너져서 정신병리 현상이 발생된다고 한다. 자아개념과 외부로부터 체득한 경험 간에 거리를 좁힐 수 있도록 중간적인 이해와 도움, 인식, 재정립이 절실히 필요한 것이 정신 병리현상을 방지하는 지름길이 된다는 것도 알고 있어야 하겠다. 여기에는 자기 신체적 조건이라든지, 경제적인 문제, 부모를 비롯한 가족관계 등을 포함한 인간관계가 중요하게 작용하리라고 본다. 결론은 원만한 인간관계가 정신병리 현상을 방어한다는 것이다.

지그문트 프로이드는 '정신건강'의 개념을 '일하고 사랑할 수 있는 능력'이라고 정의하면서, 정상과 신경증 및 정신증을 구분하는 명확한 경계선은 없고, 다만 병리의 정도 문제가 있을 뿐이라고 지적했다. 그러므로 한 사람의 정신건강은 내면적인 정서의 적절한 성숙정도와 함께 그가 처한 환경 내에서의 적절한 적응상태를 말한다(이만홍, 황지연, 2007). 흔히 우리가 정신장애(정신병)라고 하는 정신분열증, 우울증,

---

75) 유기체(有機體): (생) 유기물로 이루어진 생활기능을 가지고 있는 조직체. 생물체

강박증, 편집증, 히스테리, 공포증 등과 관련된 주요한 증상과 치료에 대해서는 전문기관에서 다루어야 할 것이다. 여기서는 다만 자녀의 정신건강을 위한 올바른 생활습관을 갖도록 이해와 도움을 주고자 한다.

그러면 유아의 자아발달 과정에서 성장 단계별로 정신장애와 관련된 부분을 기술한 로널드페어베언(W. Ronald D. Fairbairn)의 성격에 관한 정신분석학적 연구(Psychoanalytic Studies of the Personality), 성격구조이론의 발달개요에서 자아발달이론76)을 살펴보고자 한다. 이 이론은 "대상과의 일차적 동일시에 기초한 최초의 유아적 의존상태를 포기하고, 대상과의 분화에 기초한 성인의, 또한 성숙한 의존상태를 받아들이는 과정에 의해 특징지어진다."고 한다. 이와 관련하여 정신병과 정신신경증에 관한 새로운 정신 병리학 이론77)에서는 "자아분열 현상에 대한 증거는 명백한 분열성 상태에서뿐만 아니라, 정신신경증과 일반적인 정신병리 상황에서도 발견된다."는 보고가 있었다. 그리고 강박증, 편집증, 히스테리, 공포증 증상들은 과도기 단계 동안에 대상관계에서 발생한 어려움을 다루기 위해 자아가 사용하는 네 가지 특정한 기술들의 작용을 반영하는 것으로 되어 있다. 이 이론이 주장하는 것은 강박증, 편집증, 히스테리, 공포증의 배후에는 분열

---

76) 자아의 발달이론(과정)은 첫째 유아적 의존단계(아브라함의 '구강기'에 해당하는). 둘째 과도기 단계. 셋째 성인의 또는 성숙한 의존단계(아브라함의 '성기기'에 해당하는)로 구성한다고 되어있다. 또한 만족스러운 자아발달 이론은 대상관계의 관점에서 특히 초기 삶 동안에 박탈과 좌절의 압력에 의해 내재화된 대상들과의 관계라는 관점에서 이루어져야 한다고 되어 있다. 여기서 주목 할 것은 아브라함이 '단계'로 서술한 것들은 '구강기'를 제외하고는 대상들과의 관계에서 이루어져야 한다는 것이다.

77) 정신병과 정신신경증에 관한 새로운 정신병리학 이론을 참고하면 정신분열증과 우울증의 원인은 유아적 의존단계 동안에 발생한 발달 장애에 있다. 정신분열증은 빨기(사랑하기)를 중심으로 한 대상관계에서 발생하는 어려움과 관련되어있고, 우울증은 깨물기(증오하기)를 중심으로 한 대상관계에서 발생하는 어려움과 관련되어있다고 되어있다.

성 문제를 가지고 있다는 이론이다. 이 과도기 단계는 유아적 의존단계 동안에 자아가 관계한 대상들이 내재화되어 형성된 심리내적 상황에 기초해 있다. 이 네 가지 과도기적 기술[78]들은 자아발달의 첫 단계에서 작용하는 분열성경향과 우울적경향의 출현에 대한 방어로서 작용하는 것으로 되어 있다. 한번 더 이 정신장애(정신병)와 유아의 자아발달과정 이론을 기술하면 정신분열증과 우울증은 유아적 의존단계 동안에 발생한 발달 장애에 있다. 정신분열증은 빨기(사랑하기)를 중심으로 한 대상관계에서 발생하는 어려움과 관련되어 있고, 우울증은 깨물기(증오하기)를 중심으로 한 대상관계에서 발생하는 어려움과 관련되어있다고 하며 강박증, 편집증, 히스테리, 공포증 증상들은 과도기 단계 동안에 대상들과의 관계를 조정하기 위한 자아 기술들의 작용을 반영하는 가운데 발생하는 것으로 되어 있다. 이상은 로널드 페어베언(W. Ronald D. Fairbairn)의 성격에 관한 정신분석학적 연구(Psychoanalytic Studies of the Personality)에서 자아발달이론을 중심으로 살펴보았다.

인간이라면 본능에 의한 생리적인 욕구가 있다. 이 생리적인 욕구를 충족하며 살아가는 것이 인간의 삶이다. 행복은 이 생리적인 욕구가 얼마나 충족되었는가에 따라 측정되기도 한다. 그런데 우리의 자녀들은 학습을 하는 동안 정신적인 충동, 생리적인 욕구마저도 최대한 억압하며 생활하게 된다. 한편으로 달리 말하면 학습하는 자녀들

---

[78] 네 가지 과도기적 기술은 로널드 페어베언(W. Ronald D. Fairbairn)의 성격에 관한 정신분석학적 연구(Psychoanalytic Studies of the Personality) 44P 주석을 참고하면 자체 구강기, 후기구강기, 항문기, 성기기 의 발달단계로 이행하는 과정에서 네 가지 과도기적 특성이 있음을 의미함, 예로서 처음단계는 '구강기의 발달 심리인 특징으로 생물학적인 충동과 동시에 유쾌한 감각을 해소시키는 신체의 일부가 되며 유아는 젖을 빨므로 영양을 공급받으며 배고픔의 충동을 만족시키며 동시에 입을 움직여 기쁨을 얻는다.' 등으로 되어 있다.

로 하여금 높은 삶의 기준과 양심에 합당한 위치에 도달하도록 항상 채찍질을 하고 있는 초자아의 압박이 그것이다. 초자아는 자아에게 어떻게 살 것인가를 끊임없이 요구한다고 한다. 이것이 삶의 목표이며 노력하는 과정이 되는 것이다. 그래서 항상 자아는 바쁘게 생활하며 이렇게 한 번도 자아는 안전하게 고정되지 않고 매 순간 역동적으로 초자아와 균형을 맞추려고 노력한다. 이것이 일반적인 인간의 심리상태다. 이 심리상태가 일시적으로 균형이 흐트러질 때 자아는 불안을 느끼게 된다. 여기서 자아가 불안을 효과적으로 다루지 못하고 그것이 오래 지속되면 우울증이 되기도 하고, 강박증이 되기도 한다. 이것이 우리가 흔히 말하는 정신병적 상태이다(정신역동상담. 십수 명). 그렇다면 우리의 자녀가 학습에 임하게 될 때 언제나 우리의 심리상태를 점검하여 무리하게 지나친 초자아의 요구대로 따를 것이 아니라, 자아의 마음상태가 안전한 상태로 유지하도록, 즉 불안이 오래 지속되지 않도록 마음을 정리하고, 또한 마음이 무거운 스트레스를 받지 않도록 즐거움과 휴식, 자기반성, 그리고 선(善)을 배풂으로써 불안을 상쇄(相殺)하도록 노력하는 것이 중요한 과제이다. 특히 학습하는 자녀에 있어서 정신건강상 가장 우려되는 부분이 비관(悲觀), 즉 세상을 슬프게 보는 마음이다. 우울증과도 같은 맥락인데 특히 학습은 지속적인 인내로 즐거움을 뒤로 미룬 채, 고통스러우며 정신적 부담감이 과중되는 반복적인 행위이고 보면 자기가 좋아하는 사람들과의 만남도 소원(疏遠)해지고, 자신감이나 희망이 보이지 않을 때, 즉 자기 신체에도 문제가 있고 경제적으로 어려움이 있게 되면 실망감과 아울러 슬픈 마음이 생기기 쉽다. 특히 어떤 종교적인 교리(敎理)에 뿌리를 내려 깊은 수양심과 높은 인격의 소유자가 아니라면 마음의 평안을 유지하기가 쉽지는 않다. 그럴 때일수록 자신의 정신 상태를 점검하고 반성하여 심리적 안정성과 마음의 평화를 갖도록 자기 마음을 조절하여야 한다. 그리고 가깝고 친한 사람과의 교류를 통하여 서로가 사랑을 나누고 즐거움을 창출하며 학습함에 있어 노력의 강도를 좀 느슨하게 함으로써 고통스런 마음이 줄어들도록 심적 안정감을 되찾으며 학습에 임해야 할 때도 있어야 할 것이다. 여기서 학습자의 마음가짐에서 중요한 점은 늘 자기는 누구를 사랑을 하고 사랑받고 있다는 것과 자기는 가치 있는 사람이며, 또한 남을 위해서도 가치 있는 행동으로 헌신하고 있는 귀중한 사람이라는 것을 늘 인식하여야 한다. 특히 남과의 인간관계가 삶을 즐거움으로 이끌도록 하면 정신건강에 도움이 될 것이다. 때로는 특별히 시간을 내어 남을 위해 봉사도 하고 관대한 마음으로 살아가면 자신의 내부 마음은 한결 가벼워지고 즐거워짐을 느낄 수 있을 것이다.

다음은 학습자의 효율적인 학습을 위해서 정신신경증[79] 예방법을 알아보고자 한다.

학습자의 올바른 정신자세란 어떠한 정신 상태를 말하는가?

ㅇ '지나치면 모자람만 못하다.'라는 사실을 명심하고 감당하기 어려운 과욕을 부리지 않는다.

ㅇ 정신건강을 위한 자녀의 정서적 안정은 자녀가 유아(乳兒)일 때는 자신이 부모에게서 진실로 사랑받고 있다는 것과 자신의 사랑이 부모들에 의해 진실로 받아들여지는 것이라고 느껴져야 한다.

ㅇ 자녀의 유년기, 아동기 때 어머니로부터 좌절감을 느끼지 않도록 하며 사랑으로 인한 정서적 관계를 잘 맺을수록 좋다. 부모에 대

---

[79] 정신신경증은 히스테리, 공포증, 강박신경증, 단순한 불안상태 등을 말한다.

한 유아적 의존단계가 부모와 정서적 동일시이며, 만약에 어머니로부터의 분리는 아이로서는 대단한 불안의 원천이 될 수 있다.

ㅇ 학습에 몰두하되 사회와 사람과의 관계형성의 단절은 가급적 피하는 것이 좋다. 학습은 지적 성장에 필수적이나, 정신건강을 위해서는 정서나 감정의 교류를 통한 외부적인 인간관계에서 조화를 필요로 하기 때문이다.

ㅇ 내성적, 내향적 성격소유자는 때로는 외향적, 사교성으로 성격의 변화가 이루어지도록 노력하는 것이 필요하다. 내성적, 내향적 성향은 외부의 압력에 기인한 자기의 정신을 외부와 분리시키는 원인이 되지만, 외향적, 사교성은 통합의 계기가 되기도 하는 것이다.

ㅇ 비관, 죄의식, 고뇌 등으로 인하여 정신이 쇠약한 상태에서 이중적인 정신적 충격은 피해야 한다. 비관, 죄의식, 고뇌 등은 정신을 소진하는 원인이 되는데, 여기에 또 다른 충격이 과해지면 자신은 감당할 수가 없어 정신은 조각나고 파괴되기 때문이다. 그래서 극도의 고통이나 난관(難關), 위기의 박탈감에 처하지 않도록 한다. 그리고 우울증은 정신을 파괴한다고 보면 될 것이다.

ㅇ 성적(性的)문제와 관련성은 올바른 이해와 접근이 이루어지도록 때로는 부모의 관심과 배려가 필요하다. 성적문제는 사랑의 문제요, 생리적인 문제이기에 이것은 깊숙한 자기내면에 감추고 미해결된 상태에서 지속적인 고뇌가 따르기 때문이다.

ㅇ 꿈에 대하여 지나친 관심과 해석은 하지 않는 것이 좋다. 꿈은 자기 사고의 한 방편이 꿈에 작용하는 것으로 보는데 그 이상의 가치에 의미를 부여하지 않는 것이 좋으며 지나친 생각은 미신과 같은 정신의 소모이기 때문이다.

ㅇ 누구나 정신신경증은 어느 정도 가지고 있으니 때로는 심하지

않는 경우 방관적인 태도가 필요할 때도 있다.

○ 사회생활과 인간과의 접촉을 자연스럽고 즐겁게 관계 맺도록 노력해야 한다. 정신분석학자인 Fairbairn은 근본적인 병리는 대상접촉(인간관계)에 대한 불안에서 오는 수치심, 약(弱)함, 퇴행적 갈망이 원인이며, 문제는 원만한 인간관계가 이루어지도록 인격적인 관계형성이 중요하다고 지적한다.

○ 감정표현이 자연스럽고 정서적으로 안정되어 있어야 한다.

○ 정신건강을 위해서는 지적가치의 추구보다는 남과 정서적 유대가 더 중요할 때도 있다.

○ 아주 드물게 내향성, 내성적, 비사교적인 성격의 소유자가 불안상태, 편집증, 공포증, 히스테리, 강박증이 있을 때, 그 배후에 우울증, 정신분열성 성향이 있을 수 있다고 전문가는 말한다.

○ 주변사람들과의 무리한 갈등을 피하고 문제해결에 있어서 독립적으로 책임지고 처리할 수 있는 범위 내에서 도덕적인 삶을 살도록 권하고 싶다.

○ 인간과의 관계가 명확하며 절도(節度) 있는 생활이 필요하다. 그 근저에는 항상 진리와 정의, 선의(善意)의 편에서 항상 도덕적인 양심과 윤리의식이 내재해 있는 생활이 따라야 한다.

○ 일상생활과 남과의 관계에서 일어날 수 있는 나와의 외부적인 문제에서, 자기 자신이 돌이킬 수 없는, 치유할 수 없는 것에 대하여는 포기할 것은 포기하고 수용할 것은 수용하는 자세가 필요하다. 이것은 마음의 갈등을 줄일 수 있기 때문이다. 이 갈등은 정신적분열성향의 원인이 될 수도 있다.

○ 만약 자녀가 자기 내면에 상처를 줄 수 있는 비밀이 존재하여 자신을 비관한다든지 증오하는 마음이 생긴다면 전문가에게 마음의

아픔을 노출시켜 이 부정적인 감정을 치유하는 것이 필요하다. 자기 자신을 비관하는 마음과 자신을 증오하는 마음은 자기의 정신을 파괴하게 되기 때문이다.

○ 학습하는 자가 심약(心弱)한 상태에서 심하게 슬픈 장면을 본다든지, 자기가 과거에 저지른 유사한 어떤 죄책감과 마주친다든지, 과격한 충격이나 주변 환경으로 인한 자기 자신을 향한 비통함은 정신건강에 악영향을 줄 수 있다.

○ 자녀가 어린 유아기시절, 어머니 등 가족과의 불만족 상태로 정서적인 불안이 야기된 상태에서, 아동기와 사춘기에 원만한 사랑의 주고받기 등 정서에 악영향이 있을 때 이러한 원인이 반복되면 정신적 건강은 악화될 수 있다.

○ 성장과정에서의 따돌림, 남들로부터의 외면, 자기내부의 고통이나 마음의 상처 등 내재화된 슬픈 추억들이 억압된 상태에서 학습하는 동안에 정신의 소모와 맞물리면 정신건강에 악영향을 미칠 수 있다.

○ 자기 자신을 증오하고 원망하고 비난하는 것은 자신을 파괴하는 행위로서 정신건강을 크게 해치게 된다.

○ 자기 자신에 대한 자기-비하(卑下)는 정신건강을 해칠 수 있다. 왜냐하면 자기에 대한 평가를 어떤 기준에 대한 정확한 측도도 없이 남들이 자신에게 하는 평가 그대로 수용할 때 일어날 수 있는 문제이다. 이러한 문제는 자신의 정확한 가치를 남들이 무시하는 면이 포함되어 있다.

○ 정서의 표현이 억압받는다는 것은 정신건강에 좋지 않다. 인간의 성품은 본래 칠정[七情: 사람의 일곱 가지 감정, 喜(희), 怒(노), 哀(애), 樂(낙), 愛(애), 惡(오), 욕(慾)]이라는 감정을 받아들이고 표현하도록 되어

있다. 이것이 어떤 외부적 작용에 의해서 자신의 표현이 억압받는다는 것은 인간의 정서적 교류를 침해받기 때문이다.

○ 정신건강을 위해서는 내면적 평화와 외부와의 관계적 조화가 이루어져야 한다. 이유는 이러한 상태가 정신의 통합을 이루는 데 기여하기 때문이다.

○ 사람에 있어서 대인관계나 사회적 관계는 그 속에 일종의 의존이라는 의미가 포함되어 있다. 이것이 성숙단계의 의존으로 될 경우에 이때 개인은 분화를 통한 협동적인 관계로 발전한다.

○ 자녀의 정서안정을 위해서는 자녀에 대하여 부부(夫婦)의 균형적인 사랑과 관심, 교류(交流), 그리고 도움이 필요하다.

○ 정신적인 면에서 압박감을 방출(放出)한다는 것은 자연히 긴장감의 해소를 가져온다. 정신적인 긴장은 자연스럽게 방출될 수 있도록 하여야 한다. 여기서 긴장감 해소에 도움이 되는 것은 자녀의 수준에 맞는 올바른 즐거움을 추구함으로써 괴로움을 상쇄시킬 수 있다.

○ 학습자가 정신이 쇠약(衰弱)해지면 현실세계의 지각보다는 과거에 저장된 내면화된 기억들, 즉 잠재된 의식들이 표면에 떠오르면서 과거와 현실에 대한 분별력에 혼돈이 생길 수 있다. 이것은 정신분열의 원인이 되기도 한다. 지나친 꿈의 해석과 유사한 작용이라고 할까?

○ 나쁜 대상에 대한 자아의 방어적 반응인 이 억압(抑壓: 심리학에서, 자아의 요구가 외부의 조건에 의하여 저지되는 일)은 정신건강을 위해 해소되어야 한다. 부정적 감정이 상대방에게 상처를 주며, 이 상처(이 상처는 위로와 격려와 사랑으로 치유된다)를 받은 사람은 자기 마음속에 묻어두는데 이것이 억압으로 작용하게 된다.

○ 우울증의 한 원인은 좋은 대상을 상실하는 마음이며, 또한 좋은 대상을 상실한 그 마음에 열등감과 무가치감이 발생한 마음이다.

○ 사랑의 상실은 정신질환의 원인이 된다. 사랑을 받을 수 있는 환경은 자신의 잘못을 인정하고 회개함으로써 가능할 때도 있다. 먼저 자신을 용서하고 수용해 주는 사랑의 기술이 필요하다. 자신부터 사랑할 수 있을 때 사람과의 만남, 그리고 사랑이 이루어진다.

○ 스스로 즐거움을 만들 수 있는 기술을 익혀서 즐겁게 살아갈 수 있어야 한다. 이것은 수험생이 아닌 모든 사람에게 필요한 삶의 기술이지만, 또한 학습을 하는 수험생들에게도 필요한 기술이기도 하다. 이것이 없으면 정신건강을 해칠 수 있다. 학습을 하는 자녀를 둔 부모는 이 점을 명심하고 자녀가 학습을 하는 도중에라도, 자녀가 학습을 열심히 하기 위해서 삶의 즐거움과 함께 학습에 임하도록 신경을 써 주어야 한다. 부모들도 삶의 즐거움을 찾으면서 살아가고 있는데 성장하는 자녀에게 있어서 학습의 기간은 하루아침에 끝나는 것이 아니고 10년이고 20년이고 감내해야 하는 고통이니만큼, 삶에 있어서 즐거움과 함께할 수 있어야 한다. 맛있는 음식도 중요하지만, 좋은 친구도, 방학을 이용한 짧은 여행도, 계절에 맞는 아름다운 옷도, 때로는 재미있는 텔레비전의 프로그램도, 충분한 수면도 다 필요한 것이다. 누구나 다 실천하면 곧 바로 즐거워지는 방법을 최소한 15개 이상 갖추고 있어야 한다. 가장 이상적인 숫자는 25개 이상이라고 한다. 즉, 음악, 독서, 운동, 수영, 목욕, 친구와의 농담, 가족과 즐거운 식사, 영화 구경, 여행, 쇼핑 등 자신을 즐겁게 하는 목록을 적어두고, 정신적으로 피로하거나 우울해지면 즐거움을 찾아 활력을 얻어야 한다. 이 말은 즐거움을 위한 계획이 없으면 고통을 갖게 된다는 것이다. 다시 한번 더 말하지만 즐거움을 갖는 것은 자신을 공격하는 나쁜 습관에 젖어들지 않도록 하기 위한 것이다. 우리의 삶에 있어서 중요한 문제는 자신에 대한 파괴적인 습관, 고통, 슬픔에 대하여 긍정적

인 대안인 즐거움을 연결시켜서 적어도 자기가 불행하다는 생각으로 부터 행복하다는 생각으로 바꾸어나가야 한다. 이러한 방법들이 긍정적인 생활리듬으로 전환하는 것이다.

○ 학습자의 정신건강을 위해서는 항상 정신을 맑게 유지하도록 해야 한다. 그러기 위해서는 때로는 건전한 음악을 가까이 하고(나쁠 경우도 있음), 아름다운 시를 읽는 것도 좋으며, 자연의 풍경소리, 즉 물 흐르는 소리 등을 듣고, 또한 예배를 드린다거나 참선을 행하는 것이 정신건강, 잡념을 버리는 데 도움이 되는 것으로 생각된다.

○ 손목을 앞뒤로 굽히고 젖히며 돌린다. 손가락 사이를 넓게 한다. 손가락 하나씩 잡고 돌린다. 손가락 하나씩 뒤로 젖힌다. 손가락 끝을 눌린다. 이러한 방법도 억압된 신경을 풀어준다.

○ 조울증 예방과 정서안정을 위해 리튬(미네랄)이 많이 들어 있는 식품인 전립곡물, 종자류를 충분히 먹고, 또 리튬의 흡수를 돕기 위하여 비타민 E가 많이 들어있는 소맥 배아유, 샐러드유, 참기름, 옥수수기름을 부족하지 않게 먹도록 한다.

○ 신경쇠약 예방을 위해서 불소, 아연, 코발트가 필요하다. 불소를 위해서는 생선, 해산물, 다(茶)종류를 섭취하고, 아연을 위해서는 굴, 조개, 오징어, 우유, 치즈, 달걀을 섭취하는 것이 좋으며 코발트는 아주 소량이 필요하기 때문에 문제가 되지 않는다.

○ 염분, 설탕, 탄산음료 등과 인스턴트식품, 과다한 지방섭취를 자제하는 것이 좋다.

○ 놀이는 그 자체가 목적이고 즐거움이기 때문에 적절한 놀이는 정신건강에 도움이 된다. 아울러 운동이나 대화, 산책, 예술 등도 인간이 편안한 상태에서 누릴 수 있는 활동이므로 정신건강에 도움이 될 수 있다.

ㅇ 특히 예술은 개별 영혼의 적절한 균형을 유지해주기 때문에 정신건강에 도움이 된다고 한다.

ㅇ 학습을 잘하는 사람보다는 학습을 못하는 사람을 보고 사는 게 정신건강에 좋다. 즉 위보다는 아래를 보고 사는 게 정신건강에 좋다.

아무튼 위에서 학습자를 위한 정신건강에 대하여 나름대로 기술해 보았는데, 이 정신건강에는 유전적인 요소도 많이 관여하고 있다는 점을 알아야 한다. 여기서 우리는 유전적인 문제를 떠나 우선적으로 조심해야 할 것은 중요한 정신을 살리고 지키기 위하여 생각을 담고 있는 영혼의 그릇이 상처받지 않도록, 인간의 탐욕적인 잡념의 생각들을 지나치게 하여 영혼의 그릇을 침범하지 않도록 사전에 통제해야 한다는 것이다.

제8장

가치관 형성과 성숙

"인격적 존재는 오직 상호 인정의 조건 속에서만 성취되는데, 그것은 도덕 법칙에 복종할 것을 요구한다. 도덕 법칙 안에서 타자는 더 이상 나의 세계를 소유하기 위해 싸우는 낯선 경쟁자로서 간주되지 않고, 나의 세계에서 자유롭게 존재하는 주권적인 의지, 즉 나의 권리와 의무와 똑 같은 권리와 의무를 소유한 자로 간주된다."

_ 헤겔

자녀의 올바른 가치관 형성

"거의 단 하루 밤 사이에 나의 생(生)은 일변했다.
……이제 내 앞에는 탐색하고자 하는 지성과 교양의 새로운 세계가 열려 있다."

_ 고든 윌라드 올포트

이 세상 부모들이여! 자녀를 키우는데 부모로서 공(功)을 들이지 않고 훌륭하게 자녀를 키울 수는 없는 법이다. 신(神)이 인간을 창조할 때부터 부모는 자녀를 평생토록 가르치고 돌보지 않으면 훌륭하게 키울 수 없도록 만들어진 것이니, 오직 자녀를 교육시키는 데 전 생애를 바쳐 전력을 다하여야 할 것이다. 그런데 요즘 특히 젊은 세대의 부모들은 자녀를 직접 돌보기보다는 유치원에 보내면, 학교에 가기만 하면 자녀들이 훌륭하게 잘 자랄 것으로 믿는 것은 아주 잘못된 생각이 아닐 수 없다. 특히 자녀의 올바른 가치관 형성과 정립은 그들 인생에 있어서 중대한 문제이니 어릴 때에 잘 가르쳐서 올바른 가치관이 형성되도록 최선을 다해야 한다. 자녀에게 어릴 때부터 양질의 교육과 훈련을 시키지 않고 그들에게 올바른 삶의 가치관이 형성될 것으로 기대하며, 그들 스스로가 자신의 미래를 올바르게 살아갈 수 있는 목표와 방향을 명확하게 갖출 것으로 믿는가? 이 일은 불가능한 일이 아닐 수 없다.

한 인간의 품위와 가치는 그 사람 마음의 의지(意志)로 이루어진다.

임마뉴엘 칸트가 말하였듯이 인간에게 있어서 최고의 가치는 선(善)의지(意志)에 있다고 하지 않았는가? 이 말은 인간에게 있어서 최고의 가치는 선(善)에 있다고 하기보다는 선(善)을 행하려고 하는 의지인 마음에 달려 있다는 것이다. 즉 착하게 살아가려고 하는 굳은 마음 작용에 있는 것이다. 만약에 부모로서 자신의 자녀를 태어난 모습 그대로 방치한다면, 그들은 일반 동물과 하나도 다름없이 야성화(野性化)될 수도 있다는 것을 잊지 말아야 한다. 가치관의 사전적 의미는 무엇인가? 가치관이란 "인간이 삶이나 어떤 대상에 대해서 무엇이 좋고, 옳고, 바람직한 것인지를 판단하는 관점"으로 되어 있다. 가치관의 뜻이 이러하다면 우리의 자녀들이 어떤 상황에서도 현명한 통찰력과 분별심으로 자신이 가야 할 방향과 목표를 올바르고 명확하게 선택하는가 하면, 해야 할 행동과 하지 말아야 할 행동을 정확히 판단할 수 있겠는가? 올바른 가치관 형성과 관련하여 중요한 요인은 쓰라린 아픔의 고통을 겪으면서 고뇌하지 않고는 이 과업을 쉽게 이룩할 수는 없다는 것이다. 어려움을 참아 내는 인고(忍苦)의 시간도 없이 이 귀중한 가치관을 형성하고 확립하기는 어려운 일이 아닐 수 없다. 삶의 어려움과 이에 따른 참담한 아픔의 기간을 겪는 동안 자신이 살아남기 위하여 몸부림을 치게 됨으로써 여기서 통절히 느끼게 되는 잔여물이 하나의 결실로 이루어질 때 보다 나은 삶에 대한 가치관을 형성할 것으로 믿는다. 또 다른 경우에는 부모의 치밀한 계획 아래 비교우위의 삶의 법칙성을 어릴 때부터 철저히 훈련받아야 훌륭한 가치관 형성을 기할 수 있을 것으로 본다.

이와 관련하여 가치관의 개념을 돕기 위하여 니체의 《권력에의 의지》를 참고하면 "가치란 생명체의 보존, 상승의 조건에 대한 해석관

점"으로 이해된다. 이 말은 인간이 자신의 생명체를 보존하고 인격적으로 상승할 목적으로 지속적으로 어떤 상황과 마주쳤을 때 비교우위를 판단하여 유리한 입장을 선택하여 발전해 나가는데 이 가치관의 개념이 적용될 것으로 본다. 바꾸어 말하면 보다 더 나은 삶을 추구하기 위한 한 인간의 의지라고 할 수 있을 것이다. 여기서 중요한 것은 자녀는 부모의 삶의 철학을 배우지만, 자녀는 자녀 나름대로 인생의 근본적인 부분을 부모와 다른 차원에서 새롭게 조직하고 재편성해 나가야 한다는 것이다. 자녀는 부모의 인생관을 그대로 이식(移植)할 수도 있지만, 자녀는 부모보다 더 나은 세계에 접하여 더 발전적인 인생을 살아가야 하기 때문이다. 그렇게 하려면 더 많은 새로운 분야에서 미지(未知)의 세계를 탐험해야 한다. 여기에는 자신의 생명이 위태로울 수도 있는 모험이 따를 수도 있는데 부모는 이러한 자녀의 정신생활의 영역을 제한하여서는 안 되며, 얼마든지 미지(未知)의 넓은 세상으로 항해하도록 배를 띄워 보내야 한다. 건축물을 비교해 본다면 자녀는 부모의 아파트 집을 본떠서 집을 지을 수 있지만, 이들은 이들대로 새로운 인생관이라는 터전 위에 기초가 튼튼하고 자신의 인생철학이 반영된 아름답고 심오한 예술적인 작품으로서 또 다른 유형의 창조적인 건물을 세워야 하기 때문이다. 이것이 자녀 자신의 가치관이 반영된 자기만의 독특한 모습으로 자리매김하였을 때 가능하게 되는 것이다. 왜 인간에게 가치관이 그렇게 중요하냐 하면 인간의 삶은 선택의 연속이다. 이것이 중요한가? 저것이 중요한가? 이 길을 가야 하느냐? 저 길을 가야 하느냐? 나는 무엇을 위해서 이렇게 살아야 하는가? 이것이 나은 삶인가? 저것이 보다 더 나은 삶인가? 날마다 시간마다 나름대로 자신의 앞에 펼쳐진 상황과 문제를 분석하고 그 중에서 가장 바람직하다고 생각하는 쪽을 선택하며 살아가

야 한다. 이러한 선택의 문제가 자신을 살릴 수도 있고 죽일 수도 있
으며 행복해질 수도 있고 불행해질 수도 있으며 성공할 수도 있고 실
패하게 할 수도 있기 때문이다. 이러한 선택의 문제가 종국에 가서는
자신의 삶을 헛되게 살았느냐 알차게 살았느냐 판가름 나게 하기 때
문에 어떤 것에 가치를 두고 사느냐가 인생에서 가장 중대한 문제가
아닐 수 없다. 판단의 기준이 될 수 있는 것이 가치관이다. 도덕적인
삶이 중요한가? 육적(肉的)이며 쾌락적인 삶이 중요한가? 하는 문제도
가치관의 문제가 아닐 수 없다. 그러니 자라나는 자녀가 어떻게 가치
관을 형성하느냐가 중요하다. 자녀의 가치관 문제도 부모의 가치관에
따라 영향을 많이 받는다고 할 수 있을 것이다. 부모의 삶 역시 자녀
의 삶에 중대한 영향을 미치게 한다.

그러면 우리의 삶에서 무엇이 가장 귀중하다고 생각하는가? 어떠
한 것이 우리의 삶에 있어서 가장 가치 있는 일이라고 생각하는가?
각자 사람마다 가치관이 다를 수 있다고 생각한다. 하지만 보편적으
로 생각했을 때 가장 가치 있는 일이란? 아마도 이 지구상에 살고 있
는 모든 생명들이 영원한 번영을 이루며 각자가 행복하고 평화스럽게
살아가는 데 도움을 줄 수 있는 일을 하는 것이며, 그 다음 문제는
각자(各自) 개인이 자신의 위치에서 자신의 능력에 맞추어 가장 가치
있다고 할 수 있는 일을 수행하며 행복하게 살아가는 것이다. 이러한
것들은 우리가 말하는 훌륭한 사상(思想)에 의해서 만들어질 것이다.
개인마다 자신의 인생에서 가장 가치 있는 일이라고 생각하는 곳에
뜻을 두고 그것을 실현하기 위하여 살아간다. 그런데 개인의 인생에
있어서 행복과 불행은 95%이상이 나에게 입력된 다른 사람의 프로그
램에 의해 결정된다고 한다. 지금 나의 행복과 불행에 영향을 미치게

하는 것은 대부분 내 부모와 주변 사람들에 의해 나에게 입력된 삶의 가치관들이 점유하고 있다는 내용이다. 우리가 살고 있는 현대사회는 가치관이 불명확한 사회라고 말한다. 선조들이 살았던 전통사회는 분명히 유(儒)·불교문화(佛敎文化)의 중심에서 도덕과 인륜, 선(善)과 정의(正義) 등 정신문화가 삶의 주축이었다. 하지만 현대사회는 정신문화의 가치상실과 물질문명을 추구하는 산업사회를 맞아 성공의 기준이 부(富)의 축적에 맞추어져, 자라나는 청소년들이 추구하는 목표가 물질의 풍요를 얻기 위한 기술과 실력을 쌓는 데 온통 전력을 기울이고 있다고 하겠다. 학교를 비롯한 사회구조가 인성(人性), 즉 인격함양을 위한 교육보다는 자연 과학 등의 교육에 치중되어 있다. 정신문화를 기반으로 하고 그 위에 물질문화의 꽃을 피워야 하는데도 물질문화를 추구하다 보니 정신문화가 소홀해지는 현상이 오늘날의 실정이다. 이러한 현상이 사회 구석구석에서 일어나고 있다. 그렇게 됨으로써 지나친 물질추구로 인하여 인간의 존엄성이 훼손되고 자신과 가정은 물론 국가마저도 안정된 삶을 살아가는 데 위태로움을 느끼게 된다.

자아의 가치관 확립과 관련하여 자기와 자기의식(이만갑. 2004)을 참고하면 엡스타인의 "자기개념은 곧 자기이론이다."라는 말이 등장한다. 자기이론이란 개개의 사람이 경험하고 기능(機能)을 수행하는 인간으로서 제 자신에 관하여 구성하는 이론을 말한다. 이 이론은 그가 겪은 중요한 경험의 전체영역에 관해서 갖는 보다 넓은 이론의 일부인데, 거기에는 그가 처한 세계의 성질에 대해, 세계와 자기와의 상호작용에 대해서 타당한 주요 체계들이 주어지는 것이다. 그 자기이론의 근본적인 목적은 '일생동안 그 개인의 쾌락과 고통의 수지(收支)

계산에서 즐거운 삶을 극대화하는 것이다.'라고 말한다. 그리고 이 근본적 목적과 관련된 것이지만, 다른 두 개의 기본적 기능이 있는데, 그것은 '자존심의 유지를 조장하는 것과 효과적으로 감당해 낼 수 있는 방식으로 경험 자료들을 조직하는 것이다.'라고 말한다. 이 엡스타인의 자기이론을 참고하여 우리 자신의 자기개념이론을 한번 생각해보더라도 중요한 것은, 자기의 일생을 살아가면서 얻은 경험이나 자료를 통하여 누구에게나 중요한 것은 하루하루의 자기 삶이 헛되지 않고 보람 있고, 즐거우며 가치 있게 생활해야 한다는 이론이 성립한다. 자기의 삶이 긍정적으로 유지되기 위해서 자존심을 유지해야 하고, 모든 일을 효과적으로 감당해 낼 수 있는 경험의 자료를 조직하여, 가치 있는 삶이 전개되도록 자신의 삶을 이끌어야 한다는 것이 엡스타인의 이론뿐만 아니라, 우리들도 각자 자기개념의 정립에도 해당될 것으로 생각한다.

여기에서 가치관(價値觀)이란 용어가 성립하게 된다. 이 가치관에 따라서 우리의 자녀들은 자기가 추구하고자 하는 목표, 의욕, 관심, 신념이 달라지기 때문에 중요하지 않을 수 없다.

가치관의 의미를 한번 더 설명한다면 '개인이 삶을 살아가면서 같은 부류의 대상이나 사물이나 목표에 있어서 그 중에서 하나를 선택해야만 하는 비교우위를 적용할 경우에 이것보다는 저것이 중요하다고 생각되는 관념(觀念)이다.' 누구나 인간은 자기의 가치관을 삶에 반영하기 때문에 인생에서 무엇이 중요한지 선택의 문제에서 생각하고 행동하는 것에 이 가치관이 적용하게 된다. 즉 자기 가치관이란 자기의 인생목표가 세상에서 가장 높고 깊으며 가장 멀리까지 바라 볼 수 있으면서 영구한 곳에 뿌리 내릴 수 있도록 함에 있다. 어떻게 보면

한 차원 높게 생각하여 귀중한 무형의 지혜로움으로 구성화(構成化) 할 수 있는 개념(槪念)이어야 한다. 가치관이 우리 삶의 목표를 설정 하고 그 방향을 향하여 행동하도록 하는 판단의 기준이 될 때 그것 은 중요한 의미를 갖게 되는 것이다. 그러하다면 자녀에 앞서 부모인 자신의 가치관은 어떠한지? 후회 없는 삶을 위하여 자기의 삶에 있어 서의 목적과 방향, 삶의 기준이 올바른 도덕적인 기준과 높은 지성에 입각하여 그것에 뿌리에 두고 있는지 한번 더 깊이 성찰해 보아야 할 문제이다.

이번에는 자녀의 가치관은 어떻게 형성되는지 살펴보고자 한다. 자 녀가 바라는 꿈이 있다면 그것이 무엇인지? 자녀 자신이 행복해지려 면 무슨 생각과 행동을 해야 하는지? 내가 만약 지금 죽게 된다면 무 엇이 안타깝고 후회스러우며, 다시 태어나면 무엇을 꼭 하고 싶어 하 는지? 등을 계속 생각하면서 자신의 행동을 올바른 목적에 맞추어 삶을 결정하여야 할 것이다. 그렇게 하려면 뚜렷한 목적을 세우고 하 루의 생활들이 그 목적의 실현을 위하여 연결되는 삶을 살아가야 한 다. 우리가 알고 있는 내용이지만 한번 더 생각을 되풀이하는 관점에 서 이 구절을 인용해 본다. 네 안에 잠든 거인을 깨워라(앤스니 라빈스. 2002)를 참고하면 "'나이애가라 증후군'이라는 용어가 나온다. 물줄기 가 그냥 정신없이 동료를 따라가다가 보면 나중에는 나이애가라 폭 포로 추락된다."는 내용이다. 이 추락은 감정의 추락이기도 하고, 신 체적인 추락, 경제적인 추락, 사상적(思想的)인 추락이 될 수도 있다. 그들은 그냥 물줄기를 따라 흘러갈 뿐이다. 그들은 자신의 가치관이 아닌 사회적 환경에 휘둘리는 집단의 일원이 된다. 결과적으로 그들 은 잘못되어 가고 있음을 느낀다는 내용이다. 또한 사회학자들 사이에서 흔히 말하고 있는 『아노미 현상』이라는 게 있다. 이를 인용해 보면 "가치혼돈에 빠져 무분별한 행동을 하다가 비참하게 죽어가고 있다. 소위 무엇이 옳고 무엇이 그른지, 무엇을 해야 되고, 안 해야 되는지, 올바른 가치관이 없기 때문에 그저 무조건 행동하는 것이다. 그래서 위험한 줄 모르고 벼랑을 향해 질주하는가 하면 불속으로 물속으로 마구 들어가는 것이다."라는 내용이다. 이러한 이론들이 아마도 가치관의 중요성을 잘 설명하는 대목이 아닌가 생각한다.

　우리 집안은 조상 때부터 불교집안이다. 그런데도 나는 성경책을 옆에 두고 가끔 읽기도 한다. 오늘 아침 산책길에 교회 앞을 지나다가 아침 예배를 마치고 나오는 사람들과 마주 쳤는데 다들 밝고 맑은 얼굴이었다. 이분들은 아침부터 교회에서 성경의 귀중한 잠언들을 익히고 기도로 정신을 맑게 하여 자신이 바른 길을 가기 위해서 성찰의 시간을 갖고 집으로 돌아오는 길로 여겨진다. 이분들은 이 시간을 통하여 무언가 작은 삶의 귀중한 영감이라도 느끼게 되었는지 모른다. 물론 아침 예배를 보고 오는 길이겠지만, 교회는 인간을 올바른 길로 유도하는 전환점의 역할을 하기에 오늘도 교인들이 교회를 찾을 것이다. 이것을 보고 내가 느낄 수 있는 점은 돈도 중요하지만 종교적 믿음 역시 소중하다는 생각이 들었다. 사람의 삶이란 순간마다 생각을 하고 판단함으로써 살아가는 것인데, 여기에는 맑고 깨끗한 영혼을 소유해야만 한다. 성경의 잠언과 기도는 판단을 하는 데 있어 중요한 기여를 할 것이다. 이 가치 있는 선택의 행동들이 모여서 하루가 가고 일 년이 지나면 보람 있는 인생의 공적(功績)이 쌓이게 된다. 무엇보다도 정신적인 힘이 중요하지 않을 수 없다. 이 정신적인 힘을 기르기 위해서는 교회와 같은 신성한 장소에서 성경을 읽고 기도를 하면서 자신의 정신을 맑히는 것이 삶에 있어서 중요한 부분이 아닐 수 없다. 오직 자기 개인의 삶의 질(質)을 향상시키고, 생의 목표를 실현시키기 위하여 앞으로 나아가는 것이 궁극적인 삶의 과정이기 때문이다. 우리의 생이 마지막 다하는 순간, 죽음이라는 문턱에서 이때까지 쌓아온 생의 모든 것이 누적된 하나의 평가서가 나오게 된다. 여기에는 향상 이것보다는 저것이 더 낫다는 비교우위의 법칙이 적용되어 발전하고 형성된 실적이 바로 성과물인 것이다. 인생의 종말에서 '그는 만족하게 삶을 살다가 갔다.'라고 한다면 그 인생은 성공한 삶이기 때문이다.

살아 있는 것은 다 행복하라(법정. 2006)를 참고하면 "삶에서 참으로 소중한 것은 어떤 사회적 지위나 신분, 소유물이 아니다. 우리들 자신이 누구인지 아는 일이다. 그 어느 때보다 힘든 시기를 당했을 때 '도대체 나는 누구지?' 하고 자기 존재를 확인해야 한다. 자신이 지니고 있는 직위나 돈, 재능이 중요한 것이 아니다. 어떤 일을 하며 어떻게 살고 있는가에 따라 삶의 가치가 결정된다."는 것이다. 여기서 우리가 깊게 한번 생각해야 할 과제가 개인적인 가치관 문제인데 인류 역사상 훌륭한 인물들 중에는 평생을 독신자로서 오직 학문 등에 심취해 살다가 인생을 마친 사람들도 있다. 예를 든다면 플라톤, 라이프니치, 스피노자, 쇼펜하우어, 키에르케고르, 칸트 등 많은 사람들이 독신자로서 생을 마감한 사람들이다. 이런 사람들은 오직 감각적인 쾌감에 만족하지 않았고 인류를 위해서 보다 더 높은 삶의 가치를 인식하고 생의 모든 기간을 진리를 추구하며 살다간 사람들이다. 그러고 보면 인간의 삶에 있어서 어디에 가치를 두고 살았느냐가 중요하지 않을 수 없다.

옛 선비들은 현자가 되기를 원했고(士希賢), 현자는 성현이 되고자 하였으며(賢希聖), 성인(聖人)은 하늘을 본받고자 하였다(聖希天). 하늘을 본받는 것, 이 우주의 절대자, 지고지선의 신명(神明), 하느님 모습을 닮아가는 것, 이것을 삶에 있어서 최고의 가치로 본 것이다. 현대를 살아가는 우리 부모들이 자녀교육에서 가장 심각하게 받아들여야 할 문제가 앞에서도 언급하였지만, 사회학자들이 말하는 「아노미 현상」이 아닌가 하고 생각하는 바이다. 즉 가치혼돈에 빠져 무분별한 행동을 하는 것을 훌륭한 선각자들은 이것을 잘못된 삶이라고 지적하고 있다. 소위 무엇이 옳고 무엇이 그른지, 무엇을 해야 되고 안 해야 되는지를 선택하여야 하는 올바른 가치관의 실종이라는 점이다. 우리의 아이들은 무조건 남을 추종하며 행동하는 것이 문제이다. 그 일례가 '묻지마'범죄가 바로 그러한 패턴의 일종이 아닌가 생각해본다. 하지만 성경의 역사는 인간의 인격 역시 결코 하루아침에 변하지 않음을 말해주듯이 가치관 역시 하루 이틀에 형성되는 것이 아니고 오랫동안 사고와 생활습성 속에서 형성되는 것이라는 점을 한번 더 인식하고 자녀교육에 전부를 바쳐야 할 것으로 본다.

자녀는 도덕으로 성장하여야 한다

　인간의 성장과 도덕성(이하 여기서의 도덕성은 인간으로서 지켜야 하는 윤리와 유사한 성질로 본다)에 관하여 그 중요성을 살펴보기로 하겠다. 인간이 세상에 태어나서 점차 성장하게 되면 문제는 이들이 악(惡)의 세계로 성장하느냐? 선(善)의 세계로 성장하느냐? 라는 기로(岐路)에 놓이게 된다. 이 점이 인간의 성장에 있어서 중요하면서도 간과하기 쉬운 문제가 아닐 수 없다. 이와 관련하여 아래의 글귀를 참고하여 보자.

"그 어린이는 대부분의 어린이들처럼 선(善)하지도 악(惡)하지도 않았다. 어린이는 선한 사회로 들어갔을 때는 선하게 되었고 악한 사회로 들어갔을 때는 악하게 되었다."

_ 불안의 개념(쇠렌 키에르케고르. 2005)

"그들은 발가벗고 미지의 세계를 향해 걸었다.
가고 있다는 사실 밖에는 확실한 게 없는 차가운 세상으로……
그렇지만 발을 들여놓은 엄연한 현실은,

조용히 그들에게 변질(變質)을 요구했다.

뿌리내리고, 중심을 잡은 그들이 잠을 깨기 시작했다.

_ 닥터스 에릭시걸 1(에릭스걸. 1992)

　우리 인간의 삶은 묘(妙)한 부분이 정말 많다. 왜냐하면 삶에 관하여 현실을 직시할 때 표면적으로 남들과 어울리며 세상의 흐름에 편승하여 그저 그렇게 살아가는 것과, 아니면 혼자 동굴 속에서 발가벗은 채 실존(實存)을 생각하며 삶의 진실한 의미를 음미(吟味)한 후에 세상에 나아가 삶을 살아가는 것과는 너무나 판이(判異)하게 달라진다. 동종(同種)의 인간으로 태어나 동일한 세상에서 같은 방식으로 삶을 영위하는데도 개인마다 질적인 면에서 삶의 내용은 너무나 다르게 나타난다. 이것은 여러 가지 이유가 있겠지만 그 중에서도 아마도 '자신에게 처해진 환경의 영향을 받아서 나타나는 개성과 가치관'의 차이 때문이 아닌가 하고 생각을 해본다(이 문제는 여기서 이 정도에서 그친다). 한 인간이 이렇게 아름다운 세상에서 태어나고 성장한다는 것에 대하여 무엇이라고 그 의미를 부여해 보고 해답을 찾을 것인가? 어쩌면 엄숙하고 두렵기도 한 삶의 법칙이 우리에게 주어진다. 이 점을 우리인간은 성장환경에서 그 해답을 찾지 않으면 안 된다. 성장환경은 반드시 성장하는 데 가장 좋은 조건이 있게 마련이다. 우리는 이러한 환경 가운데에서 가장 바르게 성장하여야 함을 각자는 원한다. 그러면 한번 더 우리 인간의 삶에 대하여, 그리고 참답고 올바른 삶에 대하여 생각해보면 결국은 도덕성인 선(善)과 악(惡)의 문제로 귀결된다고 할 수 있다. 선한 사람인가 악한 사람인가의 구별 문제는 인간세상에서 가장 어려운 문제라고 말한다. 루시퍼 이펙트 Lucifer

Effect(필립 짐바르도. 2010)에서는 에셔(M. C. Escher)[80]의 그림을 비유하여 선과 악에 관하여 세 가지 심리학적 진실[81]을 드러내고 있다. 세 가지 심리학적 진실 중 한 가지로 여기에 나오는 내용을 한번 더 음미해 보면 인간이란 영원히 선한 자(善)도 없으며, 영원히 악한 자도 없다는 것이다. 세계사를 통하여 보든지 아니면 루시퍼 이펙트(lucifer Effect)에서 짐바르도 박사가 연구한 모의(謀議) 교도소에서 분석한 내용을 보더라도 주변의 부적절한 상황적 조건만 형성되면 '성격의 변환'이 이루어져 착한 사람이 갑자기 주변 상황의 힘에 대한 반응으로 악(惡)을 저지르게 된다는 것이다. 이와 같은 선과 악의 문제를 구별할 수 있는 통찰력은 오직 도덕심을 전제로 하지 않으면 안 된다. 도덕의 사전적인 뜻은 '어떤 사회에서 사람들이 그것에 의하여 선과 악, 옳고 그름을 판단하여 올바르게 행동하기 위한 규범의 총체'이다. 인간의 삶을 논할 때 우주(宇宙)와 신(神)의 범주(範疇)를 떠날 수 없듯이 도덕을 논할 때도 역시 우주와 신(神), 인간을 벗어날 수 없는 것이다.

인간으로서 반드시 지켜야 하는 도덕은 우리가 살고 있는 이 지구에서 인간이 탄생하고부터 생겨난 것이 아니고, 그 본성은 우주가 생성되면서부터 이미 그 원형은 동시에 존재하고 있었던 것으로 보아야 한다. 즉 도덕의 본성은 우주의 본성에서 유래되었다고 보아야 한다. 다르게 표현하면 도덕심은 곧 우주의 질서를 제도(制度)하는 원리에서

---

80) 마우리츠 코르 넬리스 에셔(Maurits Cornelis Escher, 1898. 6. 17~1972. 3. 27): 네덜란드 출신의 판화가이다. 건축과 장식 디자인 학교에 다니면서 판화제작의 기술을 배웠고, 이탈리아, 스위스, 벨기에 등을 다니며 작품 활동을 했다. 초기작품은 주로 풍경을 다루고 있으나 1936년 무렵부터는 패턴과 공간의 환영을 반복한 작품을 발표하였다. 이슬람인의 모자이크에 영감을 받았으며 단순한 기하학적 무늬에서 수학적 변환을 이용한 창조적 형태의 테셀레이션 작품세계를 구축하였다.

81) 심리학적 진실은 "첫째 세계는 선과 악으로 가득하며, 이는 과거에도 그렇고, 현재에도 그러하며, 미래에도 그러할 것이다. 둘째 선과 악의 경계는 모호하고 불완전하다. 셋째 천사가 악마가 될 수도 있고, 어쩌면 받아들이기 힘들겠지만, 악마가 천사가 될 수도 있다."는 내용이다.

비롯되었다고 볼 수 있을 것이다. 이것은 우주가 지금도 발전적으로 진행되어 가듯이 인간으로서 세상에 살면서 서로가 공존하고 번영하는 데 기여하기 위한 가장 기본적인 질서행위가 바로 도덕정신이다. 도덕행위는 인간이면 내부적으로 자신이 반드시 지켜야만 하는 재량행위보다는 기속적(羈束的)인 당위성이 그 속에 존재하게 되는 것이다. 도덕심은 바로 공존과 번영의 원형으로 작용하게 하는 모티브(motive)로서의 역할을 다하게 된다. 한번 더 다르게 표현하면 우주의 질서이며 곧 우주의 근본을 이루는 생명력이 인간에게는 도덕심으로 표현된 것이라고 생각된다. 도덕심은 신(神)의 본성이며 곧 신의 명령인 동시에 인간에게는 양심으로 작용한다. 도덕은 인간의 본성을 지키는 의무감이며 인간 모두에게 해당되는 생명력이다. 도덕심은 인간에게서 선과 악을 구별해낼 수 있는 통찰력을 부여한다. 도덕심은 칸트가 말하는 바로 인간에게 있어서 최고의 가치로 여기는 '선의지(善意志)'가 바로 도덕심의 발로이기도 한 것이다. 왜 도덕심이 인간의 삶에 있어서 최고의 가치로 여겨져야 하냐 하면 도덕심은 언제나 진리와 진실을 생명력으로 한다. 진리의 의미는 '언제 어디서나 누구든지 승인할 수 있는 보편타당한 법칙이나 사실'이며, 또한 진실의 의미는 '양심에 비추어 거짓이 없는 사실. 감추어지거나 왜곡되지 않은, 그렇게 되어서는 안 될 실제 그대로의 사실이나 내용'이다. 특히 성장하는 인간에게 있어서 도덕성의 중요성을 살펴보면 이들 어린 자녀에게는, 서두의 불안의 개념(쇠렌 키에르케고르. 2005)에서 기술하고 있듯이 "그 어린이는 대부분의 어린이들처럼 선(善)하지도 악(惡)하지도 않았다. 어린이는 선한 사회로 들어갔을 때는 선하게 되었고, 악한 사회로 들어갔을 때는 악하게 되었다."라는 것처럼 어린이는 앞으로 무엇인가 변해야 하는 가소성(可塑性)이 가장 높은 시기이다. 인간에게 있어서 어린 시절은 확실히 선(善)의 세계로 입문하여 선(善)으로 체형화되어야 하는 절박함이 존재하는 시기가, 곧 성장하는 어린 시절이기 때문이다. 이는 바로 가소성(可塑性)의 법칙에 의해서 어린 시절, 선(善)으로 체형화(體型化)되면 성인이 되어서도 항상 선(善)의 세계에서 머물며 살아가게 된다. 그래서 성장하는 자녀에게 도덕심의 함양은 매우 중요한 의미를 지니게 된다.

키에르케고르의 교육이론(Ronald J. Manheimer, 2004)에서도 "인간이 태어나서 어릴 때 가장 중요하게 다루어야 하는 것이, 이 도덕성의 원천인 의식(意識)에서 악(惡)과 선(善)을 구별하는 것이며, 이 선택의 문제에서 반드시 선(善)을 추구하도록 교육하여야 한다는 내용이다. 아이에게 이 행동은 악(惡)하고 저 행동은 선(善)하다는 것, 지고지선(至高至善)이 가장 가치 있는 삶이라는 것을 가르쳐야 하는 것이 가장 중요한 부모의 교육적 의무"라고 강조한다. 인간이 세상에 태어나는 것이 제1탄생이라고 한다면, 인간이 태어나서 악(惡)과 선(善)중에서 선(善)을 추구하면서 살아갈 수 있는 인간으로 성장되는 것을 제2의 탄생이라고 말한다. 이것은 오직 자녀에게 선(善)을 추구하도록 모든 것을 심각하게 받아들이는 그 부모들의 에너지와 열정적인 태도가 자녀들의 마음에 깊은 자국으로 남을 때 가능하다는 것이다. 미국의 정신의학자 로버트 코울은 그의 최근 저서(著書) 도덕지능에서 "청소년기의 문제는 바로 유년기와 아동기의 문제라고 지적한다." 그는 유아기에 다른 사람의 고통에 공감할 수 있는 감정 이입능력과 참을성을 길러주어야 하고, 아동기에는 양심, 즉 도덕적 판단력을 길러야 한다고 주장한다. 유아기와 아동기의 도덕지능 교육에 실패하면 엄청난 유혹에 시달리는 청소년기를 무사히 맞이할 수 없다고 강조한다. 자라나는 유년기·아동기에 있어서의 도덕심은 가정에서 부모가 길러주어야 한다. 길러준다고 하기보다는 부모가 도덕적인 인간으로 도덕을 생활화하며 살아갈 때 자녀들이 자연적으로 도덕적인 인간으로 성장하게 되는 것이다. 동물들 중에서 인간의 지능 다음으로 높은 지능을 가진 육지에 사는 코끼리나 바다에 사는 고래 등도 어미는 새끼에게 그들 나름대로의 행동지침을 자신의 부모로부터 전수받아 자신의 새끼에게 가르치는데, 하물며 인간으로서 그 도리(道理)를 지키지 않으면 어떻게 만물의 영장이라고 할 수 있겠는가? 우리의 자녀들이 도덕과 예의(禮儀)를 지킬 줄 모른다면 앞으로 이 어려운 세상을 어떻게 살아갈 수 있겠는가? 인간으로서 최고의 가치를 자랑하는 지성과 인격인의 삶의 세계에 입문하여, 그들과 함께 어울리며 올바르고 참답게 살아가는 데 실패할 것이다. 도덕과 예의를 모르는 자녀들은 몸의 자세도 바르게 할 줄 모르며 마음상태에 따라 나타나는 얼굴의 표정, 목소리의 높낮이 조질, 상대방의 눈을 보며 바른 자세로 듣는 태도, 남의 집을 방문했을 때 시선(視線)의 방향 등도 제대로 할 수 없을 것이다. 이는 아무것도 아닌 것 같지만 실로 중요한 문제가 아닐 수 없다. 예기(禮記)[82]에서도 기술하고 있지만 유교(儒敎)는 고대 중국 공자의 가르침이므로 21세기 우리의 자녀에게 무슨 소용이 있느냐고 생

---

82) 예기(권오돈 역해(譯解). 1993)을 참고하면 유교의 경전(經典)으로서 중요한 분야가 다섯이 있는데, 주역(周易)·서경(書經)·시경(詩經)·춘추(春秋)·예기(禮記)이다. 《주역》은 음양(陰陽)의 이치를 설명한 것이기는 하지만 요컨대 점서(占筮)의 책일 뿐이고, 《서경》은 옛날 성왕(聖王)들의 정치 기록이고, 《시경》은 고가(古歌)의 집록(輯錄)이고, 《춘추》는 하나의 편년사(編年史), 연대기(年代記)이다. 모두 경전에 끼인다고는 하나, 어느 것이나 유교 철학의 일단(一端)을 표시할 뿐인데, 오직 《예기》만이 그 전체를 포괄적으로 설명한 것이라고 한다. 그래서 《예기》는 선진(先秦)에서 한초(漢初)에 이르는 유자(儒者)의 논설(論說)을 집록(集錄)한 것으로, 여기에서 이른바 예(禮)란 외면적 규율(規律)의 총칭으로서, 크게는 제도(制度)·법률(法律)에서 작게는 의식(儀式)·범절(凡節)에 이르기까지의 일체(一切)를 포괄하는 것이다. 그 설명하는 바는 일신(一身)의 수양에서 천하의 경륜(經綸)에 까지, 일상 의식(衣食)의 범절에서 교사체상(郊社禘嘗)의 대례(大禮)에 까지 미치며, 심성(心性)의 체용(體用)에서 우주의 변화에까지 미쳐, 실로 세미(細微)를 극(極)하였고 또한 광대(廣大)를 다하였다고 할 수 있다고 한다. 아마도 이 《예기》라는 분야가 윤리의 문제와 상응 하지 않을까 생각하는 바이다.

각할 수 있을 것이다. 그러나 옛날이나 지금이나 이웃에 대한 사랑과 예(禮), 곧 사회규범과 제도(制度)는 변함이 없는 자연의 법칙과도 같으며, 자녀교육에 있어서 유교철학(儒敎哲學)은 내세(來世)의 세계를 가르치는 어떤 종교들보다도, 그리고 현세(現世)에서의 충실한 삶을 강조하는 우리의 전통문화에서도 실로 중요하지 않을 수 없다. 시대가 변하였기에 전통의식을 전부 준수(遵守)할 수는 없는 일이지만, 선택적으로 필요한 부분은 배우고 익혀서 현실생활에 적용하여야 할 것으로 본다. 이와 같은 인간의 윤리문제는 현재의 학교교육에서 도덕이라는 교과(敎科)로 일부 다루고는 있지만, 여기서 다 가르칠 수는 없는 실정이고 보면, 우리의 부모가 가정에서 필히 가르쳐야 할 덕목(德目)임에 틀림이 없다. 이것이 곧, 우리가 말하는 인성교육(人性敎育)과 다르지 않을 것이다. 이 인성교육, 즉 예의범절이나 기본질서 의식이 함양되면, 우리의 자녀들은 반사회적 행동은 자연히 없어지고 친사회적 행동이 싹트게 될 것이다. 친사회적 행동이란 반사회적 행동과 대조되는 개념으로 자신에게 돌아올 보상에 대한 기대 없이 타인에게 이득이 되는 것을 목적으로 수행자가 자발적으로 하는 행동이라 정의할 수 있다. 주역강의(서대원. 2009)에서도 "겸손(謙遜)의 도(道)는 아주 어린 시절부터(小亨) 익혀야 하고, 리(利)의 시절에 나아가며(유유왕 有攸往), 대인을 만나야(견대인 見大人) 이롭다(이 利)"는 말이 있다. 즉 겸손은 아주 어린 시절부터 훈련하여 몸에 배도록 해야 하며 나중에 일을 하면서 배울 수 있는 것이 아니라는 말이다. 겸손의 도(道)가 실제로 위력을 발휘하는 것은 어려서가 아니라 세상에 나아가 왕성하게 활동할 때라는 것이다. 이렇게 겸손을 실천하는 과정에는 대인(大人)의 도움이 있어야 유리한데, 이는 겸손의 실천이 쉽지 않다는 뜻이고, 대인과 더불어 도모해야 할 만큼 큰일에는 겸손의 도가 반드시 필요하다는 뜻으로 풀이된다.

인간과 도(道)와 자연과의 연관성은 동서양을 막론하고 우리 인간의 삶에 가장 중요한 부분으로 등장한다. 노자(김홍경. 2003)에는 "……사람은 땅을 본받고, 땅은 하늘을 본받고, 하늘은 도를 본받고, 도는 자연을 본받는다."라고 기록하고 있다. 즉 도(道)는 우주의 실체로서의 자연이고 도를 스승으로 삼는다는 말은 자연의 순리에 따라 우주의 실재와 하나가 되는 것을 말한다. 그런가 하면 윤리적 인간행위가 자연의 법칙인 동시에 당위의 법칙이라는 것을 명시하는 것은 성리학(性理學)83)에서도 잘 나타나고 있다. 또한 윤리학에서 가장 핵심을 이루는 선(善)에 관하여도 칸트의 도덕철학84)에서 잘 나타나고 있는 바이다. 이 외에도 인간의 도덕성 발달 기준을 보면 Gilligan(1982)이 제시하는 배려 지향적 도덕성 발달과정85)에서도 나온다.

---

83) 한국전통철학사상(김종문 외. 1999)에는 주자(朱子)와 이퇴계(李退溪)의 '이일(理一)'에 대한 주리론적 해석이 나온다. 주자는 자연과 인간 그리고 윤리문제를 해석함에 있어서 그는 천리(天理)의 이(理)를 인간본연의 심성(心性)으로 보는 성리학(性理學)을 크게 일으킨 대현(大賢)이다. 이들이 말하는 '이일(理一)'은 무엇인가? 주자와 퇴계가 말하는 '理一'은 곧 천리(天理)의 본연, 즉 '리(理)'의 본연을 말한다. 주자와 퇴계에 있어서 '理一'의 理는 만물의 생성을 원초적으로 가능케 한 실체로서의 '理'이며, 그것은 또한 감각적 인식의 한계를 넘어서서 실재하는 '理'이다. 다시 말하면 '理一'의 '理'는 형이하적(形而下的)개물(個物)의 생성을 원초에 있어서 가능케 한 형이상적(形而上的) 실체다. 이러한 '理一'은 기적(氣的)요소가 전혀 없는 '理' 그 자체의 세계라고 말 할 수 있는 본연(本然)의 '理'이기 때문에 그 자체 순수지선(純粹至善)의 세계다. 즉 본체로서 '理一'은 절대적으로 선(善)임과 동시에 인의(仁義)의 덕(德) 그 자체의 세계로서 '理'다. 문제는 여기서 '理'를 윤리의 측면과 자연법칙에서 본다면 자연법칙으로서 '理'는 개물(個物)의 생존법칙의 한계를 넘어서서 만물의 근원적 본체로서 덕인 순수지선의 '理一'이기 때문에 인간이 마땅히 가야할 길(당행지로, 當行之路)로서의 윤리적 행위의 목적이 된다. 주자와 퇴계가 말하는 '理'는 자연법칙인 동시에 당위법칙이라는 것이다.

84) 서양철학사(앤서니 케니. 2004)에 칸트의 도덕철학이 등장하는데 "칸트의 출발점은 조건 없이 선(善)함의 유일한 것은 '선의지' 뿐이다. 재능, 품성, 자제력, 행운 등은 나쁜 목적을 위해 사용될 수도 있으며, 심지어 행복조차도 사람을 악하게 만들 수 있다. 선의지를 선하게 만드는 것은 선의지에 의한 성취가 아니라 선하게 의욕 하는 것 그 자체만으로 선하다는 것이다."

85) 성인·노인심리학(정옥분. 2008)에서 보면 Gilligan(1982)이 제시하는 배려지향적 도덕성 발달과정은 셋 수준과 과도기로 구분되는 다섯 단계로 이루어진다. 제 1수준은 자기중심적단계, 제 1.5수준은 이기심에서 책임감으로 변화하는 단계. 제 2수준은 책임감과 자기희생의 단계. 제 2.5의 수준은 선(善)에 대한 관심에서 진실에 대한 관심으로 변화. 제 3수준은 자신과 타인에 대한 배려의 단계이다.

한 예(例)로서 내가 주변의 사람들 중에서 가끔 한 번씩 만나는 사람이 있는데, 나는 이 사람을 볼 때마다 개인적인 생각이지만 윤리적인 사람이라고 판단된다. 이 사람의 특징은 얼굴에는 자신의 선(善)한 마음이 그대로 나타난다. 그러면서 행동이 둥글며 모가 나지 않는다. 위압감도 없고 꾸밈도 없다. 그저 자기 자신의 생긴 그대로의 모습이다. 아예 자기 마음 자체가 자신의 공간과 자신의 내면세계에 머물면서 상대방을 편안하게 대해 준다. 그러면서도 삶의 중심은 자신의 내면, 즉 마음 깊숙이 무겁게 자리하고 있어서 주변의 자극에 흔들림은 어디에서도 찾아볼 수 없다. 그러한 사람과 헤어지고 나면 어쩐지 무슨 여운이 남는 듯, 이끌림 현상이 일어나기도 한다. 이러한 사람은 상대방에게 어떤 부정적인 감정의 원인은 남기지 않으면서 상대방의 부정적인 마음을 공기 청정기 마냥 먼지를 걸려 낸 후에 좋은 감정만 자신이 흡수하는 것 같다. 특별히 아름답거나 훌륭한 사람으로 보이려고 하지 않고 부드럽고 순하면서 소박하다. 그러한 사람과 헤어지고 나면 후일 자연히 한번 더 만남의 시간이 주어졌으면 하고 아쉬움이 남기도 한다. 그런데 후일 그 사람이 현재까지 살아온 과거를 자연적으로 알고 나면 그 사람마저도 험난한 삶을 살아왔다는 것을 알 수 있게 된다. 어떻게 그러한 사람이 저렇게 자신을 가꾸고 관리하였기에, 현재의 도(道)와 덕(德)을 겸비한 높은 수준에 머물게 되었을까 하고 의문이 가기도 한다. 아마도 어릴 때부터 자신을 지켜온 도덕의 힘이었으리라 혼자 생각해 본다. 이 사람을 가까이에서 만나보면 위엄보다 온유함이 묻어 있다. 시선(視線)의 향함은 상대방을 관찰하는 것이 아니라 자신의 깊은 내면을 들여다보며 자신의 내면을 살피는 그런 모습이 역력히 보이기도 한다. 지식이 많아 보인다든지 돈이 많으며 높은 수준의 사람처럼 보이지 않고, 그저 스님처럼 몸에서 온화함이 풍겨져 나온다. 얼굴 모습에서 조금도 구겨진 모습은 찾아볼 수 없으며 그저 자연적인 모습 그대로이다. 윤리는 도와 덕에 가깝기에 생리적으로 악과 사귀려 하지 않고, 나쁜 원인도 조금도 만들어 내지 않는다. 이와 같은 사람은 정의와 진리, 덕으로 형성되어 있기 때문에 혼자서도 충분히 자랄 수 있는 자양분을 생산해 내며, 항상 그러한 힘을 보유하고 있는 그러한 사람이다. 그렇다고 지나치게 불운한 사람을 도우려고도 하지 않는다. 자신의 인연을 조용히 따르기 때문이다. 언제나 정화력이 뛰어나기 때문에 자체 정화를 지속적으로 하는 사람이다. 남에게 보이기 위한 것이 아니라 그저 산속에 홀로 핀 한 송이 꽃처럼 주어진 운명에 따라 순응하며 그렇게 살아간다. 이러한 사람들은 본래 그렇게 태어난 것처럼 보이지만 어머니 뱃속에서부터 그렇게 훈련받고 양육 받아서 그런 사람으로 만들어진 사람이다. 오랜 기간 동안 규율과 규범으로 다듬어진 결과 그러한 윤리적인 인품이 만들어져 밖으로 배어 나오는 사람이기 때문이다. 어떻게 보면 이러한 사람은 현대인이 아닌 고대인처럼 보일 수 있지만, 오히려 미래의 사람이기도 한 것이다. 윤리는 시간과 공간을 초월해 존재한다. 이런 사람은 혼자 있을 때에도 자신의 도(道)를 지키며 신의 뜻을 잘 분별하여 받드는 사람일 것이다. 결국은 올바른 죽음을 맞이하는 사람이 될 것으로 생각된다. 그래서 도덕성이 이루어지면 성실해지고 성실이 이루어지면 성공이 보장된다고 할 수 있다. 성공은 곧 행복이요, 행복은 삶의 완성이며, 이러한 삶은 곧 후회 없는 죽음으로 이어지게 될 것이다. 인간의 삶에서 가장 귀중한 가치가 도덕성이라고 생각한다.

자아 존중감을 증대시켜라

열등감은 자신의 잠재력을 계발하지 못하는 데서 연유된다.

_ 이호재

　자녀에게 어떻게 하면 자아 존중감을 높여줄 수 있을까? 이 문제는 앞으로 세상을 살아가는 데 있어서 정말 중요한 과제가 아닐 수 없다. 자녀가 세상을 살아갈 때 자기를 존중하느냐 존중하지 않느냐 하는 문제는, 자신이 자신을 얼마나 귀(貴)하게 다루고 취급하느냐 하는 문제와 관련성이 있기 때문이다. 자신이 귀하다는 문제는 자신의 신분을 스스로 높인다는 의미와도 같다. 신분(身分)이란 뜻은 개인의 사회적인 지위나 서열로 되어 있다. 지위(地位)는 어떤 사람이 가지는 사회적 신분이나 계급, 위치이다. 서열(序列)은 순서이다. 삶에 있어서 이 문제만큼 민감한 문제는 없을 것이다. 자신이 그 높은 신분의 지위와 서열을 유지하기 위하여 지속적인 노력이 필요하게 된다. 자신의 높은 신분이나 서열을 유지하기 위하여 자신을 한 단계씩 끌어올려야 하기 때문이다. 자아 존중감이 중요한 이유는 바로 노력을 스스로 할 수 있는 계기를 마련해 준다는 데 있다. 인간의 삶이란 사회적인 활동을 통해서 남과 관계를 맺으며 살아가는 것이다. 남과 관계를 맺을 때 스스로 자신을 평가하고, 그 평가기준을 높이 설정한다는 것은 삶에 있어서 중대한 영향을 미치게 한다. 성격심리학(L.A. 젤리, D.J. 지글러. 1995)을 참고하면 "자아 존중감은 자신이 가치 있는 사람이라고 느끼게 될 때 생기게 된다. 여기에는 성실이라는 숨은 공로가 있어야 한다. 성실이라는 노력 없이 가치를 생산할 수 없다. 이때 노력은 믿음이라는 예측력을 통해서 가속화될 수 있는 것이다. 결국 자존감은 아이 자신의 노력 결과에 의해서 가치를 획득함으로써 생긴다고 할 수 있다. 자존감을 기르기 위해서는 힘겨운 노력이 필수적이다."라고 기술하고 있다.

　어린이가 태어나서 만 1.5세까지의 영아기를 지나면 유아기(幼兒期, 1.5~3세 정도)에 접어드는 나이로서, 이때 어머니로부터 느끼는 것이 신뢰감(이후 자신감이라는 기본 성격이 됨)이다. 유아기에 어머니는 아이에게 절도(節度)있는 행동으로 아이가 행(行)해도 되는 허용하는 범위와 행(行)해서 안 되는 한계의 범위를 명확히 가르쳐서 아동이 스스로 분별력이 생기도록 하여야 한다. 그래서 올바른 행동을 할 수 있는 지각(知覺)이 열리면 자기조절감이 형성되고, 이것은 곧 긍정적인 자아로 싹트기 시작한다. 문제는 이 시기가 다음의 청소년기에 자제력 형성에 큰 기여를 하게 된다는 점이다. 또한 식습관과 배변의 습관이 이 시기에 조절되면서 자존심이 높아지게 되고 모든 일을 긍정적, 적극적으로 처리할 수 있게 된다. 이 문제는 자아가 성장하는 자녀에 있어서 유아기(幼兒期)의 성장발달에 있어서 실로 중요한 과제가 아닐 수 없다. 자조론/인격론(새뮤얼 스마일스. 2007)에서 보면 인간은 누구나 스스로를 존경해야 한다고 강조한다. "자기 훈련과 자기 통제는 실제적인 지혜의 첫걸음에 속하며, 그 근본은 자기 존중에 뿌리를 두어야 한다. 희망은 자기 존중에서 솟아나는 것이니, 그것은 힘의 동반

자요 성공의 어머니다. 큰 희망을 품고 있는 사람에게는 기적(奇蹟)을 행할 수 있는 힘이 생긴다. 나 자신을 존중하고 나 자신을 발전시키는 것, 이것이 내 인생의 진정한 의무다."라고 말한다. 여기에서는 피타고라스의 격언과 밀턴의 말이 있다. 피타고라스의 격언은 "자기 존중은 사람이 입을 수 있는 가장 고상한 옷이요, 사람이 영감을 얻을 수 있는 최고의 감정이다."라고 말한다. 또한 자기 자신을 존중하라는 말은 피타고라스가 학생들에게 늘 하던 말인데, 그것은 그의 황금률의 하나였다. 이러한 높은 이상(理想)이 생활의 지주(支柱)가 되면 음탕한 습성으로 육체를 더럽히지 않을 것이고, 비굴한 생각으로 정신을 더럽히지도 않을 것이다. 매일 이러한 자세로 살아가면 그것은 바로 정결, 존엄, 정절(貞節), 종교 등 모든 미덕의 근원이 될 것이라고 강조하였다. 밀턴은 "경건하고 정당한 입장에서 자신을 존경하는 것, 우리는 이것을 가치 있고 찬양할 만한 모든 선행이 솟아나는 근본적인 수원(水源)같은 것이라고 생각할 수 있다."라고 말했다. 정말 중요한 말이 아닐 수 없다. 자아 존중감을 높여 주기 위한 방법은 일단 자녀 자신이 직접 계획을 세우도록 하고, 자기 혼자서 실행하도록 하여 성공하는 경험을 많이 가질 수 있도록 하여 타인으로부터 칭찬을 받음으로써 자아 존중감이 증대된다. 그리고 인간관계의 관계성 회복이 중요하다. 부모와 자식 관계에서나 학교 스승과 제자의 관계에서도, 학교의 교우 관계에서도 마찬가지이다. 인간관계가 원만하면 만족감이 증대되고 좁은 영역에서 넓은 영역으로 모든 것이 확대되는 확대감이 늘어난다. 여기서 더더욱 중요한 것은 자존감이 높을수록 주의력이 집중된다는 것이다. 주의력이 집중되면 동기유발이 쉬워지고 이것은 적극적인 기억 관장으로 유도하게 된다. 그러므로 학습에서 좋은 실적을 올릴 수 있기 때문에 자존감이 무엇보다 중요하다고 할 수 있다. 이 말은 자녀를 키우는 부모들은 두고두고 음미하면서 자신의 가슴속에 명심하여 새겨두어야 할 사항이다.

심리전문가에 의하면 화병(火病)은 감정적인 욕구의 미충족(未充足)이 원인이 되며 인간에 있어서 자존감 형성이 중요하다고 한다. 이 자존감 형성은 남으로부터 사랑을 받는 것을 전제로 한다. 아이가 자존감을 가지려면 자기가 손수 노력하여 그 노력의 대가로 독립적으로 무엇인가 가치 있는 일을 이루어 내었을 때이다. 그러나 아이에게 하찮은 것을 과대 칭찬하면 거품이 되니 이 점은 주의하지 않으면 안 된다. 특히 부모는 자녀에게 부정적인 용어(단어)사용이나 지나치고 과분한 칭찬도 자제하고 적절한 정도를 유지함을 원칙으로 하면서, 현 수준에서 좀 나은 범위에 맞추어 본인이 수긍할 수 있을 정도의 단계에서 어떤 과제를 부여하고 칭찬을 하면서 차츰 다음 단계로 넘어가야 한다는 것이 전문가의 견해이다. 그중에서도 자녀에게 모욕적인 말을 하면 자존감이 낮추어지게 된다. 그리고 실패하는 경험이 많이 쌓이면 자신감을 잃게 되어 소극적이고 위축되며 쉽게 낙심하거나 의기소침해지기 쉬우며 부정적인 감정과 아울러 모든 일에서 두려움이 생기며 자포자기(自暴自棄)하기 쉽다. 이렇게 하여 자녀는 성장하므로 자기를 평가하게 되고 자기의 행동을 향상시키느냐 아니면 퇴보시키느냐 하는 등, 자기를 규제(規制)하여 조절함으로써 사회에 참여하는 규준이 개인별로 형성하게 되는 것이다. 이 점이 성장하는 자녀에게 대단히 중요하다.

정신분석학의 대상관계이론 학자인 Blank는 "아이는 엄마와 하나라는 느낌을 가질 때가 미래의 정상적인 발달을 위해 아주 중요하다고 한다. 엄마와 하나라는 느낌은 유아가 기본적인 만족감을 얻을 수 있는 대상관계를 형성하게 하고 이 만족감이 경험되어야 평생 동안 자기 신뢰와 자기 존중감을 발달시킬 수 있게 된다는 것이다. 만약 이 공생적(共生的) 만족감을 얻지 못하면 아동이 대상의 세계에 진입하기가 어렵고 아동기나 그 이후에 정신병을 얻게 되기도 한다."는 것이다. 그러므로 유아는 좋은 자아상(自我象)을 형성해야 한다. 자아상의 사전적 의미는 '자기 자신에 관한 각 개인의 의식 또는 관념의 모습화이다.' 그런데 자아상이야말로 인간이 살아가는 데 있어서 삶의 수준을 지향(指向)할 지표가 된다. 자아상이 높게 형성되면 자존감이 높아질 것이며, 자아상이 낮게 형성되면 자존감이 낮아질 것이기 때문이다. 자존감이 높게 형성되면 모든 자기의 기대 수준이 높게 되어 원대하고 높은 꿈을 목표로 인생이 활기차게 전개될 것이고, 이와 걸맞게 행동도 이루어질 것이다. 그러하지 못한 경우 반대로 낮은 자존감은 자기의 꿈도 가치관도 낮아져 자기 자신부터 나는 별 볼일 없는 사람이라는 인식이 작용하게 된다. 그렇기 때문에 자아상 형성이 그렇게 중요하다. 대상관계의 이해와 적용(유근준. 2008)에서는 "유아는 사랑과 미움을 구분하는 타고난 기질이 있다."고 했다. 이와 같은 의미는 유아는 말을 못하고 자기 자신의 의사(意思)를 표현할 수 없지만, 이미 무의식적으로 어머니로부터 아니면 양육자로부터 유아 자신을 미워하는 감정이나 사랑하는 감정을 느끼고 이때부터 자신의 내면화를 통해 만족과 좌절의 경험을 쌓아가게 되어 자아상을 형성하기 시작한다는 내용이다. 이 말은 유아는 자기 자신을 대하고 처리하는 어머니나 양육자로부터 자기를 대우한 경험을 내면화하여 자신의 수준이 재편성되어 자신의 의식세계를 쌓아가게 되는데, 이때 부모나 양육자로부터 따뜻함, 보살핌, 만족, 안정감 등을 주는 긍정적인 경험은 유아에게 높은 자아상을 형성하게 되고, 만약 분노·불안·좌절·학대 등의 부정적인 경험은 낮은 자아상을 형성하게 만들어 이후 성장하는 동안 가치관 형성과 자아실현에 나쁜 방향으로 막대한 영향을 미치게 된다는 것이다. 유근준(2008)은 "생후 10~14개월부터 자녀는 어머니의 관심에 적극적으로 반영(反映)한다. 이 시기에 자신의 아이가 잘 해낼 수 있다고 느끼는 어머니의 기대와 믿음은 유아의 안전감 발달에 매우 중요한 자극제가 된다. 아이에 대한 어머니의 기대와 믿음은 유아의 자율성 및 자아 존중감을 기쁨으로 대치되게 하는 최초의 격려가 된다."고 지적한다. 그래서 이미 생후 10개월부터 아이는 자신에 대한 자존감이 싹트기 시작한다는 것을, 부모들은 알고 자녀에 대하여 미래에 대한 희망과 기대감, 충분한 관심을 가져야 할 것이다. 자녀의 자아 존중감 형성을 위해서 꼭 필요한 것은 부모의 사랑이다. 우리의 부모들은 자녀가 특별히 잘하는 일이 있을 때 칭찬도 하고 사랑을 베푼다. 하지만 그것보다는 언제 어디서나 기본적인 사랑이 그대로 자녀의 자존감 형성에 상승적인 효과로 나타난다는 것을 기억하라고 전문가는 말한다. 사랑이 인간에게 미치는 영향을 보면 자아 존중감, 자부심 형성에 크게 기여하게 되는데, 이것이 생(生)에 있어서 세상을 적극적으로 유지하는 원천이 된다는 것이다. 우리가 세상을 살아가면서 때로는 남으로부터 조소(嘲笑)와 거절, 멸시와 모욕감을 느낄 때도 있지만, 이때 자아 존중감이 잘 형성되었다면 타인으로부터의 저항을 이겨내고 삶을 유지시킬 수 있다는 것이다. 이 점 역시 중요하지 않을 수 없는 문제이다. 그런가 하면 klein(1946)은 "자아가 단계를 거치면서 발달하는 과정 중에 만족스러운 경험과 불쾌한 경험을 구별할 수 있는 능력이 생기며, 결국에는 분열(splitting)[86]을 통해서 자신의 모습 가운데 좋은 모습과 나쁜

---

86) 분열(spliting): Klein(1946)은 자아가 단계를 거치면서 발달하는 과정 중에 만족스러운 경험과 불쾌한 경험을 구별할 수 있는 능력이 생기며 결국에는 분열(splitting)을 통해서 자신의 모습 가운데 좋은

모습을 구분한다."는 것이다. 여기서 좋은 모습이 나쁜 모습보다 많이 쌓여서 좋은 모습이 축적되면 자존감은 높게 형성되는 것이며 어려운 생활에 직면해서도 자존감이 높아 쉽게 좌절하지 않고 자신감을 가지고 인생을 개척하게 되는데, 이러한 과정을 통하여 내면화된 대상의 무의식적인 잔재(殘滓)는 한 개인의 핵심적인 부분을 형성하게 된다는 것이다. 성격심리학(L.A. 젤리, D.J. 지글러. 1995)에서 "자존심이란 자기 자신을 존중하고 다른 사람으로부터 존경을 받고 싶은 마음"으로 되어 있다. 사람은 누구나 자신이 가치 있다고 생각하는 마음, 즉 개인적으로나 사회적으로 자신이 하는 일이 보람 있다고 생각되면 삶에 도전하고 싶은 의욕과 힘이 자연히 생기게 마련이다. 마슬로는 이와 같은 긍정적인 마음을 능력, 신뢰감, 개인의 힘, 적합성, 성취, 독립, 자유 등과 관련이 있는 것으로 해석하며, 다른 사람으로부터 존경을 받을 때 명성, 인식, 수용, 주목, 지위, 평판 등과 관련이 있는 것으로 해석한다. 이러한 경우 사람들은 자기의 능력이 다른 사람들로부터 좋게 평가받기 때문에, 자신이 가치 있는 사람이라고 느끼게 되어 자존감이 생기게 마련이라는 것이다. 물론 성장하여 자신이 독립적으로 살아갈 때에는 남에게 봉사하거나 헌신하는 자세도 자존감 형성에 영향을 주고, 또한 성실이라는 숨은 공로도 중요한 작용을 하게 될 것이다. 성실함의 노력 없이 가치를 생산할 수 없기 때문에 이 자존감은 결국은 자기가 노력의 대가(對價)로 받은 하나의 보상이나 다름없다. 이 점도 대단히 중요하다. 자라나는 자녀를 둔 부모는 자녀 스스로가 성실을 통해서 얻은 실적으로 자녀의 자존감을 형성시키는 것이 자녀교육에 대단히 중요하다는 점을 명심하기 바란다.

모습과 나쁜 모습을 구분한다(대상관계의 이해와 적용. 유근준. 2008. 도서출판 다세움, 41P).

자존심으로 인한 욕구의 만족은 자신감, 자기존중, 힘, 능력, 세상에서 유용하고 필요하다는 느낌 등을 가져온다. 만약에 자존심이라는 욕구가 저지(沮止)되면 열등의식, 어리석음, 약함, 무력감 등을 유발하게 하여 좌절감, 무용지물이라는 자기 비하(卑下)로 연결되며, 결국은 삶에 있어서 무력감으로 나타나게 된다. 또한 브랜덴(N.Branden)은 자존심(self esteem)이란 "제 자신이 생의 기본적인 도전을 처리해 낼 능력이 있다는 것과 행복을 누릴 만한 사람이라는 것을 경험하는 성향이다."라고 정의를 내렸다. 이것은 생의 적극적 추구를 꾀하는 생명체의 근원적 성질에 근거하는 것이라고 생각되며 자기의 부족하고 불만족스러운 면은 도외시하는 경향이 있다고 한다. 부모가 자녀에게 자존심을 높일 수 있는 방법은 자신감 심어주기, 용기 북돋우기, 자녀의 소중함을 인정하기, 칭찬하기, 독립심 자극하기, 자기 힘으로 혼자 할 수 있도록 내버려 두기, 믿음으로 대하기, 격려하기 등이며, 자녀의 자존심을 낮게 할 수 있는 행동은 완벽주의를 추구하여 지속적으로 닦달하는 것, 부정적인 기대감을 갖고 실수를 지적하고 나무라기, 지나치게 과잉보호하기, 지나친 욕심으로 자녀에게 힘겨운 과제 부과하기, 모든 일에 간섭하고 참견하여 자녀의 의타심을 주는 행위 등이다. 이러한 행위를 구분하여 부모는 자녀에게 자아 존중감이 형성될 수 있도록 자극을 주는 것이 중요하다. 자아 존중감은 자기 경험에 비추어 사회적으로 보편적인 성취도를 달성한 기준에 의한 자기가 자기 나름대로의 그 수준에 근접한 인정감이라고 말한다. 그러나 자기 나름대로의 판단이 자기 오만(傲慢)일 경우에는, 자기기만(自己欺瞞)에 따른 자기자랑이라는 비난과 조소(嘲笑)로 연결되고 사회적인 신뢰감의 부족으로 나타난다고 한다. 그러니 자기 자신의 판단에 있어 정확한 기준의 설정이 필요하다. 자아 존중감에 있어 자기 판단에 의한 독자적인 자존감보다 더 중요한 것은 남으로부터 받은 존경심을 바탕으로 한 타인의 인정감(認定感)에서 비롯되어야 한다는 것이다. 이러한 기준에 입각한 자아 존중감이 있을 때, 삶에 대한 즐거움이 생겨나고 올바른 사회관으로 자기가 원하는 생(生)의 목표를 지향할 수 있다고 한다. 자아 존중감과 관련하여 인간이 삶을 영위하는 동안 꼭 갖추어야 할 덕목이 바로 남과의 관계에서 사랑을 주고받을 수 있어야 하며 타인으로부터 인간적인 대접을 받고 살아야 한다는 것이다. 만약에 이것이 무너지고 이루어지지 않으면 하늘밑 땅위에서 인간으로서 살아갈 수 있는 자격을 갖지 못한 것이라는 점이다. 그래서 자아 존중감이야말로 정말 기본적으로 갖추어야 할, 우선적으로 갖추어야 할 중요한 과제라고 생각한다. 자녀를 돌보고 길러주는 부모가 있다면 이 문제만은 반드시 해결하도록 자녀를 양육하여야 한다. 그렇다면 어떻게 자녀를 길러야 하는가? 남들이 부러워하고 남들이 누구나 원(願)하는 재능을 갖춘 유능한 자녀로 키워야 한다. 그렇게 키웠을 때 그 자녀는 남으로부터 사랑을 받을 수 있고 남으로부터 인간적인 대접을 받을 수 있으며 자아 존중감이 형성되어 이 어려운 삶의 난간(難艱)을 극복하고 개척하며 올바르게 살아갈 수 있을 것이다. 자기의 자녀를 유능한 인재로 키우는 것은 제각기 부모들의 몫이다.

네 안에 잠든 거인을 깨워라(앤스니라빈스. 2002)에서는 부모가 아이들이 건강한 자기 존중의 감정을 가지고 성장하도록 키우기 위해서는 "아이들에게 능력을 키우는 질문, 부모자신이 의식적으로 선택한 가치와 원칙에 따르는 생활, 그리고 지금까지 배워온 모든 다른 전략들의 효과를 실천으로 보여 주라"는 것이다. 부모가 본보기가 됨으로써 가능성을 보여주어야 한다. 즉 아이들의 가치성 있는 결정과 행동이 끊임없이 계속되면 중요한 변화가 오게 된다는 이론이다. 여기에는 의지력, 즉 생명력이 싹트고 실패의 두려움이나 좌절감을 견디어 낼수 있는 힘이 생길 것이다. 이 힘은 삶을 영위하는 동안 타인이 자기의 삶을 짓밟고 인간성을 파괴하는 비윤리적인 행위를 해도 거기에 흔들리지 않는 확고한 자기 믿음으로 삶의 문제를 해결해 나갈 수 있는 원천이 된다. 만약 이 자아 존중감이 없다면 무기력하고 연약하고 신념과 희망이 없게 될 것이며, 나름대로의 주체성이나 가치관 등은 물론이거니와 인류를 위한 헌신하는 자세는 찾아 볼 수 없을 것이다.

내가 내 자신의 과거를 되돌아보면 60세가 된 오늘날까지도 외모, 가정형편, 학벌, 경제력, 인격 등을 내 자신과 타인들과 비교해 보고, 상대의 사람이 나보다 높다고 생각하면 나 자신이 그 사람을 마음속으로 부러워하며 자신을 원망하기도 하고, 미워하기도 하며, 스스로 자신을 천대하기도 하였다. 그러면서도 남으로부터 수없이 들은 말은 남을 사랑해야 한다는 말이었다. 나는 자신을 사랑하지 않아도 남은 사랑해야 한다는 의무감에 젖어서 현재까지 살아왔다고 해도 거짓이 아닐 정도이다. 그러나 지금 와서 깊이 생각해보면 남을 사랑하는 것 보다는 수십 배 자신을 사랑해야 한다는 마음이 더욱 중요하다는 것을 알 수 있다. 그렇다고 남을 사랑하지 말라는 말은 아니지만 내 자신을 사랑하는 마음 없이 남을 사랑한다는 것은 자신의 존재를 스스로 비하하는 행위이며, 그리고 나 자신을 내가 사랑하지 않으면 누가 나를 사랑하고 지킬 것인가? 나는 내가 지켜야 하고 내가 살려야 하기 때문에 나를 존중하고 사랑해야 하는 것이 삶의 도리(道理)인 것이다. 이때 자신이 남으로부터 사랑받을 수 있는 자격이 있느냐 하는 것이 가장 중요한 과제이다. 하지만 가치를 떠나서 나이기에 나 자신을 사랑해야만 하는 것은 너무나도 당연하고 삶에 있어서 기본적 과제라고 생각한다. 물론 나 자신이 사랑받을 만한 가치가 있도록 그렇게 성장해 가야만 하기에 열심히 노력하고 정진해야 하겠지만, 이보다 앞서 나를 사랑하여야 한다는 것은 나 자신의 의무인 동시에, 곧 신(神)에 대한 의무감이기도 한 것이다. 이제는 자기가 자신을 사랑하는 것이 삶을 살아가는 데 있어서 가장 중요한 도리라고 생각하게 되었다. 이 문제는 종교를 떠나서라도 자기의 생명은 본인의 의미(意味)대로 이 세상에 태어난 것이 아니다. 어떻게 보면 우리의 생명은 자연의 피조물이며, 그러한 생명은 우주와 자연의 법칙에 따라 탄생하게 되었기에, 그 자연의 법칙을 역행할 수 없는 것이 또한 생명의 순리적인 존엄이라고도 생각하게 된다. 자기 자신을 사랑하고 존중하는 것이 자연의 순리이며 자기 자신을 진정으로 사랑할 줄 안다는 것은 우주의 신명(神明)함을 알고, 생명의 귀중함이라고 하는 그 가치를 알았을 때 가능하리라고 본다.

하루를 시작하는 이야기(주경스님. 2008)를 인용하면 이러한 구절이 나온다. "경허 선사의 설법에서 서울로 가는 길도 여러 갈래가 있으니 이 길 저 길 알아두었다가 자기에게 맞는 길을 택하는 것도 좋을 것이니 그리 알고 들으시오. 비뚤어진 나무는 비뚤어진 대로 쓸모가 있고, 찌그러진 그릇은 찌그러진 대로 쓸모가 있으며, 불량하고 성실치 못한 사람도 착하고 성실함이 있습니다. 이 세상만물이 다 귀한 것, 모두가 부처님이요, 관세음보살입니다."라고 말했다. 당시 동학사에 행자(行者)로 있던 만공스님을 비롯한 대중은 경허선사의 설법에 크게 감동하였다고 한다. 잘나고 못난 차별 없이 다 귀하고 소중한 존재라는 말씀이다. 그 말씀은 있는 그대로의 자기 자신을 소중하고 귀하게 생각하라는 법문이었던 것이다. 곧은 나무와 바른 형태의 그릇만이 아니라. 비뚤어진 나무는 삐뚤어진 대로, 찌그러진 그릇은 찌그러진 대로 쓸모가 있듯이 세상에는 버릴 것이 하나도 없는 것이다. 하물며 사람이야 두말할 나위가 없다. 우리나라 역사의 최고 고승으로 꼽히는 원효스님께서도 다음과 같이 이와 유사한 법문을 남기었다.

"옷을 짓는 데는 작은 바늘이 필요한 것이니
비록 커다란 창이 있다 해도 소용이 없고
비를 피할 때에도 작은 우산 하나만 충분한 것이니 하늘이 드넓다
하더라도 따로 큰 것을 구할 필요가 없다. 그러므로 작고 하찮다 하여
가볍게 여기지 말지니 그 타고난 바와 생김생김에 따라 모두가 다
값진 보배가 되는 것이다."라고 설법하셨다.

우리가 주변을 살펴보면 특히 사춘기에 접어든 우리의 자녀들이 얼마나 자신의 생김새를 못생겼다고 스스로 비관하며 괴로워하고 있는가? 티 없이 맑고 깨끗하게 한창 성장하여야 할 청소년들이, 오직 외모에 의하여 자신을 잘못 평가한 나머지 앞으로 정진(精進)하지 못하고 후퇴하고 있다면 문제가 아닐 수 없으니 부모님들은 어떠한 일이 있어도 위의 설법이나 법문처럼 자녀들에게 잘 가르치고 이해시켜 올바른 삶의 길을 찾아가도록 잘 지도하여야 할 것이다. 우리가 조용히 손을 가슴에 얹고 생각해 보아라. 오직 얼굴이 아름답다고 하여 오래 살아야 한다는 법은 없다. 얼굴이 아름답다고 병에 걸리지 않는 법은 없다. 그런가 하면 얼굴이 아름답다고 모든 재능을 다 타고 나는 법은 아닌 것이다. 사람마다 각자의 운명은 각각 다르게 본인에게 주어지는 것이다. 그러니 얼굴이 잘나지 못했다고 실망할 것이 아니라 자신의 장점을 개발하는 데 조금도 소홀함이 없도록 열심히 노력하면 얼굴이 아름다운 이상의 가치를 실현할 수 있을 것이다. 세계 최초의 인류는 300만년 전 오스트랄로피테쿠스라고 하며 우리나라

에서는 70만년 전 구석기 시대부터 역사가 시작된 것으로 보고 있다. 인류의 탄생과 역사 역시, 하루아침에 이루어신 것은 아니라고 본다. 우리가 깊이 생각해 볼 때 현재 우리 인간이, 한 사람의 개인으로서 자격을 얻어 세상에서 살아가고 있다는 것은 실로 경이로운 일이 아닐 수 없다.

어쩌면 한 인간의 탄생으로 생명을 갖게 되었다는 것이 기적적인 힘에 의하여 이 우주와 자연에 존재하게 되는 것이 아닌가 하고 생각이 든다. 즉 한 인간의 몸은 자신의 몸인 동시에 대대로 조상으로부터 유전자를 물러 받아 이렇게 세상에 탄생하여 존재하게 되는 것이다. 우리의 몸은 몇 대(代)를 거쳐서 끊임없는 생명으로 이어져 오늘날 내가 태어나게 되었는가를 생각해 보면 정말 우리는 우리의 몸을 소중하게 간직해야 한다고 느껴지지 않을 수 없는 일이다. 그런데 잘못 생각하다 보면 자신의 몸은 오로지 자기 소유물로만 인정하게 된다. 좀 더 인간의 존엄성을 생각해 본다면 비록 자기 몸이라고 생각할 수도 있지만, 자기는 자신의 선조들과 우주자연과 연관성 속에 이세상에 탄생하게 되었으니 이러한 연관성 속에서 자신을 재발견할 수있어야 할 것으로 본다. 이 말의 뜻은 자신의 몸이지만 선조들과 우주자연의 연관성으로 인하여 자신의 몸이 생기었으니 함부로 자신을 과소평가하여 단지 외모적으로 자기 개인 스스로 판단함으로써 자신이 못났다고 소홀히 대하는 사례가 없도록 부모들은 자녀의 위험한 생각들을 바르게 인식시키도록 최선의 가르침이 있어야 하리라 생각되는 부분이다. 어떻게 보면 자신의 몸일지라도 자기 마음대로 할수 없다는 논리도 성립하게 된다. 그러니 주어진 우주자연의 생명 법칙에 따라 삶을 살아가야 하지 않을까 하고 생각이 들기도 한다. 자라나는 청소년들이 겉모습이 자신의 전부인양 생각하지 않고 자신의 소질과 능력을 개발하는 데 조금도 소홀함이 없도록 최선을 다하도록 하여야 한다. 사람도 뜻을 제대로 펴지 못하고 중도에 멈추면 곤달걀(구랄)처럼 어중 뜨기가 될 수 있다. 인생에 기회가 그리 많은 것이 아니다. 그런데 귀(貴)한 기회를 헛되이 놓쳐버리면 다시는 새로운 기회를 만나지 못할 수도 있다는 점을 경고하는 바이다. 문제는 부모가 자녀의 자아 존중감을 갖도록 하기 위해서는 자녀의 적성과 능력을 찾아내고 그 능력을 조기에 신장(伸張)시켜 남보다 잘한다는 유능감을 갖도록 함이 자아 존중감으로 이어지는 것이다. 어떠한 일이 있어도 성장하는 자녀는 하나의 과목이나 하나의 분야의 기술이라도 남보다 뛰어난 면이 있어야 최소한 자아 존중감을 갖게 되는 것이다. 이 문제는 실로 중요한 문제라고 생각하는 바이다.

자제력이 곧 성장이다

인간이 삶을 영위하는 과정에서 자신을 자제(自制)하는 일만이 올바른 성품이라는 말이 있다. 자제력이란 스스로 자신의 감정이나 욕망을 억제하는 힘이다. 인간이 자제력이 없다면 이 세상은 어떻게 되었을까 하고 생각을 해본다. 2015년 기준으로 이 지구상에서 UN에 가입한 정식 국가 수는 193개국이며, UN에 가입하지 않은 나라까지 포함하여 전체 인구는 73억 명으로 예상하고 있다. 하지만 자료에 따라 다르다. 이 수많은 인구의 사람들이 자신의 마음을 자제하지 못하고 자신의 감정이나 욕망을 충족하기 위하여 짐승들처럼 행동한다면 이 지구에서 살아가고 있는 생명력은 현재처럼 생존을 유지 할 수 없었을 것이 아닌가? 만물의 영장인 인간이 자신의 감정이나 욕망을 자제할 수 있는 일에서부터 지구라는 유기체의 발달과 존재의 원리는 시작되는 것이다.

이상한 생물이야기(하야가와 이쿠오. 2008)에서 보면 바다의 물고기

중에는 전자리상어(Japanese Angelshark)[87]라는 게 있다. 이 전자리상어는 먹이를 구하기 위하여 그리고 어려운 생존경쟁에서 살아남기 위해서 얼마나 빠른 동작을 감추고 끈기 있게 며칠 동안을 참을성 있게 기다린다. 이러한 위장된 전술을 우리 인간으로서도 때로는 배워야 할 무기가 아닌가 생각되기도 한다. 여기에는 바로 살아남기 위한 자제력이 깃들어 있는 것이다. 그렇다면 자제력은 성장하는 자녀에게 어떤 영향을 미치게 하는가? 앨버트 반듀라의 말을 인용하면 "자기규제(self-regulation), 즉 사람이 어떻게 그들의 행동을 규제할 것이냐 하는 것, 역시 사회학습이론의, 또 다른 중요한 특징이라고 한다. 자기규제에서는 자기관찰(self-observation), 판단(judges), 자기평가(self-evaluation)의 단계적 과정을 중요시한다."로 되어 있다. 즉 자기규제는 자기평가를 통해 바람직하다는 행위라고 판단되면 자신감을 갖고 행위에 만족할 것이고, 그와 관련된 행위를 적극적으로 하게 될 것이다. 만약에 자기평가를 통해 바람직하지 못하다는 평가를 하였다면, 그와 관련된 행동을 하지 않을 것이기 때문에, 자기평가가 자아개념 형성에 중요한 영향을 미치게 된다. 그런가 하면 인간에게 있어서 고도(高度)의 정신활동을 하려고 하면 통찰력과 예측력을 갖추어야 하

---

87) 전자리상어(Japanese Angelshark)의 학명은 Squatina japonica이다. 몸길이 1.5m내외로, 세계의 온대수역, 일본 홋카이도 이남의 동해근처 해역에 서식하는데 물고기, 조개류 등을 먹는다. 비늘이 많아 까끌까끌한 가죽은 칼집을 만드는 데 사용되기도 한다. 이 고기는 생물학적으로는 엄연히 상어인데, 그 평평한 모양은 아무리 봐도 평범한 가오리 모양이라고 한다. 그래서 바다의 조폭인 상어파로부터 '너 같은 놈은 상어도 아냐! 하고 왕따를 당하거나 않을까 하는 쓸데없는 걱정도 든다고 하는데, 하지만 어쩔 수 없이 상어는 상어다. 전자리 상어는 다른 용맹한 상어 형님들과 달리, 먹이를 사냥할 때도 아주 교묘한 '눈속임'을 써서 매복한다고 한다. 모래 속에 몸을 숨긴 채 눈만 내놓고는 멀뚱멀뚱 먹이가 지나가기만을 참을성 있게 기다리는데, 때로는 며칠 동안 계속 그렇게 있다가 드디어 기다리던 먹잇감이 지나가면 번개처럼 달려들어 불과 0.2초 만에 통째로 삼켜버린다고 한다. 이 전자리 상어는 평소에는 교묘하게 모래인 것처럼 위장하고, 끈기 있게 사냥감이 지나가기를 기다린다는 것이다. 공격할 때에는 큰 입을 벌리고 순식간에 통째로 삼키는데 그 동작은 얼마나 빨라야 육안으로 확인하기 힘들다고 한다.

고 수준 높은 계획성과 창조력이 구비되어 있어야 한다. 사회생활을 많이 한 사람이면 자기의 행동을 사회에 자연석으로 노출시키게 되어 주변 사람들로부터 칭찬과 비난을 받아온 경험을 갖기 때문에 반사회적인 행동이라든지 조직으로부터 돌출된 행동을 자제하여 자기규제를 스스로 행하게 되고, 객관적인 눈으로 자기를 볼 수 있는 자기비판 정신이 양호하게 된다. 하지만 사회적인 경험과 충분한 비판정신이나 사고의 성숙이 모자라 아직도 성장하는 자녀는 부모로부터 사회의 규범에 대해서 많은 지도와 교육이 있어야 할 것으로 생각한다.

하버드대학의 알만드 니콜리(Armand Nicholi) 정신분석학자는 "현대사회의 가족 내에서 의미 있는 돌봄의 관계가 파괴되는 현상이 급속도로 확산되고 있기 때문에, 머지않아 병원병상의 95%까지 정신질환자가 차지할 것이라고 예견했다. 그는 더 나아가 미래에는 자제력 부족이 정신적 또는 정서적 장애의 주된 특징이 될 것"이라고 말한다. 물론 가족 내에서 의미 있는 돌봄의 관계가 파괴되는 것은 심각하다고는 하겠지만, 자녀들의 자제력 부족 현상은 미국사회에 국한된 것이 아니고 세계적으로, 그리고 우리나라도 사회문제가 아닐 수 없다. 인간의 자제력은 앞서도 언급했지만, 이것이 곧 성품이라고까지 하여 인성에서 가장 고귀한 가치를 지닌 개념으로 간주한다. 그래서 자제력은 어떠한 타고난 재능과 유능성보다도 더 귀중한 힘이 되는 것이다. 달라이라마, 물음에 답하다(최평규. 2012)를 참고하면 "인내는 적(敵)이 있음으로 말미암아 배울 수 있는 것입니다. 정신수양은 스승에게서 배우는 것이 아닙니다. 예를 들면, 이러한 이야기를 듣고 있는 경우에 여러분이 이야기에 식상했을 때야말로 인내를 배울 수 있습니다. 적을 눈앞에 두는 것도 정신적으로 도움이 되는 면이 있다는 것을 생각할 필요가 있습니다. 따라서 어떤 의미에서는 적의 존재는 귀중한 것이며 우리의 성장에도 도움이 되는 것입니다. 적을 통해서 내면의 힘을 기르는 것입니다. 마음은 원래 상처받기 쉬운 것이지만 뭔가 문제가 생기면 강해지는 것입니다."라고 말한다. 또한 여기에서는 "자기 억제가 불가능한 사람이 다만 지식을 가지고 있는 것만으로는 정신 상태를 나쁘게 하며, 나쁜 정신 상태를 연장하여 그것으로 자기 자신이 불유쾌한 기분이 될 뿐만 아니라 다른 사람과도 불화가 생겨 본래 바라던 행복이나 마음의 평화를 얻을 수 없게 됩니다. 사람은 걸핏하면 자신보다 신분이 높은 사람을 부러워하고, 자신과 같은 신분의 사람과는 경쟁을 하며, 자신보다 신분이 낮은 사람을 대할 때는 잘난 척하거나 그들을 멸시하거나 합니다. 그것은 마치 약이 독이 되는 것과 같은 것입니다."라고 경고한다. 육도삼략(태공망. 2009)을 보면 중국의 통일왕조 때 한(漢)나라 장수 한신(韓信)은 유방을 도와 한나라를 세우는 데 큰 공을 세운 인물이지만 젊어서 초야에 묻혀 있을 때엔 거리의 건달들의 협박에 못 이겨 그들의 사타구니를 기어 나온 일도 있었다. 거리의 무뢰한들은 한신의 인물을 몰라보았지만, 그의 인물됨을 알아본 유방에게 기용되고서는 천하의 무적 장수가 되었던 것이다. 한신은 젊을 때 거리의 무뢰한들에게 참을 수 없는 수모를 겪으면서, 우환을 피하고 꿋꿋이 성장하여 유명한 장군이 되어 한나라를 일으키는 데 공헌을 한 인물이 되었다. 이것은 오로지 먼 훗날을 생각하며 현재의 어려움을 잘 견디어 내었던 자제력 덕분이라고 생각한다.

마시멜로이야기(호아킴데포사다·엘런싱어. 2005)에서도 "가장 유혹에 굴복하기 쉽고, 강렬한 유혹에 빠져들 수 있는 시절에, 마시멜로를 먹지 않고 꾹 참고 있었네, 당장 눈앞의 욕구보다 더 많은 것을 성취하기 위해 자신의 가장 눈부신 시절을 기꺼이 바로 견딘 사람이 바로 청춘을 가장 성공적으로 보낸 사람이 아니셨는가?"로 표현하고 있다. 이것을 보면 결국은 먼 미래의 성공을 위하여 현재의 달콤한 유혹을 참고 견뎌 내어야 한다는 것이다. 이것이 사춘기에 접어든 젊은이들이 꼭 배워야 할 교훈이라고 생각한다.

인간이라면 살아가면서 자신의 욕구를 자제하는 능력이 아주 필요하다. '인간은 자제하는 것이 참된 성품이다.'라고 말한다. 인간이 성숙하려면, 즉 성인이 되려면 첫 째 조건으로 자제력을 꼽는다. 세상을 살아가면서 자신의 마음대로 하면서 살 수는 없다. 자기가 마음대로 한다면 그것은 남에게 피해를 주게 되고, 또 이 세상은 우리가 마음대로 살아가도록 자연은 형성되지 않았으며 신(神)은 이렇게 허락하지 않는다. 그런데도 불구하고 인간은 자기중심적이고 자기애적인 동물이기에 자제력 부족은 자기 위주의 삶으로 흐르기 쉽다. 그래서 무엇보다도 자기 욕심을 조절하고 마음을 통제할 수 있는 자제력이 필요한 것이다. 자녀에게 자제력을 높일 수 있는 방법은 무엇인가? 자제력 역시 부모는 언제나 자신을 되돌아보고 자신이 화가 나고 분노가 치밀어 올라도 마음을 억제할 수 있어야 한다. 이러한 것을 옆에서 자녀가 배우고 부모를 따라하게 되어 있으니, 이것 역시 자녀에게 자제력을 가르치는 방법이라고 생각한다. 인격함양을 위해서는 어려움을 극복하는 혹독한 시련만큼 좋은 것은 없다. 자제력과 같은 절제력 역시 길러주어야 하는데 절제력도 자녀가 필요로 하고, 원하는 것이 있을 때 부모는 자녀가 원하는 것이 무엇인가 들어보고 그것이 꼭 필요한 것인지, 없어도 다른 것으로 대체할 수 있는 것인지, 아니면 없어도 참고 견딜 수 있는 것인지, 상황을 잘 파악하여 자녀와 대화를 통해서 우리 가정의 형편이나 사회의 주변상황이나 장래의 바람을 위해서, 자녀가 구입하여야 할 것과 구입하지 않아도 될 것을 자녀가 이해하도록 설득하여 부모와 자녀가 함께 절제(節制)하는 힘을 발휘하여야 한다. 부모가 먼저 자제력을 발휘하는 모습을 보여서 자녀도 부모의 어려움과 삶이 그렇게 마음대로 되는 것이 아님을 알게 하여야 하고, 절제력 역시 물건이 원하는 만큼 쉽게 구하고 사용하고 풍족하게 이루어지지 않음을 알게 하도록 가르쳐야 한다. 만약에 자녀교육에서 이 자제력과 절제력 형성에 실패하면 자녀교육도 실패한 것이다. 특히 자녀가 어린시기인 유년기부터 아동기에 이르는 시기에 이 자제력을 길러주어야지 사춘기가 되면 이때는 자제력을 키우는 시기가 늦기 때문에 문제가 발생할 수 있다. 이때에도 자녀가 자제력이 키워지지 않으면 이 시기에는 이성(異性)을 향한 불같은 욕구가 청소년을 사로잡기 때문에 그 이성에 따른 욕망을 청소년들은 스스로 자제할 수 없게 된다. 여기서부터 그들은 스스로 마음을 자제할 수 없어 돈을 소비하게 되고, 자신이 원하는 물건을 꼭 구입해야 하는 상황이 벌어지며, 이 욕망이 충족되지 않으면 가정에 불화를 일으키며 부모의 말을 듣지 않게 되고 학습도 잘 이루어지지 않게 되는 것이다. 자녀가 살아갈 미래의 세상은 정말 어려운 세상이 될 것이라고 미래 교육학자들은 말한다. 자기의 욕구를 외부에서 찾아 만족하기에는 부족한 것이 미래의 세상이다. 중요하고 소중한 것은 자기 내부에서 찾고 간직하면서 물질적인 것보다는 정신적인 면을 가꾸고 성취할 수 있어야 한다. 이 어려운 세상을 살아가려면 수십억 원의 자산보다도, 이 절제력을 포함한 자제력이 자녀의 건강과 행복, 그리고 삶을 성취하는 데 없어서는 안 될 귀중한 재산이라는 것을 부모는 자녀에게 한 번 더 인식시켜야 할 것이다. 수양은 자기성품을 자제(自制)하는 것이며 자제 할수록 남으로부터 자기에게 오는 해(害)로움을 사전에 예방하여 자기 몸을 보호하는 것은 물론이고 인격적인 사람이 되는 것이다. 자조론/인격론(새뮤얼 스마일스. 2006)을 보면 "참을성과 자제심은 거친 인생길을 평탄하게 해준다. 진정한 영웅적 성품을 완성시키는 것은 참을성과 자제심이다. 기질이 강할수록 더 맹렬한 자기 훈련과 규제가 필요하다."고 말한다. 특히 이 어려운 사회를 살아가는 젊은이에게 자제력은 자신을 지키고 방어하는 데 꼭 필요한 지혜가 될 것이기 때문이다. 만약에 이 자제력이 없다면 과속으로 달리는 자동차가 브레이크가 듣지 않는 것이나 다름없다. 자제력이야말로 자기를 지키고 보호하는 재산이며 무기이다. 이 자제력을 갖지 못하면 자기의 마음을 스스로 통제하고 조절할 수 없어서 자아실현이며 행복한 삶은 기대할 수 없을 것이다.

자제력이 올바른 인간의 성품이라는 말은, 곧 인간의 삶에 있어서 가장 소중한 것이 자신의 마음이며 의지라는 것이다. 그런데 이 마음과 의지 중에서 자제력은 인간 품성의 모든 면에 관여하게 되는데 전부를 차지한다. 그 정도로 자제력은 사람이 살아가는 데 자신을 통제하고 제어하는 데 필요한 덕목이라고 할 수 있다. 즉 인간이 삶을 살아가는 데 가장 높은 가치수준의 덕목이 바로 자제력이다. 이 자제력이 없으면 인간은 서로 부딪히게 되며 파괴될 것이기 때문이다. 이 자제력은 바로 자신을 살리는 일이며 타인을 살리는 일이기도 한 것이다. 그런데도 21세기를 살아가는 현대인들에게 가장 무서운 적(敵)이 자신의 내면에 존재하고 있다면 그것은 의지력인 자제력의 부족이라고 할 수 있다. 이 자제력은 21세기를 살아가는 현대에 이를수록 더욱더 부족현상이 두드러지게 나타난다고 하겠다. 사기열전(사마천. 2009)은 세계인의 고전(古典)으로 중국 전설의 황제(黃帝)시대로부터 한무제(漢武帝)때까지 2000년을 아우르고 있는 고대국가들의 흥망성쇠를 기록한 역사서로서 그 시대의 사람들의 정신면이 잘 반영되어 있다. 그런데 여기에서 보면 특히나 정신면에서 현대인들보다도 오히려 더 앞서 있다고 하겠다. 사기열전은 사마천(B.C 145?~B.C 86?)이 B.C 91년에 집필을 완성하였다. 지금부터 약 2100년 전(前)의 역사의 기록이라고 할 수 있는데도 여기에 등장하는 이름난 재상(宰相)들의 지혜로움은 현대를 살아가는 우리들의 정신력보다 오히려 뒤지지 않는다는 생각이 든다. 비록 이것뿐만 아니겠지만 비근한 예를 든다면 "어진 사람을 얻으려면 정성을 다하라. 하찮은 예의(禮儀)같은 것은 쓸모가 없다. 세상일에는 잊으면 안 되는 것이 있고, 또 잊어야만 하는 것이 있다. 비방(誹謗)의 말 한마디가 인재를 죽음으로 몰아넣는다. 사물은 한쪽 끝까지 가면 다시 처음으로 되돌아간다. 겨울과 여름은 서로 바뀌게 마련이다. 시작이 없는 것은 없으나 끝이 좋기란 드문 일이다. 여우가 물을 건너가려면 꼬리를 적시게 마련이다." 등과 같은 생각들의 기록을 보면 조금도 현대인들의 생각에 뒤지지 않을 정도이다. 이러한 것을 볼 때 지혜의 열림은 과학의 발달과 물질의 풍부함과는 무관하며 오히려 지혜나 지각의 열림은 이것과 반대되는 상황(世界觀)에서 열리는 것이 아닌가 하고 생각한다. 이와 관련하여 현대에 접어들수록 인간의 의식구조에서 자제력부족 현상이 더 심화되고 있다. 현대는 과학이 발달해서 생활이 편리해지고 경제력이 향상되어 물질이 풍족해지며 핵가족화로 자녀의 수가 한 가정에 한두 명으로 한정되다 보니, 특히 어린 자녀들일수록 어려움에 처하지 않고 성장하게 됨으로써 정신력 부족 현상이 따르게 되는 것으로 생각된다. 인간에게 자제력이 부족하면 자신의 내면에 악(惡)이 자라게 되고 게으르게 되며 성실성이 부족하게 된다. 예를 들어 보겠다. 나는 마라톤 선수인 한 사람을 알고 있다. 어쩌다가 그와 대화를 나눌 수 있는 기회가 있어서 마라톤 훈련에 관하여 물어 보았다. 그는 한 마디로 경기가 한 두 달 앞으로 다가오면 음식조절과 체중조절이 가장 중요하다고 말했다. 즉 몸을 가볍게 하면서 끈기 있는 체질을 만드는데 육(肉)고기는 일절 먹지를 않고 채소와 과일 위주로 먹으면서 처음에는 하루에 두 번 식사로, 다음에는 한 번 식사로 차츰 줄여간다고 했다. 나는 그 소리를 듣고 처음에는 의아스러웠다. 여기에서 중요한 점은 채소 위주의 식사가 정신력을 길러준다는 점이었다. 그러고 보면 현대인이 먹고 있는 음식도 문제라고 생각이 들었다. 육고기를 많이 먹는다든지 인스턴트식품도 의지력을 약화시키는 식품으로 생각이 든다. 물론 육고기는 체중을 늘리기 때문으로 풀이된다. 또한 컴퓨터, 스마트폰 등 전자제품들도 의지력을 약화시키게 한다. 이 의지력, 즉 자제력은 어려움과 고통을 감내하고 오래 참게 됨으로써 증대하게 되기 때문이다. 만약에 우리의 자녀들이 자제력을 잃게 된다면 어떻게 되겠는가? 생각해 보아라. 우리의 사회는 무서운 범죄의 소굴로 변화될 것이다. 즉 강도(强盜), 강간(强姦), 마약(痲藥), 묻지마 범죄, 폭행(暴行), 알코올 중독, 자살(自殺), 도박(賭博), 분노(憤怒), 이혼(離婚), 왕따, 교통사고 등 강력범죄는 물론이고 인간의 모든 행위에 이 자제력이 중심이 되지 않는 것이 없다. 앞에서 언급이 있었지만 자제력이 곧 올바른 성품이라는 것이다. 이것뿐인가? 절제(節制)력 또한 자제력에서 나오기 때문이다. 무물(無物)이면 불성(不成)이라고 말했다. 즉 물질이 없으면 자신이 바라는 성공을 할 수 없다는 말이다. 이 말은 물질 역시 정신처럼 삶에 있어서 소중하다는 말이다. 그러니 물질과 정신이 조화를 이루어야 하는 것이 우주의 엄격한 진리이다. 우리가 물질을 귀하게 여기는 것만큼 절제력을 가지고 앞으로의 세상을 살아가야 한다. 즉 절제력이 있을 때 우리는 물질을 보존하며 지킬 수 있다. 우리의 자녀들이 앞으로의 어려운 세상에 살아남기 위해서는 자제력과 절제력을 갖추지 않으면 안 된다. 자신의 마음을 지킬 수 있어야 하며 물건 사는 것을 절제해야 하기 때문이다. 이것만 지킬 수 있다면 우리 자녀의 앞날은 무난하다고 생각한다. 한번 더 생각해 보아라. 절제력이 부족하여 무분별하게 카드를 사용하여 그 카드 빚 때문에 범죄를 일으키는 경우를 우리는 주변에서 흔히 보아왔지 않은가? 친구가 입고 다니는 유명 메이커 옷을 사기 위하여 절도 행각을 벌이게 되는 것이다. 이러한 유행병으로부터 자신을 지키기 위해서는 바로 자제력이라는 의지와 용기가 반드시 필요하다. 왜 용기가 필요하느냐 하면 남들이 따르는 유행을 혼자만 파기해야 하기 때문에 올바른 용기가 필요한데 이것도 자제력에서 나온다. 그러면 자제력을 기르고 지키기 위해서는 어떻게 해야 하는가? 첫째 어린 유년기 시절부터 부모로부터 자제력을 생활화하며 배우고 길러야 한다. 둘째 주변 환경의 유혹적인 문화(특히 유행)에서 다소 거리를 두고 살아야 한다. 셋째 음식조차도 육류에서 채소류로 식단(食單)을 바꾸어야 한다. 넷째 어렵고 고통스럽더라도 정신적 위주의 자신만의 인생철학을 지녀야 한다. 다섯째 전인교육을 받아 의지력을 키워야 한다. 여섯째 종교를 가져야 한다. 이렇게 함으로써 자제력을 길러 미래의 삶에 대처해 나가야 할 것이다.

올바른 정체성 형성이란?

고든 윌라드 올포트

정체성(正體性)이란 사전적인 뜻은 '변하지 않는 존재의 본질을 깨닫는 성질'이다. 심리학적으로 보면 아이덴티티(Identity)이다. 즉 자기 동일성이다. 자신으로서의 생각이나 사상이 언제나 변함없이 한결같이 유지되는 일관된 정신이라고 할 수 있을 것이다. 우리의 참모습을 나타내는 올바른 정체성을 형성하는 것과 아울러 자아를 실현한다는 목적이 우리 삶의 궁극적 목표가 아닐까 생각한다. 그래서 제일 먼저 자기 정체성이 올바르게 형성되어야 한다. 자기 정체성이 하루아침에, 혹은 일이년 동안의 단기간에 형성되는 것이 아니다. 정체성이란 태어나면서부터 현재까지 살아오는 오랜 기간 동안 외부에서 자신에게 반영된 자극이나 압력, 칭찬, 학습 등을 통해서, 그리고 자신 내부에서 이에 반응하고 적응하며 새롭게 도출된 정신적인 응축물이 고여서 형성되는 결과물이다. 즉 앞으로 자신의 인생을 살아갈 삶의 철학이 된다. 그러니 어진 스승을 만나서 좋은 말씀을 들고 올바른 친구를 만나 이야기를 나누면서 좋은 생각을 하고 부모님의 훌륭한 행실을 본받고 양서(良書)를 읽어서 유익한 삶의 기술을 배우고 삶의 현장에서 만나게 되는 문제를 고민 하는 등 이러한 성장과정을 통하여 자아(自我)를 성장시키게 되는데 이것이 곧 삶의 철학인 정체성을 형성하는 일련의 과정이기도 한 것이다. 이것이 사춘기를 겪는 동안 성인이 됨으로써 그 결과물은 앞으로 여간하여 쉽게 변하지 않는 자기만의 가치관을 형성하게 된다. 그리하여 자기 미래의 삶에 있어서 하나의 핵심적인 동력으로 작용하게 되는 것이다. 이것이 자아의 정체성이다.

이제는 아버지가 나서야 한다(이해명. 2003)에서 보면 "사람은 새로운 관심사가 생길 때마다 정체성이 조금씩 바뀌는데, 특히 이제 막 자기 자신을 알아가고 항상 새로운 것을 탐험하는 아이들의 경우에는 그 빈도가 더 잦다."고 한다. 이 구절의 내용은 정체성 형성기에 있는 아이 자신이 삶에 있어서 새롭게 맞이하게 되는 변화의 과정을 설명한 것이라고 본다. 정체성 형성은 성장 과정에서 부정적인 관념들을 줄이고, 도덕적으로나 인격적으로나 객관화된 자기 이미지가 자기 자신은 물론, 타인으로부터 정당하다고 받아들여질 때, 자기 정체성이 좋게 형성 발전되어질 것이다. 문제는 성장하면서 자기경험의 주체인 자기의식이 바람직한 방향으로 자기를 발전시키고 수용할 때, 자아를 조직하게 되고 통합하게 되어 정체성 형성이 원만하게 이루어질 것으로 본다. 즉 정체성이란 자기 스스로 체험을 통하여 스스로 느껴 자기감(自己感)을 쌓아가는 능력이라고 하겠다. 여기에 필요한 것은 성공과 실패를 통하여 자신의 길을 찾아가며, 그 속에서 방향을 잡고 나름대로 삶의 철학을 쌓아가는 과정이라고 할 수 있다. 이러한 과정을 통해서 자신만의 독특한 가치관이 형성된다. 여기에는 반드시 자율성이 보장되어 자기 스스로 체득한 경험이 작용하여 자기만이 거둔 결실이, 또 하나의 씨앗이 되어 살아갈 수 있는 힘을 갖게 되는 것이다. 그러면 자기의 정체성을 형성하고 확립하기 위해서는 이러한 의문을 가져보는 것이 어떠할까? 나는 누구인가? 어디서 와서 어디로 가고 있는가? 내가 추구해야 하는 삶의 목적은 무엇이며, 그 삶의 실현을 위해서 나는 지금 당장 그리고 앞으로 무엇을 하여야 하는가? 이러한 의문들을 가져봄으로써 자기 정체성이 뚜렷해지리라 본다. 자기와 자기의식(이만갑. 2004)에서는 정체성의 정의를 한 개인의 정체성은 그가 위치한 사회적 맥락과 문화적 특성, 그리고 거기에서 갖는 의식에 따라서 다양할 수 있다고 한다, 즉 정체성이란 "자기라는 하나의 고유한 특성을 가진 자주적이고 독립적인 개인이라는 자기성(self-hood)을 말한다."로 되어 있다. 올포트[88]는 정체성을 "자신의 고유한 특성, 예를 들면 형제(兄弟)와도 다른 자신의 독특한 신체적 특징과 자신의 이름 등 가장 기본적 속성을 말한다."로 되어있다. 그런 속성은 대부분이 거의 일생 동안 지속되는 특징이 있다고 하겠다. 서섹스 대학교의 교수이자 사회인류학자인 엡스타인(A. L. Epstein)은 "정체성은 그 사람이 자신의 여러 가지 지위와 역할, 그리고 자신의 다양한 경험을 자기(self)의 수미(首尾: 사람의 머리와 꼬리)일관된 이미지로

---

88)　고든 윌라드 올포트[Gordon Willard Allport]는 가장 뛰어난 특질 심리학자들 중의 한 사람이다. 그는 성격심리학을 과학적 심리학의 영역으로 포함시켰으며, 특질의 중요성을 강조하는 성격이론을 형성시켰다는 점에서 성격이론에 기여했다. 올포트의 생애를 보면 올포트(Gordon Willard Allport, 1897~1967)는 미국 인디애나 주에서 막내로 태어났다. 어렸을 때부터 수줍음이 많고 공부에만 열중했던 올포트는 하버드 대학에서 심리학을 공부하여 학부를 마치고 박사학위를 취득했다. 개인행동중심의 사회심리학을 확립한 미국 사회심리학의 대표적인 한 사람이다. 그는 개인 유기체조직 속에 사회적 행위를 설명할 수 있는 모든 기제가 있다고 보고, 개인 이외에 속하는 의식은 없다고 본다. 『편견의 심리』(1954)는 편견 연구의 고전이고, 『개인적 기록의 이용법』에서는 질적 자료의 가치를 옹호하였다. 저서로는 『퍼스낼리티』(1937), 『유언(流言)의 심리학』(1947) 등이 있다.

통합하려고 노력하는 과정이다.”라고 하였다. 그래서 정체성은 사람들이 건전한 사회생활을 하는 데 매우 긴요하게 사용된다. 바우마이스터는 정체성을 “유기체로서의 개인이 사회와 접하는 연결점이라고” 하였다. 정체성을 가짐으로써 개인은 사회적 위치를 가지며, 다른 사람과 상호작용을 할 수 있다. 한편 사회는 개인에게 역할을 부여하고 개인이 자신의 가치 관념을 형성하게 함으로써, 제 나름의 정체성을 가지도록 하기 때문에 그 개인은 스스로 자신의 행동을 통제할 수 있게 된다는 것이다. 정체감을 상실하면 사람은 남과 잘 어울리지 못하여 인간관계를 기피하며, 여러 가지 정신적 장애를 일으키기 쉽다고 한다. 또한 성격형성은 어떻게 이루어지나(L.A.젤리, D.J. 지글러. 1983)에서는 “정체성 형성은 우리의 전 생애에 걸쳐서 형성되는 것이다. 하지만 청소년시기에 위기를 맞게 된다.”고 한다. 청소년 하면 흔히 10대, 즉 10~20세 사이를 말한다. 거의 학동기인 초등학교를 마치고 중학교에서 고등학교를 거치게 되는 자녀들의 시기라고 생각하면 될 것이다. 이들은 나름대로의 유아기, 아동기를 거치면서 자기 스스로의 경험을 가지고 자신인 개인과 가정, 사회와 관계를 연관 지어 나름대로 자기의 성격과 사회관, 미래관을 형성해 가고 있다. 하지만 아직은 미성숙 단계에 머물려 자기의 정체성을 급격히 변화해 가고 있는 시기라고 생각하면 될 것이다. 그래서 과거로부터 현재까지의 자기경험을 바탕으로 청소년기에 맞게 될 자기 개인 대 가정, 학교, 사회 등과의 관계에서, 교류를 통한 새로운 자기 이미지를 객관화하면서, 그 바탕 위에 새로운 정체성을 통합해 가야하는 시기이다. 문제는 이 청소년기는 자기 이기심이 매우 강하게 발달하지만, 과거의 아동기와는 다른 측면이 있다. 이것이 곧 자기를 객관화하여 남들이 자기를 어떻게 생각하느냐, 즉 남의 눈에 자기가 어떻게 비추어지는지도 계속 관찰하면서 자기의 정체성을 확립해 나가는 과정이라고 생각하면 된다. 여기서 중요한 점은 현재까지 자기가 형성한 정체성은 학교, 사회 등이 요구하는 그 시대의 시대성과 맞을 경우에는, 자기의 정체성이 합리화되어 더욱더 가속화되어 긍정적인 정체성 확립에 우월감과 자신감으로 접근하여 계속 발전할 것이고, 만약 현재까지 쌓아온 자기 정체성이 현재의 시점에서 학교, 사회 등과 동일하고 일체감을 갖지 못할 경우에는, 부정적으로 정체성이 형성되어 정상적인 발전보다는 거기서 혼동과 불확실성으로, 앞으로 나아가지 못하고 퇴행한다든지 하여 방황하는 성격이 형성될 수 있다는 것이다. 그렇다면 에릭슨의 정체성 형성의 세 가지 요소를 보면 "첫째로 인간은 자기 개인에 있어서의 내적 동일감(inner sameness)과 일관성(continuity)을 가진 것으로서 자신을 지각해야 한다. 둘째로는 나와 같은 사회적 환경 속에 있는 다른 사람이 나에게서 자기와 같은 동일성과 일관성을 가질 것이라는 확신감을 필요로 함을 의미한다. 즉 타인이 나를 인정해 줄 것이라는 기대감이다. 셋째는 인간은 일괄성의 외적, 내적 선상에서 일치되는 '결과적 자신감(accrude confidence)'을 가져야 한다. 이 말은 자기가 자신을 인정하고 남도 자신을 인정한다는 그 인정감, 즉 두 가지 인정감을 갖는다."는 것이다. 이러한 과정 위에 청소년은 완전한 자기 정체성이 형성된다고 한다. 특히 청소년 교육에 있어서 긍정적 가치관, 자부심, 자신의 가능성에 대한 자각, 존재의미 등을 확립하도록 조력하는 일이 우선되어야 한다고 전문가는 말한다. 여기서는 자기 개인(내면)과 상대되는 것으로 가족, 학교, 사회와의 관계는 물론이고, 흔히 우리가 말하는 성인으로서 갖추어야 할 인격형성의 모든 지식, 교양에 도움이 될 수 있는 사상들, 즉 종교, 철학, 문화 등도 포함된다. 이 모든 관계의 교류 속에서 얻어지는 경험들이 자기 정체성에 영향을 미친다는 것이다. 중요한 것은 어린시기와 어른 사이인 청소년기에 올바른 정체성이 형성되면 원만한 성인이 될 수 있는데, 그러하지 못한다면 옳은 인격자로서의 성인이 되는 데 어려움이 있다는 것이다. 그런가 하면 에릭슨은 청소년기의 인격형성은 과거, 현재, 미래 간의 어떤 일관성을 확립하려는 시도, 즉 정체감의 추구로 해석하고 있다. 여기서 에릭슨은 어린 시절이나 청소년기에 개인의 성장, 즉 주위 환경 때문에 올바른 정체감 형성에 실패하면 "정체감 위기"를 초래한다는 것이다. 그러나 적절한 정체감 확립에 실패한 것이 청소년을 꼭 끊임없는 패배의 생애로 운명지우는 것은 아니고, 앞으로의 가능성은 시간이 지나 지연되는 경우도 있을 것이지만, 성공과 실패로 연결가능성을 열어두고 있다. 즉 에릭슨은 인생이 계속적인 변화라는 과정 선상(線上)에 있다는 것을 강조하며 자아 정체감 형성은 일생동안 계속된다는 것이다. 만약에 청소년기의 자기 정체성 확립에 실패하여 "정체성 위기"를 맞았을 경우에는, 자기를 부정하는 부정적 이미지 형성, 자기와 사회와의 자신감을 갖지 못하는 소극적 자세, 타인과의 인간관계에서의 대인 공포증 등 세상을 부정적으로 보게 된다는 것이다. 그래서 올바른 성인기에 접어드는 것이 지연될 수 있으며 청소년 정체성을 나름대로 확립하기 위해서 많은 방황과 시행착오도 있을 수 있는데, 오직 그것은 자기가 추구하는 하나의 성인을 모델로 목표로 정하고, 반성과 자기성찰을 통한 내면의 성실성이 성인기에 접어들 수 있는 시기를 단축시킬 수 있는 방법 중 가장 중요한 역할을 하는 데 공헌한다는 것이다. 그렇다면 자기가 발전하려면 자아 정체성이 체계적이고 종합적으로 조직화되어 진행되어야 한다는 것이다. 그래서 정체성을 나름대로 다시 정립한다면 자녀의 입장에서 이때까지 자기가 이 세상에 태어나 현재까지 살아오면서 느끼고 체험하여 획득한 나름대로 체질화된 자신(무형의 관념이나 신조)의 정신력이라고 생각한다. 성장하는 인간에 있어서의 정체성 형성에 영향을 미치는 요소로는 개인적인 특성과 외부적인 환경으로 나누어 생각해 볼 수 있다. 첫째 내부적인 요소로서는 자신의 신체적 특성이나 내면적인 정신력이다. 여기에는 얼굴 생김새와 용모, 육체의 건강성, 자질과 능력, 취미와 적성, 성격의 특성 등이 종합적으로 영향을 주어 자신만의 독특한 정체성을 형성하게 되는 것이다. 둘째 외부적인 요소로서는 넓게는 지역적으로 자신이 성장하는 사회와 종교 등은 물론이고, 좁게는 자신이 태어나고 성장한 그 지역과 가정 등 교육적인 환경의 영향을 받지 않을 수 없다. 여기에는 또한 시대적인 흐름을 역행할 수 없는 일이기에 그 시대의 흐름에 영향을 받아 성장하게 되는 것이다. 이와 같은 환경 속에서 자신만이 가진 독특한 성격의 일면과 같이 자신의 정체성이 형성되게 된다고 하겠다. 정체성은 한 개인이 자신만의 유전자를 갖고 자신만의 얼굴과 체질적인 모습으로 자신만이 성장하게 된 배경과 환경의 영향을 받으며 독특한 성격이나 개성이 나타나듯이, 정체성 역시 이와는 크게 다르지 않다고 본다. 여기서의 정체성은 개성이나 성격은 물론, 일관된 가치성, 전체성, 미래성 등을 지닌다고 할 수 있을 것인데, 여기에서 한 가지 더 중요한 사항을 덧붙인다면 개인의 사상이나 이데올로기, 인생철학이 담겨져 있다고 할 수 있을 것이다.

올바른 정체성 형성을 위하여 어떠한 조건을 갖추고 있어야 하는가?

첫째 항상 한 단계 높은 수준의 성장을 위하여 탐구와 변화정신을

가질 것

둘째 자신의 가치관을 언제나 도덕적이고 인격적인 도야에 둘 것

셋째 주변에 있는 훌륭한 사람들의 행동과 자세를 모방할 것

넷째 창의적인 정신으로 자신의 인성(人性)을 개발할 것 등이다.

이와 관련하여 정체성이 올바르게 형성되었다고 한다면 자신만의 인생철학이 확고하고 뚜렷하게 세워져 있어야 하겠으며, 그 인생철학은 자신은 물론이고 사회와 인류가 발전하는 데 기여할 수 있는 바람직한 도덕적 가치관을 확립하고 있어야 할 것으로 본다.

자아실현이란?

제일 중요한 질문은 진정으로 바라는 비전이 무엇이냐 하는 것이다.

_ 아브라함 마슬로우(Abraham Maslow)

　인간이 삶을 영위하면서 가장 두렵고 해결할 수 없는 과제가 언젠가는 이 세상을 하직(下直)하고 떠나야 한다는 것이다. 그러나 대부분의 사람들이 자기의 죽음은 간과한 채 영원히 살 것으로 생각하며 살아간다. 여기에서부터 우리 인간에게 삶의 모순이 존재하게 되는 것이다. 그러니 나는 무엇을 이루기 위해 내 귀중한 생명을 바치고 이 세상을 떠날 것인가? 하는 점이 중요한 과제로 남게 된다. 바로 여기에서 자아실현(自我實現)이라는 의미가 주어진다. 즉 무엇을 위해 내 생명을 바칠 것인가? 사람들이 삶을 살아가면서 남들처럼 남과 같이 남이 하는 대로 나를 세상에 편성하여 살아가면 되겠지 하고 생각한다면 진실한 자기 인생의 꽃은 피우기 힘들게 된다. 중요한 점은 남과 다른 자기 방식대로 자기만의 인생을 살아야 한다. 언제나 남을 부러워하고 자기를 비하(卑下)하며 남을 추종하며 살아간다면 무엇이 제대로 되는 것이 있겠는가? 남을 모방하되 자신만의 참다운 인생목표를 세우고 그것을 실현하도록 자신에게 노력을 투자하지 않으면 안 된다. 훌륭한 부모님의 역할이 무엇이냐고 묻는다면 자기 자녀가 타인이 하지 않는, 자기만의 특성을 살려 남보다 더 잘할 수 있는 재능을 찾아내는 것이다. 자기 자녀만의 소질을 발견하고 그것을 발전시켜 이 세상에 훌륭한 업적을 남기도록 하는 것이 부모가 바라는 최대의 목표가 아니겠는가? 자아실현이 인생최고의 목표라는 말을 자주 듣게 되는데, 여기서 자아실현이라고 함은 자기만의 독특한 목표를 세우고 그것을 실현하여 크게는 인류에게 공헌할 수 있는 업적을 남기는 것이라고 한마디로 말할 수 있을 것이다.

소나무를 비교해 보자. 보통 소나무라면 바르게 자라서 높이 솟은 우람한 소나무를 연상케 하지만 분재(盆栽)라는 소나무를 생각해 본다면 인간 같으면 어쩌면 장애자에 해당하면서도 비정상적인 환경에서 자라면서도 좌절하지 않고 환경에 적응하며 아주 작은 화분에서 소나무의 아름다운 형상을, 생명의 소중함과 자연을 닮은 조화로움을, 자기만의 독특성으로 보이고 있지 아니한가? 자아실현의 의미는 여기에서도 그 뜻을 찾아 볼 수 있을 것이다. 왜냐하면 주어진 불우한 조건에서도 그 소나무는 바로 자기만이 가지고 있는 특수성이 발현된 것이며, 오직 자기만의 길을 선택할 수 있는 자기만의 길인 것이다. 자기에게 주어진 신(神)의 사명감을 인식하고 그 길을 통하여 자기의 목적을 실현해야 한다. 이 길은 분명히 찬란하고 요란스러운 길이 아닐 것이며 외롭고 슬프며 눈물겨운 길이 될 것이다. 즉 꿈의 사람은 '시련과 고독'이라는 물을 마시며 눈물과 함께 성장한다는 말과 뜻을 같이 한다. 만약에 이러한 자신에게 주어진 사명감을 개척하고, 그 험난한 길을 극복하지 못하면 생(生)의 결실을 못 본 채 평범한 삶으로 떨어져 생을 마감하게 될 것이다. 그러한 긴박감을 이겨내야 하는 처절한 절규(絶叫)의 삶이 자아실현으로 가는 지름길이라고 생각한다. 자아실현의 사전적 의미는 '자기의 가능성을 실현하는 일. 자기가 본디 가지고 있는 절대적인 자아를 완전히 실현하는 일'로 되어 있다. 자아실현에 대한 의미를 좀 더 쉽게 설명하기 위하여 심리학자인 골드스타인(K.Goldstein)과 마슬로(A.H.Maslow)의 견해를 비교해 보겠다. 골드스타인(K.Goldstein)은 "자아실현을 자기가 갖는 내재적 성질(instrinsic nature)을 실현하는 것."이라고 한다. 마슬로(A.H.Maslow)는 "자아실현을 하나의 욕구를 실현하는 것"으로 기술하는데 여기서 자아실현을 상위의 욕구로 규정하고 있다. 특히 자아실현은 마슬로를 대표로 하는 인간주의 심리학의 가장 중요한 핵심개념으로 현대의 정의적(情意的) 교육에 결정적인 영향을 주고 있다. 그는 자아실현의 개념으로 반드시 다음과 같은 두 가지 내용을 포함시켜야 한다고 주장한다. "첫째 잠재적 능력 및 가능성을 실현하는 것을 의미하는 것으로 개인의 본질이 갖고 있는 가능성을 완전히 발휘하는 것이다. 둘째 자아실현이란 질병, 신경증, 정신병 또는 기본적 인간 능력의 상실 혹은 감퇴 등이 가장 적게 존재해 있는 상태를 말한다."로 압축하여 설명하고 있다. 둘 다 여기서 자아실현이란 인간의 삶에 귀중한 목표가 되는 삶이 아닌가 생각해 본다. 마슬로는 자아실현을 한다는 것은 "건강한 상태에서 자기가 원하는 종류의 사람이 되는 것, 즉 자신의 잠재력을 최고로 발휘하는 것이다. 만약 그가 자신과 조화를 이루려면 음악에 소질이 있는 사람은 노래를 작곡하고, 미술에 소질이 있는 사람은 그림을 그려야 하고, 문학에 소질이 있는 사람은 시(詩)나 소설을 써야 한다. 그는 그 자신의 본성에 진실하여야 하는 것이다." 라고 말한다. 하지만 마슬로는 자아실현을 이루기 위해서는 몇 가지 전제조건이 충족되어야 한다고 주장한다. 우선 세속적인 걱정, 특히 생존과 관련된 근심으로부터 자유로워야 한다는 것이다. 중년기 이전에는 자아실현을 이루기 어렵다고 한다. 중년기 이전에는 경제적인 자립, 성욕, 자녀교육, 직업이나 부모로의 역할 때문에 자신의 에너지가 분산된다는 의미이다. 중년기 이후가 되면 어느 정도 이러한 문제를 대부분 충족시키고 자아성숙을 위해서 자신의 에너지를 할애할 수 있다는 것이다. 아마도 마슬로의 자아실현의 개념이 독자인 우리들에게 주요한 의미를 전달해 주고 있다고 하겠다.

우리가 자아실현을 보편적으로 생각해보면 자아실현은 자신이 일생을 살아가면서 생(生)에 있어서 가장 귀중하다고 생각하는 꿈(목표)을 이루고자 하는 최고의 가치실현을 의미하는 것으로 정의할 수 있을 것이다. 하지만 자신의 꿈을 키우기가 쉽지는 않다. 왜냐하면 우선 생계를 유지하며 살아가기가 쉽지 않기 때문이다. 그리고 삶이란 지속적으로 어떤 어려움에 봉착하게 되는 것이며 이것을 타개하며 새롭게 개척하여야 하므로 여기에 신경을 계속해서 사용하지 않으면 안 된다. 이와 관련하여 하나의 예를 더 들어 보면 사기 열전에서 나오듯이 한 사람이 자신의 꿈을 키우려고 하지만 가정형편이 어려워 생계를 유지하여야 하는 어려움이 따르기에 생계도 유지하면서 꿈을 키우기 위하여 푸줏간에서 백정을 하며 숨어살면서도 평소에 갈고 닦았던 철퇴(鐵槌)의 솜씨만은 세계에서 누구와도 견주어 이길 수 있는 실력을 갖추게 되는 것이나 다름없다. 즉 그 분야에서 일인자가 되어야 할 것이다. 이렇게 자아실현을 하려면 전제조건으로 첫째 자기의 정체성(Identity)을 잘 키워나가야 한다. 정체성이 흔들리면 삶의 방향인 삶의 목표가 뚜렷하지 않고 살아가면서 큰 줄기의 흐름이 변하기 때문에 한 가지 목표를 향해 갈 수 없게 된다. 그렇게 된다면 원하는 목표지점에 골인 할 수 없다. 정체성을 잘 형성하기 위해서는 많은 독서와 양질(良質)의 교육은 물론이고, 무엇보다도 다양한 경험으로 어려운 시련을 만나 고통 속에서 자신의 꿈을 성장시켜야 한다. 이러한 결연(決然)한 의지가 없이는 훌륭한 정체성 형성이 어려우며 자아실현의 길은 요원(遙遠)할 것이다. 둘째 높은 가치관이 정립되어 있어야 한다. 여기서 가치관은 정체성과 어느 정도 유사한 뜻을 포함할 수도 있지만, 인간인 우리에게 있어서 생명을 영위하며 살아가는 동안에 무엇을 이루어 내어야 가장 값진 삶을 살았다고 할 수 있을 것인가 하는 것이 삶에 있어서 중요한 문제인데 이것이 곧 가치관으로 새롭게 정립되는 것이다. 이 세상에 한번 태어난다는 것은 신(神)의 뜻이 없이는 불가능하리라는 생각이 든다. 어떻게 이러한 귀중한 생명을 얻을 수 있단 말인가? 삼라만상 가운데 인간으로 태어난다는 것이 얼마나 소중한 기회를 얻은 것이며, 특히 영혼을 가진 인간으로 존재한다는 것이 말이다. 가만히 생각해보면 아슬아슬하고 떨리는 마음으로 생(生)을 살아가야 한다고 느끼게 된다. 한마디로 말한다면 큰 뜻을 세우고, 그 뜻이 실현되도록 우리의 순간순간을 목표의 실현에 맞게 접근하도록 선택하고 노력하면서 살아야 한다. 즉 보다 가치 있는 일에 선택적으로 매진하여야 한다는 의미이다. 이것보다는 저것이 더 나은 삶이라면, 더 나은 삶을 선택하여 가장 값어치 있는 뜻에 목표를 두고 생명을 불태워 나가야 한다. 즉 이것을 가치관의 선택이라고 할 것이다. 셋째 모든 시간과 에너지를 한 가지 목표의 실현을 위해 오랜 기간 동안 투자하여야 한다. 오직 한 조각의 시간과 에너지라도 여기에 총동원하여 바쳐야 한다. 여기서 말하는 자아실현을 위해서는 지속적인 하위 가치 개념들은 포기해야만 하는 어려움이 따르게 된다. 이러한 뜻이 뚜렷하고 명확하지 않으면 주변의 사회적인 유혹에 이끌려 자신만이 이루어야 할 자아실현이라는 목표점이 퇴색하게 될 것이다. 여기에서 필요한 것이 결연한 의지와 용기이다. 세속적인 관습에서 이탈(離脫)하여 자신의 길을 간다는 것은 쉬운 일이 아니다. 외부와는 투쟁을 하여야 하고 내부로는 인내하여야 하며 넘어지고 충돌하며 때로는 모욕과 수모를 당하면서 미지의 세계를 향해 오직 외길인생을 걸어야 이룰 수 있는 힘든 과정이다. 넷째 자신의 기본적인 욕구마저도 억압하고 통제하지 않으면 안 된다. 한 번 생각해 보아라. 자신을 잘 나타내고자 하는 욕망들, 아름답고자 하는 욕망, 남으로부터 찬사(讚辭)와 인기(人氣)를 누리고 싶은 욕망, 물질적인 풍요로움을 얻기 위한 욕망, 그뿐인가. 매혹적인 이성(異性)을 만나 정열적인 사랑을 나누고 싶은 욕망, 그 외에도 맛있는 음식을 배불리 먹으며 향기로운 알코올에 끝없이 취하고 싶은 욕망, 아름다운 자연의 풍경에 도취하여 하염없이 어디론가 떠나고 싶은 욕망들을 뒤로 하고 자신의 세계에 끝없이 침잠(沈潛)하여야 하는 고통과 아픔의 세계를 인내해야만 한다. 마슬로는 성격심리학에서 '자아실현을 이루는 사람은 전체인구의 1%이하'라고 추정하고 있다. 그렇다면 왜 그렇게 낮은 수준이 되겠는가? 생각해보면 자아실현이라는 용어를 만나기 힘들고, 또 음미(吟味)하기는 더 힘들다고 한다. 즉 살기가 너무 어려워서 우선 입에 풀칠하기 위한 빵 한 개를 구하기 위해 노력해야 하는 현실이기 때문이다. 이러하다 보니 정체성이고 가치관이고 따질 겨를이 없이 분주하게 닥치는 대로 삶을 살아간다고 할 수 있을 것이다. 이렇게 각별(各別)한 세상, 직업구하기가 하늘에 별 따기만큼이나 힘든 세상에 자아실현을 이룬다는 것은 상상할 수조차도 없는 일이다. 더군다나 더 어려운 점은 가치관의 혼돈으로 뭐가 무엇인지조차도 구별하기도 힘들다. 쏟아지는 정보는 홍수처럼 범람하는가 하면 급박하게 움직이는 세계정세(世界情勢)는 정신 차리기가 어렵게 우리의 지각을 혼란 속으로 몰아간다. 이와 같은 사회구조의 복잡성, 혼란스러운 정치적 이데올로기, 한탕주의를 찾는 쾌락에의 욕구, 매스컴(mass communication)의 범람으로 각종 유혹의 손길, 물질을 추구하는 인간의 끝없는 욕망 등이 우리의 정신세계를 혼란으로 몰고 가는 요소로 작용한다. 이러한 자아실현의 길을 방해하는 요소가 우리의 내부에서나 외부에 많이 도사리고 있다. 내부적으로는 자신의 정신적인 가치관을 증대하려는 삶의 도전에 주변상황이 허락하지 않게 되니 자연 두려움이 생기게 되어 힘차게 앞으로 나아가려는 추진력을 멈추게 한다. 그래서 현 수준의 안전한 삶의 방법을 유지하려는 삶의 자세로 어려움을 피하고 물질의 충족과 쾌락적인 삶을 추구하게 된다. 외부적으로는 사회적인 환경, 즉 상대적인 부(富)에 따른 빈곤의 영향으로 물질 만능주의에 편승하는 것이고, 정치적 이데올로기의 구습(舊習)에 머무는 체제유지와 오랜 관습에 젖은 사회 풍조에 따른 동조, 인간관계의 인습(因襲) 등에 젖어서 세습(世習)의 벽을 깨뜨리기 힘들다는 데에 있다. 이러한 주변 환경들이 우리의 자아실현을 더욱 힘들게 하는 요소라고 생각된다. 자기와 자기의식(이만갑. 2004)에서는 "무엇을 의욕 하는 목표지향적인 자세는 자기를 긍정하고 자기를 주장하려는 욕망과 상통한다."고 한다. 또한 여기서 미국의 심리학자 쿨리(C. H. cooley)는 "인간의 본능적 정동성향의 하나로서 자기주장(self-assertion)을 강조하였다. 자기주장은 자기의식 중 가장 중요한 속성의 하나인 자존심과 결부되어 있으며 자기실현(self-actualization)을 도모하려는 경향으로 이어진다."는 것이다. 특히 자라나는 청소년들에게 중요한 것은 삶의 목표와 방향이다. 이 삶의 목표와 방향이 있느냐 없느냐에 따라서 삶에 있어서 성공과 실패가 갈리게 된다. 인생은 속도가 아니라 방향이라고 하듯이, 여기서 말하는 삶의 목표와 방향은 무엇에 의해 좌우되고 획득되는가? 젊을 때 피나는 고통을 이겨낸 사람이라야 그 사람 나름대로 삶의 목표를 지니게 될 것이다. 이것이 흔히 말하는 자기발견이다. C. R. Rogers는 "인간 본성에 있어서 선천적 성질의 하나로서 실현경향(actualizing tendency)을 들었다."즉 실현경향은 경험의 유기체-그것은 장차 자기로 발전하는 것이지만-를 실현하고 보존하고 높이려는 기본적인 생득적 경향이다. 이러한 실현경향은 다른 생물에서도 볼 수 있지만, 인간의 경우는 생리적, 생물학적 경향에 그치지 않고 성숙해짐에 따라, 점차 심리학적인 성질을 띠게 된다는 것이다. 인간의 자기실현경향도 이와 같은 심리학적 근원에 의해서 작용하는 것으로 본다. 인간의 자기실현경향에는 공기를 마시고 기갈(飢渴)을 면하려는 생리적 욕구에서부터, 공격으로부터 몸을 방어하려는 반사적 욕구와 유기체의 성장과 성숙을 도우려는 경향에 이르기까지 다양하다고 한다. 단 여기서 자아실현이 가능하려면 실현경향과 함께 노력하는 성질과 같이 유기체적 가치부여과정(organismic valuing process)을 밟는 것이 필요하며, 이러한 과정들이 성장과 성숙을 통해서 자아실현을 이룰 수 있게 하는 것이라고 말한다.

자아실현과 관련하여 어디선가 책을 읽었는데 너무나 가슴에 와 닿는 내용이 있어 여기에 소개한다. 여기에는 인생을 살고 난 후에 꼭 세 가지 점을 후회하고 있었다는 내용이다. 첫째는 젊었을 때 아무 일이든지 닥치는 대로 최선을 다하며 살았다는 점이다. 어떻게 보면 젊었을 때 아무 일이나 최선을 다하여 살았는데 무엇이 후회된다는 말씀인가? 이것은 아무 일이나 최선을 다하여 살았기 때문에 뚜렷한 한 가지 목표를 이룰 수 없었다는 점이었다. 그래서 아무 일에서나 최선을 다하여 살면 안 되고 가장 중요한 목표 하나만을 선택하여 공략함으로써 그 외의 것은 포기를 해야 했다는 내용이었다. 둘째는 외로움과 더 친하게 살지 못한 점이었다. 즉 평생 직장동료와 학교 동창생들과 함께 외롭지 않게 살았다는 점이다. 이것을 거꾸로 생각하면 그들과 함께 웃으며 살면서 대단하고 중요한 나만의 일을 하지 못했다는 것이다. 중요한 일은 외로움 속에서 나만이 나의 일을 파고들었어야 하는데, 그러하지 못하여 꿈을 이룰 수 없었다는 점이다. 셋째는 70평생을 살았는데도 삶의 실적이 없다는 것이다. 이 말은 하나의 꿈을 이루기 위해 자신의 혼신의 힘을 모아서 외길 인생을 걷지 못했다는 점이었다. 즉 자아실현을 위해 생(生)을 살지 못했다는 내용이다. 하지만 지금은 후회해도 아무 소용이 없는 일이었다. 오직 그냥 세월 속에 인생도 희망도 묻어야 하는 참담함만이 남아있는 상태라고 말하지 않을 수 없다. 자기의 정체성이 훌륭하고 뚜렷한 가치관을 확립하였다면, 건강한 상태를 보존하면서 자아실현이라는 하나의 귀중한 목표를 설정하고 그것을 향해서 힘차고 굳게 흔들림 없이 인생을 살아가야 한다. 그래서 그 목표가 실현되었다면 자아실현이 이루어졌다고 할 수 있을 것이다. 이 자아실현이란? 자기의 인생에 종말이 왔을 때, 자기가 이루어놓은 꿈을 죽음과 바꿀 수 있는 대체논리와도 같은 것이다. 즉 인생을 살아온 결실이나 다름없다고 하겠다. 자연에도 결실의 계절인 가을이 있듯이 인간에게도 결실의 계절인 황혼기가 찾아온다. 무화과가 균열이 가면서 알이 터져 붉은 속살이 보이듯이, 석류가 알알이 익어 선명하고 투명하며 붉은 씨가 터져 나오듯이, 인간에게도 지혜의 성숙이라는 보석과 같은 결실이 영글어 인간이 살아가는 세상에서 빛을 보이게 되는 것이 자아실현이기도 한 것이다. 인간은 누구나 자기의 삶이 죽음을 앞두고는 성공이냐? 실패냐? 를 생각하게 될 것이다. 자기 생(生)의 살아온 과정에서 결실을 보게 되어, 그래도 만족하다 싶으면 성공이라고 생각하고 죽음을 즐겁

게 맞이할 것이고, 실패라고 생각한다면 후회스러움으로 절망에 이르
게 되어 죽음은 비참해질 수도 있다. 자기의 삶이 긍정적이고 만족하
다고 할 수 있는 사람은 추구한 목표가 달성되어 성공을 이루었을 때
를 말할 것이다. 자기 삶의 목표라는 것이 자녀의 성공도 포함되겠지
만 여기서는 오직 자기의 개인적 인생성공을 말한다. 즉 사업을 하여
돈을 많이 벌어서 사회에 이바지한 사람도 있을 것이고, 불후의 작품
을 만들어 후세의 사람들에게 삶에 도움을 주는 사람도 있을 것이
다. 그렇게 되기 위해서 원대한 포부를 가지고 끝없는 노력으로 인생
의 과업을 실현할 수 있도록 최선을 다하여야 할 것이다.

성숙에 대하여

　불가(佛家)의 한 설명에서는 수행(修行: 불도를 닦음)의 완성이 어렵다는 것을 시간개념으로 나타내고 있는 글귀가 있다. "여기에 4방 4백리의 바위가 있다. 이 바위에 백년에 한 번씩 천인(天人)이 찾아와서 명주처럼 얇은 천의(天衣)로 그 위를 살짝 스치고 지나간다. 이런 식으로 하여 그 4방 4백리의 바위가 다 닳아 없어질 때까지 걸리는 시간이 한 겁(劫)이라고 한다. 그런데 수행의 완성에는 삼대아승기겁(三大阿僧祇劫), 즉 무수겁의 시간이 걸린다."는 것이다. 이와 같이 불가에서는 수행의 완성이 어렵다고 한 표현을 이렇게 무수겁(無數劫)에 비유하고 있을 정도이다. 우리의 인간에 있어서도 인격의 도야, 즉 성숙으로 가는 길 역시 그렇게 쉽지 않다고 본다. 우리가 말하는 성숙으로 가는 길이 불교에서 말하는 불도를 닦는 수행은 아니지만 진정한 성숙은 삶의 오랜 기간 자기 수양이 없이는 이루어지지 않을 것이기 때문이다. 성숙(成熟)의 사전적 의미는 '생물이 충분히 잘 발육됨'으로 되어 있다. 발육(發育)은 발달하여 크게 자람이다. 인간도 생물이지만 인간을 제외한 생물에 적용하면 그 개체가 무르익은 상태를 의미하지만, 인간에게 적용한다면 인격적으로 높은 수준에 이른 경우를 말할 것이다. 얼마나 인격적으로 덕(德)을 갖추어야 그 경지(境地)에 입문할 수 있게 되는지 의문이 간다. 전인적인 교육을 받아 지성, 감성, 의지를 두루 배웠다고 하더라도 완전한 인격을 갖춘 사람이라고 말할 수는 없을 것이다. 성숙한 인격자가 되기 위해서는 얼마만한 자기노력으로 어려움을 견뎌 내고 자기를 가꾸어 남을 이해하고 앞날을 예측하며, 미래의 자기상(自己像)을 그려볼 수 있을 정도로 자신의 인격을 도야시켜야 할지를 생각해본다. 완성된 성숙의 경지에 이르려면 피나는 고통과 시련을 견디며 자기를 갈고 닦아 수양을 해야 할 것이다. 즉 고통과 함께 성장해야 하는 상태를 말한다. 누군가가 '인격의 성장은 고통과 비례한다.'라고 말했다. 나는 성숙에 있어서 필수조건은 역경(逆境)을 이겨내는 것이라고 생각하는 바이다.

역경(逆境)의 사전적 의미는 '① 일이 뜻대로 되지 않는 불운한 처지 ② 고생이 많은 불행한 처지'로 되어 있다. 한 개인이 태어나고 성장한다는 것이 어쩌면 삶 자체가 하나의 고통이고, 어려움의 연속이라는 의미와 뜻을 같이한다. 물론 좋은 환경에서 태어나 아무런 고통이나 어려움 없이 성장하여 성인이 되고, 성숙한 인간이 되면 얼마나 좋으련만, 나이만 먹고 어른이 되었다고 누구나 성숙한 인간이 되는 것은 아니다. 좋은 환경과 훌륭한 부모 밑에서 교육을 잘 받아 성숙한 인간이 된 사람도 많이 있다. 그러나 좋은 환경에서 훌륭한 부모 밑에서 성장하여도 성숙하지 못한 비인격적인 사람도 많다. 좋은 환경이 오히려 성숙에 도움이 되지 못하고 역기능적으로 작용한 것이다. 오히려 어느 정도의 고통과 어려움을 겪으며 삶을 고뇌하며 어렵게 성장하도록 하는 것이 자녀가 성숙하는 데 도움이 된다. 사전(辭典)에 있는 역경의 의미처럼 일이 뜻대로 되지 않는 불운한 처지가 되면, 자녀는 살아남기 위해 고통을 감내하는 강한 인내력이 생길 것이고, 어려운 삶의 처지를 헤쳐 나가기 위하여 더 많은 노력을 할 것이다. 즉 주변의 훌륭한 사람들의 모습을 보고 좋은 삶을 배우기 위해 모방하는 마음과 자기와 같은 또래들과 비교하여 비판정신이 생겨 새로운 삶을 모색할 수도 있다. 이러한 각도에서 생각해 볼 때 역경 없이 좋은 환경에서 자란 청소년과 고생을 하며 자란 청소년은 삶의 질(質)에서 큰 차이를 보이게 될 것이다. 만약 자녀가 고생 없이 자라서 성인(成人)이 되었을 경우에 이미 그의 부모는 돌아가고 없으며 본인은 성인이 되어 자기 후손을 두게 될 것이다. 이미 세상은 옛날과 달라져 변해 있고 자기가 경험하지 못한 어려운 환경에 처하게 된다면, 그때는 어릴 때 역경을 이겨낸 사람과 그러하지 못한 사람 사이에는 어려움을 극복하는 데 확연한 차이가 있을 수 있다. 자기의 후손에게 전하는 교육적 교훈은 역경을 이겨낸 사람이 참다운 삶에 대한 기술을 자녀에게 전수할 수 있을 것이라고 생각해 본다. 그렇다고 성숙이 마냥 어렵고 힘든 것만은 아니다. 인간은 철저히 준비를 하고 열심히 살았다고 한다면 누구나 성숙의 계절이 오면 알찬 열매를 맺게 될 것이다. 쭉정이 인생만큼 슬프고 불쌍한 일은 없다. 그러니 조급히 굴지도 말고 안달하지도 말며 남을 부러워하며 시기할 필요도 없는 것이다. 다만 현재를 열심히 살아가느냐에 달려 있다고 본다. 철저히 준비하는 사람에게 기회가 오지 않는 법은 없다. 꾸준히 참고 묵묵히 자기 길을 가기 바란다. 반드시 그 결과는 좋은 일이 열리게 될 것이다. 그러고 보면 인생에 있어서 알맞은 때는 그야말로 중요한 의미를 갖는다. 많은 사람들이 성숙한 경지에 이르지 못하고 성장의 과정에서 미성숙의 상태로 자신의 꿈을 포기한 사례는 너무나 많다. 여기에는 자신의 꿈이 무르익도록 때를 기다리며 꾸준히 노력을 하지 않고 무모하게 앞당겨 결실을 보고자 서둘게 되어 충실한 열매를 맺지 못하고 안타깝게도 빈껍데기로 전락하게 되는 것이다. 쉽게 말하면 자신에게 성숙의 계절이 오기도 전에 설익은 과실을 따게 한 것이 원인으로 작용하게 된다. 그러니 자신의 과일이 충분히 익을 수 있도록 끝까지 포기하지 않고 기회를 기다려야 한다. 이렇게 되었을 때 자신에게도 남들처럼 성숙의 계절이 오게 되는 것이다. 이러나저러나 때를 기다리며 꾸준히 노력한다는 것은 삶에 있어서 가장 가치 있는 일이 아닐 수 없다. 그런가 하면 성숙에 관한 심리전문가들의 이론을 살펴보면 자기와 자기의식(이만갑. 2004)에서는 사람들이 성숙되는 과정을 경험과 훈련을 쌓아 익숙해지는 방법, 즉 자기와 남과의 관계 속에서 습득되는 사회 인지적 차원에서 접근하고 있다. 즉 성숙(成熟)이라는 주체는 '나'다. 그래서 사람마다 '나'라는 주체의 개념정리가 중요하다. 나는 누구인가? 그리고 나의 사고(思考)체계는 무엇으로 구성되어 있으며, 앞으로 어떻게 나를 조직하고 전개해 나갈 것인가? 하는 문제들을 다루어야 할 과제라고 생각한다. 즉 이러한 문제는 남과의 관계 속에서 객관화된 모습으로 자기를 발견하여 보다 더 나은 방향으로 자기 발전을 추구하는 것이 성숙의 길이라는 것을 의미하기도 한다. 심리학자 마커스는 자기 스키마라는 용어를 사용하여 자기를 인지(認知)하는 방식은 컴퓨터로 정보를 정리하는 것과 같은 것으로 생각하였다. 그러면 자기 스키마라는 것은 무엇일까? 퍼빈의 설명에 의하면 "자기 스키마는 과거의 경험에 연유해서 이루어진 자기에 관한 인지적 일반화(cognitive generalizations)이며, 개인의 사회적 경험에 포함된 자기와 관련된 정보의 처리를 조직하고 인도하는 것이다." 라고 정의하고 있다. 이와 같이 자기 스키마가 중요한 까닭은 자기를 인지하여 조직하고 보존하면서 새로운 국면에 대응하여 더 발전적으로 성장하는 데는, 과거의 자기 스키마에 새로운 경험을 통합하여 보존하면서 더 발달된 자기성숙을 위해 나아가기 때문이라고 생각한다. 부부치료(심수명. 2008)에서는 "성숙한 인간은 정서적으로나 지성적으로 남으로부터 분리 독립되어 개별화되어야 한다."고 한다. 그 개별화가 부족함이 없이 비판(批判)과 창조를 바탕으로 정신적으로 발달된 상태여야 하며 거기에는 자유자재(自由自在)로운 정신이 깃들어 융통성과 유연함으로 경직된 상태가 아닌 언제나 무엇으로, 새로운 이미지와 목표의식을 가지고 새롭게 태어날 수 있는 생명력을 가지고 있어야 한다는 것이다. 그런가 하면 주변사회와 타인과의 관계에서 언제나 보조를 맞추면서 지속적으로 적응과 타협으로 안정을 유지하는, 그리고 변화해 가는 개별화된 인격체여야 한다는 의미이다. 정신역동상담(심수명)에서도 "자아성숙의 기준을 욕구통제, 절제(節制)의 능력, 자제력, 통제력, 참을성, 영적(靈的) 분별력 등으로 정의하기도 한다." 인간은 다른 동물들과는 특별히 달라 독립적인 성숙한 삶을 영위하기 위해서는 그 개념의 폭이 넓으며 또한 깊다고 하겠다. 어쩌면 나이 들면 다 성숙한 것처럼 보인다. 그러나 인격적인 측면에서 성숙에는 개인별 차이가 크다. 성인이 된다는 것은 사회적으로 하나의 독립된 인간으로서 신체적인 발육, 경제적인 능력, 인격적인 교양, 심리적인 안정감, 인간으로서 인생철학, 사회적인 신망(信望), 아픔을 견디는 인내심, 상황에 맞는 창조력을 갖추어야 한다는 것이다. 이러한 요건을 완전히 충족할 수 있는 성숙의 단계에 이르기 위해서는 정말 어려운 일이 아닐 수 없다고 하겠다. 그렇다면 완전한 인간이란 있을 수 있는가? 완전한 인간이 있다면 우리에게 떠오르는 것이 성현(聖賢)처럼 깨달은 사람을 상기(想起)시키게 된다. 즉 인간이기 때문에 실수도 할 수 있고 때에 따라서는 거짓말도, 신경질도, 남을 욕(辱)할 수도,

공격할 수도 있기 때문이다. 그러나 완전한 인간이란 우선 생각나는 것이 인간으로서 도덕적 규범을 완벽하게 지키는 것은 물론이고 도(道)를 지키며 인(仁)·의(義)·예(禮)·지(智)를 실천하는 격(格)에 맞는 사람이어야 할 것이다. 여기서 말하는 성숙한 인간이란 어떠한 의미를 가지는가? 올포트(Allport)가 말한 성숙한 사람의 특징[89]에서 말하듯이 "성인(成人)이 되었을 때 올바른 인간이라는 규범에 최대한 접근할 수 있는 데까지 근접한, 모자람이 아주 적은 상태의 사람"을 일컬어 하는 말이 아닌가 생각한다.

성숙(成)한 사람으로서의 조건은 무엇인가?

첫째 독립성이다. 성숙한 인간이 부모에게 의지하여 경제적으로나 사회적으로나 심리적으로 독립할 수 없다면 이것은 성숙한 인간이 아니라 미성숙한 인간이다. 이 말은 성숙한 인간이 되려면 모든 면에서 자립하여 홀로 이 세상을 안전하게 살아갈 수 있어야 한다. 그뿐만 아니라 후손들에게 자신의 성숙한 지성을 가르쳐서 그들 또한 대(代)를 이어 이 세상을 아름답고 안전하게 살아갈 수 있도록 하는 것이 성숙한 인간으로서 갖추어야 할 책임과 의무이기 때문이다. 둘째 자제력이 완벽하여 잘 참는, 즉 인내심이 많은 사람이라고 생각한다.

---

[89] 올포트(Allport)가 말하는 성숙한 사람의 특징으로는 1) 자기감의 확장(Extension of the sense of self)이다. 이는 성숙인은 사회경험을 넓혀 감에 따라서 세상의 일들 중 타인의 안녕이 바로 자기 자신의 그것과 직결된다는 것이다. 2) 타인과의 우호관계(Capacity for intimacy & compassion)이다. 성숙인의 따뜻한 인간관계를 친근성과 동정심으로 표현한다. 3) 정서의 안정(emotional security)이다. 4) 현실적인 지각(Realistic Perception)능력으로 성숙인은 세상이 단지 자신의 욕심에 따라 완전한 악의 세계나 완전한 선의 세계로 변하지 않는다는 것을 알고, 언제나 있는 그대로 세계를 객관적으로 보고 느끼고 평가한다. 5) 일의 능력(working power)이다. 성숙인은 개인에게 주어진 과업과 그 과업에 대한 책임감은 그 개인에게 생의 의미와 생의 연속성을 깨닫게 해주므로, 의미 있는 과업과 그 과업을 해결할 수 있는 기술, 몰두 능력이야말로 성숙인과 불과분의 관계에 있다. 6) 일관성 있는 생의 철학(An unifying Philosophy of life)이다. 7) 자아의 객관화(Self-Objectification)이다.

이 인내심이야말로 인간으로서 부족감을 보충하고 인격적인 차원에서 완벽으로 이끌어 가는 기본 바탕이 되기 때문이다. 인내심이 모자란다면 성인으로서 부족함을 표출하도록 작용하게 된다. 이 인내심이 인간내부의 정의구현을 위한 의지력이 되기 때문이다. 중국 송·명나라 때의 성리학의 목표는 성인이 되는 것인데 성인의 징표 중의 하나는 세상에 대한 근심을 즐거움으로 변화시킬 수 있는 능력을 갖추어야 한다는 것이다. 이렇게 변화시킬 수 있다는 것은 먼저 자제력을 갖추어야 가능할 수 있다는 것을 의미하기도 한다. 셋째 책임감이라고 생각한다. 성인과 미성년자의 차이는 자기가 행한, 자기가 해야 할 일에 대한 책임감을 가지고 평가하기 때문이다. 인생을 영위해 가면서 맡은 바 자기에게 주어진 사명감이 있다. 가장(家長)으로서, 기업인으로서, 정치인으로서, 학교의 스승으로서, 종교인으로서 수행해야 할 무거운 책임감을 수행하지 못한다면 성인으로 못 미치게 된다. 어느 위치에서나 자기가 맡은 바 책임을 완수할 때 자기의 임무를 다하는 것이다. 넷째 문제해결 능력이라고 생각한다. 인간이 살아간다는 것은 자아실현이라는 어떤 목표를 세우고 그 목표를 향해서 차근차근 실행에 옮김으로써 삶이 완성된다고 한다면, 매순간마다 삶의 순간에 어려운 일들이 생기기 마련이고, 이러한 일들을 잘 해결해 나아가야 하기 때문에 문제해결 능력이 필요하다. 이 문제해결 능력이야말로 인생을 풍부하게 살아갈 수 있는 능력이라고 할 수 있다. 이 문제해결 능력은 고정된 틀에 박힌 공식적인 삶이 아니고 유동적이면서 상황에 따라 변화해 가며 대응하는 논리이기 때문에 삶의 수단이고 방법이라고 생각한다. 다섯째 창의력이라고 생각한다. 인간이 산다는 것은 그냥 살아가는 것이 아니고 현재보다는 더 나은 내일을 펼쳐가며 살아가야 한다. 부부 간의 행복도 창조해야만 하듯이 모든 삶이 현재보다는 앞으로 점점 발전해 가야 하기 때문에 무엇보다도 창의력이 필요하다. 창의력은 현재까지 존재하고 있지 않은 것을 자기의 두뇌로 만들어 내는 것이기에, 여기에는 많은 지식과 경험, 풍부한 정보와 자료가 있어야 할 것이며, 논리적으로 문제를 조직하고 해결할 수 있는 능력을 갖추었을 때 가능하리라 본다. 즉 창의력은 적극적인 자세로 보다 더 나은 성장과 발달을 추구하기 위하여 항상 새로움을 만들어 변화해 나아가야 한다는 것이다. 여섯째 자기와 타인 간에 있어서 친밀감이라고 생각한다. 이 세상이란 혼자서 살아갈 수 없듯이 남과의 관계 속에서 발전하고 서로 돕고 의지하며 살아가는 것이다. 성숙한 인간이란 편협한 자기의 이기심에서 자유로워 타인을 나와 똑같이 생각하는 가운데 자기의 삶은 확대되고 타인에게 영향력을 많이 미치므로 삶의 폭을 넓혀 나가야 한다. 일곱째 자기를 살펴서 끊임없이 새롭게 변화할 수 있는 통찰력이 뛰어난 사람이어야 한다. 자기의 내면은 물론 외부와의 원만한 관계형성을 위해서라도 세상을 보는 눈을 넓혀 나이가 들어감에 따라 보다 나은 발전과 성장이 필요하기 때문에 사물을 정확히 이해하고 판단할 수 있어야 한다. 인간이 세상을 살아간다는 것은 사물을 접할 때마다 그 사물을 정확히 인식하고 새로운 사실을 발견할 수 있을 때 올바른 판단을 내려 보다 발전된 삶을 살아갈 수 있을 것이기 때문이다. 또한 통찰력은 외부를 보는 눈도 가져야 하겠지만 자신의 내면으로 돌아가 자기를 살펴서 외부의 변화를 수용할 수 있는 순수한 마음의 밭을 일구어야 할 것이다. 여덟 번째 포용력이라고 생각한다. 이 포용력은 말로 하기는 쉽지만 실행으로 옮기기는 그렇게 쉽지는 않다. 나의 단점을 공격해 올 때는 참고 수용하기란 여간 힘든 일이 아니다. 그때의 상황을 잘 분별하여 사람을 미워해서도 안 된다. 자기 본인의 마음속에 미움이 없다면 상대방을 그렇게 미워하지는 않을 것이다. 일단은 상대방의 견해를 잘 경청해 주고, 그 중에서도 좋은 점을 수용하는 자세가 필요하다. 아홉 번째 높은 가치관을 가지고 자아실현을 이룰 수 있어야 한다. 성인으로서 삶의 한계를 인정하고 후회 없는 인생을 살아서 최후를 맞을 수 있도록 자아실현이 중요하기 때문이다. 성숙한 인간의 조건이라면 안으로 인생철학이 확고하여 외부에 나타나는 태도나 자세가 흔들림이 없어야 할 것이다. 사람이 살아간다는 것은 매 순간 지속적인 판단으로 수준 높은 단계에 진입하는 것이나 다름없다. 높은 가치관으로 한 단계 한 단계 자신의 인격을 향상시켜야 할 것이다. 열 번째 성숙을 위해서는 선(善)을 기반으로 한 영적(靈的)인 성장이 있어야 할 것으로 본다. 이 영적성장은 무엇인가? 영적성장은 선(善)을 이루기 위하여 자연법칙에 순응하는 정신적인 자세, 즉 영성적(靈性的) 개념을 받아들여 그 원리를 추구하는 것이 영적성장일 것이다. 인간이 진실로 성숙하려면 80세 정도의 나이가 들어야 진실로 인생을 안다고 한다. 아주 중요한 문제는 80의 성숙의 과정을 거쳐야 인생의 깊은 뜻을 이해하게 된다는 뜻이 내포되어 있다. 살아 있는 것은 다 행복하라(법정. 2006)의 법정 잠언집(集)에는 "안으로 충만해지는 일은 밖으로 부자가 되는 일에 못지않게 인생의 중요한 몫이다. 인간은 안으로 충만해질 수 있어야 한다." 여기서 무엇으로 충만해질 수 있을 것인가? 아마도 가장 먼저 지혜(智慧)를 꼽을 수 있을 것이다. 지혜는 모든 것을 아우르는 것을 말한다. 즉 많은 경험과 인격이 통합된 상태가 아닐까 생각해본다. 성숙이라는 열매를 맺은 후에 이 세상을 즐겁게 떠나야 하기 때문이다. 성 프란치스코는 다음과 같이 말했다. "가장 하느님의 마음에 드는 것은 자비와 겸손, 찬미와 평화, 사랑이라고 하였다. 성 아오성딩 당신이 당신의 입술로 평화를 알리고 있는 동안 당신의 가슴속에 평화를 더욱더 충분히 지니도록 힘 쓰십시오. 어느 누구도 당신 때문에 분노나 모욕적인 말과 행동을 불러일으켜서는 안 됩니다. 오히려 모든 사람이 당신 스스로 억제하는 것을 보고 평화와 선의와 자비로 움직이도록 해야 합니다."라고 말한다. 이와 같이 성숙한 인간이라면 자신으로 하여금 타인이 분노나 모욕적인 말과 행동을 불러일으키지 않도록 하기 위하여 자비와 겸손으로 스스로 자신을 자제할 수 있을 때 성숙에 더 가까이 다가갈 수 있다고 할 수 있을 것이다.

이 책을 마치며

이 세상의 부모들이여!

한 생명을 잉태한다는 것, 그리고 한 생명체를 탄생시킨다는 것은 정말로 중대하며 심각한 문제로 받아들여야 한다. 그냥 무심코 정욕이라는 욕망을 채우기 위하여 장난처럼 자녀를 가진다는 것은 어떻게 보면 그 이상의 죄악은 없을 것으로 본다. 부모들이여 자녀를 갖게 되었다면 온전히 교육을 시켜 훌륭한 성인으로 양육하여야 한다. 이것이 부모의 의무인 동시에 책임이다. 만약에 그러할 수 없는 환경이라면 차라리 자녀를 갖지 말아야 할 것이 아닌가? 하늘과도 같은 귀중한 생명을 탄생시켜 놓고는 완전한 교육을 시켜주지 못하고 내팽개친다면 그 자녀의 삶은 어떻게 하라는 말인가? 그야말로 큰 불행이 아니고 무엇이라고 할 수 있겠는가? 그냥 지나칠 수 없는 이 지구상에서 가장 큰 슬픔으로 남게 될 것이 아니겠는가? 어떠한 일이 있어도 자녀만큼은 우리의 부모가 책임지고 교육시키며 키워야 한다. 요즘 어린이 집, 유치원, 학교 등 남의 손에 의해서 자녀들이 대부분 길러지고 있다. 물론 이들 교육기관이 지식을 쌓는 등 중요한 몫을 담당하고 있는 것은 사실이다. 그러나 지식 외(外)에도 자녀가 이 세상을 살아가는 데는 더 많은 삶의 지혜와 기술, 덕성(德性)이 필요하다. 이러한 문제를 해결하기 위해서 자녀교육은 부모에게 달려 있다고 하겠다. 요즘 부모들은 자녀를 교육기관에 맡기고 교육이 여기서 이루어지리라고 기대하게 된다. 하지만 아무리 이들 교육기관에서 우리의 자녀들에게 교육을 잘 시킨다고 하더라도 부모교육은 그대로 부모의 몫으로 남아 있게 된다. 현재 젊은 세대들이 고등교육을 받고 사회에 진출하고 성인이 되어서 가정을 갖게 되었지만, 진정 성숙한 어른이 되지 못하게 되는 이유는 바로 부모교육을 제대로 받지 못했기 때문이다. 그래서 자기의 부모로부터 배우지 못한 삶의 지혜와 기술은 자녀에게 그대로 공백상태로 남게 되는 것이다.

'사랑하는 아들·딸들에게!'

우리는 우연에 의해서 이 세상에 태어나게 되었다고 하더라도 아무튼 그렇게 하여 삶은 시작되는 것이다. 인생은 단 한번뿐이며 삶은 순식간에 지나가고 나면 다시 돌아오지 않는다. 이처럼 삶은 반짝하며 지나가게 되니 부지런하게 살아가지 않으면 안 된다. 청년기! 즉 젊음이 얼마나 소중한지 너는 잘 모를 것이다. 젊음은 인생 그 자체란다. 30대가 지나고 나면 인생의 전부인 '정수(精髓)', '엣센스(essence)'라고 하는 것은 다 소모하게 되고 끝난 것이나 다름없다. 주요한 것은 이 젊은 시기인 30대에 다 이루어야 한다. 특히 40대부터는 눈과 귀의 기능이 떨어지게 된단다. 자녀를 낳고 기르며 재산을 모으고 지식을 축적해야 하는 시기가 바로 이 젊음의 시기라는 점을 잊어서는 안 된다. 대학에서 배운 학문은 지식의 일부에 지나지 않으며, 사회에 나가면 얼마나 많은 또 다른 지식이 너를 기다리고 있다는 것을 너는 잘 알아야 할 것이다. 사랑하는 나의 아들·딸들아! 노력의 결과는 엄청난 결과를 가져온다는 사실을 알고 있을 것이다. 토끼와 거북이의 우화(寓話)가 아니더라도 10분을 휴식하는 동안 1㎞의 거리를 주행한다는 사실은 우리에게 놀라운 교훈을 주고 있지 않느냐? 장기간의 노력의 결과는 삶에 있어서 엄청난 차이를 만들어 낸다는 사실을 다시 한 번 기억하기 바란다. 10년이면 뚜렷한 업적이 쌓이게 되는데 인생은 적어도 50년이란 세월이 누구나 자기 앞에 공평하게 주어지게 된단다. 이 기간에 있어서 노력의 결과는 한 사람의 인생이 달라진다는 사실을 우리의 자녀들은 일찍부터 깨달아야 할 것이다. 그리고 나의 사랑하는 아들·딸들아! 언제나 정신을 맑게 보존하여 위험과 악의 요소로부터 피할 수 있어야 한다. 그리고 자신의 능력에 맞게 수용할 것은 수용하고 포기할 것은 포기해야 한다. 생명은 우주보다도 더 귀한 것. 건강관리에 한 치의 소홀함이 없어야 함을 잊지 말아라.

진실한 친구의 의미

성인(成人)에게 있어서도 훌륭한 친구를 사귀게 되면 인생이 바뀌어질 수가 있다. 즉 성품이 바뀌게 된다는 점이다. 먼저 친구의 영향을 받아 본인이 좋은 방향으로 변한다. 그렇게 됨으로써 성인 역시 자신의 남편이나 부인을 사랑하게 되고 자녀를 잘 키우게 된다. 자아실현도 성취하게 된다. 그러나 나쁜 친구를 사귀게 되면 앞의 반대현상이 초래될 수밖에 없다. 이 점은 자라나는 자녀에게는 성인보다도 몇 배 더 큰 영향을 미치게 한다.

참고문헌

Erichsegal(1992), Doctors, 김영사

G.W.F. 헤겔(2005), 정신현상학 1, (주)도서출판사 한길사

L.A.젤리, D. J.지글러(1995), 성격심리학, 법문사

Ronald J. Manheimer(2004), 키에르케고르의 교육이론, 교육과학사

권오돈(1993), 예기, 홍신문화사, 서문

권오민(2015), 인도철학과 불교, 도서출판 민족사

김강일·김명옥, 아이의 미래를 가꾸는 저력

김동섭·윤강자(2007), 5분 눈운동의 기적, (주)한언

김동일·김신호·이근재·정일호·정종진(1999), 아동발달과 학습, 교육출판사

김용옥(1999), 노자와 21세기·상편, 통나무

김학주(2003), 공자의 생애와 사상, 명문당

김호권(2001), 학령기 가정교육

도몬후유지(2007), 도쿠가와이에야스, 인간경영, 작가정신

도스토예프스키(1994), 죄와 벌, (주)금성출판사

로널드 페어베언(2003), 성격에관한정신분석학적연구, 한국심리치료연구소

루돌프슈타이너(2001), 교육은 치료다, 물병자리

박지원(2009), 열하일기(상), 도서출판 그린비

이광우(2004), 부산일보 건강

새뮤얼 스마일스(2007), 자조론/인격론, 동서문화사

소포클레스(2010), 오이디푸스왕, (주)민음사

신용주·김혜수(2002), 새로운 부모교육, 형설출판사

심수명(2008), 부부치료, 도서출판 다세움

심수명(2008), 인격목회, 도서출판 다세움

앤서니 라빈스(2002), 네 안에 잠든 거인을 깨워라, 씨앗을 뿌리는 사람

엘리자베스 퀴블러 로스·데이비드 케슬러(2006), 인생수업, (주)도서출판 이레

유근준(2008), 대상관계의 이해와 적용, 도서출판 다세움

이만갑(2004), 자기와 자기의식, 소화

이상옥 역해(2009), 육도삼략, 명문당

이상태·김종록(1999), 독서와 작문의 길잡이, 형설출판사

이연섭·김호군(2001), 흔들리는 가정과 교육, 교육과학사

이종우(2005), 19·20세기 한국성리학의 심성논쟁, 심산출판사

이해명(2003), 이제는 아버지가 나서야 한다, 동아일보사

장춘환(1996), 아이들은 칭찬과 대화를 원한다, 학문사

전경원(2000), 창의학, 학문사

정재걸(2001), 한국의 전통교육만두모형의 교육관, 한국교육신문사

정채기(2003), 교육심리학, 학문사

존그레이(2002), 화성에서 온 남자 금성에서 온 여자, 동녘라이프

주경스님(2008), 하루를 시작하는 이야기, 조계종출판사

즈가와라아키코(2002), 이런 음식이 비행청소년을 만든다, 건강다이제스트사

지그지글러(2003), 정상에서 만납시다, 산수야

지허스님(2011), 선방일기(禪房日記), 불광출판사

짐콜린스(2004), 경영전략, (주)위즈덤하우스

최평규(2012), 달라이라마 물음에 답하다, 도서출판 모시는사람들

클리프아이잭슨, 크리스래디쉬(2005), 출생의 심리학, 21세기북스

프리드리히 니체(1987), 인간적인 너무나 인간적인, 동서문화사

필립 짐바르도(2010), 루시퍼 이펙트, (주)웅진 씽크빅

하버드의과대학(2006), Harvard Medical School Family Health Guide, 동아일보사

하야가와 이쿠오(2008), 이상한 생물이야기, 황금부엉이

하이트헤드 역안자 도올 김용옥(1998), The Function of Reason, 통나무

한스게오르크 가다머, 교육은 자기교육이다, 동문선, 82p

한청광(2006), 한방과 방중술, 은광사

헨리 데이빗 소로우(2010), 월든, (주)도서출판 이레

현진스님(2017), 행복은 지금 여기에, 조계종 출판사

황정규·이돈희, 김신일(1998), 교육학 개론, 교육과학사

히라이노부요시(2002), 부모가 해야 할 일 하지 말아야 할 일, 오늘의 책